胡朴安

中国风俗（上）

吉林人民出版社

图书在版编目(CIP)数据

胡朴安中国风俗 : 全2册 / 胡朴安著.
长春 : 吉林人民出版社, 2012.1（2021.1 重印）
(中国学术文化名著文库)
ISBN 978-7-206-08310-5

Ⅰ. ①胡…
Ⅱ. ①胡…
Ⅲ. ①风俗习惯—中国
Ⅳ. ①K892

中国版本图书馆CIP数据核字(2011)第266170号

胡朴安中国风俗（上、下）

著　　者:胡朴安
责任编辑:李相梅　刘文辉
制　　作:吉林人民出版社图文设计印务中心
吉林人民出版社出版 发行(长春市人民大街7548号　邮政编码:130022)
印　刷:三河市天润建兴印务有限公司
开　本:710mm×1000mm　1/16
印　张:57.5　　字　数:766千字
标准书号:ISBN 978-7-206-08310-5
版　次:2012年1月第1版　印　次:2021年1月第2次印刷
定　价:169.00元

出版说明

一、中国学术文化名著文库，旨在为读者提供20世纪二三十年代以来的中国学术精品。当时，学问家经历了新文化运动，西学东渐，学术革新；因时应势而现出版高峰，大师名家之作数量激增，质量上乘，对此时及后世的中国学术发展与演进，均产生了巨大的影响。

二、本丛书精选此时大师名家之有关学术文化经典著作，以期对20世纪以来的中国学术文化做一系统整理。

三、丛书所收书目，虽各自早有出版，但零散而不成规模。此次结集，欲为推动中华文化之大发展、大繁荣尽出版人绵薄之力，成一民族文化珍品，为后代留存传之久远的鸿篇巨作。

四、为丛书系列之计，故以史学、国学、文学、一般学术著作之顺序编排。

1．单种书文字量过少的著作，寻二三种内容相近，或作者为同一名家者，则合成一册，字数以30万字为限；

2．单种书文字量超过50万字的著作，则分为上、下两册；

3．单种书文字量超过100万字的著作，则分为上、中、下三册。

五、所收著作，版本不一；流布之中，文字错讹；择其善本，一一折校。现虽为通行横排简体，然尽量保持二三十年代原貌。

1．人名、地名、异体、通假，仍从原书繁体；

2. 标点符号，从作者习惯，非排版差误者不予改动；

3. “的”，“底”一类文字之分，均从原书；

4. 遇原书字句有疑问者，非有根据不予更改，力求保持原貌。

“中国学术文化名著文库”丛书，工程浩大、环节繁多，编辑、校对、照排、印制人员虽勉力为之然错漏不免，还望方家谅解之余，不吝指正。

总序

在几十年学习和研究中国近现代史的过程中，我一直对中国近现代的思想文化学术史颇感兴趣。尤其是在1995年至1996年我和东北师范大学历史系知名教授杜文君老师一起撰著《中国现代文化志》一书时，更是对中国近现代思想文化学术史进行了认真的梳理和研究。由此，我对中国近现代思想文化学术史有了一个大致的了解，尤其是那些文化泰斗、学术大师、扛鼎巨著、思想流派、异说纷争等，更令我铭刻在心，萦绕于怀。直到今天，每每回想起那段英英历历、千唱万和的历史，仍然是激动不已。

从1912年中华民国成立到1949年中华人民共和国诞生，是中国历史上由旧民主主义革命转变为新民主主义革命，并逐步取得革命胜利的时期。前后两次历史性的开国，前者结束了延续两千多年的封建帝制，后者标志“中国人民站起来了”。其间38年，是中国社会逐步实现由旧到新的转变时期，与该时期社会经济、政治的变革相适应，中国文化也在古今中西文化的冲突、反思、融合中变革着、发展着：社会文化的结构和内容在更新，西方文化被大量引进，中国传统文化也适应时代变革而被重新阐扬；一些原有学科的内容、体系在变革，许多新的部门文化纷纷兴起；出版了近十万种图书和无以计数的出版物，其中有不少革故鼎新、出类拔萃之作；中等以上学校培养了近五百万名学生，产生了一大批享誉海内外的政治家、思想家、哲学家、文学家、史学家、经济学家、教育家、科学家，等等。这一时期在文化上取得了卓越的成就，尤其是“自从中国人学会了马克思列宁主义以后，中国人在精神上就由被动转入主动。从这时起，近代世界历史上那种看不起中国人，看不起中国文化的时代应当完结了”。

现代中国社会的经济和政治，是现代思想文化的源头。半殖民地半封建社会的基本矛盾是当时中国的根本国情，制约着现代中国文化的主题、结构、性质、内容和特征。“没有资本主义经济，没有资产阶级、小资产阶级和无产阶级，没有这些阶级的政治力量，所谓新的观念形态，所谓新文化，是无从发生的。”但是从思想文化的相对独立性的角度来考察，中国现代文化是从古代的、近代的文化发展演变而来的。中国传统文化基本精神的演变，近代中西文化的冲突与融合，社会文化结构的变化，以及知识分子群体的历史走向等，都对现代中国文化的发生、发展有重要的影响。

纵观20世纪初年至1949年中国文化的发展历史，一般以五四运动为界分为两个不同的历史时期。在“五四”以前，中国文化的基本状况是，由甲午战争后起始的资产阶级文化运动已经开展起来，资产阶级新的文化体系逐渐形成，进化论、天赋人权论和资产阶级共和国思想成为新文化各个领域的指导思想，而新文化领域各部门也都为宣传民主、自由、平等服务。这时，文化战线上主要是资产阶级新文化与封建主义旧文化的斗争，学校与科举之争、新学与旧学之争、西学与中学之争都带有这种性质。资产阶级在领导文化变革中起了非常重要的作用，并为中国培养了一大批能够站在时代前列、代表中华民族“讲话”、“呐喊”的思想家。可是，他们无力战胜帝国主义文化和中国封建文化的反动同盟：中国资产阶级文化革命同其政治革命一样，始终未能彻底完成。“五四”以后，由于国际国内形势的变化，由于马克思主义的广泛传播和中国无产阶级及其政党登上政治舞台，中国文化格局发生了变化，以无产阶级共产主义的文化思想为领导的新民主主义文化，联合资产阶级民主主义文化作为同盟军，向着帝国主义文化和封建主义文化展开了英勇进攻。

其基本态势是：其一，“五四”以后的30年，是中国社会的剧烈变革时期，是新民主主义革命逐步取得胜利的时期，与此相应，这个时期的中国文化仍围绕反帝反封建的历史主题，以传播、应用和发展马克思主义为主潮，以介绍和品评西方文化、重释和阐扬中国传统文化为重要内容，并以文化为武器来推动社会改革、人民革命和民族解放为根本目的。其主要成就，不仅表现在文化各领域、各门学科的变革与发展上，而且表现在马克思主义在中国的广泛传播、应用以及弘扬中国优秀文化传统上。其二，这一时期中国文化界出现了派别林立论战迭起的复杂局面。其中影响较大的论争有：东西文化之争、马克思主义与反马克思主义论争、中国社会性质问题论战和关于中国文化出路的论争等，这是当时多种社会经济与复杂阶级关系、民族矛盾在文化形态上的反映，也是古今中西文化之争与多种思想源流汇集于中国社会的必然表现。其三，就文化的主要类型及其发展趋势看：无产阶级领导的新民主主义文化，代表着中华民族新文化的方向；资产阶级民主主义文化，作为新文化营垒的一员，继续发挥反帝反封建、推进社会前进的作用；帝国主义文化和封建主义文化虽然占据统治地位，但是日薄西山，气息奄奄。中国新民主主义革命的胜利，在思想文化上是马克思列宁主义、毛泽东思想的伟大胜利，也是革命民主主义思想的伟大胜利，是帝国主义奴化思想和封建旧文化在中国的失败和破产。这是一个总的发展趋势，而在不同的历史阶段，中国文化的发展和演变各有其不同的历史特点。

具体到各个学科，几乎每个学科都有一批学术大家在辛勤耕耘，都有一批学术著作相继面世。从某种意义上说，中国具有现代意义的、门类齐全的学科体系正是在这一时期建构起来的。例如在历史学学科，1939年开明书店出版了周谷诚的《中国通史》，1940年开明书店出版了吕思勉的

《中国通史》，1949年三联书店出版了吕振羽的《简明中国通史》，1948年新知识书局出版了侯外庐的《中国古代社会史》，1949年商务印书馆出版了周谷诚的《世界通史》，1936年南京文化印刷社出版了吕振羽的《殷周时代的中国社会》，1947年商务印书馆出版了李源澄的《秦汉史》，1934年商务印书馆出版了王钟麒的《三国史略》，1948年开明书店出版了吕思勉的《两晋南北朝史》，1944年商务印书馆出版了陈寅恪的《隋唐制度渊源略论稿》，1946年商务印馆出版了金毓黻的《宋辽金史》，1947年上海中国文化服务社出版了孟森的《清史讲义》，1947年新华晋绥分店出版了范文澜的《中国近代史》，1937年商务印书馆出版了罗尔纲的《太平天国史纲》，等等。这些学术巨匠和学术巨作，使中国现代意义上的历史学学科正式建立起来了。其他学科如哲学、文学、教育学、民俗学、法学、图书馆学、博物馆学、考古学等，也是如此。学术史是全息的。后来者应该探源开流，继往创新，把我国的学术研究推向一个更高的层次。

大概正是基于上述原因，我组织同仁历时数载，编辑出版了这套《中国学术文化名著文库》，以飨读者。

是为序。

胡维革

2011年12月15日

于长春百汇街寓所

目录

目录

卷二

目录

目录

目录

卷七

卷八

目

录

下　编

卷一

目录

目

录

卷六

目

录

卷七

目录

目录

自　序

语曰："千里不同风，百里不同俗。"中国幅员辽阔，为千里者以十计，为百里者以千计，各自为风，各自为俗，风俗之不同，未有如中国之甚者也。以中国不同之风俗，数千年来，在统一国家之下，卒能相维相持于不敝者，其道安在？间尝求之而得其故，盖以学术统一而已矣。自汉武表章六经，儒术遂尊，佛虽盛于晋唐之际，出世而非人世，不能与儒家争政治之权。所以自汉以后，迄于清季，为儒术统一国家之时期，虽其间乱亡相继，而其由乱而治、由亡而存者，无不揭橥儒术，以为收拾人心之具，所以不同之风俗，而卒能归于统一者此也。西学东渐，功利之说兴，儒家仁义之说，不能与之相抗，学术分裂，各执一端，于是不同风俗之国家，遂无统一之望矣。夫求治之道，须因病施药，不可削足适履。学术既无统一之能力，当留意于风俗之习惯，而为因病施药之举。今之从政者，昧于中国情形，稗贩东西成法，强纳不适宜之中国，本无约束也，盛为自由之说；本无阶级也，盛为平等之说；本无资本家也，盛为经济支配之说；本不轻视农民也，盛为劳工神圣之说。多数人民，未受种种之痛苦，故对于自由、平等、经济支配、劳工神圣之说，漠然不动于其心；而为此说者，卒不能以之增进人民之幸福，适为少数人借为争权夺利之资。此不知国情者不足以言治道也。即其号为知国情者，亦知其一不知其二，于是甲唱一说，合于甲省之习惯，乙省之是否适宜不问也；丙唱一说，合于丙省之习惯，丁省之是否适宜不问也；推之戊、巳亦然。所以不周知全国风俗，而欲为多数人民谋幸福，纵极诚心，于事无济。韫玉有见于此，而力不逮，未能周行国境，一一详考其风俗，乃退而读方志，凡有关于风俗者，随笔记之，积成巨册。合肥阚君铁群，江宁郑君肖崖，及侄惠生，复从近人笔记、游记、日报、杂志中，节抄风俗之记载，成书亦复相埒，乃董而理之，以抄自方志者为上编，抄自笔记、游记、日报、杂志者为下编，编各十卷。庶几中华全国之风俗，虽非目睹，聊当耳闻。不敢谓足为从政者考镜之资，其有留心风俗之君子，实地调查，则此编或可为万一之助云尔。

民国十一年一月泾县胡韫玉朴安自识

卷一

顺　天

总　志

顺天府属州县二十有四，星罗棋布，壤接趾错，风尚不殊。然谚云“百里不同风，千里不同俗”，霸、文偏于南，与保定、河间相似；昌、密偏于北，与宣化、永平相似；宝、宁富庶，俗尚奢靡；平、怀狭隘，民情贪鄙——大同之中，不无微判。爰甄其岐尚者著于篇，以备在位者问俗采风，于以补偏救弊云尔。

民　风

顺天户口繁富，民风笃实；加以地多硗薄，人近朴陋。距京师数十里，即栖茅啜菽，一如穷乡僻壤。西北多山，民习勤苦；东南多水，民忧泛滥。唯通州、武清下接津沽，近年各国通商，轮舶翔集，大艑长舸，百货荟萃，民食其利，富厚日形。然华而不靡，勤而不惰，知得于观感者深矣。州县志类多追述前徽，有可讽世劝民者，如——

《宝坻洪志》曰：知县洪肇楙，适军粮城，失路，见一樵者，遣役问之。掖至舆前，问曰：“此何地名？”曰：“不知。”“尔住何庄？”曰：“不知。”“尔何姓名?”亦曰“不知”，蚩蚩木立。洪笑而释之，去数武，复伫望而笑。洪叹曰：“甚哉，民之醇也！其不见官吏也久矣，宜其始则茫茫然惊，继则嘻嘻然乐也！美哉俗乎！”《范书》载刘宠为会稽太守，狗不夜吠，民不见吏，庞眉皓发之老未尝识郡朝。史之所称，岂不懿哉！若夫役繁讼多，终岁之勤，半在官府，虽欲其愚，不可得矣。

《永清周志》曰：东乡滨河，河东韩村、陈各庄一带，地土硗瘠，多沙碱，不宜五谷，居民率种柳树。柳之大者伐薪为炭，细者折其柔枝，编缉柳器，贫民往往赖之。凡采柳在夏秋之交，早则液润而夭，迟则疏燥而强，皆不中于束缚。大者为筐，可容石许，小者或类盘盂，方圆径二寸，量其工力繁约而计其值。业编柳者，窨地为室，篝火其中，不知时日早暮。盖治柳枝，必先柔之以水，剥其青肤，莹白如荑，乃可屈曲，见风则脆而折，故就窨室成之。老幼男妇，穷日所为，八口乃可给也。横上居民，专以织柳为升斗量器。器良易售，云是有巧术，乡党相约，不得授法于女子，恐女子嫁别村，转授夫婿，争其业也。

《东安李志》曰：俗尚文雅，人多技艺，沉鸷而有材力，重许诺，矜豪侠，质性厚重。

《香河刘志》曰：丧家延僧众作佛事，以荐亡者。道场或三日，或五七日毕。送僧衬钱，僧必以十分之二送还主家。凡土木工匠，日久亦然。至今如此，亦醇风之一端也。

《三河陈志》曰：宾至则壶酒盘餐，绝无兼味；即缙绅富室，亦略无靡丽，其习俗使之然也。

《宁河丁志》曰：宁邑人多朴拙，然终岁勤动，游手好闲者绝少。各项工作，所操艺事，仅能成器备用，无有以近巧名者。而沿河庄户，皆以结鱼网为业，得微利，少可自赡。耕种之区，亲馌饷，佐耘耔，率以为常。碱薄下湿，地昼取茅、夜索綯，不减《豳风》景象。迩更勤于纺绩，司中馈毕，聚家之老幼，姑率其妇，母督其女，篝灯相对，星月横斜，犹轧轧纺车声达户外也。

《昌平宋志》曰：士则务实学，尚朴质，贫者多耕以自养。旧志所谓“足迹不入公庭，耳目不交市侩”，非虚语也。农则山居之民，以果树为业；山外者，专务力田。然素鲜盖藏，一遇凶年，支绌立见。

《房山佟志》曰：城内不乘舆马，无贵贱少长，出则于郭外乘之，入则至郭外下舆马步入。婚姻不择财势，唯择舅姑与婿之贤者相缔。迩来有尚财势，而晚多败弃者，邑人每以为戒。遇丧葬，务尽哀合礼，不以观美为悦；祭奠尽诚，不以牲醴错陈为丰。宾客会饮，将敬而已，不以华绮重簋互相炫耀；但醉狂豪呼，时露悲歌慷慨之概。不特贫贱单族服饰不尚侈靡，即富贵之家，只期庄雅为佳，较京师之繁缛、良涿之浮夸，称最朴焉。一切器物，但取坚质适用而已，不以雕镂金玉相竞尚。浑噩之气，独留于岩邑。

《霸州周志》曰：州西地皆平衍，民树桑枣、勤耕织。然当诸河之冲，频罹水患。东多水乡，饶鱼盐席苇之利；南汙下沮洳，不得耕播，民多业渔。其俗朴野，愚钝倔强，不肯屈折。每秋水泛滥，多弃业携家徙别所。郡北沙薄不宜谷，民种榆柳、植瓜果，与诸屯接壤，有军卫风。

《保定成志》曰：敦好礼义，崇尚廉耻。婚姻以时，随其贫富；丧祭唯礼，称其有无。钱粮如期而纳，诉讼输诚而理。不事浮靡之习，颇有笃实之风，其事均有足传者。

冠　礼

士大夫家，子弟十六，父命加冠，或岳丈为婿加冠。（《良乡杨志》）

婚　礼

先遣媒妁问名，取女年庚合婚。亦有男女亲长作保亲者，不以合婚，

谓之撞婚。（《通州高志》）

择吉具红柬，央媒衣冠上门，四拜献柬。（《蓟州沈志》）行定礼，用钗钏铀帛及羊酒果饼等物。将娶，行聘礼，用衣饰及羊酒果饼等物，俗名下茶，又名过礼。将娶，先期婿家备礼物及鸡席送女家，曰催妆；女家送妆奁，仍以鸡席归婿家，曰铺床。妆奁丰俭，各称其家。前一日，曰花烛，男女家俱有戚友备礼称贺，各设吉席款待。（《通州高志》）

娶之日，男子亲迎，陈设灯烛，鼓吹至女家，女家为备酒醴敬迎，谓之喜筵。燕毕，女至婿家，夫妇同拜天地，行合卺礼。（《固安陈志》）

娶之次日，女家送果品等物，曰点茶。三日复送席，曰餪饭。娶后几日，行庙见礼，女家亲戚咸往婿家，曰会亲。九日，女家迎婿女至家，曰回门。九十八日，女家亲戚咸往婿家，曰作双九；或女家复迎婿女至家，曰回双。回九及一月，女家迎婿女至家，曰住对月；或婿先返，择日送女归。（《通州高志》）

丧 礼

初丧辟踊哭泣，扶尸于床，覆衾其上，悬纸马纸钱于门。（《固安陈志》）

诣五道、土地等庙，焚烧纸求魂。三日始殓。（《良乡杨志》）

属纩含敛，男括发，女去头饰，乃成服。告于乡社之庙，日三次，三日乃止，谓之报庙。书死者姓氏年月榜于门，谓之殃榜。（《固安宋志》）

讣告亲族，饭用不熟者含。孝子衰麻，哭无时。一日，合家不举火、不食，孝子浴亲尸，而置米盐钱物于棺内，殓入棺。柩停院中，上覆以棚，亲友皆临吊，孝子稽颡答拜。每逢七日，必备筵奠，谓之做七——七者，戚也。（《固安陈志》）

世俗多修佛事，士大夫家亦有遵行《文公家礼》者。（《东安李志》）

逾月而葬，或有停丧至数年者。及筮葬，富者盖席为棚，家祭，请题

主，祠后土，以文武甲第主之。(《固安陈志》)

发引前一日，戚友赙吊，曰封灵。士大夫家，延庠生行迁柩礼。发引日，丧家或用僧道，士大夫家或用庠生于途，行遣奠礼。戚友束帛素服送殡，或设路祭，或设祭品于墓所，曰山头祭。(《通州高志》)

丧家散孝，有孝袍、孝帽；贫者设奠而已，亦设孝帽。(《固安陈志》)

葬实土，或坟封而不树，三日孝子增筑新土，谓之圆坟，亦谓之暖墓。(《通州高志》)

至清明日必填坟。持丧二十七月，百日不薙发，遵制与京师同。(《固安陈志》)

送丧有拟司会，以其法度整肃拟于官司也。乡人或二三十人，多寡不等，各为一朋；每朋推年尊者三人为长，次又推一人为主事者司出纳，众咸听约束。一会各出银钱，主事收掌，遇各人及亲识有丧，则约齐于晡时往吊，量出会钱，以为奠赙，谓之坐宿；发引时，各具幡幢会送。凡行礼，坐立皆以齿，拜跪参差者有罚，冠裳秩秩，少长随行，殊可观也。(《顺义黄志》)

祭　礼

士大夫家，凡有庙堂者，祭于庙堂；无庙堂者，室中设一龛，奉神主。逢节祭拜，朔望焚祝，出入祗告，四时供鲜，生子、娶妇诸事必祭之。(《良乡杨志》)

清明节，祭扫先茔，悬挂纸，放起花，奠于墓所，比户皆然。回集家庙，广设几筵，合族会食，欢洽竟日。亦有取次分门，在家会饮者。七月十五日献麻谷，十月一日送寒衣，除夕、新节、元旦悬像设供，家家致祭。遇祖先忌日，请主在堂，具牲醴，举家拜奠。三年服阕，肃傧相，备献仪，祝告先灵，易凶从吉。不烦不怠，犹有古风。(《宁河丁志》)

岁　时

正旦五更时，农家秫秸一节擘开，依次挖十二孔，以配十二月，即以大豆十二枚置其中，线缠合之。质明开视，数至某月，豆涨大，则某月多雨，无不验者。清晨，牵驴一头，随喜神方位驱之，谓之迎喜神。（《固安陈志》）　祀神祇，先换新衣。谒官师，拜尊长，亲识往来交拜。候阴晴，观日色，以占年岁丰歉。预治肴蔬，三日内不煮生、不煎炒，迎喜神、贵神。（《良乡杨志》）

初二日，每家于祖茔焚纸钱，行四拜礼。（《固安陈志》）

初七人日，携酒登高。（《良乡杨志》）

自一日至十日，以阴晴卜六畜、人谷、菜果之丰耗。（《三河陈志》）

元夕，好事者先期按户敛钱，为灯烛费，谓之灯会。（《固安陈志》）

十五至三十日，二泗娘娘庙有庙场香会。（《通州高志》）

十六日为耗磨日，宜饮酒，忌开仓库。（《东安李志》）　久患眼疾，以艾炙瓦窑即愈。（《房山佟志》）

二十五日，俗以为仓官诞辰，用柴灰摊院落中，为囤形，或方或圆，中置爆竹以震之，谓之涨囤，又谓之填仓。（《永清周志》）

二月初二日龙抬头节，人家以石灰引白龙，入以小灰，引黑龙出。亦有以小扁食祀者。（《宁河丁志》）　以水和面如粥，置油于釜，熟食之，名曰煎饼。（《固安陈志》）

自初一至初三，各置土地庙，演戏祀神。十九日，北坝菩萨庙有庙场香会。（《通州高志》）

三月三日，病创者多以长流水洗之，即古人修禊遗意。（《涿州吴志》）

初二日，孤山庙有庙场香会。（《通州高志》）

清明，各祭于先茔，加新土，供牲醴，焚纸钱。祭毕，乃燖馔享馂

余，少长咸集，谓之清明会。（《固安陈志》）　　有丧之家，三年内于春首戊寅日以前祭新坟，不过天赦日也。（《通州高志》）

自十七至十九，杨富店娘娘庙有庙场香会。（《通州高志》）

二十六日，俗称为本县城隍生日，相率赛会，奉神像，导以鼓乐旗幡，迎于街，及庙而止。（《永清周志》）

二十八日，俗为东岳诞辰，州人诣北阙东岳进香。（《涿州吴志》）　留台光三元宫庙会。（《房山佟志》）

自二十七至二十九，东岳庙有庙场香会。（《通州高志》）

谷雨，贴逐蝎图于壁以压之。（《东安李志》）

四月，自初一至十五，宏仁桥娘娘庙、张湾广福寺，俱有庙场香会。（《通州高志》）

俗不养蚕，妇人无事，自初春时即治秋令衣服，必于此月告竣。（《固安陈志》）

初八日，登崆峒山，赛崔府君神。（《蓟州沈志》）

十八日，天开娘娘庙会。（《房山佟志》）

登五名山，赛圣母会。（《蓟州沈志》）

草寺娘娘庙有庙场香会。（《通州高志》）

二十六日，本县城隍生日，赛会。（《顺义黄志》）

二十七八日，城内外四处药王庙，有庙场香会；（《通州高志》）男女上庙进香，络绎于道。（《东安李志》）　　北阙九神庙，有庙场香会。（《通州高志》）

五月初一日，本州城隍（自四月晦日至初一日）庙场香会。里二泗娘娘之庙，亦于初一日有庙场香会。（《通州高志》）

端午日，城邑皆佩艾叶，饮雄黄酒，食角黍，亲友交馈；村中第食角黍而已。（《固安陈志》）　　系采丝于小儿背，谓之长命缕。（《东安李志》）

十三日为关帝诞，自初一至晦日，王恕园关帝庙有庙场香会。（《通州高志》）

夏至，戴蓖麻子叶、长命菜——即马齿苋也。（《涿州吴志》）

六月六日，汲水浸物，经久不坏。（《三河陈志》） 曝书及衣服，为冰雹会。（《固安陈志》） 曝衣。（《通州高志》） 农家以土谷神挂于地头，名曰挂土地头。（《香河刘志》）

十七日，俗称本州城隍诞，有庙会。（《通州高志》）

二十三日，赛火神庙。（《蓟州沈志》）

二十四日，为分龙会。（《固安陈志》）

七月七日，妇女乞巧，投针于水，借月影以验工拙。（《良乡杨志》） 至夕，设瓜果酒脯，祭织女。（《固安陈志》）

十五日，作盂兰会，放河灯。（《固安陈志》） 或于衢路，曰旱道灯。（《东安李志》） 携楮钱，登陇墓祭奠。（《固安陈志》）

八月二十八日，城隍诞辰，赛会。（《蓟州沈志》）

九月九日，乡农散工，开六畜栏，牧于田野。（《三河陈志》）

冬至日，行释菜先师礼，悬像或设主，师生以次肃拜。奠献毕，敬撤像，主则跪焚之。弟子拜先生，窗友交拜，谓之拜冬。（《固安陈志》）

腊月八日，腊八粥必于五更以前食之。俗传食粥早，则五谷之收成亦早。（《固安陈志》）

除日，各随家之贫富，预备酒肴果物，以给新岁之需。易门神桃符，贴春联，以祓不祥。居丧之家，必登门拜之，谓之拜孝年。至朝，则日高三丈，犹闭户不出也。

山　东

济　南

泰山之阳则鲁，其阴则齐，带砺山海，高壤数千里，宜五谷桑麻，多文采布帛鱼盐。其俗宽缓阔达而足智，好议论，地重难动摇。（《史记》）

俗弥奢，织作冰纨绣绮纯丽之物，号为冠带衣履天下。（《汉书》）

齐部舒缓养名。（《汉书·朱博传》）

水道遒劲而急，故其民粗而好勇。（《管子》）

齐郡风俗，男子多务农桑，崇尚学业。（《隋书》）

齐固为文学之国，然亦以朋比夸诈见于习俗。（曾巩《齐州诗序》）

济南人敦厚，阔达多大节。（元程口《遂间堂记》）

历城县

重农桑，崇学业，乐输将，敦气节，其大较也。而四乡三关，风尚各异：南乡务耕牧，椎鲁畏法，而近关杂处，人多剽悍；东乡习耕读，聪察善讼，俗号殷富，士多出仕，而近关者稍朴鄙；西乡亦务稼穑，知诵读，近关之士多雅秀而文，然稍失之华；北乡则专治畦圃，敦朴无他营，最为近古。（《邑志》）

章丘县

关厢士民杂居，商贾辐辏，营机利，多驵侩。西锦平旷，俗勤耕作。东北为清平乡，多业桑，蚕成，织纱绢，为利不赀。南则东锦清河上下，菱芡苇蒲均资其利。西南夹山而居，即依山为业。士知读书，好吟咏；女勤织纺，奋节义。（《邑志》）

邹平县

民业农桑，士知礼义，性俭朴，居处不事商贾；妇女蚕桑之外，兼务纺绩。婚娶视家丰啬为礼，丧葬颇崇外饰。（《邑志》）

淄川县

自昔崇尚经术，敦励名节。今其俗犹循礼让、急租赋，爵名词翰甲于他邑，岁时伏腊尚不失先民遗义，而丧葬则专事繁华。（《邑志》）

长山县

民无游惰，务农桑而轻贸易；士绝奔竞，尚文学而重婚姻。（《邑志》）

新城县

文学彬彬，甲于他邑。民朝免襁负，夕秉耒耜，无敢淫佚。妇则布襦蓬首，操作恐后。士眈咿唔，严尚师友。薄婚娶，而厚于丧礼；重交际，而俭于居恒。殆古风之犹存者。（《邑志》）

齐河县

士大夫崇尚礼让，不事干谒。庶民男耕女织，茹藿被毳，少有牵牛服贾于远方者。嫁娶丧葬之礼秩秩由旧。士□□□不务纷华，□修之暇门外□力于南亩。淳朴之风亦概可见矣。(《邑志》)

齐东县

贵礼尚义，长老有勤俭之范，子弟多弦诵之风。(见刘敏中《齐东学记》)

妇女务蚕绩，一切公赋、终岁经费，多取办于布绵。(《邑志》)

济阳县

士好经术，矜名节；民务农桑，负意气。婚丧相助，奖善嫉恶，不遗余力，犹为直道而行者。(《邑志》)

禹城县

祝阿县俗，宾婚大会，肴馔虽丰，至于蒸脍，尝之而已；多则谓之不敬，共相消责，此其异也。(见《隋书》)

作息随朝暮，耕凿供饮食。农余恣歌谣，击壤忘帝力。恍如唐虞民，哪知齐鲁域。(见任宗美诗)

临邑县

生齿繁盛，习尚淳庞。地无遗利，人惯贸易。邻里亲党，洽比一堂。疵贱不受非笑，尊富不事矜夸。　　诗书之业，比屋彬彬；弦诵之音，噭

于丝竹。士多知耻，罔事干谒。男耕女织，外内克勤，急公趋赋，无用督责。（俱见《县志》）

长清县

淳厚不佻，男多愿悫之行，女无艳冶之饰。荐绅多高尚，士厉廉隅、甘退让，有古礼教之遗。民务樵采、种菜茹、勤纺织，皆有事畎亩，以自食其力，无轻去其乡者。又其俗急公赋，而拙于生殖。冠婚丧祭，各成礼，弗为鄙啬，而财用较他邑独贫。古所称士敦工朴，商悫女□，庶几近之。（《邑志》）

陵　县

平原故址，其地无高山危峦，其野少荆棘丛杂。马颊高津，径流直下，无委蛇旁分之势。故其人情亦平坦质实，机智不生。北近燕而不善悲歌，南近齐而不善夸诈。民醇俗茂，悃愊无华。（见《邑志序》）

德　州

当水陆之冲，五方杂揉，语言嗜好，亦区以别。　　齐鲁风教犹存，故士重廉耻、敦礼义，庸人、妇女亦知尽孝仗节。　　人文飚起，名卿蝉联，实甲山左。（俱见《州志》）

德平县

人尚忠勇，家业农桑，风俗淳厚。惜其小民，犹有顽梗好讼者。（《邑志》）

平原县

崇孝悌，惜廉耻，畏刑辟，习俭素。乡之长老，多厚重谨愿，读书敦本，实其仕进，卒砥砺名节。农工商贾，皆务敦笃，不敢犯非分。妇人亦慎内闲而修女职。无论贫富，于古盖庶几焉。唯婚嫁、丧葬，专事华靡。（《邑志》）

兖　州

周以少昊之墟，封伯禽为鲁侯，其民有圣人之教化。　　濒洙、泗之水，其民涉渡，幼者扶老者，而代其任。俗既益薄，长老不自安，与幼少相让。故曰："鲁道衰，洙、泗之间，龂龂如也。"孔子乃修"六经"，以追述唐虞三代之道。弟子受业而通者，七十有七人。是以其民好学，尚礼义，重廉耻。　　地陿民众，颇有桑麻之业，无林泽之饶。俗俭啬爱财，趋商贾，好訾毁，多巧伪。丧祭之□□备实寡。然其好学，犹愈于他俗。（俱《汉书》）

□人重织作，机杼□□□。（唐李白诗）

人务耕桑，朴而不华，有古风趣。（《图经》）

兖州旧界，介于河、济，地非险固，□杂数国。秦汉以降，政理混同，人情朴厚，俗有儒学。（《文献通考》）

滋阳县

士风和厚雍容，不事奔竞。民亦畏法，为狙诈习。婚丧从俭，衣服布素，有先王之遗。（《邑志》）

曲阜县

韩宣子谓周礼尽在鲁，汉高祖谓守礼义之国。今时代虽远，而冠婚丧葬，一禀《曲礼》。古道犁然，宛乎周情孔思焉。（《邑志》）

宁阳县

士敦礼让、勤诗书，不事虚名，非公事不履县庭，衣冠咸尚朴质，尤急公输税，以为齐民倡。民多椎鲁，家务耕菑。（《邑志》）

邹　县

邹人东近沂泗，多质实；南近滕鱼，多豪侠；西近济宁，多浮华；北近滋曲，多俭啬。（《邑志》）

泗水县

周孔之教，衣被独多。士廉而朴，不习进取；民质而惰，不善盖藏。四民之业，农居六七，贾居一二。婚姻称家，烝尝宴会，奢俭得中。（《邑志》）

滕　县

自齐封田文于薛，为孟尝君，而好士，招天下任侠奸人入薛中六万余家，故其俗多桀骜子弟。汉兴，叔孙通明礼乐，诸弟子共□，于是翕然大变，彬彬乎邹鲁之旧矣。（《邑志》）

峄　县

简朴务稼穑。士亦循循慕学，有古风。峄故鄙小，春秋以降，逮于明季，变更不一。其质直怀义类鲁，其宽缓阔达类齐，其轻剽任气类楚。虽洙、泗之教，犹在人心，而迁染于诸国者，亦多有之。(《邑志》)

金乡县

地大人稠，俗朴风古。(见《方舆胜览》)

士专弦诵，民务耕锄。厚重似西北，而不伤于僿；文采似东南，而不伤于侈。(《邑志》)

鱼台县

古之方舆，壤接丰、沛，在漕河之旁，地多沉斥。其俗谨厚畏法，词讼甚简。嫁娶省约，不论财贿。(见《郡邑志》)

济宁州

士俗古远，风流清高，贤良间生，掩映天下。　君子以才雄自高，小人则鄙野难治。青衿向训，黄发循礼。耒耜就役，农无游手之夫；机杼和鸣，织罕嚬哦之女。(俱唐李白《在城厅壁记》)

嘉祥县

弦歌旧地，圣泽犹存；文学蔚兴，名贤辈出。　俗尚淳厚，民多务本，椎鲁文少，宁野之风，犹有取焉。(见《邑志序》)

汶上县

汶俗宽博易直，不为小文，有大国之风。负山而居者，守桑麻之业；其余瘠土，亦勤于稼。而濒汶一带，擅水土之饶，气盈计广，奢诡互用，近漕比庐，仰食机利。西乡则宜木绵，纺车之声，闻于四境。距城二百里许，土旷民悍，视负郭者，如异地然。(《邑志》)

阳谷县

土多厚湿，半为沙砾，无山林之沃。邑少科甲，士民勤俭，无所纷华，唯居城者稍侈靡。　　良民早输租赋，重犯法。士大夫尤为近古，□讪上好□□。(俱见《邑志》)

寿张县

邑僻而狭，壤多潟卤。士风俭朴，与阳谷同。而仕宦之族为盛，亦多在张秋云。(《邑志序》)

地虽偏小，实近圣居，其被洙、泗杏坛雅化更切。户口虽少，男耕女织，忮求奸慝之念不作；学校诸生，义路礼门，夤缘请托之事不为。(见《邑志序》)

东　　昌

周末有子路、夏育，人民慕之，故其俗刚武，尚气力。(《汉书》)

汉韩延寿为东郡太守，表孝悌，修治学宫，间行县，召长老，问以谣俗。因与杂定嫁娶丧祭仪品，数令文学校诸生皮弁，执俎豆，为吏民倡。

是时政教大行，最号易治。旧传太公、康叔之教，亦有周、孔遗风。今其人尚多好儒学，性质直怀义，有古之风烈。(《隋书》)

人尚劲悍，民事渔猎。(元《方舆志》)

俗近淳厚，知礼逊，习俗节俭。　　人多读书，士风彬彬，贤良宏博。(俱《明一统志》)

聊城县

近邹鲁之乡，沾孔孟之化，初尚夸诈，后变淳良。务稼穑治生，不喜为吏。嫁娶不论财币，丧葬不尚僧道。百姓急公趋赋，虽有诅告，而无健讼者。(见《郡邑志》)

堂邑县

士风娴秀，善唇齿。婚丧颇循古仪，虽华弗佻。小民勤身服镈，不业非分。(《邑志》)

博平县

丈夫力耕作，妇女勤纺织，经生勤诗书。雅尚名节，重齿让，畏刑罚，邻里和睦，讼讦稀有。(《邑志》)。

茌平县

地近圣居，重礼教而尚名节；人多淳厚，好文学而务农桑。(《邑志》)

莘　县

士渐邹鲁风，民习莘郊俗。穷达不变，贫富相周，风俗之厚，有自来

矣。（《邑志》）

清平县

居民鲜少，土坦茅屋，平沙曼衍，俗近朴约。城以西，多土族，多磊落阔达。（《邑志》）

冠　县

土薄俗俭，大与莘类。士风倜傥，耻尚龌龊。人知孝义，丧祭以礼。不竞淫巧，不事告讦。（《邑志》）

临清州

俗近奢华而有礼，士虽务名而有学。文教聿兴，科第接踵，衣冠文物，甲于东方。舟车毕集，货财萃止，服贾之民，亦什居其六焉。（《邑志》）

馆陶县

风气淳和，士驯雅好文。密迩临清，服室侈华。自监兑境上居民，馆中州富户，而利其奇赢，俗争弃农矜贾。（见《郡邑志》）

邱　县

邑错广平而治。士谨愿朴野。百姓务稼穑，有垂白不涉公庭者。但俗猛悍，大类燕赵气习。（《邑志》）

恩　县

恩为齐赵之交，人多直率，负气节，好恶近直道，盖自有慷慨悲歌之遗。丧葬如古礼，婚嫁类骛侈靡，冠、时祭间能行之。(《邑志》)

高唐州

台表弦歌之化，地维礼义之邦。圣贤之遗迹可寻，邹鲁之遗风未泯。(元阎复《重修庙学记》)

风土醇沃，物产森茂。(明梁□《儒学记》)

百姓攻苦力穑，无声伎狗马之好。　士大夫笃行谊、耻浮薄，机械之巧不足，而忠信有足肖焉。　古爽鸠氏之墟，风俗朴野。降及中世，风气渐开，贤才迭出，蔚为中原文献之邦。(俱见《州志》)

夏津县

民务耕稼，士习诗书。节俭之风，自古而存；浮华之俗，逮今而革。(《邑志》)

武城县

邑故文献之薮，士风微重矜节，耻与时俯仰。小民以蚕绩耕稼为业，奉法远罪，俗在刚柔之间。(见《郡邑志》)

青　州

季札闻歌齐曰：美哉！泱泱乎，大风也哉！表东海者，其大公乎？国

未可量也。（《左传》）

以太公之圣建国本，桓公之盛修善政，以为诸侯会盟称霸，不亦宜乎。（《史记》）

初太公治齐，修道术，尊贤智，赏有功，故至今其士多好经术，矜功名。其失夸奢朋党，言与行谬，虚诈不情，急之则离散，缓之则放纵。

临淄、海岱之间一都会也，其中具五民云。（俱《前汉书》）

物饶三服丽，居乐五民游。（唐柳宗元诗）

商农阜通，儒侠杂居。（李承之《知青州制》）

民俗富完，而凿井耕田，各安其业。（宋欧阳修《知青州谢表》）

锦绣絺纻，皆兴于齐景公，喜奢而忘俭；幸有晏子，以俭率之，然犹不能胜。齐俗之侈，盖自景公始。（《困学纪闻》）

人情变诈，好行机术。逮于汉世，儒雅盛兴。今古风俗颇华，亦有文学。　　性缓尚儒，仗气任侠。（俱《文献通考》）

益都县

士有退让之习，民无告讦之风。　　阛阓以居，正而不谲；杼轴其空，贫而不怨。其奉上也严，惴惴以礼自持。非公正不入令署，俗至厚也。（俱见《邑志》）

土厚水深，家给人足。（宋王曾对真宗语）

临淄县

临淄甚富而实，其民无不吹竽鼓瑟，弹琴击筑，斗鸡走狗，陆博蹋鞠者。（见《史记》）

人勤稼穑，家鲜盖藏。（《邑志》）

博兴县

地朴民淳，男耕女织。无奇技淫巧以荡其心，亦无游人异物以迁其志。泽以诗书，则为文物之邦；敦以礼教，则成信义之俗。大非夸诈之比。(《邑志》)

高苑县

土碱民贫，性刚好义，尤重婚丧之礼。　　业儒者十之三，服耕者十之六，鬻贩者十之一。君子则朴茂少文，小人则冥顽无知。(俱见《邑志》)

乐安县

濒海瘠卤，民务耕桑，终岁竞竞不给，盖北偏穷处然也。士夫矜名节，而多建白。士朴亮，民戆直。(《邑志》)

寿光县

平原沃泽，桑麻翳野。人皆力农，逐末富者少，大约皆本业之民。俗事蒐猎，秋获涤场以后，臂鹰旋置者，常错交于道。其猶间《卢令》之遗风乎？(《邑志》)

昌乐县

生计艰，故无纷华；托业薄，故无远大。士习愿朴，民务农桑，间亦逐什一之末。冠婚丧祭，犹见古风。(《邑志》)

临朐县

朐界岩邑，浑拈未漓。其缙绅恬退，子衿诵读，不事奔竞。农勤耕桑，习织纴，赋税乐输。冠服遵制，婚娶近古，丧祭宴会稍奢华。（《邑志》）

安丘县

地界潍、汶之间，风俗朴鲁。其世家好礼文，富人商贾为利，里井务本。士矜功名，女敦节烈。丧礼靡侈，用音乐。（《邑志》）

诸城县

敦淳朴，习礼义，崇俭约，婚丧交相为助。好学尚儒，勤生啬施。（《邑志》）

至今东鲁遗风在，十万人家尽读书。（宋苏轼刺密州诗）

博山县

民风朴愿，士有学行。瞻颜文姜之祠，孝思兴起。然而本业不足，治末有余。至于凿山煮石，蹈水火而弗息，则以其土瘠也。（旧《颜山志》）

登　州

英雄豪杰之士，甲于京东，文物彬彬，而豪悍之习自若。（《舆地记》）

登、莱、高密，负海之北，楚商兼凑，民性愎戾而好讼斗。大抵东人

皆朴实纯直，甚者失之滞固，然专经之士为多。(《宋史》)

人淳事简，地瘠民贫。(苏轼《登州谢表》)

民多朴野，性皆犷直，犹有古风。凡有施为，质多文少。(《元志》)

苏轼游宦之邦，文章所薰染，礼乐所渐摩，士风之秀，如亲登坡老之门。(《图经》)

蓬莱县

蓬莱介乎山海之间，土疏水阔，人性刚强。　　蓬故齐之东鄙，民淳而俗简，犹为近古。(《邑志》)

黄　县

濒海之民，淳质易治。(见《学宫记》)

娶妇之家，不举乐，宴客，衣服不绮靡。男耕女织，以逋赋为耻，讼狱不事无情之辞，不世役奴婢。(《邑志》)

福山县

民俗敦厚，无异邹鲁。(福山《庙学记》)

宦无异于士，士无异于民。民之为农者什九，为吏者什一。以急公家、完赋税为先务，以崇廉耻、重敦睦为本□。(《邑志》)

栖霞县

人淳无寇盗，地卤少桑麻。(栖霞尹李惠诗)

田多砂石，耕获完官，不足糊口。山阜草丰，间事樵采。滨海之利，七属皆资，唯栖不与。地产木绵，无论绅士及农家男妇，皆纺织以自衣

被。(《邑志》)

招远县

四民有常业，六礼有常仪，岁时有常节。宁朴无华，宁俭无奢。(《邑志》)

莱阳县

民之气习醇雅，为士者敬慎而好礼，且勇于为义。(见《邑儒学记》)

宁海州

宁俗尚节义，化重闺阃，贞女烈妇，不胜旌表。　　缙绅节俭，崇礼让。为士者衣布食蔬，不事华耀。农务耕田，间治蚕桑；无田者佣作疏圃，劳过于农。什物器用，亦朴质无奇。(《邑志》)

文登县

士好经术，俗尚礼义。(见《庙学记》)

近海早寒，商贾不通。传习圣人之书，男耕读，女纺绩，人罕逐末。

俗尚幽贞，质掩其文，有葛天氏之风。(俱见《邑志》)

海阳县

民俗醇朴，士习娴雅。岁时伏腊，斗酒相劳，彬彬乎质有其文。(旧《大嵩卫学记》)

荣成县

近山者，土瘠而鲜盖藏；近海者，网利而无常业。唯诵读之声，犹与机声相间，文之余也。（旧《成山卫志》）

莱　州

东莱人尤朴鲁，故特少文义。（《隋书》）

人性刚强，志气缓慢。语声上，形容大，此水土之风也。（《寰宇记》）

莱夷作牧，贡篚以时，莫怠莫违。（扬雄《箴》）

京东东路，西抵大梁，南极淮、泗，东北至于海，有盐铁丝石之饶。其俗重礼义，勤织纴。（《宋史》）

胶西东并海，南放于九仙，北属之牢山，其中多隐君子。（宋苏轼《盖公堂记》）

男通鱼盐之利，女有纺绩之业。（《元志》）

掖　县

凭负山海，民殖鱼盐以自利。道里僻阻，商旅不通，其俗质胜乎文。（见《邑志》）

平度州

封域尚富强，人民多文采。　太公封于齐，修道术，尊贤能，赏有功，劝女红，极技巧。（俱见《邑志》）

潍　县

民务农商，有富庶之风；士勤诗书，多科贡之选。　　人文接踵于贤科，节义光昭乎简册。岩廊事业，闾巷结歌。沨沨乎，太公表海之遗。（俱见《邑志》）

昌邑县

俗尚质朴，敦本抑末。邻保相周恤，吏民鲜告讦。士类崇行谊，遵礼法，无把持请托之习。农家男妇，皆耕获纺绩，但濒海财乏，无复业商者。（《邑志》）

胶　州

人民朴野，躬勤耕织。士重风流儒雅，克敦志节。　　生理阔疏，民贫俗俭，颇尚节气。（俱见《州志》）

高密县

土地颇僻，人多务本。婚丧称有无以为礼。　　民习刚劲而任质直，士修行检而崇科目。岁时乡会，犹有礼让遗风。（俱见《邑志》）

即墨县

樵苏为业，鱼盐为利。淡泊自足，不尚文饰。　　士好经术，人务耕织。礼义之风，有足称者。（俱见《史记》）

武　定

太公以齐地负海舄卤，少五谷，而人民寡，乃劝以女红之业，通鱼盐之利，而人物辐辏。　周道四达，礼乐交通，数千余年。俗尚耕织，士崇经术。（俱《汉书》）

多才能重许，可任辛苦。（唐杜牧语）

劲勇而沉静，椎钝而少文。（宋苏轼语）

惠民县

人性朴质，而敦礼教；士尚节义，而励德行；民重廉耻，而畏刑罚。居城市者事商贾，服畎亩者力农桑。（旧《州志》）

东南之乡，地苦沮洳，然其民勤力作而恶游惰，故多富饶之家；西北之乡，人多强悍，每习刁健而好斗狠，遂为逋逃之薮。（元张起岩《文集》）

青城县

多才力，重许可。（见《三齐论》）

民醇俗厚，号为易治。（见《儒学记》）

丧葬有序，不泥形家。（《邑志》）

阳信县

风俗朴俭，男耕女织。饥者弗食，而忧田赋之不完；劳者弗息，而忧丁徭之无措。急公好义，古道存焉。近亦稍事侈靡，弃本逐末，丧葬婚嫁

为费不赀，闾里亦间多强暴。（《邑志》）

海丰县

逼处海隅，物产不繁，无艳佚骄纵之资。试经术者，笃忠勤；务力作者，敦本业。冠婚丧祭，一循礼度，盖古风尚有存焉。（《邑志》）

乐陵县

多务农桑，崇尚学业。朋比夸诈，见于习俗。其蔽也，或失之舒而缓，侈而丽。（《邑志》）

商河县

民务耕桑，而好靡费；士多聪敏，而鲜笃学。婚姻丧葬，互相周恤，绰有古风。（《邑志》）

滨　州

自泰山属之琅琊，北被于海，膏壤二千里。其民阔达，多匿知，其天性然也。　　俗好儒，备于礼，故其民龊龊。地少人众，俭啬，畏罪，远邪。（俱《史记》）

闾阎礼会，而百姓亲睦。（《汉书》）

尚气鸷戾。（元《方舆记》）

习尚敦厚，民皆务本。（《明一统志》）

衣服多朴素，饮食不尚珍异，居室极草陋，卤土渥涂，聊蔽风雨。然不浸不烁，尚亦有利交游，亦减烦仪。（见《州志》）

利津县

僻在海滨，土地碱薄，生理鲜少，唯土物是爱。故其俗浑浑朴朴，不见异物而迁。男妇自耕织外，不事操奇盈，以逐什一之利。士大夫不以朱紫相夸诩。喜庆贺饮，浊醪雅会，薄暮言归，不作长夜欢，盖有太古之风焉。（《邑志》）

沾化县

沾与邹鲁同风，故其民敦庞愿朴。尚行谊，力稼穑，尊吏肃法，而习于俭。且僻处海陬，不通商贾，曾不知坐列转贩，操奇赢以乘时之急。

士安于庠，农狎于野，相助相望，至老死不识官府，其浑闷之俗乎。（俱见《邑志》）

蒲台县

户有盐利，人习渔农。盖穆陵、无棣之间，一小□□也。（见《邑志序》）

地苦沙盐薄，人勤纺织良。（王玑诗）

沂　州

家家颜、闵，人人求、由，读先王之书，文质彬彬乎过人，弦诵洋洋乎盈耳，皆圣人之遗泽也。（《图经》）

俗尚清虚，人无争斗。（《方舆胜览》）

民淳物阜，桑土繁滋。（《沂州沿革记》）

在山川之间，地多陋陒，风气劲急。青、徐两界，其俗纯驳不一。（原《州志》）

兰山县

地广而民聚，俗敦礼让、好名誉，犹有古风。虽功名人物不逮汉晋时，而风气之厚，人情之朴，未改也。（旧《州志》）

郯城县

疆域广博，水土深厚。民俗质朴，勤于稼穑，有淳古之风。士习于庠，子衿无佻达之风；农耕于野，田间无游食之众；工安于肆，不作淫巧；商集于市，不鬻异物，亦几于淳朴矣。而轻悍刁讼、尚鬼信巫者，亦强半焉。（《邑志》）

费　县

山居谷汲，田多荒弃。向有长吏，加意垦辟，化为沃土。他邑就食其中，赴之如市。　　俗朴而劲，人物秀美，科第颇少，仕籍益寥寥焉。地善畜牧，有毡毳之利。操山茧，为压丝以自食。（俱见《邑志》）

莒　州

莒之为地，近于鲁，夙被周公、孔子之化；而曾子、子夏仕于其地，又树之以笃信诚悫之风。迄今士习民风，犹为近古。（见《州志》）

其地襟海带河，饶五谷薪蔬。士重礼节，耻奔竞。民朴而愚，不见纷华藻饰之习，素称易治。（载《州职题名记》）

蒙阴县

土瘠民贫，附庸于鲁，有鲁遗风。民无商贾，专务本业。家重礼教，户重仁义，从鲁也；士好经术，俗贱仆佣，从齐也。　婚姻不论财，祭葬必竭力。　士多质朴，不谙浮夸；民知急公，鲜逋赋税。（俱见《邑志》）

沂水县

其俗朴而俭，其民勇而直。修之以仁，则相爱；教之以礼，则相让；驱之以义，则力足以胜私；惕之以威，诱之以诈，则郁隐忍而不校。（见县署碑）

近俗最为质鲁，民多椎少文，衣布食粟，安环堵茅茨之间，不知世间有淫冶靡丽之事。游士不入其乡，豪强无所容足。（《邑志》）

日照县

濒海之民，尚朴素，务素读。工不作奇巧之器，商不蓄浮靡之货。

士子闭户读书，以德行文章相推重，奔竞事则羞称之。近亦急于谋生计，争锥刀。女流饶刚正，矢柏舟，慷慨赴义，不以为难，盖亦风俗之善云。（俱见《邑志》）

泰　安

邹鲁遗风，英贤不绝。（梁高祖美羊侃语）

邹鲁旧邦，临淄遗俗，俱沐二周之化，咸称一变之风。（唐骆宾王文）

风俗淳朴，而尚俭素。（明张从仁《文庙记》）

士尚诗书，民执常业。（明李锦《州志》）

浸淫于贸易之场，竞争于锥刀之末。（《邑志》）

泰安县

人才□□岳灵，其地多谈经抗疏之士。　　士大夫循□笃行，行古风者什之二三；而庶民之家，莫不骛纷华、美冠履以相矜夸。（俱见《旧州志》）

肥城县

土俗质直，犹有圣人之教化。地介齐、鲁之间，其俗互类。（《邑志》）

新泰县

尚质朴，勤稼穑。崇节俭之风，薄浮靡之习。岁时社会，贫富相资。丧葬有序，不泥风水。（《邑志》）

莱芜县

齐俗阔达，或失之侈；鲁俗忠信，或失之啬。莱介齐、鲁之间，其气质所生、习染所锢，亦若在齐囿齐、在鲁囿鲁者。（《邑志》）

东平州

其土沃衍，其民乐阜。其君子好礼，其小人趋本。其俗习于周公、孔子之流风余教，可驯以诗书，故多士族。宫室壮丽，其俗浩大宽舒，不为

促狭，亦不至华侈。而尚气任侠，不能匿情自饰，短长易见也。（《州志》）

东阿县

地近邹鲁，士知自重。俭不中礼，弛或逾绳，性澶漫少虑。不工生殖、虚浮，鲜盖藏。　　士朴而民侈，讼狱希简，不能为浮词。　　土壤瘠薄，山水峻急，鲜有千金之宝。其俗俭朴深沉，崇尚文雅，以风节相高，耻为奔竞。冠服居室，不慕鲜华，而礼文有不足焉。　　守礼畏法，租税无逋。（俱见《邑志》）

平阴县

古卢县地，城郭甚狭。厥壤南境坯垅墝埆，北境平衍，膏腴居半焉。民力耕耘，禾蔬肥茂。其士风质朴厚重，好兴礼让。而山谷之民，颇称粗犷。（《邑志》）

曹　州

昔尧作游，舜渔雷泽，汤止于亳，武王封弟叔振铎于曹，故其民犹有先王遗风。重厚多君子，好稼穑，恶衣服，以致蓄藏。（《前汉书》）

菏泽县

陶天下之中，诸侯四通，货所交易。　　矜廉隅，耻干谒。驯谨易治，赋税早完。男子专务耕织，不事商贾；女子治丝枲，纂组无惰。其醇朴大略不异古风。　　民间子弟，间习骑射，尚义勇。（俱见《州志》）

单　县

地广而辟，闾井繁庶。以耕桑为业，不通商贾。风俗俭朴，车服简素，赋税易完。(见《郡邑志》)

城武县

民俗坦夷，厚重多君子，无机械狙诈之习。婚娶不论财，棺衾务从厚。妇女不尚膏沐。食尚俭约，无故不杀鸡豚。宾客馈遗，稍近奢侈，故民多虚耗。　　士重名节、轻势利，有败行者，众非笑之。（俱见《邑志》)

巨野县

士颇读书，重廉耻，不事外饰，交情尚平淡。民务耕织，不好远游，急公奉法，颇驯良。女子重节义。丧葬礼仪，侈靡特甚。(《邑志》)

郓城县

地居鲁、卫之间，二国之风各半。民务稼穑，多读书，士风彬彬。聚会则相欢，守望则相助。重儒雅而轻势利，存廉耻而羞苟得。衣冠之家，相让无争，是以人物间出。土沃民厚，鲁西名邑。(俱见《邑志》)

曹　县

曹风深醇和厚，男耕女织，风俗可观。　　地饶而沃，生息蕃庶，故多世族。声名文物，号为华侈。(俱见《邑志》)

定陶县

邑颇狭小，而居民稠密。上壤平羡，实夷衍蕃息之区，近时稍务炫耀。然婚丧有不能举者，亲友共助之，二曹皆然，此为淳风耳。（《邑志》）

濮　州

野王好气任侠，有濮上风。（《汉书》）

其敦笃诚悫，文质适中，故前贤有“卫多君子”之言。（《图经》）

膺高阳之淳化，袭卫武之流风，渐被礼义之俗，共称仁厚之乡，学术日兴，民风日美。　　郡古颛顼之墟，风土深厚。其人皆博大魁梧，工藻翰，经学多师传。里中诸隽，间遇胜日，分曹赋诗，极文墨之乐。俗以门族相夸，田园宫室之奉，甲于山左。（俱见《郡邑志》）

范　县

士多阖门自守，非公事未尝登有司之堂。仕宦家不肯挟贵骄人。细民兢兢畏法，税课及期，虽贫者，悉贷钱以输，以故县无逋负。婚丧称家有无，宫室衣服宴会量乎贫富。若夫轻薄奸顽、拂众忤俗之辈，间亦未免焉。（《邑志》）

观城县

邑不满千户，俗慕儒雅，缔姻贵显，以是冒殷富名。今萧然靡敝，弦诵不辍响，士多雅秀，文风振起。（俱见《邑志》）

朝城县

朝邑风俗尤可观，士习诗礼，民务农桑，邻保有相助之风，乡党无偷薄之俗。　　礼际多从厚道，胶庠有体，闾阎急公；间有佻冶，亦不能为风俗玷。（俱见《邑志》）

山　西

总　志

河内曰冀州，其山镇曰霍山，其泽薮曰扬纡，其川漳，其浸汾潞，其利松柏，其民五男三女，其畜宜牛羊，其谷宜黍稷。　　正北曰并州，其山镇曰恒山，其泽薮曰昭余祁，其川虖池呕夷，其浸涞易，其利布帛，其民二男三女，其畜宜五扰，其谷宜五种。（郑康成注：五扰，马、牛、羊、犬、豕；五种，黍、稷、菽、麦、稻也。贾公彦：云五扰，马、牛、羊、犬、豕者，六畜中鸡为缓，故去之。云五种，黍、稷、菽、麦、稻者，若馈用六谷，则兼有苽；若民之要用，则去苽。故知是此五者）。

季札观乐，为之歌唐曰：思深哉！其有陶唐氏之遗民乎？不然，何忧之远也？非令德之后，谁能若是？为之歌魏曰：美哉！沨沨乎，大而婉，险而易行。以德辅此，则明主也。（注：晋本唐国，故有尧之遗风，忧深思远，情发于声。沨沨，中庸之声。婉，约也。险当为俭。大而约，则俭节易行。惜其国小无明君也）。

魏国风七篇（《葛屦》刺褊，《汾沮洳》刺俭，《园有桃》刺时，《陟岵》孝子行役、思念父母，《十亩之间》刺时，《伐檀》刺贪，《硕鼠》刺重敛。）

唐国风十二篇（《蟋蟀》刺晋僖公，《山有枢》刺晋昭公，《扬之水》

刺晋昭公，《椒聊》刺晋昭公，《绸缪》刺晋乱，《杕杜》刺时，《羔裘》刺时，《鸨羽》刺时，《无衣》美晋武公，《有杕之杜》刺晋武公，《葛生》刺晋献公，《采苓》刺晋献公。）

魏国风谱（《葛屦》、《汾沮洳》、《园有桃》、《陟岵》、《十亩之间》、《伐檀》、《硕鼠》。魏无世家，其诗当在平、桓之间。）

唐国风谱（《蟋蟀》，晋僖侯时系周惠王世。《山有枢》、《扬之水》、《椒聊》、《绸缪》、《杕杜》、《羔裘》、《鸨羽》，晋昭侯时系周宣王世。《无衣》、《有杕之杜》，晋武公时系周釐王世。《葛生》、《采苓》，晋献公时系周惠王世。周成王封弟叔虞于唐，至六世孙僖侯，唐之变风始作。唐之地尧都。诗人本其风俗，故云唐自僖至献公有诗者四，惠公已下无诗。）

魏地狭隘，其民机巧趋利，其君俭啬褊急，而无德以将之。（《诗小序》）

唐风土瘠民贫，勤俭质朴，忧深思远，有尧之遗风焉。魏地狭隘，民俗俭啬，盖有圣贤之遗风焉。（《诗传》）

河东之地平易，有盐铁之饶，本唐尧所居，《诗·风》唐魏之国也。周武王子唐叔在母未生，武王梦帝谓己曰："余名而子日虞，将与之唐，属之参。"及生，名之曰虞。至成王灭唐，而封叔虞。唐有晋水，及叔虞子燮为晋侯云，故参为晋星。其民有先王遗教，君子思深，小人俭陋。故唐诗《蟋蟀》、《山枢》、《葛生》之篇曰："今我不乐，日月其迈"；"宛其死矣，他人是愉"；"百岁之后，归于其居"。皆思奢俭之中，念死生之虑。吴札闻唐之歌，曰："思深哉！其有陶唐氏之遗民乎？"魏国，亦姬姓也，在晋之南河曲，故其《诗》曰："彼汾一曲"，"置诸河之侧"。自唐叔十六世至献公，灭魏以封大夫毕万，灭耿以封大夫赵夙，及大夫韩武子，食采于韩原，晋于是始大。至于文公，霸诸侯，尊周室，始有河内之土。吴札闻魏之歌，曰："美哉！沨沨乎，以德辅此，则明主也。"文公后十六世，为韩、赵、魏所灭。三家皆自立为诸侯，是为三晋。赵与秦同祖，

韩、魏皆姬姓也。(《汉书》)

赵地昴、毕之分野。赵分得赵国，而有太原、定襄、云中、五原、上党。上党本韩之别郡也，远韩近赵，后卒降赵分也。自赵分后九世称侯。四世敬侯，乃徙都邯郸焉。太原、上党多晋公族子孙，以诈力相倾，矜夸功名，报仇过直，嫁娶送死奢靡，《汉书》号为难治，常择严猛之将，或任杀伐为威。父兄被诛，子弟怨愤，至告讦刺史二千石，或报杀其亲属。钟代、石北（师古曰：钟，所在未闻。石，山险之限在上曲阳），民俗懻忮，好气为奸，不事农商。自全晋时，已患其剽悍，而武灵王又益厉之。故冀州之部，盗贼常为他州剧。定襄、云中、五原颇有赵、齐、卫、楚之风，其民鄙朴，少礼文，好射猎。雁门亦同俗，于天文别属燕。(《汉书》)

昔舜耕历山、陶河滨；禹菲饮食，恶衣服，卑宫室。此俭约之化，于今犹存。(郑康成《诗说》)

北土重同姓，并谓之骨肉。有远来有投者，莫不竭力营赡。若有一人不至者，以为不义，不为乡邑所容。(宋《王仲德传》)

晋有唐虞之遗风，其俗节财而俭啬。(北齐《刘子》)

河东、绛郡、文城、临汾、龙泉、西河，土地沃少瘠多，是以伤于俭啬。其俗刚强，亦风气然乎？太原山川重复，实一都之会，虽后齐别都，人物殷阜，然不甚机巧。俗与上党颇同，人性劲悍，习于戎马。离石、雁门、马邑、定襄、楼烦，皆连接边郡，习尚与太原同俗。故自古言勇侠者，皆推幽并云。然涿郡、太原，自前代以来，皆多文雅之士，虽俱曰边郡，然风教不为比也。(《隋志》)

冀州尧都所在，疆域尤广。山东之人，性缓尚儒，仗气任侠。(太行、恒山之东）而邺郡高齐国都，浮巧成俗。山西土瘠，其人勤俭。而河东，魏晋以降，文学盛兴，闾井之间，习于成法。并州近狄，俗尚武艺，左右山河，古称重镇。(韩信谓陈矿豨曰："代，天下精兵处。"后汉末，天下

扰乱，高幹为并州刺史，牵招说幹曰：并州左有恒山之险，右有大河之固。）寄任者，必文武兼资焉。（《通典》）

晋之故封，太行犄之，首阳起之，黄河迤之，大陆靡之。以稼则硕，以植则茂，以牧则畜，以鱼则庶，而人用是富，而邦以之阜。（《晋问》）

昔魏君俭啬褊急，近秦晋，日见侵削。平、桓之世，变风始作。（《诗叙》）

唐俗勤俭，故其民间终岁劳苦，不敢少休。及其岁晚务闲之时，乃敢相与燕饮为乐（朱子《诗》注）。

其风俗之厚，而前圣遗风之远如此。（同上）

自尧而至于周，盖千余年矣，而其风俗流传，固结于唐人之心。故其民间质实勤俭之习，亲爱和乐之思，警戒忠告之情，备见于《诗》。此其俗之所以为厚也。（安城刘氏《诗说》）

克勤克俭，所忧所思，虽无唐虞君臣之德业，而其发于《诗》者，与伯益告戒之辞，同条共贯。信乎前圣遗风之远也。（同上）

唐俗勤俭，勤者生财之道，俭者用财之节。圣人教人，不越乎勤俭而已。（丰城朱氏《诗说》）

河东路，盖《禹贡》冀、雍二州之域。而冀州为多，当觜参之分。其地东际常山，西控党项，南尽晋绛，北控云朔，当太行之险。地有盐铁之饶。其俗刚悍而朴直，勤农织之事业，寡桑柘而富麻苎。善治生，多藏蓄，其靳啬尤甚。朔方、楼烦，马之所出，岁增贸易，以充监牧之用。太宗平太原，虑其特险，徙州治焉；然犹为重镇，屯精兵，以控边部云。（宋《地理志》）

昔者唐室之衰，燕赵之人，八十年之间，竭力致死，不顾败亡，以抗天下之兵，而以为忠臣义士之所当然。（苏轼《燕赵论》）

战国之时，秦晋之兵，弯弓而带剑，驰骋上下，咄嗟叱咤，蜀汉之士所不能当也。然而天下既安，秦晋之间，豪民杀人，以报仇雠，椎埋发

冢，以快其意，而终不敢大变也。（苏辙《蜀论》）

其民倜傥而无所顾，负力而傲其吏，吏有不善而不能以有容也。叫号纷呶，奔走告诉，以争毫厘曲直之际。故夫秦晋之俗，有一朝不测之怒，而无终身戚戚不报之仇也。（同上）

全晋未分时，在春秋世，最为强国。其俗用意深远，有古帝王之遗风。（唐庚《悯俗论》）

昔人论五方之俗，以山西懻忮而好气，慷慨毅武，奇节之士，多出其间。（唐顺之《序》）

古之帝王，更都三河。读“园桃”、“园棘”，故其民至于今忧国而忠于主；“有枢”、“有榆”，故其民至于今喜乐而偷；“瞿瞿”、“休休”，故其民至于今长虑而却顾；“陟岵”、“陟屺”，故其民至于今孝；“闲闲”、“坎坎”，故其民至于今力穑；且“葛屦”见隘陋焉，“彼汾”见贫俭焉。（郭子章《晋论》）

陂塘潴，灌溉通，原隰垦，稼穑同。（《晋赋》）

士尚谦恭，民多醇古，恍不识不知之氓，一让畔让居之度。去华存俭，则素题越席之遗；忧深思远，其暑雨祁寒之故。（同上）

方　言（附）

汉扬雄《方言》：自关而西，秦晋之间，好曰妍。哀曰矜，或曰悼。凡大人少儿，泣而不止谓之咣。忧曰惄，或曰湿。凡物壮大谓之嘏，或曰忧。凡人之大谓之装，或谓之壮。凡相敬爱谓之亟。凡人语而过谓之遡（于果反），或曰佥。凡取物而逆谓之篡（音馔）。凡大貌谓之朦，或谓之庞。美色谓之好，或谓之窕。凡细而有容谓之魏（魏魏，小成貌），或曰徥（度皆反）。凡物小者谓之私小，或曰纤。凡病不甚曰殗殜（音厌叶，半卧半起也）。物力同者谓之台敌。凡全物而体不具谓之倚。凡愧而见上谓之裓，痛曰憡，猛曰撊（呼旱反）。息喙坚曰锴。凡取物之上谓之挢捎；炊薪不尽曰荩。凡人兽鸟而双产谓之之缍子（音犛）。骂奴婢曰侮（言为人所轻弄）。无缘之衣谓之裗襦（俗名襦掖，音倔）。陌头谓之络头。梧谓之弪（音雅）。甖之大者谓之甀，其中者谓之瓿甊。相劝曰耸，或曰欸，心不欲而由旁人之劝语亦曰耸，凡相被饰亦曰欸。聋曰睟（音宰），聋甚者日瞷（五刮反）；所疾曰可恶。言相责让曰谯让。暴五谷曰晒。凡以火而干五谷之类，谓之煼（即鬻字，创渺反）：鼅鼄谓之鼄蝥（音无）。蟦螬谓之蠹，或谓之天蝼。蛴蛖谓之蝶螺。簏谓之箄（簏古筥字，箄方氏反）。冢谓之琐。

逆妇（《左传》隐公二年纪：需儒来逆女。又：宋督目逆而送之）称父曰老子（庾亮曰：老子于此兴复不浅。《宋书》：大范老子，小范老子）。呼小儿曰娃（吴有馆娃宫，后宫人美者皆日娃，盖爱惜之称也）。人愦愦曰不中用（《史记·外戚传》：武帝择宫人不中用者，斥而归之）。斗争曰挞拳（石勒曰：我时饱卿老拳。杜陆曰：巨颡折老拳。李袭吉《为晋王谕梁书》：毒手尊拳交相于暮夜）。缙绅曰官人（杜诗曰：剑外官人冷。韩文志铭云：处士士吾一女，怜之必嫁官人）。转风曰飑风（长吉诗：旋风吹马马踏云）。合人曰伙伴（《史记·陈胜传》曰：伙颐，涉之为王沈沈者。《木兰诗》：出门看伙伴。杜陵诗：青春作伴好还乡）。妒人曰不分（唐诗：不分桃花红胜锦）。人无赖曰恶少年（《汉书·昭帝纪》发三辅及郡国屯辽东。师古曰：谓无赖子弟也）。忆旧曰往年（《黥布传》：往年杀韩信），曰先日（《邹阳传》曰：吾先日欲献愚计）。子招人家曰赘（《贾谊传》：家贫壮者则出赘）。妻元配曰结发（师古曰：结发，言始胜冠也。《新婚别》结发为夫妇）。勉人曰努力（《翟方进传》：努力为诸生学问）。人壮大者曰魁梧（《张良赞》：魁梧奇伟。应劭曰：魁梧，壮大之意也。苏林曰：梧曰悟）。人懦退者曰不长进（晋王夫人云：女何以都不复进）。呼亲家，亲作去声（唐卢纶《王驸马花烛诗》：人主人臣是亲家）。娶妇曰索妻

（《蜀志》云：吴孙权遣使为子索公女。隋《房陵王传》独孤后曰：为伊索得元家女）。兄弟妻曰先后（《郊祀志》：见神于先后宛若。孟康曰：古谓娣姒，今关中呼为先后）。小儿曰好儿（牛加反）。长身曰䠷（土了反），短身曰䠋（七禾反。《唐书·王伾传》：任貌䠋陋）。谓人租蠢曰笨材（《晋中兴书》：史畴以肥大为笨伯）。临事愦愦曰糊涂虫（宋吕端小事糊涂，大事不糊涂。杨用修云：本馨浊虫，此古语也。《周礼》有壶涿氏掌除水虫。涿音浊，是其证也。宋《吕端传》作糊涂，《朱子语录》作鹘突，皆非）。打呼曰鼾睡（宋太祖，卧榻之侧，岂容他人鼾睡）。责人曰数说（《左传》：乃执子商而数之。《史记》：范睢数须顿食黄鱼）。恶味伤口曰蜇（《列子》：蜇于口、惨于腹也）。多曰够，少曰不够（居侯反。《魏都赋》：繁富伙够，不可单究）。受人之物曰赙（慈盈，音晴），以物予人曰归（归孔子豚，齐人归女乐）。霞曰烧（语云：早烧不出市，晚烧行千里），电曰闪（《大人赋》：贯列缺之倒景。服虔曰：天闪也）。雹曰硬雨（宋吕居仁曰：绍兴初，临安大雨雹，大学屋瓦皆碎，学官申朝廷修，不可言雹，称为硬雨）。酒帘曰望子（见《广韵注》）。牛羊不生于曰犗（昌来反）。马不鞁而骑曰骣（令孤楚诗：少小边州惯放狂，骣骑番马射黄羊）。孔曰窟拢，怎么曰左（皆反切成声也）。来读曰釐（本属古协）。飞读如希（不出微韵）。房为缚，羊为乐，惊为戟，明为觅，养为乐，上纺为缚，上境为戟，去命为觅去（王恭先曰：周德清《中原音韵》声分平仄，字别阴阳，以入声派入平上去三声，今乃驱三声而就入声。使德清有知，应为揶揄啁声之病有以哉）。

农家月令（附）

立春喂耕牛，雨水摅粪土。　惊蛰河半开，春分种小麦。　清明前后种扁豆。（又云）二月清明草不青，三月清明道旁青。　谷雨种豌豆。　立夏种谷。小满前后，安瓜种豆。　芒种忙种，黍子急种谷。（又云）芒种见锄刃，夏至见豆花。（又云）夏至不种高山黍，还种十日小糜黍。　小暑吃大麦。（又云）小暑当日回（豌豆此日高雨即回），大暑吃小麦。　立秋一十八日，寸草皆齐。　处暑不出头，割得喂了牛（指粱有）。　白露吃小谷，秋风见谷罗。寒露百草枯，霜降不赔田（甚言野之无禾）。　立冬不使牛。　小雪冻大河，大雪冻小河。　冬至不开窖。　小寒寒不小，大寒不加冰。

太　原

好乐无荒，良士瞿瞿。（《诗·唐风》）

晋阳王武子、中都孙子荆各言其土地人物之美。王云："其地坦而平，其水淡而清，其人廉且贞。"孙云："其山崋巍以嵯峨，其水泙渫而扬波，其人磊砢而英多。"（《世说新语》）

士穷理学，兼习辞章，敦厚不华，淳俭好学。工贾务实勤业。（《太原图册》）

人物辈出，代不乏人，皆有文武全才。（《图经》）

庄京既好俳优，又知音，能度曲，至今汾晋之俗，往往能歌其声，谓之御制者，皆是也。（《五代史》）

宋韩琦知并州，河东俗用火葬，琦为买田封树，刻石著令，使得葬于其中，人遂以焚尸为耻。（《本传》）

古晋名区，西藩首郡。（《祝志》）

山川雄邃，风气绵厚，城郭坚完，原隰沃衍。（叶砥《府治记》）

民敦质朴，士守礼义，告讦绝无，生计甚鲜。（《祝志·阳曲》）

在乡多质朴。城中军民杂处，或尚机诈。服饰尚华，喜作玩具。性气刚劲，小忿辄投岸跳河。遇凶荒，则负担之外境，谓之赴熟。然尊卑有

序，内外有序，亦庶乎知礼者。(《旧志》)

省会男子不务蓄积，数金之家，尽炫耀于服饰之间，叩其家无有也。妇人白髻而妖服，不蚕不织，而习于呰窳。(周永春《复古序》)

士风淳笃，民性鸷悍。(《祝志·太原》)

风土深淳，民物茂雅。(吕思诚《源涡书院记》)

力田亩，务纺织，其性刚。(《祝志·榆次》)

邑之生齿繁众，隶籍者五万二千户，侨居而末业者不可胜数，河东之邑最为大。啧言控诉，庭无虚日，敏政而莅之，犹惮弗及。(宋文彦博《思凤亭序》)

上下唯农，负耒纺绩务本，日夜矻矻。而巨室大家，又躬先俭质，以为之的。(《旧志·榆次》)

男职耕，女职织。素封之家，华不掩实。(张国儒《藏经楼记》)

土厚风淳，时熙化美。(元呼延伯起《太谷宣圣庙记》)

尚气好讼，斗丽夸多。(《祝志·太谷》)

士急进趋，好经术，尚节义。(《穆志·太谷》)

农力于野，商贾勤贸易。无问城市乡村，无不纺织之家，可谓地无遗利、人无遗力矣。迩来竞尚奢靡，已非“良士蹶蹶，好人提提”之旧。而婚娶重财，又有甚焉。(《太谷县志》)

尽力耕稼，留心织纺。(《祝志·祁县》)

俗尚勤俭，男耕女织，殆无遗力。(《穆志·祁县》)

务本节用，尚质守勤。(《祝志·徐沟》)

其民淳朴，用度节俭。闾阎勤纺织，士类尚节义。第地多沙碱，差役烦重。贫民皆习逐末，夙号冲疲，不虚也。(《徐沟县志》)

强悍好斗，勤俭少文。(《祝志·清源乡》)

成化、弘治间，轻生好讼。近年民知务本，士知勤学。(清源)

农末相资，俭啬多盗。(《祝志·交城》)

俗尚俭啬，人性朴实，农末相资。（《穆志·交城》）

土膏气秀，而丰子财；性悍情乖，而喜予讼。（《祝志·文水》）

劲而轻生，俭而趋利。浇朴相半，勤则其性也。（《文水县志》）

地贯七乡，民逾万户，土膏气秀，财丰俗淳。西山横列，而壮其形势；东汾环流，而为之襟带。风物繁华，英豪间出。（石为楷《龙堂记》文水）

□朴无华，务稼穑，尚骑射。（《祝志·岢岚》）

□山土瘠，人有朴直遗风。服勤茹淡，多质少文。乡并专务稼穑，不牵车牛以远游。父子亦佐耕耘，未谙纺绩为何物。（《岢岚州志》）

魏民旧俗，以正月十五夜为打簇戏，能中者即时赏帛。（《尔朱荣传》岚县）

其性悍，其习陋，山多、地少、民贫。（《祝志·岚县》）

勤俭朴陋。（《穆志·岚县》）

朴实不浮，稼穑是务。（《祝志·岚县》）。

士闭户自守；农夫力穑，崇岭峻阪，无不耕植；工无奇技淫巧。地僻不通舟车，乏富商大贾，是以事节俭、务盖藏。（《兴县志》）

平　阳

帝尧强于行、啬于志，以养天下之形。是以庶政唯和，万国咸宁，民皆迪吉，莫不振动服化，比屋可封，而跻仁寿。（《路史》）

昔唐人都河东（徐广曰：尧都晋阳），殷人都河内，周人都河南。夫三河在天下之中，若鼎足，王者所更居也，建国各数百千岁。土地小狭，民人众，都国诸侯所聚会，故其俗纤俭习事。杨、平阳陈，西贾秦、狄，北贾种、代。（《史记》）

比屋可封者，尧舜为之隄也。（《后汉书·杨终传》）

欲作千箱主，问取黄金母，谓多稼厚蓄，耕土所致也。（汾晋间语）

魏丰乐侯社君畿为河东守，开置学宫，亲执经教授，郡中化之，自后河东特多儒者。（《通典》）

平阳，尧之所理，有茅茨采椽土硎之度，故其人至于今俭啬；有温恭克让之德，故其人至于今善让；有师锡佥曰畴咨之道，故其人至于今好谋而深思；有百兽率舞、凤凰来仪、于变时雍之美，故其人至于今和而不怒；有昌言儆戒之训，故其人至于今忧思而畏祸；有无为不言垂衣裳之化，故其人至于今恬以愉。吴子曰：俭则财用足而不淫，让则尊分而进善，其道不斗谋则通于远而周于事，和则人之质，戒则义之实，恬以愉则安，而久于其道也，至乎哉！（《晋问》）

汾水之曲，巨河之滨，故魏之国都，旧晋之疆土，其俗富庶。接秦雍之郊，其民忠厚，被虞夏之教。（宋真宗《汾阴记》）

太行山之高处，平阳、晋州、蒲坂山之尽头，其地硗瘠，人民朴陋俭啬，唯尧舜能都之。（朱子论）

河东地瘠民贫，风俗勤俭，乃其风土气习，有以使之。至今犹然，在三代时可知。（朱子《诗辨》）

平阳往圣所都，气温土沃，河东殷实，汉唐同称。吏能茹冰蘗，可鸣琴治也。

崇礼义，多勇敢。（《图书编》）

君子忧深思远，小人俭啬。甘辛苦，薄于滋味。勤于耕织，服劳商贾。（《平阳府志》）

人好力田，喜雨苦旱。（同上）

其民甘粗粝，力稼穑，俭朴不奢。（《祝志·临汾》）

居不近市，女不向衢。士民有分，男女无杂。勇于纳赋，耻于游食。（《旧志·临汾》）

尚朴鲁，力田亩，勤纺绩，崇享祀。（《祝志·襄陵》）

力稼服田，勤于纺绩，享祀报本，虽费不奢。（《穆志·襄陵》）

民尚俭而务耕织，士勤学而耻骄奢。（《祝志·洪洞》）

唯尚质实，不事商贾。（《祝志·浮山》）

俗尚节俭，不事商贾。男耕女织，各执其功。尤重婚丧，有无相须。（《穆志·浮山》）

勤于耕织，简于自安。（《祝志·赵城》）

民性俭啬，士知读书。（《穆志·赵城》）

男力畎亩，女务纺织。信鬼神，喜祭赛。婚论财礼，丧用浮奢。（《祝志·太平》）

君子尚礼义，小人勤稼穑，里闬之间，雍雍如也。（《太平县志》）

质而少文，俭而不侈。（《祝志·岳阳》）

人民性质而朴素，财用节俭而不侈。文武鲜尚，商贾不通。（《穆志·岳阳》）

鲁成公六年，晋人谋去故绛。韩献子曰“不如新田，土厚水深，居之不疾，有汾、浍以流其恶，且民从教。”（《左传》曲沃）

晋诗：“素衣朱襮。”孔颖达引《释器》以释之曰：“黼领谓之襮。”孙炎曰：“绣刺黼文，以褗领是。”（皇祐四年礼院奏）

重迁徙，服商贾，颇好神而喜讼。（《祝志·曲沃》）

士洵洵礼法，矜谭气节，即人不尽然，亦善钧从众。民朴直急公，贡赋不敢后；而竞利好斗，或亦地气使然也。土狭人满，每挟赀走四方，所至多流寓其间，虽山陬海澨，皆有邑人。（赵彦复《沃史风俗序》）

士民有分，男女不杂，近颇奢靡。（《祝志·翼城》）

水深土厚，故其俗朴质。地多刚壤，故其民武悍。有先王克俭之风，故其习纤啬。（《翼城县志》）

民淳讼简，有礼让风。（《祝志·汾西》）

重礼义，不事浮末，近颇惑于鬼神。（《祝志·灵石》）

灵石僻在万山中，货财不通。其人勤苦，多至盖藏。弟子员皆守章句，不敢背师说。（《灵石县志》）

岳阳，尧都所在。其民勤且俭，犹有遗风焉。（《明一统志·霍州》）

好儒少讼，薄于衣食，而好置产业。（《祝志·霍州》）

潞　安

民俗淳古。（《潞安志》）

上党多晋公族子孙，以诈方相倾。（《汉书》）

潞州山川高险，人俗劲悍。（《旧五代史》）

宋时潞州，民死多不葬。通判宋昭玘，斥官地，画兆窰，具官衾，作文风晓之，俗为一变。（《潞志》）

上党之间，士或带经而锄，有不待风厉而乐为之者。（元好问《学记》）

地险而民悍，物饶而俗强。（张仲贤《府志》）

其人纯质节俭，勤稼穑。其民宜黍稷，气候迟。（《五州志》）

民多俭质而务农，士尚气节而务学。（《图书编》）

人习机杼，俗亦俭朴。　　民多勤俭力农，士尚气节务学。（《祝志·长治》）

永、宣、成、弘之时，士敦行务实，农商亦简素朴野，罔敢凌肆自恣，迨其后渐致华靡。俗尚巫觋，凡联姻、缔交、营葬，不无少变于前。（《长治县志》）

淳朴节俭，循循守礼。（《祝志·长子》）

淳朴而力田，节俭而尚礼。娶妻必亲迎，亲丧少佛事。（《长子志》）

节俭务农织，不事商贾，士风颇振。（《祝志·屯留》）

土瘠民劳，习尚俭素，有尧之遗风。（元皇甫本《屯留记》）

其地在万山之中，险狭而硗薄，民力田勤苦，岁获不及他郡之半，故土俗自古称纯俭，其势然也。（刘健《屯留记》）

崇俭务本，力学好儒。（《祝志·襄垣》）

其俗悲歌慷慨，而尚气节；俭以自奉，而急于正供。（《襄垣县志》）

力田而知克勤，守己而耻犯法。（《祝志·潞城》）

地瘠民贫，土寒风肃，勤俭力田。（《潞城县志》）

田亩能勤，财用知俭。（《祝志·黎城》）

其民淳俭，好文力田。（《黎城县志》）

安贫守俭，力田务本。（《祝志·壶关》）

壶俗淳古，唯俭唯勤。岁时伏腊，罔敢有即于戏者。（《壶关志》）

朴直而少文，俭啬而不华，勤于农桑，短于商贾。（《祝志·平顺》）

石厚土薄，地瘠人穷，婚姻丧葬，交相为助。（《平顺县志》）

汾　州

夫西河魏土，文侯所兴，有段干木、田子方之遗风，凛然皆有节概，知去就之分。（杨恽《报孙会宗书》）

地高气爽，土厚水清，其民淳且重。桑麻之沃，秔稻之富，流衍四境。（宋谢悰《清虚观记》）

汾州古台骀地，阻金岭，倚阳泉，潆汾如带。俗尚俭，重文义，近其人勤俭。（《文献通考》）

汾州风俗，重厚尚义。（《地舆综要》）

其民重厚知义，尚信好文。（《明一统志》）

其地商贾走集，民物浩穰，俗用侈靡，讼狱滋烦。（冯琦《府治记》）

古西河地，人民繁庶。（《祝志》）

性质淳厚，俗尚俭约，勤于稼穑，守礼好义。（《通志》）

人民繁庶，强毅质朴。农务耕牧，士习弦诵，有忠厚之风。（《穆志·汾阳》）

其民重厚知义，尚信好文，近流于奢侈。（《祝志·汾阳》）

务稼穑，事织纺，但风气刚劲，颇难治。（《祝志·平遥》）

多商贾，喜华靡，世禄者众，知礼者鲜。（《祝志·汾阳》）

地瘠薄，气刚劲，多耕织，少商贾，健讼尚侈。（《府志·平遥》）

士之童入党塾、壮游胶泮者，犹荆璞未剖，蓝石待凿，悃质纯干，得全于天。（纪云鹤《平遥学记》）

周举，汝阳人，为并州刺史。太原旧俗，以介子推焚骸，有龙忌之禁。至其亡月，竞言神灵，不乐举火。士民每冬辄一月寒食，莫敢烟爨，老少多病死者。举乃作文吊推，言盛冬去火，残损民命，非贤者意。宣示愚民，使温食，众惑稍解，风俗顿革。（《杂记》）

《潞公祖铭》云：文氏嘉是山水，乐其风土，乃自河东之同果里，徙居于此。（《潞公家乘》）

人多业医尚俭，素勤稼穑，好勇义。隆于祀先，虽费而不惜。（《祝志·介休》）

万历间，邑令史记事云：每嘉士大夫敦朴有古风，独虑于奢，几不可训，且崇佛重祷，市利轻生，而少知教。（《介休县志》）

俭啬健讼，且好鬼神。（《祝志·孝义》）

民性敦厚，婚丧周济不吝。（《郡志·孝义》）

勤于商贾，勇于输纳，民颇畏法，士知自守。（《祝志·临县》）

土阜平丛，川流迅厉，其民悍而不奸，感而易从。（《临县志》）

敦厚俭啬，不事商贾，唯勤农亩。（《祝志·石楼》）

其性醇，其俗俭，朴略少文。男不经商，女不纴织，唯农是务。栋宇不饰，民多穴处。（《石楼县志》）

土瘠民贫，愚鲁俭朴。（《祝志·永宁》）

土瘠民贫，野旷人稀。士多慷慨，民亦质直。勤于业农，拙于服贾。衣冠文物，颇有古风。（《郡志·永宁》）

朴鲁少伪，礼节不愆。（《祝志·永宁》）

地瘠俗俭，无奇饰，无逐末。（《郡志·宁乡》）

大 同

质直朴野。（《汉志》）

后魏乐府，有《北歌》，亦曰《真人歌》，都代时命宫人朝夕歌之，周隋始与西凉乐杂奏，至唐存者五十三章，而名可解者六章而已：一曰《慕容可汗》，二曰《吐谷浑》，三曰《部落稽》，四曰《巨鹿公主》，五曰《白净王》，六曰《太子企喻》也。其余辞多“可汗”之称，盖燕、魏之际鲜卑歌也。隋鼓吹有其曲而不同。贞观中，将军侯贵冒，并州人，世传《北歌》，诏隶太乐，然译者不能通，岁久不可辨矣。（《唐乐府序》）

自代北至云朔等州，北临广野，封略之内，南北错居。（《寰宇记》）

质直淳厚。（《地舆综要》）

俗尚武艺，风声气习，自昔而然。（《明一统志》）

大同虽涉边徼，商旅辐辏，以浮靡相炫耀。（《祝志·大同》）

云北边大藩镇，其土沙瘠，其俗骄悍，军民杂处，号称难治。（布政李承式记）

士人劲直率，矜名节，饰廉隅，犹存忠厚之风。（《郡志》）

地土沙碛硗薄，风高气寒，丰岁亩不满斗，故中人日仅再食。俗多俭啬，恒存“蟋蟀”之风。（《郡志》）

士习谨愿，绝无武断告讦之行。簪弁子弟，服习弓马，给事麾幕，以列车骑材官之盛。且地近虎山，土著从戎者十室五六，少小边庭之习气尔。（《大同县志》）

无负气健讼之风，有务农勤本之实。（《祝志·怀仁》）

地土沙碱，人性朴直，虽穷乡僻里，亦知崇尚诗书，人文视前颇盛。（《怀仁县志》）

俭约朴素，唯务农桑。（《祝志·山阴》）

民务农，士敦本，服食崇俭，婚丧如礼。（《山阴县志》）

吾里唐虞故壤，犹存俭啬之风；燕赵多豪，羞作轻佻之态。颇知礼而畏义，不随俗而习非。乃顷衿弁之中，间有纨袴之子，众方指议而窃笑，彼且腼面而根淫，荡而无成，悔之何及。尚其衣锦而存尚絅之心，被褐而珍怀玉之守，貌思作肃，服戒不哀。（山阴《王文端公集》）

人民淳厚，垦田为生。（《应州图经》）

其民淳，其事简。（《祝志·应州》）

俗尚武艺，少事商贾。其地干燥少树，宜雨不宜旱，尤苦霜旱。（《应州志》）

四民气禀淳厚，各守所业而不变迁，以俭勤相能。（《浑源州图经》）

以淳厚相尚，以勤俭为本。（《祝志·浑源》）

据云中奥区，山川秀异，哲人辈出。（万安《浑源州学记》）

民知勤农，士颇向学。（《祝志·灵丘》）

先秋陨霜，深春犹雪，终岁勤劳，习尚俭陋。（《灵丘县志》）

地肥饶，人喜争好斗，颇为北方风气之囿。（《祝志·广灵》）

广灵西北之区，地硗而民朴，勤于稼穑。如太史公《货殖传》所云：代北之民，任侠为好。不事农者，盖亦少矣。虽有武健之习，民尚雀角之争。而赋质淳悫，不失古风。（《穆志·广灵》）

地隶蔚州，民性质无谄，去华从俭，以耕织为生。（《元志·广昌》）

耕樵为业，亦事商贾。地近边陲，赋性勇悍。（《祝志·广昌》）

其风朴略，其俗劲遂。勤耕耘，务牧养。（《阳高县志》）

地临边塞，人情朴鲁。男务耕牧，女不纺绩。天寒地瘠，民贫俗俭。

（《天镇县志》）

朔　平

风俗唯淳，民物尚朴。（宋李文焕《平治甸城碑记》）

风气刚劲，人尚勇敢。（蒋廷梁《显明寺碑记》）

人习战斗，忠勇素具。（《郡志·右玉》）

其民敬老慈幼，节用恭俭，勤于耕耘，务于牧养。（《元志·朔州》）

其民敬老慈幼，节用勤农。士耻奔竞，务淳实。（《祝志·朔州》）

民贫土瘠，崇俭黜华。（《祝志·马邑》）

民性浑朴，唯事耕耘。饮食衣服，多尚简易。至于慷慨轻生，刚毅任侠，信鬼好祈，犹不免西晋之故俗云。（《马邑县志》）

好胜负气，慷慨磊落。（御史蒙诏《鄂国公庙记》）

士知闭户，农思力田，各安其业。（《郡志·左云》）

习尚勇敢。（《郡志·平鲁》）

人多逐末，不思敦本。（同上）

宁　武

代北之人武。（柳芳《姓系录》）

性愚鲁，尚射猎。（《祝志·宁武》）

地多沙陡，人尚强梁，从军者众，竞事奢靡。（《祝志·偏关》）

居万山之中，地多沙碛，而务农者鲜；人尚戎马，而从军者众。（《穆志·偏关》）

习兵好射，尚朴少文。（《祝志》）

俗悍而喜斗，民轻生敢死，有燕、赵之遗。（高文《荐学碑记》）

邻于边鄙，务俭崇朴，衣唯韦布，食鲜膏粱。（《神池县志》）

山高风烈，土瘠民贫。（同上）

尔朱羽健魏登国初，为领人酋长，居秀容川，诏割方三百里封之，长为世业。道武初，以南秀容川原沃衍，欲令居之。羽健曰："家世奉国，给侍左右，北秀容既在划内，差近京师，岂以沃瘠，更迁远地？"上许之。自是给复百年。至曾孙新兴，太和中继为酋长。牛羊驼马，色别为群，谷量之。每春秋二时，恒与妻子阅畜牧于川泽，射猎自娱。（《魏书》）羽健家近祁连池，即芦茅山巅池也。地瘠牧蕃，此五寨之俗。（同上）

泽　州

人性质而好学，其气豪劲。（《元志》）

其民俭朴而敦本，有唐晋之遗风。（同上）

力勤耕种，淳而好义，俭而用礼。（《古志》）

人习机杼，俗尚俭朴。勤于力田，多嗜文学。（《穆志》）

民被唐风，故多俭朴；地接舜畔，故多务农。（《穆志》）

泽跨河朔，隶冀南，为巨郡。其民俭质而力耕，有尧舜遗风余思；士亦劬于文学，无外慕焉。鵷翥鸿渐，后先接武。（张鹏《学记》）

其民勤直忠俭。（御史熊迥《志序》）

近太行之麓，水土深厚，性质朴，气豪劲，多文雅士，衣冠礼让，为诸郡先。（《祝志·风台》）

风尚少浮，不失原本。（《泽州志》）

淳本好义，俭而循礼。（《祝志·高平》）

昔称勤俭，今渐侈靡，竞奇斗巧，恪于奉公。（《高平县志》）

士重名节，民尚俭朴。（《祝志·阳城》）

境邻中州，故语言辨正；教崇邹鲁，故士多文学。（《旧志·阳城》）

士多廉耻之风，务名节，惜行检。民尚节俭，近虽稍奢，犹不失古意。（《穆志·阳城》）

质朴乐于趋善，丧祭不用浮屠。（《祝志·陵川》）

君子守礼勤俭，小人尽力耕织。妇女不街行，人城不驰骡。（《陵川县志》）

廉俭尚义，悃愊无华。（《祝志·沁水》）

士夫居乡朴直，民耻淫盗，少争讼。房地屡世不相弃。敬神信巫，少有不平，必质之神，故乡多庙祀，醮赛纷举。（《沁水县志》）

蒲　州

仪度冠冕，容止闲雅，良田仕宦之家，陶染成俗。（隋文帝《幸蒲州诏》）

蒲地，虞舜所都。其地硗瘠，人民朴俭。（朱子论）

仰德而执敬，闻风而兴义。（《首阳记》）

风土刚劲，豪杰辈起。（《方舆胜览》）

民淳而事简，有虞氏之遗风存焉。（赵孟頫《送田衎知河中府序》）

唐虞治迹之所经行，夷齐清风之所渐染，宜乎有薰而善者、陶而化者。（《河中志》）

蒲坂为有虞故都地，界秦豫。其形势之丽崎，中条鼎峙，黄河亘流，秀淑之气，扶舆磅礴，郁然三晋冠。故生其地者，粹然淳古，人文辈出，忠孝相仍，有虞氏之遗风在焉。（杜笃祐《志序》）

容仪闲雅，服饰鲜丽，仕宦之乡，人文称盛。（《祝志·永济》）

民性质朴，好尚节俭，力田纺绩，多事商贾。（《穆志·永济》）

男女尽职，士多节义，近好讼，婚姻论财。（《祝志·临晋》）

士刚而躁，其人往往负气好斗。至男业耕耘，士子不废，女勤纺绩，

巨室亦然，斯则"蟋蟀"、"葛屦"之遗焉。(《临晋县志》)

地称膏壤，民亦勤谨畏法。(《穆志·虞乡》)

民务桑农，士嗜文学。(《祝志·猗氏》)

秀者为士，朴者为农。士虽嗜［读］不废耕耘，而农"瞿瞿"、"蹶蹶"，终岁靡宁。即欲不俭，孰与为奢？(《猗氏县志》)

语不饰伪，服不厌恶，多以气节自高。(《祝志·万泉》)

地僻邑小，无故家巨室，以变其俗；无豪商大贾，以广其业；无明师通儒，以发其趣。故儒林欲伸士气，而失之过甚；氓隶亦重使气，而不善变通云。(《穆志·万泉》)

务农少商，好神健讼。(《祝志·荣河》)

勤劳稼穑，弗敢奢侈，唯务节俭。(《穆志·荣河》)

辽　州

其民信实纯厚。(《元志》)

刚悍朴直。(《地舆综要》)

山川险绝，其民信实纯厚，其俗刚悍朴直，力耕作而无织纺。(《祝志·辽州》)

辽阳地少平沃，商贾不通，民多穴居，以糠薤为盖藏，缙绅之家亦用之。(《舆图志》)

辽居太行绝顶，四月冰解，八月飞霜，风气大寒，耕者鲜获。(《穆志·辽州》)

昔尚朴实，近颇强悍。(《祝志·和顺》)

俗尚朴实，近颇强悍。士宦不乘车马，婚丧不事靡丽，赋税乐输，近亦知好文艺。(《和顺县志》)

介万山之中，其地瘠，其民贫。士生其间，勤朴简素，且耕且读之

外，无多事焉。（白如梅《和顺学记》）

喜谦恭而鄙骄谄，好良善而贱豪强。（《祝志·榆社》）

行事多愚戆，不为绮语。（《榆社县志》）

平坡沙薄，田有四等，大率硗确，不可耕者，十居六七。民之终岁勤劬，办租纳课唯此。（同上）

沁　州

其俗勤俭朴实，专力耕农，少事商贾。（《古志·沁州》）

居万山之中，其地硗瘠，气候暖迟而寒早。（《祝志·沁州》）

耕织为生，婚丧相助。（《祝志·沁源》）

风气刚劲，民性犷悍，好胜喜斗。平居尚齿德，患难多气悍。（《穆志·沁源》）

民多质朴，俗尚勤俭。（《沁源县志》）

稼穑是重，廉耻为先。（《祝志·武乡》）

地瘠民贫，性刚气悍。不事商贾，地宜谷黍。（《武乡县志》）

平　定

郡小民淳，俗重端午，其风清简，好尚文章。（《元志》）

其土瘠，其民勤，其俗朴质，其风悍尚，有陶唐氏之遗风。（吕思诚《风土记》）

榆关地僻而要，故州人虽处山林涧谷之中，而达于四方。故其为士者，亦纯明而朴茂，疏通而谨恪。吏兹土者，虽惮于送迎之烦，然亦幸其民易使、事易集，而政易成也。（文鸿儒《学记》）

士勤于学，农务于耕。（《祝志·平定》）

士占习《尚书》，师授家传，比屋皆是，多以经魁省闱。市井便作生理，男子不远游，妇女不交易。士夫不衣文绣，不乘舆马。（《穆志·平定》）

勤于稼穑，寡于贸易。（《祝志·寿阳》）

勤俭朴实，无异唐风；劲风少文，犹存晋旧。居民耕农之外，别无生理，近代兼资纺织。但户多佞佛，人易轻生。（《寿阳县志》）

其俗勤劳，少壮而材者，多挟弓矢、跨鞍马，习骑射之事。（宋李毅《新学记·寿阳》）

民俭俗淳。（元虞集《文庙记·盂县》）

山多地少，民尚勤朴。（《祝志·盂县》）

秉性躁劲，赋气果决。（《祝志·乐平》）

淳厚而勤俭，力田而少文。（《乐平县志》）

忻　州

华表俯窥于双鹤，连冈雄镇于九龙。弦歌绝井邑之哗，章甫易弓刀之旧。是以太原文风之兴，自忻州始。（元好问《修学疏》）

民性质朴，士尚文雅。（《古志·忻州》）

粗心猛气，健讼轻生。（《祝志·忻州》）

务诗书，重稼穑，淡泊自安。（《祝志·定襄》）

疾病信巫，丧祭用释。（《定襄县志》）

士守廉耻，民好争讼。（《祝志·静乐》）

刚劲质直，与人交倾倒肝膈，羞称套数。（《静乐县志》）

代　州

民淳讼简，务实勤业。无游惰之习，绝浇薄之元。（《元志》）

质直朴野，鄙啬勇悍。地无平原，人多武艺。（《祝志·代州》）

男不务耕，家无蚕桑，女不务织。（《雁门志》）

俗尚戎马，少事文学。弘正以来，二史并芳，三卿鼎立，文武称彬彬矣。而仕宦骑马，不入闾里。婚嫁耻于论财，风尤近古云。（《代州志》）

山高风烈，地俭约，务耕读，而少贸易。（《祝志·五台》）

山川秀异，士生其间，积学者代不乏人。但民依山阜，艰于为业，鲜事商贾，唯力耕菑。（《五台县志》）

土瘠民贫，士多守礼。（《祝志·繁峙》）

其俗勤俭，朴直少文。（《穆志·繁峙》）

少经营，尚俭啬，地瘠民贫。（《祝志·崞县》）

男务耕耨，女谙织纺。地寒不花，鲜所习见。士尚诗书，亦喜弓马。（《崞县志》）

保　德

善治生，多藏蓄。（《保德军志》）

土瘠民贫，莫不尚义。（《明一统志》）

质朴而尊卑相序，刚直而内外有别。（《祝志·保德》）

民性刚强，少不相得，辄诟詈攘臂。独不好讼，越诉尤鲜。（《穆志·保德》）

民贫，鲜生理，耕种而外，或佃佣陕西，贸易邻境。（同上）

地近沙漠，寒多暖少，春多风霾，秋霜早降。且郡临大河，当河冰开阖时，居民多感寒疾，如南方之瘴云。（《保德州志》）

不好词讼，唯务耕耨。（《祝志·河曲》）

解　州

境接古虞芮之国，其民质朴力耕，而习俗崇礼让之风。（《解梁志》）

魏晋以圣人所都之故，而淫奔之俗不闻。圣人之化，入水深如此也。（《黄氏诗话》）

勤俭禹德所型，忧思唐风之遗。士大夫质直无谲险，百姓朴淳畏公，尽力南亩，妇女织纴亦勤。（《舆地志》）

向善而服勤，守俭而知礼。（房希文《学记》）

务耕织，尚节俭。游惰好讼，婚娶论财。（《祝志·解州》）

其民质朴，力耕耘，勤纺织。第邑近盐池，颇趋盐利。（《祝志·安邑》）

向义服勤，守俭知义。（《祝志·夏县》）

俗忠朴，力稼穑，好积蓄，知读书。（《夏县志》）

重农事，勤纺织，淳朴俭约。（《祝志·平陆》）

魏地狭隘，其俗俭啬而褊急。（朱子《诗注》）

宽裕者其流长，急迫者其意短，魏地狭而褊急如此。（庆源《辅氏诗说》）

魏地无淫诗，犹有圣人之遗风。（华谷《严氏诗说》）

夫子谓“与其奢也宁俭”，则俭虽失中本非德；然而俭之过，则至于吝啬迫隘、计较分毫之间，而谋利之心始急矣。（广汉《张氏诗说》）

民鄙而俗陋。（宋邵伯温《芮城待济亭记》）

朴实直戆，更多务耕织，市井少居商贾。（《祝志·芮城》）

饮客衣冠，争奢斗靡。（《芮城县志》）

绛　州

晋霸之余，人性刚悍，多勇敢。然勤稼穑，好积蓄。（《古志·绛州》）

魏晋后，工机纤，意态百出，俗益俚弊，人益脆弱，不复沉鸷刚中。（杜牧论）

刚俭尚义气，有三晋余习。（元王恽《夫子庙记》）

重廉耻，尚道义，勤耕织，好蓄聚，近入于奢。（《祝志·绛州》）

城市之民，无寸田，多贸易，盈难而虚速。乡民务耕织，悬崖崎岖苟可种，无闲旷；抱布贸易，殆无虚时，土狭而瘠使然也。（《穆志·绛州》）

尚节义，重名检，男耕女织，朴实近古。（《祝志·闻喜》）

俗多节义，士大夫不以宦势骄人。（《闻喜县志》）

农亩并无贸易，丧葬不用浮屠。（《祝志·河津》）

男不纳赘，女不招婿，妇不闲游。宅肆不相通，男女不贸易。（《河津县志》）

后稷播种之地，崇尚节俭。（《祝志·稷山》）

尚节俭，喜祭赛，勤耕织，知向学。（《稷山县志》）

其性颇淳，其俗尚俭，间有刚愎好讼者。（《祝志·绛县》）

民勤生业，尚义好俭。（《府志·绛县》）

勤稼穑，好蓄积，不喜事佛。（《祝志·垣曲》）

厚葬祭，敬神明，不谙商贾，不事华靡。（《垣曲县志》）

吉　州

士知谦让，民无告讦，婚姻死丧，邻保相助。（《祝志·吉州》）

州境僻处万山，土瘠民贫。俗尚勤俭，男耕女织，不事商贾。（《穆志·吉州》）

郑康成曰：祖乙居耿以后，奢侈逾礼，土地迫隘，山川常圮焉。至阳甲立盘庚为之臣，乃谋徙居汤旧都。民居耿久，奢淫成俗，故不乐徙。（《书》疏）

王肃曰："自祖乙五世，至盘庚之兄阳甲，宫室奢侈，下民邑居垫隘，水泉潟卤，不可以行政化，故徙都于殷。"（同上）

皇甫谧曰："耿在河北，迫近山川，自祖辛以来，民皆奢侈，故盘庚迁于殷。"（同上）

王柏曰："土气有厚薄，风俗有盛衰。冀之为都，天下之形势也。山河险固，沃壤迫隘，民淳俗隘，足以自固。后世人民文物，渐至繁阜，风气日耗，遂自北而南，势使之然也。"（同上）

王柏曰："滨河之地，近古帝都，地壤土丰，民稠物饶，人所共趋。常人之心，知利而不知患，虽数有水祸，时圮时坏而不悔者，政以厚利，奔其避患之心也。"（同上）

无纺绩货物之利，有勤俭礼义之风。（《祝志·乡宁》）

山中垂白之老，不履县境，目不识官胥。（《乡宁县志》）

隰　州

民风俭而不陋，朴而不野。其间人物，举止有体，出言有章，郁然有吾儒之气象。（金宋元吉《兴儒里碑记》）

吉隰之地多山，其人质朴信实。（《明一统志》）

任质而不狂，能守而鲜乱。（《祝志·隰州》）

民性质直劲勇，不事商贾，勤于耕牧。妇事蚕而不能纺织。（《穆志·隰州》）

界于峻山，不事商贾。（《祝志·蒲县》）

四境率多穴处，士民率多力耕。（《蒲县志》）

土壤雄硕，风俗勤俭。（元续执中《修大宁学记》）

僻在万山间，其人多朴鲁。（《祝志·大宁》）

士以礼义为贵，民以耕凿为业。但信鬼而尚巫，亦陋习也。（《祝志·永和》）

民皆穿土为窑，曲折而入，如层栖复室。每过一村，自远视之，短垣疏牖，高下数层，缝裳捆履，历历可指。山路崎岖，老翁驱犊，少妇汲水，登降甚捷，不以为苦，有太古之象。（《穆志·永和》）

卷二

河　南

《记》称广谷大川异制，民生其间异俗。风俗之不同，由来久矣。班固谓刚柔缓急，音声不同，系水土之风气，故谓之风；好恶取舍，动静无常，随君上之情欲，故谓之俗。然则风俗者，固山川地气使然，亦主治者之好尚，实有以转移之欤？豫省居土之中，受气之正，其天性朴茂，殆所谓难动以非、易感以义者乎？然古太师陈诗以观民风，而十五国风，豫居其半。《汉书·地理志》周、魏、韩、赵、宋、卫、楚之地，豫皆有焉。其间习俗风尚，固亦有不同者，亦采风问俗者所当习知之也。

开　封

梁、魏之墟，人多俊髦，好儒雅，杂以游豫，有魏公子之风，难动以非，易感以义。(汉《地理志》)

地居土中，物受正气，其人性和而才慧，其地产厚而类繁。（杜氏《通典》)

魏俗刚强。(《玉海》)

地为四战，其俗右武；人具五都，其气习豪。(唐刘禹锡《汴州刺史

厅壁记》）

重礼义，勤耕纴。（宋《地理志》）

俗尊年齿，学尚经术。（《寰宇记》）

物产富饶，习俗侈靡。（《方舆胜览》）

好祭祀，用史巫。（汉《地理志》）

旧俗刚毅，里多壮士。　任侠尚气，闻义则畏。　甲第星罗。（并宋扬侃《皇畿赋》）

比屋农桑。（唐诗）

士以节义自重，而羞干谒；民以敦睦为良，而耻告讦。　平原修野，故其人坦易；巨涛大河，故其人结博。（并《祥符县志》）

归　德

睢阳古郡，犹有先王遗风，重厚多君子，好稼穑，恶衣服，以致蓄藏。（汉《地理志》）

重礼文，其风不变于古。（隋《地理志》）

人皆有忠义之风，其本于张巡、许远之表倡。（《异闻集》）

人情朴厚，俗有儒学。（杜氏《通典》）

习俗淳厚，喜勤尚质。（元《地理志》）

重本而轻末，贱释而贵儒。（《郡志》）

其俗激昂而奋厉。（《山堂考索》）

观其英豪之域，冠盖相望，元勋隽者，五姓实昌。（杜正献、赵康靖、王文忠、蔡敏肃、张文正，寓睢阳者凡五族。）　其原野，则田畴弥望，不可计数。浸以曜渔之源，被以沃壤之土，举趾即云，荷锄乃雨。　美哉邈乎！土地之沃，人物之夥也。（并宋王仲敷《南都赋》）

彰　德

魏郡邺都，浮巧成俗，雕刻之工，特云精妙；士女被服，咸以奢丽相高。其性所尚习，得京洛之风。（隋《地理志》）

物背窳而就工，不鬻邪而豫贾。（晋左思《魏都赋》）

魏地狭隘，其俗俭啬而褊急。（《诗》注）

俗陶淳，古之风尚，英雄之习。　地险人豪，民淳事简。（并《图经》）

朴厚肃和，人皆君子，有古逊畔寝刑之风。（《方舆胜览》）

土狭人稀，习尚淳厚。雅重儒术，而耕凿其勤。　民知立本，而羞争讼；士多务学，而厌浮靡。（《郡志》）

其俗劲悍勇毅。（崔铣论）

人民淳朴，俗尚礼义，而务耕桑，有廉、蔺遗风。（《武安县志》）

卫　辉

季札闻卫歌，曰："美哉！渊乎，忧而不困者也。吾闻卫康叔、武公之德如是，是其《卫风》乎？"（《左传》）

卫多君子。（《史记》）

周末有子路、夏育，民人慕之。故其俗刚武，尚气力。　刚强多豪杰。（俱汉《地理志》）

重谊疏财，有先王遗风。（《舆地志》）

民情颇事商贾，地饶俗淳，勤于播种。孝悌之行，有闻于时。（元《地理志》）

性缓尚儒，仗气任侠。（《文献通考》）

其俗纤俭习事。（汉《货殖传》）

地滨大河，故其人气浮，故其人质柔，故其人心惰。（《诗·卫风》注）

人知向学，彬彬有文。（《续郡志》）

土地饶美，物产阜盛。（宋詹文《学碑记》）

山水明秀，人民殷富，睿圣武公之遗泽存焉。　　人人知劝为善，而耻为不善。（并元程大本《元圣庙门记》）

士民敦尚节行。（元王公孺《殷太师忠烈公庙碑》）

男尚节介，女多劲烈，有共、姜之风。（《辉县志》）

怀　　庆

其地险要富实，其俗朴野易治。服寇恂平易之化，熙熙向风，不靡不暴。（汉《地理志》）

风土得四方之正，是以习俗好尚，奢俭得中。　　薰染许鲁斋道学之化，皆好性理、崇礼义。（并元《地理志》）

民多敦本好学，（《河内县志》）

力耕桑而鄙贩鬻，尚清谈而多寿考。（《郡志》）

其地负山面河，士旷民淳。（刘健《文庙记》）

男耕女织，村落连延，颇尚节俭之风，自得恬熙之乐。（《修武县志》）

河　　南

气禀中和。（周《礼记》）

季札闻歌《周南》、《召南》曰："美哉！始基之矣，犹未也，然勤而

不怨矣。”（《左传》）

河南亦豫州之域，豫之言舒也，言禀平和之气，性理安舒也。洛阳得土之中，故周公作洛，此焉攸本。　　其俗尚商贾，机巧成俗，故《汉志》云：“周人之失，巧伪趋利，贱义贵财”，此亦自古然矣。（并隋《地理志》）

忠义迭见。（宋《邵氏闻见录》）

郁郁刑河。（《豫州节注》）

士向诗书，民习礼义，务本立业，有周、召遗风。（《宋志表》）

性行淳朴，不事华侈。（《一统志》）

洛阳古多士，风俗犹尔雅。（宋苏轼诗）

其俗和柔而宽缓。（《山堂考索》）

周人善贾趋利，而纤啬。（杜氏《通典》）

女修织纴，男务耕耘。器用陶匏，服尚素元。耻纤靡而不服，贱奇丽而弗珍。（汉班固《东都赋》）

南　都

夏人忠朴，有先王遗风。（《史记》）

尚气力，好商贾。　　去末归本，群以殷富。（并汉《地理志》）

南阳古帝乡，缙绅所出。（隋《地理志》）

南阳被召父黄韩之化，易商贾为本业，转争讼为笃厚。（《玉海》）

淳朴尚农。　　士皆为道德性命之学。（并元《地理志》）

俗有武断之风，人勤农桑之务。（《方舆胜览》）

土沃俗淳，民知向学。（元王睿《邓州学记》）

过质少文。（旧《郡志》）

土地之广衍，人物之繁盛，产育之丰腴，风土之淳质。（杨应奎《南

阳府碑记》）

人尚淳朴，少夸诈。（《郡志》）

务稼重礼，人多寿考。（《裕州志》）

古称淳厚，敦尚诗书，专务耕桑，有东汉遗习。（《方舆胜览》）

汝　宁

汝颍多奇士。　　其俗剽轻，易发怒。地寡，薄于积聚。（并《史记》）

汝南之俗，皆急疾有气势。（汉《地理志》）

人性躁劲，风气果决。　　尚淳质，好俭约。丧祭、婚姻，率渐于礼。（并《隋志》）

人性清和，乡闾孝友。男务坠辟，女修织纴，士风习尚，文质彬彬。（宋《地理志》）

多事农桑，不尚华丽。（《信阳图志》）

习尚俭素，士风淳笃，犹有申伯遗俗。（《元和志》）

汝宁在汝、坟之间，文王化行之地。　　人重信义，士尚质文，性情质直，礼义疏简。（并《郡志》）

慷慨而尚气节，文雅而多学问。　　好品藻，喜讥评，有许邵之遗风焉。（并《汝阳县志》）

汝　州

士尚端悫，民甘勤劳，有巢由清节之风。（《方舆胜览》）

伊川游宦之邦，道学渐濡者众。（旧《总志》）

士为道德性命之学，民有丝绢细施之富。（《风土志》）

垦田颇广，民多财富，亦由俭啬而然。（宋《地理志》）

民性淳厚而少夸诈，俗颇俭约，而尚耕织。（《郡志》）

农务稼穑，士风淡泊，伊洛遗风，尚有存焉。（《伊阳县志》）

山川清远，土壤膏腴，得天地中和之气为多。故古今人物，知名于时者，前后间出。（宋令狐相如《读书庵记》）

民物阜康，礼让兴行，汝民庶几古俗矣。（谢迁撰《沈侯去思碑》）

陈　州

重礼义，勤耕耘。（宋《地理志》）

崇祭祀，多尚史巫。（《通志》）

高节义，尚廉耻，重丧葬，谨婚姻，俗为近古。（《州志》）

许　州

士风端愿，民俗勤劳，推诚相接，耻狙诈。（《风土记》）

好尚稼穑，重于礼义，其俗近古。（《隋书》）

民淳讼简，土厚水甘。务本业，不习末作。即遇凶荒，宁死不弃乡井。（《襄城志》）

颍川人尚忠，其弊朴野。（《长葛志》）

笃厚善学，重贤敬宾。士女勤朴，不务华饰。疾病多尚鬼信巫。（《临颍志》）

禹　州

俗尚朴鲁，称谨愿，有唐魏遗风。（《州志》）

陉隗环拱，溱洧襟带，风藏气聚，世多君子。（《地理志》）

崇俭抑侈，教诲艺殖，东里氏遗泽未替。（《新郑志》）

居万山之中，俗淳朴，重义急公。（《密县志》）

郑　州

季札闻郑之乐曰："美哉！其细已甚，民弗堪也。"（《左传》）

好稼穑，习礼文，士风都雅。（《隋书》）

习淳尚贤。（汉《地理志》）

气质冲和，有忠厚礼让之风，无狙诈横争之习。（《汜水志》）

陕　州

刑讼简省，民安生业。（《陕州甘堂记》）

好讼而负气，不忍睚眦小忿。（《阌乡志》）

民尚豪侠，士敦礼让，介秦、晋之澡，染其余波。（《灵宝志》）

光　州

俗美风淳，异材秀民，业儒术以自见于世。（《州学志》）

士尚名教，礼崇俭约，古意未漓。（《光山志》）

少长安于朴俗，食给安于田蚕。男女婚嫁，养生送死，质而有节。（元马祖常《光山志》）

俗好禨祥。（《息学记》）

斗星之分，其性轻扬；江淮之交，其风躁动。（《固始志》）

豫居四方之中，其风土之刚柔，习俗之淳漓，服食器用之奢俭，较之邻省，差得其中；近其地者，率染其俗，势使然也。然亦有习尚不异者，如元旦祀先，卑幼以次拜尊长，亲邻交贺，上元张灯；清明日拜墓，插柳于门；端阳日戴艾虎、食角黍、饮雄黄蒲酒，以彩线系小儿腕；六月六日曝衣；七夕乞巧；十月一日拜墓，焚寒衣，农民报赛；除日易桃符、放爆竹，男女守岁，在在然矣。至于祭必四代，祀以仲月，婚不论财产，葬不饭僧、不举乐，士大夫家行之，余不尽然也。

江　苏

江南本勾吴旧俗，左思所谓“率土论都，独端委所彰、高节所兴”者也。《汉书·地理志》以为东海、淮、泗之间属鲁，沛楚、山阳属宋，其民有圣人之教化，近先王之遗风。又以为吴粤与楚接比，数相并兼，其俗略同。盖其文辞之失巧，与呰窳不求积聚者，自古已然。然风俗者，教化之所移易，非独其水土之性殊，气习之所尚不同也。昊中君子尚礼，庸庶敦庞，风俗澄清，而道教隆洽。史册所传闻者，庶几征信于今兹矣。

江　宁

君子勤礼恭谨，小人尽力耕殖。（《祥符图经》）

其人士习王谢之遗风，以文章取功名者甚众。（沈立《金陵记》）

南方水土柔和，其音清举。（颜介之）

永嘉以后，衣冠萃止，文艺儒术，于斯为盛。（《通典》）

俗英且毅，士清以迈，地大而才杰。（宋杨万里）

风流文物，冠映古今。（汪藻）

建业自六代为都邑，民物浩繁，人才辈出，实士林之渊薮。（杨演）

山川浑深，土壤平厚，华而不佻，淳而不俚。（《戚氏志》）

生人之性，亢朗冲融，重义而薄利；风俗之美，喜艺而厌凡鄙。乡邻婚丧，贫乏者互相佽助之。　金陵，文献之邦，以故寰宇推为奥区。士林重其清议，弹射臧否、剖析毫厘、擘肌分理者，至今犹然。（俱《旧志》）

苏　州

因士类显名于历代，而人尚文；因僧徒倡法于群山，而人尚佛。（汉《第五伦传》）

泰伯逊天下，季札辞通国，德之所化者远矣。更历汉晋以来，风俗清美，俗多祠宇。（《旧图经志》）

山泽多藏育，风土清且嘉。泰伯导仁风，仲雍扬其波。（晋陆机诗）

郊无旷土，多勤少俭。（《吴郡志》）

君子尚礼，庸庶淳庞。（《隋书》）

当赵宋时，俗益丕变，有胡安定、范文正之遗风焉。及后礼义渐摩，而前辈名德，以身率先，又皆以文章振动；今后生文词，动师古昔，而不梏于专经之陋。矜名节，重清议，下至布衣韦带之士，皆能摛章染墨，其格甚美。唯夫奢侈之习，未能尽革。（《旧志》）

松　江

文物衣冠，蔚为东南之望。经学词章，以至书翰，咸有师法。（《府志》）

吴中族姓之盛，自东汉以来，有闻于世，逮魏晋而后，彬彬辈出。左太冲所谓高门鼎贵、魁岸豪杰、虞魏之昆、顾隆之裔，居于华亭者为最著。故士奢于学，民兴于仁。（宋魏了翁）

儒官翼翼，不异邹鲁。（元赵孟頫）

四方名流，汇萃于此，薰陶渐染之功为多。（何良俊）

负海沉江，水环山拱，自成一都会。民生其间，多秀而敏。　其习尚亦各有所宗，以至田野小民，皆知以教子孙读书为事。　土膏沃饶，风俗淳秀。（俱《旧志》）

常　州

人性佶直，黎庶淳逊，敏于习文，疏于用武。（《寰宇记》）

建自泰伯，宣于延陵，高节所兴，由克逊以立风俗。（左思赋）

颖异之材，挺生此邦。（《风俗记》）

地偏俗俭。（宋苏轼《卜居记》）

县人学子，知所向慕。（朱子《宜兴学志》）

能振颓风，以激衰俗，非好贤乐善，未易能尔。（《府志》）

人秀而文。（葛邲《贡院记》）

不事浮华，少为商贾，耕稼自给。士尚儒术，缙绅代不乏人。男子不远游，女子不交易。士夫不衣文绣，不乘舆马。俗多尚吟咏。（《旧志》）

士大夫皆知绳趋尺步，纳身轨物，以为士民标准。（《宜兴志》）

镇　江

本泰伯之化，有谦让之风。（《旧图经》）

其礼逊谦谨，婚姻丧葬，杂用周汉之礼。（《寰宇记》）

士大夫崇静退，贵气节；民庶循礼乐业，而不好竞。（《嘉定记》）

人性柔慧，尚浮屠，而少积聚。（《宋志》）

土风质而厚，士风淳而直。（《咸淳志》）

士习诗书，敦简素。民闲故土，力耕稼，而不急工商之利，啬于自奉。妇人耻出门户。(《金坛志》)

京口为舟车络绎之冲，四方商贾群萃而错处，转移百物，以通有无。(《旧志》)

淮 安

人多轻剽，士任气节。(《隋书·志》)

重礼教，崇信义，阛市或杂浇伪；至于农氓，颛固极矣。(《地理志》)

士勤学问，民务农商，有淳厚之风，礼让之俗。(《中都志》)

书轨新邦，英雄旧里。(宋苏轼《淮阴庙碑》)

渐渍圣化，绰有余风。(《图册》)

喜学问，从教化，虽兵革之余犹是心。(《元志》)

淮安之俗，淳实尚义，勇悍习战。(《旧志》)

地大物众，细民弃本务末，豪右亦颇崇华黜素。(《南畿志》)

土沃生蕃，河患丰歉不常。(《安东志》)

扬 州

土俗轻扬。(《孔子六帖》)

疏寓无定憩。(梁柳世隆)

扬州之俗，号为繁侈。(《元和志》)

地分淮海，风气清淑。俗务儒雅，士兴文艺。(明王伯稹《学记》)

俗尚侈靡，其士多明秀俊伟。(彭时《学记》)

俗从约而易化，士循理而多文。　　海陵之民，唯事耕渔，性多朴

野。（俱《郡志》）

土高而广于水，俗廓而勤于稼。（《高邮题名记》）

徐　州

徐方邹鲁旧国，汉兴犹有余风。（杜氏《通典》）

人颇鸷悍，其士子挟任节，好尚宾游，盖楚风焉。（《隋书·志》）

霸者之余，以武为俗。（宋陈师道《学记》）

萧，风俗浑厚，多智虑，务农生财。（晁端中）

沛，地邻邹鲁，务稼穑，尚礼义。（《沛县志》）

沛以勇宕为俗。（李蔚《美政记》）

砀邑之学，弦歌方盛。（元《大成殿记》）

丰熟可抵三州。民事农桑，乐输赋役，而其俗亦淳。（《丰县志》）

俗多楚音，朴直舒徐。（《地理志》）

风俗高迈，迥出等伦。（《旧图经》）

士愿民朴，重廉耻，崇信义。（《邳州志》）

太　仓

正统以后，太仓始立学校，仕进者辈出，文物渐盛于前。（明陆容）

太仓气习风类，耿拔自树。财赋攸出，政重农官。（周凤岐）

弘治以后，竟名大邦，峻城深池，文学显于天下。（张溥）

俗尚气节，好清议，少不检，即私相非笑。且安土不好远游，无故未尝适百里，纵商游不至经岁。（《旧志》）

嘉定风气沉厚，其君子务读书行义，以古人为师。（王衡）

崇明越在海表，其土风古，其性劲，其人驯扰。（《旧志》）

海　州

海州，古郯子国也，孔子尝游焉。其地密迩邹鲁，昔为东海郡，号称多材。（《海州志》）

赣僻在海隅，人性颛朴，无机利之习。（明王典）

闾阎殷富，人物焜煌，山川草木润媚而韶秀。淮平以北，称美土焉。（董杏）

沭汉之厚丘，治居淮朔，壤接东省，有洙泗之遗风。家诗书而户礼乐，弦歌之声不绝于闾巷草野，忠孝节义时见于愚夫愚妇。（《沭阳志》）

通　州

文采风流，衣被到今，称为淮南书院。（《旧志》）

鱼盐之利商贾。弦歌之声，章甫亦众。（宋《学记》）

通阻江滨海，盗稀讼简。（《通州志》）

如皋水土清淑，自胡安定以经学倡率东南，闾巷秀民皆知向学，弦诵之风，于今为盛。（《如皋志》）

安　徽

盖闻系于水土者，谓之风；化于君上者，谓之俗。风俗与化移易，其积渐然也。古者太史陈诗，以观民风；命市纳贾，以观民之所好恶。安徽为东南都会，水深土厚，习尚敦丽。生其间者，咏仁蹈德，日迁善而不自知和亲。康乐安平，为一书，于以征郅治同风之盛焉。

安　庆

江南之气躁劲，厥性轻扬。（《晋书》）

人心躁劲，风气果决，其旧风然也。自平陈后，俗尚淳质，好俭约，丧祀婚姻，率渐以礼。（《隋书·地理志》）

土壤膏沃，人性轻扬，善商贾，廛里饶富。（《宋史·地理志》）

风俗清美，天性忠义。（元余阙记）

民勤而壤沃，俗俭而事简。（元欧阳元《望江学碑》）

风土清美，有粳稻之饶。（《图经》）

安庆人物忠敢，不愧于古，怀宁易，桐城达，望江悫，潜山毅，太湖净，宿松直。大抵江北风气近厚，故其习高，多类中州。（明胡宗缵记）

六皖山川美瞻，弦诵力本，其礼教信义，闻之熟矣。（《府志》）

荆楚饶劲士，吴越多秀民，皖介两服之间，沉潜高明，盖兼具矣。（《府志》）

徽　州

地杂瓯骆，性刚强。君子务为奇节高行，而羞不义，异才间出。（宋朱子《新安道院记》）

休宁山峭厉而水清激，故禀其气者，性情习尚不能不过刚而喜斗。然其俗难以力服，而易以理胜。（朱子《新安道院记》）

自昔多以材力保障乡土，其后浸有文士。山限壤隔，民不染他俗。勤于山伐，能寒暑，恶衣服。（《淳熙志》）

地隘人稠，力耕所出，不足以供，往往仰给于四方。（《江南通志》）

大江之东，以郡名者十，而士之慕学，新安为最。新安之地，以县名者六，而邑小士多，以绩溪为最。（《旧志》）

父老尝谓新安有数种风俗，胜于他邑：千年之冢，不动一抔；千丁之家，未尝散处；千载之谱，丝毫不紊；主仆之严，虽数十世不改，而宵小不敢肆焉。（《旧志》）

山多田少，以货殖为恒产。善识低昂时取，与贾之所入，视旁郡倍厚。其家居也，朴啬而务积蓄。女人尤称勤俭，多贞洁。（《府志》）

家多故旧，自唐宋来数百年，世系比比皆是。重宗义，讲世好上下六亲之施。村落家构祠宇，岁时俎豆其间。（《府志》）

冠冕之伦，多尚气节，矜取予，有《唐风》“瞿瞿”之意。（毕懋康《里居四则》）

绩溪隶于徽，而田畴不逮婺源，贸迁不逮休歙。（《乾隆志·小引》）

宁　国

民食鱼稻，以渔猎山伐为业。饮食还给，不忧冻饿，亦无千金之家。（《汉书·地理志》）

川泽沃衍，有海陆之饶。其人君子尚礼，庸庶敦庞，故风俗澄清，而道教隆洽，其风气所尚也。（《隋书·地理志》）

舟车繁会之乡，风俗和柔之境。（唐尉迟枢《新安禅院记》）

清凉高爽。（唐韩愈《与崔群书》）

陵阳奥壤，土广人庶。其地有险，所寄非轻。（唐自居易制）

地产气序之平夷，江汉冈峦之襟带。（唐陈势《大宁塔记》）

宣州故秦鄣郡，其俗佻而侈，其人劲而悍。有裴耀卿者为刺史，端本重学，宣人始服化矣。（唐陈简甫《开元良吏记》）

阻山带江，颜谢流风。（《玉海》）

东南自古非用武之地，大率民俗阜安，不乐攻剽，号为淳而易治。（宋周紫芝《移建宣城县治记》）

淳雅尚义。（宋谢谔《南陵永丰陂记》）

深山穷谷之间，风声气习，争尚简朴。（宋徐锐《旌德县学记》）

淳古易治，民相安于无事。（宋邵康《旌德县学记》）

地狭山多，县庭简讼。（宋李瞻《旌德县厅壁记》）

田土硗确，民无盖藏。（宋赵必法《平粜记》）

地广而僻，人质而文。（元梅震记）

古称气劲，躁性轻扬。自永嘉之后，衣冠避难，多萃江左，艺文儒术，斯之为盛，盖因颜、谢、徐、庾之风焉。（明刘欒《成化记》）

山水清胜，民俗敦朴，自昔多秀民。（明杨溥《南陵进士题名记》）

宁之民士淳朴，有适道之资。（明邹守益《县学记》）

邑介黄山、麻川之间，其钟于人，小人则好刚使气，喜以讼胜；君子则劲直自遂，不为不义屈。（崔涯《众乐亭记》）

所产多材故秀，民悦诗书，好礼义。闾巷田塘之氓，悉有以自资，而无慕于外。（《旧志》）

池　州

民淳气和，众货毕给。虽人物稠夥，而有讼不嚣；虽租赋浩穰，而闻令必集。（宋盛约《中和堂记》）

质而勤业，鲜有为非。（明刘天锡《忠勤堂记》）

田土硗瘠，民少积蓄，乐居乡井，不事远游。（《广舆记》）

其人类野而近淳，其俗务本而崇俭。（明陈良器《东流学记》）

其地狭而瘠，其民寡而贫，其风俗多啬而褊。故其好尚，务疾耕力食，而以弦诵为缓。（明宋邦辅《东流志·序》）

壤地褊小，无物产之饶。其民自农亩外，无贸易于四方者，故岁给常不舒。即名巨家，亦无厚蓄。（明赵锦《铜陵新城记》）

人性便利喜动，经生学士，文雅彬彬。（《秋浦志》）

以渔猎为业。（《秋浦志》）

刚柔既殊，雅俗亦分。人志怀刑，衣冠济济。（《旧志》）

大概士夫崇恬退，尚气节；妇女亲蚕织，工纺绩。土著之民惮远行，不事贸迁，甘心贫窭。以故六邑之利权，半归寄客；百家之末艺，尽出游民矣。（《旧志》）

人性机敏，往哲熙熙。（《旧志》）

太　平

水耕火耨，民食鱼稻羸蛤，故呰窳而无积聚。（《汉书·地理志》）

姑孰饶旷，荆河斯拟，良田美柘，畦畎相望；连宇高甍，阡陌如绣。（《陈书·宣帝纪》诏）

其民安，其物阜。（《郡国志》）

当涂城跨姑溪，井邑虽疏而开豁，物产余懿。（宋张舜民《南征录》）

田利之人，倍他壤有余，鱼虾、竹苇、柿栗之货，足以自资。（宋曾巩《繁昌兴造记》）

姑孰本江东道院，民淳不浇。（宋洪迈《贡院记》）

其民浑然太朴，唯土物是爱，故能臧厥心；唯本业是崇，是以无末作。尽力田亩，收功钱镈，其勤苦易足。衣食给，故多知廉耻；习俗厚，故罕事争角。（宋吴渊《江东道院赋》）

士质而静，民俭且淳。（宋牟子才《七先生祠记》）

芜湖首附长河，尾距高麓，舟车之多，货殖之富，衣冠文物之盛，殆与州郡埒。（元黄礼记）

当涂附郭，逼处大江，四郊无他产，唯稼穑园廛、垂竿举网是务。（元黄礼记）

当涂土沃民淳，号称易治。（王鉴之记）

溪山清远，土风淳厚，生殖繁多，人物颖秀。（韩膺胄记）

质而不华，俭而不侈，务耕读之业，绝淫博之风。（祝銮记）

当涂扬州之地，汉时不过一大县耳。地既分则风俗异，可以轻扬目之。（刘子澄《太平图经》）

庐　州

人性躁劲，风气果决。（《隋书·地理志》）

封略阔而土田瘠，贱商务农。（唐罗珦《巢县德政碑记》）

人物语音，风土明茂，皆胜淮左诸郡。（《太平寰宇记》）

俗醇讼简，民勇而好义，务农力学。嫁娶以时，丧葬循礼。（元揭傒斯记）

风俗淳朴，事耕桑，崇俭、重名、务学，贤才汇兴。（《旧图经》）

其民质直，而无二心；其俗勤生，而无外慕之好；其才强悍，而无孱弱可乘之气。（元余阙《修城记》）

山川高深，风气完密，有中州质愿之美。（元虞集记）

人物清修苦节，廉介忠义。（黄宗载《府治记》）

其民质朴，不好争讼，而风俗淳美。（王志英序）

衣冠文物之懿，视昔有加。生民俎豆、婚嫁桑梓间，弦诵之声，接于四境。（朱镛序）

其俗朴茂，刚健而少文；其地衍沃广袤，有水泉之利；其民勤力稼穑，而多殷富。（明王章记）

土厚水深，士生其间，刚劲笃实，足以任重。（杨溥记）

风气果决，赋性质朴，鲜事工商，专务稼穑。（《庐江古志》）

人性淳厚，好学务本，畏犯法而少斗讼，无吴楚劲悍之风。（《无为州图策》）

凤　阳

尚淳质，好俭约，丧纪婚姻，率渐于礼。（《隋书·地理志》）

土壤膏沃，有丝帛之利。人善商贾，廛里饶富，多富贵之家。（《宋史·地理志》）

凤阳性率真直，其食秔稻，其衣絁布。（《太平寰宇记》）

濠水之上，江淮之间，惠庄隐士昔所游处，淮南宾客集而著书，流风所被，文教并兴。（宋钱文子《修学记》）

在城务商，在野勤穑，无告讦之风。（《濠梁志》）

俗慕学问，才产文武。（《方舆胜览》）

务俭勤农，知慕孝行。（《寿州图经》）

土俗俭朴，民生淳厚，力农务本，逐末者少，乡里无争斗之习，彬彬然有古之遗风。（《临淮记》）

宿地辟民聚，风俗淳美。钟离风俗，号称近古。（《凤阳志》）

颍　州

汝南之别，皆急切有气势。（《汉书·地理志》）

旧传其俗傲荡，今则好尚稼穑，重于礼文，其风皆变于古。（《隋书·地理志》）

豫州之分，其人得中和之气，其性安舒，其俗阜，其人和，今俗多宽慢。（《太康地记》）

民性安舒，多衣冠旧族，土地褊薄，迫于营养，洛俗然也。汝阴在二京之交，颇同于洛邑。（《宋史·地理志》）

民淳讼简，而物产美；土厚水甘，而风气和。（宋欧阳修《思颍诗·序》）

汝阴人率性真直，贱商务农。（《太平寰宇记》）

里巷敦扶持之教，男女别饮食之筵。（《元史·地理志》）

尚气安愚。（《风土记》）

汝颍固多奇士。（贲嵩论）

人性质朴，唯务农桑，今则工商交作。词讼简少，俗尚礼义，视昔为盛。（《异闻录》）

风俗清丽，人备文武。（《旧志》）

平原旷野，土壤饶沃，水陆四通五达，而无崇山峻谷之险阻。（《旧志》）

仁厚之俗，勤农事，恶衣服，人皆忠义，本于张巡、许远之表率。（《毫州志》）

滁　州

地僻讼简，其俗安闲。（宋章衡《重修醉翁亭记》）

滁介于江淮之间，舟车商贾、四方宾客之所不至。民生不见外事，而安于畎亩衣食。（宋欧阳修《丰乐亭记》）

虽风俗淳厚，而尚气节，易以德化，难以力服。（吕元中《紫微泉记》）

习尚勤俭，专力农桑。（《郡志》）

和　州

楚越之地，饭稻羹鱼，不待贾而足；地势饶食，无饿馑之患。以故呰窳偷生，无积聚而多贫。（《史记》）

历阳人性躁劲，风气果决。自平陈之后，俗颇尚淳，质好俭约。（《隋书·地理志》）

女工尚坚全，男工尚垦辟。市无蚩眩，工无雕彤。无游人异物以迁其志。（唐刘禹锡《厅壁记》）

四民各安其业，而儒雅之风尤甚。（《州志》）

广　德

力于南亩，不务商贾。（《汉书·地理志》）

民淳事简，号江东道院。（《桐汭志》）

境大壤沃，食货富穰。（宋曾巩《鼓角楼记》）

人性直好义。君子业儒术，而尚质朴；小人崇节俭，而务农桑。妇女不出户阁，富贵不服罗绮。（曾巩《鼓角楼记》）

六　安

淮右名州，沃野千里。（明朱子奢）

舒六之贡，利尽荆楚。（晋伏滔《征淮论》）

率性真直，轻商重农。（《图经》）

民淳俗朴，安于稼穑，士谨愿右文。（《旧志》）

民力田疾作，输纳以时，庶几家给人足。（《旧志》）

六地界南北，刚柔适中，文业武功，彪炳史册。（《州志》）

民勤稼穑，士崇气节，皆以礼让相先，无复嚣讼。（《州志》）

泗　州

士习诗书，民尚孝悌。力田者多，争讼者少。（《隋书·地理志》）

田稻丰饶，俗慕儒学。（《方舆胜览》）

其人好学，尚礼义，重廉耻。（《太平寰宇记》）

民性率直，贱商务农。其食粳稻，其衣絁布。（《太平寰宇记》）

民性淳直，词讼简少。（《中都志》）

文教诞敷，人才辈出，敦行务本，闾里相让。（《中都志》）

力农者多，逐末者少。学校有英俊之才，乡里无争斗之习。（《临淮记》）

古称壮县，民强而易驯以义。（元揭徯斯记）

淮泗之间，惠庄隐士昔所游处。《汉书》云：自淮南王安招集宾客，而文词并兴。(宋钱子文记)

天长民朴而愿，士质而文。(《县志》)

地接齐鲁，民尚淳朴，以信义为先。与洙泗通源，雍容揖让，有古君子风。(《旧志》)

泗人性舒缓朴直。城市之民不为商，乡落之民鲜识字。士习文雅，清恬愿悫。学校畏清议，仕宦顾名节。(《泗州志》)

卷三

浙　　江

总　　志

《周礼·职方氏》：东南曰扬州，其民二男五女，其畜宜鸟兽，其谷宜稻。

《吴越春秋》：水行山处，以船为车，以楫为马。

《汉书·地理志》：吴越之君，皆尚勇，故其民好用剑。

左思《吴都赋》：士有陷坚之锐，俗有节概之风。

《隋书·地理志》：江南之俗，火耕水耨，食鱼与稻，以渔猎为业。信鬼神，好淫祀。君子尚礼，庸庶敦庞。

《宋史·地理志》：人性柔慧，尚浮屠之教，厚于滋味。善进取，急图利，而奇技之巧出焉。

葛礼《钱塘赋》：歌唐诵虞，咏仁蹈德。长者皆不厌不倦，幼者亦克岐克嶷。升降以齿，人遵长幼之序；渐摩有素，俗安礼义之守。学古者不知力农之劳，通鬻者不知奇巧之法。熙熙陶陶，含哺鼓腹，沐浴皇灵，优游化图。

咸淳《临安志》：有车船橇辇之迹，故其人至今忠以勤；有苗山封爵功德之会，故其人至今劝于为善；有犀贝桔柚之贡，故其人至今知尊君而爱亲。

《志雅堂杂钞》：两浙上直天市垣，故市易浩瀚。

周起莘《雷琴记》：两浙人文区薮，浙以西之文华而靡，浙以东之文清以淑。

《旧浙江通志》：浙东多山，故刚劲而邻于亢；浙西近泽，故文秀而失之靡。

杭　州

钱塘县

《后汉书·张霸传》：郡中争厉志节，习经者以千数，道路但闻弦诵之声。

《隋书·地理志》：山泽沃衍，有海陆之饶；珍异所聚，故商贾并凑。

欧阳修《有美堂记》：其民富足安乐，其习俗工巧，邑屋华丽。

苏轼《上执政书》：三吴风俗，自古浮薄，而钱塘为甚。虽室宇华好，被服粲然，而家无宿舂之储。

苏轼《表忠观碑》：其民老死不识兵革，四时嬉游，歌鼓之声相闻。

晁补之《七述》：杭俗尚工巧，家夸人斗，穷丽殚好。八方之民，车凑舟会，角富而衍宝。

秦观《雪霁记》：其俗工巧，羞质朴而尚浮华，且事佛最勤。

葛沣《钱塘赋》：俗享再稔之利，妇蚕八育之绵。

《梦粱录》：杭州湖光山色之秀，钟为人物，所以清奇特杰，为天下冠。

《方舆胜览》：市列珠玑，户盈罗绮。湖山信美于他邦，狱讼亦烦于诸郡。

《武林旧事》：制度礼文，彷佛东京之盛。

戴表元《学古堂记》：三吴之州，莫大于杭，其地水秾山妍，其人机慧疏秀而清明，其俗通商美宦，安娱乐而多驰驷。

万历《杭州府志》：省城士夫，多爱惜名检，不敢以贵势凌人，乡人以事争竞来质者，多闭门谢之，无敢武断。凡置买田宅，皆平价贸易，若度越疆界、公行占据者，辄为清议所摈。山泽舟航之利，世业在，人不忍攘之，以自封殖。盖虽无公仪拔葵风度，而自放于礼法之外者鲜矣。至于大夫守令，有恺悌宜民者，同声颂之，无异词。其执持公道，崇让清议，为列郡称首。庶民虽日觌上官威仪，至以狱讼造庭者，匍匐不敢出气，其驯良畏法如此。

万历《杭州府志》：乡先达有于肃愍之戮力王室，不顾私家，故其民尚奇节，而耻言势利；有胡端敏之慷慨致身，见形察影，故其民长虑却顾，而务抉幽微。有王佥宪琦之清介绝俗，故其民知廉洁而好义；有项郎中麟之力却馈遗，故民多检饬而恶贪。近世如江大参之世笃忠贞，惠宪副隆之杜门扫轨，张少参铨之不昵贵幸，翁太守相之静退自甘，许右史应元之内外修洁，高文端仪之正色立朝，江学宪圻之纯孝清修。此数君子者，大则成功于再造，次则义烈于乡邦，次则行修于一己。斯皆足以激励士心，敦厚风俗，为杭之表式，彬彬盛矣。

徐之夔《告乡贤文》：兹邦以德行、文学、事功、风节显者，代不乏人。

《钱塘县志》：妇女虽喜华服饰，而闾阎之习尚勤率作，每日络丝褙纸及箴纫履袜之类，日可入钱糊口。

《仁和县志》：地无旷土，田无不耕。

海宁县

胡珵《儒学记》：盐官地并海，民逐鱼盐为生，列肆负贩。自张九成师弟以儒学显一时，三年之间，磊落相望。

陈昱《盐官县厅壁记》：耕桑之地，足以衣食；鱼盐之利，足以资给。

刘基《送张知县序》：大民儒儒，小民愉愉。朝出暮归，讴歌满途。

张安茂《儒学记》：盐官地滨东海，盖僻壤云；然人文之盛，甲于四方，邑之隶武林者，九弗能尚也。

《海宁县志》：风俗俭简，农耕妇织，家给人足。俗尚敦悫，鲜有游民。其民操牢盆者，输盐租；治桑麻者，任土贡。

富阳县

杨维桢《曹侯惠政碑》：富阳无沃土美壤，以当大府之需，故民劳而贫，俗讦而浇。

宣德《富阳县志》：富阳虽滨江，居民不以渔盐为业。男力耕耨，女勤蚕织，田野朴厚。士习礼让，慕高逸，亦专科举之习，有弦诵之风焉。

《杭州府志》：业诗书者，崇气节；居畎亩者，敦朴素。

《富阳县志》：邑人率造纸为业，老小勤作，昼夜不休。村落多种柏树，参差成行，采子为膏，以应造烛之用。

余杭县

刘希贤潜公并记：尊爱长吏，有两都余风。徐一夔《县学记》：余杭山水之邑，其民多秀而知学。

嘉靖《余杭县志》：早作晏休，开斗种艺，务尽地利之所有。男务耕作，女勤织纴，尤善御蚕。闾阎童稚，皆知服业。百工技艺，旧皆外郡之人，今多出本邑。

嘉靖《余杭县志》：俗近还淳。富室子弟，循循雅饬，崇朴素而去浮华，远诈伪而近礼义。差役乐于趋事，士大夫皆崇尚名节。婚嫁丧葬，一从简约。

《余杭县志》：山水清佳，风气朴茂，孝悌力田，有太古之遗。

临安县

孙觌《县学记》：居大山谷中，桑麻丝枲之富自足，而无贫民。

徐一夔《县学记》：风俗淳固，其人素知诗书。

黄汝亨《县志序》：其俗简朴而勤。

嘉靖《临安县志》：民尚朴素，争讼寡少；士知学问，礼义渐兴。男务耕桑，女勤蚕织。疾病多信巫鬼，丧葬多尚佛老。

《临安县志》：俗重迁徙，数十世不忍析居，故著姓较他邑独蕃。山多田少，鲜巨富，只竭力农桑，以给公输。乏劳产，无奇技淫巧。妇女缫丝，北工于南；商贾贸茶，南多于北。

于潜县

邵文炳《衮绣堂记》：俗俭而质，民劲而武，难服而易化，受敬而不忘。

《于潜县志》：男务耕桑，女务纺织，治生之勤逾天下。山多田狭，赋税不及省会大县十一。朴鲁尚质，务本寡讼。笃信巫鬼，丧葬多用佛老。

新城县

方廉《县志序》：新城为县，僻处山间，地瘠而产薄，俗啬而用俭，敦厚朴茂之风，未始或泯。山居野处，不竞纷华；男耕女织，不习浮旷。君子以俭，小人以啬。

万历《杭州府志》：讼简民安，闾阎之乐，可想见也。

《新城县志》：草莱尽辟，机杼声闻，有淳厚之风。士民冠服布素，礼汰繁文，仕则廉谨持法，不苟荣禄。

昌化县

陈居仁《县学记》：僻在岩谷，务本力田。教明俗化，俊秀辈出，衣冠相望。

钱钺《谯楼记》：民朴以茂，恒事耕作樵采，以自食其力。□争斗讼讦。

万历《杭州府志》：刀耕火种，力殚于山；菑畲刈获，山尽于地；楮漆薪炭，货殖于商。勒生啬用，视弃一钱如拱璧。家延经师，争自磨淬，章缝之盛，倍于往昔。民有疾，辄巫祷，故知医者少。

《昌化县志》：环山而处，敦土为安。俗尚淳庞，多至性。

《杭州府志》：冠礼：男子年十六，筮吉日，选宾僎，告诸家庙，三加训戒。女子于归日，母为之加笄，重婚媾也。婚礼：士大夫家以门第相尚，谋诸媒氏，通柬问名，佐以簪珥彩币，谓以传红。彼此持帖往还，又谓拜望。次行纳采，成尚丰美。又次纳征，复以羊酒果饵相馈，谓之加笄。婚期：尚行亲迎古礼，问用彩轿，华灯鼓吹前导，迎至中堂，婿、妇行交拜礼。合卺后，盛服出拜翁姑，次及尊长。至闾巷细民，多从简约。丧礼：始卒，男免女髽，分计受唁，亲友多致奠赙，犹存古意。七日一祭，好作佛事。葬前灵輀前陈列方相铭旌，导以鼓吹仙梵，墓所亲友执绋毕集，合窆始归。阅三日，展祭新阡，谓之覆墓。祭重生辰讳日，牲牷酒醴，备极丰洁。清明各携肴核香烛，亲诣封茔展拜，酹酒焚楮；十月扫墓亦如之。立夏祭先，荐陈时物，较他府为独重。至岁时伏腊，或祭于家，或祭宗庙，丰俭不一，皆借是以展追远之敬也。

《梦粱录》：元旦，士大夫交相贺，细民男女，亦鲜衣往来拜节，游玩琳宫梵宇，竟日不绝。

《西湖游览志》：正月朔，为椒柏酒，以待亲戚邻里。以春饼为上供，爇栗炭于堂中，谓之旺相；贴青龙于左壁，谓之行春；插芝麻梗于檐头，谓之节节高；签柏枝于柿饼，以大桔承之，谓之百事大吉。自此少年游冶，翩翩征逐。至十八日收灯。然后学子攻书，工人返肆，农商各执其业。

《杭州府志》：元宵前后，五夜张灯，通衢委巷悬额缀彩，皆以锦缎采绣为之，如入万花谷中，终夕鼓吹不绝。乡村妇女，于十五日夜，召□姑以卜一岁吉凶，并蚕田丰歉。

《梦粱录》：二月朔，中元节，民间以青囊盛百谷、瓜果、子种，互相遗送，为献生子。花朝，都人往钱塘门前，至玉壶、古柳林、云洞，嘉会门外包家山、张太尉园，玩赏奇花异木。包山桃开如锦障，极可爱。

《杭州府志》：二月花朝以往，士女争先出郊，谓之探春。画舫轻舟，栉比鳞集。先南屏，次放生池、湖心亭、岳王坟、卢舍庵，后入西陵桥、放鹤亭，北来皋亭山、刘坟村。每当春日桃花盛放，一望如锦，游人多问津焉。

《武林旧事》：清明，人家上冢，南北两山间车马纷然。而野祭者尤多，如大昭庆、九曲等处。妇人淡妆素衣，提携儿女，酒壶肴核，村店山家，分馂游息。至暮，则花柳土宜，随车而归。

《钱塘县志》：上巳，出游西湖，士女皆带荠花。

《海宁县志》：四月立夏日，以诸果品杂，署茗碗，亲邻彼此馈送，名曰七家茶。

《西湖游览志》：四月八日，俗传为释迦佛生辰。僧尼各建龙华会，以小盆坐铜佛，浸以糖水，覆以花亭，铙鼓迎往。富家以小杓浇佛，提唱偈诵，布施财物。

《昌化县志》：四月八日，寺僧以楝叶染米作乌饭，供佛或分送檀越。

《梦粱录》：端午日，家买桃柳、葵榴、蒲艾，并市茭粽、五色水团、时果、五色瘟纸，当门供养。佩赤灵符，采百草制药，以辟邪。

《杭州府志》：端午，祀神享先。毕，各至河干湖上，以观竞渡。龙舟多至数十艘，岸上人如蚁。近日半山龙舟争盛，俱于朔日奔赴，游人杂沓，不减湖中。

《西湖游览志》：七夕，市中以土木雕塑孩儿，衣以彩服，号为摩睺罗。

《梦粱录》：七夕，女郎望月，瞻斗列拜。次乞巧于牛女，或取小蜘蛛以金银盒盛之，次早观其网丝圆上，名曰得巧。中秋登楼，临轩酌酒高歌，为竟夕欢。

《元和郡县志》：江涛常以月十日、二十五日最小，三日、十八日极大。每年八月十八日，数百里士女共观，舟人渔子溯涛触浪，谓之弄潮。

《西湖游览志》：九日，以苏子微渍梅卤，杂和蔗霜、梨橙、玉榴小颗，名曰春秋菊。

《梦粱录》：九日，以五色粉，塑成狮蛮，以小彩旗簇之，以熟栗为细末，入麝香、糖蜜和之，贯酒玩菊，以应节序。

《武林旧事》：十月，杭人竞售锦装新历、门神桃符、钟馗、狻猊、虎头及金缕、彩花、春帖、幡胜之类，为市甚盛。

《梦粱录》：十月朔，士庶出郊扫墓。冬至岁节，士庶所重馈遗仪文，及举杯相庆，祭告宗禋，加于常节。除夜，换桃符、门神、钟馗，祭祀宗祖。夜则迎神，备香花供物，围炉团坐，谓之守岁。

嘉　兴

嘉兴县

葛邲《贡院记》：得江山之助，其人秀而文。

《方舆胜览》：土膏沃饶，风俗淳秀。文贤人物之盛，前后相望。百工技艺，与苏杭等。

至元《嘉禾志》：罕习军旅，尤慕文儒；不忧冻馁，颇勤农务。

杨维桢《聚桂轩记》：秀在宋为文物之邦，至今士多兴于学，处廛者，亦类皆鸿生硕彦。

弘治《嘉兴府志》：嘉禾之俗，终岁勤动，饷给于国，而尺寸之土必耕；衣被他郡，而机杼之声不绝。士人好文而崇学，衣冠文物，焕然可观。

万历《嘉兴府志》：春秋时，檇李当吴越之交，自越王甲粢、乙黍、丙菽、丁粟，非夫人之织不衣，而农桑重；吴王铸山煮海，而盐铁重，务本节用，浸以富强。

万历《嘉兴府志》，声名文物，冠裳济济。逡巡揖让，无少惰容；秉礼之家，不逾矩矱。

萧子鹏《思乐堂记》：章甫缝掖之士，訚訚秩秩。

李贞开《烟雨楼赋》：城郭森罗，市廛错列；高门纳驷，甲第连云；红粟流衍，礼乐孔殷。

蒋静《黄田港闸记》：富商大贾，长桅巨舶，夷蠙海错、鱼盐米布之属，辐辏城市，居民富饶，市邑繁盛。

李日华《秀水百咏序》：赋税日增，生齿日盛，才杰辈出，为时名乡。第宅宫庐，不让两京。陆无险巇，树艺得食其膏；水无衡激，艅艎得以走集。

黄洪宪《县志序》：邑人士多饶秀，娴文章，接巇传圭，弁冕吴越。

《秀水县志》：秀邑人士，斤斤自好，以孝悌力田为本务。

嘉善县

钱福《水利成功碑记》：嘉善膏腴之壤，平铺如席，无高山大泽，赋税户田，最为繁盛。

弘治《嘉兴府志》：士慕文儒，沃土腴壤，民不劝而耕，乐从乎上，视他邑固易易也。然而信巫鬼，崇异教，岂旧习未革欤？

胡洁《表贤录序》：邑之俊造，皆师古好学，其民淳朴易治。

章士雅《县志序》：人文郁勃，风气淳庞，土沃而民饶。

莫大勋《儒学序》：魏塘忠孝节义，甲于嘉禾；理学科名，声高东国。麟麟炳炳，自昔攸闻，谓非教育涵养者深欤？

姚宏谟《筑城碑记》：乐田亩，重兴作。

海盐县

李正民《盐学记》：海盐地形高仰，潮汐之至，非有山谷堤防，而人居以安。其土黄壤，其井泉甘。鱼盐之利既溥，又沟洫之水不可潴蓄，故民皆服田力穑，利于早熟，市廛编户，家给人足。喜敦子弟以诗书，士大夫之裔亦各世守其业。地既斗绝一隅，舟楫人迹罕至，无奇货异产动其耳目，故能安习而不远。

李棐《小学记》：里巷间弦诵之声相接。

许氏《贻谋》：男胜耕，悉课农圃；女胜机，悉课蚕织。

弘治《嘉兴府志》：海盐素习渔盐之利，俗朴而好文，俭而知义，安土而不乐商贾。士大夫丧葬率用古礼，闾阎多化之。

《海盐县志》：盐邑斥卤，民率煮海为盐。田圃之间，所产者禾麦麻枲而已。其他多资之旁邑，易之商旅。

石门县

□□《儒学记》：稻蟹之利，转徙数州。朱德润《乡贤祠记》：士美民秀，夙称多贤。

贝琼《西郭生传》：俗质而尚文。

陈履《县志序》：崇故良邑，以易治称。

陈允坚《学田记》：御儿故称饶庶。

《石门县志》：石邑接壤杭湖，士大夫尚文学，习礼义。然射利近华，信鬼重巫，习未尽革也。至重桑麻，勤稼穑，民多淳朴。

平湖县

弘治《嘉兴府志》：平湖多秀民，天性巧慧，重文学，尚气节。其居田野者，夫耕妇织，最为勤苦。然信巫鬼，重淫祀，习奢侈，挟智斗讼者，往往有之。年来文教渐盛，而风俗亦渐移易矣。

朱维熊《义学碑记》：湖邑大海回环，生其地者，多钟九峰三泖之秀。以故名臣辈出，科名甲七邑。

《平湖县志》：邑既僻处东偏，工作无他技巧，枲多于桑，布浮于帛。士大夫家，勤女工，犹什之七。

《平湖县志》：其境僻无丛奸，其习朴无窳货，其去乡重，其射利惬，故男不逋亩，女不下机。

桐乡县

至元《嘉禾志》：兼并胜，挟□善斗，楚越之□□。

莫光朝《青镇徒役记》：青镇介湖秀之间，水陆辐辏，生齿日繁，富家大姓，甲于浙右。

弘治《嘉兴府志》：俗务农而习朴。高原树麻桑，下隰种禾麦，尺寸无旷者。

《桐乡县志》：桐处古吴越之疆，泰伯逊让之遗风，夏禹勤俭之遗习，渐渍既久，兼而有之。

至元《嘉禾志》：冠礼：男子十六始冠，亦有婚而冠者，女子于归乃笄，聚族张筵。凡冠、笄，皆炊大糕，馈遗亲里，始讳其名而字之。婚礼：纳采、纳征、委禽、亲迎，多遵古道。丧礼：始卒，以《六轮经》辨生肖所忌，曰批书。男免女髽。敛用绵及帛。敛毕，设铭旌，宾始吊。每七作佛事，七七谢孝，衰服拜其门。葬日，姻友至墓所饯祭，具方相，器铭旌，梵音交杂流响。葬后三日，子孙至墓所，日覆墓。

万历《嘉兴府志》：元旦，整衣冠，焚香拜天地，祀宗祖，男女聚拜，饮椒柏酒，亲朋互相投刺，曰贺节。人日，女子上彩胜于祖父母。元夕前，乡人束刍于木末，燎以祈年，曰烧田蚕。城中揭灯于竿，鼓吹游行，曰迎灯。清明，挂纸钱于墓。立夏，以百草茅揉粉为饼相馈遗。端午，艾旗、蒲剑悬于门，饮葛歜酒。七夕，瓜果杂陈，曰乞巧。八月望，以百果为大饼，名月饼，以百果和糖，名俸糖，赏月达曙。九月，造栗糕，插菊花。十月朔，祀祖先，扫墓。冬至，合祀宗祠。腊月，乡人以朱墨涂面，跳舞于市，行古傩礼。除夕，易门神、桃符，写春帖，井硙俱封，爆竹燔柴，设酒肴聚饮，锣鼓彻夜，谓之守岁。

《海盐县图经》：元宵，先结锦绮为竹棚，夜放火树，纵游人观灯，远近百里毕集。

《桐乡县志》：三月三日，农家妇女出避于外，曰避青；晚食螺卿，曰挑青。

《嘉兴县志》：八月朔，食鳗鱼。八月二十四日，稾生日。除夕，燔柴于门外，曰烧火炉。

《嘉善县志》：孟冬朔日，食米团。

《海盐县图经》除夕，家置炒豆米，元旦且食且祈，曰“凑投凑投”。

湖　州

乌程县

杜氏《通典》：永嘉之后，衣冠萃止；文艺儒术，斯之为盛。虽闾阎贱品，处力役之际，吟咏不辍，盖因颜、谢、徐、鲍之风扇焉。

苏轼《墨妙亭记》：吴兴民足鱼稻、菱蒲之利，寡求而不争。

张方平《府学记》：吴兴山水发秀，人文自江左而后，清流美士，余风遗韵相续。

王十朋《湖州谒庙文》：湖学之盛，东南鲜伦，风似邹鲁，民同蜀闽。

李直方《白苹亭记》：其人寿，其风信实。

张世昌《崇顺庵记》：由吴兴而东，皆平沙沃野，其俗敦庞勤俭，故治业易滋，养生送终得以尽心而无憾，有古之遗风焉。

程郇《新复青塘堤岸记》：民淳俗厚，政化易施。

李心传《南林报国寺记》：乌程之南林，耕桑之富，甲于浙右。土润而物丰，民信而俗阜，行商坐贾之所萃。

赵孟淯，《吴兴赋》：家有诗书之声，户习廉耻之道。

商辂《湖州府学记》：土田膏腴，居室庶饶，学校人才之盛，称于历代。

杨慎《跋岘山图》：地则杭稻交畴，里实桑榆荫道。

赵时春《送张湖州序》：地腴而民质，佣租易给。

王稚登《喜留亭记》：其产多蚕桑竹木、鱼稻果窳之利，俗号殷富。

茅瑞征《吴兴掌故序》：吴兴风俗最近古朴，其土人雅称率素，阔达而峭直。其里闬力本务穑，唯斤斤以勤俭。长子孙无敢傲康，以堕先业。

《西吴枝乘》：湖民力本射利，计无不悉，尺寸之限必树之桑，环堵之隙必课以蔬。富者田连阡陌，桑麻万顷；而别墅山庄，求竹木之胜无有也。

《吴兴掌故》：会集止以契阔，庆吊不为戏游饮讌，陆博棋弈，鲜所藏设。

范应期《县学记》：炳灵发祥，代钟名哲。诗书弦诵，等于齐鲁；巍科朊仕，甲于旁邑。

《乌程县志》：俗朴风恬，恂恂儒雅。婚姻论财，虽士大夫不免。衣服饮食，向多野朴。布衣之外，间以绸绢，不尚绮饰。上十区之民多贫，下十三区之民稍富。田之厚薄分，而所入亦殊焉。

《归安县志》：仪雅而周以巽，语剽而轻以浮。

《归安县志》：东乡业织，南乡业桑菱畜渔，西乡业薪竹，北乡业蔬靛。

长兴县

史岩之《进士题名碑》：吴兴士风之盛，甲于浙西，而长兴视旁邑为尤盛。士由科第奋兴，肩背相望。

刘焘《进士题名碑记》：水逶迤而清深，山连属而秀拔，人才之生，是以似之。

杨维桢《韩侯去思碑》：地临奥区，农多艰食。其土俗浮呰，好盘游，喜气势，竞讦讼。

熊明遇《箬溪书院记》：天目、苕水之间，邹鲁之风在焉。

《长兴县志》：山水雄壮，故人多尚气。士习较郡中，差为淳朴。

德清县

蔡汝楠《赠郝令序》：德清本山水之邑，山乡山樵苏泉壑之利；处水乡者，引水灌溉，辄成腴田，其民饶乐久远。

金明时《熊侯去思碑记》：邑介山泽之间，俗瘠而役烦。

许孚远《县学记》：德清山川清丽，民俗淳简。为之士者，有敦朴谨愿之风焉。

《德清县志》：冠婚丧祭，悉敦礼让。议姻则严氏族，举葬则急茔兆。故立葬社以周贫行，多婚于凶岁，皆事之近古者。

武康县

桂华《乡贤祠记》：武康邑小地偏，不迩商贾货利。故其民性愿而近道，习醇而敏于为善。

《武康县志》：务农商而无旷土，乐敦朴而无顽民。所事山蚕，蔼有邠俗之遗。

安吉州

刘希仁《县令题名记》：鄣南赋繁事剧，尤为难治。

蔡汝楠《州志序》：吴下文盛，淳风久漓。州之山中，尚不失敦庞古始之意。

吴珑《明伦堂记》：吴兴文明，上郡独安吉为州。而人士举业，且蔚乎纷郁矣。

《安吉州志》：其土瘠薄，故鲜富室，罕积聚。其小民不出境事商贾，不习工艺，故多贫。妇尚贞节，郊外绝无游女。婚娶不亲迎，居丧不按《家礼》。病不医药，多事禳禳。

孝丰县

黄朝选《县治记》：林篁僻邃，易服难驯。

孙在丰《杨侯建学诗序》：人士大都视听闲静，未尝驰骛声华，代有隽望。

《孝丰县志》：东地沃而侈，近浮；西地瘠而鄙，且险。好鬼而务讦，尚诈而蔑礼。近则寿考相望，儒业顿起。宫室率务坚朴，无雕刻垩黝之饰，男妇服常不制，夏则衣苎，冬则木棉，俭素之风居多。富家燕饮，多事丰腆；山村俭朴，有污樽杯饮之风。

《吴兴掌故》：湖族婚时，遇暮夜，亲知家各助以灯烛。有亲丧者，赠奠之礼，举不敢受，云不敢以亲累及人。丧葬送者云集，其费一出于亲知，所办随其力之大小，以邀送客。终制之日，出外服素青服，而家居素服。若新丧者，过三年方通用吉服。

《吴兴掌故》：元旦，家具糕胜香烛，供三正堂，三日或至半月。祀门户神甚谨，不敢以家鬼先之。

《孝丰县志》：社日，各村率一二十人为一社，屠牲酾酒，焚香张乐，以祀土谷之神，谓之春福。

《乌程县志》：二月二日，士女皆摘蓬叶插于头。谚云：蓬开先日，早戴了春不老。四月立夏，家多祀灶，以火德王也。时蚕已三眠，稍叶者，三日后任从采摘。梅雨，农家赖以种田，俗名烧鹅汁。其时有雷，则多鱼，无雷谓之哑黄梅。立冬日，以野菊花、金银花、茄根、姜干之类，煎汤沐浴，谓之扫疥。

《西吴里语》：清明，居民各棹彩舟于溪上，为竞渡，谓宜田蚕。始于寒食，至清明日而止，谓之水嬉。

《西吴枝乘》吴兴以四月为蚕月，凡官府勾摄征收，及里闬往来庆吊，皆罢不行，谓之蚕禁。

《归安县志》：四月八日，以楝叶染米，啖青精饭。

《吴兴掌故》：七月望日，盛为兰盆会，好事者浮水灯，为水陆会。常以膏泛粥，事神祀礼重。十月朔，墓祭与清明略同。霜露感情不能自已，正今古同。

宁　波

鄞　县

陆士龙《答车茂安书》：火耕水种，不烦人力。举锸成云，下锸成雨。官无逋滞之征，民无饥乏之虑。衣食常充，食库恒实。荣辱既明，礼节甚备，为治甚简，为民亦易。

《三国志》注：《会稽典录》：山有金木鸟兽之殷，水有鱼盐珠蚌之错。海岳精液，善生俊异。

《隋书·地理志》：川泽沃衍，风俗澄清，海陆珍异所聚，人杂五方，俗类京口。

王应麟《七观》：世族蝉联，重圭累组，庠声序音，洋洋邹鲁习；乡尚齿，少长有序，俎豆秩秩，章逢楚楚。

钱彦远《衙司都目序》：田瘠且隘，鲜赢错出。

王应麟《鄞县学记》：诗书之乡，礼节恭谨。县之子弟，夙以衣冠鼎盛。

延祐《四明志》：浙东七州，明为阨塞，户版物产，清风旧德，与昔之高闳巨阀，属于宅里者，犹可考也。

陆深《楝塘翁传》：鄞甬之东，山水清嘉，人喜种植，务农功。

嘉靖《宁波府志》：朴茂醇实，农勤于耕，女勤于织。商贾鬻鱼盐，工供日用，绝无四方奇邪之习。男女皆衣布素，即高赀厚藏，不曳绮纨。冠婚一从简朴，仅取成礼，宾至则撷蔬炊粝以为饷。邻里不相侵窃，外户辟而不扃，尨不夜吠，捕吏不入于乡，虽王化所薰，大都其习然也。青衿之士，亦皆甘于菲陋，不羞韦葛，昏日闭户读书，绝鲜他营。五邑大抵皆同。

嘉靖《宁波府志》：鄞之风散缓，其俗迂阔而善妒；慈之风矫厉，其俗尚文而善党；奉之风鸷健，其俗负气而矜高；定之风脆弱，其俗习劳而寡营；象之风朴直，其俗好竞而服义。

李璜《府学记》：人才英拔，比他郡为甲。后进缝掖，往往冰玉秀整，廉利好学。

陆世科《义仓记》：鄞县介处海滨，风俗近古，四民各食其力。

《鄞县志》：神禹东狩，及于会稽，而鄞属在封内，被圣人过化之泽。既而无余建服，胄衍神明。历商、周之际，渐被声教。勾践崛兴，事钩盾，驱长鬣，力争于上国，而民遂感愤赴敌，不耻斗力，风尚少变焉。

慈溪县

王安石《县学记》：慈溪小邑，无珍产淫货，以来四方游贩之民。田桑之美，有以自足，无水旱之忧也。无游贩之民，故其俗一而不杂；有以自足，故人慎刑而易治。而吾所见，其邑之士，亦多茂美之才，易成也。

杨守勤《潘侯去思碑》：慈滨海而遥，负山巃嵸。四民仅守常业，无他营。士大夫彬彬，相率以礼义，以故无桀黠梗化之患。

颜鲸《杜白二湖碑记》：慈弹丸邑也，厥土涂泥，宜杭稻。□穟之饶，三农九谷，水泉是资。其东西南，表里江河，去海未远，借潮汐便利，往往股引自给。

《宁波府志》：唐房琯建县，取汉董黯孝养之迹为名，盖立教以孝云。嗣后张无择、孙之翰继之，称三孝乡。宋治平中，得杜醇为学者师，士皆兴起道义。建炎南渡，衣冠氏族多卜居焉。庆元以来，慈湖杨简得象山之学，又有文洁、黄震宗朱子之传，以训迪后人，人益敦伦尚行，知廉耻而畏清议。名师先达，悃悃相将，忘其贵势，与里党相齿让，绝无侵渔暴横之风。儒生率俭约自守，小民以耕织为事。虽风气固然，亦物力有所制也。

《慈溪县志》：其士子往往以德业淬厉，底于成才，衣冠文物，雍容典雅，尊德乐义，有士君子之风。百姓止纳税粮，横差暴敛，一无所干。乡村之人，至老不识城市。

奉化县

楼钥《县学记》：六邑，奉化为望，秀士尤多。

陈造《县丞厅壁记》：奉化民夥事丛，号不易治。

陈著《县学记》：尚气而畏法，好义而知分，诗书礼义之泽，一变可以近古。

王应麟《县治记》：其俗纯如，其士纷如。

戴表元《于伯颜去思碑记》：奉之为州，山疏而水迅。疏，故土居者，清勤力业，而少余赀；迅，故仕游者，惝怳外顾，而无留心。

张时彻《城垣碑记》：性虽易抵冒、好斗讼，然皆狎于耕桑，守在四境。

嘉靖《宁波府志》：奉化地不夷衍，兼艺山坡海卤以食，而民常劳；水不潴渟，外方境内之物不得转输，而民常啬。

《奉化县志》：土狭民稠，日以垦辟为事。仰事俯育，仅仅无人，窟于财，亦惮于为。非富家大族，皆训子弟以诗书，故其俗以儒素相先，不务骄奢。濒海小民，业网罟舟楫之利，出没波涛，变化如神，习使然也。

镇海县

吴敦复《县治碑记》：渔盐之聚，土瘠民贫。

王应麟《儒学大成殿记》：挹秀涵清，俊人魁士，含章挺出。

王存之《镇海县碑记》：居山者，以耕凿为生；濒海者，以鱼盐为业。

王震《岱山书院记》：士生其间，往往多钟山海硕大之气。

陶恭《县治形胜赋》：其气善柔，其文郁郁彬彬。迄今龙翔凤举，后先相望。

嘉靖《宁波府志》：滨海斥卤，其土瘠。其俗甘勤苦，务织作，温柔敬爱，有古遗风。

何愈《贡举题名碑记》：环海而邑，扶舆清淑之气，孕灵毓秀。贤哲之士，生于其间者，蕴蓄为道德，彪炳为文章，树立为勋业，千百年来，盖属有闻也。

象山县

嘉靖《宁波府志》：民多刚劲而质直，利鱼盐，务稼穑，乐于家居，惮于远出。

吴学周《县志序》：硕儒名德，彬彬辈出，衣冠文物之乡。

《旧浙江通志》：大抵五邑之民，樵山渔海，衣食自足。唯缘海之地，兵民杂处，礼让文学，不无少衰矣。

《象山县志》：俗俭而民易治，事简而赋易供。黔首守畎亩，跬步不出里巷。妇人耻入市，即穷檐陋室，未尝望见颜色。士尚切偲，鲜欺傲乡。荐绅班荆问旧，未尝以骄贵闻里中。服食恬素，不御绮縠。吉凶从有无，婚嫁严良贱，其贫与富弗计也。

定海县

吴莱《甬东山水古迹记》：昌国人家，颇居篁竹芦苇间，或散在沙填，非舟不能往来。田种少，类人海中捕鱼、蝤蛑、蛇母、禅涂、杰步，腥涎亵味，逆人鼻口，岁或仰谷他郡。

胡宗宪《舟山议》：五谷之饶，鱼盐之利，可以食数万家。

《定海县志》，其民自读书服贾外，大半以力田樵采为业。凡居服饮食、婚丧宴会，以及享祀伏腊，悉尚省节。盖力勤而用俭，比户皆然。

《宁波府志》：冠礼：男子年十六，择吉日告庙，始冠；亦有及婚而冠者。三加请戒之礼，习俗久略。女子则当嫁时加笄焉。婚礼：士大夫家缔姻多重门第，先凭媒妁通柬，将币如古问名礼。至纳采、纳征，俱崇俭约，不以金币相炫。女家具奁，亦不以纨绮珠玉相耀。亲迎后，翌日，出拜姑嫜，献以女红榛栗，其风犹古。丧则始卒及含殓，多遵《文公家礼》。或五日，或七日。服成受吊，宗党姻友，各以香楮申奠。俗好浮屠，每七必作佛事。葬用石椁，贫者用砖。三日展祭新茔，标插纸钱。祭祀特重宗祠，春秋二分，冬夏二至，在祠合享；清明及十月朔，则祭于墓，祭毕共饮馂余；其岁时令节，各祭于家，行三献礼，丰俭则称其有无云。

嘉靖《宁波府志》：元日，设香楮、陈果礼，祀神祇宗祖。序拜尊长毕，出拜戚邻里，谓之贺岁。里社祈年。元宵，各坊乡之民，集众祀里祠，设醮，诵经祈福，境内名雨水会。清明，各家为青糍黑饭，牲醴祭墓，封土插竹，挂纸钱于颠。立夏，炊五色米，为立夏饭。端午，为角黍、骆驼蹄糕，祀其先，亲戚各相馈遗。三伏，寺庙皆设醮，妇女走礼神佛。八月，各乡祠庙，为会祀神，以龙舟竞渡，谓之报赛，与各处端午竞渡不同。九月，在城各坊，□舆祠庙神像，游行街市，导以兵仗彩亭、金鼓杂剧，各相竞赛，观者塞路，谓之社戏。

《象山县志》：元宵，四街各设竹棚彩幛，悬灯其上，或以火药，为锦树之戏，至十六日乃止。

《定海县志》：人家多以八月十六日为中秋，中庭陈设酒馔，赏玩达曙。

《象山县志》：重阳，士人登高燕赏，以茱萸泛酒，各家制牡丹糕、方粽，亲戚转相馈遗。

《象山县志》：岁除换桃符，写春帖，易门神，谓之从新。制辛盘，燃爆竹，爇苍术辟瘟，谓之辟邪。

绍　兴

山阴县

《越绝书》：性脆而愚，见清知浊，见曲知直。

《越绝书》：春祭三江，秋祭五湖，大越海滨之民，独以鸟田。

《史记·货殖传》：楚越之地，地广人稀，饭稻羹鱼，或火耕而水耨。果隋蠃蛤，不待贾而足；地势饶食，无饥馑之患。以故呰窳偷生，无积聚而多贫。

《后汉书·第五伦传》：会稽俗多淫祀，好筮卜。

《三国·吴志》：忠臣系踵，孝子连闾。

《晋书·地理志》：其地循循。

《宋史·地理志》：商贾工作，皆著本业。

嘉泰《会稽志》：建业初尝驻跸于越，山川之所形见，风化之所渐被，其儒风士业，流闻彰布，益以昌大，非余郡可比。

嘉泰《会稽志》：登秦望探禹穴，其委蛇盘礴之观，温厚粹美之气，钟灵孕秀，云行川流，胚胎酝酿，发为英杰。好学笃志，尊师择友，弦诵比屋相闻，不事奢靡。士大夫家，占产甚薄，缩衣节食，以足伏腊。重离别，笃交亲，迎则聚间阔，送则惜睽异，豆觞迭进，往往竟日。

宝庆《会稽续志》：越州物产之饶，鱼盐之富，实为浙右奥区。

余阙《均役记》：越地无甚贫甚富之家。山谷之间，有一夫而居十亩之田者，祖宗相保，至累世不失。又其土瘠民贫，小人勤身而饬力，其君子尚朴俭而敦诗书。

韩性《儒学碑记》：会稽儒风之盛，冠于东州。

徐渭《赠潘公序》：嫁女者，以富厚相高。归之日，担负舟载，络绎水陆之途，绣袱冒箱笥如鳞，往往倾竭其家。

《于越新编》：膏壤沃土，民物广饶。

《绍兴府志》：谨祭祀，力本重农。下至蓬户，耻不以诗书训其子，自商贾鲜不通章句，舆隶亦多识字。家矜谱系，推门弟，品次甲乙。妇女无交游，虽世姻竟不识面。不鬻男女于境外。大家女耻再醮，大抵于俗为美也。

《山阴县志》：其男女屏浮靡不事，严内外以礼，贞烈之行，史不绝书。

《会稽县志》：民有四，耕耨而诵，其业；丝布，其服；鱼盐与稻、果窳而蠃蛤，其食也。

萧山县

王祎《棣萼轩诗序》：萧山为县，地偏而俗尚质。

田惟祜《县志序》：江海襟带，湖山奇胜，风物之阜厚，才士之德望，甲于诸邑。

陈敬宗《科甲题名记》：萧山山水之秀，会聚英华，钟灵贤才。其硕德雅望，英声伟烈，表表在人耳目者，前后相望，人物之盛，习为风俗。男女有别，而耕织唯勤；弦诵相闻，而文风益振。宦游如杨龟山以道化倡于前，游定夫以德教阐于后；罗豫章讲道既去，而李延平复来；延平之去未久，而朱子提举浙东又至。人才之造就，良亦有所矣。

李遇春《县志序》：山川之秀，钟为人物。如钟离意操行绝高，张孝伯参谋大政，朱宪使独持风裁，魏文靖德望尊重。如此者实多，高名美誉，脍炙人口。

《绍兴府志》：西乡稍尚缛礼，东乡乃近朴，顾善议论，或信浮说。

《萧山县志》：民以耕读为事，士以气节相高。

诸暨县

商辂《庙学记》：山川清淑，士生其间，伟然秀出。

萧鸣凤《厅事记》：诸暨地阻而俗美。田于湖山之间，灌泄甚艰，故岁无常稔。

《绍兴府志》：有陂池灌溉之利，丝布鱼盐之饶。其商贾工作，皆习简朴，不事华丽。

《诸暨县志》：民性质直而近古，好斗而易解。力稼不事浮费，科举第间出一二人，辄能侃侃自持。

余姚县

贝琼《北山书屋记》：姚江邑居野墅，井然棋布，重华文命之德，犹在于人。

贝琼《复古堂记》：余姚山石林木皆古，民务本而不争多。至百岁往来，阡陌间熙熙然，如无怀、葛天之徒，风俗古矣。

嘉靖《余姚县志》：其民知耻，好修善让。俭而不陋，华而不费，勤而不匮，质而不俚。其思深，其虑远。非有虞氏之遗风，其能若此。

嘉靖《余姚县志》：其人敏柔而慧，尊吏畏威，其教易成。占产至薄，缩衣节食，以卒伏腊。输赋以时，其政易敷。地多山林湖陂，小江大海，鱼盐材木之利颇饶，其民易足。无瓌奇之产以来四方之游贩，其民一而不杂。

《余姚县志》：余姚愈贫寒者，愈兀傲自矜。士大夫类有节概，然亦往往恃气不相能，故服食视诸邑为奢。

《余姚县志》：民知礼让，士风大振。君子以读书为本业，小人以技艺为耕作。

上虞县

葛桷《县志序》：上虞山水形胜，不后于他邦。所产人物，忠义盈朝，节孝连郭，非偶然也。

郭楠《县志序》：俗尚淳古，素亲耕读，犹有舜禹遗风。

《绍兴府志》：居会稽、余姚之间，地狭而好矜名，类能饬廉隅、笃孝让。然喜生事，意气多发扬、少含蓄。

《上虞县志》：尚节义，而耻习漓浇。君子好文学，丘民理穑事。

嵊　县

王洪《乡贤祠记》：山川钟灵，名贤辈出。

《绍兴府志》：嵊与新昌本一邑，在万山中。其士子知好学砥行，嵊尤近质不浮，不作无益。

《嵊县志》：俗尚勤俭好古，严尊卑之分。然而市民轻薄，乡俗鄙陋。

新昌县

王畿《甲科题名记》：溪山瓌丽，似朴而文。

吕光洵《县志序》新昌邑台、剡之间，地瘠民俭，其财赋不足以当上邑之十二。独其俗淳厚，先民之流风善政犹有存焉。

《新昌县志》：以读书尚礼为美事，不远行商，不尚华丽，无淫乱之风。然好歌舞，明法律以绳人。

《绍兴府志》：男子年十六以上，告庙行冠礼，多于冬至或元旦。婚必择门第，多士大夫为媒。六礼遵古制，亲迎杂用踏藁、牵红、传席、合卺诸仪。即日拜翁姑，以次及家众。三朝庙见，张倚席，合饮宗戚。丧大率用《家礼》，唯不用小敛，不用布绞。其坟茔多砌砖为椁，家饶者乃以石。

既卒，哭舍苴绖，更用细麻、布服出谢吊客。祭以四时，或用四分、至日，或元旦、端阳、中元、冬至。忌日必素服祭，终身不废。清明及十月有墓祭。

嘉泰《会稽志》：元旦，男女夙兴，家主设酒果以奠。男女序拜。竣，乃盛服诣亲属贺，设酒食相款，曰岁假，凡五日乃毕。立春先一日，郡邑官僚毕出，迎春东郊，通衢游观，相饮乐。至期，用巫祝祷词，谓之作春，亦曰烧春。元宵前，前后三夕，比户接竹棚悬灯，朱门华屋，出奇炫华，豪奢相矜。社日，乡有社祭。三月二十八日，俗传东岳诞辰，萧之蒙山、余之黄山，皆有庙焉，男女竞往烧香罗拜。大姓皆楼船载箫鼓，鸣榔游饮，姚人谓之游江。端午日，以角黍相馈遗，设蒲觞，磨雄黄酒饮之。女子以茧作虎，小儿则彩绳系臂，缀绣符，簪艾叶。采药炼丹者，率以是日。夏至，祀先以面，萧山各供茶，曰夏至茶。六月六日观荷，亦乘画舫，多集于梅山本觉寺。同时又游容山项里六峰，观杨梅。八月十八日，萧山有观潮之会。重阳登高，蒸米作五色糕，佩萸泛菊。府城剪彩旗，供小儿嬉戏。诸暨饮茱萸酒，必配以豆荚。是日俗忌不相过，必有丧者，乃往哭，且致祭焉，不知所始。越中当三夏旱甚时，有迎龙之赛，不斋虔祈祷，唯饰优伶及小户少年为诸神佛怪异，或扮故事。

《绍兴府志》：诸暨元宵，士女出观灯，名过桥，谓可免一岁疾厄。新昌街市张灯，谓之欢门。二月二日，始开西园，纵郡人游观，谓之开龙口，指卧龙山也。新昌立夏，则炙昌鱼蕹菜。除夕聚杂柴爇于庭，古谓之灸山，今日笙盆。光焰烛天，爆竹□□之声，相闻不绝。

《会稽县志》：正月十四日，用巫人，以牲醴祀白虎之神。祭毕，以红绿线钉画虎于门，谓之遣白虎。

台　州

临海县

《晋书·地理志》：火耕水耨，渔猎山樵，饮食颇给，民无千金之家。

陈公辅《台州风俗记》：台介东南之陬，里无贵游，百姓乐业。但食鱼稻，习樵猎，而不识官府之严。

洪适《通判厅记》：壤僻民愿，牒诉简少，输调有常。

《赤城志》：台士皆激昂奋厉，以礼乐廉耻为先，以行检名节为贵。民皆质直愿悫，以耕凿刍荛为生，以安土重迁为业，非贫困无聊，不肯自堕于商贩胥徒之役。

《赤城志》：州负山濒海，沃土少而瘠地多，民生其间，转侧以谋衣食，寸壤以上，未有莱而不耕者也。乡户不足于财，而有余于行。其真朴敦厚，里党多化焉。

胡荣《文庙记》：地应上台，士秀而文质均。

王士琦《平赋碑记》：浙以东，濒海诸郡，利饶鱼盐，商舶辏集，民逐什一，而拥厚赀。独台途错孔道，无末业而鲜盖藏。

金贲亨《台学源流序》：台古荒域，历汉及吴，二三君子，始以幽操正行，有闻当世。晋唐之际，节概文章之士，亦班班见典籍。

吴时来《志学书院记》：成弘间，人才最盛，其存立皆足表表于世，其登科者岁至七八人，与浙以东相雄长。

王昌平《图记》：土瘠人窳，然其先多贤，俗尚忠孝，嘉廉让，无豪暴欺诈，故浙中称乐郊。

《临海县志》：临海山川峭厉，人皆秉性坚贞，百姓务本力农，无兴贩境外。素封家唯积粟，艺柏麻，以资饶足。仕者侃侃立朝，以言利为耻。

黄岩县

《晋书·地理志》：气躁性轻，好佛信鬼。

王士琦《明伦堂记》：扶舆磅礴，气日益久，士日益奋，家诗书而户弦诵。

《黄岩县志》：其民秀而敏，人人殊异，皆以文艺相应，有邹鲁风。

天台县

车若水《平价仓记》：天台邑治，去江百里，木舶无至，而为闽瓯入京孔道，往来扉履，增饕其间。市井贵籴，扇及村落，数日辛勤之佣，不营一饱。

孟梦恂《县学记》：天台为邑，山蕴水融，民淳物茂。前修之典型具存，文华之颖发踵进。

《赤城新志》：天台以山水擅名，域内隋梁间多栖仙释，故有洞天福地之说。及晋唐来，俗尚诗书，人敦孝弟，而人文渐蒸起矣。

《天台县志》：土瘠民贫，室庐俭素。人不习工巧，匠作器皿多取给他处。鱼盐山海之利，皆异郡专之，唯坐肆售货，觅什一之利。朝贵还城，不乘车马。深山穷谷，稚子皆知读书，牧竖樵夫亦识字。守分者多，抗法者少。

仙居县

《赤城新志》：仙居枕山趾海，虽若蚕丛，其风俗与首邑不少异。

《仙居县志》：山川秀美，土风朴茂。贤士大夫，多光明俊伟，能世其业。即编户之民，类不能具什一，以来尺寸之赢于四方。

宁海县

吴子良《县学记》：井聚僻寂，迫山海。民力耕钓，安赋输，产悭食啬。

陆瑜《县学记》：名儒辈出，甲于他邑。

薛三才《林公祠碑记》：宁邑僻居海隅，其民执固勇敢，志多颖质。

胡献来《胡侯德政碑记》：缑城故忠节礼义之乡，素称易治。

金学贤《葛氏族谱序》：其大家，多优裕和雅，喜学而好文；其小民，力业寡求，罕争而鲜讼。其俗最为得文质之中。

《宁海县志》：男耕女织，有勤俭风；力本右文，无浮靡习。故家尚清议，士矜名节。婚嫁择先门第，庆吊罔敢失礼。营室必作家庙，燕享以时。妇女不出街市。此其俗之美者。

太平县

鲍复泰《三台采风诗序》：风俗敦庞，习尚简质。

《台州府志》：连山滨海，舟楫不通。其地止农渔，不习上国之奢华，故其民尤朴茂近古。

《太平县志》：明初，地旷人稀，土田不过亩一金。是时法尚严密，缙绅士庶，罔敢侈肆，衣不过细布土缣，仕非达官不得辄用纻丝，女子非受封不得长衫束带；居室无厅事，高广唯式。至宣德、正统，法网渐疏，奢侈竞起。成化、弘治间，役轻省费，生理滋殖，田或亩十金，屋有厅事。正德以来，贫耗而无高赀，鲜所借贷，民由是困。

《台州府志》：男子年十六以上始冠，亦有及婚而冠者，此礼唯士族间一行之。女临嫁前数日行笄礼，口口训戒。议婚必凭媒氏，纳采、请期、奠雁诸礼悉遵古制，唯亲迎未行。嫁娶日，各择其族之贤者，与迎送，以成姻礼。初丧，含殓毕，即成服开丧，姻戚赴吊。贫富称家有无，不用鼓乐，颇为近礼。葬用石椁，亲友执绋哀送，不事梵音仙响。祭祀，大家各有宗庙，细民从寝室设龛。四时之祭，元旦、清明、端午、中元、重九、冬至、除夕，各以时物为荐，子姓享馂余。墓祭，或用羊豕，或用牲醴，各随其祭田之厚薄，而颁胙亦以是为差。

《台州府志》：元旦，长幼夙兴，拜天地宗祖，因相庆贺。元宵，张灯五日，俗以十四日为重，室内皆燃灯，妇女行百步，以去病。清明，采菁草杂米面为饵，谓之寒食。家无贫富，必携酒祭墓，且插柳于门，或簪之，谓之驱香九娘，盖指螯虫云。四月八日，浮屠于是日浴佛，人家取乌桐叶染饭，作青色，以相馈，谓之送乌饭。立夏，拭面为薄饼，裹肉菹啖之，谓之醉夏。六月六日，各晒衣与书籍，老者食鸡粥，谓时极阴以补阳云。中秋玩月酌酒，俗以十六日为重，犹元宵之重十四也。腊月二十四日，扫屋尘，谓之除残星；夜祀灶，谓送神上天。除夕，先期备牲醴，祭赛天地。是夕祭祖，饮馂余，分岁；或燃灯达旦，又谓守岁云。

金　华

金华县

王柏《跋八行家传》：习尚忠厚，公论坦明。

宋濂《吕东莱祠堂记》：俗勤耕织，士知所学。

王一宁《送张宗原赴金华序》：其民淳，其讼简，其丰裕虽不及于浙右，而易理过之。

章懋《县志序》：男勤生业，女事妇工。不出闺门，鲜钻穴逾墙之行；务营田宅，无声色狗马之好。庆生吊死，礼尚往来。嫁女婚男，择先门第。

《金华府志》：民朴而勤，勇决而尚气。族居岩谷，不轻去其土。以耕种为生，不习工商。其富人雅好善，喜延儒硕。士爱诵读，历产名贤，巍科执政，踵相接也。登仕者，多尚风节。

兰溪县

陈子峦《县学记》：兰溪山川朗爽秀拔，故其人往往有穆叔所谓三不朽者。

《兰溪县志》：兰溪风俗古今凡几变：宋南迁，中原文物之渐渍，诸贤礼乐之讲明，蔚然为文献之邦，气习醇厚，此其俗之可取者也。但居市者多夸诈，处田里者或粗鄙，或轻诺而致讼，或论财而鬻女，此其俗之未尽善者也。

东阳县

成化《东阳县志》：士爱读书，大家子弟无不从师受学。有志者习举业，迟钝者亦求通章句，知礼义之方。农知服业，父子力作，以耕植为事，故衣食恒足。妇人女子，深处闺门，虽亲戚邻里亦不少接，专以纺织为事。日用饮食，服饰器具，一以简素为尚，不事文饰。其声色游燕、玩赏花石之乐，举不崇尚，有商人尚质之风。

隆庆《东阳县志》：俗居岩谷，不轻去其乡。以耕种为生，不习工商。富人雅好义举。大姓重门第，崇祀谱。士人能谈性命，登仕者多尚风节。

义乌县

《隋书·地理志》：风俗澄清，道教隆洽。

黄中辅《忠孝堂记》：人物风流，孝行卓异。

刘溶《登科题名记》：俗尚儒雅，甲于他邑。

万历《义乌县志》：男子服耕稼，妇女勤织纺，商贾鬻鱼，□工习器械，以利民用，无淫巧奇邪之物。

永康县

洪垣《县治厅壁记》：永康旧俗，重俭啬，好强戾。

张元桢《永康县谯楼记》：俗故谨厚，士民乐业。

《永康县志》：宋淳熙间，先儒晦庵朱子与东莱、龙川二先生，设讲席于五峰洞，天永之人士，其得沾先贤风教者，有由然矣。明初，承旧俗，为士者多乐田野。及成化、弘治间，文采蔚然，倍于往昔。正、靖、隆、万之际，不唯揄科擢第，比肩林立，而议论政事，亦往往可观。

《永康县志》：永之溪，漂悍而冲激，易涸而不沉蓄；其土重实而刚燥，寒淡而硗瘠。民生其间，遂有勇悍夸诈之习。民鲜淫巧，工多粗劣。持斧凿者，不及雕镂；操机杼者，不及锦绮；秉针线者，不及组绣；攻泽饰者，不及文章。而县治四境之俗，亦复不同。东边东阳，南边括苍，西边武义，北边义乌。东阳之俗文，其弊也饰；括苍之俗武，其弊也悍；武义之俗质，其弊也野；义乌之俗□，其弊也黠。

武义县

吕祖谦《徐公墓记》：负山之民，气俗敦悫，乐亩田而畏官府。遨嬉侈丽之习，独不入其乡。

许谦《送逯公平赴武义教序》：地狭而土肥，其民富庶，而风俗劲急。旧为东莱讲业之地，流风余韵，犹有存者。士大夫能道诗书，通今古。

杨本《儒学记》：其民刚悍，不相下，故其俗犷猛，号难治。

《武义县志》：男勤生业，女工纺织。家尚俭朴，而安质素。无狗马踏踘之戏，鲜绮绣戴胜之观。无论村落僻坞，即城市之民，无不笠纠镶黍，稼穑是事。

浦江县

陈亮《县志序》：浦江山邑，非宾客商贾之所奔辏。民生其间者，往往朴茂质实，以不欠租赋相尚，以不历公庭为常。长吏至，则相与安乐其俗而已。

柳贯《明伦堂记》：介然下邑，无名山大泽以发舒其奇，无珍货绝产以阜通其利。民业稼外，以俭啬自全其生。

戴良《浦阳人物记后序》：人物之生，不一而足，以忠孝贞节著者有之，以政事文学显者有之。

宋濂《深溪王氏义门碑》：浦阳婺山邑，朴美淳质，□□□本，耻于华言伪行，而以士自命，古者礼义□□□□是过。

汤溪县

胡森《县学记》：其俗朴而固，其民劳以思，袯襫秉耒，□□外慕。

胡森《陈侯弭盗却金记》：汤朴俗也，勤而啬，树本而滋，□处而不昵。其室家保聚，椎结之风蔑如也。

洪启睿《县志序》。其土确，其俗庞。

《汤溪县志》：汤溪割四县边隅之地为邑，故习俗各随其方。如遂昌多强悍，兰溪多浇诈，金华多俭啬，龙游多斗讼，汤溪则兼而有之。然士好礼让，农务力田，不喜牵车服贾以走四方。且里不朝歌，巷不夜游，依然有古之遗。

《汤溪县志》：家弦户诵，人知自奋，登贤书者，代不乏人。

《金华府志》：冠礼：民间鲜行，唯士大夫家间行之。婚礼：士大夫家鲜亲迎。始至，设香烛，令师巫咒而撒沙，童子罗揖诵诗。及夜，以红彩系而牵之，行合卺礼。三日庙见后，盛服出拜姑嫜，次及家众。丧礼：沐浴、食袭及殓仿佛《文公家礼》，朝夕哭奠。每当七日一举祭，至日则宗族亲戚相率持香烛哭拜，谓之炷香。又率用僧道作佛事，谓之追荐。葬埋，富者多用石椁，其次用灰□。祭礼：士大夫家用四时，民间多用俗节。近又多□，其族人立大小宗祠，因以岁首，聚拜祠内，谓之合族会。

《金华府志》：元日，举家夙兴，盛服焚香拜天，及悬祖先遗像或祠堂神主，率长幼拜之；然后尊长辈以次交拜。诣族党亲友之门，投刺相贺，名曰贺岁。立春前一日，官率僚属，迎春于东郊。春日，官祀太岁，行鞭春礼，碎土牛。家设酒肴，以祭土神，谓之作春福。正月十五日夜，各家悬灯于门首，街衢接竹为棚，系灯其上，笙歌鼓乐，喧闹达旦。社日，四乡各有社祭，以祀土谷之神。清明日，人家门户插柳枝，少长行赏郊外，名曰踏青。前后十余日，祭扫先坟。四月初八，释迦佛生日，为浴佛节，俗染乌饭，竞相馈遗。端阳日，龙舟竞渡，男女阗视，亲族相款，民费不赀。是日取箬叶裹粘米为角黍相馈，置菖蒲、雄黄于酒饮之。妇女佩符艾，或以茧作虎，小儿丝绳系臂，缀绣符于衣带，谓可消灾。采药、合药者，俱以是日为最效。七夕，女子夜间陈瓜果，祭赛乞巧。中元，素食祀先，僧舍作盂兰盆会，或放水灯，烂若列星。八月十五日，家各置酒燕集，祭祠庙。九日，佩萸泛菊，蒸米作五色糕，士人或具酒榼游山，为登高会。冬至，各设酒肴，以祀其先。十二月二十四日夜，祀灶，品用糖糕。人家各拂尘，换桃符门神。年终，亲戚互为岁馈，交错于道。除日，洒扫堂室，悬祖先像，燔柴于庭，燃纸炮以代爆竹，相应答响，至元宵不绝。终夜，围炉集少长欢饮，群坐不寝，名曰守岁。

《永康县志》：元夕，张灯街市，城中各以会。为大烛，导以鼓乐，舁置神庙。最大者或用蜡四五百斤，此一郡所无也。清明，男女上冢祭扫，挂纸钱于上，谓之标青。十二月二十五日，谓之年头禁，是日不出财，以赤豆和米煮粥，曰蚕花粥，食之利养蚕也。

《东阳县志》：社日，农家用青面作果，橘叶夹之，名曰社果，以献其先，乃食。夏至，凡治田者，不论多少，必具酒肉祭土谷之神；束草立标，插诸田间，就而祭之，谓祭田婆。六月六日，农家复祀谷神，谓之六六福。重阳提壶挈榼，登高揽胜，雨则以十二补之，谓之赛重阳。

《义乌县志》：三月上巳，先十余日，沿溪民泛龙舟，至是日止，俗呼竞渡。

《兰溪县志》：七月二十四日，邑有东岳庙，先期祝散纸号，至期，童男女往庙销号，谓之孩□。

衢 州

西安县

《汉书·地理志》：地边楚，习于战斗。

李华《刺史厅壁记》：俗尚文学，有古遗风。

毛幵《超览堂记》：其君子多亢言而厉行，易知而难狎。

弘治《衢州府志》：风土朴野，民俗醇厚。士力学操觚，安贫砥行，无越礼犯分、告讦狡狯之事。尤多师范，经师人师，后先辈出，故后进人品学问，皆有原本。极重试事，以低昂为荣辱，各树坛坫，争自濯磨。顾惜朋俦，矜尚意气。农能茹苦食贫，不轻改业。

《西安县志》：士修礼义，俗尚敦朴。自汉以来，浃洽政化。宋南渡后，士风益竞，至今敦行古道，雅尚礼文。君子重廉耻，惜名节；小民畏刑宪，寡词讼。居市者文而浮，处野者质而鄙。

《西安县志》：谷贱民贫，恒产所入不足以供赋税，而贾人皆重利致富，于是人多驰骛奔走，竞习为商，商日益众。吉凶婚嫁，一切随其丰俭，故宕佚简易，无头会拮据之烦。

龙游县

程俱《保安院记》：其风悍以果，其君子耿耿好气，而敏于事。

《衢州图经》：其俗啬，其民尚气而夸功。

徐伯彪《文庙记》：儒风甲于一郡。

商辂《县学记》：居室富庶，人物奇伟。

余杰《县城记》：民庶饶，喜商贾。士则缉学缀文，取仕进。

万廷谦《龙游县志序》：民静而安，俗朴而俭。闾闬不识胥吏，几于“标枝”、“野鹿”之风。

万历《龙游县志》：苫块之艰，不御羞馔；数世之忌，弗忍举荤。宗党十世，亦周恩意；姻戚百年，尚相赠遗。其叔世之古道哉。

《龙游县志》：农勤于力田，治无隙地，工不务淫巧，皆能自食其力。风俗敦厚，妇人少出户庭。瀫水以南务耕，北尚行商。士力学操觚，发一第不为炫耀，及谢政还，与往时同舍生及布衣交，出游如常。

《龙游县志》：贾挟赀以出狩为恒业，即秦晋滇蜀万里，视若比舍，故俗有“遍地龙游”之语。

常山县

杨韩《科贡题名记》：常山，衢之名邑，自昔号为文献，钟山川清淑之气，贤才后先相望。

《常山县志》：地狭民稠，人尚勤俭。事医贾，趋利尚气。信鬼神，好淫祀。宋朱晦庵、吕东莱、张南轩讲学于此，故学者知向方。民无终讼，妇女不逾闺阃，婚嫁尚简朴。

《常山县志》：其产多聪明俊杰，负气尚志，知廉耻，谨修饰。

江山县

张斗《县令题名记》：民朴鲁而鲠直。

正德《江山县志》：山峻水驶，故士多志尚，讲究理学；地僻土腴，故居民饶裕，俗尚奢靡。

徐文溥《县志序》：士知向方，有古遗风。

《江山县志》：江邑沃壤，民殷富，人肩摩，庐舍鳞次，商贾辐辏。

《江山县志》：士尚气节，励德行；民务稼穑，而健于讼。向时人务本业，野无旷土；迩来清湖为闽越孔道，至有释耒而逐负担者。

开化县

程遂《县学记》：民生山谷，无繁华盛丽之见，无声色嗅味之娱。男子耕稼，妇人蚕织，早作暮息，勤生安业。故其习多务本，其秀民知读书，识道理，爱亲戚，敬宾客，睦乡里；非法之事，惧不敢为。

胡俨《历科题名记》：士嗜读书，重名检，登科历显，他邑莫俪。

邵骥三《达尊记》：山川瓌秀，风俗醇雅，人皆乐善好儒。

汪庆伯《傅公祠碑记》：土硗瘠，民鲜盖藏。

《开化县志》：士钟灵秀，工葩藻以凌云；民鲜出疆，甘田舍而肆志。其在土著，乡民有不识县、县民有不识郡者。

《衢州府志》：冠礼：男子年十六以上始冠，父兄择日告庙，以冠之。婚礼：凡品官婚娶，或为子聘妇，先遣媒氏通书，次遣使及媒行“六礼”。妇至婿家，主人飨燕送者。明日谒见祖祢；次见舅姑，行盥馈之礼，舅姑飨妇，如家人仪。丧礼：厥明小殓，明日大殓，遂成服。三月而葬，遇柔日再虞，刚日三虞。三虞后，卒哭，迁主人家庙。祭：凡品官立祠堂，奉高、曾、祖、祢四世之主，以四仲三月祭之，又有腊日、忌辰及扫墓之祭，与夫岁时俗节荐享。庶人得祀其祖父母、父母，而时享于寝，其祭与品官略同。

《西安县志》：元旦，昧爽，具衣冠，礼拜天地神祇及祖先，贺尊长。然后谒拜宗族，及过里党，亲旧交相谒贺。择日上墓，具酒果，挂楮钱。元宵，街市张灯鼓乐，市井家植竹木为棚，悬灯当道；更以纸剪走马诸灯，及为龙灯，周行巷陌，士民竞观。是月也，农家以秫米捣为糍，酿酒市肉，祭田祖先啬，祝有秋。清明日，往墓培土，具牲醴，挂纸钱，会族人，饮馂余，插柳于门。四月八日，家造青精饭相遗，谓之乌饭。端午，悬蒲艾于门，泛雄黄菖蒲酒，食馄饨，以角黍相遗，以彩丝为索，系儿童项臂，曰百岁索，以辟邪延寿。七夕，小儿以五日所系之彩索剪之，泛以水，送置屋上，以为鹊桥之渡。中元，俗称鬼节，设斋素，以祀其先。里民集浮屠，为盂兰盆会，亦有夜放河灯者。中秋，户邀宾朋，置酒赏月。秋社报成，与春社同。重阳，各置酒登高，以秫米酵发之，杂以肉果，蒸为糕，以会宾朋。习礼之家，前后省墓，祭以时食。冬至，祀祖先于宗祠，长幼咸集，以次罗拜；拜毕，受胙。其外姓不行拜贺之礼，唯官师士绅行之。十二月二十四日，夜祀灶神，谓神以是日上天启事，具糖米果茶以祀之。除夕，陈设祖先像，易门神桃符，烧火炉，放爆竹，骨肉团圞坐饮，谓之守岁。

严　州

建德县

余植《进士题名记》：瑰奇特杰之观，潇洒清绝之气，独萃斯邑。士气夙醇，文风浸盛，方来者尚源源也。

《新定续志》：郡人物表表相望，大抵尚气节而轻功名，有子陵之风。

《太平御览》：睦州取俗阜人和、内外辑睦为义。

《严陵志》：山高水深，人性贞介，君子好礼，小人勤生，男女有正性而无淫行。

《明一统志》：民贫而啬，多文学之士。

宋贤《条议严绢疏》：民淳事简，讼少粮完。文献则三元及第，风俗则九世同居，从来易治之善地也。

《建德县志》：建邑山多田少，硗确者半，耕读之外，别无余蓄；岁或不登，借籴他邦，食云难矣。户习诗书，家敦仁让。嫁娶概从其俭，丧葬称其有无。

淳安县

范镕《勤清堂记》：地大而民众，讼繁而赋广。

《严陵志》：邑名淳安，其风非无存者。人物彬彬，代有其人。

《淳安县志》：土硗产薄，民贫俗愿。镇之以无事，则易治也。

桐庐县

《方舆胜览》：山险土硗，蚕桑是务。蒸茶割漆，以要商贾贸易之利。

《严陵志》：多居山谷，地狭且瘠，谷食不足，仰给他县。

《桐庐县志》：君子多轻世而傲独，小人多勤生而务本。

遂安县

《严陵志》：僻居岩谷，附山依水。俗尚勤朴，少奇邪。

《遂安县志》：嫁尚妆资，高者至破产不计，卑者或勒索聘财。丧遵《家礼》，服制如仪，而崇尚醮事，张灯设食，饭阇黎、羽士，费用不赀。服饰尚俭朴，近亦稍华焉。

寿昌县

《严陵志》：俗号辑睦，可以无事治，不可以多事理。

《寿昌县志》：邑介四山之中，地狭而瘠，民啬而野，舟车不通，商贾不行。俗俭而易足，颇惑于鬼神，富豪多以华丽相尚。

分水县

《严陵志》：山多田少，水浅户饶，地狭民稠。木炭纸茶之利，终岁所人不足以给饔飧三分之一。大率贸易贩籴，仰赖他郡以为生。

《分水县志》：人士俊良，多好文雅，喜诵读，重功名，文武登隽，蝉联不绝。

《分水县志》：崇象教，信鬼神。

《严州府志》：男子既长，择日而冠，拜天地、祖宗、父母。三加请戒之礼，不行久矣。女子于归，始为加笄。婚必择门第相当者，以媒通之，女家即以女之年庚书帖付之为允，嗣方纳聘于女家。临娶先数日，仍送羹饭礼，以便女家告祖。娶之日不亲迎，盛张鼓乐，杂用传席、交杯诸仪。有即日出拜公姑，亦有三朝拜者。丧大率用《文公家礼》，唯不用殓，不用布绞。墓多砌砖为椁，不甚用浮屠，皆于旬日之内举殡。先是受亲友赙吊，葬毕孝子服麻绖，踵门谢之。祭以忌日，终身不废。元旦必拜墓，清明日则扫墓，中元则祭于家，多用蔬食。下元亦有墓祭。皆习简朴，不尚华丽。

《严州府志、》：元旦，昧爽而兴，设香烛，拜天地祖宗。男女成礼毕，亲友互相贺岁。立春前一日，县令迎青帝、土牛于东郊，散春花，撒春豆春米，茹春饼，妆露台。元宵，各张灯结棚，放花爆；和面圆荐先，更相贺食。新妇之家，设醴祭床。社日，各乡为牲醴，祭社神以祈报，毕则饮福。清明，插柳于门寝灶陉，人簪柳叶，展墓祀祖。立夏日，食夏粥，亦有馈送者。四月八日，作乌饭。端午，包角黍馈节，悬艾虎，小儿佩寿源道符，门贴符篆，饮菖蒲雄黄酒。六月六日，晒衣曝书。七夕，妇女设祭于庭，穿针乞巧。中元，祭享祖先，亦有倩僧作炎口法事者。社日，各乡设牲醴，迎社神，阋笛。中秋，设尊罍以观月华，燕饮至夜分乃止。重阳炊滋饼荐先，饮茱萸酒。下元展墓。冬至祭祖于家庙，相见称贺，如元旦礼。腊月二十四夜，设果送灶，傩戏于街。除夕，悬祖父遗像，奉祀馈节，悬桃符，祀灶，骨肉团圞而饮，坐以守岁。

《建德县志》：立春前一日，用家击长秧鼓。

《桐庐县志》：二月十二日，俗传以此日之晴雨，卜众卉之艳否，名曰花朝。备牲醴合祭先祖，谓之春祭。九月九日，有作角黍以相遗者，谓之重阳粽。

温　　州

永嘉县

《隋书·地理志》：少争讼，尚歌舞，妇人勤于纺织，有夜浣纱而旦成布者，俗谓之鸡鸣布。

《元和郡县志》：永嘉蚕，一年八熟。

王十朋《送叶秀才序》：谊理之学，甲于东南，笔横渠而□伊洛者，纷如也。取科第，登仕籍，多自此途出。

王祎《送顾仲明序》：永嘉，东南名郡，山川峻清，伟人间出，号称六艺文章之府。

嘉靖《浙江通志》：始东瓯王信鬼，故瓯俗多敬鬼乐祠。

《瓯江逸志》：东瓯向称沃壤，名“小杭州”。

《瓯江逸志》：温州自夏徂秋，常观云以候风。一日之间，风稍息，则雨大倾；雨稍霁，则风复作，谓之风痴。居民海贾，咸以为忧。

万历《温州府志》：永嘉尚礼文，重丧制，妇女无故不出户庭，耻向官府，不行鬻于市。

林汝诏《游雁荡记》：东瓯去浙远，其间地僻民醇，城市清楚，人好修饰。

《旧浙江通志》：君子尚文，小人习于机巧。

《温州府志》：土薄难艺，民以力胜，故地不宜桑而织纴工，不产漆而器用备。

《永嘉县志》：晋立郡城，生齿日繁。王右军导以文教，谢康乐继之，乃知向方。自是家务为学，至宋遂称小邹鲁。

《永嘉县志》：其俗剽悍，其货纤靡，其士风任气而矜节。

乐清县

王十朋《待士记》：乐士服诗书，勤职业，圣贤之是师，臭味之与游。谨门户，时租税，忍以省讼，慎以免祸。

万历《温州府志》：乐清多刚直，尚气概。

《乐清县志》：东瓯限山阻海，而乐尤土瘠，竭力稼穑，仅支一岁。地多桑柘，女勤纺绩。濒海之家，多借鱼盐。

《乐清县志》：山水奇迴，仕多忠亮剀靖之臣，校多宏介孤正之士，民多磊落俊特之耆。

平阳县

万历《温州府志》：平阳尚简朴，不事争斗。

《平阳县志》：平阳濒海，礼乐文物至宋而盛。时陈经正兄弟、陈埴、林湜诸君子，皆从游程朱之门，家洙泗而户濂洛，学有渊源，名士相继而显。至今敦尚诗书，勤于教子，义塾之设，殆遍闾里。

《平阳县志》：俗醇厚，尚朴素。男子务耕种，不事商贾。女子不尚刺绣，夏绩苎，冬纺棉，昼夜无间。虽高门巨室，始龀之女，垂白之妪，皆然。

瑞安县

陈傅良《义学序》：家务为学，人务省事，其俗甚厚。

万历《温州志》：瑞安俗近永嘉，然尚俭约。

《瑞安县志》：恭叔笃行，水心正学，忠定如陈学士，正定如卓侍郎。道德文章，代有称述。

泰顺县

万历《温州府志》：泰顺俗视平阳更质。

《泰顺县志》：泰居瓯极西，山势高下，大小有序，无刻峭顽怪状，水清澈可鉴，而鲜奔溃。故风土温和，民质不戾。

《泰顺县志》：土瘠民质，男耕女织，其俗有唐风“蟋蟀”之遗。民而秀者，齿让相先，虽至贵不相假。弦诵之声，居然小邹鲁也。

《温州府志》：民间久不行冠礼，唯士大夫家，间一行之。议婚，以男女生辰互易卜算，名曰开合。卜筮既吉，媒妁通好。其纳采曰起帖，具礼仪外，多致红笺、茶果，以通知女氏。宗戚纳币曰言定，备钗钏羊酒之属，以白金代色绘。请期曰送日，纳币时有未备者，此时补之。婚日，妇至门，未下车，婿揖妇者四，妇乃入门。交拜、拜舅姑毕，归房合卺。三朝庙见，以女红献尊长，以次分送姻娅有差。丧大殓时，亲邻皆至，名曰送殓。丧家多备筵席。士大夫家多用鼓乐。崇尚浮屠，多作佛事。葬□亲串来视，不具赙，临衢多设路祭，主人受即以馂余饷客。阅三日，复祭于墓，标插纸球而归。祠祭家□礼。俗节及祖考忌辰、诞日，献时食于寝室，或□□家堂。清明、孟冬，则展祭于墓，终身不忍废也。

《温州府志》：元旦，礼先，序拜尊长。毕，出谒亲族邻里，或留饮。月朔至五日，谓之节假。立春日，烧樟叶，燃爆竹，啖栾实，煮茗以宣达扬气，名曰煨春。端午，各乡俱操龙舟竞渡，新年赛愿。七夕，以彩缕穿针，陈瓜果，以乞巧。腊月二十四日前，扫尘净宇，迨此夕则祀灶，鸣爆竹，谓之交年。

《平阳县志》：上元，通衢上结竹棚，挂彩。夜间悬各色花灯，放花炮，装鳌山，庙宇尤盛。近多滚龙狮子，沿门□贺。七夕作巧食以啖，以巧食掷屋脊上，谓鹊含此□桥，以使牛女相会。是夕群儿取瓦片敲击，以庆其会。

处 州

丽水县

王祎《少微倡和集序》：州在浙东，最左僻。其土俗简以质，其田赋薄以寡，自昔易为。

陈希点《劝储仓记》：括苍负山为郡，土田瘠薄。溯溪而西，几三百里，为邑曰龙泉，其地与闽接。平时小民，重本力穑，仅仅自足。然非舟车走集之便，稍遇旱涝，则移粟告籴于他邦者，倍费事力。

崇祯《处州府志》：躬俭啬，尚朴素。

崇祯《处州府志》：其地多山少田，勤于树艺，而衣食自足。安土重迁，虽贫不至鬻子女。但信鬼尚巫，虽士大夫家亦不免。

《丽水县志》：俗尚俭啬，人重本业，守礼奉公，颇称易治。

青田县

刘基《湖山义塾记》：士多俊彦，室常殷阜。

宋濂《县学记》：素称文华之邦，声猷相尚。

《青田县志》：俗尚简朴，衣用大布，饮食不贵异物。贫士带经而锄，里巷市廛，所至辄闻读书声。

缙云县

崇祯《处州府志》：自郡守李蕃兴学之后，家习儒业。

杨亿《与章廷评书》：狱讼甚稀，赋输素办。

宋濂《树萱堂记》：躬服俭素，弗惮勤劳。

《括苍汇记》：道当瓯婺之冲，疲于陆运，拮据树艺，丰年仅资俯仰。

《缙云县志》：士励廉隅，俗尚俭节，庶几太古之遗。力田敦行，敬业乐群，士风闺操，为十邑最。

松阳县

程愉《松阳县经界记》：邑号乐土，闾井周联，风俗淳厚，以赋入后期为耻。

《松阳县志》：人崇信义，家置祭田，地无他业，一意力本。硗确之区，蓄泄及时，始有秋。男女尽力于耕织，安士重迁，儒雅以俭啬自持。

遂昌县

《古括遗芳》：遂昌虽山邑，诗书之辈后先相望。其间或以名节著，或以经学闻。在山泽有韬晦，而闾阎有孝义。

《遂昌县志》：民甘俭约，而勤耕读；士崇礼义，而尚儒雅。古称好讼而喜斗，今殆庶几。

《遂昌县志》：崇礼甘俭，不尚浮屠。各建家祠，有古立宗法、崇祭祀之意。人文彬起，礼让成俗而好气，夙习稍衰。

龙泉县

崇祯《处州府志》：民力耕种，尚俭啬。商旅惮于远出，贸迁不越邻封。积书教子，宦业相望。

《龙泉县志》：平居里巷，弦诵相闻。重本力穑，仅仅自足。其士操觚较艺，好学而尚文；其农则火田粒食，力勤而尚俭。

庆元县

崇祯《处州府志》：地僻民朴，舟楫不通，市无商贾，耕读之外无余事。士守名节，妇不外见。敦诗书，饬廉隅，安土重迁。宁变产输将，不忍受辱。事非切己，不至公庭。

《庆元县志》：敦让厚别，号为易治。近矜尚服物，转薄文艺，无一登乡荐者。

云和县

崇祯《处州府志》：山多田少，土瘠民贫。俗俭啬，尚朴素。李邺侯兴学以后，儒业文风渐盛。

崇祯《处州府志》：质实浮靡，彼此相半。

《云和县志》：俗敦廉耻，尚节概。力耕勤织，衣食聊足自给。唯工艺贸易，悉资外贩，故流移侨居者十六。

宣平县

王深源《通迁渡记》：宣慈土壤衍沃，民物富庶，商旅肩踵相摩属。

崇祯《处州府志》：俗本古朴，始以坑冶致患，民习不淳。继乃崇俭务本，渐异于旧。

《宣平县志》：民多惑于浮屠，而讼讦求胜，夙习犹有存者。

景宁县

崇祯《处州府志》：山谷遐阻，商贾罕集。人唯力田务穑，争讼鲜少。士务礼让，自昔记之。

《景宁县志》：颇习靡丽，礼让未兴。山居朴鲁，犹为近古。

《处州府志》：重迎亲礼，姻娅皆肃衣冠，陪婿至门。奠雁礼甚整，聘遣宴贺从俭。丧礼不事观饰，不举音乐，亲朋赙赠，厚意犹存。岁春秋，聚族合祭其祖于家庙；生辰、忌日各祭于家；新岁寒食祭于墓，虽极贫不敢弛。

《处州府志》：元旦，姻里交贺。家折柏枝，肖凤形，系桔、柿于中，俗呼百事吉，悬中堂。上元节，市巷皆悬灯神庙，竞列古铜器、名画，以比赛于通衢。迎春日，士女皆出观，各坊以童子装像古人故事，皆乘牛，以应土牛之令。五日，为角黍，悬蒲艾，乡都各造龙舟竞渡，士女泛舟观游。八月望日，大潮至清溪门，女子着淡素衣，于门外浣手，徘徊江月，以当祓除之意。至日，家为小火乘，调以姜糖，祀其先。家人共相劝食，为延年之祀。腊尽，馈脯栗相酬酢。除夕，用粉蒸糕，设馔为分岁饮。亲朋更相邀致，以敦款好。

卷四

福 建 一

总 志

风俗之殊，厥与政通。阴阳寒暑之所布濩，山川燥湿之所融结，五土异宜，此系于天者也。上导之则为风，下被之则为俗，此从乎人者也。闽地燠多寒少，气候中和，上而建剑之溪湍，下而泉莆之潮涨。蒸为风气，大率民性柔缓，尚文雅而习华靡，土瘠民劳，善心易生，其大较也。千百年来，常衮、蔡襄之所鼓舞，杨龟山、朱考亭之所转移，文教渐摩，海滨邹鲁。论者谓治世丰年，气象休暇，习尚高于齐晋，是本培化原者之整齐而画一之而已。我国家同风一道，惠此方民，重臣观风整俗，輶轩所临，捷如偃草。比年蒸蒸丕变，协于荡平，岂非从违好恶，皇制其衷，毕雨箕风，民从其好者欤？远稽前史所称者如彼，近验当今所树者如此，他日省方问俗，太师陈诗，当与江沱汉广，歌南国而臻上理，不其懋乎！

《隋书·地理志》云：豫章之俗，君子善居室，小人重稼穑。建安俗颇同豫章。按：隋建安郡，即今八闽地也。

《宋史·地理志》云：民安土乐业，川原浸灌，田畴膏沃，无凶年之忧。　乡学喜讲诵，好为文辞。　信鬼神祠，重浮屠之教。　土地逼隘，生籍繁夥，虽硗确之地，耕耨殆尽，亩直浸贵，故多田讼。

元贡师泰《送李尚书序》云：终岁勤勤，仅足给食。

福　州

晋郭璞《迁城铭》云：遇兵不馑，遇荒不掠，遇灾不染。

《图经》云：其俗俭啬，争者喜讼，病者好巫。　晋永嘉中，衣冠多趋闽，自是畏乱，无复仕者。神龙中，州人薛令之始登上第，其后李椅、常衮皆以崇重学校为意，于时海滨几及洙泗。　女率作同于男。

本志云：由建剑溪湍而下，泉莆潮涨而上，适至是而平。民生其间，其性舒缓。

《闽中记》云：产惧薄而勤羡，用喜啬而实华。自晋宋文雅以来，教化丕变，家庠序而人诗书。　君子外鲁内文，小民谨事畏法。　民以鱼盐为生。

《长乐志》云：土瘠民稠。男勤耕读，女尚蚕织。滨海者事渔钓，附山者为工商。

刘克庄《陈公生祠记》云：福清土瘠，物货不产，商贾靡至。　君子多业诗书，细民多执工艺。　其俗劲悍，喜争健讼，为诸邑冠。

林俊《福清城门记》云：福清吻海背江，风潮簸啮，山秃赭，乏林木，石离离骨竖。人钟之，忠特奇峭，次亦凝重自立。

林畊《连江贡士庄记》云，地瘠民贫。

《连江县志》云：习用俭约，人多尚义，治丧不用浮屠。

《罗源志》云：邑初湫隘，人物寂寞。绍兴中，邑令陈偁迁之后，髦士辈出，细民亦知向学。　民淳讼简，敦尚本业。

宋古田令陈昌期《学记》云：邑人贵巫尚鬼，景德间李堪令邑，禁革巫鬼，民始识仁义礼乐，知教化。

《古田志》云：民俗鄙朴，颇好讦讼。

元吴海《送郑训导序》云：古田本昔提封之广，居民之众，邑里之华，文物之盛，盖彬彬焉。

宋常挺《闽清贡士庄增田记》云：家相率而学，人相率而善。

《闽清志》云：男耕女织，民不侈靡。

宋永福令黄子理《玩芳亭记》云：山居之民，终身不知车马驰骤之逸。火豎水耕，岩锄陇莳。

林喦《虚心堂记》云：簪缨星罗，弦诵风行，髫龀有文，农工知义，易治而难服。

何乔远《闽书》云：福州，闽中一都会，西北控瓯剑，东南负大海，气候炫燠，田每岁两获，鱼盐、果实、纺织之利颇饶。其俗尚文贵节，君子朴而守礼，娴于文辞，小人谨而畏法，虽负贩之夫，相逢街道，举手若揖让。　长乐滨海，有鱼盐之利。山多果实，俗俭而用足。辨贵贱，序长幼，有古遗风。　福清背山面海，多潟卤，有海舶之利。其人刚劲尚气，多行贾于四方，以其财饶他邑。　连江亦有山海之利，鲜厚赀。其民舒缓而用俭。　罗源抗负岩峦，襟带陂泽，邑居岚气如甑。民山耕海渔，仅足自给，俗少文而易治。　古田旧曰山洞，阴箐邃壑，岚气至午乃霁。地瘠难以蓄众，壮者多佣于四方。　闽清山田，引泉注之，岁收多入。俗务稼穑，而笃于事鬼。　永福气候风俗与古田同。闽清亦信鬼而悍剽。

兴　化

本志云：梁、陈以来，已有郑露书堂。及唐贞元时，林藻伯仲因之肄业。欧阳詹来自泉山，原其所倡儒风，不在常衮入闽之后。

唐僧《涅槃谶》云：此地永不动干戈。

宋黄公度《学记》云：莆田文物之邦，自常衮人闽之后，延礼英俊，儒风大振。　　僻在南隅，而习俗好尚，有东州齐鲁遗风。

宋陈俊卿对高宗语云：家贫子读书。

陈俊卿《贡院记》云：莆介于泉福之间，市廛户版，不能五之一，而秀特多。

宋游酢《通判题名记》云：比屋业儒，号衣冠盛族，至今公卿相望。

本志云：诗书礼乐，为八闽之甲。　　莆之科目，肇于唐，盛于宋，又盛于明。　　每科与试者，视闽居半。与计偕者，视解额恒得三之一。祖孙、父子、兄弟、叔侄登科第者，先后接踵。科目得人之盛，天下罕俪。　　产薄而用俭，吉凶之需，称家有无。

宋陈谠《道庆堂记》云：莆中三邑，仙游为壮。邑有四民，士风为盛。士风盛，故巨室多。

陈尧通《杨公塘记》云：仙溪民朴俗淳，去末就本，相安垄亩中，熙熙如也。

何乔远《闽书》云：壶山兰水，映带秀发。故其人好礼而修文，士相矜以名节。　　布韦蓬藿，莫不愿化。老生儒宿，出而授经近地，步趋坐立，造次不失。下至洒削卖浆者流，无敢岸帻科头行衢道。贫家觞豆数行，秩秩有序，咿唔之声，比屋相闻。　　仙邑倚山，田颇足自资，而少出门。

泉　州

宋王十朋《止讼文》云：泉在七闽之中，民淳讼简，素号易治。

《图经》云：濒海者恃鱼盐为命，依山者以桑麻为业，大抵皆崇俭朴。

好佛法，重婚姻，丧祭以俭薄为耻。宋张阐曰：泉之为郡，风俗淳厚，其人乐善，素号佛国。

曹修睦《建学表》云：地推多士，素习诗书。

《宋志》云：爱身畏法，崇逊耻争。儒者安于闾里，以漂泊为病；仕者守其途辙，以奔竞为羞。　　木少桑柘，妇罕蚕织。冬无冰雪，或不御棉。

明陈叔刚《重建夫子庙碑记》云：南安去郡治最近，号称剧邑。深仁厚泽之所甄陶者六十余年，百里之间，弦诵相闻。

陈安国《儒学记》云：惠安濒海，地瘠民贫。

元林泉生《大同书院记》云：同安多古碑，凡朱子所撰述者，邑人咸能成诵，彼岂为虚敬哉！

黄锐《安溪县诗》云：掌地也成田。

何乔远《闽书》云：泉州枕山负海，有荔枝、龙眼之利，鱼虾螺蛤，多于羹稻。悬岛绝屿，以网罟为耕耘。附山之民，垦辟硗确，植蔗煮糖。地狭人稠，仰粟于外。百工技艺，敏而善仿，北土缇缣，西番毳罽，莫不能成。妇人芒屐负担，与男子杂作。其君子无造次辨丽之智，其小人帖帖愿谨，自取衣食。　　南安土壤滋沃，宜瓜果。其人质率，尚意气。惠安地少壤多，稻麦番薯可以支岁。辟纻织苎，有《葛屦》之风。村落庆吊，用布帛牲谷为礼。其君子忠信，其小人俭畏而任悫。　　同安朱子之所过化，其君子励节，而小人任天。　　安溪山水清激，其士慊慊。山故产铁，五方民衣食其中，亦能耕谷而丛警。

漳　州

宋傅自得《道院记》云：其民务本，不事末作。

陈淳《北溪集》云：此间民俗，大概质朴谨畏；然其间亦有奸雄健讼，为善良之梗，使不获安息者。　俗尚淫祀，多以他邦非鬼立庙。　此邦陋俗，常于秋收之后，优人互凑诸乡保，作淫戏及弄傀儡。

宋郭祥正《净众寺法堂记》云：闽之八州，漳最在南，民有田以耕，纺苎为布，弗逼于衣食，乐善远罪，非七州之比。

本志云：敦尚质朴，务业者多，健讼者少。　其民轻死易发。

明王祎诗：文物如邹鲁。　奢僭仍民俗。

本志云：民间婚姻，男家务为观美，女家极力以求称之，侈靡无节。亲旧之葬，或设祖祭，数月营办，务求珍异，不计财费。丧家则盛筵席以待之，竞为丰侈。

《龙溪记》云：业农者近郭之民，业鱼者濒海之民。

宋卓尊《为赵师缙漳浦县蠲役记》云：俗厚讼稀。

《南靖志》云：其地气候多燠，田一岁两熟，苎一岁三收。男力耕稼，女勤纺织。

《长泰志》云：邑与龙溪相识，地僻人稀，民勤耕织，不好华丽，不事商贾。

何乔远《闽书》云：闽中诸郡，唯漳为剽悍，外发愤骯髒，内实畏法而惧罪。族大之家，多人海贸易，散之他郡。其君子彬彬有文，翩然意气，而多自喜于千秋之业。　漳浦，其民殷庶，士娴文辞。　海澄有番舶之饶，行者人海，居者附赀，或得窭子弃儿，抚如己出。长使通夷，其存亡无所患苦。　长泰为漳肘腋，市巷四民，率岸帻群处。

延　平

本志云：民俭啬而颇尚气义，质直而不为奸诈。　家乐教子，五步一塾，十步一庠，朝诵暮弦，洋洋盈耳。杨文靖、罗文质、李文靖、朱文公四先生倡明道学，称为邹鲁之邦。　诸儒讲道明义，遗风余教犹未泯。

《剑浦记》云：以耕织为生。

《顺昌记》云：士以诗书相劝，民以耕桑为务。　　小民畏刑而寡词讼。

《将乐志》云：尚气而轻生。　　嫁娶多过乎奢，而丧葬则未尽乎礼。

民重去乡井。

《沙县志》云：商贾工技之流，视他邑为多。

《尤溪志》云：民鲜商贾。

《永安县志》云：土壤肥饶，民俗轻剽。

何乔远《闽书》云：延平山川清明挺秀，恒燠少寒。地多险阻，田宜稻，山宜茶，民惮远出为商贾，无他役作，而勤于耕耨。女虽至贫，纺绩不出户，是以不至饥乏，而亦无千金之蓄。其君子无脂韦之习，其小人朴啬不敢为非。　　顺昌介东广之冲，溪山秀丽。煮竹为纸。赋税之入，不待追呼。桥梁道路，劳力费财而无靳心。　　将乐岩岫磊砢，溪流清泚，乡有苎布之利。其民多技而好胜，喜于为商。　　沙县居延上游，其民俭朴，力作吝财，以含忍胜人。文学之外，习伎艺，精绘事。　　尤溪万山之中，土瘠收薄，民多负气剽悍。有巫师之传，习为符咒。　　永安巉岩峭壁，俗视他邑为轻剽。近乎沙者文而靡，折于尤者朴而顽。民习技巧。

建　宁

《建安志》云：自五代乱离，江北士大夫、豪商巨贾多逃难于此，故备五方之俗。处市井者尚侈而好浮，居田里者勤身而乐业。　　尚气而喜节，易斗而轻生。君子勇于为善，小人敢于为恶。

宋韩元吉记云：其民之秀者狎于文，家有诗书，户藏法律。　　赋其厉气者，亦悍以劲。

本志云：秀士狎文辞，重清议。百姓畏官府。男女别途，各勤其身。

盛均序云：民猱黠而易随。

《建安集》云：农力甚勤，桑麻被陇，茶笋连山，土风差胜。

朱行中诗云：水无涓滴不为用，山到崔嵬犹力耕。

本志云：自朱文公倡道东南，彬彬然道义之乡，擢科第、登馆阁者辈出，居畎亩、处闾里者，弦诵之声相闻。　贫富不相资，贵贱不相等，荜门圭窦之士，皆能挟族谱以推流品。

《崇安志》云：民多悍戾，罕尚文艺。自唐李频为建州刺史，以礼法治下民，始知文雅。至宋胡文定、刘屏山、朱考亭诸公继出，诗书礼乐之盛，几于洙泗。

《浦城志》云：士颇以名节自励。

《松溪志》云：土风淳朴，人性俭约。地瘠民贫，男务耕稼，女勤织纴，不事商贾末技。

何乔远《闽书》云：建宁居闽上游，山峻水激，盘行回郁，无倒汉泻瓴之势，朱子悦而居之。其人之美者，尚气而有节。其弊也狷隘趫急，无委蛇之风。其小民忿怒叫嚣，轻生乐斗。市井浮侈，比于杭州。　建阳朱子之乡，士子侈谈文公，书坊之书盛天下。茶每岁三收，苎每岁四收。

崇安为建岩邑，士敦悫，民少经商。　浦城介闽浙间，其地寡田，士彬彬为礼让，民勤耕织，以啬力致富，不烦催科。　松溪寒不坠指，暑不蒸人。其民庞俭，商贾有恒业。　政和为建下邑，其田开云而倚山，其俗勤而俭，朴而近古。无豪家大姓，凌铄细民。

又云：建宁俗多溺女，不爱惜，舂藁缣从，悉绝其配合，民有白首为鳏寡者。一有缓急，儿女满膝之妇，去之不顾，贫妇夫死未几即嫁，且赘云云。附载于此，后人或知所警云。

邵　武

《晋书·地理志》云：其俗刚烈峻整，其民尚气鲠直。

《晋·郡县志》云：信鬼好祠，俗罕延医。

本志云：人性犷直尚气，治生勤俭，力农重谷。颇好儒，所至村落，皆聚徒教授，有古之遗意。　儒雅乐善，轻赍健往。　西山得道南之绪，而考亭师友，则蒙谷、台溪、云岩、月洲，理学渊源，上接伊洛，比屋弦诵之声洋洋盈耳，当时号小邹鲁。　嫁娶尚门第，丧祭用古礼。　地狭山多，民随山高下而田之。高不惧涝，下不惧旱，故无大饥岁。　闾巷贫民，未尝为富家所驱使吞并。或遇饥岁，贫者视富者出粟为当然，富人亦往往应之不拒。

元黄镇成《真率约序》云：邵武山川清峻，俗尚简易。文书省约，无珥笔之风；使传稀少，无刮蹄之辙。

《光泽县志》云：人性犷直，俗尚朴素。男耕女织，啬用寡好。不乐行商，而生理鲜薄，其于华藻之事泊如也。

宋《谯楼记》云：其俗务生，力耕凿，间崇尚儒术。

《建宁县志》云：山厉水刻，故人刚烈而峻整。　君子则尚志力学，有逊顺之风；小人则狃闹喜胜，有犷暴之气。　山多田少，人无甚贫富，故俗安于朴素，而不事华靡。　重送终之礼，虽贫者亦不肯火葬。

《沿革记》云：邑介汀邵间，去郡城最远，土俗刚犷，民易动难安，调驭有方，则怡然听命。

《泰宁县志》云：犷直尚气，少为商贾，耕织自给，不为浮华。

宋叶祖洽《改县名记》云：邵武四县，唯泰宁最僻，不与四方商旅交，故习俗淳厚。　处深山穷谷之间，有林泉鱼稻之乐。人自足用，无所外求。比屋连墙，弦诵之声相闻。有不谈诗书者，舆谈笑之。

何乔远《闽书》云：邵武县与光泰二邑，皆力田树艺，鲜商贾，商贾亦不至。地狭民众，财源鲜薄，其俗纤俭，安于食稻而茹蔬。　建宁土地膏腴，专有鱼杉油漆苎麻之利，以通商贾。郊于建昌，染为奢俗。其谚曰：“千金之家，三遭婚娶而空；百金之家，十遭宴宾而亡。”

汀　州

宋陈一新《赡学田碑》云：风声气习，颇类中州。

《图志》云；气刚愎而好斗，心褊逼而浅中。

本志云：岛居者安鱼盐之利，山居者任耕织之劳。

《元志》云：君子质直好义，而恬于进取；小人愿悫少文，而安于勤劳。

《宁化县志》云：男力稼穑，而不为商贾；女业麻苎，而少事蚕桑。

勇悍轻生。

《清流县志》云：民颇健讼。

《归化县志》云：专好浮屠，罕尚文艺。　尚质好俭，轻讼易争。

《连城县志》云：土壤硗瘠，人民贫啬。

《上杭县志》云：奢侈日滋，词讼日炽。

《武平县志》云：专事师巫，不任医药。　尚武少文。

《永定县志》云：贫者栽山种畲，而鲜行乞于市。

何乔远《闽书》云：汀州士知读书进取，民安稼穑，少营商贾。富家守禾亩，贫夫力山畲，仆隶下人，各治生业。廛无行货之妇，衢少伏地之丐。室无怨旷，其子女不鬻他乡。奢汰不竞，凶讼少闻。　宁化居汀上游，田畴鳞次，草木绵蔚。男耕女织，人物富庶，而气性刚愎。　清流山高，引泉代汲，激湍代舂。民乐农圃，编竹为蔽，阛市无游女。宦游人语曰：清流为县，家悬竹片，任官数载，莫睹闺面。民矫健者，多刺船建、剑、汀、邵间。　归化质直好俭，力耕种，重迁移。民至贫馁，不敢为非。　连城土瘠民贫，工务勤劳，女安俭朴，民多入他郡治版筑。

上杭士子勤学问，衣冠文物颇类大邦，百货俱有。　武平山峻地僻，人多武勇。永定僻壤，山峻水驶。其人朴愿少文，崇尚廉耻，士甘自守。其俗吊死问疾，有相关之谊。然颇悍勇，轻生喜斗。

福 宁

本志云：汉晋以来，俗尚朴素。自唐林嵩擢高科，为一邑倡。厥后文人才士，彬彬辈出。　　附山者务农桑，濒海者业鱼盐。　　丧葬尚浮屠，嫁娶不亲迎。

《福安县志》云：其民习尚不同，侈俭相半。

《宁德县志》云：俗尚颇淳。　　士习诗书，农力稼穑。

何乔远《闽书》云：东南际海，西北依山，鱼盐螺蛤之属，不贾而集，虽荒岁不饥。其俗朴而专，和而静。其士务于文，厚于质。仕者尚廉耻，宦归率多空囊。　　福安男女安耕织，兄弟不相离。士民淳尚力作，无浮靡之习。婚嫁称家，不相求备。

《寿宁县志》云：地山高水寒，宜稻而不宜桑麻。民多务本、少逐末，知节俭而简于礼义。一失其平，叫呼四出；析之以理，忿怒亦消。

台 湾

旧《省志》云，台湾僻在东南隅，地势最下，四面皆海。气候与内地不同，燠多于寒，秋冬无霜雪。土番穷户，无衣褐亦可卒岁。春秋多旱潦，田每岁不能再熟。其民男多女少，匹夫猝难得妇。俗喜赌博。婚姻论财，不计门户。　　务农者多，逐末者少。无久停亲柩，无永锢婢女。

地宜五谷。迩来士知读书，民务稼穑。漳泉子弟视为乐土，相率而往者，岁数千人。　　全台士俗，皆以槟榔为礼。

《台湾县志》云：台地狭窄，其民多劳，商贾百工，各事其业。澎湖之人，以海为田，以渔为利，以舟楫网罟为生，布帛菽粟，取资于台。出作入息，妇女共之。其民多朴。　　男有耕而女无织，以刺绣为工。俗尚华侈，衣服悉用绫罗。

《凤山县志》云：台郡古荒远地，聚庐托处皆泉、漳之人，或自福、兴、惠、潮而来者。平原沃野，有竹木果植之饶；滨海溪渠，萃鱼盐蜃蛤之利。服贾则用舟楫，任载必需车牛。岁不再收，济以麻菽。农无火耕水耨之瘁，商有冰纨毡裘之华。　　由县治南至金、荆、潭，稍近乔野。自淡水溪以南，番汉杂居，客庄尤夥。好事者轻生、健讼、轻斗。

《诸罗县志》云：衣服侈僭，婚娶论财，豪饮呼卢，好巫信鬼。土著既鲜，流寓者视同井犹骨肉，疾病、死丧相恤，贫无归者，集众捐囊助之，虽悭者犹畏讥议。

何乔远《闽书》云：东番夷不知所自始，居澎湖外洋海岛中，起魍港、加考湾、打狗屿、小淡水、奴溪口、加哩林沙巴里、大帮坑，皆其居也。断续千余里，种类甚蕃。别为社，社或千人，或五六百人，无酋长，雄者听其号令。性好勇喜斗，昼夜习走，足皮厚茧，履棘刺如平地，速不后奔马。有隙邻社相争，期而后斗，相杀伤，次日即解怨，往来如初。地多暖，无水田，治畲种木，禾熟拔其穗，粒米比中华稍长。采苦草，杂酿为酒，间有佳者。男妇杂作，女常劳，男常逸。有盗贼则严剔之，戮于社。夜门不闭，禾积场，无敢窃者。人精用镖，长五尺有咫。山多鹿，冬时合围捕之，获若丘陵。始皆聚居海滨，明嘉靖末遭倭焚掠，乃避居山，始通中国。漳泉人充龙烈屿诸湾，译其语，与贸易，今则盛。按：乔远时无台湾，所纪即今台湾俗，故附于此。

连山陈第曰：东番从烈屿诸湾，乘北风航海一昼夜，可至澎湖；又一昼夜，可至考台湾。其俗海而不渔，穷年捕鹿，鹿亦不竭。无历日书契。其民杂居而不嬲，相生相养，饱食嬉游，于于衎衎，其“无怀”、“葛天”之遗乎！

永　春

本志云：民朴鲁而少文，颛确而鲜伪，知自爱而重犯法。

本州崇山峻岭，土沃泉膏。其君子文而小人朴，蓬壶覆鼎以西，其人悍武，遇患难，提戈赴斗，有燕赵之风。

德化处万山中，气郁岚深。男勤稼穑，女专缁绩，有杉木之饶。陶型之器，亚于饶九。

大田重山外盘，中多平衍，有苎麻之利。近尤之民质而鄙，近漳之民健而侈。士尚节义，专诗书，民安本业。

龙　岩

宋朱熹《学记》云：龙岩为县，斗僻介于两越之间，俗故穷陋。

本志云：邑处郡西北之极壤，山峻水险，舟楫不通，商贾不行。

《漳平志》云：山畬多陆田，舟楫不通，商贾罕至。其民朴吝，自业农桑，以足衣食而已。　　宁洋山邑也，简而僻。

福　建　二

总　志

唐虞之世，黎民敏德，于变时雍，尚已。夏忠商质，成周弥文，渐民之具，日以明备，犹时命太史采稽风谣，小行人察四方礼俗、康乐厄贫，以镜得失。延及二汉，礼乐虽微，尚敦素朴、重清议，砥名于家，虽颠踬不悔，教化立而万民正，其是之谓欤？闽介遐邀，汉晋以前为礼乐声名所未及。迄于唐宋，上多良吏，宣鬯义理，下得数大贤，宏阐至道，于是士君子卓然与邹鲁同风。匡稚圭曰：公卿大夫恭让则民不争，好仁则民不恭，上义而高节则民兴行。习尚之道，有与推移，自然之验也。然物众地大，其在险隘阻深，耳目亹闻，犷悍之伦，往往多有。爰至近代，海隅卉服，罔不俾乂，逖矣东宁，亦沾声教。越今百有余年，迁革摩揉，凡向所谓言语不通、嗜欲不同者，皆浸浸乎三代之民也，岂不盛哉！因广甄搜举前志之未备，而附益以岁时气候杂俗焉。

《汉书·严助传》：越方外之地，其民绵力薄材，习于水斗，便于用舟。

《三国志》：晋永嘉二年，中州衣冠入闽者八族。以中原多事，畏难怀居，无复北向，故六朝仕宦名迹，鲜有闻者。

唐《十道志》：闽中嗜欲衣服，别是一方。

《韩昌黎集》：闽越地肥衍，有山泉禽鱼之乐。虽有长材秀民，与上国齿者，未尝肯出仕。常衮为观察使时，未几教化翕然。

《闽小记》：闽中壤狭田少，山麓皆治为陇亩，昔人所谓磳田也（磳田即俗云梯田）。

福 州

宋《三山志》：民生其间，其质纡缓强力，可以久安无忧。

万历《府志》：俗尚文词，贵节操，多故家世族。君子朴而守礼，小人谨而畏法。　宋诸儒倡濂洛之学，号海滨邹鲁。

宋吕祖谦《冶城诗》：路逢十客九青衿，半是同胞旧弟兄。最忆市桥灯火尽，巷南巷北读书声。陈植《福州诗》：行到人家尽读书。

明曾异撰：闽俗病瘟，虽至亲亦惧传染，不相顾问，死亦不发丧。《府志》：俗称瘟鬼曰大帝，设像五，皆狰狞可畏。过其前者，屏息不敢谛视。又传五月五日为神生日，前后月余，演剧各庙，无虚日。或疫气流染，则社民争出金钱，延巫祈祷。康熙三十九年，知府迟维城毁其庙，民再祀者罪之。卒未逾时，而庙貌巍然，且增至十余处。闽中多淫祀，此其尤甚者。

《长乐县志》：民俭朴自守，比户诗书。　近海之民，走海如骛。　南乡之民多柔，北乡之民多悍。　市无雕巧之工，乡有再熟之稻。

《五杂俎》：长邑虽海滨椎鲁，而士大夫礼法甲于他郡。市者不饰价，男女别于途。

《福清县志》：地广土瘠，人俭朴，习诗书，与耕织鱼盐之业相间。士重廉耻，女秉贞懿。独尚气健讼，夙习未革。

《连江县志》：婚媾严非偶，丧服遵《家礼》。士大夫廉隅自饬，无累于有司。

《罗源县志》：士尚儒雅。

宋陈昌期《古田学记》：邑人贵巫尚鬼。景德间，令李堪禁革巫鬼，民始识礼义，知教化。

明吴海序：古田在昔，提封之广，居民之众，里邑之华，文物之盛，盖彬彬焉。

《古田县志》：民务稼穑，鲜逐末之利。

《屏南县志》：食勤啬用，率直尚气。

宋常挺《闽清县贡士庄记》：家相率而学，人相率而善。

《闽清县志》：男耕女织，民不侈靡。

《永福县志》：邑居万山之中，种菁莳蔗，伐山采木，其利乃倍于田。君子重名节而薄声利，小人男耕女织，山谷之中，有至老不入城市者。

兴　化

唐《独孤及庙碑》：比屋业儒，俊造如林。

《明一统志》：诗书为八闽之甲。

弘治《府志》：旧习俭啬勤力，衣服古朴，重廉耻，惜行检，以读书为故业。

《莆田县志》：士大夫质行醇谨，以风节相高，居第先营祠庙，世业让诸弟昆，仕路无媒，拘守常调。

明郑纪《送仙游令万廷器序》：吾邑有宋盛时，文物衣冠，八闽称省。

泉 州

唐《十道志》：清源郡秦汉土地，与长乐同。晋南渡，衣冠族多萃其地。

宋郑侠《西塘集》：维平海之大州，为七闽之都会。土疆差广，齿籍至繁。民业不丰，里俗喜讼。廛肆杂四方之俗，航海皆异国之商。

《闽大纪》：泉民尚气好胜。宦门子弟，纨绮相高。近时科目甲诸闽。士大夫以名节自重。所属县风习不殊，人文自晋江外推三安。

明《蔡清集》：吾泉素称民淳讼简，比年以来，旧俗浸改，讼牒动以数百计。

《闽部疏》：泉郡山薄无泉，田中多置井，立石如表，辘水而灌之。

《庄际昌集》：诗书弦诵之风，达于七邑。

《京省考》：比屋弦诵，人文为闽最。地利沃阜。

隆庆《府志》：家诗书而户业学，即卑微贫贱之极，亦以子弟知读书为荣。故冠裳之士，往往发自寒薄。

万历《府志》：封疆迫狭，物产硗瘠，桑蚕不登于筐茧，田亩不足于耕耘，唯鱼虾嬴蛤之利稍饶。　居丧广致亲宾，饷胙不厌醉饱。　郭璞《葬经》：递相肄习，苟冀眠牛白鹤之祥，急则牙角交搆，缓则岁月迁延。　胼胁多力之雄，如彪如虎，十百为群。豪家修怨，用为前茅，以快宿愤。

《府志》：濒海之民，以鱼盐为业，而射嬴渔息，转贸四方。估人高帆健橹，出没风涛，习而安之。更有一二无赖之徒，乘人逆风，破舰而攘其所有者。乡民聚族而居，尚气争雄长，怨则率族人持械相格。

李光缙《景璧集》：晋江一都会也，俗好儒，备于礼。民俭啬畏罪，而矜慎好胜，喜争讼。

《蔡清集》：南安多深山峻岭，地可耕者，不能三之一。

《南安县志》：民勤苦力作，行贾不出乡。

明张岳《惠安县志》：水耕火耨，伐山为业。　　人知力学，科目日盛。学者谈道理，考古文辞，不专为时文以应举。民俗爱惜廉耻，畏法度。衣服俭素，吉凶庆吊，以布帛、牲畜、五谷相馈遗。俗务鬼，信禨祥小数。穷乡无医药，病则祷于神。

明《王慎中集》：同安之俗，以雄长侠武相夸尚，嚣讦健斗。

隆庆《府志》：同安自朱子主簿以来，礼义风行，习风淳厚。士以气节自励，其民亦守分。男力稼穑，女勤织纺。

万历《府志》：同安县弦诵之声四达，科第近埒晋邑。其迤西近漳者，性颇悍劲。

鄞一相《县志序》：同安重力，尚经术，礼不辞费，举近于义，视他邑俗称良。　　文胜而利巧。

《同安县志》：滨海之区，四达交冲。游手攘臂之徒，结要约，立门户，胥役兵丁，互张声势，良民反受其毒。

五代詹敦仁《初建安溪县志》：土沃而人稠，风淳而俗朴。

宋《嘉定条例》：民之有丧，富者侈费而违礼，贫者火化而伤生。

陈宓《惠民局记》：俗信巫尚鬼。

隆庆《府志》：安溪西北，民附谷以居，风气柔而不悍，近县彬彬业儒。　　民树艺之外，百无能解。商贾百工艺业，咸远人擅之，以有其利。

何乔远《县志》：民食盐铁之利。

漳　州

宋綦《崇礼传》：俗悍强难治。

朱子《谕民教》：龙溪诸邑，风俗醇厚。或事非干己，而出于把持告讦之私；或词涉虚妄，而肆为诡名匿迹之计。　　此邦之俗，有所谓管顾者，本非妻妾而公然同室；有所谓逃叛者，不待媒聘而潜相奔诱。

明万历《府志序》：拥皋而谈性命之学，搦管而修千秋之业。　　梯山航海，泉货充溢，珠香、象犀、文贝之属，舆服、伎巧、珍错之利，不胫而走海内。

《府志》：郡自朱子作牧，敦以诗书，泽以礼让，冠婚丧祭，一裁以正。其时君子以文学气节自高，小人亦循分守业，好义以事其上，争斗不施，讼狱衰息。　　婚姻不甚择婿，以门户为主。死丧粗知备礼，营葬则岁月迁延。人无贵贱，多衣绮绣。　　女子工刺绣，鄙纺绩。种蔗煮糖，利较田倍，多夺五谷之地以植之。俗唯男女为兢兢，妇人非有大故不相见。贞女烈姬，在在有《黄鹄》之韵。　　漳民喜争斗，平和、诏安，多有纠乡族持兵戟相尚者。近附郭亦为之。

《宋史》：漳浦县亩值稍贵，田讼尤多。

《漳南道志》：漳浦士质而文，民勤而朴。

成化《府志》：漳浦依山者习农桑，处海者事网罟。婚姻祭丧，多依古法。

《漳浦县志》：好胜健讼，武断乡曲，挟持官府。

《海澄县志》：衣冠文物，顿齿上国。　　商人贸迁巨舶，兴贩番货。妇人务女工，谨容止，稍有衣食者不出闺门。　　君子恪守礼训，细民亦爱身名。然死丧之家，强半作浮屠，及停丧不葬。　　三都人生子尚幼即为僧。自唐宋已多，今所在缁流，强半澄产。

《漳南道志》：南靖县土多肥饶，民近淳厚。

宋建炎《志》：长泰县士敦诗书，民勤耕织，喜于奉公，赋税不后。

《长泰县志》：畏法惧讼，信鬼尚巫。

《漳南道志》：平和县士颇崇文，民渐向化。

《平和县志》：内尚朴而外弥文，重亲尚鬼，健讼武断。

《府志》：诏安县土瘠民劳，俗厌浮丽。商舶浮海攘利，著姓耻于服贾。

延　　平

《府志》：士尚节操，小人朴野而吝啬。民重远出，鲜商贾之赢；俗颇纷华，罕千金之积。

《顺昌县志》：赋税不烦追呼，而期会不失。　　擅出纸之利。

《将乐县志》：好胜健讼，鬻产以争雄长。

《沙县志》：民乐耕蚕，习尚俭啬。

《尤溪县志》：洞民多负气剽悍，自朱子生于其地，以化诲之，人遂知学。

建　　宁

宋张叔椿记：建备五方之俗。

《方舆胜览》：其民柔脆，惮于远行。

明杨荣记：晦庵、西山二先生过化之邦，流风遗韵，宛然犹存。

《府志》：父母死，惑于堪舆，或一二十年十葬。婚姻间或论财。少年不务本业，桀骜市井，占毕后辈，或轻其长者。婚择门户，凭媒妁，娶必亲迎。丧用《文公家礼》。

《建阳县志》：道义之邦。

《崇安县志》：山峻水急，易斗轻生。

《蒲城县志》：催科不烦，田野之民，犹为直率。

宋朱松《政和县志》：无豪家大姓凌铄细民，以乱政化。

邵　武

《武阳志》：人尚理学，彬彬乎道德文物，有邹鲁遗风。

《府志》：郡在闽西，于楚为近。饭稻羹鱼，不贾而足。地颇饶沃，无饥馑之患。

《邵武县志》：其俗纤啬，穷谷之民，有老死不识城市者。其地风密土厚，民多寿考。　　丧葬遵《文公家礼》，不作世俗无益事。

《光泽县志》：人多率直近真。

《建宁县志》：其民殷，其俗奢。士多文雅，尚侈靡而好使气。

何孟伦《建宁县志序》：民惑于不可知，而致力于神者多非其道。:

《泰宁县志》：衣冠动履，务为浮巧。　　家喜佞佛，妇女出入僧寺。

汀　州

明《府志》：人安朴素，士乐诗书。乡甲半于郡封，闾阎全无机巧。

《府志》：衣租食税之子，不出户庭；力田治山之民，常安本分。

《宁化县志》：民竞守财，亦隆气节。士多好古，尤喜文辞，泼墨染笺，模山范水，调丝谱弈，治病相宅，初无口授，各具心灵。　　喜斗健讼，拒捕轻生。

《清流县志》：士励诗书，民务耕种。俗稍存乎信义，心尚惑于鬼神。

居乡以刺船为业，陆而樵、水而渔者，仅足衣食。地瘠民贫，外货不至。

《归化县志》：民质直无华，咸习艰难。重犯法，官司易治。无大商巨贾，率多市贩，以治生业。　　丧葬夸奢，颇不循礼。

《漳南道志》：连城县士知向学，民多末作。

《连城县志》：阃范最严，妇耻再嫁。　　豪右好争而少让，乡落习武而少文。

《漳南志》：上杭县尚文近侈。

明《府志》：上杭士勤学问，衣冠文物，颇类大邦。

《县志》：科名甲于诸邑。　　婚姻丧葬，邻保相助。　　家建追远之庙，户置时祭之田。

明《府志》：武平县山峻地僻，俗梗民强，尚武勇，力本业。

《武平县志》：病不服药而崇鬼。　　力本者多，末业者少。贸迁有无，类非土著。　　男尚意气，女守贞操。

《求定县志》：家弦户诵，朴陋少文。民勤力作，妇女亦同劳苦。喜任恤戚邻，子弟充衙役者不齿。　　聚族而矜勇斗，藐法而好讦讼。

福　宁

《府志·风俗序》：椎鲁少文，尚节义。秀者攻诗书，朴者勤耕牧。男习劳苦，女少嬉游，有《蟋蟀》《山枢》之风。

《府志》：霞浦县山利桐茶，海利蜃蛤。敦本务实，罕去其乡。

明孟光《福安县诗》：家家灯火夜攻书。

《福安县志》：男务耕锄，女勤缵绩。

《府志》：宁德县民俗朴野，士习淳庞。鱼盐蜃蛤之利，较胜他邑。而私枭争利，害亦随之。

《府志》：寿宁县土瘠民贫，家无储蓄。

《府志》：福鼎县本霞浦旧地，风俗各别。士尚慷慨，民各气矜，富者好施，贫者好义。

台 湾

《台湾县志》：土性轻浮，易种植。露重如雨，旱岁遇夜转润。又近海，无潦患。产糖蔗、杂粮，有种必获。　　民非土著，皆漳、泉、潮、惠之人，故习尚与内地无甚异。俗尚巫，病辄禳祷。

《凤山县志》：冠婚丧祭与内地同。服饰僭侈，婚姻论财，子不择师，妇入僧寺。

《诸罗县志》：自急水溪以下，距郡治不远，俗亦颇同。自下加冬至斗六门客庄（俗称粤人所居日客庄），漳泉人相半，稍失之野，然近县故畏法。斗六以北，客庄愈多，杂诸番而各自为俗。　　高富下贫，好訾毁，以赌荡为豪，嫁娶、送死侈靡。故郡治遇事蜂起，喜斗轻生，以歃血相要约。

《台湾府志》：彰化虽新设，而愿耕于野、藏于市者，四方纷至。故街衢巷陌，渐有可观。山海珍错之物，亦无不集。其风俗颇似郡城。　　淡水内港，户繁俗朴，鲜斗讼，所产稻粱独贱。

永 春

唐盛均《桃林场记》：俗阜家泰，官清吏闲。凌晨而舟车竞来，度日而笙歌不散。

宋江公望记：租谷不以时入。凶讼犴狱，无日无之。病痛不用药，祭鬼以祈福。

明《蔡清集》：其俗朴可爱，秀民可教者多。

旧《县志》：在宋文风甲于诸邑，儒硕彬彬。近古短于进取，能以礼自防，不事干谒。人死多火葬，瓶贮之，置于山谷，经年不收，曰需吉地。

《州志》：衣冠文物，俨比大邦，诗书弦诵之声不绝。　　酷昵青乌之说，折屋毁坟，不顾法网。　　人多聚族而居，以姓之大小，为强弱欺凌。

《闽书》：德化县务本薄末，有古遗风。

《德化县志》：士以笔砚为恒产，穷村僻壤，悉有家塾。樵牧童竖，罕不识字者。

《大田县志》：君子励名节，小人多剽悍。　　邻坑野者事荷担，家溪滨者业舟楫。

龙　岩

宋朱子《谕龙岩县民教》：地僻山深，无海乡鱼盐之利，生理贫薄，作业辛苦。其民不见礼义，强者欺弱，壮者凌衰，内不知有亲戚骨肉之恩，外不知有闾里往来之好。

《漳南道志》：龙岩地险而僻，民啬而俚。

旧《县志》：俗尚敦悫，衣冠朴野。自朱子教民《家礼》，又持榜谕，风俗一新。比来生齿日烦，闾阎竞侈，婚丧之费，靡不可节。

《漳南道志》：漳平县俭朴风存，犷悍未变。

《漳平县志》：男趋于耕，女勤于织，务本不事商贾，家少千金之储。

《宁洋县志》：山峻水急，人性峭直。　　民多务本，鲜事末作，疾则佞于神。

岁　时（附）

元　日

陈设酒醴，以承灵贶。少长序拜，戚友相过。贺三日，市不列肆。

谢在杭《闽俗》：元旦不除粪土，至初五日，辇至野，取石而返，云得宝，即古人唤如愿之意也。

《福州府志》：节内外旬日，挈筐榼往四郊墓祭。

《莆田县志》：二日，长幼皆衣冠出游。

《建宁府志》：一日至五日，谒墓、祭灶、祭门。

立　春

先一日祀勾芒神，迎土牛于东郊。

《闽小纪》：会城迎春，必于忠懿王庙前，乞土作土牛始成。

明曹学经诗：马从太守分骖去，牛向前王乞土来。

人　日

《闽书》：泉人以是日取菜果七种作羹，名七宝羹。

上元夜张灯

《福州府志》：自十一日起至晦日止，十三、十四、十五三夜尤盛。影灯像人物、花果、禽鱼，裁缯剪纸及琉璃为之。庙刹驾鳌山，又为木架彩棚，装演故事，谓之台阁。俳优百戏，煎沸道路。

谢在杭《闽方言》：以灯为丁，每添设一灯，则俗谓之添丁。游人士女，车马喧阗。至二十外薄暮，市上儿童，连臂相呼，谓之求饶灯。妇女从数桥上过，谓之转三桥。

《泉州府志》：里社之中，多有作赛神会者，装饰神像，穷极珍贝。

《莆田县志》：十六夜有过桥摸钉之俗。

正月二十九

正月二十九日，杂饴果煮糜相馈遗。

《四时宗鉴》：高阳氏之子，好衣敝食糜。是日死，世作糜粥破衣，祝于巷，曰除贫。此其遗俗。按：此俗唯福州有之。

春 祈

《惠安县志》：是月阳气始达，乡人祈年于里社，集社学以教子弟。

《漳州府志》：乡民敛金祀神，群饮于庙，分胙而归。

《汀州府志》：各坊社以金珠锦绣装扮故事，鼓乐迎神，以祈岁稔。

寒食·踏青

《壶中录》：闽中以二月二日为踏青节。

《三山志》：采野菜为臛，亦唐人杏粥榆羹之意。

《福州府志》：宋时有秋千之戏，地在春台馆之内外。

《泉州府志》：贵家开园圃，放游人赏玩。又东湖北山多亭馆，士女如云，行乐相望。

清明·墓祭

家祀先祖，屋檐插柳枝。

《福州府志》：俗云以祓除不祥。

《建宁府志》：俗谓避邪。

《莆田县志》：以鼠曲和米粉为粿，具牲醴展谒丘墓。

《惠安县志》；清明有事先冢，剪刜污秽，培土，挂楮币。

《漳州府志》：是日妇盛服靓妆出郭外，逐队行。

《汀州府志》：是日展墓，壶浆络绎。祭毕，就祠餉馂余，或就丰树下藉草衔杯。

上 巳

《福州府志》：悬荠于门，是日禊饮。

《漳州府志》：采百草合米为粿，荐祖考及赠遗。

《建宁府志》：作乌饭以食且馈遗，俗以是日目莲作此供母，故效之。乌饭即青饥饭，《蒲城县志》载四月八日作。

《永春州志》：用枫叶合米为青饭。

浴 佛

四月八日浴佛，寺刹建龙华会。

《山堂肆考》：南方专用腊月八日，今僧寺□多在四月。

《福州府志》：方言佛洗灾。

端 阳

自五月一日始，门悬蒲艾，妇女小儿系续命丝，佩符，簪艾虎，作粽。午日书符作门帖，浴百草汤，以蒲合雄黄入酒饮之。并制雄黄为筒，燃于屋壁帷帐之上。水际竞渡。

谢在杭：闽人以五月四日作节，谓王审知以五日死，故避之。考《五代年谱》，审知以十二月死，非五月也。

《闽部疏》：端午节尤重竞渡，所过山溪，数家之市，皆悬舟以待。

《延平府志》：俗云竞渡以逐疫。

《闽书》：是日泉莆人食鸜鹆螺，谓能明目。

七　夕

妇女陈瓜果，茗碗、炉香各七，用针七枚，于暗中取绣线穿之，以卜得巧之多寡。

《漳州府志》：以熟豆相馈，谓之结缘。

《建宁府志》：盒盛小蟢子，平明成茧，以为得巧。

《汀州府志》：社学生彩画葫芦，清晨往郊外，或并燃所习课纸。

中　元

祭祖先，焚楮陌。寺观作盂兰盆会。

《福州府志》：方言烧纸衣节。南国风俗，中元夜家具斋供，摆于门外或坰衢，祝祀伤亡野鬼。

谢在杭：闽人最重中元节，家设先人号位，祭而燎楮陌。女家具父母衣冠袍笏之类，笼之以纱，谓之纱箱，送父母家。是夜具斋，馄饨楮钱，延坐于市，祝祀无主鬼神，谓之施食。

《漳州府志》：以竹竿燃灯天际，联缀如星，谓之作中元。

《福宁府志》：是日家市淘井。

八月祭社

《泉州府志》：各处以二十四日，安溪以初一日。

《惠安县志》：牲尚鸡。

《漳州府志》：八月祭土地，穷乡僻壤悉演剧，费甚奢，仿古之秋报。

重阳·祭墓

《泉州府志》：俗云墓门开。十月亦有祭墓者，名送寒衣。按：福州祭墓多在九月。

九日登高，饮茱萸菊酒。

谢在杭：九日作糕，自是古制。闽人乃以是日作粽，与端午同。

《景云类纂》：九日蒸糕，唯闽城仍用角黍。 ，

《莆田县志》：是日谒坟墓，如清明。

冬 至

州人不相贺，舂米为圆铺之，乃黏门楹间。

明张岳《惠安县志》：十一月冬至，阳气始萌，故食米圆。凡阳象圆，阴象方。五月阴始生，黍先五谷而熟，则为角黍，以象阴；角，方也。冬至阳始生，则为米圆，以象阳；圆，圆也。夏至不以为节，抑阴也。崔实《四民月令》：冬至荐黍糕，今俗作黍糕乃在岁晚时。又《南粤考》：十月一日，闽中皆作糯糍及京饨，以祀祖先，盖告冬之义。按：今无此俗。唯《建宁府志》云，以豆粥作糍祀先。

腊月二十四日祀灶

谢在杭：俗谓灶神是夜上天，以一家所行善恶奏于天也。

《惠安县志》：除夕先六日，言百神有事上帝，画幢幡舆马仪从于楮，具牲馔，焚而送之。至正月四日，乃迎而复之，如送之礼。

除 夕

人家更春帖，燃爆竹为庭。以豚糕相遗，曰馈岁。设酒食聚食，曰别岁，又曰团岁。达旦不寐，曰守岁。子弟向家长拜庆，日辞年。饭兼数日之炊，曰宿岁饭，亦曰隔年陈。（《吴中风土记》：人家各于门首燃薪，谓之相暖热。）

《三山志》：州人以竹著火烧爆于庭中，儿童当街戏呼达旦。

《惠安县志》：取牡蛎壳，杂樟木竹节焚之。

气 候（附）

唐高适《送郑侍御谪闽中诗》：南天瘴疠和。

韩偓《登南台诗》：四序有花长见雨，一冬无雪却闻雷。

《三山志》：燠不为瘴，寒不为冱。

《福州府志》：闽地素和燠，草木四时不凋，桃李冬花，接孟春如一序，蛰虫遇晴暄，率蠢蠢然动，古所谓炎方也。今或朔风凛冽，霜威裂肤，重裘拥炉，犹齿龅手战，作苦寒色，短褐不完之子，有至僵绝者。

《莆田县志》：地势爽闿，阳明用事。热多寒少，冬月寒暑，衣服互著。

唐欧阳詹《泉州府二公亭记》：炎气时逈。

《泉州府志》：泉之气候，与兴漳同。晋江气候，与南安、惠安同。安溪地颇高，热略减。大抵山岚郁蒸，故春温烦燠，夏暑不清，秋鲜凉风，冬无冰雪。土田恒暖，而禾稻两收；桃李冬花，而木叶鲜脱。

《漳州府志》：多暑少寒，有霜而无雪。季秋尚暖，谷可二登；唯穷山地寒，乃一熟耳。

《延平府志》：气恒燠少寒。

《建宁府志》：居闽上游，地势颇高，故寒于福州。隆冬霜雪，入春即和。浦城又建宁上游，故寒于府治。

《邵武府志》：邵列上郡，阳明少而幽阴多。春夏多雨，秋冬多寒。

《汀州府志》：居闽上游，地气稍寒。上、永二县，地近潮漳，气益暖，多产青果、柑桔之属。

《福宁府志》：长溪闽地，而邻于江，气候与福州相似。其不同者，春初时气寒有雪，发生较迟。

《台湾府志》：气候异于内地，大抵暑多于寒。

《台湾县志》：自府治至凤山，渐南渐热。自府治至于诸罗，渐北渐寒。

《永春州志》：四时多燠，唯东北高寒，伏日或拥重被。

《龙岩州志》：居万山中，一日之间，气候不齐；一岁之内，寒暑靡定。每霜气凝冰，童子可渡。小雪亦时降。

杂　俗（附）

《漳州府志》：穷山之内，有蓝雷之族，不知其所始。无土著，随山迁徙，种谷三年，土瘠辄弃去，去则种竹偿之，无征税，无服役，以故俗呼之曰客。两家自为婚娶，朔望衣冠相揖。然不读书，语言不通，与世不往来，或曰混沌。

《德化县志》：畲民嗜好饮食，与世殊别。男子丫髻，女子无袴通，无鞋履。嫁女以刀斧资送。人死刳木纳尸，少年群集而歌，劈木相击为节，主者一人盘旋四舞，乃焚木拾骨浮葬之；将徙，取以去。自云其先世曰狗头王，尝有功，许自食、无徭役。赐姓三：曰盘，曰蓝，曰雷。其盘匏、莫徭之裔也与？按：畲民各府山溪深处有之。

《台湾府志》：番民断发文身，不知年岁，以稻熟为一岁，以月圆为一月。封土墩作室，其上架木桥以入，中施丹雘，若画舫。婚无媒妁，先野合而后成。礼重生女，赘婿于家，不袝其父。无伯叔甥舅，以姨为亲。夫妇情好甚笃，一反目即离异。生子以水浴之。病不知药，辄浴于河，以愈疾。人死舁尸诣观属之门，各酹酒其口。无棺椁茔域，裹以鹿皮，瘗所居床下，或于门外之右。旬日开视，窖有菌生，或草木之异，则吉；否则移置他所。丧服哀尽即除。无祭祀，不识祖先。结草一束于中柱曰向，向者犹云鬼神也，过年则酹之。无卜筮，凡出必听鸟声，以卜吉凶。遇长者于途，必问讯，避道左；饮食无论多寡，分甘必偏老。番穷无依，则亲属共收恤之。性凶猛，以杀人为雄长。自相攻，或伺客于径射之，取其首，饰髑髅以金，持以夸众，众则推以为长。近熟番渐知文法，匿不敢出。其不悛者，内山生番，而南路傀儡番尤甚。

《台湾志略》：南北各熟番，俗相仿佛。近涵濡日久，知揖让，识亲，身被衣裳，婚用媒妁，嫁娶与汉民等。各番置社学，番童间有应试者。

卷五

湖　北

总　志

《荆楚岁时记》，于元懔武昌土俗，编自季宣；以今验之，或不尽如古所云。风俗与化移易，未可注也。兹仍载前代以来旧闻遗俗，用资考镜云。

西楚俗剽轻，易发怒。地薄，寡于积聚。（《史记·货殖传》）

楚有江汉川泽山林之饶。江南地广，或火耕水耨，民食鱼稻，以鱼猎山伐为业，果蓏蠃蛤，食物常足。故呰窳偷生，而无积聚。饮食还给，不忧冻饿，亦无千金之家。信巫鬼，重淫祀。（《汉书·地理志》）

自晋氏南迁之后，南郡、襄阳皆为重镇。四方凑会，故益多衣冠之绪，稍尚礼义经籍焉。江夏、竟陵、安陆，各置名州，为藩镇重寄。人物乃与诸郡不同，大抵荆州率敬鬼，尤重祠祀之事。（《隋书·地理志》）

蕲春人性躁劲，风气果决，包藏祸害，视死如归，此则其旧风也。自平陈之后，其俗颇变，尚淳质，好俭约，丧纪婚姻，率渐于礼。（同上）

荆湖北路（江陵、鄂州、德安、复州、峡州、归州、荆门、汉阳、寿昌），农作稍惰，多旷土，俗薄而质。归、峡信巫鬼，重淫祀，常下令禁

之。（《宋史·地理志》）

立春，亲朋会宴，啖春饼生菜，贴“宜春”字，剪彩为燕戴之。或错缉为幡胜，谓之春幡。（《荆楚岁时记》）

正月一日，是三元之日也，鸡鸣而起，先于庭前爆竹，以辟山臊恶鬼。贴画鸡户上，悬苇索于其上，插桃符其旁，百鬼畏之。（同上）

正月一日，长幼悉正衣冠，以次拜贺，进椒柏酒，饮桃汤，进屠苏酒、胶牙饧，下五辛盘。造桃板著户，谓之仙木。凡饮酒次第，从小起。（同上）

正月一日，以钱贯系杖脚，回以投粪帚上，云令如愿。（同上）

正月七日为人日，以七种菜为羹。（同上）

食煎饼，于庭中作之，曰薰天。（《荆楚岁时记》注）

人日，剪彩为人，或缕金箔为人，以贴屏风，亦戴之头鬓。又造华胜以相遗，登高赋诗。（《荆楚岁时记》）

人日，夜多鬼鸟，曰夜行游女。有小儿家，不可露衣物，此鸟夜飞以血点之，儿辄痫。又有鬼车鸟，能入人家，收人魂气。荆人夜闻其声，则灭灯，打门捩狗，所以厌之。（同上）

正月十五日，迎紫姑，以卜将来蚕桑，并占众事。（同上）

江淮间俗尚鬼，岁正月必衣服箕帚，为子［紫］姑神。或能数数画字。（《东坡集》）

黄之侨人郭氏，每岁正月迎子［紫］姑神，以箕为腹，箸为口，画灰盘中为诗，敏捷立成。

江陵旧俗，孟春望夕，高列彩灯，士女缘江，喧阗纵观。（《酉阳杂俎》）

於頔为襄州，点山灯一，上油二千石。（传载）

盛之，相遗于人，以敦故旧之情。（《风土记》）

上巳日，取鼠麴汁密和粉，谓之龙，以厌时气舌。（《荆楚岁时记》）

去冬节一百五日，即有疾风甚雨，谓之寒食。禁火三日，造饧大麦粥。

寒食斗鸡。（同上）

寒食打毬。（同上）

四月，有鸟名获谷，其名自呼。农人候此鸟，则犁耙上岸。（同上）

夏至节日，食粽。是日取菊为灰，以止小麦蠹。（同上）

五月五日，采艾以为人，悬门户上，以禳毒气。

五月五日，以五彩丝系臂，名曰辟兵。

五月五日，用兰汤沐浴。

五月五日，竞渡。（同上）

屈原以五月望日赴汨罗，土人追至洞庭不见，湖大船小，莫得济者，乃歌曰："何由得渡湖?"因尔鼓棹争归，竞会亭上。习以相传，为竞渡之戏。其迅楫齐驰，棹歌乱响，喧振水陆，观者如云。诸郡率然，而南郡、襄阳尤甚。二郡又有牵钩之戏，云从讲武所出。楚将伐吴，以为教战，流迁之致，习以相传。钩初发动，皆有鼓节，群噪歌谣，震惊远近，俗云以此厌胜，用致丰穰。其事亦传于他郡。梁简文临雍部，发教禁之，由是荆楚于社日，以猪羊肉调和其饭，谓之社饭，以葫芦是颇息。（《隋书·地理志》）

袁宏道《午日沙市观竞渡诗》：金鳞折日天摇波，壮士麾旌鸣大鼍。黄头胡面锦抹额，疾风怒雨鬼神过。渴蛟饮河貌触石，健马走阪丸注坡。倾城出观巷陌隘，红霞如锦汗成河。妖鬟袖底出巾冠，颠白髯下立青娥。朱阁玲珑窗窈窕，轻言倩语隔红罗。北舟丝管南舟肉，情盘景促欢奈何。云奔浪激争抚掌，亦有父老泪滂沱。渚官自昔称繁盛，二十一万肩相磨。西酋中珰横几载，男不西成女废梭。琵琶卖去了官税，健儿半负播州戈。笙歌沸天尘卷地，光华较胜十年多。耳闻商禁渐迟缓，努力官长蠲烦苛。太平难值时难待，千金莫惜买酒醝。君看至德中兴后，几人重唱天宝歌。（《中郎集》）

五月五日，四民并蹋百草，又有斗百草之戏。（《荆楚岁时记》）

六月伏日，并作汤饼，名为辟恶。（同上）

七月七日，为牵牛织女聚会之夜。是夕，人家妇女结彩缕，穿七巧孔针，陈瓜果于庭中，以乞巧。（同上）

七月十五日，僧尼道俗悉营盆，供诸佛。（同上）

蕲俗七月朔夜，于景佑真君庙伐鼓吹螺，以小钲巡于市，名放兵。望夜如之，名收兵。兵谓鬼也，此十五日士庶家各祭亡者。又自九夜至望日，七日内敛钱作佛事，所谓乌蓝盆拏道书，云中元考校也。有司皆出行香。（《白茅堂集》）

顾景星诗：双星既已别，孤月又不圆。凉飔动四野，凄咽鸣寒蝉。草根上清露，隧道闻流泉。丛冢无人行，新故皆荒阡。礼魂本楚俗，设食哦灵篇。花灯散川陆，唱叹盟诸天。吹螺高乌乌，击鼓声渊渊。何以名收兵，此名绝可怜。鬼中有国殇，闻螺来独先。死时鼓角急，魂听犹辛酸。幽冥莫能拔，救度唯真仙。为我谓司牧，此理殊不然。唯当保民命，薄海无戈铤。苦酒消狱虫，况乃王化恬。

七月十五日，僧尼坐草为一岁，云四月八日结夏至。（《荆楚岁时记》）

七月十五日，解众僧。以长养之节在外，恐伤草木虫类，故九十日安居。（《荆楚岁时记》）

八月十四日，民并以朱水点小儿头，名为天灸，以厌灾。（同上）

八月十四日，以锦彩为眼明囊，递相饷遗。（同上）

九月九日，四民并藉野饮宴。（同上）

十月朔日，黍臛，俗谓之秦岁首。（同上）

十二月八日为腊日，谚语“腊鼓鸣，春草生”，村人并击细腰鼓，作金刚力士，以逐疫。（同上）

楚俗尚鬼，而傩尤甚。蕲有七十二家，有清潭保中潭保、张王万春等名。神架雕镂金艧，制如椸，刻木为神首，被以彩绘，两袖散垂，项系杂色纷帨。或三神，或五、六、七、八神为一架焉。黄袍远游冠曰唐明皇。左右赤面涂金粉、金银兜鍪者三，曰太尉。高髻步摇，粉黱而丽者，日金花小娘（社婆）；髯而翁者，曰社公。左骑细马，白面黄衫如侠少者，曰马二郎。行则一人肩架，前导大纛、雉尾、云罕、㦸槊、格泽等旗，曲盖鼓吹，如王公。迎神之家，男女罗拜，蚕桑疾病，皆祈问焉。其徒数十，列幛歌舞，非诗非词，长短成句，一唱众和，呜咽哀婉。随设百献，奉太尉，歌跃幢上。主人献酬三神，酢主人，主人再拜。须臾，二蛮奴持绁盘，辟有大狮，首尾奋迅而出。奴问狮何来，一人答曰：“凉州来！”相与西望而泣，作思乡怀土之歌。舞毕，送神，鼓吹偕作。先立春一日，出神于匽，具仪簿，随土牛后，春分后藏焉。崇祯末，无复旧观矣。（顾氏《蕲州志》）

顾景星《乡傩诗》：春社作已毕，士风尚傩驱。云旗夹翠罕，钲鼓趋中衢。妇稚候门喜，罗拜陈牲醴。田蚕及鸡彘，禳祝凭神巫。雕几列神像，被以红锦罽。中坐天宝帝，左右双明姝。太尉复何人？题额黄金涂。风胄雷将军，位与睢阳俱。即君白玉面，细马腰雕弧。酒酣招百戏，啰唝何纷挐。假狮西凉舞，鬈鬗骑蛮奴。似闻凉州破，西向悲唏嘘。千秋事已往，此舞胡为乎？既非

周礼制，法部仍荒芜。祈年比蜡腊，乡党聊欢呼。献酬若大酺，瓮中宁有无。（《白茅堂集》）

岁时为藏钩之戏。（《荆楚岁时记》）

腊祭后，以藏钩为戏，分二曹以决胜负。手各藏物，探取之，如寄一人，则往来于两朋，谓之𬣙鸱。□言起于钩戈也。（《酉阳杂俎》）

举人高映，善意弫，成式尝于荆州藏钩，每曹五十余人，十中其九。映言但意举止容色，若察囚视盗也。（同上）

岁暮，家家具肴蔌，诣宿岁之位，以迎新年，相聚酣饮。（《荆楚岁时记》）

武　昌

鄂土沃民剽。（《唐书·崔郾传》）

士以文辞相高，有六朝之体。（柳拱辰《郡守题名记》）

苏轼《与朱鄂州书》：岳鄂间，田野小人，例只养二男一女，过此辄杀之。尤讳养女，以故民间少女，多鳏夫。初生辄以水浸杀，其父母亦不忍，率常闭目背面，以手按之水盆中，咿嘤良久乃死。愿使令佐，各以至意，诱谕地主豪户，贫甚不能举子者，薄有以赒之。但得初生数日不杀，虽劝之使杀，亦不肯矣。（《东坡集》）

武昌五方杂寓，家自为俗。（《明一统志》）

江夏风气朴茂，被服饮食皆适丰约之中。（《南中记闻》）

武昌土地瘠确，人民淳厚。（《图经》）

嘉鱼农以立本为业，士以有用为荣。（《县志》）

蒲圻户尚诗书，士安诵读。（《县志》）

咸宁人多劲悍决烈。（《府志》）

崇阳舍本务末，俗习雅俭。（《旧志》）

通城务农力本。（《县志》）

兴国民醇，往往囹圄昼闭，桁杨不施。（宋知军《周紫芝记》）

其民锐于治生，怯于私斗，故易为政。士笃于好学，而耻于浮靡，故昌语道。（欧阳元《兴国州修学记》）

大冶风气淳厚，实为江湖之奥区。（《府志》）

通山士尚刚毅，民多朴野。（《旧志》）

汉　阳

汉阳民性劲直决烈，多行仁义，有历世不分者。（《明一统志》）

士大夫学古高蹈，虽贫乏之家，亦志儒业，耻他途。孱弱之民，亦力耕渔、薄商贩。独尚巫崇佛，负性使气，乃其故习云。（《湖广总志》）

街居妇女多事剪绣，乡农之家勤于纺绩。每入夜登机，旦即成匹。（同上）

汉川民朴略，春夏力农，秋冬业渔。（《旧志》）

春水泛涨，迁于原隰耕垦。秋冬涸，迁近湖泊，网罟以自给。（同上）

山川平易，人民朴野，尚俭啬，鲜华丽，士皆向学问，颇有淳风。（同上）

孝感滨湖负山，其山耸拔，故气多亢爽；其水清析，故人多颖秀。（《县志》）

五乡业各不同。白云之人，负山耕种，射猎采药，烧炭渍以自赡。郭下地瘠人纤，气劲易斗。广阳诸赵宏乐，地滨湖，有渔利。其性靡，无积聚；然子弟好学。（同上）

黄陂民皆勤农桑，寡游贩，骎慕儒术。（《府志》）

途鲜游女，贾人行客过其都，未尝见妇女面，唯朝夕勤织纺而已。

（《县志》）

沔阳地卤民贫，以耕渔为业，萑苇之薮多盗。（《州志》）

耕尚卤莽，虽广种而薄收；婚略礼文，每多赘而少娶。疾患则敛赀相恤，死丧则歌鼓杂哀。（《旧志》）

李濂《沔阳纪俗诗》：嶰郭潜湘曲，风流自昔称。家家住水阁，日日下鱼罾。云湿常垂雨，湖寒未见冰。风微鸥戏藻，沙静鹭衔菱。翎羽充王贡，鱼虾入岁征。莲舠秋竟泛，竹槛晚凭□。陆羽风如在，灵均恨不胜。汉唐兵未到，吴楚势相乘。地僻逢迎少，江清赏宴仍。羔羊怀汉咏，琴瑟对渔灯。放舵初犹怯，垂纶近亦能。疏狂叨守牧，高兴益崚增。（《嵩渚集》）

黄　州

黄州在大江之侧，云梦泽南，古有蛮风，今尽华俗。户不满二万，税钱才三万贯。风俗谨朴，法令明具。久无水旱疾疫，人业不耗。谨奉贡赋，不为罪恶。（杜牧《黄州刺史谢上表》）

黄州山水清远，土风厚善。其民寡求而不争，其士静而文，朴而不陋。虽闾巷小民，知尊爱贤者。（《东坡集》）

近闻黄州小民，贫者生子多不举，初生便于水盆中浸杀之。黄之士古耕道，颇诚实，喜为善。乃使率黄人之富者，岁出十千，使耕道掌之，多买米布绢絮，使安国寺僧继莲，书其出入，访闾里小民，有贫甚不举子者，辄以遗之。若岁活得百个小儿，亦闲居一乐事也。黄人二三月，皆群聚讴歌，其词固不可分，而其音亦不中律吕，但宛转其声，往反高下，如鸡唱耳。（同上）

黄冈淳质多俭约，地有渔稻之利，农惰而田事不修。(《明道杂志》)

东弦乡，其民淳朴，征赋常先。还和乡生理俭朴，无耳目之观。永宁乡民皆尽力田亩，榛布相守。慕义乡其田薄收而深耕，赋税亦不敢乾没，穷乡下径，挟书相望。庶安乡民生土瘠，刁悍相仍。五重上乡山川灵秀，地气凝聚，衣冠之族多在此。五重下乡目不知书，而多深耕易耨之田。中和乡田瘠下下，其民生事辽阔。(明王一鸣《黄冈论》)

黄冈农力耕种，士尚气节，无依阿澳涊之习。(《府志》)

黄安本黄冈、麻城、黄陂三县分，土俗亦大都近之。民多悍犷而不驯。(《旧志》)

黄安民生颇为殷盛，昔患萑苻，今则骎骎文物矣。(《府志》)

蕲水民俗富庶，秀民乐于为儒，而不轻择其业，彬彬喜学，有邹鲁遗风。(宋关咏《神光观记》)

蕲水善田事，勤女工，富人尤多畏法。(《府志》)

罗田崇岩邃谷，其力专务本，用亦节俭。(同上)

麻城士风厚善，乐于为儒，出重名节，处尚廉耻。(同上)

蕲州风气和平，狱讼稀少。(宋秦观《代蕲州守谢上表》)

蕲州务稼穑，习诗书。(《府志》)

蕲俗以六月某日赛二郎神。一人前导，山民呼“行者”。举行者名，则元人小说所载孙悟空也。是日蕲人无远近，皆来就观。辍市肆，肃衣冠，立于门，出只鸡百钱为寿，必请命于行者，以致于神。一不与，则行者机变毕动，趫捷若生，击人屋瓦器皿，应手皆碎。乾隆十九年，知州钱鋆悉取像焚之，二郎神为故。(《甲乙存稿》)

广济淳庞近古，然任气尚侠。(《府志》)

黄梅民俗力农，不事商贾、游侠，柔弱畏讼。士习礼教，勤学而文，朴而不陋。(明曾维伦《风教论》)

其风俗大端，土广人稀，水乡苦潦，旱乡苦旱，一岁之入，不足支所

出，以故输赋不能前。其士平居，恒嗫咕守其师说。而好异之士，又杂通诡奇，至其兢兢畏法，与齐民等。（同上）

庄枟《黄梅杂咏》四首：

试说黄梅县，黄梅古佛场。千年开宝掌，五叶度慈航。梵呗僧徒集，祈求士女忙。移风端有待，先为课农桑。

试说黄梅县，黄梅景物幽。有山皆北向，无水不西流。附郭鱼虾集，濒湖秔稻秋。劝农曾夙驾，屋角唤双鸠。

试说黄梅县，黄梅水满湖。霜风吹穲稏，晴雨响菰蒲。鱼网家家下，香醪处处沽。太平原有象，讵忍迫追呼。

试说黄梅县，黄梅本楚东。人行红树里，鸟语翠微中。摘茗乘朝露，缫丝待晓风。山川淳朴处，教授愧文翁。（《晚崧诗稿》）

德　安

安州士民纯秀，几同邹鲁之风。（宋滕甫表）

士多秀杰，民多隐德。（宋周必大《芰堂记》）

余昔知安州，见荆湘人家，多以草竹为卜。楚辞云：“索琼茅以筳篿兮，命灵氛为余卜之。”其注曰：琼茅，灵草。筳，小破竹，楚人名结草。折竹而卜，曰篿灵氛。古明吉凶者，盖因遗俗之旧也。（《文昌杂录》）

安陆风土淳厚。（《湖广总志》）

云梦知尊礼法，妇女无游冶之风。（《旧志》）

应城风俗，其性固，其俗醇，男不轻商，女唯纴织。（《府志》）

随州地既瘠枯，民给生不舒愉。虽丰年，大族厚聚之家，未尝有树木

池沼之乐，以为岁时休暇之嬉。（宋欧阳修《李秀才东园亭记》）

随州井间沕穆，户篝党塾，颇为古道之遗。（《府志》）

应山之俗，好学而文，纯静有耻。（张耒《四贤堂记》）

其民秀而文，其俗朴而俭。（元鲁瑶玙《魏尹碑》）

安　陆

竟陵为藩镇重寄，人物与他郡不同。（《隋书·地理志》）

《石城乐》，宋臧质所作也。石城在竟陵，质为竟陵郡，于城上眺瞩，见群少年歌谣通畅，因作此曲。（《唐书·乐志》）

臧质《石城乐》：生长石城下，开窗对城楼。城中诸少年，出入见依投。阳春百花生，摘插环髻前。捥指蹋忘愁，相与及盛年。布帆百余幅，环环在江津。执手双泪落，何时见欢还？大艑载三千，渐水丈五余。水高不得渡，与欢合生居。闻欢远行去，相送方山亭。风吹黄蘖藩，恶闻苦离声。（《乐府诗集》）

莫愁出于《石城乐》。石城有女子名莫愁，善歌谣。故《石城乐》和中，复有忘愁声。（《唐书·乐志》）

《莫愁乐》：莫愁在何处？莫愁石城西。艇子打两桨，催送莫愁来。闻欢下扬州，相送楚山头。探手抱腰看，江水断不流。（《乐府诗集》）

张祜《莫愁乐》：侬居石城下，郎到石城游。自郎石城出，长在石城头。

郢州，其民朴，其俗俭，其土饶粟麦，其产多麋鹿，有西北之风焉。（宋石才孺《郢州土风考记》）

钟祥民贫讼简，俗化蚕桑，以耕渔为业。（《湖广总志》）

京山地广以远，民能自力于本。务耕凿织纴，循楚之旧。（宋程祁《京山县新学记》）

潜江地本沮洳，百姓勤于本业，士尚文艺。（《府志》）

天门地卑下，四望皆水，以堤为命。（同上）

襄　　阳

襄阳土地肥美。（《南齐书·地理志》）

宋随王诞，始为襄阳郡。元嘉末，仍为雍州刺吏，夜闻诸女歌谣，因而作之。（《古今乐录》）

随王诞《襄阳乐曲》：朝发襄阳城，暮至大堤宿。大堤诸女儿，花艳惊郎目。上水郎担篙，下水摇双橹。四角龙子幡，环环江当柱。江陵三千三，西塞陌中央。但问相随否？何计道里长。人言襄阳乐，乐作非侬处。乘星冒风流，还侬扬州去。烂熳女萝草，结曲绕长松。三春虽同色，岁寒非侬处。黄鹄参天飞，中道郁徘徊。腹中车轮转，欢今定怜谁？扬州蒲锻环，百钱两三丛。不能买将还，空手揽抱侬。女萝自微薄，寄托长松表。何惜负霜死，贵得相缠绕。恶见多情欢，罢侬不相语。莫作乌集林，忽如提侬去。（《乐府诗集》）

张祜《襄阳乐》：大堤花月夜，长江春水流。春风正上信，春夜特来游。

崔国辅《襄阳曲》二首：蕙草娇红萼，时光舞碧鸡。城中美年少，相见白铜鞮。

少年襄阳地，来往襄阳城。城中轻薄子，知妾解秦筝。

施肩吾《襄阳曲》：大堤女儿郎莫寻，三三五五结同心。清晨对镜理容色，意欲取郎千万金。

李端《襄阳曲》：襄阳堤路长，草碧柳枝黄。谁家女儿临夜妆？红罗帐里有灯光。雀钗翠羽动明珰，欲出不出脂粉香。同居女伴正衣裳，中庭寒月白如霜。贾生十八称才子，空得门前一断肠。

《估客乐》者，齐武帝之所制也。帝布衣时，尝游樊、邓，登祚以后，追忆往事而作歌，使乐府令刘瑶管弦被之教习，卒遂无成。有人启释宝月善解音律，帝使奏之，旬日之中，便就谐和。敕歌者常重为感忆之声，犹行于世，宝月又上两曲。（《古今乐录》）

齐武帝《估客乐》：昔经樊邓役，阻潮梅根渚。感忆追往事，意满辞不叙。（《乐府诗集》）

释宝月《估客乐》：大艑珂峨头，何处发扬州？借问艑上郎，见侬所欢不？初发扬州时，船出平津泊。五两如竹林，何处相寻博？　　郎作十里行，侬作九里送。拔侬头上钗，与郎资路用。有信数寄书，无信心相忆。莫作瓶落井，一去无消息。

梁武帝之在雍镇，有童谣云："襄阳白铜蹄，反缚扬州儿。"识者言："白铜蹄"，谓金蹄，为马也；白，金色也。及义师之兴，实以铁骑，扬州之士皆面缚，果如谣言。故即位之后，更造新声，帝自为之词三曲，又令沈约为三曲，以被管弦。（《隋书·乐志》）

梁武帝《襄阳蹋铜蹄》三曲：

陌头征人去，闺中女下机。含情不能言，送别沾罗衣。

草树非一香，花叶百种色。寄语故情人，知我心相忆。

龙门紫金鞍，翠毦白玉羁。照耀双阙下，知是襄阳儿。

（《乐府诗集》）

沈约三曲：

分手桃林岸，望别岘山头。若欲寄音信，汉水向东流。

生长宛水上，从事襄阳城。一朝遇神武，奋翼起先鸣。

蹀鞚飞尘起，左右自生光。男儿得富贵，何必在归乡。

梁简文《雍州十曲》，有《大堤》、《南湖》、《北渚》等曲。（《古今乐录》）

梁简文《雍州曲》三首：

南湖荇叶浮，复有佳期游。银纶翡翠钩，玉舳芙蓉舟。荷香乱衣麝，桡声送急流。

岸阴垂柳叶，平江含粉蝶。好值城傍人，多逢荡舟妾。渌水溅长袖，浮苔染轻楫。

宜城断中道，行旅极留连。出妻工织素，妖姬惯数钱。炊雕留上客，贳酒逐神仙。（《乐府诗集》）

张柬之《大堤曲》：南国多佳人，莫若大堤女。玉床翠羽帐，宝袜莲花炬。魂处自目成，色授开心许。迢迢不可见，日暮空愁予。

杨巨源《大堤曲》：二八婵娟大堤女，开炉相对依江渚。待客登楼向水看，邀郎卷幔临花语。细雨濛濛湿芰荷，巴东商侣挂帆多。自传芳酒涴红袖，谁调妍妆回翠娥？珍簟华灯夕阳后，当炉理瑟矜纤手。月落星微五更声，春风摇荡窗前柳。岁岁逢迎沙岸间，北人多识绿云鬟。无端嫁与五陵少，离别烟波伤玉颜。

李白《大堤曲》：汉水临襄阳，花开大堤暖。佳期大堤下，泪向南云满。春风复无情，吹我梦魂乱。不见眼中人，天长音信断。

李贺《大堤曲》：妾家住横塘，红纱满桂香。青云教绾头上髻，明月与作耳边珰。莲风起江畔，堤上留北人。郎食鲤鱼尾，妾食猩猩唇。莫指襄阳道，绿浦归帆少。今日菖蒲花，明朝枫树老。

孟浩然《大堤曲》：大堤行乐处，车马相驰突。岁岁春草生，踏春二三月。王孙挟珠弹，游女矜罗袜。携手今莫同，江花为谁发？

宋玉、王逸、张悌、习凿齿之徒，实生此土，故其民尚文。北鱼南徐之习不替，故其风尚侈。（《图志》）

襄阳地饶财殷，士文雅而悦道，俗重义而有勇。（明鲁铎《镇南楼记》）

宜城土瘠民贫，务本乐，惮远商，少争讼，勤俭纯庞，最为近古。士尚气节，励廉耻，不趋势利，乡民好佛事。（《旧县志》）

宜城山川顽劣，而多产才士，宋玉、王逸、段成式皆生其地。（《蜀道驿程记》）

南漳土地肥饶，男女以耕桑为业。（《府志》）

枣阳人性鲠直，词讼少兴。（同上）

谷城人知尚文，风俗淳美。（《狄栗传》）

光化山川秀杰，井邑丰富，民气醇雅。（《济南集》）

均州士皆好学，敦尚礼义。（《旧志》）

郧　阳

郧阳介雍、凉之交，其地多崇冈丰箐。民事濮悍，而惮拘押。虽岁时群处，往往以财力相雄长，有侠风。四方游民，其琐尾仳离与铤而走险者，多逸其中，久而滋煽，因易为乱。承平以来，剧盗数起，始议更邑为郡治之。继命中台天臣，开府秉钺，为重镇焉。然后威略亢棱，逆节稍伏，称康艾矣。（《徐氏海隅集》）

创府以来，礼义兴行，士风丕变。（《府志》）

郧县男子烧畬为田，妇人绩麻为布，以给衣食。（《方舆胜览》）

民性简啬朴鲁，流寓多而土著少。（《楚故略》）

泉甘土肥，用多竹器。（《县志》）

房县俗尚淳朴，士亦问学。（《旧志》）

房人谓巧避曰趄避。力寻曰跟寻。晨起雾久乃开，土人目曰涝潮。潴水溉田曰西。得雨曰一折雨。土人晨饮茶，曰胜山岚气，又曰房三分瘴。面皆渗，不渗者曰皮子面。稻得霜乃收，曰饱霜米。弓手下乡目以缉捕。年日饮食曰坐年，社日曰饮脯。俗谓戏曰顽，羹曰骨在，卖枯竹供爨曰竹茭，村落所聚曰枧。（《江湖长翁集》）

陈造《房陵》十首：

似闻仙伯厌乘龙，常混红尘市井中。觌面未须趄避我，褰衣无计跟寻公。

阴晴未敢卷帘看，苦雾濛濛鼻为酸。政使病余刚制酒，一杯要敌涝潮寒。

祠坛歌舞杂嗟吁，下西犹濡上西枯。维谓朝来一折雨，欢声已觉沸通衢。

竹屋高低正复斜，蔚蓝影里著人家。底消山峡三分瘴，争课卢仝七碗茶。

夏田少雨富来年，多雨何妨穑事秋。已戒日供皮子面，更教晚稻饱霜收。

跨牛待得夕阳回，在处诸嬷笑口开。已借腊钱铺麦税，免教缉捕闯门来。

杯酒清浓肉更肥，咸言趁社极欢嬉。丁宁向去坐年日，要似如今敛脯时。

农闲闾里有逢迎，白饮旁边骨在羹。老稚不姑顽过日，边头难得是升平。

刈罢秋禾未敢慵，更须趁逐过残冬。城中竹茭今年贵，盐茗新来免阙供。

翁媪同围老瓦盆，到莕新酒杂清浑。枧南枧北皆青社，日放乌犍卧晏温。

房县舟车不通，专事负载。(《县志》)

竹山介居险阻，而多剧邑。多巨姓强家，连地千顷，其间桀黠者，往往雄长一乡，负多资。视为吏者，若易与，每轻犯法。（宋张嵲《紫微集》)

竹山俗尚俭朴，颇知礼义，男多耕读，女务纺织。(《旧志》)

竹溪依山而居，纺绩而衣，风气渐开，颇知积学。(《县志》)

风俗朴茂，不见可欲，故无邪心。耕而食，汲而饮，不知有纷华靡丽之物，故无求于人。一布褶可以经年，器用竹木而外，文采珍异无有也，故穿窬之风不作。饮食口体之奉，不必加意撙节，而无一可以靡财者，故逋赋无有。(黄晖烈《县志序》)

保康丧祭不用浮屠，风犹近古。(《县志》)

郧西文事疏阔，唯农是业。（《县志》）

荆门

荆门民愿士淳，易于开导。（《陆象山集》）

“常林欢常林”，即长林也，今之荆门长林县是也。乐人误以长为“常”，此则梁宋间曲也。宋代以荆、雍为南方重镇，皆王子为之牧。江左辞咏，莫不称之，以为乐土。（郑樵《通志》）

荆门俗尚缁黄。自陆九渊知军后，风俗丕变，颇知礼义。（《州志》）

当阳事简俗朴，勤农尚俭。（《安陆府志》）

远安士尚廉耻，民务农桑。（《旧志》）

荆州

郡少农桑，农不如工，工不如商之务。（盛宏之《江陵记》）

《江陵乐》四曲：

不复蹋蹄人，蹋地地欲穿。盆隘欢绳断，蹋坏绛罗裙。

不复出场戏，蹋场生青草。试作两三回，蹋场方就好。

阳春二三月，相将蹋百草。逢人驻步看，扬声皆言好。

暂出后园看，见花多忆子。乌鸟双双飞，侬欢今何在？

（《乐府诗集》）

《荆州乐》盖出于清商曲《江陵乐》，荆州即江陵也。

宗夬《荆州乐》：迢递楼雉悬，参差台观杂。城阙自相望，云霞纷飒沓。

李白《荆州乐》：白帝城边足风波，瞿塘五月谁敢过？荆州麦熟茧成蛾，缫丝忆君头绪多。拨谷飞鸣奈妾何！

刘禹锡《荆州乐》二曲：

渚宫杨柳暗，麦城朝雉飞。可怜踏青伴，乘暖著轻衣。

今日好南风，商旅相催发。沙头樯竿上，始见春江阔。

李端《荆州泊》：南楼西下时，月里闻来棹。桂水舳舳回，荆州津济闹。移帷望星汉，引带思容貌。今夜一江人，唯应妾身觉。

江陵衣冠薮泽，谚云："琵琶多于饭甑，名士多于鲫鱼。"（《朝野佥载》）

自武德之后，流佣浮食者众，五方杂居，风俗大变。至德后，中原多故，襄邓百姓，两京衣冠，尽投江湖。故荆南井邑，十倍其初。（《太平寰宇记》）

荆人染病，竞赛乌鬼。楚巫刊肆，悉卖瓦卜。（《元氏长庆集》）

荆，故国也。巴蜀、瓯越、三吴之出入者，皆取道于是。其人才之秀，风物之美，有屈、宋、贾、祢之赋咏存焉。（《东坡集》）

大观中，学校养士至七八百人。故其民多好学。（《明一统志》）

苏轼《荆州》十首：

游人出三峡，楚地尽平川。北客随南贾，吴樯间蜀船。江侵平野断，风卷白沙旋。欲问兴亡意，重城自古坚。

南方旧战国，惨淡意犹存。慷慨因刘表，凄凉为屈原。废城犹带井，古姓聚成村。亦解观形胜，升平不敢论。

楚地阔无边，苍茫万顷连。耕牛未尝汗，投种去如捐。农事谁当劝？民愚亦可怜。平生事游惰，那得怨凶年！

朱槛城东角，高王此望沙。江山非一国，烽火畏三巴。战骨沦秋草，危楼倚断霞。百年豪杰尽，扰扰见鱼虾。

沙头烟漠漠，来往厌喧卑。野市分獐闹，官船过渡迟。游人多问卜，伧叟尽携龟。日暮江天静，无入唱楚辞。

太守王夫子，山东老俊髦。壮年闻猛烈，白首见雄豪。食鹰君鹰［应］厌，驱车我正劳。中书有安石，慎勿赋《离骚》。

残腊多风雪，荆人重岁时。客心何草草，里巷自嬉嬉。爆竹惊邻鬼，驱傩逐小儿。故人应念我，相望各天涯。

江水深成窟，潜鱼大似犀。赤鳞如琥珀，老枕胜玻璃。上客举雕俎，佳人摇翠篦。登庖更作器，何以免屠刲。

北雁来南国，依依似旅人。纵横遭折翼，感恻为沾巾。平日谁能挹？高飞不可驯。故人持赠我，三嗅若为珍。

柳门京国道，驱马及春阳。野火烧枯草，东风动绿芒。北行连许邓，南去极衡湘。楚境横天下，怀王信弱王。（《东坡集》）

江陵士重节义，敦尚《家礼》。（《江陵记》）

江陵士习谨厚，民情淳朴。（《旧志》）

公安好鬼神，尚劲悍，知耻负气。（《府志》）

公安尚农轻末，士人亦勤耕种。（《县志》）

石首民淳俗厚，业唯耕渔，不趋商贾。（《府志》）

石首务农业，耻游惰。（《县志》）

监利士多好学，民勤农业。（《府志》）

监利俗不嬉游，士勤诵读。（《县志》）

松滋在江陵之西，民淳而易化。（胡瑗《儒学记》）

松滋俗淳而雅，朴者乐耕织，秀者喜弦诵。（《旧志》）

西南近山而朴，东南近水而悍。城郭之民，秀而文，少积聚。中人之家，稍习于奢靡游闲。(《府志》)

枝江民质直好义，不事夸张。(《旧志》)

枝江士知学问，俗尚节俭。(《府志》)

宜都俗尚俭约，士知学问，敦好礼义。(同上)

宜　昌

峡州民俗俭陋，常自足，无所仰于四方。(《六一居士集》)

夷陵俗朴陋，唯岁暮祭鬼，则男女数百，相从而乐饮，妇女竞为野服，以相游嬉。(《旧志》)

俗多淫奔，又好祠祭。每遇祠时，里民数百共馂其余，谓之擦鬼。因此多成斗讼。(同上)

欧阳修《夷陵岁暮书事呈元珍表臣诗》：萧条鸡犬乱山中，时节峥嵘忽已穷。游女髻鬟风俗古，野巫歌舞岁年丰。平时都邑今为陋，敌国江山昔最雄。荆楚先贤多胜迹，不辞携酒问邻翁。

又，《夷陵书事寄谢三舍人作》：春秋楚国西偏境，陆羽《茶经》第一州。紫箨青林长蔽日，绿丛红桔最宜秋。道涂处险人多负，邑屋临江俗善泅。腊市鱼盐朝暂合，淫祠箫鼓岁无休。风鸣烧入空城响，雨恶江崩断岸流。月出行歌闻调笑，花开啼鸟乱钩辀。讼庭画地通人语，邑政观风问里讴。土俗虽轻人自乐，山川信美客偏愁。黄牛峡口经新岁，白玉京中梦旧游。曾是洛阳花下客，欲夸风物向君羞。

夷陵风俗，渔人春则起汕，秋则了系。每三月初八、十八、二十八三日起汕，相率扣拍，令声振水而歌，连彻昏晓，必悲怆慷慨，乃获多鱼。唯三游洞以下、十二碚以上，数十里内为然，谓之起汕。八月九日捕取鲟鳇，先布网而后用了。自钉头镇以往，地皆曰系，或曰枋，有金钗系、了髻枋等名；谓了了髻，亦如吴淞之起丛也。（《池北偶谈》）

了系多于黄牛峡一带，水汛急处，先藏系于水底，鱼入其彀，久而后疲，始用叉，而人跨于鱼背，纳巨绳入腮以起。（《县志》）

王士禛《西陵竹枝词》：峡江三月橹声齐，扣拍哀歌高复低。十二碚边初起汕，日斜还过下牢溪。金钗系接髻了枋，了系年年聚此乡。江上夕阳归去晚，白蘋花花卖鲟蝗。（《带经堂集》）

夷陵元夕，连袂唱竹枝歌、采茶歌。七夕，家家张荷叶灯。云昔秦白起伐楚，将烧夷陵，望见城中灯火遂止，遂沿至今也。（《县志》）

取荷叶插浦，烛灌以油，立高竿门前，名曰荷灯。（《县志》）

王士禛《西陵竹枝词》：荷灯四面接秋河，犹似秦兵驻绿萝。更说元宵风景好，竹枝歌续采茶歌。（《带经堂集》）

五日竞渡，楚俗所同。至十五日，名曰大端阳，食角黍、饮蒲酒如前。十三、十四、十五三日，龙舟尤胜，与他郡异。（《县志》）

雷思霈诗：樵歌社鼓插秧归，肯放江头乐事稀。天下无舟不竞渡，峡中有鸟只争飞。市儿各唱迎神曲，游女多穿送节衣。懒问灵均陈楚些，一杯聊为酒渔矶。（《岁星堂录》）

归州山秀水清，故出俊异；地险流疾，故其性亦隘。（《水经注》）

少商贾，鲜积聚。礼崇俭约，俗尚巫鬼。（《州志》）

长阳异气淳朴，民俗野陋。（《旧志》）

土人亲丧，不用僧道。齐民不然，经梵外，群挤丧次，一人擂大鼓，更互歌唱，曰丧鼓。（《秋潭录》）

彭淑《长阳竹枝词》：《家礼》亲丧有法程，僧巫那得闹书生。谁家开路添新鬼？一夜丧歌唱到明。

婚礼，男家命字，陪十弟兄；女家上期，陪十妹姊。（《旧志》）

邑民妇不饲蚕。（同上）

杨于果《竹枝词》：华装也止布衣裳，汲水樵薪却胜郎。可惜柔桑阴满地，春残不祭马头娘。

巴东前四里，民醇朴，畏官长，急公役，少争讼。后四里，信鬼尚巫，小忿易讼，亦易解；但甘俭约，习劳苦。（《县志》）

县虽僻处深山，而语音朗彻，颇似中原。雅音四声中，独无入声。如呼屋为吴，呼沃为讹之类。平上去三声，唯庚、青、蒸、梗、回、敬、径七韵，呼为根、亲、珍、显、库、觐。余八十二韵，悉如本音。后四里间有吐音重拙，转入别韵。如呼黄为环，呼谭为唐，呼放为范者。又有两字互易，如呼府为虎，虎为府；呼富为互，互为富者。又有齿舌之间吐字不真，如呼提为奇、帝为计者。故后里媳妇谓之奇互，盖媳读为乞，乞转为奇，而妇转为互，此乃前里所无也。其他称谓，大约与燕称［赵］、中州人不甚相远。唯祖谓之老爷，母为之妈，姑夫、姨夫谓之姑爹、姨爹，及外祖、外祖母谓之家公、家母，或谓之家家，似江汉间语。而前里又称父为阿巴，母为阿姐；后里又谓祖为阿他，祖母为阿木鸟，父为阿巴，母为阿牙，伯父为阿徘，叔父为阿必么——盖田野中俗称，而士大夫家罕言之。又后里在前代多为蛮语，清江南北各为一种，桃符口又一种，总谓之草语。虽本县世籍，亦所不释。自西山之乱，县民寄居枝江、宜都，十余年始归，声音遂变。（《县志》）

兴山地僻山峻，讼简民淳。（《旧志》）

长乐鹤峰，旧系土司，民安苗习。自归流后，渐敦仁让矣。（《州志》）

土俗娶妻，不论同姓，或不凭媒妁，一言议及，名曰放话。受聘后，每逢年节，必多备酒盒，遍送女家戚族，名曰朝年。及至出嫁，女父母索奶水钱，诸父昆弟皆旁索之，名曰支陈。（《县志》）

土俗，父祖在，子孙别居，名曰分火。或无子，即以婿为子，名曰养老。又有以异姓为子者。（《同上》）

施　　南

施州山冈砂石，不通牛犁，唯伐木烧畲，以种五谷。（《黔中记》）

施州隆冬可单，盛夏可夹。（《方舆胜览》）

恩施俗尚节俭，犹近华风。（《旧志》）

宣恩旧施南司地，好入山，不乐平旷。布衣徒跣，或椎髻，或剪发，妇珥重环。俗嗜暴悍，好寇贼。（《府志稿》）

来凤旧散毛地，信巫觋，重淫祀，务耕猎，腰刀持弩，性犷而悍。（同上）

咸丰旧大田地，其风朴野，俗尚耕稼。土旷民稀，僚蛮杂处。（同上）

利川旧支罗地，风土边鄙，人物朴固，佩戈兵，轻战斗。（同上）

建始俗简陋，女工绝少。水陆田地，男妇作苦与共。俗不尚衣冠，好讼喜斗。（《县志稿》）

卷六

湖　南

总　志

西楚俗剽轻，易发怒；地薄，寡于积聚。衡山长沙，是南楚也，其俗大类西楚。（《史记·货殖传》）

楚有江汉川泽山林之饶。江南地广，或火耕水耨，民食鱼稻，以渔猎山伐为业。果蓏蠃蛤，食物常足，故呰窳偷生，而无积聚；饮食还给，不忧冻饿，亦无千金之家。（《汉书·地理志》）

《尚书》：荆及衡阳唯荆州。其风俗物产类扬州，其人率多劲悍决烈，天性然也。（《隋书·地理志》）

荆，湖南北路，大率有材木茗荈之饶，金铁羽毛之利。其土宜谷稻，赋入稍多。而袁吉接壤，其民往往迁徙自占，深耕概种，率致富饶。（《宋史·地理志》）

长　沙

湘州之奥，人丰土闲。（《南齐书·州郡志》）

人多纯朴，士少宦情。（《湘中记》）

土风纯古，恬于世利。其俗多慷慨尚节，而耻为不义。学者勤于礼，耕者勤于力，故虽无甚富，亦无甚贫。（《元一统志》）

唐张谓《长沙风土碑·天文》：长沙一星在轸，四星之侧，上为辰象，下为郡县，《遁甲》所谓沙土之墟，可以逃难，可以隐居者焉。其山麓山，其水湘水，其畜宜鸟兽，其谷宜秫稻。厥草惟繇，杜若、荃蘅、留夷、揭车出焉；厥木惟乔，椅桐、桂柽、贞松、文梓生焉。筱荡娟娟于原野，碔砆照耀于岩阿。昔熊绎始在此地为君，因之而后定王国焉。汉道陵迟，董卓狼顾，文台以三湘之众绩著勤王；梁朝覆没，侯景虎视，僧辩以一州之人勋成定国，桓文之举亦何加焉！至于致礼旧君，请尸归葬，桓氏之子可谓忠也；殒身强寇，有死无辱，尹氏之子可谓贞也。式蔡邓之宅，足以厚儒风、表古贤之坟，足以敦素行齐鲁之俗，其何远哉！巨唐八叶，元圣六载，正言待罪。湘东郡临江湖，大抵卑湿，修短疵病，未违天常，而云家有重随之人，乡无班白之老，谈者之过也；地边岭瘴，大抵炎热，寒暑晦明，未愆时序，而云秋有赫曦之日，冬无凛冽之日，传者之差也。巴蛇食象，空见于图书；鵩鸟似鸮，但闻于词赋。则知前古之善恶，凡今之毁誉，焉可信哉？因征故老之言，周纪仙山之胜。词曰：舜去黄屋，于焉巡游；禹逢元夷，于焉滞留。五岭南指，三湘北流。邻联沧浪，边遥峋嵝。湖湘之下，青青众草，有蕙有兰，在江之岛，烟雨冥冥，波澜浩浩，不采不撷，弃捐远道；湘山之上，青青众木，有松有柏，在岩之麓，风霜凄凄，柯叶沃沃，不榱不楝，老死空谷。陆有玉璞，水有珠胎，隋侯云亡，卞氏不来。湘云苍莽，湘月徘徊，贞石纪事，屠城之隈。

明李东阳《长沙竹枝词》十首：

三十六湾湾对湾，人家多住白茅间。直过洞庭三百里，长沙城北是彤关。

南船北船满洞庭，萧公祠前牲酒馨。二妃枉作君王后，君看君山山自青。

汨罗江头春水生，汨罗江上楚歌声。人间若解三闾苦，水底鱼龙亦有情。

马殷宫前江水流，定王台下暮云收。有井犹名贾太傅，无人不祭李潭州。

江头彩旗耀日明，船上挝鼓不停声。湖南乐事君记取，五月五日潭州城。

潭州城边多野田，黄茅白苇远连天。莫言楚国无生理，亩地于今倍值钱。

湘江女儿愁落晖，湘江江上鹧鸪飞。行人试看君山竹，竹不成斑君始归。

戎门旌节拥高台，军人南边戍未回。红巾小儿齐击鼓，知是官船江上来。

湘江水深天下青，何如陇头秋月明。楼人到此不得醉，况是高楼吹笛声。

长沙少年无奈春，青衫白面不生尘。劝君莫向湘潭住，江燕衔泥解涴人。

衡　州

山川之秀丽，称衡山。其蒸为云霓，其生为杞梓。人居其间，得之为俊杰。（欧阳修《送廖倚序》）

晦庵、南轩，相与讲道，唱酬于其间。湖南道学，于斯为盛。（元义化《邺侯书院记》）

永　州

潇湘间无土山，无浊水，民乘是气，往往清慧而文。（刘禹锡《送周鲁儒序》）

家娴礼义，而化易孚；地足渔樵，而民乐业。（曹中《永州谢表》）

山川木石之奇，生其间者多秀民。其人士行义，文学骏发而卓著，视中州无所与逊。（杨万里《种爱堂记》）

宝　庆

地接溪涧，好勇尚俭。（《邵州图经》）

其人尚气而贵信，喜直而恶欺，节俭而不奢，朴厚而不佻。（宋《郡志序》）

江山清淑，融液扶舆。学者谈诗书，履仁义，自相约束于规矩。其游歌辟雍者，皆知以砺行检身勤职为务。（黎淳《学记》）

岳　州

挟湖山之胜，长材秀民，多出其间。（胡寅《学记》）

湖外之俗，简朴畏事。（叶适《王文正祠记》）

勤生啬出，闾阎之需，不仰给四方。日餍鱼鲜，而饫秫稻。缙绅无华屋文绣之侈。为奇器淫巧者，不轻闯其境。（徐学谟《风土记序》）

常　德

人气和柔，多淳朴，少宦情，以黄老自乐，有虞夏遗风。（王安贫《武陵记》）

常武为礼义之国。（钟蜚英《学记》）

居民务本，勤于耕织。（《元一统志》）

安乐故土，惮于行役，竭耕桑之劳，习网罟之利。（《旧志》）

辰　州

（乾州、凤凰、永绥三厅旧隶辰州府，风俗略同。）

矜重名教，敦尚典型。（《寰宇记》）

少斗讼，寡盗贼。（《辰州风土记》）

尚治屋宇，连甍接栋，覆以板竹。（《图经》）

多山少田，民性淳朴，居山谷间，至有皓首不识官府者。（《旧志》）

永　顺

渔猎养生，刻木为契。（《明一统志》）

重农桑，男女合作。（明《宣慰司志》）

风尚淳朴，耕凿外不事商贾。（《旧志》）

沅　州

（晃州厅风俗与沅州同）

地界山溪，刀耕火种。（《图经》）

风气朴静，人士秀发。（翁永平《黔阳县治记》）

民无异业，率作力农。衣食不假外求。（戴敏《石城记》）

彬　　州

中州青淑之气，蜿蜒扶舆，磅礴而郁积，必有魁奇忠信材德之民生其间。（韩愈《送廖道士序》）

俗愿朴而劲。（宋伯潜《社坛记》）

淳愿忠朴，颛蒙悍劲，而不能为欺诈。（陆九渊《宜章学记》）

靖　　州

风土不恶，民俗亦淳。不知有纷华之悦，故寡欲易足。郊人犹有大布之冠者。（《魏了翁集》）

与蛮壤犬牙岁久，声教所覃，去椎髻之习而饰冠巾，转侏㑩之音而通文字，奉官约束，一如中州。（王藻《靖州记》）。

澧　　州

澧有屈原遗风。（王湛制词）

地饶民淳。（明文焕《风土记》）

土腴俗美，力于耕桑。畏上乐输，号为易治。（《州志》）

桂　　阳

桂阳之民，虽贫而有常产。父子兄弟多族居，或至百口。盖其俗朴近

古然也。(《陈傅良传》)

畏法少讼。(《旧志》)

时　令(附)

正月一日，是三元之日也，《春秋》谓之端月。鸡鸣而起，先于庭前爆竹，以辟山臊恶鬼。长幼悉正衣冠，以次拜贺。进椒柏酒，饮桃汤，进屠苏酒、胶牙饧，下五辛盘，进敷于散，服却鬼丸，各进一鸡子。造桃板著户，谓之仙木。凡饮酒，次第从小起。帖画鸡户上，悬苇索于其上，插桃符其旁，百鬼畏之。又以钱贯系杖脚，回以投粪帚，上云令如愿。(《荆楚岁时记》)

岳州自元旦献岁，邻里以饮宴相庆，至十二日罢，谓其日为云开日。(《岳阳风土记》)

正月七日为人日，以七种菜为羹，剪彩为人，或镂金薄为人，以贴屏风，亦戴之头髻。又造华胜以相遗，登高赋诗。(《岁时记》)

正月七日，食煎饼，于庭中作之，云熏天。(《岁时记》注)

立春之日，悉剪彩为燕戴之，贴“宜春”二字。(《岁时记》)

正月十五日，作豆糜，加油膏其上，以祠门户。先以杨枝插门，随杨枝所指，乃以酒脯饮食，及豆粥插箸而祭之。其夕，迎紫姑神，以卜将来蚕桑，并占众事。(《岁时记》)

宋文天祥《衡州上元张灯记》：岁正月十五，衡州张灯火合乐，宴宪僚于庭。州之士女倾城来观，或累数舍，竭蹷而至。凡公府供张所在，听其往来，一无所禁，盖其习俗然也。咸淳十年，吏部宋侯主是州，予适忝陈臬事，常平以王事诣长沙，会改除，于是侯与予为客主礼。是晚，予从城南竟城东，夹道观者如堵。入州，从者殆不得行。既就席，左右楹及阶，阶及门，骈肩累足，鱵鱵如鱼头。其声如风雨潮汐，咫尺音吐不相辨。侑者集三面之人趋而前，执事几不可曲折。酒五行，升车诣东厅，厅之后稍偏为宴坐，俎豆设焉。主人既肃，车不得御，乃步入宴坐之次。至则儿童、妇女杂袭而争先，男之冠以上往往引去。及献酬，州民为百戏之舞，击鼓吹笛，斓斑而前，或蒙倛焉，极其俚野，以为乐。游者益自外至，不可复次序。妇女有老而秃者，有羸无齿者，有伛偻而相携者，冠者，髻者，有盛涂泽者，有无饰者，有携儿者，有负在手者，有任在肩者，有哺乳者，有睡者，有睡且苏者，有啼者，有啼不止者，有为儿弁髦者，有为总角者，有邂逅叙契阔者，有自相笑语者，有甲笑乙者，有倾堂笑者，有无所睹随人笑者，跛者，倚者，走者，趋者，相牵者，相扶挈者，以力相拒触者，觞者，有醉者，有劝者，咳者，唾者，嚏者，欠伸者，汗且扇者，有正簪珥者，有整冠者，有理裳结袜者，有履阈者，有倚屏者，有攀槛者，有执烛跛惟恐堕者，有酒半去者，有方来者，有至席散者。儿童有各随其亲且长者，有无所随自至者，立者，半坐于地者，有半坐机下者，有环客坐者，有坐复立者，有立复坐者，视妇女之数，多寡相当。盖自数月之孩，以至七八十之老，靡不有焉。其望于燕坐之门外，趑趄而不及近者，又不知其几千计也。当是时，舞者如傩之奔、狂之呼，不知其亵也；观者如立通都大衢，与俳优上下，不知其肆为；予与侯颓然其间，如有家人之长坐于堂，而骄儿騃女充斥其间，不知其逼也。予起而举酒，祝侯曰："以平易近民，而民近之，岂弟父母，侯之谓矣！"侯酹自执爵前曰："唯使者使民不冤，无湮郁其和，我是以大有民。"予避且谢，则复语侯曰："使民和岁丰，日星明粲，举海内得以安其生而乐其时，衡与赐焉！维天子之功，臣等何力之有？”侯拱而立。侯，蜀人也，因与予言益州承平时，元夕宴游，其风流所亲见，盖出于祖宗德泽，天地涵育之久，而今不可复得矣。予愍然私念之，开庆、景定间，衡以中州，不得免于难，今城廓室庐、公私文物犹草创绵蕞云尔。然以几世几年所为郡，而十数年间，卒然修复，得其大体，非国家忠厚积德，于民力爱养有素，岂望于今所成立哉！蜀自秦以来，更千余年，无大兵革，至于本朝，侈繁巨丽遂甲于天下；不幸荡析，若鬼神之忌盈者。今衡之民，务本而勤力，岁时一观游之外，衣食其耕桑，俭而不泰，风气淳厚，犹南方俭德之国，其将进而未已者乎！予为亲怀归得郡，且行，侯选表于朝有日矣！惟一时民物之概，得于目击，相与嗟叹，阔绝而欣喜，不厌于心者，不当无所纪。且惧夫可爱可愕之状，俯仰蹉跌，忽不可以复追者。燕之明日，亟奋笔记之，以庶几观风之意，且使侯政有考焉。

正月夜，多鬼鸟度，家家槌床打户，捩狗耳，灭灯烛以禳之。（《岁时记》）

正月未日夜，芦苣火照井厕中，则百鬼走。（《岁时记》）

元日至于月晦，并为酺聚饮食。士女泛舟，或临水宴乐。（《岁时记》）

春分日，民并种戒火草于屋上。有鸟如乌，先鸡而鸣，“架架格格”。民候此鸟则入田以为候。（《岁时记》）

社日，四邻并结彩会社牲醪，为屋于树下，先祭神，然后飨其胙。（《岁时记》）

春社后，遇好天色，往往相继上山，州人所谓拜扫也。至寒食而止。（《风土记》）

去冬（至）节一百五日，即有疾风甚雨，谓之寒食。禁火三日，造饧大麦粥。斗鸡，镂鸡子，打毬，秋千施钩之戏。(《岁时记》)

杨桐叶细冬青，居人遇寒食，采其叶，染饭色，青而有光。食之资阳气，道家谓之青精乾石饭。(《零陵总记》)

三月三日，士民并出江渚池沼间，为流杯曲水之饮。是日，取鼠曲汁蜜和粉，谓之龙舌料，以厌时气。(《岁时记》)

> 唐杜甫《清明诗》：著处繁华矜是日，长沙千人万人出。渡头翠柳艳明眉，争道朱蹄骄啮膝。此都好游湘西寺，诸将亦自军中至。马援征西在眼前，葛强亲近同心事。金镫下山红日晚，粉墙捩舵青楼远。古时丧乱皆可知，人世悲欢暂相遣。弟侄虽存不得书，干戈未息苦难居。逢迎少壮非吾道，况乃今朝更祓除。

四月八日，取羊相叶淅米为饭，祀神及先神。濒江诸庙皆有船，四月中择日下水，击画鼓，集人歌以棹之，至端午罢。其实竞渡也，而以为禳灾。民之有疾病者，多就水际设神盘以祀神，为酒肉以犒棹鼓者。或为草船泛之，谓之送瘟。(《风土记》)

四月八日，长沙市肆之人无子者，供寺阁下羊肉薄饼，结愿以乞儿，往往有验。(《太平御览》)

四月也，有鸟名获谷，其名自呼。农人候此鸟，则犁把上岸。(《岁时记》)

五月俗称恶月，各禁忌暴床荐席及忌盖屋。(《岁时记》)

五月五日，四民并蹋百草，又有斗百草之戏。采艾以为人，悬门户上，以禳毒气。是日竞渡，采杂药。以五采丝系臂，名曰辟兵，令人不病瘟。又有条达等织组杂物，以相赠遗，取鸲鹆教之语。(《岁时记》)

屈原以五月望日赴汨罗，土人追至洞庭不见，乃歌曰："何由得渡

湖?”因尔鼓棹争归，竞会亭上，为竞渡之戏。迅楫齐驰，棹歌乱响，喧振水陆，观者如云。(《隋书·地理志》)

竞渡始于武陵，及今举楫而相和之。其音咸呼“云何在斯”。(刘禹锡《竞渡曲》自注)

屈原五月五日投汨罗江，楚人哀之。每至此日，以竹筒贮米，投水祭之。汉建武中，长沙欧回，白日见一人，自称三闾大夫，谓回曰：见祭甚美，但苦为蛟龙所窃。今若有惠，可以楝叶塞茎，以五彩丝缚之，此二物蛟龙所畏。今人作粽子以此，盖其遗风也。(《续齐谐记》)

唐范慥《竞渡赋》：楚之人兮，有舟利于涉者，节以楫师而竞驰，因汨罗极溺之事，为江汉载浮之嬉，以娱黎庶，以穆风俗，故岁习而无亏尔。其月维仲夏，节次端午，则大魁分曹，决胜河浒。饰画舫以争丽，建彩标而竞取。聿来肇自于北津，所届渺期于南浦。选孟贲乌获以用壮，酹川后天吴以潜辅。重轻莫异于锱铢，先后不差于步武。外希得隽之称，内约畴庸之伍。降簪裾以列筵，拥士庶兮如堵。于是鹢首齐向，飘然羽轻，引长縆以观整，罗小艇以持平；远岸天阔，乘流镜清，援枹者气作于一鼓，理棹者伎痒于先鸣。聆大呼之始发，若纵拖而迅征，直衡谅驶于狂兕，忽往未殊于骇鲸。日正昼而惧眩，浪无风兮欻生。鸣鼙吹竽，上聒天衢。如伏波整旅，合水兽于江湖，建旗列卒，俯映泉宝；若五利将军，访仙师于溟渤，摄灵奇以潜骇，恒游泳而下逸。群声合噪，群手齐力，虑劲敌之我先，莫遑舍于瞬息。乘轻若在于风驭，处疾互飞于首饬。舳舻唯正，审流镝之向齐；楫棹翻然，乱惊凫之挥翼。投劲竹以交拥，各庶几于独克。向背适中，胜负攸分。一喻马之旋泞，一如龙之曳云。始差池以接影，夐复绝而殊群。曾不移晷，倏然戾止。去孤标于部党，争距跃而赴水。有麾竿以赞获，或振彩以扬美。中程者虽多欲于上人，后时者犹未甘于胜己。惩既往之败绩，伫将来以雪耻。由是励能激愤，赴涨而回。其逐进也，速飞电之经目；其引退也，缓孤鹬之应媒。彼狃浅以生息，此方殷而有猜。仰兴慕于三节，爰息徒而复来。论始作之功，虽掉鞅而偏擅；稽未事之效，乃发梁兮备该。然后弭舟楫，宴沙场；叶同党之诚愿，锡上官之龙光；征固敌之财以颁赏，合如渑之酒以飞觞；勉居后人以后绩，翻有初于不藏。水府澹以澄静，人群欣而乐康。夫吞刀倚巧，而幻人之伎；角觝称妙，而狡童之戏；岂比夫仙舟以济川之器，竞渡有救灾之义。非百夫之众，无以较其捷；非九江之广，无以葳其事。总夷夏之具搜，为壮观之能类。

储光羲《观竞渡诗》：大夫沉楚水，千祀国人哀。习棹江流长，迎神雨雾开。标随绿云动，船逆清波来。下怖鱼龙起，上惊凫雁回。能令秋大有，鼓吹远相催。

张说《岳州观竞渡诗》：画作飞凫艇，双双竞拂流。低装山色变，急掉水华浮。士尚三闾俗，江传二女游。齐歌迎孟姥，独舞送阳侯。鼓发南湖潆，标争西驿楼。并驱常诧速，非畏日光遒。

刘禹锡《竞渡曲》：湘江五月平堤流，邑人相将浮彩舟。灵均何年歌已矣，哀谣振楫从此起。扬桴击节雷阗阗，乱流齐进声轰然。蛟龙得雨鬐鬣动，螮蝀饮河形影联。刺史临流搴翠帏，揭竿命爵分雄雌。先鸣余勇争鼓舞，未至衔枚颜色沮。百胜本自有前期，一飞由来无定所。风俗如狂重此时，纵观云委江之湄。彩旗夹岸照蛟室，罗袜凌波呈水嬉。曲终人散空愁暮，招屈亭前水东注。

李群玉《竞渡时在湖外偶为成章》：雷奔电逝三千儿，彩舟画楫射初晖。喧江雷鼓鳞甲动，三十六龙衔浪飞。灵均昔日投江死，千古沉魂在湘水。绿草斜烟日暮时，笛声幽远愁江鬼。

元稹《竞舟诗》：楚俗不爱力，费力为竞舟。买舟俟一竞，竞敛贫者赇。年年四五月，茧实麦小秋。积水堰堤坏，拔秧蒲稗稠。此时集丁壮，习竞南亩头。朝饮村社酒，暮椎邻舍牛。祭船如祭祖，习竞如习仇。连延数十日，作业不复忧。君侯选良吉，会客陈膳羞。画船四来合，大竞长江流。建标民取舍，胜负死生求。一时欢呼罢，三月农事休。岳阳贤刺史，念此为俗疣。习俗难尽去，聊用去其尤。百船不留一，一竞不滞留。自为里中戏，我亦不寓游。吾闻管仲教，沐树惩堕游。节此淫竞俗，得为良政不？我来歌此事，非独歌此州。此事数州有，亦欲闻数州。

明李东阳《竞渡谣》：湖南人家重端午，大船小船竞官渡。彩旗花鼓坐两头，齐唱船歌过江去。丛牙乱桨疾若飞，跳波溅浪湿人衣。须臾欢声动地起，人人争道得标归。年年得标好门户，舟人相惊复相妒。两舟睥睨疾若仇，戕肌碎首不自谋。严呵力禁不得定，不然相传得瘟病。家家买得巫在船，船船斗捷巫得钱。屈原死后成遗事，千载传讹等儿戏。众人皆乐我独悲，莫遣地下彭咸知。

五月十三日，谓之龙生日，可种竹。《齐民要术》所谓竹醉日也。（《风土记》）

夏至节日，食粽。是日取菊为灰，以止小麦蠹。（《岁时记》）

岳州北濒江州郡，气候尤热；夏日南风，则郁蒸特甚。盖湖南千里无山，多得日色，故少阴凉之气也。居民每至夏秋，多病痢疟，皆暑湿所致也。　湖湘间，南风三日，则陂塘积水，耗灭已尽，土人谓之南马杓。

江湘四五月间，梅欲黄落，则水润土溽，柱础皆汗，蒸郁成雨，故曰

梅雨。（《风土记》）

七月七日，为牵牛织女聚会之夜。是夜人家妇女结彩缕，穿七孔针，或以金银鍮石为针，陈瓜果于庭中，以乞巧。有喜子网于瓜上，则以为符应。（《岁时记》）

七月十五日，僧尼道俗悉营盆，供诸佛。（《岁时记》）

八月十四日，民并以朱水点儿之头额，名为天灸，以厌疾。又以锦彩为眼明囊，递相饷遗。（《岁时记》）

九月九日，四民并藉草饮宴。（《岁时记》）

陈江总《衡州九日诗》：秋日正凄凄，茅茨复萧瑟。姬人荐初酝，幼子问残疾。园菊把黄华，庭榴剖珠实。聊以著书情，暂遣他乡日。

唐张说《湘州九月城北亭子诗》：西楚茱萸节，南淮戏马台。宁知沅水上，复有菊花杯。亭帐凭高出，亲朋自远来。短歌将急景，同使兴情催。

又《岳州九日宴道观西阁诗》：摇落年华叹，蹉跎远宦心。北风嘶代马，南浦宿阳禽。佳此黄花酌，酣余白首吟。凉云霾楚塞，漾雨蔽荆岑。登眺思清景，谁将眷浊阴。钓歌出江雾，樵唱入山林。鱼以嘉名采，木为美材侵。大道由中悟，逍遥匪外寻。参佐多君子，词华妙赏音。留题洞庭观，望古意何深。

张均《九日巴丘登高诗》：客心惊暮序，宾雁下沧州。共赏重阳节，言寻戏马游。湖风扶戍柳，江雨暗山楼。且酌东篱酒，聊祛南国忧。

阴纡先《和张燕公湘中九日登高诗》：重阳初起节，无射正飞灰。寂寞风蝉至，连翩霜雁来。山棠红叶下，岸菊紫花开。今日桓公座，多愧孟嘉才。

李白《九月登巴陵置酒望洞庭水军诗》：九日天气清，登高无秋云。造化辟山岳，了然楚汉分。长风鼓横波，合沓蹙龙文。忆昔传游豫，楼船壮横汾。今兹讨鲸鲵，旌旗何缤纷。白羽落酒樽，洞庭罗三军。黄花不掇手，战鼓遥相闻。剑舞转颓阳，当时日停曛。酣歌激壮士，可以摧妖氛。龌龊东篱下，渊明不足群。

刘长卿《九日岳阳待黄遂张涣诗》：别君颇已久，离念与时积。楚水空浮烟，江楼望归客。徘徊正伫想，仿佛如暂觌。心目徒自亲，风波尚相隔。青林泊舟处，猿鸟愁孤驿。遥见郭外山，苍然雨中夕。季鹰久疏旷，叔度早畴昔。反棹来何迟，黄花候君摘。

李群玉《长沙九日登东楼观舞诗》二首：

南国有佳人，轻盈绿腰舞。筵华九秋暮，飞袂拂云雨。翩如兰苕翠，婉如游龙举。越艳罢前溪，吴姬停白纻。

慢态不能穷，繁姿曲向终。低回莲破浪，凌乱雪萦风。坠珥时流盼，修裾欲溯空。唯愁捉不住，飞去逐惊鸿。

又《九日巴丘杨公台上燕集诗》：凄凄霜日上高台，水国秋深客思哀。万迭银山寒浪起，一行斜字早鸿来。谁家持练孤城暮，何处题衣远信回。江汉路长身不定，菊花三笑旅萍开。

十月朔日黍臛，谓之秦岁首。（《岁时记》）

荆湖南北路，以十月十六日为盘古氏生日。（《路史》）

岳州地极热，十月犹单衣，或摇扇。蛙鸣似夏，鸟鸣似春。浓云疏星，震雷暴雨，如中州六七月间。（《风土记》）

仲冬之月，采撷霜芜菁、葵等杂菜干之，并为咸菹。（《岁时记》）

十二月八日为腊日，谚言“腊鼓鸣，春草生”。村人并击细腰鼓，戴胡头，及作金刚力士，以逐疫。其日，并以鸡豚祭灶神。（《岁时记》）

岁前，又为藏驱之戏。（《岁时记》）

岁暮，家家具肴蔌，诣宿岁之位，以迎新年，相聚酣饮。留宿岁饭，至新年十二日，则弃之街衢，以为去故纳新也。（《岁时记》）

傍湘之民，岁暮取江水一斗，岁旦取江水一斗，较其轻重，则知其年水势高下。云重者水大，轻则水小，甚验。（《风土记》）

唐张说《岳州守岁诗》：除夜清尊满，寒庭燎火多。舞衣连臂拂，醉坐合声歌。至乐都忘我，冥心自委和。今年只如此，来岁知如何。

又《岳州守岁诗》二首：

夜风吹醉舞，庭户对酣歌。愁逐前年少，欢迎今岁多。

桃枝堪辟恶，爆竹好惊眠。歌舞留今夕，犹言潜旧年。

方　言（附）

楚人谓渍为沤。（《周官》注）

荆以濯为澳。（《仪礼》注）

楚人谓乳谷，谓虎於菟。（《左传》）（《汉书·叙传》於菟作於择，《说文》作乌䖘。）

楚谓火灭为熸。　　承音惩，盖楚音。（《左传》注）

两足不能相过，楚谓之踂。（《谷梁传》注）

楚人名火曰燥。（《诗》释文）

蟋蟀，楚人谓之王孙。　　蟏蛸，荆州人谓之喜母。（《诗》疏）

逮，荆楚人皆云遝。　　楚人谓累曰諈。　　南方人呼剪刀为剂刀。

瓿瓶甄，长沙谓之瓺。　　荆州人呼牵牛星为担鼓。　　山形狭长者，荆州谓之峦。（《尔雅》郭注）

荆楚之间谓蒿曰莔。　　荆楚谓柟曰梅。（《尔雅》孙炎注）

楚名麦门冬曰马韭。（《尔雅》疏）

楚人名鸮曰服。（《史记·贾生传》）

楚人谓多为夥。（《史记·陈胜世家》）

麋子，楚谓之志。（《史记》正义）

楚人谓麋为麃。（《史记》韦昭注）

楚呼娣姒为妯娌。南方人谓整船向岸曰杈［舣］了。楚俗谓牵引前却为根格。（《汉书》注）

长沙武陵蛮，名渠师曰精夫，相呼为姎徒。（《后汉书·南蛮传》）

荆土方言，谓父为爷。（《南史·始兴王憺传》）

楚人谓吓极无声曰嗄。（《庄子》注）

楚人谓扇为箑，谓牢为霤，谓猪为豨，谓士为武，谓刀顿为铢，谓袍为裋。伣候风也，谓之五两。谓不得为桎治。谓倨为倦，谓蹶为蹪。烧薰自香，谓之薰燧。名命为曹。翣扇谓之翣。谓中庭为坛，谓户限为辚。谓尘为堁。谓荻曰蔏。以精进为精摇，泽浊为眕挈。（《淮南子》注）

知，楚谓之党。慧，楚谓之倢，或谓之谞。养，楚曰鞠。哀，楚曰悼。楚言哀曰唏。啼极无声，楚谓之噭咷。伤，楚谓之愁。忧，楚或曰湿，或曰济。大，楚或曰京，或曰将。至，楚或曰怀摧。詹戾，楚语也。惧，楚曰胁阋。凡怒而噎噫，南楚江湘之间谓之蝉咺。　　掤，楚谓之贪，南楚江湘之间谓之欿。爱，楚曰怜。长，楚曰修。　　信，荆曰展。凡物盛多，楚曰夥。大，荆曰濯。呶，楚谓之华，或谓之荂。张大使小，楚谓之摸。嫚蝉綢捻，未续也，楚曰嫚。蝉，出也，楚曰蝉，或曰未及也。跳，楚曰蹶，曰蹠。　　取，南楚曰攓，荆衡之郊曰挦。凡取物而逆，楚曰部，或谓之挻。南楚之外，相谒而餐，或曰怍，或曰钻。勉，南楚之外曰薄努。杼首，长首也，楚谓之伃。　　美，楚曰娃，南楚之外曰嫷。凡美容，楚谓之奕。双，南楚曰颿。稚，年小也，楚谓之篾。抱娩，荆曰抱娩。凡全物而体不具，楚谓之踦。　　南楚凡相惊曰猲，或曰透。寄，荆曰庇。快，楚曰苦。残，楚曰拺。怒，楚曰冯。眄，南楚曰睇。毳，荆曰揄。铺，南楚曰蛏蛭。余，楚曰孑。翳，楚曰翿。速，楚曰逞。餴，南楚曰赖。荆言广大，谓之恒慨。狯，楚谓之剿，或曰蹶。凡人兽乳而产，楚谓之厘孳。亭父，楚谓之亭公。卒，谓之弩父，或谓之褚。荆骂奴曰臧，骂婢曰获。保庸，楚谓之甬。苏，芥草也，楚曰苏，南楚江湘之间谓之莽。苏亦荏也，沅湘之南，或谓之蓄，其小者，谓之莥葇。芜菁，楚谓之蘴。芡，南楚江湘之间，谓之鸡头，或谓之雁头，或谓之乌头。

凡草木刺人，江湘之间谓之棘。凡饮药、传药而毒，南楚谓之瘌。快，楚曰逞。拔，南楚或曰戎。同，南楚曰掩。杀，楚曰虔。代，楚曰侹。南楚凡骂庸贱，谓之田佁，或谓之蓏，或谓之辟。南楚凡人贫衣被丑弊，谓之须捷，或谓之褛裂，或谓之褴褛，故《左传》曰："荜路褴褛，以启山林"，殆谓此也。或谓之挟斯。器物弊，亦谓之挟斯。　　南楚凡物尽生者，曰撰。生物空尽者，曰铤聚。楚谓之撰，或谓之翕叶，楚通语也。南楚凡相益而又少，谓之不斟。凡病少愈而加剧，亦谓之不斟，或谓之何斟。病愈者，楚谓之差，或谓之闲，或谓之知，或谓之慧，或谓之憭，或谓之瘳，或谓之蠲，或谓之除。禅衣，楚谓之褋。檐褕，楚谓之襜褣。汗襦，南楚谓之褶，楚谓之襜襦，或谓之禅襦。蔽膝，楚谓之大巾。裈，楚谓之衳。楚谓无缘之衣曰褴。复襦，江湘之间谓之襗，或谓筩褹。大袴谓之倒顿，小袴谓之校衧，楚通语也。络头，南楚江湘之间，曰帕头。扉履，南楚谓之麤。鍑，楚谓之锜，或谓之镂。盂，楚或谓之盌。蠡，楚谓之箪，或谓之檅，或谓之瓢。　　案，楚谓之枵。桮落，楚谓之豆莒。箸筩，楚谓之筲，或谓之籯。　　罂，江湘之间谓之瓮。甈，楚曰瓴，或曰瓶。瓯甂，或谓之题。所以注斛，楚谓之篙。箕，楚谓之箩。篝，楚谓之墙居。碓矶，楚谓之挺碹，或谓石妻。枥，楚谓之槆，或谓之皁。钩，楚谓之鹿觡，或谓之钩格。锹，南楚谓之臿，沅湘之间谓之畚。佥，楚谓之柍，或谓之橂。刈钩，楚谓之鉊，或谓之𢶴。薄，楚谓之苗，或谓之麴，南楚谓之蓬薄。槌，楚谓之植。其横谓之𣕑。所以悬𣕑谓之缳，或谓之环。筕篖，楚谓之倚佯。床，楚谓之笫。其杠，南楚之间谓之赵。户钥，楚谓之键。簙，楚谓之蔽，或谓之箭裹，或谓之簿。欲，荆曰耸。聋，楚谓之耸。荆双聋者谓之耸。楚之外郊，凡无有耳者，谓之䎸。衮，楚荆曰陂。惭，荆曰𢜶。荆人相难，谓之展。受，楚曰鋡。蹇，楚曰逴。噎，楚曰斯。离，楚谓之越，或谓之远。与，荆曰谗与。特，楚曰僚。楚自敬曰稟。分，楚曰蠡。器破而未离，南楚之间谓之𢽍。审，楚曰㾊。藏，荆楚曰揞。竞，楚曰䇘。擘，楚谓之纫。开，楚谓之闓。怒，楚曰惮。恚，楚曰爰。凡尊老，南楚谓之父，或谓之父老。南楚瀑洭之间（洭水在桂阳），母谓之𡢃，谓妇妣曰母姼，称妇考曰父姼。让，楚曰谯。儋，楚曰攍，南楚或谓之攍。凡以火干五谷，楚谓之熬。逗，南楚谓之傺。虎，南楚谓之李耳，或谓之曰䖘。貔，楚谓之貅。鸡，楚谓之鸊鸼。猪，南楚谓之豨，其子或谓之豚，或谓之貕。布谷，楚谓之结诰。鹖鴠，楚谓之定甲，或谓之独舂。雁，南楚之外谓之鹅，或谓之鸧䴌。野凫，其小而好没水者，南楚谓之鷿鷉；大者谓之鹘蹄。守宫，南楚渭之蛇医，或谓之蝾螈。戟，楚谓之钌。三刃枝，南楚谓之匽戟。矛，南楚谓之鍦，或谓之鋋，或谓之铤，其柄谓之矜。车下铁，楚谓之毕，大者谓之綦。车枸篓，楚谓之篌，或谓之䈴笼。其上谓之笱，或谓之箕，南楚谓之篷，或谓之隆。屈轮，楚谓之轪，或谓之軝；鍊鏅，南楚曰轪。南楚江湘，凡船大者谓之舸，小舸谓之艖，搓谓之艒䑿，小艒宿谓之艇，艇长而薄者谓之艜，短而深者谓之䑧，小而深者谓之𣝕。江沅之间，谓戏为媱，或谓之惕，或谓之嬉。湘潭之原（潭水在武陵），荆之南鄙，谓何为曾，或谓之訾。媞，江湘之间谓之无赖，或谓之𤠚。湘沅之会凡言是子者，谓之崽。沅澧之间凡相问而不知答，曰谏。使之而不肎答曰言。煤，火也，楚之转语也。沅澧之间凡相哀怜，谓之嘳，或谓之无写，江滨谓之思，九嶷湘潭之间谓之水兮。嫔娥，鲜好也，南楚之外通语也。拏，南楚曰谨谈，或谓之支注，或谓之詀謕，转语也。江湘之郊，凡贪而不施，谓之亄，或谓之啬，或谓之吝。九嶷荆郊之鄙，谓淫曰遥，沅湘之间谓之窕沈，楚郢以南曰涵，或曰潜。安静，江湘九嶷之间，谓之家怒，楚以南谓之谚。歇，楚谓之戏。泄息，楚谓之泄。取，楚谓之攓，睇矖干物也，楚通语也。江湘之间凡卒相见，谓之棐。相见或曰突。

不安，江沅之间，谓之迹迹。江湘之间，凡窟猝怖遽，谓之涧沭。举，楚谓之翥。惭涩，楚郢江湘之间，谓之忸怩，或谓之蹙咨。楚郢以南，蚁土谓之封。南楚以南，凡相非议人，谓之谪，或谓之㾹。蹇极，吃也，楚语也，或谓之轧，或谓之涩。短，江湘之会，谓之啙。凡物生而不长大，亦谓之鮆，又曰瘠。南楚凡人残骂，谓之钳。惛，楚谓之悃，或谓之愁，江湘之间谓之顿。愍或谓氐惆，南楚饮毒药，懑谓之氐，惆亦谓之顿愍。眠娗、脉蜴、赐施，茭媞、譠谩、詈他，皆欺谩之语，楚郢以南通语也。颔，江湘之间谓之頷。颔，南楚谓之颔。喜，湘潭之间曰纷怡，或曰配已。沅澧之间，凡言或如此者，曰邯如是。江湘之会，谓医治之曰愮。艸，南楚曰莽。诫鳃乾都耇革老也，皆南楚之间代语也。南楚凡相推搏曰抋，或曰揔沅，涌澭之语。（澭水在桂阳，涌水在华容县）或曰攩。南楚已不欲喜，而旁人说之，不欲怒，而旁人怒之，谓之食阎，或谓之怂恿。南楚凡言然者曰款，或曰譬。绪，南楚曰緤，或曰端，或曰纪，或曰末，皆楚转语也。凡相窃视，楚谓之窥，或谓之睃，或谓之䀡，或谓之占，或谓之䵨。南楚凡大而多，谓之䬇，或谓之夥。凡人语言过度，及妄施行，亦谓之夥。南楚之间，凡取物沟泥中，谓之扭，或谓之摣。楚，凡相轻薄，谓之相仉，或谓之僄。　　蝼蛄，楚谓之蟪蛄，或谓之蛉蛄。蝉，楚谓之蜩。蛄，楚谓之杜狗，或谓之蛞蝼。蜻蛚，楚谓之蟋蟀，或谓之蚕，南楚之间谓之蚟孙。　　蟒，南楚之外，谓之蟅蟒，或谓之蟒，或谓之螣。蝇，楚谓之蝇。一蜀也，楚谓之独。篆小者，南楚谓之篓。笼，

南楚谓之筹，或谓之筊。簇，楚谓之筲。凡饴谓之饧，楚之通语也。（《方言》）

长沙人呼野苏为蓍。渡津舫，荆州人呼潍。零陵人呼笼为笏。（《方言》注）

楚人谓凌曰茇，谓蘜曰蓠，谓富曰菖，谓儿泣不止曰嗷眺，谓跳跃曰蹠，谓信曰讦，谓疾行曰逞，谓卜问吉凶曰觳，谓笔为聿，谓瞋目顾视曰眮。南楚谓眄曰睇。楚俗以二月祭饮食曰媵劘，楚人谓治鱼也。谓竹皮曰箬，谓竹箒曰墙居，相谒食麦饭曰餥相，谒食麦曰飵，言恚人曰饭，谓荚为菖，谓楣曰梠，谓椟曰椇，谓寐曰寤，谓药毒曰痛痢，谓小儿嬾曰餐，谓大巾曰岔，谓无缘衣曰褴。南楚谓单衣曰褋，谓相惊曰猲。楚人谓惭曰惧，谓忧曰愁，谓惧曰悼。凡无耳者之谓瞯攈拔也，南楚语。楚人谓姊为媭，谓妹为娟。南楚之外，谓好曰媠。楚谓好曰娃，谓寡妇为霜，谓蚋为蚊。（《说文》）

麻枲杂履，南楚人谓之粗。（《急就章》注）

荆州人名搏腊为粗，谓长妇曰熟，谓禅衣曰布褊。舟中床以荐物，南方人谓之苓突。（《释名》）

羌，楚人语辞也。楚人名被为扈，名懑为凭，名住为傺，名转为邅，名渊曰潭，名圆曰搏，名里曰闬，名巫曰灵子，名羹败曰爽，名冬生草曰宿莽，名结草折竹以卜曰篿，名池泽中曰瀛，名泽中曰梦中，名长剑曰长铗，谓相嗍笑曰咍，编竹木曰附，楚人曰拊。（《楚辞章句》）

楚人谓冢为琴。（《水经注》）

湘中有灵妃步，吴楚间谓浦为步，语之伪耳。（《述异记》）

江之浒，凡舟可縻而上下者曰步。（柳宗元《铁炉步记》）

楚越之间，谓水之反流者为澋，音若衣之褐褐。（柳宗元《袁家澋记》）

《楚辞·招魂》句尾皆曰些，今湖湘南北江僚人，凡禁咒句尾皆称些。

此楚人旧俗，即梵语“萨缚诃”也。三字合言之，即些字。（《梦溪笔谈》）

湘人谓吴船为艑。（《岳阳风土记》）

《后汉书·卫飒传》：飒为桂阳太守，下车修庠序之教，设婚姻之礼。期年，邦俗从化。

《宋均传》：均为辰阳长。其俗少学，而信巫鬼。均为立学校，禁绝淫祀，人皆安之。

《许荆传》：荆为桂阳太守。郡滨南州，风俗脆薄。荆为设丧纪制度，始知礼禁。

《梁书·顾宪之传》：宪之为衡山内史。土俗，山民有病，辄云先人为祸，皆开冢剖棺，水洗枯骨，名为除祟。宪之为陈生死之别，风俗遂改。

《北史·郭彦传》：彦为澧州刺史，蛮左生梗，不营农桑。彦乃劝以耕稼，人皆务本。

《隋书·乞伏慧传》：慧为潭、桂二州总管。其俗轻剽，慧躬乃朴素以矫之，风俗大治。

《唐书·崔倰传》：倰为湖南观察使。湖南旧法，虽丰年贸易不出境。倰曰：无闭粜以重困民，削其禁。自是商贾流通，货物益饶。

《韦宙传》：宙为永州刺史。初，里民婚出财，会宾客，号破酒，昼夜集，多至数百人，贫者犹数十；力不足，则不迎，至有淫奔者。宙为条约，使略如礼，俗遂改。邑中少年，常以七月击鼓，人民家行盗，皆迎为办具，谓之起盆。后为解素，喧呼疢斗。宙至，一切禁之。

《宋史·魏廷式传》：廷式知潭州。湖南地土衍沃，民喜讼。有根柢巧伪难辨者，廷式立裁之，吏民有咸服。

《李允则传》：允则知潭州。湖湘山田，可以艺粟，而民惰不耕。乃令月给马刍，皆输本色，由是山田悉垦。

《张运传》：运摄蓝山县。县接僚壤，因俗为治，吏民安之。

《元史·王都中传》：都中为郴州路总管。俗喜争斗，都中乃大治学舍，作笾豆笙磬，使民识礼乐之器，延宿儒教学其中，以理义开晓之，俗为之变。

《明史·朱鉴传》：鉴为湖广巡按。湖湘男女，婚嫁多逾三十。鉴申明礼制，其俗遂变。

《黄宗载传》：宗载为湖广佥事。武陵多戎籍，民家虑与为婚姻，徭役将累己，男女至年四十尚不婚。宗载以礼谕之，皆解悟，一时婚者三百余家，邻邑效之，其俗遂变。

《陈钢传》：钢知黔阳县。楚俗居丧，好击鼓歌舞。钢教以歌古哀词，民俗渐变。

《刘熙祚传》：熙祚知兴宁县。民啖断肠草，胁人财物。熙祚令赎罪以草，其以是致死者勿问。草以渐少，弊亦止。

案：以上各条，皆湖南风俗移易之见于正史者。附录于后，以为狃于习俗者惩，且为主持风化者法。陆清献公陇其之言曰：民之习尚，无一定。《禹贡》纪山川，不纪风俗。风俗因乎上也。谅哉斯言！观民风者，可以鉴矣。

苗　俗（附）

高辛氏以女配槃瓠，生六男六女，自相夫妻，织绩木皮，染以草实，好五色衣服，制裁皆有尾形。其后滋蔓，号曰蛮夷。外黠内痴，安土重旧。以先父有功，母帝之女，田作贾贩，无关梁符传租税之赋。有邑君长，皆赐印绶，冠用獭皮。名渠帅曰精夫，相呼为姎徒。今长沙武陵蛮是也。（《后汉书·南蛮传》）

武溪山有槃瓠石窟，俗相传曰槃瓠。每岁七月二十五日，种类四集于庙，扶老携幼，环宿其旁，凡五日，祠以牛彘酒酢，椎歌欢饮，即还。（黄闵《武陵记》）

武陵，长沙夷槃瓠之后也。杂处五溪之内，揉杂鱼肉，叩槽而号，以祭槃瓠。俗称赤髀横裙，即其子孙。（干宝《留记》）

荆州诸郡，多杂蛮左。其与夏人杂居者，则与诸夏不别。其僻处山居者，则言语不通，嗜好居处全异，颇与巴渝同俗。诸蛮本其所出，承槃瓠之后，故服章多以斑布为饰。其相呼以蛮，则为深忌。其死丧之纪，虽无被发袒踊，亦知号叫哭泣。始死，即出尸于中庭，不留室内。敛毕，送至山中，以十三年为限。先择吉日，改入小棺，谓之舍骨。舍骨必须女婿——蛮重女婿，故以委之。舍骨者，除肉取骨，弃小取大。当葬之夕，女婿或三数十人，集会于宗长之宅者，芒心接篱，名曰茅绥。各执竹竿，长一丈许，上三四尺许犹带枝叶。其行伍前却，皆有节奏，歌吟叫呼，亦有章曲。传云：槃瓠初死，置之以树，乃以竹木刺而下之，故相承至今，以为风俗。隐讳其事，谓之刺北斗。既葬，设祭则亲疏咸哭。哭毕，家人既至，但欢饮而归，无复祭哭也。其左人则又不同，无衰服，不复魄。始死，置尸馆舍，邻里少年各持弓箭，绕诗而歌，以箭扣弓为节。其歌词，说平生乐事，以至终卒，大抵亦犹今之挽歌。歌数十阕，乃衣衾棺敛，送往山林，别为庐舍，安置棺柩。亦有于村侧瘗之，待二三十丧，总葬石窟。长沙郡又杂有夷蜑，名曰莫徭，自云其先祖有功，常免徭役，故以为名。其男子但著白布裈衫，更无巾裤；其女子青布衫、斑布裙，通无鞋屏。婚嫁用铁钴锛为聘财。武陵、巴陵、零陵、桂阳、澧阳、衡山，皆同焉。其丧葬之节，颇同于诸左云。（《隋书·地理志》）

靖州风俗，复与中州异。蛮酋自称曰官，谓其所部之长曰都幕，邦人称之曰土官。酋官入郭，则加冠巾，余皆椎髻。能者则以白练布缠之——曾杀人者，谓之能。妇人徒跣，不识鞋履，以银锡或竹为钗，其长尺有咫，通以斑细布为之裳。纪岁不以建寅为首，随所处无常。有要约，以木铁为契。病不谒医，但杀牛祭鬼，率以刀断其咽，视死所向以卜，多至十百头。凡婚姻，兄死弟继；姑舅之婚，他人取之，必贿男家，否则争甚则仇杀。男丁受田于酋长，不输租而服其役，有罪则听其所裁，谓之草断，凡贷易之逋，甲不能偿，则掠乙以取值，谓之准整；长少相犯，则少者出物，谓之出面；言语相诬，则虚者出物，谓之裹口。田丁之居，峭岩重阜，大率无十家之聚。遇仇杀，则立栅布棘以御之。各有门款——门款者，犹言伍籍也。借牛彩于邻洞者，谓之泄门款。方争时，以首博首，获级一二，则溃去。明日复来，必相当乃止。欲解仇，则备财物以和，谓之陪头暖心。战之日，观者立其旁，和劝之官，虽居其中，不敢犯也。败则走，谓之上坡。志在于掠，而不在于杀，则震以金鼓，而挺其一隅，纵之逸，谓之越。败者屈而归之，掠其财而还其地，谓之入地。兵器有甲胄、标牌、弓弩，而刀之铁尤良。弩则傅矢于弦，而偏架之，谓之偏架弩，其利侔中土神臂弓，虽暑湿亦可用。凡仇杀，虽微隙必发，虽昔衅必报，父子兄弟之亲不避也。子弟为士人者，隶于学，仇杀则归，罢则复来。荆湖南北路，如武冈、桂阳之属，瑶民大略如此。（《容斋四笔》）

辰、沅、靖州蛮，有仡伶，有仡僚，有仡傥，有仡偻，有山瑶，俗亦类土著。焚山而耕，所种粟豆而已。食不足，则猎野兽，至烧龟蛇啖之。其负物，则少者轻，老者重，率皆束于背，妇人负者尤重。男未娶者，以金鸡羽插髻；女未嫁者，以海螺为数珠挂颈上。嫁娶先密约，乃伺女于路，劫缚以归。亦忿争叫号求救，其实皆伪也。生子乃持牛酒拜女家父母，初亦阳怒却之，邻里共劝，乃受。饮酒以鼻，一次至数升，名钓藤酒，不知何物。醉则男女聚而踏歌。农隙时，至一二百人为曹，手相握而歌，数人吹笙在前导之。贮缸酒于树阴，饥不复食，唯就缸取酒恣饮，已而复歌。夜疲则野宿，至三日未厌，则五日或七日方散归。上元，则入城观灯。呼郡县官曰大官。欲人谓己为足下，否则怒。其歌有曰："小娘子，叶底花，无事出来吃盏茶。"盖《竹枝》之类也。诸蛮唯仡伶颇强，习战斗，他时或能为边患。（《老学庵笔记》）

五溪蛮，皆槃瓠种也。聚落区分，名亦随异。今有五：曰苗，曰瑶，曰僚，曰僮，日仡佬。风声习气，大抵相似；语言服食，率异乎人。其俗刻木为符契，长短大小不等，穴其旁，多至十数，各志其事，持以出验，名木契。　　出入坐卧，必以刀自随。小者少铦利，名仡傥。　　仡佬无棉，揉茅花絮，布被一床，数幅联贯以成。山瑶皆卧板，夜燃以火。仡佬视瑶则为富矣。　　仡佬裙幅两头缝断，自足而入，烂斑厚重不一，段纯以红。《范史》所谓独力衣，恐是也。盖裸袒以裙代裤，虽盛暑不去，去则犯鬼。　　潘安仁《笙赋》"曲沃悬匏，汶阳匏篠"，皆笙之材。蛮所吹葫芦笙，亦匏瓠余意，但列管六，与《说文》十三簧不同耳。　　蛮女织带，束发状如经带，名不阑带——不阑者，斑也，盖反切语。俚俗谓团为突栾，孔为窟笼，亦此意也。　　溪蛮爱铜鼓甚于金玉。模取鼓文，以蜡刻板印布，入靛缸浸染，名点蜡慢。取牛羊肠脏，略摆洗以饷客，臭不可近。食之既久，则大喜。《岭表录异》曰：交趾重不乃羹，先鼻饮其汁；不乃者，反切摆也。　　竖眼仡佬，蛮之尤怪者，两目直生，恶青衣，人遇之则有祸。去麻阳百余里，不常见。　　黄苗头蛮，数不中发，拳曲，照日金色，故名。　　岁时数日，野外男女分两朋，各以五色彩囊、豆粟往来抛接，名飞绝。　　鼓之节不一，有暗箭鼓、集人鼓、搞［犒］设鼓，飨客亦以此，远近听以为准。酒酣，少有参商，则鼓声随变，终席无他者，名客鼓。　　朱漆牛皮，以护头颈，名固项。　　仡佬之富者，多以白金像鸟兽形，为酒滕，或为牛角，鹁鸠之状尤多。每聚饮，盛列以夸客。　　仡佬妻女，年十五六，敲去右边上一齿；以竹围五寸、长三寸，裹锡穿之两耳，名筒环。　彼此歃血誓约，缓急相援，名门款。　富洞以九月宴，及三年一犒，名大设。　仡佬自别洞奔来此地居止，名入地。　战斗出入，群聚发喊，以张声势，名鸬鹚号。　仡佬以鬼禁所居，不著地。虽酋长之富，屋宇之多，亦皆去地数尺，以巨木排比，如省民羊栅，杉叶覆屋，名羊楼。　仡佬比瑶苗，则妄自尊大。岁时旦望，或客至，皆排衙。主盟其事者，为队公；又其次，名左右押衙。　山瑶潜出省地茅苇中，射弩夺物，机不虚发，名坐草。　能省民言者，名客语。　互市逾约，价偿未足，则劫去省民，或甲以乙代，名准把。死亡，群聚歌舞，辄联手踏地为节。丧家椎牛，多酿以待，名踏歌。蛮性好杀，一语不合，便刺以刃，百十年必报，名仇杀。　溪洞文移，他人不能，特选往来之熟者，名专事。　或为佣而亡，或以斗而死，约牛牲若干偿还，名骨价。　初夏徙居数日，以舍祖居，否则有祸，名走鬼。

仡佬饮不以口，而以鼻，名鼻饮。　秋冬之交，聚饮以乐，名吃乡。

山瑶无鱼具，上下断其水，揉蓼叶困鱼，鱼以辣出，名痨鱼。

仡佬之受搞［犒］者，如熟户之瑶，既纳款听命，纵其出入省地。州县差人管辖，或许自推首，名卖首。　山瑶穴居野处，虽有居以庇风雨，不过翦茅叉木而已，名打寮。　去州县堡塞，远不属王化者，名生界。　祭祀必先以生物呈献，神许则杀，以血和酒，名呈生。　山瑶婚娶，聘物以铜与盐。至端午，约于山上相携而归，名挓亲。　挓亲之后年生子，引妻携酒，归见妇家，名出面。　瑶僚睡不以床，冬不覆被，用三叉木支阔板，旁燃火炙背。板焦则易，盖以板之易得也。以展转之意，名骨浪。　仡佬之随从者，各军中行伍，名队小。　醉后以长柄木枕跳舞，亦有音节，名舞枕。　巢穴虽峙险，中极宽广。且以一处言之。仡佬有鸟落平，言飞不能尽也。周数十里，皆腴田，凡平地日平坦。　牛客多行桃源路洞中。占事胜负及疾病、祈禳，皆以牛用，名例牛。　艺极精者，掷刀空中接之，名跳鸡模。　借人助相仇杀，以牛酒往谢，名洗面。　　仡佬之为佣者，名奴狗。　　负物不以肩，用木板为半枷之状，箝其顶，以布带或皮系之额上，名背笼。　　死者诸子照水内，一人背尸，以箭射地，箭落处定穴，穴中藉以木。贫则已。富者不问岁，酿酒屠牛，呼团洞发骨而出，易以小函，或悬崖屋，或挂大木，风霜剥落，皆置不问，名葬堂。　　蛮乡最重端午，不论生熟界，出观竞渡，三日而归。既望复出，谓之大十五。　　船分五色，皂船之神尤恶，去一必有风雨。一月前，众船下水，饮食男女不敢共处。吊屈原，正楚俗也，名爬船。　　凡众山环锁，盘行苇郁，绝顶贯大木数十百穴，一门来去。此古人因谷为寨、因山为嶂之意，名隘口。　　数十年前，瑶僚侵占虾蟆行寨，省地土人申请招致靖州仡佬防堵，借田买屋以居，名千庄院。　　胎发不薙除，长大而无栉篦，不裹巾，蓬垢鬅鬙，自古已然，莫可化也，名椎结。　　竞渡预以四月八日下船，俗聚饮江岸。舟子各招他客，盛列饮馔，以相夸大。或独酌。食则方丈，群蛮环观如云，一年盛事，名富贵坊。　　甲与乙有隙，两相斗敌，背牌护身，远以标枪，近挺刃而前，名对力。（《溪蛮丛笑》）

居处：斩木结茅，以蔽风雨，其室卑隘；近亦有建瓦屋者。无层次定向，亦无窗牖墙垣，缭以茅茨。檐低门矮，出入必俯首。内设一大榻，高四五尺，中设火炉，炊爨坐卧其上，曰火床。翁姑子妇、兄弟妯娌，男女杂卧；即客民宿其家，亦与之杂处，不以为怪。唯析居乃另置床。人处其上，而牛马鸡犬即处其下，盖防盗也。

饮食：日常两餐，春夏三餐。所食多粟米，或以杂粮为饵餈。渴饮溪水，客至或煮姜汤，或胡椒汤，以示敬。不知五味为何物，得盐则遗其类，各以一撮置掌中，舐之以为美。近日至城市易盐者颇多，而僻远之苗，尚有不知其味者。入市交易，只负土物，如杂粮、布绢之类。粮以四小碗为一升，布以两手一拓为四尺，易盐，易蚕种，易器具，以通有无。柳宗元诗云："青箬裹盐归峒客，绿荷包饭趁墟人。"虽楚粤异地，而情景如画，大抵为边徼言之也。

服饰：唯寨长薙发，其余皆裹头椎髻，去髭须。妇人短衣跣足，以红布搭包系腰，著青布衫裤。富者以网巾约发，贯以银簪四五枚，长如匕，上扁下圆。左耳贯银环如碗大，项围银圈，手带银钏，腿缠青布。行縢蹠如兽蹯，能履根株、触硗确，疾如猿猱，登险阻、趋箐莽间，驶及奔马。雨著跕桯。妇女银簪、项圈、手镯、行縢皆如男子，唯两耳皆贯银环两三圈，衣服较男子略长，斜领直下，用锡片红纯，或绣花卉为饰。富者戴大银梳，以银索密绕其髻，腰不系带，不著中衣，以峒锦为裙，而青红间道；亦有钉锡铃、绣绒花者，或两三腰不等，与男子异。未嫁者，额发中分，结辫垂后，以海肥、锡铃、药珠为饰。冬夏俱单衣，虽严寒只两三层，行风雪中则伛偻。

言语：天曰各达，地曰罗。日曰柰，月曰喇。云曰睹，天阴曰乍内，天晴曰鲁内。天晚曰茫内，夜行曰晦际。甚风曰箕，雨曰侬，雪曰柏。山曰补，上山曰溜补。快走曰兽，慢走曰达又。会水曰阿，路曰能勾。塘曰各即。田曰蜡屋，亦曰补。瓦屋曰背瓦，茅屋曰补楚。火曰斗，烧火曰北斗，向火曰奴斗。冷曰嫩，热曰格。内木曰果杜，竹曰果笼。花曰盆。茶曰忌，吃茶曰欲忌。吃酒曰欲酒，吃饭曰拢利。大官曰猛贵，小官曰得贵。兵曰乍金，民曰果乍。苗曰果雄。祖曰阿谱，祖母曰阿娘。父曰阿巴，母曰阿米。伯曰马龙，叔曰马腰。兄曰阿那，弟曰得苟。姐曰阿亚，妹曰阿苟。子曰得，女曰得帕。姑曰阿孟，姨曰能龙。外公曰阿达，舅曰阿内。媳曰能，孙曰茁。夫曰帮，妻曰欧。妻舅曰嗏补，亲家曰把戮。头曰多北，耳曰果谋，眼曰合眉，口曰哈拢，手曰阿斗，脚曰果落，肚曰果体，发曰果北。看见曰乍蒙。大曰隆，小曰得。肥曰脤，瘦曰瘠。好曰若内，丑曰诈内。笑曰业，哭曰咒。黄牛曰大跃，水牛曰大业。虎曰大爪。马曰大美，骑马曰臧美。羊曰大容，猪曰大把，鸡曰大哈，狗曰大狗，鱼曰大某，鹅曰大奴。锅曰果盌，罐曰果著，碗曰果折。凳曰果灰，桌曰记北。钱曰钱当，银曰硬。铁曰果劳，铜曰果铜，布曰扐，锡曰蓦。笼曰果簭，背笼曰果的。箱曰果补。钱曰播侬，锣曰果钲。鸟铳曰炮，刀曰果滕，枪曰写。锁曰果索。等曰听硬。称曰听度。盐曰仇，油曰删。小米曰槽侬，大米曰槽奴，糯米曰槽糯。柴曰果斗。肉曰牙，吃肉曰能牙。被曰特拨。帽曰果帽，衣曰阿，鞋曰硗，裤曰镇可。欠债曰斗折，还债曰必拆。公道曰若理，不公道曰乍腮。是曰业，不是曰肘业。一曰哈，二曰偶，三曰补，四曰彼，五曰罢，六曰著，七曰中，八曰亿，九曰仇，十曰个，百曰阿八，千曰阿采，万曰阿万，升曰果赏，斗曰果斗，石曰果各。正月曰喇哈，二月曰喇偶，三月曰喇补，四月曰喇彼，五月曰喇罢，六月曰喇著，七月曰喇中，八月曰喇亿，九月曰喇仇，十月曰喇个，十一月曰喇冬，十二月曰喇柔。初一曰哈昧喇，初二曰偶昧喇，初三曰补昧喇，初四曰彼昧喇，初五曰罢昧喇，初六曰著昧喇，初七曰中昧喇，初八曰亿昧喇，初九曰仇昧喇，初十曰个昧喇，过年曰挂前，东曰勾饕代，西曰勾饕莽，南曰纪中，北曰纪达。上曰溜，下曰落。高曰率，低曰亚。平曰排。其命名，男子多以老，如老二、老三、老四、老五，老铁、老乔、老伞、老叟、老晚、老宰之类；妇女多以阿，如阿叟、阿七、阿帕、阿妹、阿吉、阿金、阿息、阿布之类。呼朋友曰同年。自呼曰娄，呼人曰蒙。说话曰破多，写字曰身读。吃烟曰货烟。来曰拢，去曰撤猛。立曰铄，坐曰重，卧曰卜梦。叩头曰不备。娶亲曰内戳，嫁女曰张得帕。有丧曰达内，葬曰两内。祭神曰倬怀。杀人曰打内。耕田曰铄喇，耕地曰铄落。偷窃曰业内，抢夺曰这忒内。帮斗曰戮紧，和事曰跌掌，和事不成曰肘跌掌。防事曰木掌，不管曰张掌。请客曰请内哈。说人凶曰阿内，内窝类。非翻译不能解，故必通苗语者，乃可以办苗事也。

婚嫁：苗无同姓不婚之嫌，然同族亦不相婚配。相传跳月之说，呼年少为马郎，集室女，听其自择配者，非此地风俗也。其嫁娶，亦由父母主婚，媒妁相通，以酒肉牛只财物为聘。嫁之日，无轿马鼓吹之迎，无合卺花烛之礼。其新妇步行，自擎雨伞，负笼盛木枕、被裙等物，亲属送至夫家。欢饮三日夜，则新妇与母同宿。母索婿家财物而去，名曰娘钱。归后乃成配偶。其母家所赠首饰簪环，或至十数两、数十两不等，婿家俱照数还银，不能短少。富厚之家，择女美者，令子牵其臂，名曰抢亲。则女不更许人，而后浼人议财礼。其处女有与人私通者，父母不禁，以为人爱其美。若犯其妻妾，则举刃相尚，必得钱折赎而后已。夫妇不相得，则售其妻。翁有悦子妇者，则收为己妻，而为其子另娶。兄弟故，则收其妻。

丧葬：临丧亦哭泣，但无衣衾棺椁之殓，无衰麻绖带之服。人死，以珓卜之，随其所卜之地，掘窟三四尺，镶以木板，填尸其中，以土封之。后三日，割牲覆墓，邀亲戚食饮。次年二月，以牲楮祭奠，子陈设在左，女陈设在右，各以其类，如是者三年，从此不复过问。无岁时伏腊拜扫、祭奠之礼。初丧，亲友各以土物吊其家，主人则椎牛设饮，谓之送哭。

种植：苗地山多田少，稻谷无几，俱种杂粮于山坡，如芝麻、粟米、麦、豆、䅟子、薏苡、高粱、荞麦之类。披其榛芜，纵火焚之，煨烬然后开垦，所谓刀耕火种也。种三四年，则弃其地而别垦，以垦熟者，为硗瘠故也。其男妇俱勤耕作，腰镰负笼，出入必俱。其笼以竹为之，旁有两耳，贯以两臂，秋成以获杂粮，平时以负柴薪。其银铁木石等匠，皆自为之。妇女亦知饲蚕，唯不知育种。春间俟民间育蚕，及初眠，结伴负笼，以土物易去。上簇巢成抽丝、染色，制为裙被等物，作间道、方胜等文，不甚工致，不能如永保土人为峒锦、峒被、峒巾作鹤凤花鸟之状。亦能绩苎织布，其机矮，席地而织。唯不善作履，以男女跣足故耳。

报赛：十月农毕，或饶裕之家，或通寨醵钱，购牯牛之肥脆而纯白者。先期约会亲邻戚党，男女少长毕聚，结棚于寨外，主客皆盛服从事。宾至，声铳以祓不祥。祭之时，缚牛于花柱，先让其尊亲抢刺，余以序而将刺之。时先刺之人，必揖四方，然后举枪以刺。一人持水，随刺随泼，不使血淋于地。牛仆，视其首之所向，以卜休咎。首向其室，则谈笑相庆，以鬼来歆也；否则众皆愀然不乐，主人惶悚无地，以鬼不茹，将降不祥也。使苗巫鸣铎诵祝，众各挝鼓鸣金，吹角掌号，烧柴以祭。祭毕，以一肩遗先刺者，余皆分块而食。又别割一牲，火燎去毛烹之，名曰火燀肉。置牛首于棚前，刳长木空其中，蒙皮其端，以为鼓，使妇女之美者，跳而击之。择男女善歌者，皆衣优伶金蟒衣，戴折角巾，剪五色纸两条，垂于肩，男左女右，旋绕而歌，迭相唱和，举手顿足，疾徐应节，名曰跳鼓藏。或有以能歌角胜者，男女各出财物为注，其男子以绸绢，女子以簪环，各结队对歌，彻夜不休，以争胜负。胜者取其物去，负者甘心。其不善歌者，不敢入队，或执火巡逻，或奔走供饮馔而已。歌已，男女杂坐，欢呼牛饮，醉饱戏谑，无所不至，甚有相悦而为中媾者，虽知亦不禁，名曰放野。

祭祀：苗人畏鬼信巫。人病则曰有鬼，延巫祈祷，酿酒割牲，约亲邻饮福，名曰做鬼。既祭不愈，则委之于命。祭后插标于门，不许人入其家。若不知而入，谓惊其鬼，必勒入者偿所费之数，复祭如前而后已。是当因其畏而治之，威以地狱变相，亦神道设教之一法也。其崇奉尊信之神，曰白帝天王，即竹王也。每岁于小暑节前，以辰日起、巳日止，禁屠沽，忌钓猎，不衣赤，不作乐；献牲后，方弛禁。稍有不谨，则有疾疫瘴疠为灾，故其虔如此。遇有冤忿，必告庙誓神，刺猫血滴酒中，饮以盟心，谓之吃血。吃血后三日，必宰牲酬愿，谓之悔罪做鬼。其入庙，则膝行股栗，莫敢仰视。抱歉者则逡巡不敢饮。其誓必曰：你若冤我，我大发大旺；我若冤你，我九死九绝。犹云祸及子孙也。远不能赴庙者，建拜亭于路，于亭前盟誓。舆骑过亭必下，尊之至也。事无大小，吃血便无反悔，否则官断亦不能治。盖苗人畏鬼甚于畏法也。

仇杀：男生敛铁为贺。既长，治环刀佩之。习盰弩、药矢、长矛、鸟枪，出入与俱。男女赤足，健捷如飞，上下山岭间，奔马不能及，棘荆毒螫不能伤。凡悬岩陟坎，人所不能攀缘之处，但敛其手足，缩身如蜩，呼吸至底，无所磕损，谓之滚坡。类虽夥，不相联属；多疑怖，故不敢结党频出，必有奸人啖之以利，始至蠢动耳。其俗轻生善斗，好寻旧恶，睚眦之隙，动至操戈，非排解消释，往往相寻不已。或强弱势悬、贫富不敌，蓄愤积怨，虽暂时不报，俟势力相敌，怂恿有人，遂纠众执械，拚命穴斗，谓之打冤家。贯牛革为甲如鳞，戴铁兜鍪如钹，约集党与，劳以碗酒块肉，则以死报，虽杀伤无悔。无行阵队伍，彼此伏土堆石块后，以鸟铳相击；或执枪杆，蜂拥豕突如前。一人受伤，余俱奔散。遇有人命，不报官相验，即行掩埋。虽官临相验，必力为拦阻，匿不告以葬所。以为一经官验，则鬼返其室，举家俱有祸福也。且只顾得财，不顾抵偿。纵力拟招抵，彼以为又杀我一人，仇杀相报，终无已时，必解释排结，方可相安。故浼人解纷，曰讲互；以财酬死者之家，曰倒骨价。其主盟之人，曰背箭；和处之人，曰牙郎，又曰行人。否则仇衅百端，祸延累世。故凡有斗伤命案，不唯凶犯负隅，即苦主亦抗拘不至。

案：《旧志》所载苗俗十条，专指辰沅以上苗族而言，其于衡永等处瑶俗，及永顺之土俗，尚有未备。然苗瑶虽系别种，性情服饰，大抵相同。苗疆自嘉庆二年平定后，大小男苗，无不遵制薙发，不独《旧志》所称寨长为然。即报赛、仇杀诸条，亦经地方官追缴凶械，禁宰耕牛，无复曩时屠牲穴斗之习矣。今采自汉至宋诸家纪载于前，仍录《旧志》十条于后。俾官斯土者，知已革者，无使复蹈故习；未革者，亦可渐被淳风，是则斯苗之厚幸也夫。

卷七

陕　西

汭贾陈诗，观民设教。土厚泉深，朴直是好。公战知方，力农相劭。周帅以仁，汉易厥暴，六辅侈靡，五陵年少。久建国都，浸远于道。溯古夏声，轨涂则效。移易之权，视乎化导。

习　尚

正西曰：雍州其民三男二女，其畜宜牛马，宜黍稷。（《周礼·职方氏》）

吴公子札来聘，请观于周乐，使工为之歌豳，曰："美哉！荡乎，乐而不淫，其周公之乐乎？"为之歌秦，曰："此之谓夏声。夫能夏则大，大之至也，其周之旧乎？"（《左传》）　豳，周之旧国。秦本在西域汧陇之西，秦仲始有车马礼乐，去戎狄之音，而有诸夏之声。及襄公佐周平王东迁，而受其地，故曰"周之旧"。（杜注）

虞芮之君，相与朝周。入其境，耕者让畔，行者让路；入其邑，男女异路，斑白不提挈；入其朝，士让为大夫，大夫让为卿。（《毛氏诗传》）

秦之俗，大抵尚气概，先勇力，忘生轻死。然本其初而论之，岐丰之地，文王用之以兴，二《南》之化，如彼其忠且厚也。秦人用之，未几而一变其俗，则已悍然有招八州而朝同列之气矣！何哉？雍州土厚水深，其民厚重质直，无郑卫骄惰浮靡之习。以善导之，则易于兴起，而笃于仁义；以勇驱之，则其强毅果敢之资，亦足以强兵力农，而成富强之业。非山东诸国所及也。（朱子《诗传》）

秦处仲秋之位，男懦弱，女高臁，白色身，音中商。其言舌举而抑，声清而扬。（《诗含神雾》）

秦金积坚，故秦俗亦坚。（《春秋说题辞》）

关中自汧、雍以东至河、华，膏壤沃野千里，自虞夏之贡，以为上田。而公刘适邠，大王、王季在岐，文王作丰，武王都镐，故其人犹有先王之遗风。好稼穑，殖五谷，地重重为邪。汉都长安诸陵，地小人众，故民益玩巧而事末也。北地、上郡，与关中同俗，然地亦穷险。唯京师要其道，郡国诸侯所聚会，故其俗纤俭习事。（《史记·货殖传》）　商君行变法之令，行之十年，道不拾遗，山无盗贼，家给人足，民勇于公战，怯于私斗。（《商鞅传》）　击瓮叩缻，弹筝搏髀，而歌呜呜者，秦之声也。（《李斯传》）

昔后稷封嫠，公刘处邠，大王徙岐，文王作丰，武王治镐，其民有先王遗风。好稼穑，务本业，故《豳诗》言农桑衣食之本甚备。汉都长安，徒齐诸田，楚昭、屈、景及功臣吏二千石，高訾富人豪桀并兼之家于诸陵。是故五方杂厝，风俗不纯。其世家则好礼文，富人则商贾为利，豪桀则游侠通奸。又郡国辐凑，浮食者多，民去本就末，列侯贵人车服僭上，众庶仿效，羞不相及。嫁娶尤崇侈靡，送死过度。安定、北地、上郡、西河，皆迫近戎翟，修习战备，高尚气力，以射猎为先。（《汉书·地理志》）

关西诸郡，自顷以来，数与胡战，妇女载戟挟矛，弦弓负矢。（《三国志·郑浑传》注）

姚兴托意佛道，公卿以下，莫不钦附沙门。自远而至者五千余人，起

浮图于永贵里，立波若台于中宫。沙门坐禅者，恒有千数，州郡化之，事佛者十室而九矣。（《晋书·姚兴载记》）

京兆皇都所在，俗具五方，人物混淆，华戎杂错。去农从商，争朝夕之利；游手为事，竞锥刀之末。贵者崇侈靡，贱者薄仁义；豪强者纵横，贫窭者窘蹙。桴鼓屡惊，盗贼不禁，此古今之所同焉。自京师至于外郡，得冯翊、扶风，是汉之三辅，其风大抵与京师不异。安定、北地、上郡，其人性犹质直，尚俭约，习仁义，勤于稼穑，多畜牧，无复寇盗。雕阴、延安、弘化，连接山胡，性多木强，皆女淫而妇贞，盖俗然也。朔方、榆林，地接边荒，多尚武节，亦习俗然焉。汉中之人，质朴无文，不甚趋利；性嗜口腹，多事田渔，虽蓬室柴门，食必兼肉；好祀鬼神，尤多忌讳，家人有死，辄离其故宅；崇重道教，尤有张鲁之风焉。傍南山，杂有獠户。富室者颇参夏人为婚，衣服、居处、言语殆与华不别。沔连杂氐羌。性质直，务农习猎，民多劲悍。梁者言西方金刚之气，强良故因名焉。（《隋书·地理志》）

陕西路，盖《禹贡》雍、梁、冀、豫，而雍全得焉。其民慕农桑，好稼穑。鄠杜南山，土地膏沃，二渠灌溉，兼有其利。大抵夸尚气势，多游侠轻薄之风，甚者好斗轻死。被边之地，以鞍马射猎为事，其人劲悍而质木。上洛多淫祀，申以科禁，故其俗少变。（《宋史·地理志》）

秦之水泔冣而稽，淤滞而杂，故其民贪戾，罔而好事。（《管子·水地篇》）

秦性强而地险，其政严，其赏罚信，其人不让，皆有斗心。（《吴子》）

秦人家富，子壮则出分；家贫，子壮则出赘。借父耰锄，虑有德心。母取箕帚，立而谇语，抱哺其子，与公并倨。妇姑不相悦，则反唇而相讥。（贾谊《陈政事疏》）

太王躬仁，邠国贵恕。今长安习俗，无以异于远方。郡国来者，无所

法则，或见侈靡而仿效之。（匡衡《政治得失疏》）

东海人黄公，为术能制蛇御虎，佩赤金刀，以绛缯束髮，立兴云雾，坐成山河。三辅人俗用以为戏，汉帝亦取以为角牴之戏焉。（《西京杂记》）

河西其气蔽壅，厥性急凶，故曰雍。雍，壅也。（李巡《尔雅注》）

壅冀合商羽，端驶烈，人声犍，其泉辛以碱。（《元览》）

汉高祖发巴蜀，伐三秦，迁蜀七姓居商洛。其俗多猎山伐木，深有楚风。（《寰宇记》）

三辅者，本雍州之地。世世从公卿大夫吏二千石，及高贵，皆以陪诸陵。五方之俗杂会，非一国风，不但繁于《诗》之秦、豳也。其为士，好高尚义，贵于名行。其俗失则趋势进权，唯利是视。秦始皇遣蒙恬攘却匈奴，得其河南造阳之北千里，地甚好。于是筑城郭，徙民居之，名曰新秦。四方错杂，奢俭不同。今俗名新富贵者为新秦，由是名也。（《册府元龟》）

上洛郡南属邑丰阳，深山穷谷，不通辙迹。其民力耕火种。播种时，酿黍稷，烹鸡豚，先约某家某日有事于畲田，虽数百里，如期而集，鉏斧随焉。至则行酒啖炙，鼓噪而作。援桴者有勉励、督课之语，若歌曲然。更互力田，人人自勉。（王禹偁《小畜集》）

子厚言，关中学者用礼渐成俗。正叔言，自是关中人刚劲敢为。子厚言，亦是自家规矩宽大。（《程氏遗书》）

麟州府在黄河西，古云中之地，乃汉蕃杂居。黄茅土山，高下相属，极目四顾，无十步平坦。廨舍庙宇，覆之以瓦；民居用土，止若棚焉。架险就中，重复不定，上引瓦为沟，虽大注亦不浸润。其梁柱榱题，颇甚华丽，下者方能细窥。城邑之外，穹庐窟室而已。人性顽悍，不循礼法公事，唯吏稍识去就。除兹而下，莫吾知也。俗轻生重死，侮性亡义。（上官融《友会谈丛》）

读《秦风》，喜得无淫奔之诗，见得秦俗好。（薛思庵《野录》）

天下有九福，秦陇鞍马福。（《珍珠船》）

汉中风俗尚白，男子、妇女皆以白布裹头；或用黄绢，而加白帕其上。昔人谓为诸葛武侯带孝，后遂不除。汉中滕太守严其禁，十年来，渐以衰止；然西凤诸府，风俗皆然，而华州、渭南等处尤甚。凡元旦吉礼，必用素冠白衣相贺，则为武侯之说非也。（《陇蜀余闻》）

关中故俗，其人质直尚气，鲜儇黠诡佞之习。今渐浇古朴，闾阎搆讼，百伪朋兴。（王维桢《与王南冥书》）

周自后稷封于邰，始播百谷，蒸民乃粒，万邦作乂。其后公刘立国于豳，复修后稷之业，而风俗已厚。其民勤稼穑，（《诗》曰："一之日于耜，四之日举趾。同我妇子，馌彼南亩。"又曰："亟其乘屋，其始播百谷。"）贵家大族，皆力蚕桑。（《诗》曰："爰求柔桑，采蘩祁祁。"）上下之情，交相忠爱。（《诗》曰："女心伤悲，殆及公子同归。"又曰："为公子裳，为公子裘，言私其豵，献豜于公。"又曰"称彼兕觥，万寿无疆。"）老者慈幼，少者敬老。（《诗》曰："入此室处，以介眉寿。"）太王居豳，时犹尚质。（《诗》曰："陶复陶穴，未有家室。"盖地近西戎而苦寒，故其俗如此。）文王之时，德化大成。考之二《南》，男女以正，婚姻以时（见《桃夭》诗）；贤才众多（见《兔罝》诗）；家室和平（见《芣苢》诗）。江汉之间，淫俗皆变（见《汉广》诗）；女以礼自守（见《行露》、《摽梅》、《死麕》诸诗）；在位皆节俭正直（见《羔羊》诗）。此周德之盛，道德一而风俗同，固无疆理之异也。及秦俗以后，政异俗殊，故随其郡县之志而列之。（马志）

西安府，其俗男耕女桑，先勇力，尚气概。（《广皇舆考》）

长安险绝之土，民多刚强。（《魏书·陆俟传》）

长安风俗，自贞元侈于游宴，其后或侈于书法、图画，或侈于博弈，或侈于卜祝，或侈于服食，各有所蔽也。（《唐国史补》）

长安士女，游春野步，遇名花，则必设席藉草，以红裙递相插挂，以为宴幄。其奢逸如此也。(《开元天宝遗事》)

长安尚有秦汉游侠之风。(《闻见前录》)

士尚气节，人多醇朴。市交不欺，多集商贾。衣履多布素，居宇质陋，器唯瓦瓷。冠婚丧祭，悉遵《会典》、《家礼》。昔人所谓以善导之，则易兴起，而笃于仁义，谅矣。(《长安县志》)

汉都长安，五方杂处，风俗不纯。自隋唐建都以来，斗华竞丽，侈僭相仍，去汉抑又远矣。历宋、元、明，渐趋朴素。民不事末作，急公敬上。及其末也，裘马锦绮，充填衢巷，罗袴云履，得僭于倡优卒隶之辈。而雕甍峻宇，在在有之。至菜佣舆卒，率以号行，非礼称呼，无贵贱悉然。间有后进，以凌傲为气节，老成至避其锋。独是翁妇非礼见不面，伯氏于弟妇虽礼问不通，此则风俗之美而可传者。迩来荐绅义命自安，鲜钻营干谒，无侈田广宅，荷锸躬耕者有之。士习本业，饶美资，力学者不逃贫，故科甲联翩。但士多兼农，择师远游者鲜。农勤作苦，甘淡泊，贫力佣自分，作奸者少。百工不尚技，巧作无用。唯商贾多不量力，竞肆奢侈，外似富而内无深藏。其性刚语直，不事斡旋；人守法令，征税易完，古今如一辙焉。(《咸宁县志》)

县治凡十里，居高原者九，而居下湿者一。民守法令，甘辛苦，安俭素，不厌简略。士知问学，罕事商贾。衣冠文物，俨有古风，醇厚朴实，好礼度，征税易完。但婚姻多重财，致有男女愆期者；丧葬多作佛事、设戏乐，致有停柩暴露，不能掩圹成封者，亦晚近相沿之陋习也。(《咸阳县志》)

兴民朴实负气，率直不阿。激之铤险，则粗莽不驯；渐之礼教，则节义可鼓。(《兴平县志》)

潼水深而土厚，性刚而尚气。(《临潼县志》)

民多醇厚朴实，尚勤俭，好礼度，事耕织，征税易完，词讼尤简。但

婚姻多重货财，致有男女愆期者。（《高陵县志》）

讼简民醇，粮完易治（官制）。　　明成化初，服食器用，嫁娶送死，俗尚简朴，闾阎多忠厚长者，人尽力于南亩，无游荡，以此多富实，兴于礼让。弘治初，渐入于奢。至正德，华靡倍昔。乡邑无老少，习为浮伪，好挟人短长以为能。不论德行，论富、论势力，遂至凌竞成风。（《鄠县志》）

蓝之俗，醇而雅。蓝之民，朴而质。蓝之士大夫，操行而愿恪。（王邦才《修武安王庙记》）　　质直淳朴，男耕女耩，三古之风，犹有存旧焉。（《旧志》）　　士风朴茂，虽甚贫，负薪好学。一入官，则清忠见表；即椽吏，矫矫有声。百姓亦知崇尚孝悌，力田外，便以完公赋为急。但不习商贾，闾里因多困乏。妇女不尚淫巧，婚契先择门第。亲丧尽哀，不侈靡文，又蓝民之俭而得中者。（《蓝田县志》）

泾阳为西安尉县，政繁而道衡，俗美而习蔽，民逐末于外者八九。（《康对山集》）　　泾邑故迩邠、岐、丰、镐之间，相传之美可知。明初颇近古。人尚朴素，城市衣履稀有纯绮，乡落父老或簷帢，靸履不袜。器唯瓦瓷，屋宇质陋。崇儒薄吏，与其吏也宁贾。故仕宦视昔十倍，富人亦数倍之。婚丧酒醴，渐以豪华相尚。唯刚正负气，不为靡靡之习，古今不甚殊焉。（《泾阳县志》）

三原物产阜蕃，习俗淳雅，民耻争竞，有礼逊风。（《图经》）　　士勤学问，民多商贾。妇翁非庆贺不见面，长幼虽异姓亦有序。婚丧有相助之仪，时节有往还之礼。蔼然淳庞之遗，非复古之秦俗矣。至今士能敬业，城邑乡井，类多弦诵，科目甲于诸邑。农勤力作，工不事淫巧。唯商贾远出，每数年不归。劝令买地耕种，多以为累，思欲转徙。令务本轻末，其道良难。（《三原县志》）

市间杂业者多，于县人十九，趣农业者十五。富民豪农，颇输名买横，缓急以自蔽。匿氏冒民［名］，欺偷浮诈相谬。（沈亚之《盩厔丞厅壁志》）　　人多醇朴，力本务农。士尚气节，刚直不屈。（《旧志》）　　地僻民朴，不工不商。食唯田畜，衣唯桑绵，器唯瓦瓷。凡婚丧交际之具，率以土物充之。迩年以来，官斯土者，或性喜华靡，而民间仿焉。（《盩厔县志》）

人性勇悍，尚朴实，盖关中周、秦、汉、唐都会之所，前辈犹有古风。耻游惰奢靡，非礼不聚饮听乐。尊卑贵贱，衣服器用，品式森然，莫敢僭逾。至嘉、隆以降，其俗渐敝，无复恭俭敦朴之遗。（《渭南县志》）

富平为丰镐北地，其民有先王遗风。勋业节义，接踵前修，敦厚力本，遍满境内。（《富平县志》）

醴俗素称简朴，习尚慓悍，近且嚣讼成风矣。（《醴泉县志》）

延安府民勤稼穑。（《方舆胜览》）　　俗尚鬼神。（《延安图经》）修习战备，高上气力，以射猎为先。名将多先。（《贾志》）　　《府志》云：延民有四美：一结姻不论财，一交友多重义，一思先时尽哀，一好善勤施舍。有一病，日惰：流水可以灌田，而惰于疏浚；闲田可以树木，而惰于栽植；女惰蚕织，男惰经营。今延川、宜川，民渐知种桑果，兴蚕事；又时置机杼，习纺织。衣食之资，视前稍赖焉。（《延安府册》）

不崇侈靡，颇习程法。（《肤施图经》）

质朴少文，习尚礼教，力本务农，急公重义，坦率愚耿，不事谀佞，有豳岐遗化焉。但崇奉神教，好闲嗜酒。盐贩之外，更无他营。（《安塞县志》）

甘邑地瘠，无纺织、水利、服贾经商之益。唯以服畴力穑完输，将育家室。凡婚祭服食，不尚侈靡。唯修庙设醮，好施舍，有郡城遗风。（《甘泉县志》）

士风刚劲，习尚淳庞，重气节，敦齿让，勤诗书。正供及时办纳，士民如一辙焉。（《安定县志》）

民风醇朴，厌恶繁华。赋税急公恐后。人物娴雅，专以耕耘为业。明

末兵荒后，逃亡者多，乡井为虚。（《保安县志》）

服食俭朴，民勤农业。（《宜川县志》）

人勤稼穑，俗尚鬼神，不崇侈靡，颇习章程，性朴少文，质任自然，男耕女织，差有三古遗风。（《延川县志》）

民多淳朴，好义急公；有无常相□，贫富不相耀；赋役无逋欠之累，吏胥无舞文之奸，其俗犹为近古。（《延长县志》）

凤翔府，人皆尚气力，喜射猎，多出名将。（《元一统志》） 勤稼穑，务本业。士皆儒雅，习俗忠厚。（《冯志》） 不尚华靡，有先王之遗风。（《凤翔府志》）

近代民犹质朴，尚勤俭；士绅敦礼教，绝浮靡，去古犹未远也。（《凤翔县志》）

岐山务力穑，质直好义。（《冯志》） 明初，相传乡民足不履县庭，目不识长吏。好义急公，输将恐后。迨于末年，讼狱兴而逋赋积，奸伪日滋矣。近者长吏勤于抚字，曲为训迪，而民气蒸蒸，渐以复古云。（《岐山县志》）

扶固瘠土，风俗颇为近古。乡党相与尚齿让，服食尚简素，忠厚质直，绝无机巧。小民畏官法，以不入官府为高。独椎鲁不能商贩，故里少素封之家。（《扶风县志》）

人尚气概，田野优沃，物产富饶。（《郡县志》）

人性勤俭，多稼穑，遵教化，有先王之遗风。（《宝鸡县志》）

汧地寒俭，俗习偷惰。（《汧阳县志》）

士大夫重名节，养廉耻。齐民亦务本业，勤耕耨。间有负气争讼者，判其曲直，旋即悔艾。（《麟游县志》）

民鄙啬寒俭，穴窑而处。农务耕种，女习纺绩。畏官吏，重犯法。士习礼肄书，代有闻人。（《陇州志》）

汉中府，其俗强劲质朴，力农习射。（《广皇舆考》） 于卦值坤，故多斑彩文章；于辰值未，故尚滋味。德在少昊，故好辛香；星应井鬼，故君子精敏，小人鬼黠勇悍。　　武都氐傁，多羌戎之民，其人半秦，多勇戆。　　土地险隘，其人半楚，风俗略与荆州、沔州郡同。（《汉中府志》）

其民质直好义，士风朴实，有先民之遗。（《南郑县志》）

厥田沃衍，其俗富庶。（窦充《重修大成庙记》）　　民务耕织，士尚敦朴，渐有蜀风。（《汉中府志》）　　俗本尚约，耻逐末竞利，故无积储。畏法度，不敢健讼。谨供优，故赋役无有后者。（《褒城县志》）

士敦礼让，守诗书。农无闲工，亦无余粟。工极拙，一无长技；器极质，不尚华奢。商唯麻缕丝粟、鱼盐铜铁，以资民用，无异产，亦无远贩。妇女贫家，纺绩缝纫，不尚衣饰。（《城国县志》）

洋民勤俭力作，唯事农亩。士敦礼让，重廉耻。农夏秋两获，但耕耘失宜，甚有谷稗争秀者。工朴拙，鲜精巧。商不过花布丝麻，无负赀远贩者。（《洋县志》）　　士女出游，人持一青缯小盖，饰以茸彩，有用珠玑编缀者。（蔡文《洋州诗》自注）

俗多醇朴，民重耕织。文学日趋于新，礼义渐近于古。士大夫骎骎，有教民兴行之风。　　西乡怒岭恶溪，险阻千里，商贾之所不聚，货殖之所不滋。沿城四五里，得平土焉。耕者锄沙剔石，耰于其间。旱则溪涸而禾焦，潦则水汇而禾烂。幸或有秋，所登亩不盈石。官逋私积，徭力杂征，尽其所入，苦不及支。（《西乡县志》）

务农力穑，质直好义。与岐壤相接，或有豳风之遗。（《凤县志》）

风气兼南北，语音杂秦蜀。士人不奔竞干谒，闾里无豪杰亡命。小民农桑之外，或事商贾。不习方技，不尚淫巧，不竞繁华，不剃度为僧道。婚姻不论财礼，似有古风。然家贫出赘，承户养老，并祖姓而易之。丧不尚浮屠。士大夫家，差有可观。至拘泥年月，不即安葬，无贵贱皆同，亦胡可训也。（《宁羌州志》）

地峻泉甘，人从俭朴。家多健讼之流，士饶骄悍之气。崇敬鬼神，以享赛为乐。（《沔县志》）

性本敦庞，行崇俭朴。民务农耕，鲜为商贾；士敦文学，不尚声华。好义急公，遗风犹在。（《略阳县志》）

榆林府，习弓马，好战斗。（《冯志》） 俗骄悍，喜功利，习骑射，尚忠勇。地处砂碛，不事耕织。昔多世禄之家，以奢侈相尚，故至今华而不实，渐嚣凌矣。且兵民参半，以饷为命，家无儋石，稍水旱辄肆攘窃，为隐忧焉。 戴斗极为崆峒，其下日幽都。其气角立，其风精悍。榆林去崆峒不远，而俗尚武勇，则其性然也。（《延绥镇志》）

兴安州猎山伐木，深有楚风。（《寰宇记》） 本州诸县，人户萧条，路歧荒僻，词讼绝少，税赋甚微。（《陈彭年奏札》） 乡民刀耕火种。聘娶以布帛为礼。错居多诸方之人，声音五方皆备。城市逐末者多，三年之蓄无有也。山野之民质朴，男女不冠不髻。（《旧志》） 士尚礼俭而少读书，农任耕获而少水田。工不淫巧，商鲜奇赢。婚姻不计财，丧葬克尽力。虽兵民杂处，曰趋儇薄，而视昔慓悍之习，盖有间矣。（《兴安州志》）

平邑五方杂处，幸俗尚淳朴，崇俭约。唯兵过于民，习俗克骛，读书者殊寥寥也。（《平利县志》）

民俗朴实，好畋猎，务耕种，不尚奢华。（《洵阳县志》）

白邑土瘠民贫，人皆俭朴。男妇项多瘿瘤。婚姻以布匹通好，居丧以哀痛为先。岁时节序，不知往来。无宴会，常时唯以浊酒探亲而已。盖因零星散处，无三家村堡，无半亩平田，亦习俗使然也。（《白河县志》）

邑治僻处山中，多流寓入籍。山居力穑者，椎鲁无文。士大夫家，崇礼义以训子弟，无嚣竞之风。蓬门柴户，不务盖藏，不恣口腹。吉凶诸礼，随力厚薄，勿尚奢侈。（《紫阳县志》）

石泉土著寥寥，四方商旅聚而成俗。其间冠婚丧祭之仪，有沿客习而

变者。大约朴略无文。男尚耕作，女勤绩织，不甚趋利。而性嗜口腹，斯则石邑之本习也。(《石泉县志》)

民皆朴实节俭，勤于农务，不作商贾。屋宇质陋，衣履悉布素。(《汉阴县志》)

商州习尚清高。(《方舆胜览》)　　人性质实，土风简朴。男务耕猎，女职蚕绩。不骛商贾，不喜奔竞。工无奇技，器无淫巧。愚氓畏吏，乡绅养高，无请嘱。昔称淳俗，非虚也。(《商州志》)

仪文简，交际厚。男尚质朴，女尚贞顺。士知礼义而乐恬退，布衣蔬食，志安耕读。农终岁胼胝，以求稴穗。工拙，无巧技。商以货易货，鲜见银钱。(《镇安县志》)

士尚醇谨，农安愿朴，力稼穑，慕节义，务本抑末，安土重迁。故庠无劣衿，里乏豪右，胥绝奸蠹，闾耻讦告。宦游者羞封殖，致政后类俭素，如寒士风。服用俭朴，无锦绮。至于子孝妇节，时相踵错，尤征淳化。(《洛南县志》)

尚耕桑，轻末作。其人经直，其风淳朴，其俗俭约。(《山阳县志》)

士习醇厚朴实，尚勤俭，急公守法，少仪文。民风厚重质直，守法令，甘辛苦，勤稼穑。(《商南县志》)

同州民性刚而好胜。(《方舆胜览》)　　士敦本尚学，惜名检，人官皆砥节。农力稼穑，作苦，贫氓至鞔耕趣泽。工不作淫巧，架屋造器具，皆粗朴。有旅人，然嚣垦薜暴，入市唯稗贩，以通有无。总之土地瘠狭，皆务勤苦俭啬。士十九兼农，妇女绩红。大较犹有古风。(《同州志》)

士峻名节，工者不作窳，商者货足用，少者尊事长，长者毋不逊，衣食称乎其家。近或以少凌长，以贫效富，聚讼纠纷，所争者铢两，而费以不赀，愚莫甚焉。然其男力田，女织经，老而不倦，贫而益力，正供先时而备，此则俗之美者也。　　秦民皆力农，朝邑颇事贾，仕者尚廉有气。前辈尽然，今或少衰焉。(《朝邑县志》)

叶梦熊曰："秦人喜斗，郃阳独甚。平居睚眦，视生死甚轻。讼讪无严长吏。"又曰："士郃通籍者，时有之，未见其彬彬。盛以俗力农，末视经术。父兄责望旦夕，子弟悻一弋，不获则弃去，无专业也。"今按叶公所云士习，盖指嘉、隆前言之。今则比户诵读，虽疏于古学，而人以科古为尚。唯固陋之习、争讼之风不可除。又妇女好游，观赛社演剧，男女杂沓无别。（宰辛《退食录》）　　郃阳僻在山谷，他无所营，唯事农。仕者尚廉，有气概。婚姻论财。居常较强弱，好讦讼。（《郃阳县志》）

大较前辈风俗，重农事，勤女工，俭约朴实，拙于服贾。民有童而野处华颠，未识公署者。士则悦礼义，好读书。仕者尚廉介，而贱乾没。乃今不尽然，或暴悍使气，轻视法令，避征徭。转移化导之机，不存乎人我。（《澄城县志》）

南敦稼穑，北尚服贾。诗礼日增，冠裳时跻。党序尚齿，重于论官第。婚姻论财之风尚存，挟众恃力之习未除。朴实惜异于古，刚悍喜减于今。（《旧志》）　　士敦朴，无异他郡邑。农则地狭人夥，多事椒麻木棉。终岁服勤，家无余资者，十户八九。工不作奇货，而巧者往往有雅制。商贾之利，县北为多。然近或渐习纷华，司民牧者，宜急挽之。（《韩城县志》）

华州衣冠文物，俨有古风。将相笃生，项背相望。（《方舆胜览》）

小人力田，君子修己。盖土地膏腴而狭隘，不能如东南多产。士多感奋激烈，而以俭邪欺诈为耻；女多含蓄渊明，而以贞静庄严为尚。人守法令，乐养恬，服田力穑，不事游惰。市无商贾之肆，民无释老之惑。至有数年补用一衣，历年不更一巾者。可谓清俭浑朴之俗，如阜立波澄者也。（《华州志》）

性率直，尚敦朴，厌浮华，勤于农事，拙于服贾。（《华阴县志》）

民性刚而好斗，健讼。士知学问，耻奔竞，崇尚本实。乡人苦力稼穑，不习逐末。唯西乡农商参半，工书写，作刀笔吏；直南与华渭土著杂

处，颇尚靡丽。若东、北二乡，土物之外无一长。(《蒲城县志》)

人尚气节，好文学，修饬廉隅，服食整洁，士不入肆，丧葬竭力，婚不论财，颇有古风。今居民唯兵丁、衙役为多，而故家绅士，咸星散乡居，非复昔年之旧矣。(《潼关县志》)

耀州直市物无二价，故以“直市”为名。(《九域志》)　　耀州习俗醇庞，才多英俊。(《方舆胜览》)

同民专务稼穑，不事织纺，不习商贾。民少生业，故贫；然亦能蓄积节用，不事华靡。礼义多阔略；但俗信巫觋，重淫祀。西北唯力田采薪，东南多窑冶采炭，以为生谋。　　大都民多质木，士尚气节，有先王之遗风。(《同官县志》)

人惟刚而好斗，士敦朴有耻。民稼穑作苦，不事商贾。最贫者，终年挽煤。(《白水县志》)

乾州人性刚方，俗尚俭约。男勤稼穑，女事桑麻，士习诗书。敦节义，有先民之雅概。北乡地冈阜崎岖，瘠薄尤甚。农隙，男无生意，女无纺织。丰岁仅能度日，凶年不免逃亡。(《乾州志》)

其土疆沃美高厚，有丘陵坟衍之大；其植物丰畅茂遂，有秬秠藿菽之宜。其人善树艺，其俗有礼让，宜乎其《大雅》之遗烈焉。(柳宗元《武功县丞厅壁记》)

邑介邠、乾之间，其风大约相肖。但邠地膏腴，宜果蔬；乾地温燥，宜桑棉。而永寿自耕播之外，别无事事，不知织绸之巧、鬻贩之利。其节啬勤瘁，俨有《七月》之风。(《永寿县志》)

邠州。邠为古国，其俗质而厚，其人朴而易理。业尚播种畜扰，有后稷、公刘之遗风。(郑处晦《邠州节度使厅壁记》)　　野无惰农，岁有高廪。(《元一统志》) 士勤诗书，代不乏人。屏绝浮屠，不事工贾。(《邠州志》)

民务农桑，俗尚勤俭。(《三水县志》)

士多苦志，笃于诵读。长吏之庭，无茂才投谒。农务耕耘、勤力作，即列子衿，恒操耒耜。工朴斲，无淫巧。商旅不通，亦鲜资本。妇女纺绩虽疏，而闺范称严谨焉。所患年岁少祲，辄轻去其乡。（《淳化县志》）

本公刘、太王风化之遗，勤稼穑，跻堂称觥，献豜献羔，至今犹有存者。但世代云遥，老成非旧。子衿有佻达之风，闾巷多供亿之苦，亦凋蔽使然尔。（《长武县志》）

鄜州俗以夏月游赏为重。（《鄜州图经》）　　仕尚勇退，而贱乾没。民怀守法，寡嚣讼。地僻土瘠，男拙于服贾，女慵于绩纺。而婚丧俭朴，有先王之遗风焉。（《旧志》）　　按《旧志》云“拙贾慵绩”，今鄜州妇女多织纺者。乃自兵燹后，贫不能买衣，相效而为之，只以自蔽其体，不能出售矣。大都业农者十之九，工贾十之一。（《鄜州志》）

人皆精于制兵器。（《坊州图经》）　　中邑士向诗书，女勤织纺，敦本务农，不作佛事，尤其近美者也。（《中部县志》）

地近边陲，俗尚强悍。男苦耕稼，女不织纺。士习儒雅，英才辈出。（《绥德州志》）

尚气概，先勇力，厚重质直。崇俭约，勤稼穑。多畜牧，少盗贼。（《清涧县志》）

葭州好尚武力，守望相助。（《葭州图经》）　　士多英特，尚节义，工文词，少长有礼。民安俭朴。唯城堡与沿河一带，稍习粉饰。然不事商贾，专勤耕牧，亦重本安土之意也。　　居民朴鲁，不务织纴，常服皆以布。五谷终岁所获，一亩不过二斗，以粟米、豇豆为常食。（《葭州志》）

地僻山陡，风刚土劲。民性朴鲁，不事侈华。河东多事商贾，而吴专农桑。大率气勇尚义，多诚少诈。（《吴堡县志》）

水甘土厚，风气冲和，民尚勤朴。密迩边陲，多喜射猎，不事绩纺。至于服田力穑，固其本业也。文武士大夫颇尚气节。军民间有佞佛谈仙者，亦不为左道之惑。（《神木县志》）

地临边塞，俗尚俭朴。男女耕耘，不习织纺。（《府谷县志》）

时 令

一 月

长安风俗，元旦以后，递饮食相邀，号传座。（《中都新志》） 元旦，士大夫夙兴，吉服祭拜祖先毕，以次拜父兄，出拜师长亲族。齐民亦然。元旦至元宵，春碓不事，交易不行，贫者亦过破五。（《咸宁县志》）

元旦，鸡鸣起，燔桃柴，设香案，礼天地祖先。（《兴平县志》） 元旦，焚香燃烛，设果肴，祭灶中霤。（《临潼县志》） 元旦，比鸡鸣，各悬黄纸于长竿，以祀天，曰接天神。又以木炭悬之门，曰去瘟疾。（《高陵县志》） 元旦，以黄纸作钱，结彩悬门，名宝盖钱。（《石泉县志》）

元旦祭祖先、拜尊者毕，醉饮而散，名曰拜神子。（《山阳县志》） 元旦，以甲乙丰、丙丁旱、戊己虫雨伤、庚辛兵、壬癸潦，占夏粜，风从南来、东来者皆贱，逆此皆贵。（《临潼县志》） 元旦，宜晴不宜阴。是日雪，必兆旱。（《乾州志》）

立春前一日，职官迎春于东郊，乐人扮杂剧，女童唱春词，街民捧盒酒献官长。锣鼓彩旗，聚观杂沓。设春盘，卷春饼，谓之唆。（《临潼县志》） 立春日，女新适人者，女家归礼焉，曰迎春。人争途裂土牛皮，以涂灶，曰祛蚍蜉。夺春仗以育蚕，曰蚕盛。用朱墨笔画牛角及小儿项，曰打春。（《高陵县志》） 春日，人饮春酒，食白萝卜。（《凤翔县志》）

春日，民间以线贯豆，争挂牛角，用禳儿疹。（《岐山县志》） 立春前一日，有司迎勾芒神。里市各扮故事，表曰庆丰年。是日男妇携儿女看春，俟土牛过，争以豆麻散之，谓之散疹。（《城固县志》） 立春日，用牛土，书字于门，曰镇宅。(《吴堡县志》)　　立春日，早风成早禾，晚风成晚禾。前八日晴，诸事皆吉。得辛日，小麦成。(《临潼县志》)　　春日喜晴厌雨。歌曰："但得立春晴一日，农夫不用力耕田。"(《城固县志》)

正月五日，剪纸人送掷门外，谓之送穷。(《临潼县志》)　　五日饱食，谓之填五穷。(《延绥镇志》)　　五日，忌出门。以新肉置釜中，炭火炙之，或以麻豆，名曰崩穷。(《韩城县志》)

六日夜，多听静，以卜终年吉凶。(《延平县志》)　　六日，炒黑豆，散房壁，名暴六。

七日，用糠著地上，以艾炷炙之，名救人疾。俗以疾七，声相近也。(《延绥镇志》)　　人日晴，人安。(《乾州志》)

八日属谷，晴年必丰。(《乾州志》)

九日炙谷皮于阈，以祛灾。(《同州志》)　　九日用糠一合，黎明置门前，炭火燃之，名曰炙穷。(《韩城县志》)

十日名老鼠嫁女，是夜家人灭烛早寝，恐惊之也。(《延绥镇志》)

十一日夜不张灯，十二日厨不动刀，谓之鼠忌。(《临潼县志》)

都中每至正月十五日，造面茧，以官位帖子，卜官位高下，或赌筵宴，以为戏笑。(《开元天宝遗事》)　　京城街道，有执金吾，晓暝传呼，以禁夜行。唯正月十五日夜，敕许弛禁，前后各一日，谓之放夜。(《西京杂记》)　　元宵，居民各立社会，宰猪羊，设香烛，张鼓乐，或庙或家，以娱神。(《兴平县志》)　　元宵用熟面汤，杂果菜，曰元宵茶。(《渭南县志》)　　十五夜，用面为不托，名灯盏，注油燃灯，至十六日早，作羹食之，示收灯也。(《延绥镇志》)　　十五日，蒸面茧，盖袭古卜茧之遗。(《同州志》)　　元宵迎女归宁，谓之避灯。(《中部县志》)　　元宵日夜雨，寒食必雨。是夜灯结蕊，棉花成。(《临潼县志》)

正月十五日，州人将五谷攒于寺观，因而祝神，以祛禳虚耗，谓之送

耗。(蔡交《洋州诗》自注)　　风吹十五日，雨洒清明节。(李因笃集《元宵谚》)

都中士女，每至正月半后，各乘车跨马，供帐于园囿或郊野中，为探春之宴。(《开元天宝遗事》)　　十六夜，妇女出游，谓之走百病。(《临潼县志》)　　十六日，游女都集柏树下。十七，以残炬送道旁，谓送毒虫。(《韩城县志》)

池阳以正月二十日，为天穿。以红缕系饼饵，掷之屋上，谓之补天。(《珍珠船》)　　二十日，名小填仓，燃灯举火。(《府谷县志》)

二十二日，纸剪车轮贴门上，为招财进宝。(《韩城县志》)

二十三日，少年作百戏状，沿街而行，曰摆社福，又曰过不当，亦一日泽遗意也。(《富平县志》)

二十三夜，家家院内打火，用冰镇门，作纸人带孝挂门上，曰为老君送殡。(《延长县志》)　　二十三日，士女于汉水，搭彩船，上自柳林，下自桃园，登临游嬉，曰游湖。(《城固县志》)　　二十三夜，聚猪羊骨杂烧之，名炼乾。俗谚曰："大忌二十三，太上老君不出庵。"(《延绥镇志》)　　二十三日，祀佛。剪纸人贴门上，禁不得食米，或禁三数日，惧病痱。(《同州志》)　　二十三日，作佛事，忌用刀斧，恐伤佛故也。(《韩城县志》)　　二十三日，倾城士女，游百子庙祈嗣，是夜复放灯如元宵。(《白水县志》)

二十五日，名大填仓，亦燃灯举火。(《府谷县志》)

晦日各以斧斤砍梨枣，冀其实繁，曰挞枣。以火照桑树，谓其无虫，曰燎桑。(《富平县志》)

二　月

秦俗以二月二日携鼓乐郊外，朝往暮返，谓之迎富。(《天录阁识禄》)

二月二日，曲江拾菜，士民游极盛。（《秦中岁时记》） 二月二日，以年初干饼散家众，谓之咬蝎尾。（《临潼县志》） 二月二日，以灰画于庄墙外，曰卫庄。人于是日，谒高禖庙祈嗣。（《富平县志》） 二日早，筛灰室墙四围，谓之围龙。（《岐山县志》） 二月二日，文昌帝君之诞，无长幼皆有祭，曰松花会。（《城固县志》） 二月二日，高坪寺药王大会，男女毕至，踏青选胜，采野菜供食。（《西乡县志》） 二日，以灰围宅舍，谓之围蚰蜒。（《延绥镇志》） 二月二日，名龙抬头，禁止女工，恐伤龙目。（《韩城县志》）

三日早，取元旦所作黄米，大磨，和烧黑豆啖之，谓之啖蝇子。（《延绥镇志》）

惊蛰节，忽风冷，必有倒寒，人多病，麦田不生长。（《乾州志》）

二月十二日，花神生日，晴，百花成。（《临潼县志》）

三　月

唐上巳日，赐宴曲江，都人于江头禊饮，践踏青草。（《秦中岁时记》）

池阳上巳日，妇女以荠花点油，祝而洒之水中，若成龙凤、花卉之状，则吉，谓之油花卜。（《图经》）

三月三日，士民携酒榼，出游郊外，亦修禊意也。（《临潼县志》） 三月三日，男女于翠屏山，上香如云。（《延长县志》） 三月三日，取葳蕤枝，插壁户，图蝎书符，以禁螫。（《岐山县志》） 三月三日，朝武子名山，男女拈香毕，各采松枝兰花，簪鬓而归，以为祓除不祥。（《西乡县志》） 三日昧爽，以柳枝鞭房内四壁，以禳蝎虫。（《府谷县志》）

寒食节，内仆司车，与诸军使为绳橛之戏。合车辙道两头打大橛，张绳橛上，高二尺许，须紧榜［绑］定，驾车盘转，碾轮于绳上过，不失者胜，落轮绳下者输。皆装饰车牛赌物，动以千计。（《秦中岁时记》）长安每岁，诸陵当以寒食荐饧粥、鸡毬等，又荐雷子车，至清明尚食。内园官、小儿于殿前钻火，先得火者进，上赐绢三匹、金碗一口。都人并在延兴门，看内人出城洒扫，车马喧闹。新进士则于月灯阁，置打毬之宴。或赐宰臣以下酴醾酒，即重酿酒也。（《辇下岁时记》）　　清明前二日，为寒食，作秋千戏，拜扫。民籍用百五日，军籍用清明日。（《临潼县志》）

清明日，缚秋千，妇女童子游戏。罢业日作业，能令月盲。（《高陵县志》）　　清明请名山之泉源水，共礼一神，刑牲祷丰，曰游水。（《富平县志》）　　清明日，至祖先墓，献新韭、新笋、新茗。（《西乡县志》）

兴安州寒食上冢，游人相逢，先浅漫数拜，后极深六七拜，如是三乃止。宋王冲诗云："鸣佩相逢拜不休"。（《冯志》）　　清明拜扫回，则折柳枝插门，以钱纸缚树，且以围其釜，曰能避虫蚁。（《同州志》）

寒食后六十日内，麦熟则实佳，迟则粃。（《临潼县志》）

三月十五日，六坊民轮祭孤墓。相传黄巢作乱，多杀伤，祭则年丰。（《岐山县志》）

三月十八日，士女出庙祀后土庙，祈嗣。（《白水县志》）

谷雨日，贴厌蝎符于壁，书咒其上，曰："谷雨日，谷雨晨，奉请谷雨大将军。茶三盏，酒三巡，逆蝎千里化为尘。"（《延绥镇志》）　　谷雨日，贴神符于壁上，以除毒虫。（《韩城县志》）

三月不宜霜，致伤诸禾。宜雨。（《乾州志》）　　洋州春时，游于灢坝，求石之穿者，以丝项之，取其宜蚕。郡官张乐于下，同民欢乐，谓之踏石。（蔡交《洋州诗》自注）

四　月

长安自四月已后，自堂厨至百司厨，通谓之樱笋厨。公餗之盛，常日

不同。（《秦中岁时记》）

四月一日，男女戴皂荚叶，曰已头痛。（《高陵县志》） 以四月朔，占秋粜，风从南来、西来者，皆贱；逆此者贵。（《临潼县志》）

四月八日，民间各带皂角枝。（《咸宁县志》） 四月八日，俗谓城西灵山是释迦经行处，远近男妇，咸往祈拜。（《凤翔县志》）

小满前后，农各栽秧。谚曰："手执秧苗插野田，低头便见水中天。六根清净方成稻，退步原来是向前。"（《城固县志》）

四月，居人游江上，遇葛缠草木，解之，谓之解缴。（《兴安州志》）

葛滕缠缴草木，居人出而解之，取解殃咎缠缴之意，因而有会，谓之解缴。（蔡交《洋州诗》自注） 麦熟，女为新麦食送其父母。谚曰："麦上场，女看娘。"（《富平县志》） 四月来麦成熟之时，不宜多雨，晴则籽粒坚好。又相传八日不宜南风。（《乾州志》） 唐世京城游手，夏月采蝉货之。唱曰：只买青林乐。妇妾小儿争买，以笼悬窗户间。有验其声长短为胜负者，谓之仙虫社。（陶穀《清异录》）

五　月

端午前二日，东市谓之扇市，车马阗集。（《秦中岁时记》）

唐宫中，端午日造粉团角黍，贮盘中，以小角弓射之，中者得食。都中盛行此戏。（《开元天宝遗事》） 端午，家具角黍，馈遗姻亲。贴符悬艾，以御瘟疫。（《兴平县志》） 端阳，饮雄黄酒，插艾。小儿女系五色丝、艾虎。（《临潼县志》） 端午日戴艾叶，曰去疾。幼者系百索于项腕，曰蛇虫不螫。（《高陵县志》） 端午日，用蒲艾纸牛贴门，名曰镇病。（《延长县志》） 端阳日，官长率僚属观竞渡，谓之踏石。（《兴安州志》）

汉中五月十五日，必以酒食相馈。宾旅聚会，有甚于三元。（《隋书·地理志》）

六　月

德公二年，初伏，以狗御蛊。《正义》曰：六月三伏之节，起秦德公为之，故云初伏。《历忌》释云：伏者，金气伏藏之日也。秋以金代火，故至庚必伏。庚者金，故曰伏也。蛊者，热毒恶气，为伤害人，故磔狗以御之。狗，阳畜也。徐广曰：《年表》云，初伏作祠社，磔狗邑四门也。（《史记·秦本纪》注）　　汉中自择伏日。俗云其地温暑，草木早生晚落，气异中国，故令自择伏日。谨案：《汉书》高祖还定三秦，席卷天下，盖君子所因者本也。故重复宠异，令自择伏。（《风俗通》）

六月六日，以面汤、新果荐祖先，出书籍、衣服以晒，俗谓虫不啮。（《咸宁县志》）　　六月六日为迎女节。（《高陵县志》）　　六月六日，取五更时水作麹，曰厌麹。又于是日作酱，曰不生虫。（《富平县志》）　六月六，藏水待用，久不坏。（《渭南县志》）　　六月六日，用酒浆奠坟，曰解清暑。（《延长县志》）　　六月六日，新嫁女，母家授以单衣，谓之避凉。（《岐山县志》）　　六月六日，鸡初鸣，作菜豆羹，俗呼浆水。迟明各携至祖茔浇奠，名解炎热。（《延绥镇志》）

初伏头雨则旱。（《临潼县志》）　　六月六日，雨，菜根遭虫蛀。（李因笃集六日谚）　　五六月俱宜雨，旱难望有秋。（《乾州志》）

七　月

汉彩女常以七月七日，穿七孔针于开襟楼。（《西京杂记》）　　唐《辇下岁时纪事》曰：七夕俗以蜡作婴儿形，浮水中以为戏，妇女宜子之祥，谓之化生。（《全唐诗话》）　　七夕，幼女设果酒、豆芽，祀告织女神。民间亦具果鸡，蒸食相馈。（《兴平县志》）　　七月七日，女儿陈瓜果，以金针漂水碗中，视影之妍媸，以占巧拙。（《临潼县志》）　　七夕，俗于是日，养女之家，供七姑水主于院落中，献以瓜桃枣梨。月上星辉，抬贫家女未笄者，击瓦坯唱歌。（《石泉县志》）　　七夕，男家馈衣仪，竞丰几与聘等。（《白水县志》）

中元，折麻谷，具缙酒，以献祖考。士大夫多至墓所以祭，俗云鬼节。（《咸宁县志》）　　七月十五日，烧纸祭麻姑。（《临潼县志》）　　中元，祭先在黄昏，仪如元旦。必折麻谷以献，告穑事成也。（《高陵县志》）

中元夜，农家会饮，日挂锄。（《城固县志》）　　中元日，农家早向陇头，择禾之长茂者，悬五色纸旗，名曰田旛。（《延绥镇志》）

八　月

中秋具酒肴会饮，曰赏月。（《高陵县志》）　　八月十五，以瓜果香饼赏月，并以月饼相遗。（《延绥镇志》）　　中秋有雨，次年元宵必阴。（《临潼县志》）　　八月十五云遮月，来年元宵灯晃雪。（李因笃集中秋谚）

七八月秋霖亦吉。忌不周风；此风至，天气必萧，农家忌之。（《乾州志》）

九　月

重阳，家具食馔、牲酒相馈。（《兴平县志》）　　重阳上骊山，饮茱萸酒。所亲以枣糕相馈。（《临潼县志》）　　九日，儿童登高，竞放风筝，曰迎寒。（《城固县志》）　　九日，妇女以口采茱萸，有可治心疼之谚。（《西乡县志》）　　重阳有雨，冬有雪，来年豆成。（《临潼县志》）

九月霜降忌早，早则谷荞未至大熟，必至减数。（《乾州志》）

十　月

十月一日，鸡鸣，焚纸、献馄饨祭先，谓之送寒衣。（《临潼县志》）

十月一日，佣工人皆于是日放还，谚云：“十月一，放雇的。”（《西乡县志》）　　以十月朔占春粜贵贱，风从东来者贱，逆此者贵。（《临潼县志》）

十月秋成，报答土功，祭献山神，迎赛经月不绝。（《凤翔县志》）

十月可纳禾稼，宜稍缓，故曰小春。是月纯阴而复温，黄叶箨尽，来年之蒂茅复萌，二麦分枝必多，屡验。（《乾州志》）

十一月

冬至拜贺如元旦。（《兴平县志》）　　冬至祭祖先，仪如正旦。（《临潼县志》）　　冬至向巴山看雪，以占来岁丰歉。（《西乡县志》）　　一九雪，九九皆有雪。（《临潼县志》）　　十一月乾土元厚，宜大冻，二麦敛藏必固。缺雪必致来岁之虫。不宜暖，果木开花不吉验。（《乾州志》）

十二月

惠文君十二月初腊。《正义》曰：十二月，腊日也。秦惠文王始效中国为之，故云初腊。猎禽兽，以岁终祭先祖，因立此日也。（《史记·秦本纪》注）

十二月五日，煮五豆食之，已五毒。八日煮粥相送，或于路食客，谓腊八日。（《临潼县志》）　　腊月八日，作酒曰腊脚。（《富平县志》）腊八日，早作粳粥，取米泔浴蚕种令多。（《岐山县志》）　　腊月八日，煮肉糜抛花木，俗谓不歇枝。（《咸宁县志》）　　腊月八日，以肉糜浇果木，冀其实盛。（《城固县志》）　　腊月八日，谓之道德腊，用黄黍作

糜，下油盐于中，谓之餅饭。（《延绥镇志》）　　腊八日，为幼男女剃头，设果肉粥于通衢，以饭贫者。（《同州志》）

二十三日祀灶，用糖饼，以糖泥神口，祝曰毋以恶事诉上帝也。（《延绥镇志》）

腊月二十四日夜，设糟馔果酒祀灶，扫舍。（《兴平县志》）　　二十四后，娶妇不择吉，为两年不断管。（《临潼县志》）

秦中岁除日，傩皆作鬼神状。二老人各作傩翁、傩母。（《秦中岁时记》）　　除夕，是日更桃符，设岁宴。（《兴平县志》）　　除日，具酒群饮，曰守岁。（《临潼县志》）　　除夕，优人扮钟馗，遍诣人家，鸣锣击鼓，曰驱鬼。（《渭南县志》）

十二月宜雪，寒不泄尽，人多病。（《乾州志》）　　洋州冬日，用蒲叶养鱼。至腊日，群官泛舟于汉之鹅翁潭，奏鼓乐，揭而取之，游人纵观，谓之揭蒲。（蔡交《洋州诗》自注）

四　时

戊午至甲子七月内，必有雨，无则两月旱。四时甲子日雨，皆不吉。月晕则风，日晕三日内雨。早霞雨，晚霞晴。水老鸦鸣则雨。燕子闹天雨不晴，水鸪鸣亦不晴。虹见即晴。骊山出云西行，多雨。西南，望终南山，云渐白，大雨骤至。西北嵯峨山起云，亦大雨。（《临潼县志》）春雨甲子，赤地千里。夏雨甲子，操舟入市。秋雨甲子，禾头生耳。冬雨甲子，雪瘗羊豕。（甲子谚）　　四时不取甲申雨。（甲申谚）　　壬子癸丑甲寅晴，五旬之中宵见宵。　　戊午至甲子，七日行泥滓。（《旬谚》，李因笃集）

礼　仪

冠　礼

人不知冠久矣。娶妇者，前一日冠，拜见尊长，尊长斟以酒，或其遗意欤？男子多麻冠。妇人虽浓妆，亦必以白布饰其首。盖西方金也，山曰太白，故多尚白，从来远矣。（《临潼县志》）

冠加于首，所以象天也，最宜雅重。古时制度无论，今制夏凉冬暖，各有定制。又有帽顶，以别贵贱。用之者，不可不审也。（杨用晦《维风约》）

婚　礼

婚姻食召亲友，所以厚其别；亲迎执贽，所以致其恭；不乐不贺，所以思其继；同牢合卺，所以思其爱。近俗婚礼多费，货财相交，婿以花饰衣冠，妇以声乐迎导，非所以谨夫妇、严宗庙也。（《咸阳县志》）

媒妁言允后，男家肃简拜谢，或用酒币谢允。起媒接媒，会亲纳币，丰约不等，从不言财。亲迎，入门拜祖先。合卺，相引新郎妇同过筵间，谓之转筵。三日，拜尊长，下厨。十日，备礼回门。此礼俗兼行者也。（《临潼县志》）

纳采、问名，县俗发媒似之。盖先通言，至是主人告庙，具书宴，媒往女氏，用雁若羊酒致辞。女主人亦告庙复书。有启书，各具男女名字，生年月日。卜吉纳吉，县俗第一。成礼似之，加金币羊豕，主人党亦往，同女主人谒其庙，而后宴。明日，女主人复礼于男氏，有羊酒。时娶纳征，县俗第二。成礼似之，加冠花钗钏，女主人酬之。女针指濒迎，则请期。县俗问客似之，不用仪物。婿冠而后亲迎，县俗迎在午前，以是日宴男女宾也。其主人告庙，醮子命辞；女主人告庙，醮女戒辞。婿奠雁授绥，导妇入房，交拜合卺。明日，妇庙见舅姑。俗妇下车即拜神土，改妆即拜宾舅姑。其明日，舅姑率婿妇见庙，妇执枣栗见舅，暇修见姑。三日，妇盥馈。县俗妇盥洗具馔馈，舅姑亦先献庙，其妇家备盛馔馈。（《高陵县志》）

婚多论财，货侈奁具，有破产嫁女者，有年十三四而娶者。（《泾阳县志》）

婚姻有儿女襁褓时即缔姻，缔姻后男家为女家置羊酒三载。（《安定县志》）

婚三日，婿家请妇家客，新婿新妇先后出拜，两姓亲族各与拜礼，谓之做三日。过是，则五日、十日，妇家请婿，谓之转五住十。（《凤翔县志》）

婚惟令媒氏议婚，问年匹配，礼必亲迎，聘勿论财，奁唯从便。明郡人邵可立有移风固言，革卯筵侈费。知州王廷伊议从省节，求其别二姓、明伉俪，婚之义止矣。（《商州志》）

婚，女家许允男家，同媒妁，择吉，衣冠拜女之先祖及女之父母，女家待酒，终无改易，无婚启庚帖。遇节送时物果肉，名追节。如亲母往，则为女具拜礼，如簪钗巾帕，任便定礼，俗名头成礼。或一马一骡，乡民或一牛，礼银或十二两至六两不等。临娶，则具衣冠、钗珥、布帛，多寡无定，先一日赍迎礼。亲迎，用二少妇，名娶女客；女家亦请二少妇，名送女客。合卺礼毕，新妇随新郎，面上立，先拜业师，次拜柯人及诸亲，最后拜父兄。次日，新郎谢亲。三朝，婿家请食试刀面，女家送饭。婚后生子，然后加髻。（《山阳县志》）

婚重门第，辨俗，六礼不尽备，而仪节殊繁。（《同州志》）

婚之次日，妇之姑姊诸母，悉来看女，送馄饨，名曰捻饭。（《韩城县

志》）

婚或六礼不具，有男家备妆奁者，亦简便不致失时。（《乾州志》）

丧　礼

丧礼存诸经，五服制度，著于令甲；释服作乐，律有明刑。近世居丧，或轻或重，居处饮食，出入之节，多无所变；衰麻月筭，虽有差等，殆成空文。（《咸阳县志》）

丧，缙绅家多行《文公家礼》，不作佛事。乡民颇用俳优，屡禁少止。（《兴平县志》）

哭奠，亲友给帽布，至戚或孝衣。（《临潼县志》）

丧礼，明邵布政禁作佛事，省金置椁砖墓，殊恔人心。近时殡仪多用，剧尚花火。知州王廷伊以事不合礼，悉议革之。（《商州志》）

丧事，宁戚不俭其亲。稍戾者，初丧裂帛，葬用幢幡，亲宾路奠之。（《同州志》）

丧，贫富不等。贫者悬棺而葬。稍有力则用椁，名曰套材。搀布散衣，名曰破孝。又以各色纸，结金银山、斗层楼、驼狮马象及幢幡帛联，广作佛事斋醮，名曰同坛。富贵家更侈张戏乐，走马上竿，亲执挂帐，猪羊油盘食桌动辄数十。丧家破产，往往有之。（《韩城县志》）

丧三日成服，四日即吊奠。有力之家不别亲疏，吊者即与孝帛，名曰通孝。二十七月除服，此礼古今南北无二；乾州必满三周，始免素服。女子既嫁，降服期年；乾州即已嫁女，亦满三载而除。疏乎礼，要之不失乎情也。（《乾州志》）

祭　礼

祭以新丧，乡人以三日、七七、百日、三周，称力备仪，烧纸钱，奠酒，哭拜尽哀，服除则已。绅士家每日哭拜，献食如常仪。五七成服，家奠，始请礼生衣冠赞，行九拜三献礼。元旦、清明拜扫。忌日行五拜礼。入学登科、拜官焚黄等，乃于墓侧备牲设乐，请相赞礼，行九拜三献礼。（《临潼县志》）

葬祭之礼文太青，酌《文公家礼》，分以三献，豳之士大夫有遵行者。寒食扫墓，孟冬送衣，长至、元旦设位祭享，士庶兼行焉。（《三水县志》）

其　他

乡饮，孟春望，孟冬朔，众宾介馔，必以齿德优者。正宾以爵尊者，执事以生员八九人，歌诗以童子六七人。行礼必早，令必严肃，彻席后方退。（《兴平县志》）

射礼，明知县章评，置射器，于朔望日令诸生习射行礼。后知县徐开禧，复举行如礼。（《兴平县志》）

贺生子，相索酒食，谓之破贺生辰。设嗢嘛坛，群饮欢呼，醵金设神，以所献果肴瓜分，谓之散福。（《临潼县志》）

交际，豳人于吉礼则布帛兼馈，凶礼则牲食，恒仪则以羊醴，从其质也。（《三水县志》）

方　言

三辅谓日出清济为宴。（《史记·武帝本纪》注）

关中俗谓桑榆蘖生为葆。（《天官书》注）

京师人谓粗屑为纥头。（《陈平列传》注）

秦陇间谓父曰翁。（《汉书·高帝本纪》注）

冯翊呼葵，音如谁。（《武帝本纪》注）

三辅谓山阪间为衍，娣姒关中为先后。（《郊祀志》注）

极屋梁也，三辅名为极；或曰极，栋也。三辅间名栋为极。（《天文志》注）

西方谓亡女婿为邱婿。邱，空也。（《楚元王传》注）

梁益之间，所爱谓其肥。（《邹阳传》注）

关西俗谓得仗［杖］呼及小儿啼呼为呼慰。（《灌夫传》注）

尊章犹言舅姑。今关中俗妇呼舅姑为钟钟者，章声之转也。（《广川王传》注）

关西人谓补满为适。（《黄霸传》注）

三辅谓忧愁面省瘦曰樵冥。以漆漆物谓之髹。今关西俗云黑髹盘、朱髹盘。（《外戚传》注）

秦俗呼人为黔首，谓奴为苍头。（《后汉书·光武帝本纪》注）

长安市人，语各不同。有葫芦语、锁子语、纽语、练语、三折语、通名市语。（《西京杂记》）

虔，儇惠也（谓慧了），秦谓之谩（言谩訑）。娥，好也，秦曰娥（言娥娥也）。秦晋之间，凡好而轻者，谓之娥（今关西人呼好为妙）。自关而西，秦晋之故都曰妍（秦旧都，今扶风雍丘也。其俗通呼好为妍）。烈，余也，秦晋之间曰肆［肄］（《传》曰：夏肄是屏），或曰烈。陶，养也，秦或曰陶。矜，悼哀也，秦晋之间或曰矜，或曰悼。自关而西，秦晋之间，凡大人小儿，泣而不止，谓之哓哭。极音绝，亦谓之哓。悼，伤也，秦谓之悼。惄湿，忧也，自关而西，秦晋之间，凡志而不得，欲而不获，高而有坠，得而中亡，谓之湿（湿者失意，潜阻［沮］之名。沮一作阻）。或谓之惄。惄，慎思也，秦晋或曰慎。凡思之貌，亦曰慎（谓感思者之容），或曰惄。䫉，奘大也，秦晋之间，凡物壮大谓之䫉，或曰夏；秦晋之间，凡人之大谓之奘，或谓之壮。假，络至也，邠唐之间曰假，或曰络（邠在今始平县）。嫁，逝往也。自家而出谓之嫁，由女而出为嫁也。

逝，秦晋语也。刘，琳杀也（今关西人呼打为琳）。秦晋之间，谓杀曰刘。秦晋之北鄙，谓贼为虔。亟，爱也，自关而西，秦晋之间，凡相敬爱谓之亟。鲐，老也，秦晋之郊曰耇鲐（言背皮如鲐鱼）。寻，长也，自关而西，秦晋、梁益之间，凡物长谓之寻。《周官》之法，度广为寻，幅广为充。众信曰谅，《周南》、《召南》之语也。自关而西，秦晋之间，凡人语而过，谓之遡，或曰佥。自关而西，秦晋之间，凡物之壮大者，而爱伟之，谓之夏。牴（牴，触也）、傚，会也。雍梁之间曰牴，秦晋亦曰牴。凡会物谓之傚。踣（古蹋字），跳也，自关而西，秦晋之间曰跳，或曰蹋。躡，络（络亦训来）登也，自关而西，秦晋之间曰躡，梁益之间曰络，或曰跂。逢，迎也，自关而西，或曰迎，或曰逢。自关而西，秦晋之间，凡取物而逆，谓之篡。相谒而飧（昼饭为飧。谒，请也），秦晋之际，河阴之间（今冯翊、郃阳是其处也）曰憸恺。此秦语也（今关西人呼食欲饱为憸）。钊，薄勉也，秦晋曰钊，或曰薄。故其鄙语曰薄努，犹勉努力也（如今人言努力也）。朦，庞丰也，自关而西，秦晋之间，凡大貌谓之朦，或谓之庞丰，其通语也。窕，美也，自关而西，秦晋之间，凡美色，或谓之好，或谓之窕。秦晋之间，美貌谓之娥，美状为窕（言闲都也），美色为艳（言光艳也），美心为窈（言幽静也）。弈［奕］，僷容也，自关而西，凡美容谓之弈，或谓僷（弈、僷皆轻丽之貌）。魏笙、掔摻，细也。自关而西，秦晋之间，凡细而有容，谓之魏（魏魏，小成貌），或曰缇（言缇绺也）。凡细貌谓之笙。敛物而细，谓之掔，或曰摻。僄（言瓌玮也）、浑（们浑，肥满也）、膞（膞咽，充壮也），膿，僁泡盛也。自关而西，秦晋之间语也。秦晋或曰膿。梁益之间，凡人言盛及其所爱，曰讳其肥胾，谓之膿（肥膿多肉）。私、纤、莅、稺（古稚字）、杪，小也。自关而西，秦晋之郊，梁益之间，凡物小者谓之私小，或曰纤缯。帛之细者，谓之纤布。帛之细者，秦晋曰靡（靡，细好也）。凡草生而初达，谓之莅（锋萌始出）。稺，年小也。木细枝谓之杪（言杪稍也）。殗殜，微也，自关而西，秦晋之间，凡病而不甚曰殗殜（病半卧半起也）。自关而西，秦晋之间，凡物力同者，谓之台敌。倚、踦，奇也，自关而西，秦晋之间，凡全物而体不具，谓之倚，雍梁之西郊，凡兽肢体不具者，谓之踦。逴，惊也，自关而西，秦晋之间，凡蹇者，或谓之逴（行略逴也）；体而遍［偏］长短，亦谓之逴。了，快也，秦曰了。赧，愧也，秦晋之间，凡愧而见上，谓之赧（《小雅》曰：面赤愧曰赧）。憡，刺痛也（恹憡，小痛也）。自关而西，秦晋之间，或曰憡。挢，捎选也（此妙择积聚者也），自关而西，秦晋之间，凡取物之上，谓之挢捎。瞷睇、睎略，眄也，自关而西，秦晋之间曰眄。熄（消息）、喙（口喙），息也，自关而西，秦晋之间，或曰喙，或曰熄。鋠（劈历）、摫，裁，梁益之间，裁木为器曰鋠，裂帛为衣曰摫；鋠又斱也（皆折破之名也）。锴，坚也，自关而西，秦晋之间，曰锴。荩，馀（谓遗馀），自关而西，秦晋之间，炊薪不尽曰荩。幢，翳也（舞者所以自蔽翳也），关西曰幢。摎，略求也，秦晋之间曰摎，就室摎于道曰略。略，强取也。矜，遽也（谓遽矜也），秦晋或曰矜，或曰遽。赖，雠也。秦晋曰雠。剿，蹶狯也（古狡狭字），秦晋之间曰狯。凡人兽乳而双产，秦晋之间，谓之健子。侮，奴婢，贱称也。秦晋之问，骂奴婢曰侮（言为人所轻弄）。斟协，汁也（谓和协也，或曰渖汁，所未能详），关西曰汁。苏，芥草也（《汉书》曰樵苏而爨，苏犹芦，语转也），自关而西，或曰草，或曰芥（或言菜也）；关之东西或谓之苏，或谓之荏。自草木刺人，自关而西谓之刺。凡饮药傅药而毒，自关而西，谓之毒。逞晓佼，苦快也（快，即狡，狡戏亦快事也），自关而西曰快。胶，谲诈也，自关而西，或曰谲，或曰胶。擢，拔也，自关而西，或曰拔，或曰擢。遝，及也，关之东西，曰遝，或曰及。瘼，瘼病也（谓劳复也），秦曰瘎。禅衣，关之东西，谓之禅衣。襜褕，自关而西，谓之檐褕。其短者谓之短褕。以布无缘蔽而秩之，谓之褴褛，自关而西，谓之裗裾（俗名裾掖），其蔽者谓之致（致缝纳蔽，故名之也）。汗襦，自关而西或谓之袛裯（亦呼为掩汀也）。蔽膝，自关东西谓之蔽膝。袴，关西谓之袴。络头，陌也，自关而西，秦晋之郊，曰络头。屦麄，履也，自关而西，谓之履，中有木者，谓之复舄；梁益之间，或谓屦，或谓之屝履，其通语也。緉緛，绞也（谓履中绞也），关之东西，或谓之緉，或谓之緛，绞通语也。釜，自关而西，或谓之釜，或谓之鍑（鍑亦釜之总名）。匵，梧也。秦晋之郊，谓之匵（所谓伯匵者也）。案，自关东西谓之案。梧簃（盛梧器笼也），自关东西谓之梧簃。箸筒，自关而西谓之桶檧（今俗亦通呼小笼为桶檧）。甖，秦之旧都谓之甀。自关而西，其大者谓之甀，其中者谓之瓿甊。罃甈，谓之盎（案：《尔雅》甈康壶，而《方言》以为盆，未详也）。自关而西，或谓之盆，或谓之盎；其小者，谓之升瓯。甂，自关而西谓之甂。其木者谓瓯。篓，自关而西谓之注箕。扇，自关而西谓之扇。繘（汲水索也），关西谓之繘绠。饮马橐，自关而西谓之裺囊，或谓之裺篼，或谓之嵝篼。钩（悬物者），自关而西谓之钩，或谓之鑶。佥（今连架，所以打谷也），自关而西谓之棓，或谓之柫。刈钩，自关而西或谓之钩，或谓之镰，或谓之锲。薄，自关而西谓之薄。槌（丝蚕薄柱也），自关而西谓之槌。其横，关西曰㮇（亦名校）。胡以悬㯭，关西谓之绘。簟，自关而西谓之簟，或谓之菥（今云菥篾蓬也）；其粗者，谓之籧篨。笫箦（似籧篨直文而粗，江东呼苴），自关而西谓之笫箦。床其杠，自关而西，秦晋之间，谓之杠。户钥，自关而西谓之钥。簙谓之蔽，或谓之茵，秦晋之间谓之簙。耸、㺸，欲也（皆强欲也，山顶也），自关而西，秦晋之间，相劝曰耸，或曰㺸；中心不欲，而由旁人之劝语，亦曰耸；凡相被饰，亦曰㺸。睟，聋也。半聋，梁益之间谓之睟（言胎睟烦愦也）。秦晋之间，听而不聪，闻而不达，谓之睟；聋之甚者，秦晋之间，谓之䁤（言目无所闻知也）。恧，惭也，若梁益秦晋之间，言心内惭矣。謇，展难也，若秦晋之言相惮矣。鋡，龛受也，犹秦晋言容盛也。矔，转目也，梁益之间，瞋目曰矔，转目顾视亦曰矔。嗌，噎也（皆谓咽痛也），秦晋或曰嗌，又曰噎。诬，淹与也，犹秦晋言阿与（相阿与者所以改诬馣也）。索，取也，自关而西，曰索，或曰狙。蹇，妯扰也（谓躁扰也）。人不静曰妯，秦晋曰蹇。挈，持也。秦曰挈。稟，敬也，秦晋之间曰稟。铺，颁索也，犹秦晋言抖薮也（谓斗薮举索物也）。参，蠡分也（谓分割也），秦晋曰离。厮，散也，秦晋声变曰厮。器破而不殊其音，亦谓之厮，器破而未离谓之璺。緍，施也，秦曰緍。纰，理也，秦晋之间曰纰。谛，审也，秦晋曰谛。错，灭也，周秦曰错。秦晋凡物树稼早成熟，谓之旋。緪，竟也，秦晋或曰緪，或曰竟。擱、剿，续也，秦晋续折谓之擱，绳索谓之剿。嗳，恚也（谓悲恚也），秦晋曰嗳，皆不欲应而强畣之意也。凡尊老，秦陇谓之公，或谓之翁。谆憎，所疾也，若秦晋言可恶矣。肖，类法也。秦晋之西鄙，使犬曰哨。西南梁益之间，凡言相类者，亦谓之肖（肖者，似也）。自关而西，秦晋之间，凡言相责让，曰谯让。皮傅，强也（谓强语也）。秦晋言非其事，谓之皮傅。晒，暴也。秦之西鄙，言相暴僇为膊（暴僇谓相暴磔恶事）。暴五谷之类，秦晋之间，谓之晒。凡以火而干五谷之类，自关而西，谓之焦；秦晋之间，或谓之聚。凡有汁而干，谓之煎。胹，熟也，自关而西，秦晋之郊，曰胹。贺，儋也，自关而西谓之贺；凡以驴马駞驼载物者，皆谓之负，亦谓之贺。凡戟而无刃，秦晋之间，谓之釨，或谓之镔，谓其大者曰镘胡（泥镘），其曲者谓之钩釨镘胡（即今鸡鸣白孑戟也）、三刃枝（今戟中有小孑刺者，所谓雄戟也）。其柄，自关而西谓之柲，或谓之殳。箭，关西曰箭（箭者竹名，因以为号）。剑削［鞘］，自关而西，谓之鞞。盾，关西谓之盾。车枸篓（即车弓也），秦晋之间，自关而西，谓之枸篓。轮，关西谓之輚。车纣，自关而西谓之纣。輨，关之东西曰輨。车釭，自关而西谓之釭。盛膏者乃谓之锅。舟，自关而西谓之船。泭谓之䇫，䇫谓之筏，秦晋之通语也。屑屑，不安也（往来之貌也）。秦晋谓之屑屑，或谓之塞塞，或谓之省省，不安之语也。颔颐，领也（谓颔车也）。秦晋谓之颔颐，其通语也。筑，娌匹也。今关西兄弟妇相呼谓筑里。水中可居为洲，三辅谓之淤（《上林赋》曰：行乎洲淤之蒲也）。鼻，始也。梁益之间，谓鼻为初；或谓之祖，祖居也（祖、鼻，皆始之别名也，转复训以为居所，代语者也）。筵（古筥字），小者，自关而西，秦晋之间，谓之箄。麦，麴也，自关而西，秦豳之间曰麦。冢，秦晋之间谓之坟（取名于大防也），或谓之培，或谓之堬，或谓之采（古者卿大夫有采地，死葬之，因名也），或谓之埌（泪浪），或谓之垄（有界埒，似耕垄，因名之）。（以上汉扬雄《方言》晋郭璞注）。

关中谓天为祆。（《说文》）

关中下俚人语音，谓水为霸。（《启颜录》）

中尚书，本秦官。尚音上，今谓之常。书者，秦人音也。至今秦人谓尚为常。（沈括《补笔谈》）

潘邠老云：花妥鶯捎蝶，妥音堕乃韵。不知秦晋以落为妥，上声，如曰雨妥、花妥之类。少陵秦人也。（邵博《闻见录》）

秦讹青字，则谓青为萋，谓经为稽。（《老学庵笔记》）

八米，关中语。岁以六米、七米、八米分上、中、下。言在谷取八米，取数之多也。（《西溪丛话》）

酒肆曰务。酒坛曰瓮。取物曰刁。水滚曰尖。浑者，全也。遛者，长也。促者，短也。夏者，横也。眼黑者，憎恶也。圪喇者，言不顺理也。囊囊突突者，背地短人也。阿跌多者，怪叹声也。这搭，此处也。兀搭，彼处也。吃扎填，早饭前食饼也。开，系袍也。生活，笔也。颇烦者，厌弃不耐也。虎淡者，其人大不才也。收拾几下者，管教子弟也；廉耻几句者，呵叱子弟也。晳者，美也。骇者，丑也；哥憎者，可爱也。乒乓者，快也。胡基者，土坯也。矢巴牛，蜣螂也。打捶者，厮打也。镇早晚者，这时节也。言喘者，说话也。棱吞者，老大也。不接掌者，羞见人也。其四乡，或以俺为嗳，以咱为才，以父为达，以大为垛，以地为剃，以了为老。谓祖母为阿婆，伯母为阿姆，婶母为娉。朋友中之长者，称为某师。

子曰娃，女曰女娃，及笄者曰客人。妻曰屋里的。山峪为豳。韦姓为御，惠姓为戏，睢姓为徐。岳父为姱父，岳母为姱。(《临潼县志》)

汞（音钻去声），水入土也。虫（与漫同），水冒土上而流也。卡（音嘎），食在喉中，上不上、下不下也；今伏路兵，亦谓之卡。来（与觑同），三人不出头也。丼（瞎同），人入井也。闯（钻同），身入门中也。围（磣同），土入口中也。炗（音迸），火炒豆则迸也。竨（音挣），能自立身也；刘竨，人名，见《宋史》。鐢（音斑），俗以为文武全才也，因有取以为名者。峁（音卯），山之冈坡皆谓之峁，鱼河堡有鱼儿峁者是。坬（音蛙），山之污下也。墕（音烟），两山中临溪之小径也，绥德州有一步墕者是。垧（晌同），牛之耕地，曰几垧也。埒（音寻），山之田不能亩计者曰几埒。吉（缝同），土开口也。埜（野同）。糁（音参），莜麦仁也。鍒（钉同），冇（无同）。粱，俗呼山脊为粱。刄，呼器具为家使，作此字。吃哒，乱说也。圪哒（音格劳去声），山之窝处也。圪塔，小山相连峰起之名；长乐浦东二十里，有一湖旁起五沙峰，俗名五圪塔。暹遏（音先生），俗呼瞽者之能筮卜也。嵝崄，山之过峡处也。嚞（喜同），俗以二吉为喜。码，俗以码碯之码，为法马之马；又骗人日码骗，是马扁之讹。퉇（音便），急走也。穲（然字去声），俗以麦秸和泥涂壁，谓之穲草。(《延绥镇志·方言字义》）雨霑足曰烂雨。(《同州志》)

云之西，雨涌泉；云之南，水倾坛；云之东，伫立空；云迤北，耕得获。(《云谚》）朝雨虽雨不雨，老健春寒秋暑。(《朝云谣》）横云不雨纵云雨，愿为东风吹送汝。(《云谚》）星瞬目，雨浸屋。(《星谚》）大瓴注小瓴，溢为云水声，其下如建瓴。(《毕星谚》曰，李因笃集)

四　川

总　志

《诗》称文王之化，行于南国，江汉之间，实渐被之，然则蜀土之淳风，有自来矣。其未列于十五国中者，或以其附见于二《南》，非略之也。厥后文翁之教育，武侯之政，后先接踵，俗称近古。历代以来，习尚与时移易。今则幸逢盛世，仁渐义摩，翕然向化。蜀虽边徼地，秀者服诗书之泽，朴者安耕凿之常，孝悌力田，敦本务实。彼夫輶轩至止，问俗采风，莫不采圣王至德涵濡，引怙引养，有自然登时雍而臻风动者矣。

周文王之化，被乎江汉之间，秦豳同咏，故有夏声。（《华阳国志》）

巴蜀之人少愁苦，而轻易荡佚。（《通典》）

家有盐铜之利，户有山川之材，居给人足，以富相尚。（《逸史》）

汉景帝时，文翁为蜀郡守，建立学校，自是蜀土学者，比齐鲁焉。（《文献通考》）

化杜宇之教，而力农务。（《逸史》）

民食鱼稻，无凶年忧。（《汉志》）

人多工巧，绫锦雕镂之妙，侔于上国。（《隋志》）

成　都

古蚕丛之地，其民重蚕事。故国中二月望日，鬻花木蚕种，号曰蚕市。(《旧志》)

地大而腴，民勤耕作，无尺寸之弃，岁三四收。(《宋志》)

文翁治化犹存，南轩道教尚在。(《旧志》)

风雅英伟之士，命世挺生。(《华阳国志》)

民俗俭朴，习尚淳良。(《双流志》)

务农业儒，无为匪作奸。(《温江志》)

力耕织，尚礼文。(《新津志》)

俗朴民淳，文风亦骎骎日盛。(《金堂志》)

业耕读，寡争讼，远佛老。(《新附志》)

民和俗阜，敦诗说礼，有邹鲁风。(《简州志》)

生聚渐繁，颇兴礼让。男耕女织，士安弦诵。(《崇庆州志》)

士朴民厚，颇称淳风。(《郫县志》)

俗尚气节，民知井耕。(《灌县志》)

士皆敏慧，人皆朴质。(《崇宁志》)

民富俗淳，人文蔚起。(《新繁志》)

人士俊义，民朴而丰。(《汉州志》)

家敦弦诵，野洽农桑。(《什邡志》)

士敏慧，民质朴。(《彭县志》)

重　庆

江州以东，其人半楚，姿态敦重。垫江以西，精敏轻疾，上下殊俗。

（《华阳国志》）

工江商贩，舟楫旁午。（《方舆胜览》）

民力稼穑，士喜静退，其风淳质近古。（《元一统志》）

士愿而好学。（《府旧志》）

邑称知礼，人敦齿让。士隆文学，农重耕耘。（《江津志》）

人尚勤俭，士习诗书，俗之刚悍渐化。（《长寿志》）

民朴讼少。（《永川志》）

俗尚节俭，民勤本业。（《壁山志》）

男耕女织，淳质未漓。（《荣昌志》）

力田务学，富教可加。（《大足志》）

务孝悌而勤力田，黜浮华以重本业。（《綦江志》）

风俗朴淳，服养简质。（《南川志》）

土僻民淳，俭而好学。（《黔江志》）

风土朴厚，秀异间生。（《合州志》）

山险水滩，人多戆勇，然工艺术。（《铜梁志》）

人性厚朴，不尚浮华。（《定远志》）

士多尚志，倜傥不群。（《忠州志》）

士民淳朴，服食俭约。（《酆都志》）

民性淳朴，喜以诗书自娱。（《江垫志》）

夏巴蛮夷，悉遵礼法。（《涪州志》）

治丝衣布，俭朴可嘉。（《彭水志》）

保　　宁

地暖气清，民淳事简。（宋太守李献卿《南楼诗序》）

质直好义，士风淳厚。（《阆中志》）

人好礼义，犹有古风。（《苍溪志》）

士民淳厚，恭俭而文。（《南部志》）

城南纯带巴音，城北杂以秦语。（宋宁武《广元志》）

俭朴相尚，民情颇淳。（《昭化志》）

人安俭约，唯尚农桑。（《巴州志》）

人务耕桑，士敦礼义。（《通江志》）

质朴勤农，循理守分。（《南江志》）

人性谦和，百货所聚。（《剑州志》）

顺　庆

古称忠义之邦，其民淳朴温厚。（《旧志》）

汉以名节著，唐以神仙浮图显，宋以文章学术名。（宋《开汉志》）

近代儒风尤盛，人物间出，不减果遂之风。（宋《郡县志》）

女勤纺绩，而不肆志逸游；男力耕耘，而恐身试刑法。（《西充志》）

婚礼亲迎，务农力作。（《蓬州志》）。

务农桑而尚礼义，重气节而饬廉隅。（《营山志》）

民务耕，士务学，不事商贾。（《仪陇志》）

土膏硗沃，民俗淳厚。（《广安州志》）

士务读，民务耕，多秦风楚俗。（《渠县志》）

民耕士读，尚俭朴，少仪文。（《大竹志》）

居人庶富，士务文学。（《岳池志》）

民务耕菑，而性质直；士习诗书，而气勇健。（《邻水志》）

叙　州

汉夷杂居，风俗各异。（《寰宇记》）

其士静而有文，其民朴而易治。（孝宗《承园记》）
人心淳庞，民俗古朴。（《南溪志》）
民力于穑，士竞于文，重农守礼。（《富顺志》）
士习淳正，有古君子遗风。（《长宁志》）
士固穷而竞于文，民尚勤而力于穑。（《隆昌志》）
盗息讼寡，民风淳朴，耕读而外，鲜有逐末。（《庆符志》）
其人诚质，其俗朴俭。（《高县志》）
习俗俭素，不尚浮华。士敦节义，民勤稼穑。（《筠连志》）
士勤学问，农习耕耨，尚气节而好礼。（《珙县志》）
士朴民淳，水耕火耨。（《兴文志》）
遵文化，守礼法，务农尚朴，俗悫而愿。（《屏山志》）

建　武

汉夷杂居，风俗各异，汉则淳而有礼，夷则朴而易治。（《建武厅志》）

叙　永

汉夷杂处，务实尚朴。（《叙永厅志》）
人民浑朴，婚姻祭葬，皆遵古制。衣冠不异中州。（《永宁志》）

夔　州

土风拙朴，（宋扬辅书）民淳讼稀。（王龟龄诗）烧地而耕，（杜诗注，亦谓火耕）踏碛而游。（《图经》：夔人重武侯，人日倾城出游八阵上，谓之踏碛。）

借商贾以为国，有楚遗风。（《府志》）

服贾代耕。地有山岚气，辣茶以辟之。（《大宁志》）

士务文学，民淳讼简。（《巫山志》）

士习诗书，商贾以盐为利。（《云阳志》）

人多劲勇，士笃儒风，民力于农，吉凶相助。（《梁山志》）

土地肥美，风俗淳朴。不事贾贩，唯务农商。（《新宁志》）

民力农桑，佐以鱼罟，俗颇信巫。（《万县志》）

俗重田神，地无医药。（《开县志》）

地僻山深，男妇力耕，民淳而质。（《建始志》）

龙　安

务农业工，刀耕火种。人性质直，俗尚刚劲。（《隋志》）

风俗与武都略同。（《寰宇记》）

尚俭朴，服诗书。（《平武志》）

尚俭务农，不竞词讼，士有古风。（《江油志》）

畜牧耕稼，俗尚静约。人性质直，礼义渐兴。（《石泉志》）

俭而不奢，俗犹近古。（《彰明志》）

番多汉少，男曰安达，女曰白麻。衣唯毪衫是尚，食以酥油为佳。日耕野壑，夜宿碉房。人精悍，善战斗。教化既久，风俗渐淳。（《松潘志》）

宁　远

地处边末，汉夷杂居。人情狡悍好讼，习尚朴俚少文。迩来民风渐归

淳雅。（《西昌志》）

地气煦和，三种居民，各安生业。（《会理州志》）

教化渐通，风俗日易。（《冕宁志》）

男女裹毯披毡，辫发赤足，不事修饰。（《盐源志》）

沾濡声教，习尚衣冠。（《越嶲志》）。

雅　州

山多田少，地瘠耕劳。男勤本业，妇不外饰。近山人户，采茶为业。（《雅州志》）

其民质而少文，其俗淳而不薄。力农采茶，男妇勤苦自甘。（《名山志》）

民质淳厚，知礼节，从教化。（《荣经志》）

民稠，多土著，俗淳而质朴。（《芦山志》）

高阳遗黎，世为土军，耕稼种茶为业。（《天全志》）

地瘠民贫，民淳讼少。（《清溪志》）

嘉　定

土地沃美，民勤耕织，士尚诗书。（《州志》）

农耕士读，俗尚俭节，民淳事简。（《峨眉志》）

俗厚风淳，人勤稼穑，文学渐兴，争讼日息。（《洪雅志》）

敦朴向礼，土淳民质。（《夹江志》）

男事农桑，女勤纺绩。杂处居民，多务煮海。（《犍为志》）

民多朴实，士好诗书。（《荣县志》）

士不辍于弦诵，农相安于耕凿。（《威远志》）

眉　州

士以名节相尚。(唐《通义》)

俗多近古，士大夫贵经术，重氏族。其民尊吏而畏法，其农合耦以相助。(宋苏轼《远景楼记》)

士类滋多，人崇礼让。力耕务本，不尚奢华。(《丹棱志》)

民无游惰，士艳科第。(《青神志》)

民俗朴俭，服稼穑，事陶冶。(《彭山志》)

邛　州

临邛多殷实之家，接壤锦里，人多敏慧，雅慕文学。民学农桑，不务商贾。(《州志》)

俗尚祷祀，人务耕桑。(《大邑志》)

人民质直，礼义渐兴。(《蒲江志》)

潼　川

土地沃美，人士俊乂。(常据论)士通经学，民务农桑。(《潼川志》)

服食俭约，不事奢靡。人多务农，煎盐为业。(《谢洪志》)

地瘠俗古，不尚争讼，男女力穑。(《盐亭志》)

俗朴务耕，好学尚义。(《中江志》)

民勤耕织，士敦礼让。(《遂宁志》)

农务耕凿，乡里族党，颇相亲睦，俗为近古。(《蓬滨志》)

士秀而文，民朴而淳。（《定［安］岳志》）

有无相通，忧患相恤。（《乐至志》）

泸　州

气候偏阳，夏多炎燠，冬无寒苦。（宋勾公记）

家诗户书，勤耕乐赋。（《图册》）

风气挺发，贤哲间生。（《州志》）

力耕务织，士朴民淳。（《江安志》）

稼穑多勤，士好驯雅。（《合江志》）

人多朴直，士敦礼让。（《纳溪志》）

资　州

山川挺秀，多产英奇。王褒诸人，皆以文显。（《图经》）

昼经夜史，诵声不绝。（何三益《政文堂记》）

民和俗阜，有邹鲁风。（《资阳志》）

俗近唐魏，风比齐鲁。衣冠之族，多于他邑。（《内江志》）

地瘠力耕，人多勤俭。士好文学，饶有淳风。（《仁寿志》）

土瘠地僻，士好诗书。农勤耕，女勤织。（《井研志》）

绵　州

介东西二川之间，其俗文而不华，淳而不鲁。（《旧志》）

人饶地腴，货财繁茂。（《州志》）

节俭好礼，狱讼寝息。（《德阳志》）

力耕农桑，安分守法。（《罗江志》）

教化日深，风俗淳美。（《安县志》）

士多弦诵，民尚俭勤。（《绵竹志》）

风淳俗简，农安耕凿，士习诗书。（《梓潼志》）

茂 州

其地有六夷、七羌、九氐，各有部落。其长颇知书，而法制严重。（《后汉志》）

盛夏凝冻（《华阳国志》），俗耐饥寒（《图经》），毡裘杂揉。（王咨《防边五事》）

其俗叠石为巢以居，如浮图，高二三丈者，谓之笼鸡；十余丈者，谓碉房。间有板屋、土屋。自文川以东，皆有屋宇。（《图经》）

好弓马，以勇悍相尚。（《茂州志》）

汉羌杂处。汉读诗书，羌遵王化。（《保县志》）

石田山地，俗尚勤俭。咿唔之声，彻于四境。（《汶州志》）

达 州

土地肥美。（《地理志》）

民俗俭勤，竞尚气节。（白居易《州志》）

夏秋多瘴，雪不到地。（《州志》）

男慕文学，鲜商贾；女多纺织，尚俭素。（《东乡志》）

民重农桑，俗少健讼。（《太平志》）

卷八

广　　东

总　　志

粤人之俗，好相攻击。秦南海尉它，居南方，长治之，甚有理，粤人相攻击之俗益止。（《汉书·高帝纪》）

谨案：高帝诏谓尉它治有文理，攻击之俗益止。而《隋书·地理志》亦谓俚人有铜鼓者，群情推服，本之尉它，尊为倒老。则粤俗向化，岂俟唐宋以后乎！

粤人勇之，言粤人俗鬼（师古曰：勇之，越人名也。俗鬼，言其土俗尚鬼神之事），而其祠皆见鬼，数有效。昔东瓯王敬鬼，寿百六十岁。后世怠慢，故衰耗乃命粤巫立粤祀祠，安台无坛，亦祠天神帝百鬼，而以鸡卜。上信之。粤祠鸡卜，自此始用。（《汉书·郊祀志》）

粤地，秦南海尉赵佗自王，传国至武帝时，灭以为郡。处近海，多犀象、毒冒、珠玑、银铜、果布之凑。中国往商贾者，多取富焉。番禺，其一都会也。（《汉书·地理志》）

扬雄《交州箴》：南海之宇，圣武是恢。稍稍受羁，遂遵黄支。牵来

其犀，航海三万，泉竭中虚。（徐坚《初学记》）

南越以孔雀珥门户。（桓宽《盐铁论》）

《吴都赋》：篙工楫师，选自闽禺（番禺也，彼地人便水）。习御长风，狎玩灵胥。（《文选》）

裴渊《广州记》：豪富女子，以金银为大钗，执以叩铜鼓，号为铜鼓钗。（《太平御览》）

越俗以珠为上宝，生女谓之珠娘，生男谓之珠儿，吴越间俗说“明珠一斛贵如玉”者。合浦有珠市。（任昉《述异记》）

广州滨际海隅，委输交部。虽民户不多，而俚獠猥杂，皆楼居山险，不肯宾服。西南二江，川源深远，别置督护，专征讨之事，卷握之资，富兼十世。尉它余基，亦有霸迹。（《南齐书·州郡志》）

南海、交趾，各一都会也。并所处近海，多犀象、玳瑁、珠玑，奇异珍玮，故商贾至者，多取富焉。其人性并轻悍，易兴逆节。椎结踑踞，乃其旧风。（《通典》）

《南中八郡志》曰：槟榔，土人以为贵，款客必先进。若邂逅不设，用相嫌恨。（欧阳询《艺文类聚》）

岭南风俗，家有人病，先杀鸡鹅等以祀之，将为修福。若不差，即刺杀猪狗以祈之；不差，即刺杀太牢以祷之；更不差，即是命也，不复更祈。死则打鼓鸣钟于堂，比至葬讫。初死，旦夕大叫而哭。（张鷟《朝野佥载》）

舂堂者，以浑木刳为槽，一槽两边约十杵，男女立以舂稻粱。敲磕槽舷，皆有遍柏［拍］。槽声若鼓，闻于数里。（刘恂《岭表录异》）

岭表所重之节，腊一伏二，冬三年四。（同上）

广南呼食为头。（赵德麟《侯鲭录》）

岭南谓村市为墟。柳子厚《童区乙传》云“之墟所卖之”，又诗云“青箬裹盐归洞客，绿荷包饭趁墟人”，即此也。盖市之所在，有人则满，

无人则虚。而岭南村市，满时少、虚时多，谓之为墟，不亦宜乎！（吴处厚《青箱杂记》）

古者祀天必养牲，必在涤三月，他牲唯具而已。又凡祭祀之礼，降神迎尸，而后始呈牲。牲入，于是国君帅执事亲射之。至汉魏而下，此礼浸阙；独五岭以南，俚俗犹存。今南人喜祀雷神者，谓之天神。祀天神必养大豕，目曰神牲。入见神牲，则莫敢犯伤。养之率百日外，始祀之。独天牲如此，他牲则但取具而已。又，遇逐恶气、禳疾病，必磔犬，与古同，殊有可喜者。传谓“礼失求诸野”，信然。（蔡条《铁围山丛谈》）

汉《郊祀志》言粤人信鬼，而以鸡卜。李奇注：谓持鸡骨卜也。唐柳子厚亦言鸡骨占年。今粤俗不然，实用鸡卵。其法先祭鬼，乃取鸡卵，墨画其表，以为外象。画皆有重轻，类分我别彼，犹《易》卦所谓世与应者。于是北面诏鬼神，而道厥事，然后誓之，投卵铛中。熟则以刀横断鸡卵，其黄白厚薄处为内象，配用外象之彼我，以求其祲克与否。凡卜病、卜行人，雅殊有验。（同上）

南人凡病，皆谓之瘴，率不服药，唯事祭鬼。设犯伤寒、阴阳二症，岂有坐视而不药耶？而南方之人，往往多汗，上盈下虚，用药者妄，发汗吐下，其祸可立而待也。瘴疠之作，率因饮食过度，气痞痰结。槟榔能下气、消食、化痰，故岭海之人多食之。此类北人之食酥酪。北方地寒，食酥酪，故肤理紧密；一旦病疫，当汗则闭塞，而汗不得出，所以病多难治。岭南地热，食槟榔，脏气疏泄；然一旦病瘴，当下，则虚羸而本不能堪，所以土人体瘠面黄。盖槟榔为患，习而不觉耳。（黄瑜《双槐岁抄》）

自汉末建安至于东晋永嘉之际，中国之人，避地者多入岭表，子孙往往家焉。其流风遗韵，衣冠气习，薰陶渐染，故习渐变而俗庶几中州。（《黄志》）

迎春日竞看土牛，或洒以菽稻，名曰消疹。啖生菜春饼，以迎生气。元日礼神贺节。上元观灯，或作秋千百戏。十六夜，妇女走百病，撷取园中生菜，曰采青。十九日挂蒜于门，以辟恶，广州谓为天穿日，作馎饦祷神，曰补天穿。二月祭社，分肉小儿食之，使能言。入社后，田功毕作（谚曰：懒人傍社）。十五日花朝，至三月上巳祓禊。清明插柳于门，其前五日始。一月中扫墓郊行，谓之踏青，亦曰铲草，俗曰压纸，以楮置坟上也。（《岭南杂记》云：宗孙盛者，堆如积雪。）四月八日，浮屠浴佛。五月朔日，祀祖先。五日饮蒲酒，饟角黍，镂艾虎，书朱符，为儿女佩采莲，竞渡，至五日乃止。（广州有逾月者，夺标较胜，往往成讼，今此风已戢。唯大洲龙船高大如海舶，具鱼龙百戏，积物力至三十年一出，出则诸乡舟行以从，悬花球、绣囊，香溢珠海。孙仲衍所云“天香茉莉素馨国”是也。）夏至日，擘荔荐祖考，磔犬以辟阴气。七月七日，曝衣书，家汲井华水贮之，以备酒浆，曰圣水；儿女以花果作供，捕蜘蛛乞巧。十四日，浮屠盂兰盆会，剪纸为衣，以祀其先。望日以龙眼、花果相馈遗，曰结缘。二十五日，士庶多为蒲涧游。（广州相传，安期生以是日升仙，自古有遨头会。）八月望夜，赏月，剥芋食螺。重阳有墓祭者，亦曰登高；细民放风鸢。（风鸢之戏，自古有之。或云因天地之风候，以舒小儿之气，而除内热。但广州则以重阳，若琼州，则于五月南风盛时。截竹绷布，续藤为绳，放之，声闻数里，鸢制大可十倍。）十月朔日，以五敛杂芥菜食，辟寒气，举火星醮。（广州禳回禄，阛阓次第行之，自十月朔至于岁暮。）冬至，作冬糍祀祖，有祭墓者。腊月念四日，为小年夜，祀灶，用爆竹、饴糖。除夕祀祖，家人聚饮，曰团年酒；围坐达旦，曰守岁；相遗以物，曰馈岁；易桃符，小儿卖痴呆。此粤俗大较也。他若韶之十月朔日，以米糍作犒牛会。雄之寒食日，上垄以乌糯饭祭墓；九月上日，建九皇会。惠之三月，赛东岳宫，士女沿街膜拜；中元日，家家挂楮，曰吊田钱。潮之正月五日后，傩以禳灾；上元日斗畬歌（畬音斜，俗字，即山歌也）。肇以花朝赛社。高以谷熟时，取戍［戌］日为腊。廉之高凉，以十月为岁首，以亥为市。雷以己酉为腊。琼之五月关帝会，士女各荷纸，校以祷罪

祈福。（《郝志》）

古称鴂舌者为南蛮，瑶岐诸种是也。自秦以中土人与赵佗，风俗已变。东晋、南宋，衣冠望族向南而趋，占籍各郡。于是言语不同省会，音柔而直，歌声清婉可听。唯东新各邑，平韵多作去声。韶南、连州，地连楚豫，言语大略相通，其声重以急。惠之近广者，其音轻以柔，唯齐与灰、庚与阳四韵，音同莫辨。兴宁、长乐，音近于韶，谓我为哎，广人呼为哎子。东至潮，语同闽，有音无字，与广人语多不通。肇、高、雷、廉，土音略与省会相合，而舌本强；广州呼人曰个，畜曰只，而诸郡相反。琼岛孤悬海外，音与潮同，杂以闽人；间有与廉州相似，类广西梧州音者，名西江黎语云。广州谓父曰爸（音巴），亦曰爹；母曰妈（音马），亦曰毑（音拿上声）；谓风亦曰毑，即飓母之说也。谓子曰崽（音宰），亦曰仔；凡物之小者亦曰仔，良家子曰亚官仔（广州多用亚字发语）。奴仆曰弟仔，惠州曰赖子，言为主人所赖也。谓岭北人曰外江獠，指外省人言语曰蛮声。呵横恣者，曰蛮澄鋹。刘鋹、龚澄枢，古粤人之横逆者也。肇人自称曰侬，与吴近；称外祖父曰公低，亦曰翁爹，外祖母曰婆低。子女晚生者，多名曰䅘（尽子也，音赖平声），或曰尾（尾子也，音米）。贵而故贱其名，使易育，曰狗仔。美人之貌曰艶。呼颠者曰废。游戏曰则剧，顺德曰仙，新会曰了。广州谓来曰黎，走曰趯。取物曰逻。谓欺曰到。谓卵曰春。食饱曰饱（音救）。敬物之束者，曰一子、二子。家曰一主，谷曰一造。琼州数尚六，禾六束曰一把，钱六百曰一串，物六十斤曰一担。潮州以钱八十为一百。自阳春以下至琼，地名多曰那某、曰罗某、曰扶某。黎人姓名，亦多曰那、曰扶、曰抱。潮及惠之滨海者，髻曰庄，须曰秋，牛曰悟，字与音全相反。峯人谓火曰桃花溜溜，谓饭曰拐浓，琼人曰迈，此须重译乃通者也。如俗字稳坐之为奀（音稳），人物之短者为矮（音矫），人物之瘦者为奀（音芒），山之岩洞为峜（音勘），水之矶激为泵（音聘），蓄水之地为氹（图锦切），通水之道为圳（屯去声），水之曲折为氹（音瀼），路之险隘为卡（音汉），隐身忽出为閄（音闪），截木作垫曰不（敦上声），门上横木曰闩（音拴），物之脱者曰甩（伦粒切），此粤字之随俗撰出者也。又多讹字，如華［华］为葉，泥为坭，诞为诞，循为循，教为教，邻为伶，怅为张，阅为阅，觅为觅，曷为曷，闻为闻，徊为徊，激为激之类，皆承讹袭陋，而不知其非者也。迩者粤暨闽学习正音，户诵家弦，悉依字典，同文之治，聿昭海宇矣。至碙作碉、蜒作蛋，今通用。（同上）

粤俗好歌，语多双关。词不必雅，然情必极至。先嫁一夕，戚懿与席者，各坐堂歌词。有云：一树石榴全著雨，谁怜粒粒泪珠红？又云：灯心点着两头火，为娘操尽几多心。天机所触，自然合韵。（朱彝尊《明诗综》）

广东谣谚：饥食荔枝，饱食黄皮。（黄皮果状如金弹，六月熟，其浆酸而除暑热，与荔枝并进。荔枝餍饫，以黄皮解之。）　蛇珠千枚，不及玫瑰。　涠蚌之胎有玫瑰，文魮之腹有美玉。　文魮鸣，美玉生。（高州海中有文魮，鸣似磬而生玉。）　多食马兰，少食芥蓝。（马兰食之养血，芥蓝不宜多食。）　广州谚云：迩有垣墙，我有火秧。（火秧丛生成树，四棱有芒刺，广人以作篱落。）　婴儿瘦，探石鷇。（石燕产西樵岩穴中，足生翼末，小儿羸瘦取食之。）　家有竹鸡啼，白蚁化作泥。（竹鸡形如鹧鸪，褐色斑赤文，啼曰泥滑滑，白蚁畏之。）　秋冬食獐，春夏食羊。　朝为泡鱼，暮为蒿猪。（泡鱼大如斗，身有棘刺。化为蒿猪，齿长，入海复化为鱼。）　霜蟹雪螺，味不在多。　石湾瓦，胜天下。韶州水急，至险者为牯牛滩。舟子语云：行过牯牛五石滩，寄书归去报平安。又云：过得牯牛，舟子白头。　大庙峡歌云：清溪濛裹，（二驲名，路多虎）早眠晏起。　肇庆府有西水自广西来，每岁夏至后，淫雨暴涨。谚云：水浸钓鱼台，上下不得来。（钓鱼台，峡中山名。）又云：西水漫漫，鱼蟹满盘。　儋俗事神，有上帝会、天妃会、邓天君会、羊元帅会，銮舆五彩，迎神十百，大饔于村中。景泰、天顺间谚曰：柳英有银，儿子跳神；洪全有金，阿母卖针。　　琼州以海水占年，海水热则荒。谚曰：海水热，谷不结；海水凉，禾登场。又云：海南多阳，一木五香。　　琼东界地瘠，以羊骨壅田，终无获。腴壤多在西，故谚云：东路槟榔，西路米粻。（朱彝尊《静志居诗话》）

广州谓平人曰狫，亦曰獠，贱称也。《北史》周文帝讨诸獠，以其生口为贱隶，谓之压獠，威压之也。谓平人之妻曰夫娘。夫娘之称颇古。刘宋、萧齐，崇尚佛法，阁内夫娘，令持戒。夫娘，谓夫人、娘子也。广州则以为有夫之娘也。东莞女子未字者，称曰大娘，已字者称小娘；家中有已字、未字，则合称大小娘。广州谓新妇曰心抱，谓妇人娠者曰有欢喜，娩身而未弥月曰坐月，亦曰受月。谓子曰崽。《水经注》“弱年，崽子”是也。谓云孙曰徽，元孙曰塞，息讹为塞也。谓父曰爸、曰爹，《南史》湘东主人之爹是也。阳春谓外祖父曰公爹，外祖母曰婆爹。高明呼曰公伭、婆伭。东莞谓曾祖曰白公，曾祖母曰白婆，或止称曰阿婆。广州谓母曰妳，亦曰妈。妈者，母之转声，即母也。亦曰曷，凡雌物皆曰曷。妇谓舅姑曰大人公、大人婆，亦曰家公、家婆。《列子》曰“家父执席”是也。子女谓其祖父曰亚公，祖母曰亚婆，谓母之兄弟妻曰妗母，母之叔伯父母曰叔父、曰叔婆。孙谓祖母之兄弟及妻曰舅公、曰妗婆。谓从嫁老妇曰大妗。醮子之夕，其亲戚送花于新郎房中，男曰花公，女曰花婆。子初生者曰大孙头。新会则曰长仔，或曰庭。奴仆曰种仔。广州凡物小者皆曰仔：耕佣曰耕仔，小贩曰贩仔，游手者曰散仔，船中司爨者曰火仔，无赖者曰打仔，大奴曰大僚，小奴曰细仔，小婢曰妹仔，奴之子曰家生仔，螟蛉子曰养仔，盟好之子曰契仔。姻娅之使役，曰亲家郎。东莞称无赖者曰趱仔。又多以屎为儿女乳名，贱之所以贵之。男曰屎哥，女曰屎妹。谓赁田者曰佃丁、曰田客；赁地者，曰地丁、曰地客。僦屋者曰房客。巫曰师公、师婆。琼女卖槟榔者曰山子，瑶之雚者亦曰山子。谓外省人曰蛮果，海外诸巨曰番鬼。司舵者曰舵公、梢公，在船头者曰头公，二人为舟司命，即三老也。摇橹者曰事头，《宋书》：萧惠开有舫十余事，力二三百人。事头者，事力之首也。立桅斗者曰班首，司篙者曰驾长。香山谓佃而服役者曰人倩，谓田主曰使头，其后反以田户之首为使头。

广州谓鲠直者曰硬颈，迂腐曰古气，壮健曰筋节，轻捷曰辘力，言其力如车之辘也。角胜曰斗，转曰翻。谓淫曰姣（音豪），又曰嫪毐。谓不曰吾，问何如曰点样，来曰釐，溺人曰碇，骂人曰闹，挈曰报起。东莞谓事讫曰效，游戏曰瞭、曰欣，新会曰流。指何处曰蓬蓬。顺德谓欺曰到，《史记》张仪曰："不如出兵以到之。"索隐曰："到，欺也。"犹俗云张到，谓张网得禽兽也，到得也。张仪善欺，故谓欺人者曰张到也。谓猥猿者曰魁杈，出贾谊《哀时命》篇，即《诗》之虺隤也。缝衣曰敹。《书》曰敹乃甲胄。凡细者缝，粗者敹，著裹曰缝，著边曰敹。东莞谓光曰皎（音效），美好曰洒，持物曰的，肥曰脍，肉熟曰肣。《礼记》腥肆爓脍祭，注曰：肣，熟也。烂或为腤也。广州习烹物为腤，亦曰胛也。谓港曰涌（音冲）。涌，冲也。凡池沼皆曰塘，其在江中亦曰塘，若白蚬塘、壖塘、菱角塘是也。凡水皆曰海，出洋谓之下海，入江谓之上海。出洋曰开洋，亦曰飘洋。谓潮曰水，潮起则曰水大，潮落则曰水干。廉钦州谓潮以朔望而大者曰老水，日止一潮者曰子水；二水相通处曰滘。称山之有林木者为山，无者为岭。广州谓帆曰哩，挽索曰繵，旁出者曰缆枝，小舟曰艇。芟草曰薅草，亦曰捞。谚曰：耕而不捞，不如作暴。树掺水中以挂罾，曰罾戙，亦曰罾门。西宁谓鱼种曰鱼口，小猪曰猪口。

广州数食箩曰几头，晋元帝谢赐功德净馔一头是也。敬槟榔曰几口，陆倕、谢安成王赐槟榔一千口是也。亦曰几子，陈少主尝敕施僧智颇槟榔二千子是也。数蕉子曰几梳，苏轼诗："西邻蕉子熟，时致一梳黄。"谓衣一套曰一沓；沓，袭也，讹袭为沓。楮钱一斤曰一佰，线缕一绺曰一子。掷骰子者，一掷曰一手。禽巢曰斗，范石湖云"雌雄曰一斗，十鸡并种，当得六斗”是也。万州以禾十二把为一担。潮阳以筑墙纵横一丈为一井。化州、石城间，贫者欲避火，于野外构茅以栖，名曰艼（音寮）。雷州有艼村、有蒲艼、有新艼岛，吴川有芷艼镇，琼有芒艼港，儋有郎艼墟，定安有坡艼市，万有黎艼都，乐会有薄艼乡，陂会同有李艼塘。文昌有罟艼墩。黎峒有岑艼、黑艼、居艼、陈婆艼。地名多曰那某、滴某、婆某、可某、曹某、爹某、落某、番某。其近汉者多曰妚（音不）某。香山中秋夕，剧饮月下，曰饾中秋。发引之日，役夫蹋路歌以娱尸，曰踏鹧鸪。

海丰方言与潮相近，鼻曰鄙，耳曰系，鸭曰哑。其属于山者，语又不同。谓无曰冒，我曰礙，溪曰阶，岭曰谅。其蜒人则谓饭曰迈，箸曰梯，碗曰爱，瓦盆曰把浪，拿网曰今网。狼人谓父曰扶，我曰嚮，彼曰往。女谓男曰友友，又曰友二；男谓女曰有助。谓娶曰换野，郎曰若郎。那家曰扶间。有心有意曰眉心眉意。扁担曰闲，木曰肺，以榕木担相赠曰送条闲肺榕。头曰图，有歌曰：三十六图，羊四十双图。鸡僮谓花瓣曰花脉，花朵曰花桃。瑶谓鱼曰牛，谓不曰陷，有歌曰：牛大陷到石头边。谓兄曰表，来曰大，有歌曰：表大便到大横底，娘大便到木横枝。琼语有数种：曰东语，又曰客语，似闽音；有西江黎语，有土军语、地黎语。地黎称峒名有三字者，如那父爹、陀横大、陀横小之类；四字者如曹奴那纽、曹奴那劝、曹奴那累之类；有六字者，如从加重伯那针、从加重伯那六、从加重伯那特之类；有七字者，如从加重伯那白吾之类。其山多曰鹧鸪啼，村多曰荔枝。广州语多与吴趋相近。如须同苏，逃同徒，豪同涂，酒同走，毛同无，早同祖，皆有字有音。德庆亦然。新会多以平仄相易，如通作痛，痛作通。东莞则谓东为冻，以平为去；谓莞为官，以上为平。香山以人为能，番禺谓人曰寅。东莞之南头，谓刀曰多。增城谓产曰窜，谓视不正曰乜（音咩）斜，射覆曰估，以刀削物曰捭（音批），细切物曰剰（音速），削去物曰嫳（音撇）。谓多曰够（音遘），少曰不够，无尾曰屈（音掘），谓人无情义者亦曰屈。谓腿曰髉（音彼），髀也。以手按物曰捺，以拳加物曰搋（同权），以手复物曰揞（庵上声），以指爬物曰搲（焉寡切），搬运曰摙（连上声）。漱口曰敕（音速）口。谓人愚曰猥㾜，怒目视人曰睐（音利）。谓田多少曰几岭，肉动曰侐（音彻），疮肿起曰詈（兴去声），裸体曰軀躿（音赤历），不谨事曰邋遢，露大齿曰龅牙。新妇入门，使亲属老妇迎之，曰抬步。是夕夫妇同牢食，曰暖房饭。次早见舅姑亲属，献币帛帨履，曰荷惠。冬至围炉而食，曰打边炉。元夕黏诗藏谜，以示博通，曰打灯谜。以鸽翎贯皮钱踢之，曰踢毽。谓云脚疏直曰风路，不知人之来历曰不知风路。龙门谓娶妇时，置酒延宾以迎之，曰接路。高要人谓婿曰郎家，女巫曰鬼婣。（《粤东笔记》）

唐沈佺期《岭表逢寒食诗》：岭外无寒食，春来不见饧。洛阳新甲子，何日是清明。花柳争朝发，轩车满路迎。帝乡遥可念，肠断报亲情。

唐朱庆余《岭南路诗》：越岭日南风景异，人人传说到京城。经冬来往不踏雪，尽在刺桐花下行。

唐白居易《送客春游岭南二十韵》：已讶游何远？仍嗟别太频。离容君蹙促，赠语我殷勤。迢递天南面，苍茫海北漘。诃陵国分界，交趾郡为邻。蓊郁三光晦，温暾四气匀。阴晴变寒暑，昏晓错星辰。瘴地难为老，蛮陬不易驯。士民稀白首，洞主尽黄巾。战舰犹惊浪，戎车未息尘。红旗围卉服，紫绶裹文身。面苦桄榔裛，浆酸橄榄新。牙樯迎海舶，铜鼓赛江神。不冻贪泉暖，无霜毒草春。云烟蟒蛇气，刀剑鳄鱼鳞。路足羁栖客，官多谪逐臣。天黄生飓母，雨黑长枫人。回使先传语，征轩早返轮。须防杯里蛊，莫爱橐中珍。北与南殊俗，身将货孰亲？尝闻君子诫，忧道不忧贫。

宋杨万里《宴客夜归诗》：月在荔枝梢上，［人］行茉莉花间。但觉胸吞碧海，不知身落南蛮。

元贡奎《次王士容经历赋广东二十三韵》：巨锁雄江表，炎州介岭颠。通津波险涉，接舶路高缘。土贡来遐远，舆图按末颠。犷民疲斗蚁，狡吏攫饥鹕。虫验山多瘴，蒙知地出泉。黄浮乌影淡，红晕蜃光连。石老苔成藓，崖阴笋作鞭。翠屏开近嶂，素练杳回川。禽弄千般巧，花分四序妍。九重严政治，六辔选时贤。喜际风雪会，同沾雨露天。胜谈莲幕内，妙句药阶前。苦味槟榔好，清香荔子县。罕逢宛北马，富聚海南船。古迹荒城碣，晴炊野墅烟。行经韩子窜，蛮耻越王偏。贾客财常万，僧尼寺或千。整絺冬亦尔，乘屩俗依然。人物生唐相，儒风盛孔编。快心时小憩，过眼境频迁。发兴超言外，销愁向酒边。入朝应报最，何得赋归田。

明汪广洋《岭南杂咏》五首：

牂牁流水碧潺潺，潮落潮生草木间。一片海云吹不起，越人遥指是厓山。

雁翅城中涌怒涛，外洋水长蜒船高。莫言昨夜南风急，今日登盘有海蠔。

越盐如雪赛吴盐，薯蓣初肥竹笋鲜。何事眉山苏太守，只将双蟹较团尖。

村团社日喜晴和，铜鼓齐敲唱海歌。都道一年生计足，五收蚕茧两收禾。

蛮落人家厌食鱼，儿孙生长不知书。桄榔旧种缘山逻，翡翠新收越海墟。

清许廷鑅《粤中吟》：

南亭驿路控诸蛮，晓食槟榔散客颜。朱邸草深门久闭，桂枝飘下越王山。

迢迢五岭雁来迟，越女含情唱竹枝。漓水月明三万丈，到今流不尽相思。

广　州

晋

郭景纯云：南海之间，有衣冠之气者，斯其地也。(《太平御览》)

唐

闾阎雾朴，士女云流，歌声有霸道之余，毗俗得华风之雅。（王勃《净慧塔记》)

《广州记》曰：广州市司用银米。(《初学记》)

广州米饼，合生熟粉为之，白薄而软。按，刘孝威谢官赐交州米饼四百屈，岂今之数乎？(段公路《北户录》)

宋

广素号富饶，年来浸不逮昔。而文风彪然，日以张，虽蕉阜桄林之墟，蛎田蟹窟之屿，弦歌琤相闻。挟艺待试上都者数甚啬，每联科登名，与中州等。(李昂英《重修南海志序》)

南海，广东一都会也。海舶贾蕃，以珠犀为之货，丛委于池，号称富庶。其风俗事佛尤谨。(赵叔盎《千佛塔记》)

东莞故郡也，后为监郡，监榜犹在。及为县，地轶赋夥，秀民之战有司者倍他邑。(王中行《迁学记》)

明

粤人习海，竞渡角胜，而大舟比常制犹异，十余年始一举。船广可三丈，长五之。龙首至尾，金光夺目，迭彩如层城。上饰童男女，作仙佛、鬼神及古英雄，凡数十事。旋转舞蹈，冒之以幔，数里外望犹可见。两旁持短楫应鼓者百夫，银帽红衫，铙吹沸作。更为游龙十数，缭绕后先，若群螭之从母出入者。然游龙万计，棕亭翠幕，奇巧相先，不可名状。歌板雷动，酒气云蒸，丝竹与笑语相乱。士女华妆炫服，照耀波间，坠耳遗簪，想满龙宫矣。（《天山草堂集》）

郡城之俗，大抵尚文。而其东近质，其西过华，其南多贸易之场，而北则荒凉。故谚云：东村西俏，南富北贫。外县穷乡，民俗大抵多俭啬，而耐勤苦。依山者多朴，其失也愚；依水者多智，其失也伪；濒海者多阔疏，其失也悍。（《黄志》）

广音柔而直，颇近吴越，大抵出于唇舌，不清不浊，当为羽音。歌则清婉浏亮，纡徐有情，听者感动。成化中，巡抚都御史朱吴，见广人歌《白沙诗》，辄欲效之，曰吴越不能及也。旧俗民家嫁女，集群妇共席，唱席以道别，谓之歌堂；今虽渐废，然村落尚或有之。田野踏歌者，往往引物连类，委曲取譬，如子夜、竹枝，其尾腔曰娘来里，曰妈来里，曰小溋弟，曰娘十几，皆男女互相答问、儆动之词也。农庄女子荡姿者，相呼曰绾髻。每耕种时，斗歌为乐，南海、顺德、新会、增城最盛。民俗之中，又有三者：有方言，有方音，有俗字。广人谓母曰妈，曰阿姐。呼兄嫂辄以亚先之，亦曰阿。儿女按排行，亦先以亚。此皆方音也。两广谓岩洞曰冚（亦龙切），两山之间也。顺德谓石梗曰硝，盖取谐声。番禺、从化谓地之宽平者曰罯（音允），则又无所取义。此俗字也。（同上）

民事耕凿，无他技艺。士知气节，诵习成风。科甲多出于水东西、马村三堡，而水东尤著。唯流溪一堡，在山谷间，朴樕罕知文墨。皆以造纸

为业，岁赋官就征于其地。其南接壤番禺，民风渐入侈靡。（明《从化县志》）

清

扬粤之地，少阴多阳，其人疏理，鸟兽希毛，其性能暑。民户不多，俚僚猥杂。尚淫祀，多瘴毒。婚礼用槟榔，以当委禽。葬礼盛肴馔以待送客。位于离，故恒燠；濒于海，故多风。阳德之盛，钟为人文，蜚英腾茂，甲于他州。（《清一统志》）

立春日，有司逆勾芒、土牛。勾芒名拗春童，著帽则春暖，否则春寒。土牛色红则旱，黑则水。竞以红豆五色米洒之，以消一岁之疾疹。以土牛泥泥灶，以肥六畜。（《粤东笔记》）

元旦拜年，烧爆竹，啖煎堆、白饼、沙壅、饮柏酒。元夕张灯，烧起火。十家则放烟花，五家则放花筒。嬉游者率袖象牙香筒，打十八间为乐。城内外舞狮象龙鸾之属者百队，饰童男女为故事者百队。为陆龙，长者十余丈，以轮旋转。人皆锦袍倭帽，扬旗弄鼓，对舞宝灯于其上。昼则踢毽五仙观，毽有大小，其踢大毽者市井人，踢小毽者豪贵子。歌百斗歌，观者持瑰异物为庆头其灯师。又为谜语，悬赏中衢，曰灯信。

十月下元会，天乃寒，人始释其荃葛。农再登稼，饼菜以饷牛。为寮，榨蔗作糖，食鲙为家宴团。

小除祀灶，以花豆洒屋。次日为酒以分岁，曰团年。岁除祀，曰送年。以灰画弓矢于道，射祟。以苏木染鸡子食之，以火照路，又曰卖伶。

广州之俗，岁修以烈火爆开糯谷，名曰爆谷，以为煎堆心馅。煎堆者，以糯粉为大小圆，入油煎之，以祀先及馈亲友。又以糯饭盘结诸花，入油煎之，名曰米花。以糯粉杂白糖沙，入猪脂煎之，名沙壅。以糯粳相杂炒成粉，置方圆印者，敲击之使坚如铁石，名曰白饼。残腊时，家家有饼声，与捣衣相似，甚可听。又有黄饼鸡、春酥蜜饼之属。富者以饼多为尚，至寒食、清明，犹出以饷客。寻常妇女相馈问，则以油糤膏环以面，薄胞以粉，皆所谓茶素也。端午为粽，以冬菜裹者曰灰粽、肉粽，置苏木条其中为红心，以竹叶裹者曰竹筒粽，三角者曰角子粽。水浸数月，剥而煎食甚香。重阳为糕。冬至为米糍，曰冬丸。平常则作粉，裹以白米，浸至半月，入白粳饭其中，乃舂为粉，以膏脂润之，鲜明而薄，以为外；荼蘼、竹胎、玉粒、鹅膏满其中，以为内，则与茶素相杂而行者也，一名粉角。又有以椰子、以芝麻、以豆糖为餈者，以蕨、以葛、以菱、以茨菰、以甘薯为粉者，皆谓之饱食。

广为水国，人多以舟楫为家。益都孙氏云，南海素封之家，水陆两登。贫者浮家江海，岁入估人舟算缗。中妇卖鱼荡桨，至客舟前，倏忽以十数。弱龄男女崽，身手便利，即张罗竿首，昼钓泥中，鳖蟹蜃蛤之入，日给有余，不须衣食父母。又舟人妇子，一手把舵筒，一手煎鱼。橐中儿女在背上，日垂垂如负瓜瓠。攀罾摇橹，批竹纵绳，儿女苦褴褛，索乳哭啼，恒不遑哺。地气多燠，既省絮衣之半，跣足波涛，不履袜，或男女同屐。男子冬夏止一裤一襦，妇人量三岁益一布裙，如是则女恒余布。地唯秔稻，土厚获多，人日计米一升，加以鱼蚌、乌菱、蕉桔、薯芋，减炊米可二三，如是则男有余粟。故古称饶富居甲焉。

广州灯夕，士女多向东行祈子，以百宝灯供神。夜则祈灯取采头，凡三筹皆胜者，为神许，则持灯而返。逾岁酬灯，生子者，盛为酒馔庆社庙，谓之灯头，群称其祖父曰灯公。八月十五之夕，儿童燃番塔灯，持柚灯踏歌于道曰："洒乐仔，洒乐儿，无咋糜，塔累碎。"瓦为之，象花塔者其灯多，象光灯者其灯少。柚灯者，以红柚皮雕镂人物花草，中置一琉璃盏，朱光四射，与素馨茉莉灯交映。盖素馨茉莉灯以香胜，柚灯以色胜。

七月初七夕，为七娘会，乞巧。沐浴天孙圣水，以素馨茉莉结高尾艇，翠羽为篷，游泛沉香之浦，以象星槎。十四祭先祠，厉为盂兰会。相饷龙眼、槟榔，曰结圆，潮州则曰结星。二十五为安期上升日，往蒲涧采蒲，濯辟辟水。

东莞麻涌诸乡，以七月十四日为田了节，儿童争吹芦管以庆，谓之呼田了。以是时早稻始获也。（俱同上）

唐韩愈《送郑尚书赴南海诗》：番禺军府盛，欲说暂停杯。盖海旗幢出，连天观阁开。衙时龙户集，上日马人来。风静鶢鶋去，官廉蚌蛤回。货通狮子国，乐奏武王台。事事皆殊异，无嫌屈大才。

宋刘克庄《即事》四首：

香火万家市，烟花二月时。居人空巷出，去赛海神祠。

东庙小儿队，南风大贾舟。不知今广市，何似古扬州。

瓜果踬拳祝，喉罗扑卖声。粤人重巧夕，灯火到天明。

吾生分裂后，不到旧京游。空作樊楼梦，安知有越楼。

明孙蕡《广州歌》：广南富庶天下闻，四时风气长如春。长城百雉白云里，城下一代春江水。少年行乐随处佳，城南南畔更繁华。朱帘十里映杨柳，帘栊上下开户牖。闽姬越女颜如花，蛮歌野曲声咿哑。岢峨大舶映云日，贾客千家万家室。春风列屋艳神仙，夜月满地闻管弦。良辰吉日天气好，翡翠明珠照烟岛。乱鸣鼍鼓竞龙舟，争睹金钗斗百草。游冶留连望所归，千门灯火烂相辉。游人过处锦成阵，公子醉时花满堤。扶留叶青蚬灰白，盈饤槟榔邀上客。丹荔枇杷火齐山，素馨茉莉天香国。别来风物不堪论，寥落秋风对酒尊。回首旧游歌舞地，西风斜日淡黄昏。

清王士禛《广州竹枝》四首：

潮来濠畔接江波，鱼藻门边净绮罗。两岸画栏红照水，蜒船齐唱木鱼歌。

海珠石上柳阴浓，队队龙舟出浪中。一抹斜阳照金碧，齐将孔翠作船篷。

梅花已近小春开，朱槿红桃次第催。杏李枇杷都上市，玉盘三月有杨梅。

佛桑花下小回廊，曲院深深牡砺墙。细爇海沉银叶火，金笼倒挂试收香。

梁佩兰《粤曲》二首：

春风试上粤王台，锦绣山河四面开。今古兴亡犹在眼，大江潮去复潮来。

琵琶洲头洲水清，琵琶洲尾洲水平。一声欸乃一声桨，共唱鱼歌对月明。

杭世骏《珠江竹枝词》六首：

树里歌声水面腔，阿奴生小住珠江。凌波只恐尘生步，不著鸦头袜一双。

绿榕阴处月微黄，艇子缘流接翅长。水际刺篙沙际宿，天然画出野鸳鸯。

髀鬓垂鸦宿粉残，早潮回梦怯衣单。为怜江上遥峰少，方便长眉借客看。

论斛量珠买得无，鱼珠争及海珠粗。若将江作珠胎比，侬是江心一颗珠。

不见莼丝翠带长，绝无露苇更风杨。生来只识相思树，著意江边种一行。

海珠寺外月如银，肯照三更倚舵人。妾是水萍郎堕絮，天生一样可怜春。

南海县，士刚方，崇信义、际风云者，喜以勋业自见，廉耻相高，时穷见节，往往有之；词章文藻，视为润饰绪余，然登高作赋之流，摩肩辈出，华实并茂矣。西淋之西，文物颉颃中州，陶冶之良，亦甲他处。士朴民淳，其俗尤厚。海州镇涌、金瓯绿潭，刀笔是竞，民七吏三，溺于习也。九江小民，尚力任智，健讼好争，则张武御勒之谈，为良剂矣。(《金志》)

明汪广洋《登南海驿楼诗》：海气空濛日夜浮，山城才雨便成秋。冯唐头白偏多感，倚遍天南百尺楼。

缙绅尚气节，崇礼让；士耻奔竞，重儒雅。冠婚丧祭，衣冠之族多行《家礼》。妇女罕出闺阁。东南秀丽，土沃民稠，科第接武。顾洪涛浩渺，易以业奸。邑之北，农而不商。溪峒之间，乡豪为政。西南迩郡，不乏士族。(《番禺县志》)

顺德县，舆地濒海，田广而腴，鱼稻之饶，甲于他邑。士以通经学古为尚，振翰云霄，多跻通显，有历卿相者。士夫俭啬，有戋戋风。而乡落富民，器服相高，宫室雕镂，富而厚生。其俗吝相周，而喜争竞。(《金志》)

东莞县，士喜豪侠，矜气节，多以功名著声，建节树牙，畴昔踵接；而慷慨赴义及驰名著作者，亦不乏人。士困毛锥，不死灰自弃，辄徙途鞬橐，其乘舟楫之便，骋其骜桀，恣焉以逞者，多出于濒海之乡。(《金志》)

民重农而后商贾，一年两收。房屋旧多土墙，今尚黝，砌以砖石。婚姻必以槟榔、蒌叶、茶果之属，曰过礼。俗尚巫，凡有病，或使妪持衣燎火，而招于门；或延道家逐鬼，角声呜呜，自宵达旦。谚云：禾黄鬼出。(《新安县志》)

从化人质朴，士不豪华，民勤耕凿，女多纺绩。(《从化县志》)

龙门士愿民悫。居平翁媳不相见，四礼与各属相仿。唯父母终，陈尸于地，男去长衣，跣足；女父丧披左发、母丧披右发，父母俱亡，则左右发皆披。子女哭赴长江，以纸钱买水归，以香煎之，将尸沐浴。（《府志》）

七夕之夜，鸡初唱，汲河水贮之，以疗热病。若鸡二唱，则水味不同，不能久贮矣。（同上）

民重建祠，多置祭田，岁收其入。祭祀之外，其用有三：朔日进子弟于祠，以课文武童者，助以卷金；列胶痒者，助以膏火及科岁用度；捷秋榜赴礼闱者，助以路费。年登六十者，祭则颁以肉，岁给以米。有贫困残疾者，论其家口给谷。无力婚嫁丧葬者，亦量给焉。遇大荒，则又计丁发粟。可谓敦睦宗族矣。（《新宁县志》）

正月晦送穷，夏至磔狗以食，云可解疟。（同上）

正月十九、二十两日，天机癞败，户插蒜以辟邪。晦日送穷，忌用财、假借。七月二十四日，祝城隍神，相传立城自是日始。中秋剥熟芋蕉柚，谓之剥疵癞儿。夏至磔狗。冬至食鱼鲭。　　丧礼简略，唯信青乌言。葬后人事小不利，辄启窆以水祓其骸，虽厉禁，未能尽革。　　族必有祠，祭田所入，蒸尝之外，子孙应试者，给其资斧；余则赈凶饥，恤孤寡。　　情好曰契，积习相沿，男妇一辙。驯至奸徒煽逆，以结契为名，十百为群，转相纠约。今加峻科条，庶几知悔矣。（《增城县志》）

唐韩愈《宿增江口示侄孙湘》二首：

云昏水奔流，天水漭相围。三江灭无口，其谁识涯沂？暮宿投民村，高处水半扉。鸡犬俱上屋，不复走与飞。篙舟入其家，暝闻屋中唏。问之岁常然，哀此为生微。

海风吹寒晴，波摇众星稀。仰视北斗高，不知路所归。舟行亡所诣，屈曲高林间。林间无所有，奔流但潺潺。嗟我亦拙谋，致身落南蛮。茫然失所诣，无路何能还？

士习诗书，民事艺植。二月二日，妇女忌不绩。望日，俗曰大王斋，祭祠祀神。八月上戊，祭社。冬至祀神，笄女围炉骨董羹，犹存旧意。（《香山县志》）

俗尚门第，矜气节。民间冠婚丧祭，多循《朱子家礼》。闺门严整，妇翁、嫂叔非岁时庆贺不相见。（《新会县志》）

肄地山水包络，风气遒聚。其人旧称简朴有余，仪文不足。士务诗书，农专畎亩，工商各守其业，妇女勤于纺绩。（《三水县志》）

清远地鲜沃壤，刀耕火种，陆多水少，担负为劳。商贾工技，皆资别邑。豪猾多武断。小民喜火葬，视他邑为甚。迩来文物渐兴，其瑶僚之属，久乐升平，皆知向化云。（《清远县志》）

花县邑北皆山，中鲜居民。其俗朴野，人多犷悍。惟迤南近省，故家巨族，仕宦科名，往往不乏。（《金志》）

正月十九，烙糯粉为圆块，加线穿其上，谓之补天穿。太白诗“一枚煎饼补天穿”，由来久矣。（《花县志》）

韶　州

晋

始兴溪子，拳勇善战。（《晋书·何无忌传》）

唐

韶之曲江，所谓将相之乡也。（李渤《司空庙碑》）

宋

控扼五岭，韶为交衢。唇齿湘江，咽喉交广，地之重也。霜露北均，

瘴疠南尽，气之和也。霞变万拱，云蒸千础，丽之广也。（余靖《武溪集》）

《英州图经》：富家乐商贩，贫者就农耕。（《舆地纪胜》）

《直阳志》：巨产之家，得米则南下于广，买钞盐。贫无为生者，则采山之奇石以货焉。（同上）

明

《韶州图经》：习尚朴而不杂，淳而不漓。商不富，贾不巨，工不良，技不巧，岁时不事游宴。英州号小法场。土旷人稀，为农者择沃土以耕，而于硗地多不用力（《明一统志》）。

清

《明一统志》云：滕叶嚼槟榔，万室通酤酿。韶人多食槟榔，宋有酒禁，唯岭南无之，故有是语。六邑村落，客至用油茶，下茶物皆油煎，诸志所未及。（《府志》）

习尚简朴，不事纷华。山谷之民，有老死不见官府者。（同上）

韶州十月朔日，农家大酺，为米糍相馈。以大糍粘牛角上，曰牛年。牛照水见影，而喜。是日牛不穿绳，谓之放闲。（《粤东笔记》）

曲江县山水秀丽，衣冠不乏，沃壤满望，故人乐农而厌商。丧溺浮屠，病凭巫觋。冠婚过早，即缙绅之家犹然。（《金志》）

宋杨万里《曲江重阳诗》：烟描水写老秋容，岭外秋容也自浓。如见大宾新露菊，若歌商颂晚风松。插花醉照濂溪井，吹发慵登帽子峰。莫问明年衰与健，茱萸何处不相逢。

乐昌人性劲直，尚气节。田广人稀，故耕樵堪以自给。疾病唯医，不信巫，与广州诸郡异。（《乐昌县志》）

仁化县俗尚真率，士朴民淳。土壤沃饶，故耕织有余，嚣讼鲜作，犴狴时空。第其窳俗，病专祈禳，丧侈宴席，猥云从厚。（《金志》）

乳源县农多商少，习于朴鲁，民无告讦之风。山谷瑶僮，逡巡惧法，往来贸易，赋役无虚，益知安生而乐业矣。

翁源县民安陇亩，不喜逐末。盗息讼稀，风符治世。（俱同上）

冠礼鲜有行之者，唯女子于归前数日行笄礼，犹存古意。（《翁源县志》）

六月六日，迎神报赛，比户联社，分羹劝酒。醉后送神，金鼓喧阗，递相接祀。（同上）

土俗淳朴，颇知诗书，科目代不乏人。明初地无居人，至成化间，居民皆自闽之上杭来立籍，间有江右入籍者。习尚一本故乡，与粤俗差异（《英德县志》）。

宋杨万里《英德县诗》：人人藤叶嚼槟榔，户户茅檐复土床。只有春风不寒乞，隔溪吹度柚花香。

惠　州

宋

龙川县织竹为布。人多蛮僚。妇人为市，男子坐家。（《太平寰宇记》）

海南人不作寒食，以上巳日上冢。（《东坡诗集》）谨案：此苏轼惠州时题语，非指琼南也。

《郡学记》：古成之第进士，张秘郎魁南宫，皆惠人，为南越倡。此邦文物，不下他州。（《舆地纪胜》）

古语：鳄湖平，出公卿。状元出鹅城。　　为报举人休就摄，状元非久出贞州。（同上）

宋苏轼《舟行至清远县，见顾秀才，极谈惠州风物之美诗》：到处聚观香案吏，此邦宜著玉堂仙。江云漠漠桂花湿，梅雨翛翛荔子然。闻道黄柑常抵鹊，不容朱桔更论钱。恰从神武来宏景，便向罗浮觅稚川。

又《新年》五首：

晓雨暗人日，春愁连上元。水生桃［挑］菜渚，烟湿落梅村。小市人归尽，孤舟鹤踏翻。犹堪慰寂寞，渔火乱黄昏。

北渚集群鹭，新年何所之。尽归乔木寺，分占结巢枝。生物会有役，谋身各及时。何当禁毕弋，看引雪花儿。

海国空自暖，春山无限清。冰溪结瘴雨，雪菌到江城。更待轻雷发，先催冻笋生。丰湖有藤菜，似可敌莼羹。

小邑浮桥外，青山石岸东。茶枪雨后有，麦浪水前空。万户不禁酒，三年真识翁。结茅来此住，岁晚有无同。

荔枝几时熟，梢头今已繁。探春先楝树，买夏欲论园。居士常携客，参军许叩门。明年更有味，怀抱带诸孙。

宋杨万里《明发龙川诗》：山有浓岚水有氛，非烟非雾亦非云。北人不识南中瘴，只到龙川指似君。

明

惠州壤邻汀赣，奸民实繁。（祝允明记）

王文成以军旅至，其流风余韵，粤人士至今服习尸祝之。（叶梦熊记）

惠居五岭东南，罗浮甲于天下，重深环之。其民钟气于山，大都朴野悃愊，故讦讼犴狱鲜，而椎鲁顽昧，或不免焉。（黄佐《郡志序》）

惠俗鲜诈而多质，其讼狱无坚根深穴，而近情，稍一缓辑，即为乐土。（杨载鸣《郡志论》）

清

士人好造盘游饭，取鲊埋之饭中。又好作谷董羹，取凡饮食杂烹之。信鬼神，好淫祀。（《清一统志》）

旧俗：惠民多居南雄，因元兵将至，预十四日荐祖，次日避兵，今犹循十四日为中元节。和平十三日为中元，乡里各挂纸钱，谓之吊田钱。丧礼在宋多用鼓乐，故苏子瞻有"钟鼓不分哀乐事"之句；今遵邱文庄仪节，不用矣。多行朝夕奠礼，七日一奠，至四十九日止，名应七；或十日一奠，至百日止，名应旬。海丰、河源、龙川、长乐，则置酒作乐，有不忍弃亲于土之说，停柩三年而后葬者。兴宁亲丧，饭僧度厄，名曰报本。击鼓屠牛待宾，名曰看斋。结棉棚于市，布银牌、红帛于地，招少年走马，垂手取之如拾芥，观者一邑毕至，名曰抢红。以大轿尾其后，设死者魂帛衣冠于轿中。盖生虽屠贩，死必张盖设褥也。导僧至水滨，鬻禽鱼纵之，名曰放生，为死者修福。凡七日，日费二十金，少亦四五金。倘贫乏不能，或阻于官禁，必补为之，有待子孙者，有未死预作生斋者。葬亲则惑于勘舆家，数数迁易，甚至剖棺火尸，纳骨于瓦瓶，名曰金城，迁葬他所。（《惠州府志》）

惠之方言，呼弟日亚泰，午食曰晏昼，溪曰开，岭曰雨。长乐、兴宁、和平谓母为哀，谓父曰亚公。（同上）

归善县，俗喜文艺，缙绅之徒多以著作扬声。（《金志》）

博罗县，敦约啬，乐仕进，崇尚文学，科第不乏。其民狡狯机械，喜嚣讼，而即慆淫。

海丰县，先鬼后神，业儒力农，急于婚娶。富家急于立祠祀先，知重

本源，有古人遗风焉。（俱同上）

海丰之俗，元夕于江干放水灯，竞拾之。得白者喜为男兆，得红者为女兆。（《粤东笔记》）

正月七日，以菜七样煮食，云益寿。竞抬神出游，各村落设供，以兆一岁平安。（《陆丰县志》）

小民衣履，贫者固敝陋，富者亦多素朴，并无好奢之习。贫民视财甚重，虽小必争，而绅士乐善好施者亦不少。（《河源县志》）

龙川县，力农习技，大类虔州。文物等于河源，而富家男女，逾礼而行，则又过之。（《金志》）

合邑重农，以耕为务。近知向儒业，虽僻乡愚氓，多读书识字，亦有出县经商者。（《和平县志》）

衣服布素，绅衿间有衣帛者。冬露雾重，晨起必饮酒乃出。春耕以石灰粪田，土寒，非灰则苗不秀。户必力田，妇女皆芸获，虽绅衿亦间有之。无井，唯汲坑水、河水。居室先皆茅椽，康熙三年，韩参军来视篆，始易为瓦。疾病不医药，唯灸艾火、浴汤水。（《长宁县志》）

讼案多山坟水圳，赎产夺耕。旁人排解，斩鸡鸣誓；誓而不息，乃讼于官。有因讼激愤，辄轻生以图诬赖。

方言有二：一水源音，一客家音。相传建邑时，人自福建来此者，为客家；自江右来者，为水源。（俱同上）

士务敦朴，急公好义。有自江闽、潮惠迁至者，名曰客家。士比屋读诵，农勤稼穑。西南罗坑诸处，人尤作苦。锄畬莳谷及薯蓣、苴姜、茶油，以补不足，名曰种畬。（《永安县志》）

永安俗尚师巫，人有病，以八字问巫。巫始至，破一鸡卵，视其中黄白若何，以知其病之轻重。轻则以酒馔禳，重则画神像于堂，巫作姣好女子，吹牛角，鸣锣而舞，以花竿荷一鸡而歌，其舞曰赎魂，曰破胎歌，曰鸡歌，曰暖花。暖花者，凡男婴儿有病，巫则以五彩团结群花环之，使亲串各指一花以祝，祝已而歌，是曰暖花。巫自剜其臂血，以涂符，曰显阳。七夕则童子过关。十四日则迎先祖，男子结坛度水，受自牒黄诰；妇人请仙姐，施钗钿。仙姐与女巫不同，女巫以男子为之，仙姐以瞽人妇为之。除夕，妇人置盐米灶上，以碗覆之，视盐米之聚散，以卜丰歉；男子则置水釜旁，粘东南西北字，中浮小木，视木端所向，以适其方，又审何声气，以卜休咎，名曰灶卦。（《粤东笔记)》

山多田少，勤于耕种。两熟获毕，接种油菜、大麦。平原无剩土，即深山无人处，亦烧粪种蓝，伐木种香蕈。妇人勤纺绩，绅士家机杼不断。贫人多上山樵苏，负竿累累，如列行阵。（《连平州志》）

潮　州

唐

州在广州极东界，过海口，下恶水，涛泷壮猛，飓风鳄鱼，祸患不测。州南近界瘴海，连天毒雾，瘴氛曰夕发作。（《昌黎文集》）

此州学废曰久，进士明经，百十年间不闻。夫十室之邑，必有忠信，今此州户万有余，岂无庶几者耶？（同上）

唐韩愈《初南食贻元十八协律诗》：鲎宾如惠文，骨服相负行。蠔相粘为山，百十各自生。蒲鱼尾如蛇，口眼不相营。蛤即是虾蟆，同实浪异名。章举马甲柱，斗以怪自呈。其余数十种，莫不可叹惊。我来御魑魅，自宜味南烹。调以咸以酸，芼以椒与橙。腥臊始发越，咀吞面汗骍。唯蛇旧所识，实惮口眼狞。开笼听其去，郁屈尚不平。卖尔非我罪，不屠岂非情？不祈灵珠报，幸无嫌怨并。聊歌以祀之，又以告同行。

宋

《寰宇记》：稻得再熟，蚕亦五收。（《舆地纪胜》）谨案：今本《太平寰宇记》无此文。

始潮人未知学，命进士赵德为之师，自是潮之士皆笃于行，延及齐民，至于今，号称易治。（《东坡文集》）

《图经》云：太平兴国间，始有联名桂籍者。（《舆地纪胜》）

元

元《省志》：地无旷原沃壤，刀耕火种，最为勤苦。（《潮州府志》）

明

《一统志》：海滨遐陬，冠婚丧祭，悉遵典礼，无异中州。（同上）

清

海边邹鲁，士笃文行，延及齐民，号称易治。（清《一统志》）

潮民力耕，多为上农夫，余逐海洋之利，往来乍浦、苏松，如履平地。女红针黹纺绩，鲜抛头露面于市廛、胼手胝足于陇亩者。近山之妇多樵，滨海者兼拾海错。山乡地瘠而民蛮，水乡土沃而猾。士笃文行。细民火葬轻生，疾病辄饮水，重巫轻医药。子弟之坏，务奢侈，比顽童，樗蒲歌舞，傅粉嬉游，于今渐甚。其歌声轻婉，闽广相半，中有无其字，而独用声口相授，曹好之以为新声。大都君子外质而内慧，小人外谨而内诈。其风气近闽，习尚随之，不独言语相类矣。潮阳强悍负气，大类齐俗。士大夫有豪宕好义之风，惜多富不好礼。揭阳尚浮华，颇急公，间有健讼者。三饶懔悍嗜利，民颇愿朴畏法。惠来士知礼，其民内黠而外懦。大蒲贫而朴，家好读书，虽妇人女子，有晓文墨者。澄海之士秀而文，糖蔗鱼盐之利，甲于其邑，但有力者皆可觅食，然多悍戾难驯。普宁颇类潮阳，然质实务本。丰顺野而愿，其细已甚，犹号易治。(《金志》)

潮州灯节，有鱼龙之戏。又每夕各坊市扮唱秧歌，与京师无异。而采茶歌尤妙丽：饰姣童为采茶女，每队十二人或八人，挈花篮，迭进而歌；又以少长者二人为队首，擎彩灯，缀以扶桑、茉莉诸花，采女进退作止，皆视队首。至各衙门或巨室唱歌，赉以银钱酒果，自十三夕至十八夕而止。余录其歌三首，有曰："二月采茶茶发芽，姐妹双双去采茶。大姐采多妹采少，不论多少早还家。　　三月采茶是清明，娘在房中绣手巾。两头绣出茶花朵，中间绣出采茶人。　　四月采茶茶叶黄，三角田里使牛忙。　　手挈花篮寻嫩采，采得茶来苗叶香。"颇有"前溪"、"子夜"之遗。(吴震方《岭南杂记》)

乡绅气节，罕至公门。恒聚徒讲课，士多下帷攻苦。妇女勤女红，虽布帛盈箱，不弃麻枲。营室必先祠堂，明宗法。(《海阳县志》)

儿童以秋千为戏，斗畲歌，善者为胜。(同上)

地多平洋，田园参半。其民终岁勤苦，耕耘之隙，间治场圃。海滨之乡，鱼盐为业，亦可自给。工竞巧利，铜器、锡器，风行天下。妇女勤针凿，步行必盖丝巾，名曰文公帕。(《潮阳县志》)

士笃文行，家蓄图籍，人习礼仪，穷乡隘巷，弦歌之声相闻。知府林和诗云："书声沿巷有，佛事比家无。"近亦颇尚佛事，然识者非之。小民尽力农亩，妇女勤于纺绩。(《揭阳县志》)

宋杨万里《揭阳道中诗》：地平如掌树成行，野有邮亭浦有梁。旧日潮州底处所，如今风物冠南方。

饶俗勤俭好文，比屋读书。山居者治耕织，业海者鬻鱼盐。（《饶平县志》）

习俗俭而好礼，民多争讼。（《惠来县志》）

俗尚醇厚，素号易治。士矜节气，一衿已青，唯以授徒为业。土田少，人竞经商。山高地瘠，农最勤苦，番芋、瓜蔬以佐食，亦有种烟草、油茶以供日用者。（《大埔县志》）

慷慨重义，患难相恤。然偶有微嫌，辄操戈相向。（《澄海县志》）

望族喜营屋宇，池台竹树，必极工巧。大宗小宗，竞建祠堂，争夸壮丽。嗜食味，锡瓶瓷碗，精洁整齐。尤重槟榔，以为礼果，食时剪削成瓣，包以扶擂，佐以蚬灰。昔人《竹枝词》云："日食槟榔口不空，南人口让北人红。灰多叶少如相等，管取胭脂个个同。"谓此。好食熟烟，先含冷水一口，以解火毒，而后咽下，一吸即止。地多鱼，人善为脍，谓之鱼生。其余有蠔生、虾生。（同上）

士习敦礼让，尚气节。农务田功，与场圃偕作。工习技巧，商勤逐末。（《普宁县志》）

方言谓奢靡曰旁派。谓房屋曰厝，灰曰火肤。谓妇女曰姿娘，茶叶曰茶米。谓男子曰担褒，女子曰查亩，游玩曰踢拖，约曰畲散，资助于人曰耙沙，因事取利曰俾接，将就去得曰挫哩，事尚悬远曰加哩啰，戏谑曰省。（同上）

邑虽山陬，而溪滨岩谷间土壤可以种植，泉源可以灌溉者，无不垦辟为田，故力农居多，工贾不过十之一二。（丰顺县志》）

肇　庆

吴

吴录《地理志》曰：苍梧、高要县，郡下人避瘴气，乘筏来停此。六月来，十月去，岁岁如此。(《太平御览》)

唐

《南荒录》曰：新州男子妇人，皆缜发如云。每沐，以灰投水中，遂就水而沐之，以彘膏涂其发。五六月杭秫未获时民饥，尽髡，取发鬻于市。既髡，即复以彘膏涂之，至来年五六月，又可鬻矣。(同上)

宋

新州风俗，以鸡骨占吉凶。《汉书》云"越巫以鸡卜"，此也。衣服即都落吉贝蕉布。豪渠之家，丧祭则鸣锣鼓召众，鸣春堂。巧作木坐、藤帽，五色藤箱、席。(《太平寰宇记》)

恩州风俗与广州同。人以采甲香为业。土地多风小旱，耕种多在洞中。(同上)

地最避僻，俗性犷悍，易动难安。(《包孝肃集》)

《临封志》：风俗质朴，民淳讼简。(《舆地纪胜》)

元

端之为郡也，万山四峙，攒秀叠碧，大江横前，环抱逶迤，原野疏旷，无瘴疠之侵。俗尚简朴，梗化者亦复间见。比年以来，号为易治，政平讼理，囹圄空虚，公无负租，民安其业。（王揆《包公祠记》）

明

食鱼稻。好着木履。鸡骨为占，斗歌为乐。（《地图综要》）

肇庆地卑土薄，阳气浮而不敛。（《戴志》）

市无陶瓦，土荒民疲，耕织仅以自给。俗尚简朴，居丧之礼不脱衰绖。（《郭志》）

清

土风淳厚，民物夥繁。土旷民惰，不力于耕，唯运盐钞以自给。地当两广冲要，民情涡塘麓囿，海错果实。（《清一统志》）

唐宋之问《过蛮洞诗》：越岭千重合，蛮洞十里斜。竹迷樵子径，萍匝钓人家。林暗交枫叶，门香覆桔花。谁怜在荒服，孤赏足云霞。

唐许浑《自广江至新兴诗》第三首：密树分苍壁，长溪抱碧岑。海风闻鹤远，潭日见鱼深。松盖环清韵，榕根架绿阴。洞丁多斵石，蛮女半淘金。南浦惊春至，西楼送月沉。江流不过岭，何处寄归心。　注：端州斵石，洊涯县淘金为业。谨案：岭南无洊涯县，疑是洊洭之误。

明区大相《经碧云村诗》：门掩松溪石路斜，碧云开尽见人家。客来惯煮胡麻饭，春到先着谷雨茶。

前人《平圃妇诗序》：自黄塘趋平圃，山行二日，风俗淳朴。妇女道逢使车，采者弃筐，骑者下马，拥蔽旁立。爱其明分达礼，或通都大邑不如也。山途亦自别，恒避使君车。蛮结双鬟出，吴罗腰半遮。定言长礼俗，不必问谁何。□似长安道，香车竞狭斜。

问俗怜兹朴，观风羡彼姝。远嫌兼达礼，薄粉且施朱。露叶翠迎鬓，山花红趁襦。定知夫婿异，不笑使君愚。

高要衣冠文物，颇近会城。乡城男女多椎髻跣足，著木屐，以避湿气。习尚简朴，器用无华。鱼米蔬果，足以自给。病少服药，好巫祀，名曰设鬼。贫民与富民斗力，不能胜，常服胡蔓草致死以诬之。（《肇庆府志》）

男子好吟咏，妇人亦能歌。引其声以歌律诗，悠扬高下，缓急有序，江南人喜闻之。娶妇之后，多异爨。生子则邀亲朋聚饮，必以姜，谓之姜酒。居处富家多用铁木，其质如铁。（《高要县志》）

四会县昔称士秀而文，俗尚礼义，缙绅儒雅，代不乏人。今尽非其旧，婚姻论贫富，死丧用浮屠，兄弟异居，父子割户，轻逃窜，喜告讦，最称难治。（《金志》）

细民朴野，急于生理，轻予逃窜。父子各爨，兄弟异籍。（《四会县志》）

新兴士颇知学，民皆力耕，商贾罕通，市无奇货，谷米货平，亦少储蓄。春秋社飨，聚饮唱歌。病不服药，丧尚浮屠。（《府志》）

阳春编茅而处。衣食俭啬，民不经商。男子唯事渔猎，妇女纺绩，蕉葛颇精。（同上）

顽民尚气，稍不胜，轻生诬赖。自雍正八年后，功令森严，此风渐息。（《阳春县志》）

阳江倚山濒海，气习颇殊。好勇轻生，不循礼法。侨寓多惠潮之人，朋比为奸，铤而走险。地近场灶，私贩充斥。器用多资他郡，地力可以自给，以故无甚贫甚富之家。文物声名，未为盛也。（《府志》）

邑为滨海尚武之区，技勇甲肇郡。（《阳江县志》）

士习简朴，家有税户、耕户之分，人有头首、细民之别，名分昭焉。务耕织，少工商。（《高明县志》）

俗淳朴，有古风。宫室不加雕绘，衣服多布素。士重气谊，好读书，不矜声气。男子务耕凿，鲜逐末。工匠之役，必取资于新顺。妇人不轻出，出必蒙面，而男女别途。即贫寒下户，内外之分井如也。（《恩平县志》）

宋黄公度《恩平灯夕诗》：千尺鳌灯面紫宸，豪华曾见夹城春。至今魂梦钧天奏，投老宦游穷海滨。随分樽罍奉佳客，记时灯火照严闉。年来大觉欢情减，聊与风光作主人。

明汤显祖《南恩中火诗》：海气层云尽，山烟远绕浮。孤臣随早晚，一饭是恩州。

广宁县邑居山僻，饶竹木，丛箐邃谷，每为盗薮。人性犷悍，小分辄争，多务农而鲜工作。（《金志》）

六月村落各建小棚，延巫者歌舞其上，名曰跳禾楼，用以祈年。（《广宁县志》）谨案：肇庆府属，皆有跳禾之俗。

四民相参互作，士不废耕。工商务业，多行于农隙，不事淫巧末作。东南四都，割自新会，人习诗书，弦诵之声不绝。民勤于稼穑，间有健讼之徒。西则长静一都，割自恩平，土厚而所产蕃多，俗崇俭约。（《开平县记》）

德庆州民僚相杂，食稻与鱼，地多瘴疠。士尚简朴，农务耕作，工贾乐业。近城负气好胜，重利轻义，至亲不相信。今缙绅家颇知力学，文华渐起。（《府志》）

封川俗虽荒陋而知义，民淳讼简。男女俱亲执役。农少力耕，商不行远。婚姻不论门第，唯视贫富。

清查慎行《封川诗》：十咏传嘉祐，征途喜乍逢。时平山少盗，俗俭户勤农。趁雨收新麦，连村急暮舂。江船多贾客，一稔俗邻封。

鹤山俗尚门第，矜气节，慷慨好义，不甘谄屈。学校之士，不逐虚名，邑长衙署，虽公事亦罕至。（《鹤山县志》）

开建地广人稀，瑶僚杂居，民多健悍。男子喜习师巫，而耻为工商。妇女蕉衫跣足。婚聘止用牲酒，待客唯尚巨鱼。客至，举家男妇出见，以为敬。葬不用灰甓，朽则焚化。（同上）

高 州

宋

其俗生时布衣不允，死则尽财殡送。父子别业，兄弟异财。无故带刀持予执剑，相侵则鸣舂堂、集子弟，和则杀牛。市则二日一合。（《寰宇记》）

窦州谷熟时，里闸同取戌日为腊，男女盛服椎髻，徒跣聚会作歌。悉以高阑为居，号曰干阑。三日一市。谨案：窦州唐宋时皆治信宜县。

化州夷俗，悉是椎髻左衽。（俱同上）

《图经》：高在粤地，民尚简俭，易于取足。元城先生谓此间饮食粗足，绝无医药，土人遇疾，唯祭鬼以祈福。（《舆地纪胜》）

范氏《旧闻拾遗》：化州以典质为业者十户而九。闽人奋空拳过岭者，往往致富。

《化州图经》：其俗信鬼，好淫祠。化之为俗，士民被礼逊之数，出入颇衣冠相尚，虽贱吏服亦襟袵，无复文身断发之旧。（同上）

明

高州僻在庾岭之西，滨海依山，与广西接壤。天顺西寇犯境，士丧其业，农失其耕，民力疲竭。(孔镛《城隍庙记》)

高地瘠而多旷，民窳而习于侈。(徐兆魁《曾公祠记》)

吴川错大海而县，为五岭咽喉。(李元畅《演武亭记》)

习尚与肇庆相近。饮食宫室，大抵尚质。郡北近瑶，细民犯通山之禁。语音东南多习广语，而齿舌甚重；西北多杂峒落，与中原音响大相背戾。(《黄志》)

清

民尚简俭，易于取足。绝无医药，遇疾唯祭鬼以福。四时之候，多燠少寒。春冬遇雨差冻，顷刻日出，复如四月天气，亦无甚瘴疠。(《清一统志》)

高州府，春时民间建太平醮，多设蔗酒于门，巫者拥土为神，疾趋，以次祷祝，掷珓悬朱符而去。神号康王，不知所出。凡妇女出入，俱携竹伞障面。(《岭南杂记》)

高州除夕元旦，各公署俱有鼓吹，谓之闹衙门。复有蛮人妆狮子，跳掷为戏。元宵城南灯市甚盛，每隔五家，缚一灯棚，以竹为之，匾曰兴贤，挂红绘其下。每多用杂色糊球灯，剪红白纸缀成，玲珑万眼，灯光光彩夺目。(同上)

茂和县田土膏腴，习尚朴厚。务农重谷，人可自给。闾里之间，皆知诵习。(《金志》)

十一月二十四日，冼夫人生辰。正日及前后数日，演戏祭奠，有庙之处皆然。(《茂和真志》)

电邑民风淳朴近古，士安韦布，民务稼穑。（《电白县志》）

信宜县邑治枕山，民俗质野。男女并耕，不事亵狎。工作完固，不尚奇巧。村落彝僚杂居，椎髻跣足。家家酿酤，不事游宴。（《信宜县志》）

丧礼，士大夫家不用浮屠，衰绖不解，朝夕号哭。语音近广州。（同上）

吴川县邑濒巨海，人多嚣讼，信巫而谄神，重利而轻义。迩来士知向化，民颇好礼，而旧染革。（《金志》）

西北之田，半近三江，岁一遇灾，民尽歉收，故户鲜盖藏。俗尚俭朴，专务耕作。（《吴川县志》）

石城县境连海北，习尚俭约，鲜骋词讼。农力稼穑，贩鬻者寡。冠婚随俗，丧祭间尚浮屠。（同上）

廉　州

晋

百姓以采珠为业，商贾往来，以珠货米。（《晋书·陶璜传》）

宋

钦州村落，土人新妇之饰，以碎杂彩合成细球文，如大方帕，名衫，左右两个，缝成细口，披著以为上服。其长止及腰，婆娑然也，谓之婆衫。其裙四围缝制，其长丈余，穿之以足，而系于腰间，以藤束腰，抽其裙令短，聚其抽于腰，则腰持［特］大矣，谓之婆裙。头顶藤笠，妆以百花凤。为新妇服之一月，虽出入村落墟市，亦不释之。（宋周去非《岭外代答》）

明

语音言多侏㒧，字墨少谙，杜撰俗字，官府不能辨别。有夷人名高梁，人不事耕稼，以人海捕鱼为业，初春往射翡翠于鸦洲，谓之拾翠。（《黄志》）

清

土地硗确，无有田农。夷人多采珠，以亥日聚市，黎蜒壮稚，以荷叶包饭而往，谓之趁墟。病不求医，唯事巫觋。俗有四民：一曰客户，居城郭，解汉音，业商贾；一曰东人，杂居乡村，解闽语，业耕种；一曰俚人，深居远村，不解汉语，唯耕垦为活；一曰蜒户，舟居穴处，亦能汉音，以采海为生，性俭朴，词讼简稀。（《清一统志》）

土产竹，居处器用，咸赖焉。第一岁屡修，转滋靡费。俗有“穷人住竹瓦，竹瓦住穷人”之谣。（《廉州府志》）

合浦县，土瘠民稀，户鲜百金之积，民性愚而生计拙。疾病不信医而信巫。工商之辈，多舍本业，而操奇赢。其稍知务农者，又皆仰其成于天。生聚而教训之，其在良有司乎？（《金志》）

唐项斯《蛮家诗》：领得卖珠钱，还归铜柱边。看儿调小象，打鼓试新船。醉后眠神树，耕时语瘴烟。不逢寒便老，相问莫知言。

钦州俗淳朴，衣无华彩，屋多茅覆。妇女悉负担贸易。地旷力靳，民无蓄积，多穷迫，富鲜百金之家。节朔寒暄，冠婚丧祭，与中州不甚异。其读书业儒，声名文物，亦骎骎乎有中土之风焉。（《州志》）

环灵邑皆山也，土田较沃于合、钦。顽者耕，秀者读，士农工商，各勤其业。而地杂瑶僮，习染蛮俗，类彀音。虽风气淳庞，而犷悍未改。深林宓箐，绵亘数百里，皆与粤西毗连，桀黠者出乎其间，贼匪亦窜伏其地，防范最难。(《灵山县志》)

雷　州

唐

《元和郡县志》：汉置左右候官在徐闻县南七里，积货物于此，备其所求，与交易有利。故谚曰：欲拔贫，诣徐闻。(《舆地纪胜》)

雷州春夏日无日无雷。至秋伏地中，其状如彘，人皆取食。(《国史补》)

宋

雷州风俗，地滨边海，人性夷僚，多居栏以避时郁。(《寰宇记》)

蛮言莫辨，海气常昏。出有践蛇茹蛊之忧，入有阳淫阴伏之病。(苏辙《颍滨集》)

始雷俗未知礼逊。长子之子，常为长，易数世之后，至叔父常拜犹子。自谕以长幼之序，亲疏之义，悉革其旧。(张栻《思亭后记》)

《图经》：州多平田沃壤，又有海道可通闽浙，故居民富实。市井居庐之盛，甲于广右。州人循习，以立冬后己酉日为腊。(先祭其先，然后集亲故而共饮焉。或曰路伏波之辟九郡也，徐闻之人以冬己酉日遇害，故州人腊祭口祭其先。颍滨《和渊明停云诗》)有曰："雷人饮嘉平，浆酒如江注。"云雷人以十月腊祭，盖其年己酉日在十月耳。)本州实杂黎俗，故有官语、客语、黎语。（官语对州县官言也，客语则平日相与言也，黎语与州人或不能尽辨。）

明

吉凶大事，则宰杀猪羊及牛。妇女以各色米面，造诸样果品，极为精巧，馈送亲朋，谓之送饤。亦善酿酒。人事往来，以传递槟榔为礼。遂溪山拱水绕，地旷田腴，俗不勤耕，遂多弃土荒泽。裔僚猥杂，习俗轻悍。自文明书院建于宋，民渐知学。（《黄志》）

清

州杂黎俗，有官语、客语、黎语。风俗颇淳，人多向学。（《清一统志》）

庠序知向学秉礼，见长者则逊下之。里甲严事官府，征科如期，靡敢捍法。唯乡村小民，或轻生敢斗；然不能坚讼，向久则释。土旷谷贱，人窳于耕作，不事蓄聚。故雷无万金之产，即称素封者，不过免饥寒而已。（《雷州府记》）

海康县地近山海，有鱼盐谷米之裕。工不供远役，唯府县造作。士风鄙陋，近稍尚衣冠，改诵读矣。（《金志》）

遂俗朴，屋宇多简陋。盖海滨多风，地气复湿，风则飘摇，湿易蠹朽。城中唯官署始用砖石，差可耐久；里巷则土垣素壁，仅蔽风雨而已。每至元宵，扯藤，远近士女走集来观，阗溢城市。（《遂溪县志》）

大家妇女，不出闺门，唯事纺绩，乡妇尤勤。西北土瘠俗淳；东南土沃，习于纤瀉。而信鬼尊神，其蔽则一。（《徐闻志》）

琼州

汉

合浦、徐闻南入海，得大州，方千里。武帝略以为儋耳、珠崖郡。民皆服布，如单被，穿中央为贯头。男子耕农，种禾稻、纻麻，女子桑蚕织绩。无马与虎。民有五蓄，山多麈麖。兵则矛盾刀木弓弩竹矢，或骨为镞。自初为郡县，吏卒、中国人多侵凌之，故率数岁一反。（《汉书·地理志》）

珠崖、儋耳二郡，在海州上。其渠师贵长，耳皆穿而缒之，垂肩三寸。后颇徙中国罪人，使杂居其间，乃稍知言语，渐见礼化。（《后汉书·南蛮传》）

晋

离耳、雕题国，皆在郁水南林。邑记曰：置九郡，儋耳与焉。民皆徒跣，耳广垂以为饰。男女亵露，不以为羞。暑亵薄日，自使人黑，积习成常，以黑为美，《离骚》所谓元国矣。然则儋耳即离耳也。王氏《交广春秋》曰：朱崖、儋耳二郡，与交州俱闻，皆汉武帝所置，大海中南极之外，对合浦、徐闻县。清朗无风之日，经望朱崖州，如囷廪大。徐闻对渡，北风举帆，一日一夜而至。周回二千余里，径渡八百里。人民可十万余家，皆殊种异类，披发雕身。而女多姣好白皙，长发美鬓。犬羊相聚，不服德教。（《水经注》）

《朱崖传》曰：朱崖俗行著布，或细纻布巾，巾四纳，其纳头如领巾象。（《太平御览》）谨案：《朱崖传》，《隋书·经籍志》云伪燕聘晋盖泓撰。

唐

《广志》云：珠崖人皆巢居。（《初学记》）

琼州不产驴马，多骑黄牛，亦饰以鞍鞯，加之衔勒。可骑者自小习其步骤，亦甚有稳快者。（《岭表录异》）

宋

《郡国志》曰：崖州妇人着丝缠。以土为釜，器用瓠瓢。又有以椒、安石榴花着瓮中，经旬即成酒，其味香美，能醉人。（《太平御览》）

《山海经》曰：儋耳即离耳也。皆镂其颊皮，上连耳斥，状似鸡肠下垂。在海渚，不食五谷，食蚌及鳖而已。（《寰宇记》）

万安州女人以五色布为帽，以斑布为裙，似袋，号曰都笼；以斑布为衫，方五尺，当中心开孔，但容头入，名曰思便。（同上）

自汉末至五代，中原避乱者，多家于此。今衣冠礼乐，盖斑斑然矣。（苏轼《伏波庙记》）

东坡帖云：儋州食无肉，出无友，居无屋，病无医，冬无炭，夏无泉。语虽不多，已尽风土之大概。夏无蝇蚊，则可喜也。（《东坡志林》）

《琼管志》：其俗朴野，若伯叔兄弟之子，不以齿序。伯之子虽少，皆以兄自居；仲之子虽耄，亦为弟也。

贡院试期，以六月。劝驾以九月。以槟榔为命，以薯药为粮。（《舆地纪胜》）

《万安军图经》：此邦与黎、蜒杂居，多茅竹，绝少瓦屋。妇媪以织贝为业，不事文绣。病不服药，信尚巫鬼。胡澹庵记：吉阳俗近夷，多阴阳拘忌，有数十年不葬其亲者。

万州质野畏法。城市以织造藤器为业。

崖州治东一百里，习尚多与迈人同。唯语言是客话，略与潮州相似。旧时服用，男妇脑髻戴藤笠。婚不用猪羊，死以圆木为棺。今皆渐变与城郭同。(俱同上)

明

李焘《长编》：开宝八年，琼之俗无医，民疾病但求祝。诏以《方书》、《本草》给之。今多医，而祷祭仍旧。苏轼云：病不饮药，但杀牛以祷。富者至杀十数牛。死者不复云幸，而不死即归功于巫。以巫为医，以牛为药。间有饮药者，巫辄云神怒病不可复活，亲戚皆为却药，禁医不得入门，人牛皆死而后已。(《黄志》)

清

雾露气湿，多毒草、虫蛇、水土之害。性好弓矢。妇女不事桑蚕，止织吉贝。俗皆卉服。地四平，岁三获。民生存古朴之风，物产有瑰奇之状。(《清一统志》)

琼山县俗淳民朴。士专诗书，人守法度，勤农桑，重迁徙。女工纺织，尤精刺绣。原野不习火葬之事，老死不识刑名之书。(《府志》)

澄迈县民性颇淳。士习经书，女务纺绩，田饶家给，颇类琼山。性劲喜事，不受斥辱。(同上)

正月三日，书帖钉赤口于门，谓之禁口。即日群邀渔猎，谓之斗口。二月雷，禁一切事务。清明扫墓，剪荆棘，目拔墓。四月八日，细民家婚姻有不知择日者，多于是日举行（六月六日亦然）。五月五日，营兵操演较射，儿童斗蟋蟀及草花，较胜负。十三日，关帝诞，设醮赛愿，祈保者各带枷锁，有执刀伫立神前三日，曰站刀。甚有剪肉焚香，膊刺大小刀箭者。中秋蒸天南星，去皮食之，名曰剥桂皮。腊月乡民有祝祖祭雷之举。

凡婚葬迁移，率于是月举行。（《澄迈县志》）

定安县，其人性善，而善于词说，敦尚礼教。虽无商贾百工之资，而有勤俭务农之积。然缘饰为文，易生奢靡，博弈之习，遂以成风。（《金志》）

南土沃而民惰，北土瘠而民浇。衣冠文物，大类琼山。治丧不用浮屠，鸡骨占休咎，土历卜水旱。（《文昌县志》）

二月迎南火雷、高凉郡主二夫人，装军拥从，三日方止。（同上）

士知向学秉礼。里甲严事官府，征科如期。煮盐捕鱼皆能养生，但鲜知储积，每资粟豆薯芋。僧尼间或有之。男女出入，多戴藤葵笠。（《会同县志》）

乐会县民俗朴野，犹有礼度。近尚华丽。（《府志》）

临高县，民性梗直，俗多俚野。竞喜事神，不信医药。读书习尚，大概与澄迈同。（同上）

儋州习礼仪之教，有华夏之风，专务农业，不事商贾。淳朴俭约，少有储蓄。家习儒。多艺吉贝、织布，妇女负贩，俗有古风。（《儋州志》）

宋苏轼《闻子由瘦诗》：五日一见花猪肉，十日一遇黄鸡粥。士人顿顿食薯芋，荐以薰鼠烧蝙蝠。旧闻蜜蝍常呕吐，稍近虾蟆缘习俗。十年京国厌肥羜，日日蒸花压红玉。从来此腹负将军，今者固宜安脱粟。人言天下无正味，蝍蛆未遽贤麋鹿。海康别驾复何为，帽宽带落惊僮仆。相看会作两臞仙，还乡似可骑黄鹄。

自注：儋耳至难得肉。

昌邑东北黎岐，以刀耕火种为名，日斫山。集山木而焚之，播蓖麻子、吉贝二种于积灰之上。昌民之利，尽于是矣。阅三年即弃去。西南浮沙荡溢，垦为田，必用牛力蹂践，令其坚实，方可注水。分秧之后，民无男妇老幼，昼夜力田。踏风车取水灌田，或一日辍功，则无水而禾立槁。田边置釜，储粥供食，至有襁褓之子，置筐悬树，就而乳之。东坡云“海南多荒田，所产秔稌，不足于食，乃以薯芋杂米作糜粥以取饱”，此实录也。一遇海水充竭，子妇之力，尽付之河伯一怒矣。(《昌化县志》)

万州婚丧，竞以鼓乐相高，虽贫者亦极力称贷为之。(《府志》)

民性朴直，饶有古风。村妇肩担贸聚，而城市人不敢侮。疾，则以巫为医，采草为药。(《陵水县志》)

崖州与黎僚杂错，妇女不事蚕桑，止织吉贝。家自耕植，田无佣佃。人多业儒，俗重廉耻。(《府志》)

感恩县，民性朴野，士兼耕读，寡争讼，婚嫁多从俗礼。(同上)

琼郡枕海环山，水多咸卤。自儋至崖，丰草与丛棘间生，顽石与深沙载道。刺竹参天，杂树蔽日。见天日处，浮沙没膝，色白如银。跬步如履，炮烙往来，必须夜行。(《感恩县志》)

罗　定

明

泷水山深而险，地僻而险，虽县市中，居民甚少。穷乡远村，瑶僮错杂以居，而深山大谷之中，悉为其巢穴，自古为民患。(尹凤岐《泷水县记》)

土著之民，多质悍，利入瑶为雄长。客籍之民，多文巧，利出瑶为囿。(袁昌祚记)

西宁地境宽平，风气融萃。(何维伯《建县记》)

清

夷僚相杂，以牛羊山溪，耒耜原野。东西本陆，昼夜行，不复知为罗

旁。（《清一统志》）

俗尚质朴，不好华靡，茅屋土壁，什之六七，执业非读则耕。工商技艺，类外境人为之。（《罗定州志》）

东安县治初辟，民瑶杂处。迩来附籍者多，俗尚各因地异。其平畴衍旷之所，人家三五相依，皆赖山林土田之饶，男务耕稼，女事织作。余或以伐山为业，或以渔猎为利，大抵俱勤啬治生，知务本业。

西宁自设县后，数被兵燹，土著者稀，五方杂处。然山川之气，浑朴未凿，俗尚简素。其地山多田少，樵采之利，等于耕植。虽有黄藤、青麻、姜芋等产，然不能成货，唯肩挑以易盐物而已。（俱同上）

明欧大任《连滩呰讯罗定风土寄王兵宪索平蛮碑诗》：兴尽非关道路难，两山烽息久平安。游人茉莉簪藤帽，上客槟榔荐竹盘。疆理更开周日月，井闾今有汉衣冠。西行不索《图经》去，愿借韩陵片石看。

区大相《入罗旁水诗》：井邑新安集，闾阎杂汉瑶。火耕春伐木，山猎夜归樵。潮响蛮溪合，林光瘴洞消。直须勤抚字，勿便困征徭。

连州

汉

桂阳郡滨南州，风俗脆薄，不识学义。荆为设丧纪婚姻制度，使知礼禁。（《后汉书·许荆传》）

唐

连州民风与长沙同。荒服之善部，炎裔之凉墟。（刘禹锡《刺史厅

记》)

阳山天下之穷处也，县郭无居民，官无丞尉。夹江荒茅篁竹之间，小吏十余家，始至言语不通，画地为字，然后可告以出租赋、奉期约。(韩愈《送區册序》)

宋

陈若冲《连山县记》：人物富庶，商贾阜通，有小梁州之号。(《舆地纪胜》)

刘禹锡谪连州，作《畲田行》云："何处好畲田，团团缦山腹。下种暖灰中，乘阳坼茅蘖。"又作《竹枝词》云："银钏金钗来负水，长刀短笠去烧畲。"尝观辰沅亦然。瘠土之民，宜倍其劳而耕反卤莽也。梦得《蛮子歌》云："蛮语钩辀音，蛮衣斑烂布。熏狸掘沙鼠，时节祀盘瓠。忽逢乘马客，恍若惊麏顾。腰斧上高山，意行无旧路。"五溪习俗，尽得之矣。(黄彻《碧溪诗话》)

明

连州人物富庶，商贾阜通。好尚语言，多与湘韶石相相类。(《黄志》)

阳山夹江荒茅篁竹之间，皆鸟言夷面。俗尚俭约，鲜事诗书。其民有三：曰王民，专事渔猎，无商贾屠沽、工匠技艺；曰瑶、曰僮，则居处山峒，腰僮肢弩，性犷而悍，不习拜揖。迄今遵化，役其王民，渐知读书慕礼。然犹婚姻以歌迎送，丧事以歌杂哀。(同上)

清

鲜事诗书，不谙商贾，男女专务耕织渔猎。(《阳山县志》)

连山地无平旷，田不方井。壤接怀贺，地杂僮瑶，性多质朴，不事商贾，专力稼穑。（《连山县志》）

唐刘禹锡《插田歌并引》：连州城下，俯接村墟偶登郡楼，适有所感，遂书其事为俚歌，以俟采风者。冈头花草齐，燕子东西飞。田塍望如线，白水光参差。农妇白纻裙，农父绿蓑衣。齐唱田中歌，嘤咛如《竹枝》。但闻怨响音，不辨俚语词。时时一大笑，此必相嘲嗤。水平笛漠漠，烟火生墟落。黄犬往复还，赤鸡鸣且啄。路旁谁家郎？乌帽衫袖长。自言上计吏，年幼离帝乡。田夫语计吏："君家侬定谙。一来长安道，眼大不相参。"计吏笑致词："长安真大处。省门高巍峨，侬入无度数。昨来补卫士，唯用筒竹布。君看二三年，我作官人去。"

殷尧藩《送刘禹锡侍御出刺连州诗》：遐方迢递五羊城，归兴浓添客里情。家近似忘山路险，土甘殊觉瘴烟轻。梅花轻入罗浮梦，荔子红分广海程。此去定知偿隐趣，石田春雨读书耕。

戴叔伦《桂阳北岭偶过野人所居书事》：犬吠空山响，林深一径存。隔云寻板屋，渡水到柴门。日昼风烟静，花明草树繁。乍疑秦世客，渐识楚人言。不记逃乡里，居然长子孙。种田烧险谷，汲井凿高原。畦叶藏春稚，庭柯宿旅猿。岭阴无瘴疠，地隙有兰荪。内户均皮席，枯瓢沃野餐。远心知自负，幽赏讵能论。转步重崖合，瞻途落照昏。他时愿携手，莫比武陵源。

南　雄

宋

南雄州教授洪勋《修学记》：其俗一而不杂，其风淳而不漓，其人所习多诗书礼乐之业。（《舆地纪胜》）

明

南雄古郡凋敝甚，政和平则盗贼扫迹，野无闲田，四境内粗曰富庶。（张元正《学记》）

清

俗杂夷夏，地虽偏小，无珍异之产来四方之民，而土性温厚，有膏沃之田以为家给之具。（《清一统志》）

风存朴茂，俗尚勤俭。士耻干营，农殚力作，工无淫巧，贾乏重赀。（《南雄州志》）

始兴民性质朴，少于争讼。男则耑力农功，而罔事商贾者。有皓首而足迹不履城市者。妇女性好纺绩。居室仅足以蔽风雨，衣服皆朴素，而无华饰。迩来趋尚礼仪，风俗丕变。服饰居处，衣冠文物，蔚然可观，与中州无异焉。（《始兴县志》）

南唐陈陶《早发始兴诗》：云里山已曙，舟中火初热。绿浦待行棹，行猿催落月。沿流信多美，况复秋风发。挂席借前期，晨鸡莫嘲哳。

嘉　应

明

成化中，刑部郎中洪钟言：广东程乡流移错杂，习斗争易乱。宜及平时，令有司立乡社学，教之诗书礼让。（《明史·洪钟传》）

程乡风俗，善多而恶少。（陈献章《学记》）

兴宁俗轻生而善搆。（祝允明记）

长乐士淳民朴，男不技艺，而多力农；女不蚕桑，而供纺织。（《黄志》）

兴宁俗尚简素，颇敦文行，而亦娴武事。士习大率与长乐相类。

清

民性质实，尚勤俭，重本薄末。地狭民瘠，尚气轻生。君子质木，小人悍蔽，俗称谨愿。婚姻以槟榔、鸡酒为礼。病唯针灸。其民敦朴力田，终岁劳苦以食力。酷信风水，屡葬屡迁。（《清一统志》）

士大夫谨约自好，温饱之家益敦俭素。输赋奉公，不事鞭扑。士喜读书，多舌耕，困穷至死，不肯辍业。（《嘉应州志》）

富家大族，建祠立祀，春秋分及冬至设享，而墓祭尤盛，宰牲列俎，祭毕聚饮冢旁。八月初一，谓之大清明；或清明不祭，必祭于大清明。此虽不尽合礼，犹有敬祖睦族之义，未可厚非也。（同上）

士敦礼让，饬廉隅。农夫一岁两举，沾体涂足，不少休。妇人袯襫茅蒲，与男子均劳苦。病鲜服药，信巫觋，鸣锣吹角，咒鬼令安适，名曰跳茅山。新迁后或一月，或半月，延道士于家，终夕诵经，谓之妥龙神。望

族置书田，入泮者得食其租，所以示鼓励也。(《兴宁县志》)

士淳民朴，然性刚锐，嗜讼，乐斗轻生。(《长乐县志》)

平远县土地沃饶，民唯知树艺，商贾者少。人性执而乏疏通。近渐被教化，陋习一新矣。(《金志》)

镇平县环邑皆山，地土硗瘠。豪猾之民，健讼好争。(同上)

宋杨万里《入程乡县界诗》：长乐昏岚着地凝，程乡毒露喷人腥。吾诗不是南征集，只合标题作瘴经。

卷九

广　西

总　志

广西为南方边徼，秦汉始置郡县，历代号为瘴乡。元明以来，腹地数郡，四方寓居者多，风气无异中土。然犹民四蛮六，习俗各殊。他郡则民居什一而已。国朝德教远播，蛮夷向化。其改流府县，亦已民七蛮三。读书乡举，通籍有人。虽土司人民，亦渐耻沿旧习矣。今列昔人所记粤俗，及见今土风，以志今昔迥异如此。至蛮俗别见诸蛮传，与是编参证可也。

自岭以南二十余郡，大率土地下湿，皆多瘴疠，人尤夭折。其人性并轻悍，易兴逆节，椎结踑踞，乃其旧风。(《隋书·地理志》)

南方逐除夜，及将发船，皆杀鸡择骨为卜，传古法也。卜占即以肉祀船神，呼为孟公、孟姥，其来尚矣。案：梁简文《船神记》云："船神名冯耳。"《五行书》云："下船三拜三呼其名，除百忌。又呼为孟公、孟姥。"刘思真云："元冥为水官，死为水神。冥、孟声相似。"又云："孟公父名愤，母名衣；孟姥父名板，母名履。或云冥父、冥姥，因元冥也。"(段公路《北户录》)

岭南风俗，家有人病，先杀鸡鹅等以祀之，将为修福。若不瘥，即刺杀猪狗以祈之；不瘥，即刺杀太牢以祷之；更不瘥，即是命也，不复更祈。死则打鼓鸣钟于堂北，至葬讫。初死，旦夕大叫而哭。（张鷟《朝野佥载》）

桂人好食虾蟆，仍重干菌为糁，赴食者至以余俎包归遗儿女，虽污衫不耻。（马贽《云仙杂记》）

方言古人有之，乃若广西之蒌语，如称官为沟，主母为米囊，外祖母为低仆，使曰斋捽，吃饭为报崖，若此之类，当待译而后通。至城郭居民，语乃平易。自福建、湖湘，皆不及也。其间所言，意义颇善，有非中州所可及也。早曰朝时，晚曰晡时。以竹器盛饭以篋曰箪，以瓦瓶盛水曰罂。相交曰契交，自称曰寒贱，长于我称之曰老兄，少于我称之曰老弟，丈人行呼其少曰老侄。呼至少者曰孙，泛呼孩提曰细子。谓慵惰为不事产业，谓人仇记曰彼期待我。力作而手倦曰指穷，贫困无力曰力匮。令人先行曰行前。水落曰水尾，杀泊舟曰埋船，头离岸曰反船头，舟行曰船在水皮上。大脚胫犬曰大虫脚。若此之类，亦云雅矣。余又尝令译者以礼部韵案交趾语，字字有异，唯花字不须译。又谓北为朔。因并志之。（《岭外代答》）

广西俗字甚多，如奀音短，言矮，则不长也；奀音稳。一铢许于蒌叶上裹槟榔咀嚼，先吐赤水一口，而后啖其余汁，少焉面脸潮红，故诗人有“醉槟榔”之句。无蚬灰处，只用石灰；无蒌叶处，只用蒌藤。广州又加丁香、桂花、三赖子诸香药，谓之香药槟榔。唯广州为甚，不拘贫富、长幼、男子，自朝至暮，宁不食饭，唯嗜槟榔。富者以银为盘置之，贫者以锡为之。昼则就盘更啖，夜则置盘枕旁，觉而啖之。中下细民，一日费槟榔钱百余。有嘲广人曰：“路上行人口似羊。”言以蒌叶杂咀，终日噍饲也，曲尽啖槟榔之状矣。每逢人则黑齿朱唇，数人聚会，则朱殷遍地，实可厌恶。客次士夫常以奁自随，制如银铤，中分为三：一以盛蒌，一以盛砚灰，一则槟榔。交趾使者亦食之。询之于人，何为酷嗜如此？答曰：辟瘴，下气，消食。食久顷刻不可无之，无则口舌无味，气乃秽浊。尝与一医论其故，曰槟榔能降气，亦能耗气。肺为气府，居膈上，为华盖，以掩肠中之秽。久食槟榔，则肺缩不能掩，故秽气升闻于辅颊之间。常欲啖槟榔以降气，实无益于瘴。彼病瘴纷然，非不食槟榔也。

广西诸郡人多能合乐。城郭村落，祭祀、婚嫁、丧葬，无一不用乐。虽耕田亦必口乐相和，盖日闻鼓笛声也。每岁秋成，众招乐师教习子弟。听其音韵，鄙野无足听。唯浔州平南县，系古龚州，有旧教坊，乐甚整。异时有以教坊得官，乱离至平南，教土人合乐，至今能传其声。

南中州县，有寺观而无僧道。人贫不能得度牒，有祠部牒者无几。余皆童行，以供应圣节为名，判公凭于州县，权行剃发戴冠，遂为真僧。如出公据，其说谓被盗遭火，失去度牒，官为给据为凭，遂以剃戴。

南人以鱼为鲜，有十年不坏者。其法以簟及盐面杂渍，盛之以瓮，瓮口周为水池，覆之以碗，封之以水，水耗则续，如是故不透风。鲊数年生白花，似损坏者。凡亲戚赠遗，悉用酒酢，唯以老酢为至爱。

深广旷土弥望，田家所耕百之一尔，必水泉冬夏常注之地，然后为田；苟肤寸高仰，共弃而不顾。其耕也，仅取破块，不复深易，乃就田点种，更不移秧。既种之后，旱不求水，涝不疏决，既无粪壤，又不籽耘，一任于天。既获，则束手坐食以卒岁，其妻乃负贩以赡之，己则抱子嬉游，慵惰莫甚焉。彼广人皆半羸长病，一日力作，明日必病，或至死耳。（俱同上）

《北户录》云：岭南俗，家富者，妇产三日或匝日，洗儿作“团油”饭，以煎鱼虾鸡鹅猪羊灌肠，蕉子姜桂盐豉为之。据此，即东坡先生所记“盘游”饭也，二字语相近，必传者之误。（陆游《老学庵笔记》）

广南里俗，多撰字画。父子为恩，大坐为稳，不长为矮，如此甚众。（庄绰《鸡肋编》）

岭南风俗，相呼不以行第，唯以各人所生男女小名呼其父母。元丰中，余任大理丞，断宾州奏案，有民韦超，男名首，即呼韦超作父首；韦遨，男名满，即呼韦遨作父满；韦全，女名插娘，即呼韦全作父插；韦庶，女名睡娘，即呼庶作父睡，妻作婶睡。（吴处厚《青箱杂记》）

岭南谓市为墟。柳子厚《童区乙传》云“之墟所卖之”，又诗云“青箬裹盐归洞客，绿荷包饭趁墟人”，即此也。市之所在，有人则满，无人则虚，村市满时少，虚时多。（同上）

岭南地暖，草莱经冬不衰。故蔬圃之中，栽种茄子者，宿根二三年后，渐长枝干，乃成大树。每夏秋熟时，梯树摘之。三年后，树老子稀，即伐去别栽嫩者。又其俗入冬好食馄饨，往往稍暄，食须用扇。至十月旦，率以扇一柄相遗。书中以吃馄饨为题，故俗云：踏梯摘茄子，把扇吃馄饨。（高怿《群居解颐》）

岭南人好啖蛇，易其名曰茅鳝，草螽曰茅虾，鼠曰家鹿，虾蟆曰蛤蚧，皆常所食者。海鱼之异者，黄鱼化为鹦鹉泡（去声）；鱼大者如斗，身有刺，化为豪猪；沙鱼之斑者，化为鹿。（张师正《倦游杂录》）

南人凡病皆谓之瘴，率不服药，唯事祭神。设犯伤寒阴阳二症，岂有坐视而不药耶？且南方之人，往往多汗，上盈下虚，用药者妄发汗吐下，其祸可立而待也。瘴疠之作，率因饮食过度，气痞痰结。槟榔能下气、消食、化痰，故岭海之人多食之。此可类北人之食酥酪。北方地寒，食酥酪故肤理紧密，一旦病疫，当汗则闭塞，而汗不得出，所以病多难治。岭南地热，食槟榔，故脏气疏泄。然一旦病瘴当下，则虚羸而本不能堪。所以土人多体瘠面黄，盖槟榔为患，习而不觉耳。（黄瑜《双槐岁抄》）

广西妇人衣裙，其后曳地四五尺，行则以两婢前携。（林坤《诚斋杂记》）

粤西不毛之地，土瘠民贫，不事力作。五谷之外，衣食上取给衡永，下取给岭南。中人以下之家，株守度日而已。官署曹椽而下，皆短衣芒

脐，或跣足著高屩，无襟裈。其人蠢顽者多，奸棍者少。（《百粤风土记》）

粤人淫祀而尚鬼，病不服药，日事祈祷。视贫富为丰杀，延巫鸣钟铙、跳歌舞，结幡焚楮，酾酒椎牛，日夕不休。事毕插柳枝户外，以禁往来。其中寒热瘟疫者，谓中草子，多以不药，死者相枕，可哀也。

僧多留发，娶妻生子，谓之在家僧。巫尤无他术。叶继熙《临林杂识》谓以几数重，自投而下者为得道。众始宗之，今亦不尽然也。（俱同上）

岭南之市谓之墟，言满时少、虚时多也。西蜀谓之亥，亥者痎也，痎者疟也，言间日一作也。山东人谓之集，每集则百货俱陈，四远竞凑，大至骡马牛羊、奴婢妻子，小至斗粟尺布，必于其日聚焉，谓之赶集。岭南谓之趁虚。而岭南多妇人为市，又一奇也。（谢肇淛《五杂俎》）

岭南屋柱多为虫蠹，入夜则啮，声刮通宵，搅人眠。书籍蟫蛀尤甚，故其地无百年之室，无五十年之书。而蛇虫虺蝎，纵横与人杂处。盖依稀蛮僚之习矣。（同上）

胎发不薙除，长大而无栉篦，不裹巾，蓬垢髼鬡，自古以然，莫可化也，名椎结。（朱辅《溪蛮丛笑》）

不乃羹。牛羊肠脏略摆洗，羹以饷客，臭不可近，食之既则大喜。《岭表录异》曰：“交趾重不乃羹，先鼻引其汁。”不乃者，反切摆也。（同上）

粤中水塘，宵更禁五鼓，仅四鼓而天已明矣。相传击五鼓，则潮水泛溢，此亦悠谬之说。然城中仍五鼓也。（吴震方《岭南杂记》）

岭南妇女多不缠足，其或大家富室闺阁则缠之。妇婢俱赤脚行市中，亲戚馈遗盘榼，俱妇女担负，至人家，则袖中出鞋穿之，出门即脱置袖中。女婢有四十、五十而无夫家者。下等之家，女子缠足，则皆诟厉之，以为良贱之别。

粤俗民家拜扫后，墓上俱覆白纸。宗孙盛者，堆如积雪，清明尤盛。（俱同上）

竹筒分泉，最是佳事，土人往往能此，而南丹、锡厂统用此法。以竹空其中，百十相接，蓦溪越涧，虽三四十里皆可引流。杜子美《修竹筒诗》："云端水筒坼，林表山石碎。触热藉子修，通流与厨会。往来四十里，荒险岩谷大。"盖竹筒延蔓，自山而下，缠接之处，少有线隙，则泄而无力。又其势既长，必用扯阁，或架以竿，或垫以石。读此六句，可谓曲状其妙矣。又《赠何殷》云"竹竿袅袅细泉分"，远而望之，众筒纷交，有如乱绳。然不目睹，难悉其用之巧也。（《粤述》）

刻木为符契，长短大小不等，穴其旁多至十数，各志其事，持以出验，名木契。（《粤西丛载》）

广西夷僚杂居，古为藩服，文物普遍，今类中州。盖由张栻、吕祖谦之道化被于桂，范祖禹、邹浩之正气行乎昭，柳宗元之文声著乎柳，冯京、黄庭坚之德誉动乎宜，二陈（陈钦、陈元）、三士（士赐、士燮、士壹）之经学启乎梧，谷永之恩信、陆绩之儒业播乎浔，马援之约束布于邕，踏义咏仁，月异而岁不同。甚至交趾之界，瑶僚之居，弃卉服而袭冠裳，挟诗书而延儒绅，大平诸军，材贤渐出。由是观之，革俗由政，为政在人，不可诬也。

广西风俗，自唐、宋时颇多不美。如民之贫者，归罪坟墓不吉，掘棺栖寄他处，名曰出祖。生子不举，溺之于水，名曰淹儿。临丧破家供佛，盛馔待客，名曰斋筵。病不延医，杀牛赛鬼，名曰毛药。民多出外，他人略买其妻，名曰卷伴。

此中胥掾阍隶之属，多芼惑不谙事，语之通不了了，虽纤细亦须自检。张七泽云"只为槟榔吃坏"，予问何故，曰："至清之习皆沉坠不能上升，宜其混混乃尔。"

节物所尚，列郡多同。元日设香烛，盛服拜天地君亲及尊长，乡党交贺，三五日而止。迎春日唯郡县竞看土牛，啖春饼，外乡则否。元夜自初十至十六，各门悬灯嬉游以为乐。清明祭墓，新葬者老少聚哭，远年则否。五月一日至五日，为龙舟竞渡之戏，折艾插户，饮菖蒲酒，角黍以相饷，妇人制五色香囊佩之。八月中秋为赏月之会。九月重阳，携酒登高，乡落或椎牛赛会迎神。十月初一，制纸衣往墓焚化，谓之送寒衣。小除日祀灶。除夕扫庭户，祀神祇，家人毕集宴饮，别具肴饭，以达明旦，谓之送旧迎新云。（俱同上）

《南楚新闻》，越俗其妻或诞子，经三日，便澡身于溪河，返具糜以饷婿。婿拥衾抱雏，坐于寝榻，称为产翁。其颠倒有如此。（《李志》）

婚聘不重财用，槟榔猪酒，遍分亲族。客至茶罢，进以槟榔。病事祈祷，丧尚浮屠。葬成，垒石以围其旁。祭祀随所有陈设，无一定之数，精洁不及中土。大抵俗尚简陋，衣服不尚绮罗，富厚之家，遇吉礼则一御之，村民竟有毕生不一见者。饮食唯果腹，宴会止鸡豚常品。屋宇用砖木或用竹，为栋为楹，为柱为瓦，然不坚固；外此则茅檐土壁，古风犹存。为士者一经自画，为农者不知盖藏，工则略习粗迹，商贾近在百里，未有远涉以求利者。（《金志》）

唐李商隐《异俗诗》二首：

鬼疟朝朝避，春寒夜夜添。未惊雷破柱，不报水齐檐。虎箭侵肤毒，鱼钩刺骨銛。鸟言成谍诈，多是恨彤襜。

户尽悬秦网，家多事越巫。未曾容獭祭，只是纵猪都。点对连鳌饵，搜求缚虎符。贾生兼事鬼，不信有洪炉。

清刘宏基《赋粤西拟李义山诗》：关塞秦城古，流风汉土殊。登山求百合，缘木取三都。铜柱钦神武，金蚕事鬼巫。芦笙摇舞蹈，蛮曲斗槊瓠。陟巘轻飞鸟，吹烟类火狐。不知桑海变，自说有金符。

桂　林

宋

《汉书·志》云：吴越之君皆好勇，故其人好用剑，轻死易发。又火耕水耨，人食鱼稻，以猎山伐木为业。果蓏蠃蛤，食物尝足。故呰窳偷生，而无积聚。饮食还给，不忧冻饿，亦无千金之家。信巫鬼，重淫祀。（《寰宇记》）

唐韩愈《送桂州严大夫诗》：苍苍森入桂，兹地在湘南。水作青萝带，山如碧玉簪。户多输翠羽，家自种黄柑。远胜登仙去，飞鸾不暇骖。

唐张籍《送人之临桂诗》：旌旆过湘潭，幽奇得遍探。莎城百粤北，行路九疑南。有地多生桂，无时不养蚕。听歌难辨曲，风俗自相谙。

静江府俗比华风，其土多荒亭篁竹。风俗异西北，民之生理甚艰，是以赋入寡少，郡县亦例以迫束。蛮夷之性不常，赤子龙蛇，交改其恩威，乃克无事。（祝穆《方舆胜览》）

静江民颇力于田。其耕也，先施人工踏犁，乃以牛平之。踏犁形如匙，长六尺许，末施横木一尺余，此两手所捉处也。犁柄之中，于其左边施短柄焉，此左脚所踏处也。踏可耕之尺，则释左脚，而以两手翻泥，谓之一进。迤逦而前，泥垄悉成行列，不异牛耕。予尝料之，踏耕五日，可当牛耕一日，又不若牛犁之深；问之，乃惜牛耳。牛自深广来，不耐苦作。桂人养之不得其道，任其放牧，未尝喂饲，夏则放之水中，冬则藏之岩穴，初无栏屋以御风雨。今浙人养牛，冬月密闭其栏，重稾以藉之，暖日可爱，则牵出就日，去秽而加新；又日取新草于山，唯恐其一不饭也。浙牛所以勤苦而永年者，非特天产之良，人为之助亦多矣。南中养牛若此，安得而长用之哉。若夫无牛之处，则踏犁之法胡可废也。又广人荆棘费锄之地，三人二踏犁，夹掘一穴，方可五尺，宿巨梗无不翻举，甚易为功，此法不可以不存。（《岭外代答》）

静江民间获禾，取禾心一茎稿连穗收之，谓之清冷。屋角为大木槽，将食时，取禾舂于槽中，其声如僧寺之木鱼。女伴以意运杵，成音韵，名曰舂堂。每旦及曰昃，则舂堂之声，四野可听。

岭南嫁女之夕，新人盛饰庙坐，女伴亦盛饰夹辅之，迭相歌和，含情凄惋，各致殷勤，名曰送老。言将别年少之伴，送之偕老也。其歌也，静江人倚“苏幕遮”为声，钦人倚“人月圆”，皆临机自撰，不肯蹈袭其间，乃有绝佳者。凡送老皆在深夜，乡党男子群往观之，或于稠人中发歌，以调女伴，女伴知其为谁，亦歌以答之，颇窃中其家之隐慝，往往以此致争，亦或以此心许。

桂林傩队，自承平时名闻京师，曰静江诸军傩。而所在坊巷村落，又自有百姓傩。严身之具甚饰，进退言语咸有可观，视中州装队杖似优也。推其所以然，盖桂善制戏面，佳者一值万钱。他州贵之如此，宜其闻矣。

静江腰鼓最有声腔，出于临桂县职由乡。其土特甚，乡人作窑烧腔。鼓面铁圈出于古县，其地产佳铁，铁工善锻，故圈劲而不褊。其皮以大羊之革——南多大羊，故多皮，或用蚺蛇皮鞔之。合乐之际，声响特远，一二面鼓，已若十面矣。（俱同上）

全州狱讼希简，风俗俭陋。（《方舆胜览》）

清湘间山深水阔，可耕而庐者，十无二三。凡为生，不渔则樵。土地风气，虽与闽粤不同，而生理则易。（同上）

明

桂林竞渡舟，长十余丈，左右衣百数人，右麾白旗，左麾长袖，为郎当舞。中扮古今名将，各执利兵，旁置弓弩，遇仇敌不返。兵胜则枭而悬之，铙歌合舞。十年一大会，五年一小会，遇甲戌年为之，有司毫不敢诘。(《赤雅》)

明杨基《桂林即兴诗》：会见重华出狩来，漓江庙宇野棠开。山无桧柏皆岩穴，地有芝苓尽药材。花布短衣齐膝制，竹皮长帽覆眉裁。也应风土交州近，丹荔红椒不用栽。

明曹学佺《桂林风谣》九首：

楚粤流皆仰，湘漓水自分。易生阶面草，难度岭头云。素节龙舟竞，冥搜鼠穴薰。水东街最盛，游女曳罗裙。

零陵入始安，桂海地漫漫。节令无冬夏，阴晴变燠寒。茗含烟气重，蔬裹白沙干。癸水东城入，兵戈幸不残。

自古云荒服，分藩亦懿亲。银章悬国信，朱邸错居民。城外宽文网，车中吐锦茵。他方传好尚，厌罢此才新。

物候中华隔，阴寒转苦卑。桂花多晚实，松树每交枝。蠹粉时侵面，冰风易中饥。岭西饶药物，病懒亦谁医。

箫鼓沸中秋，肩挑水族稠。餍飧临午顿，节序竞时修。月兔灯俱上，风鸢瘴易收。官街青石路，醉倒滑如油。

不住槟榔嚼，相传好辟岚。喉干如转磨，叶响似喂蚕。弃地皆脂泽，逢人若醉酣。生年无半百，黄面老瞿昙。

偏安闯此地，汉法已全疏。塞迥书违雁，溪清弩射鱼。穿山为孔道，放陡下灵渠。待子桃园隐，村村尽可居。

夜坐多蚊母，秋成半芋魁。寄桑传酿法，文石中碑材。或饷资桥税，山田仰粪灰。广南商贩到，盐厂雪盈堆。

瑶粮杂猝办，村老未全驯。风俗传鸡卜，春秋祀马人。法依山例峻，歌迭浪花新。懒妇田间过，忙将织作陈。

清

风气清淑，习俗淳古。早温昼热，晚凉夜寒，一日备四时之气。笃信阴阳，尚巫卜。士知经术，虽家贫未尝废学。俗尚质朴，不事浮靡。婚烟庆吊，以槟榔为礼。（《一统志》）

见闻盛于他郡，士尚经术，虽家贫未尝废学，人物蔚然可观。《桂林志》曰：岭南地气卑下，唯静江与湖湘接壤，民风习俗，不殊中土。杜工部云“宜人独桂林”，可以得其概矣。（《金志》）

八桂之俗，不事浮靡，民俗淳古。山拔水清，士多秀美，知经术，登科肮仕，代不乏人。气候与江浙类，衣冠与中州同。（《临桂县志》）

明解缙《临桂大墟诗》：大墟江上芦田寺，百尺清潭万竹围。柳店积薪晨爨后，僮人苳叶裹盐归。

兴安民务农业，暑雨祁寒，不辞力作。敦俭朴，鲜有争斗。为士者以礼自闲，好读书，崇文墨，风气习尚与临桂相类。（《金志》）

灵川风俗淳美，冠婚丧祭，俱用礼乐。（《李志》）　水清土薄，有赤埴白壤之异。故民之乡音，十里而殊。性朴实而鲜谋治生，易足无积聚。唯事耕渔，不知商贾。（《金志》）

凡货以竹叶裹，狼藉于袖而投之。婚礼鹅酒榔饼为小茶，猪羊鸡鹅饼为大茶。士行亲迎，庶民用巫禳。于轿前童子侍饮，歌俗词以为乐。方言：天曰铁，地曰的。父曰阿把，母曰阿嗟，哥曰郭，嫂曰搔。水曰输，火曰呼。吃饭曰慊缚，吃酒曰慊揪，吃茶曰慊酌，吃锅曰慊唐。袍子曰包兹，外套曰物套，帽曰毛力，靴曰赫靴力，鞋曰嗄。碗曰窝，箸曰跨，锅曰谷力，甑曰再，扇曰谢，壶曰乎。（《灵川县志》）

阳朔士尚经济，农力稼穑，工不求甚巧，贾不愿致远。民朴而不知法，士文而鲜好古。考其素业，非猎则渔，非农则樵。谷蔬絺布，衣食常足。(《李志》)

永宁民安本业，家无积贮，士知教化，俗少浮夸，女不蚕桑。市鲜贸易，民用悉资邻境。礼数渐趋于文。(《金志》)

永福民务力穑，不为商贾。家不积贮，不忧饥寒。吉凶之礼尚节俭。地连溪岗，民僮杂居，人多椎鲁。(《永福县志》)

义宁士笃行谊，耻浮薄，鲜有机械之巧。民性质朴，多耕种，不习工商，而好称贷禾稻之利。不健讼，少游手，贫则佣工以度日。(《金志》)

全州当湖南尽处，接轸广右。风俗淳朴，讼狱稀简。田野沃润，民以耕渔为业。(《李志》)　　士子读书登科甲者甚众。君子有齐鲁之风。元宵以童子扮好女，联臂歌采茶。二月八日，湘州寺鬻器物辐辏，名淞花会。三月三日，簪荠花，清明簪柳叶。四月八日蒸乌饭。士勤读尚质，逐末者人咸訾之。西延沃壤，而生顽根。(《全州志》)

元陈孚《全州诗》：城郭依稀小画图，佛光犹照铁浮屠。斑烂归洞见盘瓠，格磔满林闻鹧鸪。蒸水北吞双练急，相山南耸一螺孤。停鞭欲问炎州事，不奈侏离见矮奴。

明解缙《过全州诗》：全城三面临湘水，扑地闾阎百姓家。溪女晚来争渡处，满船荷叶杂荷花。

灌阳冠婚丧祭，悉遵《家礼》。勤力生业。负贩者莫不能笔具字，龆龀之童，皆知读书。缙绅家雅好华丽。(《金志》)

柳　州

唐

学者道尧舜孔子，如取诸左右，执经引仁义，旋辟唯诺。中州之士，时或病焉。（柳宗元《柳州文宣王庙碑》）

唐柳宗元《柳州峒氓诗》：郡城南下接通津，异服殊音不可亲。青箬裹盐归峒客，绿荷包饭趁墟人。鹅毛御腊缝山罽，鸡骨占年拜水神。愁向公庭问重泽，欲投章甫作文身。

宋

柳州山水清旷，中朝名士初寮辈，尝避地寓居。耳濡目染，或者耻于为非。柳河东之教化，其所由来远矣。（《方舆胜览》）

人观中士之弦诵，至三百人。（汪藻《学记》）

融州昔范石湖至，能帅桂林。尝请于庙，每岁令瑶人预圣节锡宴，除属县塞堡外，州庭几至千人，列坐两庑下，皆椎髻厮衣，以青红染纻，织成花缦为服。吹匏笙为乐，听之如聚蚊声。十数连袂，眩转而舞，以足顿地为节。刻木为契约，字画如梵书不可晓。（《方舆胜览》）

宋陈藻《冬日融州诗》：四只鱼船叩板门，几家茅屋长儿孙。天寒水浅江成路，地僻人稀郭赛村。

象州俗好淫祀，以鸡骨卜凶吉。人多骋猎，郡少秀民。多膏腴之田，

长腰玉粒，为南方之最，旁郡亦多取给焉。（同上）

宋孙觌《到象州，寓行衙，太守陈容德携酒至诗》：饤坐黄柑噀手香，堆盘丹荔照人光。莫辞蜒酒一尊赤，会压瘴茅千里黄。未意谗言遭薏苡，直将空腹傲槟榔。酒醒梦觉知何处，树影参差月满廊。

清

古为南夷，椎髻卉裳。至唐始循法度，民业有经，公无负逋，嫁娶葬送，各有条法，风土与中州不少异。人少斗讼，喜嬉乐。民淳事简，俗阜物庶，视他州为乐。土地无桑柘，不事蚕作。（《一统志》）

清黄东昀《柳州杂咏》五首：

八龙同见果何灵，鹑尾州躔第四星。一自柳侯开化后，弦歌听满锦秋亭。

麻阑茅舍不宜秋，妹夜荒山缓缓游。圣母有灵初赐孕，椎牛酾酒结花楼。（自注云：僮语妇曰“妹夜”，有孕曰作“阑”。延师巫，结花楼，祀圣母，不知其何神也。）

钗动花飞满路岐，踏歌冯轼听来迟。玲珑一曲相思引，妙绝桑间幼妇辞。（自注云：时有歌者曰：“妹相思，不断如蛛丝。蛛丝结就檐前网，任尔西风吹不披。”）

社过蒹葭白露浓，黄云满地点秋容。家人胼胝分稂入，一半辛勤为十冬。（自注云：土人谓分禾曰分稂，谓排年里长曰十冬。）

来朝岁序又更新，故事煎油拜土神。唯愿鹧鸪黄蚁集，百年欣作太平民。（自注云：僮俗每岁除，置油鹧鸪于地，早验黄蚁集则军强，黑蚁集则僮强。僮谓汉人曰军人。）

马平山高而秀，水清而驶，地暄雪少，土瘠民淳。多尚诗书，悃愊无华。（《金志》）　　附郭内外，有邹鲁之风。拙于治生，鲜有盖藏。山中民杂僮瑶，犹染陋习。（《马平县志》）

雒容民与僮并。僮居十七，力耕而食，颇堪自赡，俭岁亦不至大困。喜唱歌，春秋相聚戏嬉。婚娶概用牛豕，屏声华，崇俭约。（《金志》）

罗城，柳宗元《大雪寺记》云：越人信神而易杀，傲化而俪仁。俗好游惰，男不知力田，女独苦井臼。贪口腹，遇墟日，辄酗酒餍肉，滥费不思积贮。婚姻不用媒妁。农人岁只一熟，春耕毕，即宰牛以罔利，官禁乃止。（《柳州府志》）

柳城古龙城地。被服柳侯之化，遵法禁，耳诗书。厢民尤为秀淳，服饰仪制，俨然士风。各乡狼土户多俭勤，然尚鬼信卜，好杀易仇。柳属之人，风气大都相近。（同上）

怀远田不用桔槔，室不用匠盖。（《怀远县志》）　　民淳率，畏法讼，狱稀简。女兼樵织。无文约，以木刻为信，有结绳之风。婚礼姐娣有女，必嫁兄弟之子。祭奠唯以清明、中元为重。民间条约甚严，里中鲜有敢为盗者。但性多刚劲，宜导以诗礼耳。（《柳州府志》）

明桑悦《按行怀远诗》：牵裳跳跃舞婆娑，罗汉吹笙女仔歌。犹胜李陵闻卤乐，身沦异域感伤多。

《玉融志》云：融在柳州上游，气候与湘湖不殊。民俚直尚信，士淳朴知学。《县志》云：服饰朴素，男女有别，士尚儒雅，女务纺绩。（《柳州府志》）

象州不事蚕桑，以积麻织布为业。(《金志》)　　椎髻箕踞，顽梗不驯，贪利寻仇，瑶僮积习。近来民俗淳朴，诗书之家，亲兼耕种。妇勤馌饷，男女成群，僮俗也。(《象州志》)

来宾，近郭城居民多朴淳，谨晓法度。远乡皆僮人，大率顽梗不驯，贪利寻仇，好杀轻命；近来虽渐即抚循，然鼠牙雀角之风，犹居然岩邑也。(《金志》)

庆　远

宋

宜州江山险峻，人风犷戾，常持兵甲以事战争。皆左衽椎髻，礼异俗殊，以岩穴为居止。(《太平寰宇记》)

周子功云：南丹州男女之未婚嫁者，于每岁七月，聚于州主之厅，铺大毯于地，女衣青花大袖，用青绢盖头，手执小青盖，男子拥髻皂衣帽，各分朋而立。既而左右队长，各以男女一人推仆于毯，男女相抱持，以口相呵，谓之听气。合者即为正偶，或不合则别择一人配之。盖必如是而后成婚，否则论以奸罪也。(周密《癸辛杂识》)

清

民性轻悍，人风犷戾，常持兵甲。礼异俗殊，以岩穴为居止。山高地瘠，田寡人稀，民多贫而重去其乡。瑶僮杂居，天河、思恩又有伶僚、姆佬、俅佯、佷侗之属，皆盘瓠遗种。(《一统志》)

民有两种。寄籍丧葬遵制，知尚礼义，声化所暨，彬彬文物。土民陋俗，唯知饮食、踏歌。四月煮乌饭，七月杀鸭祭先。婚姻女巫为导，新妇

支伞徒行。生子母家治奁具。丧愈百日始吊唁。（《庆远府志》）

岭表占卜甚多，有鼠米卜、箸卜、牛卜、骨卜、田螺卜、鸡卵卜、篾竹卜，俗尚鬼故。

阳山人四季皆祀鬼。所最敬者唯龙老爷，即其昔时所从为乱者，亦能降神，然只阳山人信之。又七月十四日目莲节，多杀鸭祭先，烧化冥财。其日路无行人，名为躲鬼。八月中秋不供月，唯以被覆妇女，用土音咒诵，妇女晕去，他人生魂即附其身，能歌能唱，名曰压禁。婚聘以猪以牛，无槟榔果品之类。婿家用幼女二人，并土巫往女家导女。女家三五十人送之。新妇以伞自覆，步行至婿家。过宿即归，不与夫会合。此后遇社日、插秧日、收禾日，方往夫家。至三四年后，女父母制送奁具，始常往偕老。亲死过宿即葬，不用浮屠、堪舆，百日后孝子开斋，亲戚方往吊唁。祭无定品，亦竟有不祭者。（俱同上）

宜山习俗颇淳，山高地瘠，不娴工技。汉民恒自修异，俎豆皆有古法。甲有丧，乙为之资，乙有丧亦然，名曰结孝。（《金志》）　　槃瓠遗种，淳谨畏法，不知外事，老死不去其乡。（《庆远府志》）

天河东西南三乡，旧传俱槃瓠种，语言各别，唯北乡为百姓。岁时伏腊，会聚婚礼，以牛为聘。每年秋成后，男女赠答鸡黍，杂坐讴歌，不脱蛮习。（《金志》）　　有服断肠草者，案之皆细故。（《天河县志》）

河池百姓皆寄籍，瑶僮十居八九。鴂舌侏儒，语言不通。唯鄙啬务农，业鲜蚕桑技艺。（《李志》）　　唯喜赛鬼跳神，汉人时或效之。（《金志》）　　有争以高年为赛老，判断不能平者，始告诸官。（《庆远府志》）

思恩民风近朴，不事诗书。火种水耨，畎亩不粪。怀仇搆怨，数世不忘。又尚鬼崇巫，薄殡殓。日唯两粥，宴会始饭。妇女草笠短衣。旧俗开征时，以一牛置城门外，请官祭毕，乡老挥刀断牛首。（《金志》）

东兰以土姓仇夺，改流官。蛮民以山为巢，跳越溪峒，有悍桀故习。宫长听断，中其情罪，即俯首帖服。不通官语，鲜诵诗书。男女力耕勤俭。

庆远所属土州县，向俱羁縻。南丹种植，山岭射生以食。那地一脔之微，往往操戈。忻城愚朴坚悍。永定与汉无别。永顺民多古朴，瑶人死多不葬，不食盐。官族好嬉游，多诡诈。

庆远土属有谓之出圣者。其人夫死，或素为乡里所敬惮，遇其生魂辄病。问神识之，祭之即愈，死反寂然。（俱同上）

思　恩

宋

宾州岭外邑居，犹有冠冕之风。其姓陆者绩之遗嗣，尚有银章青纲铜虎符，乡宗重之，皆云绩物也。《说文》云：纲，青绶也。其俗有礼会，击皮鼓、吹葫芦笙为乐。（《寰宇记》）

宾州民醇事简，俗阜物廉，巢居崖处，尽力农事。墟市所集，白黑相半。前辈诗云："萧鼓不分忧乐事，衣冠难辨吉凶人。"于工织布，煮练如雪，缜密可爱。妇不识蚕，野不植桑。计口筑室如巢窟，屋壁以木为筐，竹织，不加涂塈。（《方舆胜览》）

清

瑶僮杂处，不事诗书。自明始建学，粗知礼义。土俗重财轻杀，出入以自卫。居民力田，不事商贾。男裹青帻，女戴竹笠。婚娶不避同姓。市廛多妇女贸易。疾病唯巫觋。（《一统志》）

自王文成治后，秀良子弟，知读书习礼。冠婚丧祭，几近于中州。民务耕绩，家无积蓄。土人则性朴而悍，土官族尚仿佛汉人。（《金志》）

武缘县，男知力田，女业纺绩，节啬治生，安于朴素。（同上）

宾州罗奉岭，去城七里，春秋二社，士女毕集。男女未婚嫁者，以歌诗相应和，自择配偶。各以所执扇帕相博，谓之博扇。归日，父母即与长礼。（《粤西丛载》）　　民俗朴拙，不谙商贾，家无积蓄。病不服药，专尚祭祷。死丧必用佛事。古志云：宾州百粤地，俍僮杂居，丧葬无礼。宋明以来，王化覃敷，文风丕振，科弟蝉联，貤封旌表，间亦有之。（《金志》）

迁江俍瑶蛮僮杂处。俗信巫鬼，讼不经官。架板为居，上栖男女，下畜牛豕。不习诗书，不勤生业，不种杂粮，家无二牛，廪无余粟。丰年足衣食，俭岁竟不可问。（《金志》）

上林百姓皆土著，风俗朴茂，克胜农业。冠婚丧祭，一遵古礼。（《金志》）　　风化所被，人文蔚兴。间有瑶俍，今亦向化。（《上林县志》）

田州土瘠，多种芋粟，为饔飧。寡储蓄，有牛为富。习尚顽梗，重财轻杀，老幼出入佩刀。妇女贸易墟市，唱歌游戏。（《田州志》）　　服器俭啬，粗知礼义。比以流官驻治，即土司亦以抚循入上计，声化所暨，向善蒸蒸焉。（《金志》）

古零民朴性柔，知稼穑，不务商贾，贫窭无积蓄。味善酸辛，食无茶盐。跣足不履，长裙短衣，荒陋未除。官族子弟，劝学发蒙，亦有慕声名、修伦让者。（《金志》）

泗　城

清

地生烟瘴，亦有霜雪。民居架木为巢，或结茨山顶，依傍岩穴。鲜平畴，土人皆凿山以耕，导泉引涧，功劳而收薄。（《一统志》）

民多愚朴坚悍，刻木誓信，守死不渝。饮食衣服，婚丧宾祭，多与华异。因病禳鬼，至费，甚或破产。然俗尚勤俭，骨肉知亲爱，犹不失上古遗风。（《泗城府志》）

凌云初沾礼教，俭陋冥愚。婚丧粗具规模，尚知重祭。恒坐地饮食。瑶僮掘诸药，负卖市间。颇安耕凿。（《凌云县册》）

西隆种稻山巅，贫无储积。每椎牛饮生血，不食盐。人无长幼，好疑重鬼。会饮和歌，其声纥那。（《金志》）　　性骁悍，重恩怨，食人一脔，辄以身许；或因酒食，往往操戈。居择山巅，无床几器物。有仲依倈俜偎各种，风尤陋云。（《西隆州志》）

西林土人，散处山林，架木为屋，爨寝在上，牛畜在下。遇水则种植于山巅，而引以灌溉。终岁一收，闲则猎较。（《李志》）

不读诗书，不通汉语。性慓悍。男持镖佩刀，女戴笠跣足。嫁娶不避同姓，旧习相沿，今渐向化。（《西林县志》）

平　乐

宋

昭州谷熟时，里闾同取。戊日为腊，男女盛服椎髻，徒跣聚会作歌。悉以高栏为居，号曰干栏。三日一市。（《寰宇记》）

昭州风声气习，布衣韦带之士，肩摩袂属，视沅湘以南，从伯仲。决科入仕，每每不乏。朝廷兴崇学校，而中上舍者三人，贡雍辟者二人。（《方舆胜览》）

贺州俗重鬼，常以鸡骨卜。《汉书》云：越巫以鸡骨卜。有草名冠脱，高一丈，叶如荷，而茎中有瓤。又俗多构木为巢，以避瘴气。豪渠皆鸣金鼎食。所居谓之栅。节会即鸣铜鼓，大者广一丈，小者三四尺。好吹匏

笙。俚人削竹筋为箭，以叶羽之，名曰圭黎。（《寰宇记》）

贺州稍近湖外，山清水秀。去州二十里，深山大泽间，多瑶人所居。民俗耕种，虽无资积，亦不饥寒。士知为学，民知力田。虽溪洞蛮瑶，亦皆委顺服从，无剽劫之患。自咸平三年欧阳陟登科之后，题名雁塔，时有其人。（《方舆胜览》）

清

民居多竹茨茅户。气候不齐，一日数变，昔号瘴乡。民瑶杂居。（《一统志》）

士重取与，农务稼穑。室多结茅，家鲜储蓄。（《李志》）

自范祖禹、邹浩之正气行乎昭州，渐仁摩义，贤才蔚兴。食用俭朴，不习诪张。多老死不见官府。（《平乐县志》）

平乐廛市居民，多东粤及全州人。士衿每以治生为苦，然不事干谒，颇知自好。民但务农，不谙商贾，无厚积，亦无繁费，故途罕乞人。婚礼迎娶，民间用肩舆，瑶僮母扶女用雨盖蔽面。富家大族，时有以异姓为螟蛉者。山川郁秀，文风颇盛。前代科目得人，甲于诸郡。（《金志》）

清赵申季《平乐竹枝词》六首：

天绘亭边感应泉，侍郎归去姓名传。佳儿瞻拜徘徊久，万里重来证夙缘。

曾将弓韣祀高禖，敢望宁馨降玉台。抱送向迟劳孔释，道乡先引石麟来。

髻挽青螺鬓发鬈，银环两两耳边悬。情知不是於潜女，卖弄如霜屦木穿。

盘丝绘蜡样新裁，细叠湘文扫绿苔。闻道使君风度好，也随童叟望尘来。

山城二月踏青时，僰女低鬟唱《竹枝》。今日采风删郑卫，芍兰栽向汉江湄。

雀角唯凭草一丛，数将赢缩决雌雄。老瑶何事偏投牒？应爱君侯判牒工。

恭城虽十室之邑，地邻衡永，风气尚相类。士之业诗书、取科第者，累累有人。（《李志》）　恭城水土和平，语音最正，性气温淳。力耕自便，罕赴官司，赋役征输，岁无逋抗。婚姻不重财，槟榔为聘。缙绅士大夫，守礼好义，不事干谒。（《恭城县志》）

富川淳朴，尚鸡卜。民戍杂居。士子文章相师。细民乐于自便，罕在官役，乐输正赋。唯瑶性犷悍，自昔称难治焉。（《平乐府志》）

贺俗尚质朴。居恒服葛樾木绵，如缣丝之属，唯庆贺诸吉礼，乃一御之。士知力学，列科登甲。民唯知务农，不事蚕桑，男女皆力作。（《李志》）

荔浦民但知耕植，不谙贸迁。士衿每以治生为苦，甚至身无完衣，不事干谒，饶有良士风。（同上）

清史夔《送陈曾起宰荔浦诗》：百粤官程远，镆铘一线通。蛮云鹦鹉绿，毒水荔枝红。善气驯春甸，清音变土风。三年应报政，名冠御屏中。

清余葆光《送陈曾起宰荔浦诗》：木巢竹屋满山城，罗女蛮童椎髻迎。岁晏采香输税罢，家家赛腊弄匏笙。

修仁民性粗疏，鲜争讼。男务耕读，女事纺绩。吉凶礼仪，服食器用，不尚华侈。居无厚积，随地所出，亦足以供。（《李志》）　趁墟之日，男女歌答，唯僮为然。（《金志》）

粤以昭平为创县。其初田野倨侮，近被教化，渐及于礼。（《李志》）

诸乡民瑶杂处，多机智，习争讼。士文采可观，然少谨饬循礼。近始革薄返淳。（《金志》）

永安土瘠民贫，人以耕种为业，不事技巧。商贾贸易，流寓者多。诗书之族，颇勤于学，而孤陋不免。比户茅檐竹舍，俭朴成风。民与瑶僮杂处，而民居其三。百粤多畜蛊，永安先时亦间有之。（《金志》）

梧　州

宋

梧州南越至新宁县多俚獠，善为犀渠。左太冲所谓“户有犀渠”。又云阳夷之甲，以锡箔饰之，杂以丹漆，照辉昱晃，左思所谓“阳夷勃卢”。（《寰宇记》）

《藤州郡国志》云：俗以青石为刀剑，如铜铁法，妇人亦为环以代珠玉。夷人死，往往化为貙貙少虎也，其初穴棺如鼠，渐如狗大，并是人肝所感。

容州夷多民少，鼻饮跣足。好吹葫芦笙，系铜鼓，习弓弩。无蚕桑，缉蕉葛以为布。不习文学。呼市为墟，五日一集。人性刚悍，重死轻生。地多瘴气，春为青草瘴，秋为黄茅瘴。水瘴江，即马援云“仰视飞鸢，跕跕落水中”，即此地也。（俱同上）

容州人性刚悍，重死轻生，不习文学，鼻饮跣行。渡江以来，北客避地留家者众，今衣冠礼度，并同中州。（《方舆胜览》）

南仪州俗不知岁，唯取用八月酉日为腊，长幼相慰贺，以为年初。每月中旬，年少女儿盛服吹笙，相召明月下，以相调弄，号日夜泊，以为娱。男儿以白布为巾，女儿以白布为衫。（《寰宇记》）

明

梧江竞渡龙舟，长十余丈，坐可五十余偶。有衣白数人，分立舟上。每棹动则右手麾小白旗，左手麾袖。袖甚长，如所谓郎当舞袖者。（魏浚《峤南琐记》）

梧州士民，唯知力穑，罔事艺作。尚师巫。市多妇女，椎髻跣足，粜谷卖薪。婚聘多用槟榔，男女不行醮礼。兄弟反称姐妹，叔侄每呼公孙。男多出赘，称曰嫁，而有其妇翁之产；女招婿称曰娶，而以己产与之。甚至男更姓以从女，或于男姓更加女姓，永不归宗。女既受聘，改而他适，亦恬不为意。性顽悍而轻生，凡逋粮避差，与睚眦小怨，即投山服毒。毒草名葫蔓，一名断肠，羊血熊胆急灌之或甦，迟则无幸矣。信讼师，至破其家。游手之徒，博弈为生。奸民揽纳土豪，锁酷随处有之。客民闽楚江浙俱有，唯广东接壤尤众。专事生息，什一而出，什九而归。中人之家，数十金之产，无不立折而尽。充兵戍衙役，急即逃去，多翁源人。习文移，持刀笔，为官府书吏，仰机利而食，遍于郡邑，多高明人。盐商木客，列肆当垆，多新顺、南海人。（《粤西丛载》）

明王祐《次梧州诗》：苍梧平远水如苔，日出官船荡桨开。五莞江从南海去，九疑山跨道州来。乘槎蜒户缘流住，输粟瑶民出洞回。圣代分巡方遣使，咨询敢惮遍蒿莱。

清

人性轻悍，俚人质直尚信，诸蛮勇敢自立，多重贿轻死。（《一统志》）

梧州当两粤之交，风气不甚悬别。宦游者慕清修，林居者谨干谒。屋

宇编竹葺茅，器用朴素。民之近山者樵，近水者渔。（《金志》）

苍梧知学务耕，民俗俭朴。（《方舆纪要》）　　商贾辏集，类多东粤人，为其渐染，事尚纷华。川浴山讴，手搏鼻饮，出苍梧旧纪者。今虽僻远乡落，亦知以陋习为耻，彬彬日变矣。（《金志》）

藤县地广人稀，俗尚简朴。（《李志》）　　良材秀民，好学者多。饭稻羹鱼，有陂池山泽之饶。（《梧州府志》）

容县，闽楚江浙人多有侨寄此者，与东粤接壤，其类更众，而土著实稀。或云都峤山秀耸客位，故流寓日盛。若务本力农，罔识贸迁，则与岑藤类。（《金志》）

明刘崧《容县粉壁道中诗》：树杪高崖尽插天，岩腰坠石半侵田。火烧山木断平路，骑马乱行江水边。

岑溪民性淳良，而少机巧；士知读书，而少浮嚣。服舍朴素文饰，饮食俭约。婚丧以贫富为厚薄，缘情合礼，差为善俗。（《金志》）

怀集丰俭相权，务力穑，先公赋。士民性习简朴，擎拳椎髻，有“狉獉”风；耕田凿井，有“含哺”风；土垣竹屋，有“茅茨”风；方塘一亩，箐篆千竿，有养鱼种竹风；其为士者，布袍蔬食，懒谒公庭，有武城澹台氏风。（《怀集县志》）

浔　州

宋

浔州民淳讼简，人多业儒。僻处山间，地瘠民贫。郁江东注，溪蛮峒僚，不际其境。民之从化，岂间然哉！（《方舆胜览》）

宋陈藻《过桂平诗》：岭南大半尚鸿荒，城壁空坚草莽长。忽到浔州江上饮，喜他风物近吾乡。

贵州多何、滕、黄、陆等姓。以水田为业，不事蚕桑。生以唱歌为乐，死以木鼓助丧。又郡连山四百里，有里人皆以乌浒诸夷，率同一姓。男女同川而浴，生首子即食之，云宜弟。居止接近，葬同一坟，谓之合骨，非有戚属，大墓至百余棺。凡合骨者，则去婚异穴。聘女既嫁，便缺去前一齿。(《寰宇记》)

贵州土风尚质，不事华饰，不机巧趋利。刀耕为业，不产蚕丝。蕞尔之区，闲田瘠土，茅苇相望，而无原隰膏腴之地。俚人质直，重货轻死，以富为雄，盖古者夷僚之俗如此。(《方舆胜览》)

宋李纲《次贵州诗》：青枫夹道鹧鸪啼，古郡荒凉接岛夷。陆绩故城依石巘，葛洪遗灶俯江湄。光风冉冉吹香草，烟雨濛濛湿荔枝。欲作终焉卜居计，自应句偻不吾欺。

清

地瘠民贫，力耕为业。人物淳和，不事谄作。(《一统志》)

浔虽古荒服地，沃壤颇多，山水奇秀。民淳讼简，人多业儒。(《李志》)

汉谷永、吴陆绩，迪之以诗书礼乐；宋明道、伊川，流风广被，士子益翕然向学。民唯务稼穑，不谙服贾，勤谨俭素，颇有古风。(《金志》)

桂平民瑶杂处，田少山多，衣冠礼仪，崇尚淳朴。秀而士者，知肄业以广闻见；愚鲁之民，唯以耕凿为务。(同上)

平南民俗淳朴，不事机巧，罕习军旅，犹慕文儒，颇勤农务。然人性轻悍，信巫鬼，重淫祀，椎髻箕踞，乃其旧风。(金志)

明王清《风俗谣》：平南虽瘴地，风俗犹可观。千家烟火合，百里封疆宽。男务耕耘女务织，弦歌里巷多儒冠。我时承恩镇南粤，分符两度来征伐。旗影朝飞蛇岭云，鼓声夜落乌江月。乌江月落刁斗鸣，拔剑起舞秋风生。安得貔貅千万士，一扫蛮洞烟尘清。倒挽大河洗兵甲，长使斯民歌太平。

贵县风尚朴素，不机巧取利。士多志学，虽贫亦延师教子。（《怀泽旧志》） 男子务耕读，妇女守闺范，崇尚廉耻，风土温厚，虽凶年亦无乞丐。（《金志》）

武宣民物淳良。《舆地志》 谓武宣民不住地，架板楼居，下顿牛畜，谓瑶僮也。（《金志》）

南　宁

唐

邕州之南，有善行术者，取鸡卵墨画，祝而煮之，剖为二片，以验其黄，然后决嫌疑、定祸福，言如响答。据此乃古法也。《神仙传》曰：人有病，就茅君请福，煮鸡子十枚，以内帐中。须臾。茅君掷出，中无黄者病多愈，有黄者不愈，常以此为候。愚又见卜者流杂书，传虎卜、紫姑卜、牛蹄卜、灼骨卜、乌卜，虽不法于蓍龟，亦有可称者。（《北户录》）

宋

邕州乡村皆戴白头巾。《邕州图经》云：俗悋吝浇薄，内险外蠢。椎髻跣足，尚鸡卜及卵卜。堤㐌俚僚，有四色，语各别，译而方通。又在州

晋城县蛮渠，岁时于石溪口通商，有马会。《说文》曰：马会今之僚市，以竹灰为盐，不事五味。（《寰宇记》）

横州三梁故县，乌浒所巢。（同上）

横州地隘民瘠，俗唯种田。（《方舆胜览》）

明

余初到横，人南郭门，适成市，荷担贸易，百货塞途，悉皆妇女，男子不十一。余甚疑焉，询之，京城中居者多戎籍，不敢买仆，有仆则有差，虽武弁之家，例不得免，故厮役多用妇女。至于贩粥侍从，亦然。大家巨族，有至一二十人。有善经纪者，值银二十两。有司、民间亦染此俗，诚可鄙也。又有乡村人负柴米入市，亦是妇人，尤为可笑。（王济《日询手镜》）

岭南好食槟榔，横人尤甚，宾至不设茶，但呼槟榔，于聘物尤所重。士夫生儒，衣冠俨然，谒见上官长者，亦不辍咀嚼；舆台皂隶，囚徒厮养，伺候于官府之前者，皆然。余尝见东坡诗，有云“红潮登颊醉槟榔”，并俗传有人蛮口吐血之语，心窃疑焉。余初至其地，见人食甚甘，余亦试嚼一口，良久耳热面赤，头眩目花，几于颠仆，久之方苏，遂更不复食，始知其为真能醉人。又见人嚼久吐津水甚红，乃信口吐血之说。余按《本草》所载，槟榔性不甚益人。丹溪云：槟榔善坠，唯瘴气者可服，否则能病真气，有开门延盗之患。彼人非中瘴，食如谷粟，诚为可笑。

横人专信巫鬼，有一等称为鬼童。其地家无大小，岁七八月间，量力厚薄，具牛马羊豕诸牲物，罗于室中，召所谓鬼童者五六人，携楮造绘画面具，上各书鬼神名号，以次列桌上，用陶器、杖鼓、大小皮鼓、铜锣击之，杂以土歌，远闻可听。一人或三二人各带神鬼面具，衣短衫，执小旗或兵杖，周旋跳舞，有时奋身踊跃至屋梁，或仆于地，或忽据中坐，自称为某神，言人祸福，主人跪拜于下，谓为过神。少憩复如之，如此一日夜方罢。人有疾者，亦以此术祈祷。不即愈，至再至三，至四五不已。甚至破家者有之，不复更问医药。城治间人，日中虽一二委医，亦未始不兼于此者，虽士大夫家亦然。此俗又甚可鄙。

吴浙农家甚劳，横之农甚逸。其地皆山乡，有田一丘，则有塘潴水。塘高于田，旱则决塘窦以灌。有近溪涧者，则决溪涧。故横人不知有桔槔。每岁二月布种毕，以牛耕田令熟，秧二三寸即插于田，更不复顾。遇无水，方往决灌。略不施耘，荡锄之工，唯薅草一度而已，勤者再之——薅者，言拔去草也。至六月皆已获，每一亩得谷二石为上，此亦习于逸惰而不力耳。又有畬禾，乃旱地可种者。彼人无田之家并瑶僮人，皆从山岭上种此禾，亦不施多工，亦唯薅草而已，获亦减水田。彼又不知种麦之法，故膏沃之地，皆一望芜莽不顾。余询之，云亦尝种，遇熟时不伺暴干，即鞭净贮之器间。彼土又多湿热，皆黰为红黑色，食皆无味，或有食即呕吐成疾，遂云地不宜麦，故皆不种。殊不知收时须暴令干甚，方贮之，无不美者。余备写种收之法，示之各村墟间，亦有人种矣。

横州虽为殊方僻邑、华夷杂处之地，然亦岁有一二节序可观。遇端阳前初一日，即为竞渡之戏，至初五日方罢。舟有十五数只，甚狭，长可七八丈，头尾皆刻龙形。每舟有五六十人，皆红衣绿短衫裳，鸣钲鼓数人，搴旗一人，余各以桨棹水，其行如飞。二舟相较胜负，迅疾者为胜，则以酒肉红帛赏之，其负者披靡而去。远近男妇老稚，毕至江浒，珠翠绯紫，横炫夺目。或就民居楼屋，或买舟维绿阴间，各设酒歌，欢饮而观，至暮方散。中秋城中、郭外之家，遇夜必设一大月饼，宰白鸡鱼肉，盛陈瓜果，至十余品者，或于通衢，或于院落间，一家之内，无问老幼，皆集所设处，拜月欢饮，箫鼓讴歌，声闻远近，达旦方已，虽家贫亦不废。此二节甚佳，吴浙所不如。此地之俗多可鄙，赖有此耳。

北方立期为市谓之集，岭南则称虚。不知称虚之说所起及何所据，土人亦不知。余谓大抵作市于丘虚间，故谓之虚。唐人有“绿荷包饭趁墟人”之句，想其来远矣。又一书云：成市则实，市散则墟。或未然，恐只是丘墟之义耳。横州虽只十五里，有村八百余，虚百余。一虚每期贸易财货，不下数十万。陶虚、百合、青桐、古辣。则其尤大者云。

土俗婚嫁有期。女嫁于近村，倩能歌男妇一二十人或三四十人，比至期，同男舁轿至，众集女门。女登轿，夹而歌之，互相应答，欢笑而行，声闻数里。望及男家室庐，各皆散去，男家携酒肉道饲之。此附郭之俗，虽衣冠家不废。唯城中军卫所居，多江浙人，故不染此俗。若僻远村落，则新妇徒行，歌者如附郭。其俗尤不可观。

每岁元旦或次日，里中少年裂布为帕，挟往村落，觅处女少妇，相期答歌。允者男子以布帕投女，女解所衣汗衫授男子归，谓之抛帛。至十三日，男子衣其衫而往，父母欣然迎款。男左女右，斑坐一室，各与所期互相答歌，邻亲老幼毕集观之。人家多女者，各期一男，是日皆欢歌，至十六日乃罢归。归时女以前帕巧刺文绣还男子，男子亦以汗衫还之女。妇之父并夫有别。往赴期者，一州之民皆然，虽千指之家亦有此。唯城中有，附郭无此俗。中或有故事，皆暖昧。（俱同上）

明刘大夏《柬王宪佥诗》：邕州壤地接交南，凄楚夷风不恶谈。男女歌谣成卺礼，官民尔汝集茅庵。瘴来山谷云应黑，毒入溪河水尽蓝。漂泊独怜吴楚客，故园回首意何堪！

清

地隘民瘠，俗唯种田，服用唯蕉葛。俗尚鸡卜，轻医药，重鬼神。（《一统志》）

人品同青兖，言语近荆襄。安土重迁，少习商贩。风土温厚，人性淳朴。民务耕种，士知向学。清明户携榼祭墓，供乌米饭。乡村专用三月三。三月三日，各坊建醮，为大爆以享神。径一二尺，高四五尺，饰以

彩，声如雷。拾得爆首者，明岁复以大爆酬神。重阳登墓，或有赛神者。（《南宁府志》）

宣化土厚民庶，殷阜之象，于边陬为最。但盐槟丝枲之利，陶渔珍错之息，归之客户。家无儋石者，多诗书之胄。啬缩田野，五方傈子，蹂杂其间，凌竞渐开，挂案牍者累累。（《金志》） 农耕士读，无异中州。远乡土僮，答歌火葬。（《南宁府志》）

新宁城居者崇礼让，彬彬文物，婚祭甚华。（《新宁州志》） 三里地邻宣化，有诗礼家。七都未免蛮习，男女歌答。（《南宁府志》）

隆安民多愿谨畏法，尤重祭祀。春露秋霜，虽贫贱之家，酒醴牲牷，必竭诚敬。（《金志》） 婚姻甚简，丧祭过奢。女勤织，民习强悍。（《南宁府志》）

横州人重廉耻，尚文学。男子不务耕商，妇女知勤刺绣。凶荒多乞丐，劲悍成风。苍头樵薪，女婢负米。占籍者多山东之族。山谷半僮瑶，缠头跣足，负贩为生。（《南宁府志》）

永淳讼简民贫，弦诵之声，日新月盛。（《永淳县志》） 错处城乡者，半宦游商籍之裔，婚丧规制，去中土不远。市廛土贾，悉粤东人。春耕力作，趁墟贸易，多妇女。（《金志》）

上思人物质朴，居城市者，衣冠知尚学、循理法；乡村之民，骁悍未化。男耕不贾，妇纺织，不谙针工。病则祀神。婚论门第，悉从俭约。城厢土葬，乡村火葬。穷乡僻壤，积习尚未尽移。（《南宁府志》）

归德俗陋，不事诗书。少食盐，以糟和味。伏腊以彩巾歌唱为乐，婚配即于此定。铁耕火种，尚踵遗风；缠头跣足，未除积习。

果化土瘠民稀，渐臻文教。土瑶架木为巢，短衣长裙，裹头跣足。

忠州民愚，今颇诵读，不通礼义而畏法。男裹头，女椎髻，衣尚青。结草为庐，席地而坐。啜薄粥，食蒿萍。女未于归，往来不忌。殡乃火葬。

迁隆不贾唯农，无土壤，耕山。鲜版籍，丰年聚庐以居，荒则散佚。言语侏㒧，屋结竹茅，饮食毛腥。(俱同上)

太　平

清

椎髻蛮音，衣冠不正，饮食亦殊。地狭民稀，男女趁墟，少事畎亩。婚姻以唱歌踏青为媒。丧用鼓乐。病鲜求医，专事巫觋。(《一统志》)

三厢民凡百户，男女甫有室家，即分爨。少习工作，行商亦不远涉。《郡学记》云：士多变化，皆有礼义之习。(《金志》)

病不服药，唯火炙及巫觋。　　永康民贫俗陋，墟场贸易，唯布帛菽粟，麻缕瓜瓠。　　太平有仕宦商贾落业者，有宋皇祐从军来者，山东人十之六，江南、河南、江西、广东人十之三，诗书传家，科第络绎，与村民婚丧迥异。　　左州、永康、养利亦土俗改流，后知礼义、诵诗书，登贤书者有人。村落之民，与有司之民类也。二十三属土州县，与世家礼节等，奢侈过之。(《太平府志》)

崇善县，明嘉靖初，徙入府郭。厢乡土俍杂处，俗喜巫觋，学少通博。民不知凿井，远汲于河。妇女编发髲髻。(《金志》)　　士子诗书传家，彬彬礼教，与郭外村民迥异。(《府志》)　　土瑶杂处，椎结包头，淳朴而犷悍，亦复难驯。民间亦知弦诵，安耕凿。(《崇善县志》)

左州旧亦羁縻地，土隘而瘠。衣冠饮食，俚俗相沿，十室而五。《一统志》云：婚嫁唱歌踏青为媒妁，丧葬杂以音乐，饭僧为美观；则陋习之未尽化者。(《金志》)

养利，明时改流最先，州城斗大环错，土司在万山中。居民稀履官庭，勤力穑，无逋租。俗尚卜，病不敢投药饵，用火炙及觋师祈祷。(《金志》） 支石作灶，围炉而食。截竹汲水，采薇蕨野菜以食。唱歌互答，以为丰年。釜爨铁耕，无担石之蓄。火箭中人，总无形迹，口咒手决，暗以射人。为所中者，急则立仆，流血而死；缓则间日，头目肿裂。其法最秘。唯佩黄金可避。（《养利州志》）

明刘嵩诗：下马度嵚崟，千溪复万林。含沙疑鬼箭，飞草畏蜞针。火种通瑶俗，山歌杂僚音。逢迎暂投患，起坐剧愁心。

永康地瘠民贫，风俗朴陋。（《李志》） 自改流后，知礼义，士诵诗书，婚丧之仪，俱不悖礼。至村落土人，尚有土司余俗云。（《太平府志》） 三时农务孔殷，家人亦勤于馌饷，相从耕作。遇病信鬼，不食药饵。每值墟场，妇女杂沓，赶趁贸易。土音近城村落者，差可会意。如渌陇之间，皆土司土语，细察其声，皆闭口鼻音，非重译不可以解。今分类译出，以备方言之一则：天曰扪（亦曰曼），地曰堆（上声），日曰虁，月曰能，风曰陇，云曰荤，雷曰拍拉，雨曰烹，星曰劳内，辰曰早，霜曰耸，云曰锡，雾曰木，山曰思不拉，海曰害，江曰岗，河曰打，湖曰河，荡曰测郎抹，塘曰当，城曰寻，浪曰郎，春曰村，夏曰押，秋曰抽，冬曰董，庙曰缪，孔圣人曰信阳，关帝曰官否追，城隍曰寻烘，土地曰土堆，火神曰和色，观音曰究央，亲曰生，师曰筛，祖曰公爹，祖母曰姆把，叔曰妖，哥曰恩吗，兄曰佩，嫂曰辈，嫂弟曰奴敖，弟媳曰怒，夫曰百公，妻曰不下，妾曰下内，儿子曰勒，媳妇曰勒婢，侄曰览茅，孙曰览，女曰勒嫂，重孙曰东筛，外公曰公大，外婆曰没子，女婿曰哥爷，外甥曰怀笋，亲家曰村家，头曰恩留，面曰恩哪，眼曰恩他，耳曰恩而，口曰恩拍（平声），齿曰休，鼻曰恩郎，舌曰吝，喉曰河，手曰枚，脚曰胫，腿曰推，指曰吉墨，指甲曰不墨，皮曰囊，毛曰烹，乳曰能木，肚腹曰恩同，肚脐曰虽奴，腰曰那墨，背曰辣冷，股曰侧害，肾曰偕阳，肠曰他虽，胃曰梅刀，脾曰盃，心曰笄，肺曰不，血曰勒，气曰嗟，眉曰盆他，胡曰猛，身曰阳，骨曰诺，胎曰风孕，辫子曰条鞭，麻子曰来，家人曰会，仆妇曰福灰，丫头曰灰，瞎子曰房，呆子曰呆咀，聋子曰六，花子曰告凹，哑子曰恶抹，癞子曰劣，秃子曰楼诺，厨子曰仇遮，裁缝曰斋风，轿夫曰吉夫，木匠曰木舟，漆匠曰搽舟，戏子曰黑鲈，衙役曰衙府，差头曰斗，仵作曰恶鲈，民壮曰门兕，门子曰门追，地方曰笛风，保长曰保真，老人曰老羊，乡勇曰兴业，书办曰瘦板，军犯曰究凡，流犯曰楼凡，强盗曰插，光棍曰公棍，夫子曰否，尼姑曰内古，和尚曰和逊，道士曰道虽，泥水匠曰奈碎舟，头发曰盆闹，文官曰文究，武官曰浮究，到任曰刀扬，升曰省，降曰岗，上司曰逊虽（上声），官曰黑，年曰碑，月之令曰恶，时曰虽（上声），刻曰赫，宪书曰元叟，缙绅曰增生，大曰筏，小曰细，粗曰搓，细曰筛，远曰问累，近曰耿，买曰舟，卖曰海（平声），跕曰能，田曰那，稻秧曰那麦，收割曰完号，南曰拉，西曰灑，北曰八，黄曰烘，大红曰代烘，黑曰拉木，紫曰周，月曰月（字读平声），甜曰巅，酸曰松，扪苦曰蒿扪，辣曰烂，碱曰格郎，善曰线，恶曰额（平声），神曰循，鬼曰忙，夹曰格，单曰胆，走曰摆，跑曰兜，吃曰梗，嚼曰足（入声），咬曰蒿（又曰哈不笼），吐曰洞，坐曰楞，睡曰伦，勤快曰更赶，懒怠曰力勒，看曰箬，寻曰津，做文章曰坟走，写字曰西叟，读书曰蹉叟，跪曰鬼，磕头曰靠芽，作揖曰拜揖，娶亲曰抠芽，定亲曰定芽，写家书曰写叟，好曰馁（平声），壞曰外，扯曰辣，邪曰呕，念佛曰粘埠，烧香曰长兴，打醮曰鹄斋，做法事曰送忙，祭祀曰酥咀，名字曰名接，叫曰呕喘，气曰害急，有曰眉，无曰美，富贵曰眉乃，贫穷曰火乃，剃头曰抬篓，洗澡曰碎浪，多曰乃，少曰内（平声），强曰裙，弱曰额，你曰猛，我曰古，他曰爹，皮曰多，老曰劳，少曰赛，破曰扑，臭曰厚，点灯曰叮当，挖洞曰挖壮，跳墙曰剔舟，害病曰老贫洁，生疮曰贫麻，问罪曰闷咀（平声），产曰生，敲曰搆，煮饭曰邹煤，上房曰桑风，击鼓曰吉阁，请客曰亲辖，砍曰叩扪，跌曰劳墨（平声），磕曰靠，伤曰混叟，自缢曰筑河胎，自刎曰格朊，旗杆曰格杆（格平声），偷曰插，赌钱曰多尖（又曰转鼍罗龟），骂人曰那昏，打降曰多狠，抢东西曰抢东筛，求曰勾，是曰得诺，米曰耗（又曰稻粲），黍曰禾弼，稷曰尾粟，面曰闵，海参曰海桑扪，鱼翅曰呕池，肉曰诺，鱼曰不拉，蟹曰保，虾曰贡，糯米曰耗植，点心曰丁桑，白糖曰八躲，红糖曰烘朵，饺子曰勾追，馒头曰包追，烧饼曰修饼，黄酒曰烘镂（平声），烧酒曰勒修，青菜曰撇蜡，芥菜曰拍干，豆腐曰足否，黄豆曰杜，扁豆曰扁刀，菲菜曰蒿菜，萝卜曰辣八，蒿曰三阁麦，茄子曰安其，茶曰揸（又曰绿英），茶叶曰揸买（平声），烟曰眼，盐曰勾卤，酱曰粽，醋曰昧，蒌叶曰嚇（去声），姜曰兴，蒜曰沉，书曰色，墨曰抹，笔曰八，砚曰柜影，书架曰色架，笔架曰八格（平声），银硃曰文帚，杌橙曰答橙，棹曰中，坑床曰坑桑，桌围曰折圭，衣曰岜布，椅曰额（平声），花曰瓦，花瓶曰瓦瓶，垫子曰爰点，袍曰包，带子曰赛（上声），毡曰尖，褥曰蘖咀，靴曰尾，被曰独，帐曰包，枕曰呕灖，鞋曰孩，袜曰抹，袖曰梗布，钮子曰靠，裤曰凹，字曰至，画曰合，图书曰拄叟，印色曰暗虽，棉花曰民瓦，缎曰端，绸曰周，布曰派，纱曰赛（上声），漆曰插，金曰冈（上声），木曰梅，水曰喏，木土曰斗木，火曰非，玉曰右，珠曰舟，铜曰东，铅曰渊，铁曰踢，银曰暗，沉香曰札木兴，檀香曰旦木兴，门曰斗，窗曰称，户壁曰站，门槛曰冈斗，大门曰代斗，钉曰鼎，匾曰拜边，船曰蒲鲁，蓬曰拔，戳曰改，绳曰札，柴曰柳，镯曰棍，簪曰蚱扪，烟袋曰筒烟，绒曰容，裙曰巴品，线曰买，粉曰分，戒指曰过眉，耳坠曰对毫，抓痒曰高嚷，手巾曰搜更，雨衣曰厚额（平声），雨帽曰厚帽，纬帽曰纬毛，凉帽篷曰林篷，铃曰铃灯，锣曰拉，碟曰搬，汤匙曰壁羹，灯曰档，灯台曰档台，蜡台曰蜡歹，箸曰兜，锅曰黑，酒盃曰楼盆，饭碗曰恩堆，盘子曰恩，茶杯曰搽，杯壶曰罐，台曰恩棹，脸盆曰把碎拉，开水曰那门滚，冷水曰那扪泽，清水曰那扪腮，浑水曰那扪昏，砖曰精，瓦曰袜，菜刀曰鞋，腰刀曰秧，斧头曰麻，抛木棍曰条米，枪曰村，锯曰麻更，棺木曰厩煤，扁担曰丢減，犁曰宰，石曰吞，石灰曰色灰，梭子曰屡，篮曰安擂，麻曰柰，板子曰板槌，夹棍曰格棍，枷曰呀奔，拶子曰散咀，打曰混，杀曰假，杖曰登倒，草曰哈，桂元曰吗，梅子曰抹梅，茨菇曰瘦古，枣子曰枣咀，石榴曰锡楼，栗子曰抹蜡，甘蔗曰威，芝麻曰奶（平声），荔枝曰勒追，柑子曰抹格（平声），菱角曰菱格，松子曰松呸，苦瓜曰呵内，花生曰独笋，梧桐曰梅多，香瓜曰馨寡，槟榔曰买榔，西瓜曰虽瓜，藕他也曰熬，桃子曰抹刀，芋头曰拍辣，树曰梅竹，一曰勒，二月隘，三曰伞，四曰岁，五曰恶（又谓之哈），六曰浮，七曰捽，八曰拜，九曰勾，十曰漆，百曰罢，千曰丢，万曰凡，两曰炼，钱曰尖，分曰粉，厘曰雷，毫曰蒿，丝曰腮，斗曰桶，升曰墨，斛曰盒，石曰抑，斤曰赶，秤曰恩掌，戥曰挡，龙曰独陇，虎曰独谷，豹曰豹追，马曰墨，牛曰歪（去声），獾曰独眼，猪曰亩（平声），羊曰夏恩，石羊曰锡涅，山羊曰三涅，狗曰抹，兔曰脱，鸡曰盖，鸭曰笔，鹅曰本，喜鹊曰六格，麻雀曰独乐，斑鸠曰独乐楼，仙鹤曰锡盒，鹭鸶曰腮，白鹇曰八哈，鹧鸪曰六派，孔雀曰孔搓，鹰曰忧，八哥曰八格，蛇曰独疑，蛤蚧曰毒家格，蚯蚓曰毒岭，虾蟆曰毒共叟，蛀虫曰毒纸见，蚊曰毒戒，苍蝇曰毒名，蚂蚁曰毒里。（《永康县志》）

宁明改流未久，土瑶旧俗，尚朴未驯。（《金志》）　　所隶旧土府之地，原建有学，经解大绅之渐摩，民习诗书，随列岁举。但密迩南交，尚有狡悍之气。（《太平府志》）

思州，思明土府裁改，今其地半隶宁明。《旧志》云：思地偏隅，近接交趾夷落，人民质朴，畏刑罚。男子刀耕火耨，妇女业纺绩。设官制治后，渐知读书敦礼。（《金志》）

元陈孚《思明诗》四首：

鹿酒香浓犬彘肥，黄茅冈上纸钱飞。一声鼓绝长枪立，又是蛮巫祭鬼归。

毒虫含弩满汀沙，荒草深眠十丈蛇。遥望天边红似火，瘴云飞落木棉花。

刺竹丛丛苦笋生，山禽无数不知名。元宵已似春深后，龙眼花开蛤蚧鸣。

手捧槟榔染蛤灰，峒中妇女趁墟来。蓬头赤脚无铅粉，只有风吹锦带开。

龙州地贫俗陋，性颇轻悍，染土习，婚丧类多异制。(《金志》)

改流后，新以同知镇治，纳于轨物之中，化导知有渐矣。(《太平府志》)

宋林弼《龙州诗》五首：

草阁紫扉傍竹开，峒官留客意徘徊。盘遮蕉叶携肴至，瓮贮筠笼送酒来。

峒丁峒妇皆高髻，白纻裁衫青布裙。客至柴门共深揖，一时男女竟谁分。

近水刺桐知驿舍，倚山毛竹即人家。趁墟野妇沽甜酒，候客溪童进辣茶。

架岩凿壁作巢居，隐约松云碧树疏。水枧枝枝横槛似，禾囷个个小亭如。

白沙青石小溪清，鱼入疏罾艇子轻。漫说南荒风景异，此时真似剡中行。

明解缙《龙州诗》四首：

龙州百尺石为城，万户层楼树色青。举网得鱼沽美酒，满船明月棹歌声。

波罗密树满城闉，铜鼓声喧夜赛神。黄帽葛衣墟市客，青裙线带冶游人。

交州出到龙州路，瘴雨荒烟泣鹧鸪。姑信玉关长闭好，欲将封事赞皇图。

广源江水绿于苔，缭绕龙州学宇回。唯见七源江水浊，常时风雨彻天来。

太平、安平、万承、恩城土官，皆延师教其子弟，亦娴文艺。上龙司、江州、上下冻州、罗阳、罗白，差逊之。至龙英、凭祥、思陵、上下石西州、茗盈、全茗、结安、佶伦、都结、镇远十一属，地僻人稀，未能诵读。(《太平府志》)

新龙等州，山田拣荒平处以锄锹开为町疃，伺春雨，丘中贮水，先买鲩鱼子散于田内。一二年后，鱼儿长大，食草根并尽，既为熟田，又收鱼利。及种稻，且无稗草，乃齐民之上术也。(《金志》)

镇　安

清

性资梗执，情义乖疏。婚姻以牛酒为聘。地生岚瘴，民多疾病。人无定居，务农为业，开山耕种，三年一换。(《一统志》)

人多冥顽，不解诵读。冠婚丧祭，自随其习。(《金志》)

鲜讼，少奸宄，畏法敬官。民间耕获，率通力合作。村民首巾跣足，城市稍有衣冠。(《镇安府志》)

除夕，民家各提瓮汲新水，意取涤旧事也。汲而归，沿路唱牛、羊、猪、狗、鸡、鸭六畜魂来一语。正月底，采白头翁艾草和米为糍，益以鱼虾，祭畜栏，名曰收鸡鸭魂。六月初旬，染五色饭，杀豚分烹，祭牛栏；男女用小鸡五色饭，诣田野牛寮内，团坐而食，曰收牛魂。旧俗七月间，甲峒约期祭青苗，烹豚煮酒，请官长闭城门，禁路不许人行，饮食喧哗于署内外，一日而罢。知府沈嘉征禁之，俾各分祭于亩浍。婚姻得庚帖，或凭鸡卜，或酿酒验甘苦，以决成否。用槟榔、乌饭、鸡、酒、猪、牛为聘。丧葬事比邻共为哀恤扶助，戚友闻讣，吊以香烛。至戚供素饭，名曰帮斋居。齐民男子裹帕，妇女短衣长裙，跣足。疾病不事医药，杀豚犊、割鸡凫禳之，名曰祭鬼。旧俗土民沥灰水以代盐。自府属行官盐，方免淡食，沥灰之风始息。（同上）

天保民务农乐，无田者率开山耕种，辄二三年一徙。人多蠢野，世家子弟渐知读书。方言：天曰亭（上声），地曰堆（上声），日曰他文，月曰恩孩，风曰临，云曰文怕，雷曰博雷，雨曰盆（上声），阴曰钦，晴曰烈（平声），冷曰浪，暖曰透，远曰归，近曰惧（上声），高曰嵩，低曰敦，行曰派（平声），立曰邓，坐曰囊，睡曰暖，来曰麻，去曰卑，迟曰锥（上声），早曰奏，轻曰谋，重曰溺，大曰卤，小曰意，贵曰凭，贱曰专，长曰黎，短曰顿，称曰曾（平声），尺曰夕，斗曰堕，尺曰埒，水曰念，火曰肥，盐目局，鱼曰巴，肉曰玉（平声），茶曰甲。酒曰漏，汤曰羹（上声），饭曰扣安，锅曰报，灶曰饼斗，碗曰腿，碟曰丁，父曰博，母曰米，伯曰龙，叔曰奥，兄曰备包，嫂曰备背，弟曰侬包，侄曰兰，姊曰备扫，妹曰侬扫，夫曰关，妻曰八，儿曰陆，才女曰陆仍，奴曰愧才，婢曰愧仍，头曰图，面曰纳，耳曰求，目曰挞，口曰百，鼻曰能，手曰蒙，脚曰卡，衫曰丝表，袄曰丝董，裙曰逊，裤曰夸，马曰骂，牛曰怀，猪曰某，羊曰袜，狗曰马。（《天保县志》）

归顺民淳而朴，缘山而种，状若旋螺，获禾率连穗贮仓，临餐乃取舂之。男女巾布跣足。妇人必洁饰衣裙而后见尊长，衣短裙，常以茜草染齿令红，以示丽。父母死，阖室子女舂杵关闹击成声，谓为化者舂行粮。每

遇节庆，煮大粽相馈遗。(《镇安府志》)

奉议山深地僻，人愚，性轻易怒。贫无积贮，耕作山顶，鲜知贸易。村人则僻处林谷，种旱稻及靛，多业染。知盖藏，每岁终，作窖山隅，贮禾，以备歉收。居山者曰瑶人，业竹木，种畲。方言：天曰门，地曰林，父曰坡，母曰蔑，兄曰哥，嫂曰妹囊，头曰久，面曰那（上声），手曰蓬，足曰吞，耳曰面，鼻曰能，水曰廪，火曰肥，吃饭曰跟厚，吃酒曰跟流，吃茶曰跟查，吃汤曰跟数，袍曰布，袍褂曰布套，帽曰貌（平声），鞋曰孩，靴曰夜，袜曰滑，碗曰退，箸曰递，锅曰招，扇曰秤，扇曰皮，壶曰瓶。

湖润寨人物鲁蠢，不谙礼义，语音如鸟。男女粗衣淡食，俱事耕锄。居止栏房。

向武山多田少，民止耕凿，不事贸易，鲜知礼义，病则杀牲祭鬼。

都康山多田少，四时瘴雾弥漫，遇雨则寒。其民散处山陬，架楼而居，栏下畜牛猪。专事耕稼，终岁一收，不足则佐以芋粟。男女皆裹头，短衫长裙。婚尚槟榔。病不药而祭鬼。终岁淡食。(俱同上)

上映山僻水少，土瘠民贫，农力虽勤，岁无余积。年节老者聚饮，少者抛球为乐。妇女衣短裙，服饰尚青蓝。(《金志》)

下雷近交夷，地僻民稀，椎髻跣足，言语侏儒，栏房为室。婚姻唯凭鸡卜，疾病专祀鬼神。男子裹头，妇女戴笠。嗜酸糟，不食盐。春夏男妇耦耕，秋则斗酒只鸡，亲戚相劳苦，称淳俗焉。方言：天曰伐（平声），地曰的（平声），父曰播，母曰蔑，兄曰卑，嫂曰卑囊，姊曰卑骚，妹曰依骚，头曰徒，面曰那，手曰蒙，足曰卡，耳曰邱，鼻曰郎，水曰淰，火曰肥，吃饭曰馑扣，吃酒曰馑漏，吃茶曰馑茶，吃汤曰馑汤，袍曰素袍，褂曰素褂，帽曰貌，鞋曰涯，靴曰尾，袜曰抹，碗曰退，箸曰偷，锅曰招，甑曰章，扇曰惟，壶曰瓶。(《镇安府志》)

小镇安民性顽朴，男子巾布跣足，妇女戴笠拖裙，住栏房，席地而食。田无顷亩，亦不计埤，唯以谷十斤种田为一吊。方言：日曰魂，月曰海，山曰霸，川曰驮，风曰楞，云曰尹，雷曰垒，雨曰喷龙，伯曰博罢，叔曰博奥，儿曰毕宰，弟曰侬宰，姐曰毕迎，妹曰侬迎，夫曰博铺，妻曰妹女，眼曰他，口曰已，舌曰伶，齿曰邱，肉曰勒，鱼曰巴，绸曰奏，布曰派，盆曰本，盘曰板，棹曰踵，椅曰椅子，牛曰堵磨，羊曰堵也。（同上）

郁　林

宋

郁林州俗多淳古，且多长年。其民不务于末，知孝悌力田，务本而已，比诸郡为盛。良才秀民，好学者多。（《方舆胜览》）

白州俗重卜，吉凶取决于鸡髀。《汉书·郊祀志》云：越巫鸡卜也。（《寰宇记》）

清

知学务耕，民俗俭朴。民业于田，逐末者少。纳聘用槟榔，疾病无医药。（《一统志》）　　四境俱民，无俭僮瑶俍，饮食俭啬，婚丧唯礼。（《金志》）

博白风气完固，崇尚气节。（《李志》）　　多旷土而产不丰，治麻枲蕉布为业。齐民编茅为屋，服御无丝帛珍错。婚礼贫富异等。丧葬用灰沙坟，少碑碣，致生讼端。山子狼坡斑人，率多流寓，租地而耕。（《金志》）

北流地领殷繁，士业于学，农力于田，妇人勤纺绩。民颇畏法。或著

木屐，或跣足，更裸赤而不敛饰。（同上）

陆川风气朴质，不尚奢靡。士子唯知守长经、习举业，藏书家罕闻焉。（同上）

兴业服食俭朴，悃幅无华。山多田少，不通舟楫。妇女纺织耘耔，兼樵牧负担之事。民急公，无逋赋。葬先浅瘗，然后改葬，名曰收金。（《兴业县志》）

粤西方言各别，佶屈绵蛮，即一隅亦有不能尽同者。呼父曰爸，伯曰邛，叔曰邛兄；呼母为姥，亦曰邛婆，曰邛嫂，曰邛姐，曰邛妈，曰邛娘。呼弟为太，亦曰邛弟。呼儿为仔，亦曰崽，曰烘，曰邛儿。自称曰侬，亦曰我，曰我队；称人曰渠，亦曰他，曰渠队。他如兄称妹曰姑嫱，亦曰邛婿、邛妹；弟称姐曰邛姐，亦有大仔姐之类。皆不可遽晓。（同上）

卷十

云　南

总　志

被于上者谓之风，成于下者谓之俗。风俗之美恶，政治之隆替见焉。秦汉而后，陈诗内贯之典无闻，然历代史臣，各有纪载，是亦政治得失之林也。滇地夷多汉少，而俗朴风淳。有明以来，改土归流，夷风渐革。今综各旧志所载，详核而汇纪之，俾后之人知日新月异之有由然云。

《史记·西南夷传》：其西靡莫之属以十数，滇最大。此皆椎结耕田，有邑聚。其外西自同师以东，北至楪榆，名为嶲、昆明。皆编发，随畜迁徙，毋常处，毋君长。

《汉书·地理志》：武师初开置，民俗略与巴蜀同。

《后汉书·西南夷传》：夜郎牂柯，地多雨潦，俗好巫鬼禁忌。寡畜生，又无蚕桑，故其郡最贫。

又：哀牢夷种，人皆刻画其身，象龙文，衣著尾。（谨案：《南中志》："衣后著十尾，臂胫刻文。"）

又：哀牢人皆穿鼻儋耳。其渠帅自谓王者，耳皆下肩三寸，庶人则至肩而已。

常璩《华阳国志·南中志》：编发左衽，随畜迁徙，莫能相雄长。

又：其俗征巫鬼，好诅盟，投石结草，官常以盟诅要之。

又：牂柯郡俗好鬼巫，多禁忌。畬山为田，无蚕桑。颇尚学书，少威仪，多懦怯，寡畜产。虽有童仆，方诸郡为贫。

又：晋宁郡，俗奢豪，难抚御。

又：朱提郡，其民好学，滨犍为号。多士人，为宁州冠冕。

又：南广郡，无稻田蚕桑，俗尚妖巫，惑禁忌，多神祠。

又：云南郡，土地有稻田畜牧，但不蚕桑。

郦道元《水经注》：僰道县，《地理风俗记》曰：夷中最仁，有仁道，故字从人。《秦纪》所谓僰僮之富者也。

《隋书·地理志》：其边野富人，多规固山泽，以财物雄役夷僚，故轻为奸藏，权倾州县。此亦其旧俗乎？

樊绰《蛮书》：蛮夷风俗，其蛮丈夫，一切披毡，其余衣服，略与汉同。唯头囊特异耳，南诏以红绫，其余向下，皆以皂绫绢。其制度，取一幅物，近边撮缝为角，刻木如樗蒲头，实角中。总发于脑后为一髻，即取头囊都包裹头髻上结之。羽仪已下及诸动有一切房甄别者（谨案：此句疑有讹脱），然后得头囊。若子弟及四军罗苴已下，则当额络为一发，不得戴囊角。当顶撮鬐髻，并披毡皮。俗皆跣足，虽清平官大军将，亦不以为耻。曹长已下，得系金佉苴（谨案：原本阙"金"字，今据《新唐书》增入）。或有等第战功，褒奖得系者，不限常例。

又：贵绯紫两色，得紫后有大功，则得锦。又有超等殊功者，则得全披波罗皮；其次功则胸前背后得披，而缺其袖；又以次功，则胸前得披，并缺其背，谓之大虫皮，亦曰波罗皮。谓腰带日佉苴。

又：妇人一切不施粉黛，贵者以绫锦为裙襦，其上仍披锦方幅为饰。两股辫其发为髻，髻上及耳，多缀珍珠金贝、瑟瑟琥珀。贵家仆女，亦有裙衫。常披毡，及以缯帛韬其髻，亦谓之头囊。

又：南诏有妻妾数百人，总谓之诏。佐清平官大军将有妻妾数十人。俗法，处子孀妇，出入不禁。少年子弟，暮夜游行，闾巷吹壶卢笙，或吹树叶。声韵之中，皆寄情言，用相呼召。嫁娶之夕，私夫悉来相送。既嫁有犯，男子格杀，无罪妇人亦死。或有强家富室，责资财赎命者，则迁徙丽水瘴地，终弃之法，不得再合。

又：每年十一月一日，盛会客，造酒醴，杀牛羊，亲族邻里，更相宴乐。三月作乐相庆，唯务追欢。户外必设桃茢，如岁旦然。改年即用建寅之月。其余节日，粗与汉同，唯不知有寒食、清明耳。

又：每饮酒欲阑，即起前席奉觞相劝。有性所不能者，乃至起前席，扼腕的颡，或挽或推，情理之中，以此为重。取生鹅治如脍法，方切之，和生胡瓜及椒椒啖之，谓之鹅阙，土俗以为上味。南诏家食用金银，其余官将则用竹箪。贵者饭以箸，不匙；贱者抟之而食。

又：一尺，汉一尺三寸也。一千六百尺为一里。汉秤一分，三分之一。帛曰幂，汉四尺五寸也。田曰双，汉五亩也。

又：本土不用钱，凡交易缯帛、氈罽、金银、琴瑟、牛羊之属，以缯帛幂数计之，云某物色值若干幂。

又：凡人家所居，皆依傍四山，上栋下宇，悉与汉同，唯东西南北不取周正耳。别置仓舍，有栏槛，脚高数丈，云避田鼠也。上阁如车盖状。

又：西爨及白蛮死后三日内，埋殡依汉法为墓，稍富室，广栽杉松。蒙舍及诸乌蛮，不墓葬，凡死后三日焚尸，其余灰烬，掩以土壤。唯收两耳，南诏家则贮以金瓶，又重以银为函，盛之深藏别室，四时将出祭之；其余家或铜瓶、铁瓶，盛耳藏之也。

又：言语音白蛮最正，蒙舍蛮次之，诸部落不如也。但名物或与汉不同，及四声讹重。大事多不与面言，必使人往来达其词意，以此取定，谓之行诺。

又：每出军征役，每蛮各携粮米一斗五升，各携鱼脯，此外无供军粮料者。蛮军忧粮易尽，心切于战，出界后许行劫掠，收夺州溪源百姓禾米、牛羊等辈，用军之次。面前伤刀箭，许将息；倘背后伤刀箭，辄退者，即刃其后。

《唐书·南蛮传》：南诏俗以寅为正，四时大抵与中国小差。脍鱼寸，以胡瓜椒樧和之，号鹅阙。吹瓢笙，笙四管，酒至客前，以笙推盏劝釂。以缯帛及具市易。专于农，无贵贱皆耕。不徭役，人岁输米二斗。一艺者给田，二乃收税王。

又：两爨蛮，其众完富，与蜀埒。无酋长，喜相仇怨。夷人尚鬼，谓主祭者为鬼主，每岁户出一牛或一羊，就其家祭之。送鬼、迎鬼必有兵，因以复仇云。

又：昆明蛮以西洱河为境，土歊湿，宜秔稻。人辫首左衽，与突厥同。随水草畜牧，夏处高山，冬入深谷。尚战死，恶病亡。

又：牂柯无城郭，土热多霖雨，稻粟再熟，无徭役。战乃屯聚，刻木为契。盗者倍之而偿，杀人者出牛马三十。俗与东谢同。

又：夜郎滇池以西，以十二月为岁首。布幅广七寸。正月蚕生，二月熟。男子毡革为帔，女衣絁布裙衫，髻盘如鬘。饭用竹筲，抟而啖之。乌杯贮羹，如鸡彝。徒跣，有舟无车。死则坎地殡舍左之屋，三年乃葬，以彝蚌封棺。父母丧，斩衰布衣，不澡者四五年，近者二三年。为人所杀者，子以麻括发，墨面，衣不缉。居丧婚嫁不废，亦弗避。同姓婚不亲迎。富室娶妻，纳金银牛羊酒，女所赍亦如之。有罪者树一长木，击鼓集众其下。强盗杀之，富者贳死，烧屋夺其田，盗者倍九而偿赃。奸浮［淫］则强族输金银清［请］和，而弃其妻；处女、嫠妇不坐。凡相杀必报，力不能则其部助攻之。祭祀杀牛马，亲邻毕会，助以牛酒，多至数百人。

《五代史》：昆明，其人椎髻跣足，披毡，其首领披虎皮。

《元史·赛音谔德齐传》：云南俗无礼仪，男女往往自相配偶。亲死则火之，不为丧祭。无秔稻桑麻。子弟不知读书。赛音谔德齐教之拜跪之节，婚姻行媒，死者为之棺椁奠祭。教民播种，为陂池，以备水旱。创建孔子庙、明伦堂，购经史，授学田，由是文风稍兴。

《古今图书集成》：荒服之外，土地硗确，食肉衣皮，不见盐谷。

《虎荟》：云南人能化形为虎，以人为粮。

又：南诏国呼虎为波卢。

又：云南蛮呼虎为罗罗。

《旧云南通志》：元日祭天地祖先，桃符门丞，往来贺岁。

又：立春日，春盘赏春，以饼酒相馈。

又：元夕赏灯张乐，星桥火树，有古风焉。次夕，携游爆竹，插香于道，相传可以祛疾。

又：二月三日，会城游龙泉观，还憩石嘴庄，为临江之饮，歌咏为乐。各郡于其胜地，郊修禊事。

又：清明插柳祭墓。

又：三月三日，谒真武庙。于西山罗汉寺，或东之鸣凤山金殿；或先期赴易隆中和山，行两日程；或负香之襄阳，谒武当山，往返数月。

又：十三日，大理开市于演武场，集商贾，聚四方之货，交易至十七日移城内，二十日散市。

又：廿八日谒东岳庙。

又：四月八日为浴佛会。

又：立夏日插皂夹枝、红花于户以压祟，围灰墙脚以避蛇。

又：端阳悬艾虎，系续命缕，饮菖蒲酒，以角黍相馈。

又：六月朔日至六日，各郡礼南斗祈年。

又：星回节，俗谓之火把会，本廿四、五两日。砍松为燎，高丈余，入夜争先燃之。村落用以照田祈年，以炬之明暗，占岁之丰歉。街市儿童捣松脂末，互相浇洒为戏。比户剁生饮酒，汉夷同之。（相传汉时有夷妇阿南，夫为人所杀，誓不从贼，以是日赴火死。国人哀之，因为此会。一云南诏皮罗阁欲并五诏，将诱会于松明楼焚杀之。邓赕诏妻慈善测其谋，劝夫勿赴；夫不从，以铁钏约夫臂。既而果被焚。慈善认钏得夫尸，归葬。皮罗阁闻其贤，欲娶之。慈善闭城死节。滇人以是日燃炬吊之。一云孔明以是日擒孟获，侵夜入城，父老设燎以迎，后遂相沿成俗。未知孰是。）

又：七夕妇女穿针乞巧，以瓜果祀织女星。

又：中元祭先于家庙，或焚纸衣楮镪，夜放河灯。

又：中秋瓜饼祭月。

又：九月朔日至九日，礼北斗祈年。

又：重阳登高，饮茱萸酒，以面簇诸果为花糕，亲识相酬馈。

又：十月祀先墓祭。

又：长至相贺，各以糍饵相馈。

又：腊八日作五味粥。

又：廿四日祀灶。

又：除夕饮分岁酒，先少后老，煨炉守岁，四更迎灶。

又：婚嫁仍遵行六礼。先求女庚帖，随通媒妁，继请亲长之尊贵者，向女家致主人意。既诺，则二姓互相酬拜，具启下定仪。将娶，则请期纳币，而后亲迎焉。其仪物丰俭，各称其力。

又：丧礼旧俗尚奢，凡吊客皆宴待，具有酬赠，致缺费而停丧不举者。今易以槟榔清茶，甚便。至崇信释道，建斋诵经，其风固大概相同也。若火葬，则夷民行之。今亦有卜地以葬者。

又：祭祀丰俭随力，竭诚以享。唯患民间有惑于淫祀者。

又：宴会旧尚俭约，服饰亦崇朴素。今会城大邑，客民杂处，渐以华美相竞。其余犹知爱惜土物，无替初服焉。

又：覆屋各省专用版瓦，滇中兼用筒瓦。相传滇中多风，明初特敕许用。

又：日中为市，率名曰街。以十二支所属，分为各处街期。如子日名鼠街，丑日名牛街之类。街期各处错杂，以便贸迁。昔多用贝，俗名曰䝟子。一枚曰庄，四庄曰手，四手曰苗，五苗曰索。

《雪涛谈丛》：滇省风俗，每年六月二十八日，各家具束苇为藁，高七八尺，凡两树，置门首，遇夜炳燎，其光烛天。是日，各家俱用生肉切为脍，调以醢蒜，不加烹饪，名曰吃生。总称曰火节。问其故，谓吊忠臣王祎。盖祎受命入滇，说元梁王降，王反杀祎，醢其肉。若是则炳藁可也，奚忍食生为耶？夫楚人竞舟，吊屈子也；晋人禁烟，伤介推也，皆有不忍之意焉。王公被醢，而滇俗斫脍吃生，毋乃倒置乎？存炳火，革生肉可也。

云　南

《后汉书·西南夷传》：滇有盐池田渔之饶，金银产畜之富，人俗节俭，居宫者往往富及累世，独异于他处云。

明太祖谕言：滇南气厚风和，为君子行道立政之所。

《儒学碑》：人禀名山大川之气，子弟多颖秀，科第显盛。

《明通志》：其民遵礼教、畏法度，士大夫多才能、尚节义，彬彬乎声名文物，与中州相埒，夫岂曩时之气象哉？

《图说》：民气和柔，天时无剧寒署，所谓四季如春，日炙如夏，稍阴如秋，一雨如冬也。故夏不挟扇，冬不围炉。

《一统志》：山箐所居土人，种类不一，然皆守信约，敦朴素，邻保相资，守望相助，大有古初之风。

《旧云南通志》：其地兵民错居，闾阎栉比。行其野则农安耕凿，入其里则户习诗书。民无告讦之风，士有干谒之耻。

又：滇南地列坤隅，得土冲气。省会地势开阔，四时和序，故人多儒雅。

又：汉多夷少，风气渐开。士雅民淳，教化易入。耕织贸易，各安其俗。自元至清，人物科第，后先振起，服食器用，骎骎乎有中原之风焉。

昆明县

《云南府志》：士多秀颖，素重名义；民性淳良，不好争讼。但近城市，多习贸易，而少事耕织；服食交际，不无奢靡耳。

富民县

《云南府志》：地虽僻处，民俗颇淳。以耕为业，终岁之计，取给畎亩。其俊秀子弟，事诗书、列科第者亦蒸蒸蔚起焉。

《富民县志》：士民均无他营，以耕读为业。终岁之计，取给畎亩。其俊秀子弟，类多聪明朴实、文雅清丽之才，耕织稍暇，即事诗书，列庠序、登科名者，蒸蒸然蔚起，鹏程万里，行将相望。婚姻丧葬，与省俗略同，差俭尔。

宜良县

《云南府志》：男务耕读，女勤纺绩。邑有弦歌，士尚气节。至夷民虽有倮倮、僰人数种，各安耕凿，不事强悍，与山箐负嵎者异。

《宜良县志》：汤池十八村，于元旦诣万福寺迎佛祈年。每村迎供三日，至三月三日送佛归殿。每村迎台阁演戏，远近聚观。

罗次县

《古今图书集成》：田高水下，地瘠民贫，不事浮华，多尚古朴。其俊秀子弟，亦知从事诗书，唯不知织纺。康熙五十年，署县梁衍祚，捐赀教民织纺，今亦稍有成效。

《云南府志》：民生朴素，不善商贾，士安诵读。农务耕耘而外，安分省事，少奢华之风。

《罗次县志》：民风浑朴，逐末者少。耕凿而外，别无他业，仰事俯育，俱取给田间。其俊秀子弟，咸事诗书，列科甲亦接踵有人焉。婚丧，绅士一遵《家礼》，其余多尚浮屠。耻与仆隶连婚，然多崇俭约，不事繁华。

晋宁州

《云南府志》：农急于耕，女勤于织，子弟服于文教，科第亦甲于他邑。中原风气，十得六七矣。

《晋宁州志》：士知务学，敦实行，不尚声气，科名接踵。民务农业，女工织纺。二月，州城内外，沿旧俗轮期迎佛，驾车绕城，自朔至十日乃止，以为祈年之意。四月立夏，盘龙山涧有金眼虾蟆泉，俗云其水浴之，可以明目，游人竞往。八月，盘龙山莲峰禅师会场，祈祷辄应，进香酬愿，有远涉月余者，自朔至望日乃止。

呈贡县

《古今图书集成》：旧习六月二十四日，各村人多聚于绣球山，角力跌脚为乐。知县夏琑禁革。

《云南府志》：去省未远，习俗多同。士秀而文，能尚礼节。民朴而俭，劳于胼胝。科名蔚起，代不乏人。

《呈贡县志》：俗尚无子，有女者以婿为后。

安宁州

《云南府志》：汉夷杂居，相沿既久，自明洪武间，人多习儒，诵读之声，遍于闾巷，科目之盛，继美后先，文物衣冠，几与中州埒。俗尚俭约，不事浮夸，乡人多负薪自给。倮僰之性，喜祷鬼神，近亦薰陶教化，渐符汉俗。

《安宁州志》：旧志称州人多习塾业，短檠青火，章句之声，遍于里巷，似矣！今则学儒不成，多去而学吏。又称士尚礼义，民畏法度，男耕女织，多务本业，诚哉是言！至若俗尚俭朴，今则式衣选食者有矣。唯婚丧一遵《家礼》，然亦不能无斗靡之处。独是仕宦不谒公门，儒者甘处穷约，以便腹而亢颜为人师者，满乎四邻。而素封之家，率多藐视，而耻于奔竞，铮铮之概，有足多者。若夫山泽居民，半居僰种，然不少孝悌力田之族，相友相助，古道不亡，乃若日耗杖头之费，频倾曲蘖之沽。月多斋日，而男妇群数数珠，时赛淫祠，虽正直亦听。巫教间有黠痴相煽，游荡成风，虽耗业而不悟，其为伤风害俗甚矣。

禄丰县

《云南府志》：士敦礼义，民畏法度。言语服饰，尤为淳朴。土人散处乡村，虽椎髻鹑衣，皆安耕凿，咸听吏治焉。

《禄丰县志》：米谷不知积贮，器皿多用瓦器，衣服不事币帛，妇女不知纺绩。县令刘自唐出示，并延善织者朝夕劝谕，有耆民林蕃，首倡董率，渐次成风。

昆阳州

《云南府志》：地薄民淳，汉夷杂处。士民耕读，各乐其业。居家俭朴，畏法少争。唯彝人言语服饰、婚姻丧祭，不无稍异于汉人。

易门县

《云南府志》：彝多民少，性健好争。山谷高深，地半荒瘠。迩来沐浴圣化，士亦知书，农安耕凿，略无旧习，稍有淳风矣。

《易门县志》：士雅民淳（知县剧秉钥志）。读书力农，俗尚淳雅（杨升庵）。

又：士多谨饬，不干外事。民专务本，安分畏法。

嵩明州

《古今图书集成》：二月初旬，以鸡豕祭先农，鼓乐迎道。祭毕，则老幼男妇群聚而饮福酒。此即古者祈年之礼。

《云南府志》：士习尚朴敦礼，读书守约，以私谒为耻。婚丧能用古制，邻保相恤。其民务农安业者多。风土俗习，与省会略同。

《旧嵩明州志》：人守信约，淳朴素著。

又：居市廛者商贾，在田野者耕稼，近水滨者渔猎。耻浮靡，不好争讼。士多读书循礼义，敦孝尚忠，以私谒为耻。

《嵩明州志》：二月八日，迎宗镜寺佛，四门次第祀之。

大　　理

樊绰《蛮书》：高山大川，钟灵毓秀，代有人物。

敦松年《大理行记》：俗本于汉，民多士类。

元李景山记：书有晋人笔意。

《志胜》：四时气候，常如初春，暑止于凉，寒止于湿。

《明通志》：科第显盛，志尚气节。崇奉释教，俗多豪华。

又：观音市，三月十五日在苍山下贸易，集各省之货。唐永徽间至今，朝代累更，此市不变。知是观音入大理后，人至日烧香，四方闻风、各以货来也。

又：家无贫富，皆有佛堂。

又：少长手念珠一，岁中斋戒居半。

又：田四亩曰一双。

又：白子国、南诏皆治于此，俗多豪华。

又：阿阇黎僧有室家，能诵咒。制诵大理原有罗刹邪龙为患，观音以神力闭之于上阳溪洞中，传留咒术以厌之。今有阿叱力僧纲司云。

又：部属之彝邓浪，有倮倮，性悍。赵州有倮彝，懦弱。尝土而耕，能知土味，辨其可种何谷，果如其料。民间欲效之，不得其妙。

又：约信不爽，贫多借贷，如期酬偿，毫厘不欺。故江西人居之以为奇货，皆至大富，在今宾川州云南县。

《图说》：居人能农不能贾，山水之利，率归客商。人多好善，明时甲科理孰，为两迤首。质直好义，无钩曲之行。婚丧遵《朱子家礼》，四时墓祭。

《旧大理府志》：家无糜费，市无惰民。族多白人，咸敬神明而重犯法焉。

又：敦伦谊，重犯法，赋税不待催科，贫乏耻为商贾。

《大理府志》：七月二十三日，相传邓诏妻慈善以是日死节，故今太和、邓浪，皆竞龙舟吊之。

太和县

《大理府志》：独钟苍洱之秀，故人文甲于他州县，而民亦称饶。俗尚浮屠法，朔望经声，比户而澈。世传大士昔至此，教人捐佩刀、读儒书，明忠孝五常之性，故人敬神明，而重犯法焉。

赵　州

《大理府志》：昆弥岭有南北之分，而土风亦因之以异。岭北田少人多，虽皆力穑，而鲜恒产。岭南土满人稀，荒芜者众。

《赵州志》：州城读书嗜古，孝悌力田。上十八村，淳良务本，学文畏法。下十八村，耕读贸易，汉僰相兼。弥渡市人文与州城并盛，但五方杂处，习尚稍殊。下川汉夷相杂，务学重农。白崖耕织相兼，回汉杂处。

又：中秋祭月，儿童作火龙舞。

云南县

《大理府志》：山鲜崭削，地多平衍。谚曰：云南熟，大理足。然则云南固沃土也，民初至朴，自与卫军杂处，俗用滋漓，今其风渐靡，急宜还朴。

《云南县志》：土旷民贫，俗尚勤俭。咸以耕织为生，民无游惰。士争气节，声音中正，语气清直，城中好义尤多。云川较质朴，弗事矜华。荞和你三甸，溪僰相兼，务简约。乡城内外皆畏法崇文，急公奉上，岁暇多贸易远方。其子弟之俊秀，专意读书，志在科甲。

邓川州

《大理府志》：山多狮虎旗鼓之状，故其人勇悍而喜斗。然好义有为之士，亦由此钟焉。

《邓川州志》：三月中旬，沐浴于温泉，有上巳祓除之风。

又：七月中元祭祖，冥衣率用纸为之。唯邓川兼用布，新亡人家，亲戚乡党，竞相馈送，每年通境用布不下千余匹，殊属无益，知州李文培革之。

浪穹县

《大理府志》：民多务农，士无横议，敦悫谨饬，号称仁里。

宾川州

《大理府志》：土燥少水，地乏源泉，比年赔荒之累，死徙者十之五六。土著之民，终岁勤动，无赢余也。

云龙州

《占今图书集成》：元宵前迎三崇神，沿街立松棚，设供献，张灯暴竹，歌舞旬日，送回。

《大理府志》：群夷杂处，幅员最广，距郡最遥。率皆务本力田，以安厥分。

临　安

李京《云南志》：号诗书郡。

《明一统志》：习俗质野，采猎为业。

《明通志》：士秀而文，崇尚气节。民专稼穑。衣冠礼度，与中州等。

《旧临安府志》：敬老崇文，人多畏法，婚礼近古。户习诗书，科第人才，盛于诸郡。

《临安府志》：士事诗书，农安耕凿。工不尚淫奇之技，贾不争绚烂之营。男无舍业以嬉，女以习劳为事。而吉凶宾嘉之礼，又斌斌平其可观焉。

又：二月八日，曲江石屏迎佛，宝盖幡幢，交错于道，结彩幔，张灯如元夕。

又：临属山多田少，土人依山麓平旷处，开作田园，层层相间，远望如画。至山势峻极，蹑坎而登，有石梯磴，名曰梯田。水源高者通以略，约数里不绝。至高亢处，待雨播种，曰雷鸣田，亦曰靠天田。

又：土性有横土、直土之异。横土载水，点滴不漏，即取作土屋，可居百年；直土则一望赤地而已，然亦可种果树木，以为百年之计。而勤者苦牛羊之践踏，惰者叹地力之薄硗，惜哉！

又：山家引水用竹，空其中，百十相接，跨溪越涧，或用扯阁，或架以竿，或垫以石，延缘沟塍，直达厨灶，唐诗所谓“刳木取泉遥”也。

又：临属之雷鸣田，通海之海筋田，皆是谚所谓“戽水栽秧”、“撑船获谷”者也。

又：王溪《编事》载南诏以十二月十六日谓之星回节（即日令星回于天之意），游于避风台，命清平官赋诗。骠信诗曰：“避风善阐台，极目见藤越。悲哉古与今，依然烟与月。自我居震旦，翊卫类夔契。伊昔遘皇运，艰难仰忠烈。人觉岁云暮，感激星回节。元昶（元为君，昶为臣）同一心，子孙堪贻厥。”然则谓六月二十四日为星回节者，亦沿袭之误。

建水县

《旧临安府志》：人多畏法，少有不平，愿弃不争。多爱清雅，敬老崇文。

《建水州志》：俗喜尚学，士子讲习唯勤，人才蔚起，科第盛于诸郡。六月朔日至六日，礼南斗。中旬，经管义仓绅士请于府州，将去冬所余仓米分给通郡鳏寡穷民。二十五日为星回节，街燃松炬，醵饮村落，以炬插田，设牲醴致祷，即《诗》“田祖有神，秉畀炎火”之意。

石屏州

《石屏州志》：士喜尚学，讲习维勤。妇人习女红、勤纺织，每深夜犹闻机杼之声。田多瘠薄，农夫耕用两牛，前挽后驱，胼手胝足，终岁勤劳不休。俗尚节俭，急输将。近者礼让虽讲，革面未能洗心焉。至山寨夷众，皆居茅屋土垄，语言服饰，婚丧饮食，犹仍旧习。其英俊者，习诗书，学文章，游泮者岁不乏人，现有登甲榜者。

阿迷州

《阿迷州志》：前代中叶，以醇朴称，崇讲仁让，敦说诗书，习尚彬雅，号称邹鲁。一切婚丧宴会，礼俗与中土同。大要敦朴素，守俭约。即士大夫素封之家，服食不务文饰，盖习尚然也。

宁　州

《宁州志》：备乐乡，冠婚丧祭，一遵《家礼》。尚节俭，勤耕读，朴直坦易，犹多古风。重名节，承先志，耕读相半，不事商贾。

又：路居乡，地狭民稠，男女朴素，俗重耕耘，朝出暮归，多崇俭朴、耻浮华。士人以科贡为业，沿海以捕鱼为生。不事商贾，重儒术。

又：虚于乡，善酿酒，重商贾。文以士显，武亦继起，耕读各半。

又：贵填乡，采山茹美，近知王化。

又：易富乡，多诵读，山尚火耕。文以科目显，武以骑射长。彝人近习礼，重儒术。

又：逮婆兮乡，风气渐开，颇尚儒术。近深王化，习尚礼义，勤耕种。

又：曲江乡，耕读相半，俗近建水；隶宁州，俗近通海。四屯风尚，各因地俗。

通海县

《通海县志》：士读书，农耕稼。虽缙绅家妇女，亦勤纺绩。婚丧宾祭，因时成礼，江左之风，犹有存者。迩者民贫逐末，多荒本务，似乎孝悌力田，不可复追矣。

又：士秀而洁，文章自出机轴，不寻章句。高明者往往崇尚气节，以砥末流。卿大夫爱静之甚。民多畏法，凡有不平，愿弃不争。妇女尚纺绩。兵燹多年，城与乡无所称殷实家者。人虽至贫，为善不敢怠。返朴还淳，大有其机。

又：士人每于花朝挈榼，登山听布谷声，以课农事。人日，农人走祭秀山白龙，祈丰年雨泽。寒食祭墓，清明插柳。

又：三月亥日，张酒于西龙潭，患头风者洗之即愈。

河西县

《河西县志》：地土既薄，民给生不舒愉。男耕女织，其风淳，其俗俭。士多秀杰，质实少文。诸彝种类不同，好尚各别。

又：俗尚俭朴，元宋以前，风气未开，不可问矣。迨至有明，侨寓者于斯觇古道焉，由是而士尚气节，民敦信义，骎骎乎有鲁之风矣。至务本力田，比闾皆然，不唯游惰者不获安予乡，即操奇赢者，亦往往而鲜。诸如冠婚丧祭数大节，靡不酌文质之中而裁之，则饮食服用之撙节可知也。

至若弦诵不辍，男女异路，又士习之可风者。

嶍峨县

《嶍峨县志》：村庄之中，每年自相轮值火头，以司一村之事。凡田主往来，或过往行商，另有客房一座，饮食草料毕备，去不取值，住宿则备酒馔。有公田，各村多寡不等，取租以供客。犹有上古之淳风焉！

蒙自县

《旧蒙自县志》：蒙邑之人少，流寓之民多。其土著者，率皆前朝实边之人民，愿而谨，重农怀土，惮于远行，贸易不出其境，不敢与富商巨贾斗智争逐。虽有铜锡之厂，而四方商贾专其利，蒙之人不敢过而问焉。婚姻以门第相尚，不慕姬姜，不崇荣富。妇人鸡鸣戒旦，纺绩是勤。其行路以巾帕遮面，手执小伞，与《曲礼》"行必障面"之说相合。

又：蒙邑之节令礼仪与中土同。唯六月二十四日有剁生之俗。剁生者，以鸡豕鱼肉生研缕丝，杂以鲜蔬，和椒桂而啖之，其名曰生，盖古研脍之法。六月二十五日为星回节，亦与建水诸邑同。蒙邑市集日街子，犹齐赵谓之集，岭南谓之墟也。而街子则以日支名之，遇子曰鼠，遇午曰马。邑中之市，东西关者有子、午二街，在鸡街者有辰、酉二街。至期远近毕至，百货咸集，日出而聚，日入而散。

又：衣服冬不裘，夏不葛。盖滇地多暑，而蒙邑气候常温，四时俱用春服。

又：方言绝似吴楚之间，俱呼其村落为寨，亦谓之庄。川泽谓之海。田以分计，一分者犹言一区，不辨多寡。米以尔计，一尔者三十二升也。八升谓之桶，四桶谓之尔。

《蒙自县志》：彝民善于背负，而不善于肩挑。凡运薪米数十百斤，皆负之于背，束带于胸及额，伛偻而行，宛如服轭之状。

又：蒙邑之姓，有阿、耶、老、良、者、也等字，其命名皆彝语，无所取义。

楚　雄

樊绰《蛮书》：土壤肥饶，士人务学，盐井之利，赡乎列郡，故其人裕而畏法。

李京《云南志》：崇重释教，喜于为善。

《滇志》：地当孔道，而不染于纷华。文教日兴，士风驯实。妇人不尚泽饰，故淫风绝少。虽贫贱之女，不嫁为妾。

《旧云南通志》：民习勤劳，安于俭约。妇人不尚妆饰，虽贫耻为妾媵。婚丧无越礼之机，文风有日盛之势。

《旧楚雄府志》：境多银矿，民竞采挖，而桑麻织纺之利未兴。

又：山川环峙，多清淑，故其人性质惇敏。

《楚雄府志》：楚雄路当孔道，往来商贾杂沓，历年等秤轻重不一。康熙五十二年，知府张嘉颖将各铺各秤较定划一，至今商民称便。

楚雄县

《楚雄府志》：其属军民八界，向设有销盐巡役若干名。地分八界，人系岁更，以民间买盐之多寡，分巡役催销之勤惰。每遇比期，随班挨责。康熙五十四年，知县陆坦，念民间食盐原系日用之需，岂须巡役催办，乃永行革除。至今食盐者，无催科之扰。

《楚雄县志》：楚邑自傅友德平定，即留兵戍守。明太祖又徒江南间右以实之，复有宦游商贾入籍，大都南人较多，故俗类南方。冠婚丧祭多古礼，服食器用概崇节啬。固渐积使然，亦土本瘠，势不得不然耳。

镇南州

《镇南州志》：汉夷杂处，风俗亦异。大抵崇尚质朴，不事华采。家无织纺，男女只以耕种为生。业儒者颇知礼让。

南安州

《南安州志》：三月二十八日，驱从马以五彩花绘为饰，近少畜马者，事遂废。

姚　州

乐史《太平寰宇记》：民能鼻饮水。

欧阳元升州为路记：乐善事。

《明一统志》：勇悍好斗。

《明通志》：姚安府尽力畎亩，家有常给。气习既迁，人文渐盛。

《旧云南通志》：土瘠民贫，服食俭朴。

《姚安府志》：士大夫乐谈名理，民间施予相尚。

大姚县

《大姚县志》：人民朴拙，男女均尚气节，又不轻去其乡，故有毕世未出百里外者。

广通县

《广通县采访》：汉夷杂处，汉则日用节俭，勤于力田；夷则结草为庐，自耕自食。其应征钱粮差徭，悉归本县。

定远县

《定远县志》：土瘠民贫，士知务学，但多好讼，近稍衰息。崇信释教，亦喜为善。妇习女工，不尚藻饰。淫风绝少，虽贫贱之女，不嫁为妾。

澄　江

李京《云南志》：民安于业，其性质实。

《明一统志》：其性质野，其俗豪强。蚕衣耕食，不事逐末。

《滇志》：士以劲特相慕效，耻为委蛇，庶几铁中之铮铮者。

《明通志》：士知尚学，科目不乏。民务耕织，勤力本。

《旧云南通志》：重穑事，不习工商；务潜修，耻为标榜。俗劲以朴，性质而淳。

《澄江府志》：男安耕读，女习织纺，不事逐末远商。（明成化间布政使周正按澄有联云：文风不让中原盛，民俗还如太古醇。）

河阳县

《澄江府志》：独钟金莲玉笋之盛，故文人甲于他州县。士知自爱，坦白醇谨，无诡奇刻核之行。服官者以名节自励，多功业可纪。民勤稼穑，习织纺，朴实易治。但地狭土瘠，无他物产，商贾舟车不通，官师多粮赋重。而习俗相沿，尚神佛，社会游戏、吉凶礼仪，渐逐奢靡。不亟转移变化，风可长乎！

《河阳县志》：有病，明者延医，愚者信巫。子弟不论贵贱，自幼俱送学读书，及长分途而业。

又：二月八日为迎神社会，先是正月内城外各村设会，轮流迎请诸神。首先东门迎诸神于会所，设醮三日后，四门轮递。迎请之期，用锦彩妆演马匹，名曰神马，并台阁故事，备极美丽。夕则比户张灯，笙歌彩舞，以供游人玩乐。相沿已久，俗传祈年丰稔，历有明验云。

江川县

《澄江府志》：为临元孔道，邑小土瘠，户少役重。士安耕读，民勤织纺。偶趋末务，不事浮华。间有名族，实少素封。

新兴州

《澄江府志》：山水明秀，地广土沃。民俗富庶，男勤稼穑，女习织纺，俭朴是敦，经营是务。士慕于学，重风裁。服官者以清白自期，致仕者恂恂如里老。但今民或游惰，俗渐于漓。示俭示礼，诚不可缓。

《新兴州志》：滇俗，潴水处皆称海子，高山峻岭谓之坡，呼云为云彩，初生月曰月牙，画角为画晓，松苣为松明，高田为雷鸣田，谓雷鸣雨沛，皆得播种也。

又：妇人入市贸易花布，栽秧割稻，裸足淖泥，踵习彝僚，恬不为怪。幸绅士家弗致效行，民俗中当痛改也。

路南州

《路南州志》：山水幽邃。士重诗书，而敦道谊；农安耕凿，而逐鄙末。女效纺绩，俗尚勤俭。

又：除夕烧兜罗香以辟邪。

广　南

范成大《桂海虞衡志》：大抵人物犷悍，风俗荒怪，不可尽以汉法绳之。田计口给，民皆青布巾，跣足。今黄姓尚多，而侬姓殊少。盖智高乱后，侬氏善良，许从国号，今多姓赵氏。举洞纯一姓者，婚姻自若。酋豪或娶数妻，皆曰媚娘。洞官之家，婚嫁以粗豪汰侈相高，聘送礼仪皆千担，少亦半之。婿来就亲，两家各以鼓乐相迎，盛陈兵马。成婚后，随便而归夫家。亲始死，披发持瓶瓮，恸哭水滨，掷铜钱、纸钱于水，汲归浴尸，谓之买水，否则邻里以为不孝。

《元史》：广南路有白黑沙人、普喇、普央、白黑倮倮、鲁兀倮倮、来子、普歹九种。其地山硗获薄。男青衣不曳地，女长裙跣足。性缓力弱，喜食诸虫，不知礼教。

《图说》：苗倮杂居，性缓力弱。病不服药，专祷鬼神。刻木为契，喜食诸虫。丧葬唯侬人、沙人用火化，余皆割弁悬尸。不知礼义，时相仇杀，摽掠府州。土著无汉人，学校未兴。

《明一统志》：习俗俭约，嚣讼好斗。

《旧云南通志》：人尽力耕，不治末业。山多硗确，岁少丰收。沙、侬蠢朴无能，习俗宽柔易使。

《旧广南府志》：习尚俭约，男女同辈，楼居虫食，尊巫信鬼。

《广南府志略》：村寨皆夷民，耕织相兼。男子懦而性惰，女健而力勤。地无杂产，人鲜逐末。居处架木为楼，板为壁，缘梯而升，中设火池，悬釜以炊。

又：土人或遭横死，如雷击、虎伤之类，则不殓不埋，将尸坐于椅上，送往高山，以伞笠覆之，听其消化，人不敢近。男妇为巫者，死亦如是。

《广南府志》：正月，男抛绣球戏扑。又竖一直木于地，以一横木凿其中，合于直木头上，二人一左一右，扑于横木两梢头为戏，此落彼起，此起彼落，腾于半空，名曰磨鞦。

又：六月初六、初九二日，各村寨宰牛作小年，户染红糯米祀神，土司家亦然。

又：七月十八日，妇女为巫者，男女围聚欢唱，名曰蚜亡。

顺　宁

《明一统志》：服习恶陋，鲜习文字。九种杂居，相见屈膝为礼。俗信鬼，以鸡骨占卜。

《明通志》：男耕女织，鲜习文字，九种杂居。改流之后，渐化汉俗。

《古今图书集成》：顺人性朴谨，厌虚诞，亲戚往来，重实不重文。庆吊随家厚薄，量亲疏，以鸡豚醴粟为仪物。间有丧葬举素，不烹不酌，吊者遂因之，亦称简朴。婚姻之典，甚为美便，不慕势利，不厌单寒，唯取门第相若，声气相孚，男女年齿相近为是。男女探有可从之机，邀蹇修氏三诣其门，车盖从之。女氏初不为之设茶，待三往而后饷之以饭，示不轻也。既诺，男氏投刺于女氏之百尔亲戚，谓之递谢柬。从此则相往来，节令交馈矣。俟桃期既届，择吉告成。或入赘，或亲迎，从便相就，不责聘仪，不较奁具，诚美俗也。

又：顺郡俱丛山深涧，土瘠水寒，耕获倍苦，而又牲畜无几，积粪维艰。农人治秧亩，先堆梨块如窑塔状，中空之，插薪举火，土因以焦，引水沃之，爰加犁耙，土乃滑腻，气乃苏畅，方可布种。倘烧梨少不尽善，而或失时，则秧未可问矣。土脉薄水迟，仲夏乃得稻禾。田高下不一，其形如梯级、如冰裂，其丘如初月、如断核尖，凹曲如折、如曲蚓，非直方易治者。以故培塍补罅，役工尤巨。禾插后，雨旸时若则可，不则蟊害顿生，秋实因以遂耗。获正值秋尽，淫雨方殷，未芟者黄落满畦，既芟者粉芽在穗，仓箱之望，将何慰之，农之病有如此。

又：山谷向阳者，可荞可稗，可麦可菽，彝民以之为天然。非茂草丰林，则硗确无获，刈之于冬，焚之于春，继之以犁以锄，视力田尤倍。种后少雨多霁，则庶几矣；若遇淫雨，俱归乌有。幸而及熟，又有野兽所耗，则徙家就之。种费获微，竞同佣者取值。惫哉山农，洵目击而心伤矣！

又：郡农器颇轻于他郡，以土浅故也。农人刈稻毕，晒穗于畦塍及田间，用大斗，可容数石，名曰海簸，四人环立持穗而击，稻遂落于簸中，人日可得石余。远村亦晒穗于田，以篾笆铺于地上，堆穗于笆，以足揉之，稻随以落，日亦揉获石余。山间彝人打荞稗，以一木长三尺，其端如钩，两手持木，反复击之。其江外困思龙山间，微产铁矿，彝人入山，日一往还，得之少许。煎而成铁，只堪铸犁，造制器物，则裂绽罔成，盖土燥气薄致然。唯是煎矿之炉，风箱用水力，大抵以水之去来，为箱杆之出入，亦小慧之可观者。

又：郡中彝多汉少，大抵种荞不种粟，栽麻不栽桑，造碓不造硙，畜牛不畜羊，非民之惰，亦土之宜，习之便也。

《旧云南通志》：里有盖藏，乡无剽劫。士习虽陋，民风自淳。

《顺宁府志》：士多浑朴，人敦古道。民守分惧法，美劣相半。俗尚节俭，婚嫁称家为礼。野无游民，恒产不失。

云 州

《云州志》：云州自开辟以来，陆续寄居，汉人渐多，俱各省及他郡来入籍者。其习业、服食、器用，俱相仿佛，与中州同。士子习于诗书，女红勤于纺绩，农事犁锄，商行贸易，市无游手好闲之徒，野有力耕火种之叟。虽则边远之区，渐为移易之俗。谓汉夷杂处，而久道化成，有其训矣！

曲靖

郦道元《水经注》：夷居语言不同，嗜欲亦异。虽曰山居，土差平和，而无瘴毒。

李京《云南志》：婚姻论门第，力耕致富。

《明一统志》：椎髻皮服，力耕好讼。

《旧总志》：山川平旷，士风渐盛。科第人才，后先相望。

包见捷《通志草》：黾勉耕织，兼事商贾，习尚简朴，颇信释教。

《曲靖府志》：士尚廉耻，与物和平，民少游惰，其性易使。

沾益州

《沾益州志》：土瘠民贫，路冲役苦。不好出乡井贸易，唯知力耕火种，衣租办赋而已。住居山隅者，虽殷实不衣帛，或至老不入城市。妇女不衣华丽，亦无金银妆饰。唯地系冲衢，商旅丛集，五方聚处，习俗不无庞杂，赖整饬焉。

又：二月初八日，有迎太子会，与他郡特异。（相传有龙潭，不知在何许，旁生旃檀香树一株，大数围，高十余丈，不时有光。元时有异人伐之，镂佛像三，曰大太子、二太子、三太子，云为释迦如来佛子，庇佑境土，冠五佛冠，衣红袍。交城十乡人民，轮每岁会期作佛事，高招盛装，社伙鼓吹喧杂，人聚观之。先于初七日舁游市中，至初八日迎赴会场，云与佛母相见。自元明至今，未有易也。）

陆凉州

《陆凉州志》：朔四日，俗名烧火星纸，每里约会，或十家、二十家。

当首之家，具牲醴钱马五谷，请众诣火神祠。祀回即剁生饭众，至午宴酒。次日送神牌于明岁当首之家，复请宴饮。合郡行之。

马龙州

林尧庸《志草》：人颇力耕，俗鲜浮靡。地瘠无贸易，家贫喜读书。人文科甲，较他州为盛。

又：州境之中，民穷财乏。安于俭素，鲜可为乐，如土主、城隍等会，各郡争尚奢华，马龙独废不行。而岁时伏腊，各随其家之有无。馈宴亦稀。滇中贫苦之境，以此为最。

罗平州

《罗平州志》：罗平婚礼极朴，丧礼极俭。安本分，急输将。但无恒产，故多贫。其俗各种人，至今不改焉。

又：正月初九日，有玉经会。三月初三日，有祀龙之举，兼诣元真观进香。六月初六日，有白蜡会。

寻甸州

《寻甸州志》：汉人处市井乡遂，夷民居僻壤山林。强悍者力讼，富豪者骄吝。士习少纯学，婚姻论门第。力于耕种，女工无织红之利。

又：昔民多好讼，数年来改移殆尽。民勤农桑，士习诗书，不事逐末远商。

平彝县

《平彝县志》：土瘠民贫，俗尚朴质。病信医巫，婚丧循礼。男务农耕，女昧纺织。人亦好义，唯信道释。籍多辰沅，故俗类楚。士知向学，科第渐出。

又：滇俗妇人出以锦帕覆面，至老不去。

宣威州

《宣威州志》：风俗大约与各处相同。而稍异者，其土瘠薄，故其俗勤俭。民间终岁劳苦，岁晚不得少休。

丽　江

《明一统志》：善骑射，最勇厉。

《图说》：地处风寒，春夏拥火。人情朴陋。

又：荞麦资生，秉性顽悍，柴弓竹箭，捕禽为食，无牧畜，亦无布匹。

《明通志》：衣同汉制，不颒泽，板屋不陶，焚骨不葬，带刀为饰，服食俭约。么些古宗，或负险立寨，相仇杀为常，两家妇女，投场和解乃罢。节令饮馈，与列郡同。

《旧云南通志》：地近蒙番，好佛信鬼。性同北鄙，佩弩悬刀。设流以后，礼教渐兴。

《丽江府志》：夷民不习织纺，男女皆刀耕火种，力作最苦。耕用二牛，前挽、中压、后驱。平地种豆麦，山地种养稗，弃地种蔓菁。

又：旧时土官廨舍用瓦，余皆板屋，用圆木，四围相交，层而垒之，高七八尺许，即加椽桁，覆以板，压以石。屋内四围皆床榻，中置火炉，并炊爨具。改设后，渐盖瓦房，然用瓦中仍覆板数片，尚存古意。

又：夷俗男二十岁以上始戴帕，卷发辫簪之，有冠礼遗意。

又：土人亲死，既人棺，夜用土巫名刀巴者，杀牛羊致祭。亲戚男女毕集，以醉为哀。次日送郊外火化，不拾骸骨。至每年十一月初旬，凡死人之家，始诣焚所拾灰烬余物，裹以松枝瘗之。复请刀巴念夷语彻夜，再祭以牛羊，名曰葬骨。改设后，屡经禁谕，土人尚惑刀巴祸福之说。自东河社长和悰顺母死殡殓如礼，择地迁葬，题主刻铭，人不见其有祸，此风乃渐革矣。

又：祭祖以清明、六月、十一月，土人庭前植一栗树，盛陈果馔牲醴，用刀巴祝赞，寄籍祭墓。（谨案：葬祭用松栗，相传有猎死者，其子寻之年余，得父死处，骸骨腐化，已生松栗，因取松葬而栗祭焉。后遂相沿成俗。）

又：宴会每推一老年上座，先酌之，子弟以先跪饮，始入席，终席恂恂无敢越席。

又：夷人各种皆有歌曲，跳跃歌舞。乐工称细乐，筝、笛、琵琶诸器与汉制同。其调亦有《叨叨令》、《一封书》、《寄生草》等名，相传为元人遗音。

又：土人家家供佛，信喇嘛僧。有卜筮者，俗呼阿明，念番语，结毛索。随索所结，每以一物取象，结十三次，断吉凶甚验。

又：自元旦至初九日，土人洗米、净香、宰豕，极其诚洁。各就旧坛，请刀巴祭山川土谷神，名曰祭天，此一岁所首重者。自改流后，更名曰祭祖。

又：十一月初旬祭祖，有鬼者之家，鸣锣跃马，请刀巴葬骨。各乡入山取柴，备一岁之炊。

丽江县

《丽江县采访》：民不喜讼，勤于输将。士子勤诵读，喜收藏书籍。

又：妇女初习纺织，近日府城内外各设立机坊，竞相师法，纺绩之声，延而渐广。

又：从前城乡妇女服饰殊异，奢而非制。嘉庆二十四年，署知府王厚庆，曲为化导，簪环服饰，悉遵体制，焕然改观矣。

鹤庆州

李京《云南志》：其人蠢朴而好嚣讼。

又：文化丕兴，科第不乏。

《明通志》：人性稍刚，好带弓矢。

《滇志》：气概相尚，有燕赵悲歌感慨之风。操觚摛词，亦以奇胜。

《图说》：士习雅饬，民风纯朴。俗尚俭约，事不繁而讼亦简，号称易治。

《旧云南通志》：塾序相望，纺绩时闻。农则畎亩维勤，士亦齑盐自励。

《鹤庆府志》：士慕诗书，民务勤俭。吉凶近礼，报施尚平。犁夫用三，妇帽三尖（帽以布为之，殊非服饰。知府周赞曲为化导，易以簪髻）。家奉三宝，妇人载负（土人之妇，遇街市贸易，货物自负载，而夫不知）。宴尚咂酒，肴贵腥品。正旦传香，元夕张灯（或五家、十家共结一篷，缀采张灯，鼓吹以饮）。又彝俗言语侏㒧，服装诡异。居必险隘，饮必欢呼。卜用鸡骨，约用木刻。耕绩樵牧为生，石炙火炮为食。（夷人荞食多不以釜，唯用净石烘热，调糊涂其上，微烘即熟。又麦初熟，取穗火炮食之，味亦香美。）

剑川州

《剑川州志》：山清水秀，士生其间，多聪俊雅驯。是以人文蔚起，科甲接踵，在迤西诸郡中，足称翘楚。但地土硗确，又近雪山，寒气侵逼，五谷少成，收获亦在邻郡之后。

又：地无蚕桑，乡村农民绩麻为衣，女红纺织寥寥数家。民间终岁勤动，往往衣食不给。故横经者不免，负耒而业农者必兼习工也。

中甸厅

《中甸厅采访》：三伏围炉，男女衣褐。糌粑酥酪乃其养命之源，舞蹈锅桩是其岁时之乐。一心好佛，敬尚喇嘛，牛马牲畜，恣其贪取。

普　洱

《清一统志》：民皆僰夷，性朴风淳。蛮民杂居，以茶为市。

《旧云南通志》：人多顽蠢，地寡蓄藏。衣食仰给茶山，服饰率从朴素。崇信巫鬼，未革夷风。

他郎厅

《他郎厅志》：汉民皆非土著，系由临安、建水、石屏、新兴暨川、广流寓入籍者。耕读贸易，习以为常。土著夷民，语言服饰各有异同。村寨妇女，半皆负薪入市。家鲜盖藏，畏法少争，唯以务农纺织为生计。迩来声教覃敷，间有读书应试者。

威远厅

《明一统志》：男女勇捷，走险如飞。

《旧云南通志》：白蛮习朴野。

永　昌

《三国·蜀志》：吕凯等执忠绝域，十有余年，守义不与交通。臣不意永昌风俗敦直乃尔。

《明一统志》：衣冠礼仪，悉效中土。

《明通志》：士知向学，科第相仍。男事耕艺。女务纺织。腾越虽远阂，两江衣冠人物，并称全腾。

《旧云南通志》：婚丧交际，相尚以文；服食宴会，亦皆有节。民淳讼简，安土重迁。

《永昌府志》：《通志》云，衣冠礼仪，悉效中土者，犹谓其初也，今则骎骎日上。婚丧宴会，相尚以文，服食居处，亦必有节。士勤诵读，女务绩纺。商贾贸易是营，农民耕凿是务。耻邪僻，恶斗狠。所以市无游手，野无惰民，恂恂然民淳讼简，安土重迁。无大故不肯轻去其乡。城中服色如常；百里以外，虽皆蛮夷，衣服语言，亦不甚异。田五亩为一双。土性坚，耕用两牛。岁时伏腊，享祀馈遗，与他郡无异。货物皆自外来，明时贸易以贝，今则银钱互用矣。

保山县

《永昌府志》：其地土则平衍，其山川则秀丽，昔称西南富庶地。语音、服食、仪礼、气习，大都仿佛江南。市肆货物之繁华，城池风景之阔大，滇省除昆明外，他所不及。婚姻论门第，丧葬视贫富。人知礼让，尚气节。士大夫居家皆能检束，无厚积，无冗费。尊师重学，故科第登仕者，代不乏人。女子无论贫富，悉勤纺绩。

《旧志》谓其勤慎似楚蜀，慷慨似燕赵，宕逸似吴越，以今观之，良非虚语也。

腾越州

《永昌府志》：地处极边，孤悬两江之外。蛮夷错杂，商贾丛集。风气昔称古朴，今则踵事增华。居民多务耕织，崇礼让。士知自重，简而实。农业而外，皆各事生理。有游惰者，辄见斥于乡党。

《腾越州志》：明初开滇，江南从戎者，多驻牧其地。故金［全］腾人多金陵软语，宜其风俗有吴下风。

又：亲迎亦用喜轿，或以匹马迎之，马鞍饰以彩。

又：夷亦有美俗，一切借贷赊佣、通财期约诸事，不知文字，唯以木刻为符，各执其半，如约酬偿，毫发无爽。如有不平，赴酋长口讼，以石子计其人之过，酋长因而训之使改，不改则死。恶杀，酋长侵伐则从，以为死乃分之当然。有纪律，所过不犯一草。闺门严，妇人既嫁婿，有言其妇外窥者，妇父母亲戚，掘地缚而埋之，以为辱宗。夫死不嫁，自称鬼妻。种艺纺绩，有织大布者，机阔八尺，口颂佛号，乃织一梭。妇人进夫饮食，必叩头至地。人敬酋长，虽有暗室，闻过必跪，举手加额。两酋争战既久，胜负未分，有僧入阵止之，遂罢战而归。其自称国号，皆唐虞之旧。是知封建之法，薄四海内外，皆有之也。木刻相沿木夹之制，唐徐云虔使南诏授木夹遣还，宋宣和间，高泰运贻木夹书于边将以求贡。其制用两漆板夹文书，而刻字其上以为信。今夷人交易用木刻，各执一半，符合为信，即其遗意也。

又：外夷有鸡卜法，其法缚雄鸡于神前，或向空祝之，旋扑杀鸡，取两股骨洗净，以线束之，用竹签插其中。再祝左骨为侬——侬，我也；右骨为人——人，则所占事，或占所指人也。两骨上有细窍，以细竹签之，斜直多少，任其自然，直而正者多吉，反是者凶。其法有十八变。（按：汉武帝令越巫祠鬼，用鸡卜，知此法相传已久。后有沾益州乌蛮闭珊居集者，精鸡卜法，并用细竹四十九枚代蓍草，占算如神，其由来旧矣。）

又：方言出之夷倮者，唯晓其义，如山川村落，多用矣字、者字打头，村哨谓之喧，保甲谓之牛丛，目甸、日睒，日睑，皆沿蒙段遗法。至水称海子，岭称坡子，沟曰龙江，呼院曰万，呼关曰官，松炬曰明子，虹日水桩，皆土俗方言也。田四亩谓之一双，盖西域语，如卷之未苟也。金王庭筠诗："寺僧乞与山前地，招客先开四十双。"滇西近天竺，故其方言云尔。《唐书·南诏传》云五亩为一双，则四十双为二百亩。犁田每用二牛，三人佐之，前者挽车，中者扶犁，后者服耕。种以五月，获以十月。

又：滇人一岁有十一市，俗皆以市为景。正月灯市，二月花市，三月蚕市，四月线市，五月扇市，六月香市，七月宝市，八月桂市，九月药市，十一月梅市，十二月桃符市。

又：夷俗每月戌日则祭祖于家。万物发生于辰，而归寂于戌；日出于辰，没于戌，理或有之。今释氏则云，戌日四兽不守地狱门，亡魂得出，此邪说也。汉人祭祀则近服礼教久矣。

又：元旦、清明、端午、七夕、中秋、夏至、除夕，风俗与中土相类。人家咸用赤豆作饭，昔共工氏有不才子七人，死而为厉，性畏赤豆，故作羹以祛之，其遗意也。

又：滇中用贝，今已渐少；而近边夷妇，尝蓄之以为首饰，俗曰𧴩。其用以一枚为一庄，四庄为一首，四首为一缗（亦谓之苗），五缗为一卉，卉为索也，一索值银六厘，而市小物可得數［数］十种，故夷民便之。（金泉刀贝，古所通用，故用贝。许氏《说文》曰：古者货贝而宝龟，至周而有泉，秦乃废贝行泉。《汉书》：王莽时有大贝、小贝之名，谓之货贝。《货殖传》曰贝五种：大贝、牝贝、公贝、小贝、不成贝。滇之所用皆小贝、不成贝耳。秦变法时，庄蹻王滇，未必奉行，侵寻至南诏，段高犹仍用旧俗，明时尝盛行也。）

又：礼斗，滇俗九月朔至九日最虔。《滇略》载明正德甲辰，永昌地震，民居多覆，死伤无算。唯真武观屹然不动，礼斗人居其下，无一伤者。

永平县

《永昌府志》：山多田少，旧为群夷杂处之地。俗习淳朴，鄙浮薄，恶游荡。居山谷中者，有倮倮、僰人数种，亦知伦理。婚姻、丧葬与汉礼相去不远。其子弟之俊秀者，皆知业儒，有古风焉。

开　化

《图说》：结绳木刻，不习文字，不喜搆讼。彝倮崇巫祀鬼，啖鼠咀蛇，迁徙无常，喜斗轻生，间不［有］藏蛊毒杀人者。设流之后，学校既开，习俗渐迁，汉人近稍寄居焉。

《旧云南通志》：土田多美，稼穑易丰。野有质朴之风，户鲜嚣凌之习。

《旧开化府志》：倚山缘箐而居，支木结茆为屋。言语不一，文字鲜通。喜斗轻生，巫鬼是尚。改土设流以后，学校既开，习俗渐改。

《开化府志》：种类实繁，衣服互异。客民华丽相高，土人勤俗是尚。设学已久，风气日开，穷乡僻壤，亦闻弦诵之声。

又：五月五日正午走马，以角力射柳为节。（明土司龙者宁，永乐十一年入贡京师，钦赐芝纱锭等物。适五月五日上幸东苑，观击球射柳，听文武群臣及四夷朝使聚观。自皇太孙而下，诸王群臣以次击射。皇太孙连发皆中，上大喜，曰："今日华夷四集，朕有一言，尔当思对之，曰'万方玉帛风云会'，皇太孙叩头对曰：'一统山河日月明'。"上大喜，大宴群臣，命儒臣赋诗，尽欢而罢。时龙者宁亦在观焉。后者宁回阿雅，感激圣恩，每年以五月端午日，令目把等骑射，以志不忘之意。后之子孙习以为常。）

又：夷俗以杂粮酿酒，凡宴宾客，先设酒置坛于上，贮以凉水，插竿于内。客至，主人先咂，以示先尝之意，客次之。咂时盛水，候咂毕而注于坛。视水之盈缩，以验所饮之多寡，不及则请再行。寒月置火于坛下，取其热也。

东　川

李京《云南志》：乌蛮富强，白蛮贫弱，俗尚战争，类吐蕃之风。居多板屋。

《明一统志》：俗尚战争，居多板屋。

《旧云南通志》：其气剽悍，其性猜疑。倮蛮易与为非，苗民犹知奉法。服食婚丧，尚多夷习。

《东川府志》：城市人民，五方杂聚，多习奢糜。乡村旧崇朴素，今亦繁华。去奢示俭，诚为急务。

又：八月三日，城隍庙祀灶神，省民寓东川者，皆集香火，次于中元。

昭　通

《旧云南通志》：改土归流，夷多汉少。风气刚劲，习尚凶顽。出入佩刀以自随，相见去帽为礼。居多木棚，击齿乃娶（男子十五六岁击去左右两齿，乃娶）。

镇雄州

《四川总志》：性劲而愚，俗朴而野。男业耕稼，妇无粉黛。子日贸易。崇信巫鬼。

《镇雄州志》：耕田预于岁前冬三月取茅肥田，谓之春青。

又：人日食齑粥，父老戒子弟曰：食了上七汤，各人寻良方。

又：狼底秀水者，地本无水。土官每代承袭后，大聚部落，盛陈仪从，至彼掘地，覆以斗笠，令夷巫祝之。至次日揭笠，有水取而饮之甘，日饮秀水。

景　东

《明一统志》：民多僰夷，田皆种秫。

《明通志》：民多僰彝，性本驯朴。田旧种秫，今皆为禾稻。渐习书史，民风地宜，日改而月化。

《图说》：风俗近朴，课读渐兴。

《旧云南通志》：士简民恬，风和俗厚。男女悉知辛勤，士类咸敦礼教。

《景东厅志》：明初原隰多僰夷，山多倮倮，是为土著，性尚驯朴。自设卫后，卫所官兵皆江左人，并江右、川陕、两湖各省之贸易是地者，多家焉。于是人烟稠密，田地益开辟。大抵山居多种杂粮，平川多种秫稻。士敦礼让，家习诗书，士习民风，日蒸月化矣。

又：元旦男子四鼓起，以香烛茶酒祀井，争先汲新水。

又：二月三日，士庶咸庆文昌诞。是月内城乡延道士设醮，行古傩礼，扎龙船，装方相，以逐役。丁祭后，上坟祭扫，老幼同往。

又：八月丁祭后，上坟祭扫。

又：语音，景东川居者，大半皆江南籍，其次则江西湖广，故男女皆官语；山居者皆土著。夷人种类不同，语言各别，然常入城市贸易，皆能说官语，亦有读书进学者。汉人不与结亲。

蒙　化

《滇志》：敦朴恬雅若素，土风之厚，绝无浮夸。

《图说》：人民朴实，易治无悍。

《明通志》：士安诵读，乡鄙轻薄。

又：士人婚冠，皆用《家礼》。民间相尚朴质，饮食衣服，视列郡为俭。

《旧云南通志》：士安诵读，俗远浇漓，号称易治。

《蒙化府志》：川原夷坦，山谷幽深，气暖风和，民醇士朴。男安耕读而惮经商，女乐织纺而薄脂粉。语言质实，不事浮夸；服食淡泊，不趋侈靡。乡党勉于忠厚，士大夫耻尚奔竞。凡婚丧宴祭，一准乎礼，俗称和易焉。近因流寓者日竞骄奢，习染者亦从而傲荡，则又不可不防其微、杜其渐。其岁时伏腊，享祀馈遗之节，大略同于通省。唯沿段蒙余习，崇释信道，颇甚于他郡。其山谷群夷，男妇以青布蒙首，体掩羊皮，而城市汉人，亦多效之。此盖不善变者也。

《定边县志》：定邑山簇层霄，水无停聚。男妇耕获石田，不赡朝夕，故崇俭之风，甚于他邑。城市多汉，贸易是资。乡多彝种，火种刀耕。汉俗婚丧祭祀、岁时之礼，仪文粗备。但数经兵燹，弦诵者寡，遂少腾达。然士尚敦谨，不务纷华。近设学校，视前颇盛，风气渐开矣。

永　北

《明一统志》：气习朴野，勤于耕织。

《明通志》：巢处山林，人物勇厉，俗尚争竞，夷有数种。

《旧云南通志》：地界极边，夷有数种。人多勇悍，俗尚争竞。

《旧永北府志》：军悍民刁，好顽难治。

《永北府志》：民风尚朴俭，勤稼穑。市无奇巧之货，人鲜奢靡之行。唯不知纺织，贸布他郡，价值高昂，谋食之外，又必谋衣，治生之道良苦焉。

又：男子于大婚前一夕，筵宾待以客位，加衣冠，拜祖庙，亲友为之赠字，其即冠礼之遗意。其女家前一日，亦筵宾为女梳妆束发，拜祖庙，盖亦笄之意也。

又：正月元日设松篷，用长降香一株，以红纸腰为十二节，遇闰则增其一，焚至元宵。

《明通志》：永宁府郡中，多么些蛮，朴野而勇厉，蓬头赤脚，穿耳贯环。山居板屋，俗皆披重毡，盛暑不去。死后焚骸，弃灰。都辖皆西番，性枭悍，食生肉，婚配野合，随畜迁徙。又有野西番，倏去倏来，更不可制。

广　　西

《明一统志》：其俗质野，民强家富。

《明通志》：士知向学，民勤耕织。风化渐行，殊异俗习。

《旧云南通志》：鲜为商贩，不慕浮华，尚存乔野之风，殊有恬熙之乐。

《旧广西府志》：风和气平，无大寒暑。当盛夏雨即清凉，春多风，冬寡雪，始有严寒，一霁则燠如春，四时花不歇，谓土厚风醇然矣。民生其间，号称易治。土著昔多白人，今齐民之家，相尚礼义。居室器用衣服，多朴素。唯务农，鲜商贩。妇人知纺织，以针线相高。婚姻各从贫富，死丧亲友相助成礼。疾病知医药，礼僧道，诵经禳祓。宴会相竞胜，以诉讼为耻。岁时礼节，与中州大同小异云。

《广西府志》：士敦礼让，民重犯法。

师宗县

《广西府志》：土瘠民勤，俗尚俭约，有唐魏风。

又：丘北风俗，华朴不一。汉人气习多同，弥勒土夷，则鄙野犹未变尽。

弥勒县

《广西府志》：堑水屏山，民颇习浮华、修文饰，村寨居民知诵读。

《弥勒州志》：汉夷杂处，田地肥硗相半，民气和柔，天气无剧寒盛暑。

武　定

《明通志》：俗尚强悍，难治。松皮覆屋，蓑毡蔽身，交易用盐。建学校之后，旧习渐迁。

包见捷《通志革》：俗尚朴鲁，士民勤业，骎骎有省会之风。

《旧云南通志》：地鲜肥饶，咸勤耕凿。文采未足，愿厚有余。

《武定府志》：民朴而俭，士醇而不浮。

又：汉夷旧俗，不务蚕桑纺织。知府王清贤设法委曲教导之，始稍知习业。

元谋县

《元谋县志》：民穷而惰，衣食不充，男子走厂，女人佣工。自奉则啬，祀鬼则丰。男喜戴花，女半蓬松，少施脂粉，不甚修容。

又：村庄之中，各有公田，年轮火头，以司一村。凡田主往来，行商过客，至设草房一座，饮食草料毕备，去不取值，则又古者“庐有饮食，宿有路室”之道也。

禄劝县

《续禄劝县志》：讨名姓者，备果馔纸笔，抱孩童于天未明时，伏路隅，俟有过路者，无论贵贱，虽乞丐，即邀请乞名，且以其姓姓之。过者饮馔，为予姓名，赐儿金钱；否则截衣角与之，曰压惊。故小人家多有父子异姓者。乌程吴应枚诗云：“边隅生齿今繁盛，簇簇婴儿裹绣绷。村媪山农齐襁负，马前罗拜乞题名。”是虽逢部使，亦乞之也。

又：姑姑帽者，以羊皮系额，寒暑皆披。无锡施侍御武诗云“额尖新样姑姑帽，五月羊皮带汗穿”，是也。

又：哈哒毡帽，制类雨兜，妇女多带之。旧传洱海有孽龙，能摄人，故戴以帽，以避龙祟也。（吴应枚诗云：螺髻层层辫发旋，黄金耳坠一窝圆。孽龙枉羡丰姿美，新制盘云哈哒毡）。

又：土人畏鬼，诵《白马经》以祈福。文字支离，不可辨识。

又：土俗畜蛊，或蛙鼠之类，夜放晓收，其出入有金光，谓畜之者家顺利。蛊夜游傍檐宇，食蛛蝉网，小儿触之则中毒，善治者咀患处而出之，毒如小弹丸则愈。置丸于木盘，能自动也。蛊非金蚕，不甚为害。

又：俗好唱《打草竿》，一名《打草杆》，昔辽士戍滇，牧场打草，有思归之心，因为此歌，其音凄怨。又唱《大理歌》，大理之音也。

元　　江

《明一统志》：男女混杂，槟榔致礼，家重积藏。

《明通志》：地方瘴疠，四时多热，一岁再收。境内倮夷居多，性懦气柔，唯酋长所使。

《图说》：蛮种繁处，强弱淳悍不同，皆缘箐而居。信鬼尚巫，葬用火化。设流之后，风化渐开。但庠序虽兴，皆属外郡寄学，而少土著。

《旧云南通志》：稍知礼义，颇务耕桑。

《元江府志》：地多瘴疠，四时皆热，草木不凋，一岁再收。性懦气柔，唯酋长畜使。

《志胜》：僰人能居卑湿，蒲蛮好居高山。

《元江州志》：四时多热，一岁再收。蛮夷杂处，淳悍不同。设流之后，风化渐开，稍知礼义，颇务耕桑。

新平县

《旧新平县志》：城内士民，男耕读，女纺绩。俗尚淳朴，不事奢华。语言、衣服、饮食，与中土同。冠婚丧祭，互相资助，多系各省入籍之人，皆知礼义，饶有古风。村庄彝种，习尚不同，风俗亦异。

《新平县志》：承平百年，陋习渐远。然土地瘠薄，谋生非易。是以鄙朴之俗多，慷慨之风少。愚者犷悍而忘其身家，知者委靡而绝少振作。

又：俗尚俭朴，男女多衣布。有衣帛者，群起而笑之。是以素封之家，亦衣如贫窭。

又：元日闭门不纳客，过元宵烧纸开门。

又：每岁正月初二日，城隍出巡，先至土主庙，住数日，乃与土主神同巡各村寨，至四月回庙。每神至处，各家宰牲献神，邀亲友饮春酒。神所未至，虽至三四月，多不请客，不饮春酒。

镇　沅

《明一统志》：信巫祀鬼，妇勤耕蚕。

《明通志》：郡多僰夷，信巫鬼，轻医药。妇勤耕蚕不少暇，产子浴于江。

康熙《云南通志》：倮蛮刀耕火耨，每岁必易其土，以养地力，三年复耕旧陇。无论贫富，室无裀褥，四季拥炉度夜。男女婚嫁，不问父母，彼此爱悦，遂相配合。

雍正《云南通志》：力弱性缓，风气近于宽柔。火种刀耕，人情习于劳苦。

恩乐县

《恩乐县志》：二月初三日，士庶咸诣文昌宫庆诞，谈演《大洞经》。土人于是月内宰牛猪祀祖。又每人用鸡一只，割取鸡骨卜卦占年，名曰叫命。并治酒会饮，各送糯饭一包，山花一束。

又：九月收获既毕，将前获秧篱燎火，治祀祖鸡。此鸡嫡亲宗族得食，出嫁女亦不与焉。祭名谓之落劳。

黑盐井

《黑盐井志》：井地土著，昔多夷人。自元明设官后，有迁徙至者，有宦游及谪戍入籍者，有商贾贸迁而家者，故冠婚丧祭，交际礼文，略与中华等。迄今生齿日繁，风会人文，日益遒上，骎骎乎进于大雅矣！但俗尚侈靡，不知撙节，贫者富者如一也。

又：井俗煮卤代耕，男不耒耜，女不杼轴。富者出资，贫者食力，皆仰食于井。骛利斯争，时所不免，而险健终讼者鲜，故其争易弭。凡礼仪服饰，大略与省会同。

琅盐井

《琅盐井志》：煮盐代耕，淳朴务本。士尚淳风，弦诵弗辍。民鲜游惰，勤动不休。唯愚者不免祟释好巫，若贤者亦多乐善好义，高视阔步，不囿于俗焉。

白盐井

《白盐井志》：土瘠民贫，不事纺绩，多以卤代耕。其余若读书，若贸易，莫不沐浴圣化，习礼让而安生业。如《通志》所称，“习气既迁，人文渐盛，男无狡猾，女无粉饰者”，信矣！

又：土地衣服，无夸缎帛。妇女俱梳云髻，著袄衣，上罩长褂，领缘饰以花绣，分肩成幅，帖挂前襟，此外别无艳妆华饰。行路则以纱巾蔽面，持伞遮身。

贵　州

黔开自明世前，此皆溪洞苗蛮也。故今各府风俗，止就明以来志乘中语书之。其汉、唐、宋诸史书中，西南夷、南诏、南蛮诸传所载，则编于苗蛮之首。

贵　阳

俗尚朴实，敦礼教，士秀而文，民知务本。（谢东山志）

崇儒术，重气节，处者耻为污下之事，仕者多著廉洁之称。（沈思充志）

风土近刚，习尚从俭。性情每多质直，器用绝少奇淫。民务稼穑，而鲜贸迁；士敦诗书，而多彬雅。

安　顺

种类杂糅，习尚异宜。（《旧志》）

茹毛饮血，日久渐更。务学力田，颇循汉礼。（《续志》）

其俗勤俭，尚儒重信。（《旧志》）

刻木示信，犹存古风；务本兴行，渐洗蛮陋。土俗尚存桴鼓，流寓渐

有华风。(《一统志》)

诗书礼乐，不减中华。(《科举题名记》)

文教日兴，人才渐盛，民乐输将，不喜健讼。

平　越

俗尚威武，渐知礼义。(《一统志》)

附郭旧人，迁自中州，多读书尚礼，男女有别。土夷异俗。(《旧志》)

力于稼穑，民少争讼。人士秀雅，无嚣陵之习。(《全蜀土夷考》)

人知畏法，俗近驯良，有秉礼守义之风，尚气节廉隅之行。

都　匀

人重廉耻，勇于战斗。(《一统志》)

苗僚错处，种类不同，俗尚亦异。声教所被，士知读书，民皆兴行。土瘠民贫。岁时伏腊，宾客宴享，不事华靡。郡治虽偏，饶有古风。(《旧志》)

男无游手，妇勤女工，民风谨厚，守分安贫。

镇　远

习尚质野，服用俭约。(《一统志》)

风气渐开，人文丕振，游宦者安之。(《旧志》)

思播流裔，地狭民贫，耕读织纺，多从朴素。(《本志》)

水陆冲衢，商贾辐辏，民多负贩，经营无浮夸游惰之习。

思 南

汉夷杂居，言语各异。（《寰宇记》）

渐被华风。（《图经》）

汉民尚朴。（《元志》）

务本力穑。（《郡志》）

屏异教，行四礼，黜浮崇实，士慕正学，骎骎文献之风。（《旧志》）

士子多兼力农，妇女恒羞逾阈。急于输将，贫不为盗。唯尚巫信鬼，陋习未除。

石 阡

淳庞朴茂，不离古习。服食婚丧，悉效华风。（《郡志》）

土著夷民，其俗各异，涵濡日久，可拟中州。（《新志》）

士无佻达之风，农尽胼胝之力。地非四达，鲜有贸迁。

思 州

民性刚悍，祭鬼弭灾。（《一统志》）

夷风丕变，弦诵洋溢。（按察使卢秩记）

俗近淳庞，人知畏法，无大奸顽。士类彬彬，有文埒于内地。（巡按毛在记）

俗不喜争，健讼者少。民勤而俭，颇有余积。

铜 仁

居辰常上游，舟楫往来，商贾所集，颇有楚风。（《旧志》）

力本右文，士多向学。（佥事阴子淑）

苗僚种类不一，习尚多殊。声教渐敷，为之不变。（《旧志》）

民性淳和，俗尚俭约。

黎 平

五方杂处，人性朴茂。尚义重信，不乐纷嚣。（《旧志》）

此邦主人有三不恶。时和年丰，唯以礼乐诗书为事。（魏华父记）

地称沃壤，民习勤俭。士敦弦诵，俗少嚣凌。

大 定

习俗鄙陋，性格野朴，不事商贾，唯务农业。　　声教渐讫，向慕儒雅。人多勤俭，文风武略，渐有可观。（《旧志》）

地寒民贫，多资牧养为业。俗尚淳庞，冠婚丧祭，渐能循礼。唯汉少夷多，信巫尚鬼之风，甚于他郡。地多土目错居。夷性好争喜斗，近知畏法，亦渐革心。

南 笼

士安弦诵，农乐耰锄。　　地僻民聚，化行俗移。　　郡分安顺，习尚略同。新辖永丰，夷俗渐革。其民任真率性，畏法易使，德教所被，风气日开。

遵　义

敦庞淳固，悉慕华风。（《图经》）

男女多朴质，士人悦诗书。以射猎山伐为业，信巫鬼，好诅盟。（宋《遵义军图经》）

婚姻以毡矢为聘妆，宴乐以歌舞为佳会。　　会聚皆重盛服，出入喜佩剑刀。（《华阳国志》）

勤耕凿，重蚕桑。士质而文，民朴易治。　　冠婚丧祭，不尚奢华。人知向学，深山穷谷，犹闻弦诵声。虽夜郎旧地，当与中土同称。

胡朴安

中国风俗（下）

吉林人民出版社

卷一

京　兆

北京輶轩录

一　社会丛谈

北京人民，食必葱蒜（凡北式菜馆，席中必有小菜，蒜为必列之品），衣必红绿（北京庙会，旗装妇女，面部则燕支如血，衣服则文绣斑烂，举目皆是），戏必皮黄（梆子腔自民国成立后，几成绝响，近年昆曲始稍兴，然终不敌西皮二黄之势力，上自学士大夫，下至贩夫走卒，无不会略哼几句者）。盖北方人民，感觉迟钝，无葱蒜则舌之味觉不愉快，无红绿则眼之视觉不愉快，无皮黄则耳之听觉不愉快。其感觉迟钝之原因，若以科学解说之，则北方空气干燥，种种电力，传达较迟，是为一大原因。且因感觉迟钝，而益求兴奋之剂以愉快，愈激愈疲，愈疲愈弱，五官本能，因以益钝，是又一原因。以感觉迟钝故，遂至脑筋简单，学说不易输入，文化因以不进步，实人群进化之障碍。望有志者革除此种陋习，使官能恢复其固有之灵明。

北京星相扶乩之风甚盛，不特旧人物笃信，新人物亦复津津乐谈。一般官僚，无一不以八字及五官求人评判吉凶。以故亚康节、赛柳庄、问心处等等，皆以相命而席丰履厚，且有膺高官厚禄者。一般大老，佞佛最深，茹素诵经者比比皆是。伏处下僚、脑筋敏捷者，遂起而研究佛学，以作终南捷径，颇多遂意者。故时人有言曰："北京做官有三诀，日善嫖、善赌、善诵经。"盖不诬也。

北京看来，虽文化未进步，而奢侈则日起有功。元二年间，街市尚有铁轮车，今则无矣。昔者汽车、马车尚如晨星，今则月入三五百元之人物，无一不有汽车。甚有汽油由车夫供给，以分润酬应场中车夫所得之饭钱者，薪水虽数月领不到手，而老爷之架子，依然不得不搭。胸前之徽章，名片上之官衔，多多益善，虽逛公园、上饭馆时，亦不肯抛却。向日请客，大都同丰堂、会贤堂，皆中式菜馆；今则必六国饭店、德昌饭店、长安饭店，皆西式大餐矣。向日政客衣服尚多韦布，今则一律花缎矣。统计北京各级社会，殆无一人不入胡同上盘子，无一人不往公园喝茶，无一人不听戏，无一人不听落子，无一人不打球，无一人不上小饭馆，无一人不看电影，无一人不叉麻雀。此数端兼之者固多，而占其二三者，百分中当在九十以外。

北京旧式茶馆，仅取水钱铜元二枚，今则龙井茶铜元六枚为普通矣。旧式饽饽铺，京钱四吊（合南钱四百文）一口蒲包，今则稻香村、谷香村饼干，非洋三四角，不能得一洋铁桶矣。昔日抽烟用木杆白铜锅，抽关东大叶，今则换用纸烟，且非三炮台、政府牌不御矣。昔日喝酒，公推柳泉居之黄酒，今则非三星白兰地、啤酒不用矣。然而人民虽阔绰，政府则外债内债，累积如山。国奢则示之以俭，尚望有志者以节俭为天下先，培养国民经济力，为国家减少政费之担负可也。

人无正事，必且无聊。北京之无职业而待谋事者，固甚多而又无聊，其有职业者，亦多不尽力于所事，且专好为无聊之忙碌，如庆吊也，饮宴也，送行也，接风也，问候也，闲谈也，追悼会也，欢迎会也，凡此皆无聊之表现也。

群众运动，至今日仅成一种机械式捣乱作用。故有拥人者，有倒人者，有散传单者，有开某某会者，有请某项某项愿者，皆其好例也。

清季东交民巷，唯马车可以任意奔驰，其他车辆禁止行走，盖外人优待亲贵也。宣统间议定岁贴修路费五千元，人力车始准通行。都中马路，近始改良，比之沪埠，犹有逊焉。唯东交民巷则路途平坦，两旁垂杨，房宇整洁，行其间颇有上海静安寺路风景。此处管理权几全在公使馆掌握，警厅不敢过问。虽然，犹幸有此外交团卵翼区域，为达官政客之逋逃薮也。

六国饭店在中御河桥边，建筑壮丽，陈设华美，较之沪上汇中，殆过无不及。从前为外交团俱乐部，光、宣之交，满清贵族群学时髦，相率奔走于六国饭店，为外人点缀风景。实际上，则昔之间接以金店为纳贿机关者，一变而直接以六国饭店为交易所矣。民国以来，政客达官宴集寓宿，均以六国饭店为大本营。实则六国饭店在京颇有政治上之集合势力，非仅图哺啜已也。无论何项调停疏通事件，比至六国饭店，则无不迎刃而解，何其遭际之幸也！

比年以来，都中稍有资望者，大都于天津设有出张所，盖狡兔三窟，安不忘危之意也。故一般大老，都门尽有临时赁屋者，而天津则必有地皮及自建房屋。今日人多谓北洋系，吾以毋宁称之曰天津系。所谓北洋系人物，天津皆有不动产，且其发迹均于天津。在昔有清，都门赌博狭邪之禁尚严，官吏多不能逞欲，于是连袂赴津，既托庇于外人卵翼之下，亦可无所顾忌于僚属。故天津殆为政界嫖赌俱乐部，此亦北洋系团结之原因也。

北京向无夜戏。光、宣之际，各班因演义务戏，始准开演。此后亦不复禁。自文明茶园创立，始有妇女赴园观剧之事。当时仅以楼上下为分别，随后包厢亦可混合杂处。及第一舞台成立后，正厅亦可男女合座矣。

北京伶业极为发达，戏园建筑虽简陋，然营业甚佳。上自官绅，下逮走卒，皆以戏园为消遣所。然近年来戏价飞增，几驾上海而上之。谭叫天演剧，昔仅售铜子二十余枚，今则须售一元余矣。梅兰芳于二次到申以前，在天乐园出台，外尚有龚云甫、王蕙芳、王又宸诸名伶，仅售铜子三十六枚，今则亦需大洋八毛矣。此亦北京人民奢侈程度之进步也。戏园有仅售男座者，则外面必高悬“不卖堂客”牌（按：北京人民呼妇女为堂客），其字句极不通，然沿用至今，未尝稍改。若改为“不卖女座”，似较妥当矣。

北京客店，多备饭不备菜。初至京者均以客店房饭在内，既有饭自必有菜，故常为所欺。唯广东帮所设佛照楼、长发栈、泰安栈三家，则房金饭菜，一概在内，即不吃饭，亦照算也。近日新开之旅馆，如中西旅馆、金台旅馆等家，则与沪上诸大客栈之规例仿佛。若长安饭店、北京饭店等，则为第一等之旅馆，如上海之东亚旅馆、大东旅馆矣。

旅居北京，有一极可怪事，即北京各城墙上不准华人行走，而任外人随意在城垣上散步瞻眺。问之则曰：“此长官所吩咐，优待外人之命令也。”在彼兵士为执行长官之言，禁止华人登城，固不足责，然不知一般威赫之长官，何必设此条律，优遇外人？为邦交起见，固无不可，然何必苛待华人，不令其登本国之京城？即在吾国，如上海租界中西人之公园，不准吾华人入内。吾遇彼若此，而彼待我若彼，诚可叹也！

北京各学校之学生，均萎靡不振，无尚武精神，对于运动体育一门，毫不注意，而以眷妓观剧为练习身体之品。近虽稍渐知注重体育，然一般腐败学校，其学生之狎妓捧角，仍视为常事。

北京之市场与上海之所谓市场，其性质大有不同。北京市场内店肆林立，杂以货摊，商业竞争极烈，商人不得高居奇货，挟索巨值。然购物时亦须留意，货商索价甚高，虚头极大，甚至有索值三四倍于原价者。故购物者必须还价，否则未有不受欺者。其不二价之店肆，只前门外大栅栏内数家著名资本雄厚之店，若瑞蚨祥、同仁堂、谦祥益等家，然其价值总略昂于小铺。市场内之货物，价又贱于市场外之店铺，且种类繁多，可任意选购，故人多乐往购之。非若上海新世界、大世界内所设之商铺，高居奇货，勒索巨值，除无知儿童强欲玩物，及为情人逼购赠品，为顾全体面起见，不得不购外，鲜有人过问者。若市场内之货价，与外间店铺之货价相等，人犹且多从便向路旁店铺购买，而不愿出一二角之门资，向市场内店铺购买，况其价较寻常商店高出倍蓰耶？欲其营业之发达，不亦惑乎？北京之市场所以发达者，其原因有二：一由于货物之价较外间店铺为廉，二无须入门资。其与上海市场相比较，岂可同日而语耶？

北京妇女有一极可憎事，即其无论老少妍媸，咸厚涂脂粉，面颊猩红，以为美观，招摇过市，自鸣得意，抑不知使人见之实可作三日呕也。尤可恨者，极幼之女童亦吸纸烟。北京人民于纸烟一项颇讲究。上海之上流社会，以三炮台为应酬品者，北京则视若平常。中上之家，多以金星牌等贵纸烟享客，毫无吝惜，其奢侈可见一斑。北京妇女用粉至多，故名产出焉。北京之宫粉，全国闻名，南人多慕名托人代为购用。

北京于清代，像姑之风极盛，男操淫业，违背天理，伤风败德，莫此为甚。一般王公大臣，多流连其间，其所以喜逛像姑而不就妓女者，盖其不欲传后于人也。改革后，像姑营业遂干禁例，然阳奉阴违、秘密操此业者，仍所在多有。今之一般捧童伶者，皆醉翁之意不在酒，而将有所不利于孺子也。操此业者，大多为优伶，今之所谓伶界大王、第一青衫及汪派第一人物等辈，其幼时皆系像姑中之佼佼者也。

北京市政之进步，至为迟缓，自厉行新政后，迄今不下二十年，仅前门大街、香厂、西交民巷及东西城两条大街，较前稍整洁而已。余若僻巷小街，依然香灰细土，著足飞扬，人矢马粪，错落道上如棋子，每至阴雨则泥淖没胫，几至断绝交通。电灯虽有，然戌亥之时，则萤然如香火头，必交子初始放光明，且时有断线之病。自来水虽设，而推水车者仍不能废。若依比例算，则北京市政如仅求如上海之租界，至少亦非再候百余年不办。

北京市场中最见发达之营业，莫如旅馆。前门外西河沿、打磨厂一带，鳞次栉比皆是。东城则曰饭店，西城则多公寓，虽一则供豪客之游憩，一则供服务人员之栖息，价值之低昂悬殊，然同为供旅客之需要则一。最著名者六国饭店、北京饭店而外，则为香厂之东方饭店，东城之大陆饭店、长安饭店、东安饭店、中央饭店，西城之西安饭店；次之者则为打磨厂之第一宾馆、天达店，西河沿之中西旅馆、金台馆。若虎坊桥之宣南饭店，则以小客栈之实，而冒挂饭店之招牌，其资格仅能列于五等以外也。往饭店者多阔人，大概非借以宴客，则征妓也，狎私娼也，或吸鸦片也。虽悬有警厅禁例，而客多视若无睹。饭店主者，亦率谂此辈阔客势巨，为警厅所不敢干涉，则亦听之，且落得借是招徕渔利。

二　八埠艳语

燕京妓馆，分为三级：一等谓之小班，犹之沪地长三；二等谓之茶室，犹之沪地幺二；三等谓之下处，犹之沪地花烟间。此乃营业等级之区别，另有南帮、北帮之称，则地理上之分派也。自男风取缔，妓业加增，光、宣以来，时有消长。观乎伶妓之盛衰代嬗，亦可觇社会之趋势焉。

都中指妓馆所在地曰胡同，冶游家均以逛胡同为打茶围之代名词。其实都中所谓胡同，并非仅限于妓馆所在地而言。此语倡于何时，无从得考，相沿既久，遂成为习惯语矣。

妓家向分南北帮。从前界限颇严，南不侵北，北不扰南。近则混合组织，其独立一帮者，殊为罕见，殆亦南北统一之先兆欤？间尝评论南北帮之优劣，各有短长。大抵南帮活泼，而流于浮滑；北帮诚实，而不免固执。南帮妓女多来自沪上，无不假托隶籍姑苏，故谓之为南帮，不如简直谓之为苏帮。南帮应客，周旋极殷，如论风头，则洵非北帮可及。至北帮则除床第外无他技能，除偎抱外无他酬酢。顾亭林论社会情况，以“闲居终日，言不及义，好行小慧”评南人，以“饱食终日，无所用心”评北人。今观南北两帮妓女之情况，大可移赠矣。

北京妓馆谓打茶围为开盘子，每次必给洋一元。无论客与妓之关系若何，每来一次，必给一元，大有无钱不能入我门之概。但通例开盘子虽为一元，亦有开双盘而予以二元者。闻诸议员极盛时代，且有每开盘子，给以五元或十元者，此亦八埠妓家怀念议员之由来也。

北京妓馆，其内部组织与沪上异。盖班子是班子，妓女是妓女，开班子不尽自有妓女，妓女亦鲜兼为掌班。俗呼开班子者为老板，系备房屋家具，并雇用跑厅（妓家仆役之称，如上海之相帮）伺候奔走，兼供妓女膳食。论其营业行为，无殊旅馆性质，唯以居留妓女为唯一交易耳。凡妓女之来者，谓之搭班，所有房间家具，以及膳宿，均由班子供应，不另取资。（按红倌人亦有自备家具，并不用班子膳食者，未可概论。）嗣后所有盘子，一概彼此均分：暂由柜上记帐，临时给以木筹，每数日一清算焉。故妓女之营业发达者，班子极为捧场；至其生涯冷落者，则必遭其白眼。此与沪上讨人办法，及以股东资格而从事营业行为者，殊有别焉。

北京赌博之禁，表面颇严，故妓馆碰和之风绝迹。但有所谓“吃牌饭”之虚名，论其实际，则仅吃饭而已。都中花酒颇不易吃。盖花酒价昂，每席动辄需百金，起码亦须四五十元方敷开支。冶游家因避重就轻，相率而吃牌饭，亦非二三十元不办也。故花酒颇不轻易捧场，匪特价昂，且客亦不易招集。北京妓女出局，谓之出条子，每次须给五元，主人且须另赏从者一元。此项条子费，大都实收，甚至现付，非如沪上打样局，存心倒账。所以客与主人无深交者，大都不欲赴席，迥非沪上吃花酒而照公组织者，所可同日而语也。

当壬癸年议会极盛时期，胡同小班，供不敷求。于是津、汉、苏、沪等埠，连袂北来者，络绎不绝，大都满饱囊橐，如愿以偿。自国会解散后，而娼寮妓馆，亦无形中受莫大之打击。及至筹安会发生时期，又渐渐恢复二年前之盛况。乃盛会难常，衰状又现，洎乎护国军起，而胡同冷落，不堪回首矣。既而国会恢复，胡同之营业，亦无形中随以恢复。要之，北京胡同之盛衰，亦一国安危之所系也。

从前冶游家相率趋于小班。对于茶室，颇为鄙夷；比年以来，此风渐弭，而一般舍小班而逛茶室者，实繁有徒。茶室定例，盘子六吊，唯纸烟自备，妓不供给。论茶室中之人物，当然较小班为逊，问亦有杰出而胜于小班者。此乃资格上及资本上之关系，殊未可一概而论。但住所较劣，且未便久延，唯一般抱实用主义者颇好问鼎。迩年茶室营业颇为发达，都人士之财政问题乎？亦经济主义欤？

北京妓女之香巢，大都在外城八大胡同内。八大胡同者，陕西巷、石头胡同、小李纱帽胡同、胭脂胡同、百顺胡同、韩家潭、王广福斜街、皮条营是也。其实卖淫之胡同，尚不止此，特以此数者为最著耳。时人有律诗四首，于妓院情景，历历如绘；兹特录之，亦采风问俗之韵事也。

陕西巷里觅温柔，店过穿心向石头。纱帽至今犹姓李，胭脂终古不知愁。皮条营有东西别，百顺名曾大小留。逛罢斜街王广福，韩家潭去听歌喉。

北地南都大不同，姑娘亦自别青红。高呼见客到前面，随便挑人坐厂厅。腾出房间打帘子，扣完衣服点灯笼。临行齐说明天见，转过西来更往东。

沉迷酒醉与花天，大鼓书终又管弦。要好客人先补缺，同来朋友惯镶边。碰和只扰一餐饭，住夜须花八块钱。若作财神烧蜡烛，交情从此倍缠绵。

逢场摆酒现开销，浪掷金钱媚阿娇。欲壑难填跳槽口，晴天易补割靴腰。茶围偶为梳妆打，竹杠多因借补敲。伙计持来红纸片，是谁催出过班条。

三　新年佳话

《都门风俗记》：正月初一日子刻后祀神，谓之接神。初二日祀财神。初三日旃檀寺打鬼。初五名破五，禁妇女往来。初六日琉璃厂开寺。十三日试灯，黄寺打鬼。自初一至十五游大钟寺。十九日游白云观，二十日雍和宫打鬼。此一月中几无处不可以游，无日不可以游。唯琉璃厂今则一日即开寺，任人游览；至若古董字画，须过三日后陈列始多，盖各种商人，亦度三天年也。

琉璃厂系辽时海王村故址，因从前有窑出产琉璃得名。俗又呼为厂甸。今则仅存其名，昔日之窑，已不见其遗迹，唯满街书肆林立，陈列古董字画而已。内务部就厂中隙地建海王村公园，为附近儿童游戏之场，用意至善。一年之中最热闹时间，为新春正月。近虽改用阳历，此风犹不稍衰，亦新年点缀中之不可少者。

近年厂甸，较之往年益形宽阔。昔日之土地祠以及高等师范等处，皆已拆让一半，北至西河沿，盖预备建筑南通香厂之一条大马路也。故厂甸四通八达，交通便利，竟变为中心点。每届新年，倾城仕女，香车宝马，群向此中心点而来，大有共和国家人民一律平等之现象。盖无老无幼，无贵无贱，只须不出自由范围、违背警章，大家均可同乐，较之他种游戏场之有限制者迥不同也。

厂之他处皆有变更，唯工艺局洋楼一座，尚如鲁殿灵光，岿然独存。现就其地址改为工商改进会商品陈列所。每逢年节，门前札五彩牌楼，上嵌通商惠工等字样。盖借新年游乐之中，以引诱人民注意国货之观念，其意良善。而开放三日，不取票资，由是观者如堵，人稠地狭，拥挤不堪，欲入不得，望望然而去之。门之两侧搭有席棚，陈卖各物，以人造花卉最能销售。然较之儿童玩物，尚不及百分之一也。

露天茶桌，因地势宽广，较往年增加，无非昔日平地之上，安置桌椅。除有棚之茶肆两座外，余皆搭有一二尺高之木板，且划分地界，有如井田，四周皆可通行。上标为男女分座，实则杂乱无章。一肆之上，妇女愈多，座愈拥挤，生意愈盛；茶之佳否，则置诸不问，盖醉翁之意不在酒，在乎山水之间也。而茶博士则高立板上，大声疾呼："这里得瞧！这里瞧得清楚！"无意识之言，不绝于耳。然其间妇女游者固多，而坐诸茶桌之上，陆离光怪，以出风头者，仍属青楼姊妹，良家尚不多见。间有本地住户，亦属寥寥。因不如公园之幽雅，有条不紊，故来者周游即去，咸不愿坐此喝西北风也。

是地也，以青楼姊妹降临，一般堕鞭公子、走马王孙，趋之若骛，或携越女，或约吴姬，连袂而来，为厂甸增加风景。此外则顾影自怜之少年，与想吃天鹅之野心家，亦趁此机会，借厂甸为吊膀之场所。实则除暗娼或可达到目的外，其他不过起哄而已。盖来者人同此心，心同此理，一有粲者，群相跟随，卒至皆无结果。加之巡警林立，稽察甚严，虽拥挤之中，究不敢妄施技俩，不过一饱眼福耳。虽然，于此会期中，骗诱妇女者有之，拐失小孩者有之，虽消闲之场，亦纳污之地也。

儿童玩品，汽球为最易销卖之物，易诱儿童嗜好。其形圆，其色红蓝不一，飘荡空中，大有可观。偶一松手，则翻飞天半，可望而不可即，尤增余兴。三五少年，专以放汽球为乐事，购七八枚或十余枚，缠连一绳而放诸天际，身坐肆中，兴高彩烈，迨众人仰望，尤乐不可支，拍掌欢呼，声震数里。其主要目的，不外乎引诱妇女之注目，以施其渔色之手段，亦会场中怪现象之一也。

厂之东侧有吕祖庙，香火最盛。青楼姊妹来游者，无不先往烧香，以求吕祖爷保佑。祠中观烧香者，站立两厢，有若清季大员进香，属员站班伺候之状，然尚无此精神。祠中道士，以正月为进款最多时节，手持香盘，追求诸大善男信女布施若干。往年丐者几满祠中，今则驱逐干净，此乃警察之功；否则一路呼喊，败兴不浅。厂北之土地祠已改为道路，而吕祖则依然如故。说者谓纯阳有通天过海本领，非区区土地所能及。值此物竞天择之时，神道亦须受天演之淘汰，至堪发噱也。

厂西隅为杂艺场，内有变戏法者，有唱嘣嘣戏者，有列奇禽异兽以供人观览者，锣鼓喧天，异常喧闹。口外有出售梅花、兰草等类，佳者颇少，不如各处庙会。游者非为购花而来，卖者亦知其心理，不为供过于求，故贩来亦不多。

琉璃厂向为古董、字画、书籍之荟萃地。每届新年，字画为一大宗售品，土地祠、火神庙皆悬挂无余地。人至此间，如在山阴道上，目不暇接。一般考古家、大名士咸集于此，品论优劣。其间固不乏佳者，然以俗者及赝鼎为多数。

白云观在北京道士观中推为第一。在前清时代，观中方丈与王公通声气，威焰赫赫。钻营之辈，多奔走乞怜于其门，势力极伟。民国成立以来，如蛟龙失水，其势顿衰。近日销声匿迹，气势益寝，渐而至于澌灭矣。然每届旧历元宵，辄开庙以招游人，至二十日而毕。倾城士女，摩肩接毂，比之厂甸，殆犹过之。观在西便门外，距顺治门有三四里之遥。寺宇庄严伟丽，实为京师冠；而花园中亭台楼阁，水石花木，景物尤清雅可赏。顾平时绝不肯开放，一年只有正月十七、十八两日，纵人人游耳。

旧历正月十七、十八两日，为白云观极盛之期。盖厂甸自年初一至十六为会集期，白云观则自初一直至二十，故十六以后，既无厂甸可游，而游人遂争趋白云观矣。且十七日观中于夜间行打鬼之礼，而十八日则为神仙大会，尤为白云观中全盛之日也。十八日观内方丈预先招集道教会二三百人（中华道教会设白云观内，犹之法源寺中设立中华佛教会也），于夜十二钟开神仙大会，分班诵经（道士谓天上神仙亦于是日同时降临下界，故曰神仙大会）。而夜间壁上遍悬画灯，光耀如昼，经声琅琅，杂以铙鼓，尤使人有别一洞天之感。

有殿曰四御殿，文明妆束之妇女，到此焚香膜拜者日有多起。此辈形式上固极文明，而精神上究未必文明。中国人可作如是观者，比比然也。

有养老堂，堂中小室内有一老道士，卧于床上，床前置一破篮，乞人赐钱。妇女多有掷钱于此篮内者。闻人云此道士年已百余，然殊不类也。

又有养豕之所，豕累累不可计。乡民相指告曰："此豕不可食，食之造孽。"其愚真不可及也。

白云观有秘制冬菜，味极美。清慈禧太后极嗜之，每日必以进御，以是名益噪。然除供奉内廷外，诸施主与其方丈素稔者，亦可得尝禁脔。然只年终送节礼时稍馈送之耳，平日则殊不易得；不似常州天宁寺之素火腿，可以资购得之也。

白云观大门内牌楼之后，大庭之中，有一石桥。桥左右各有池一方，池已涸而墙壁两面中空，各有一道士闭目静坐其内。又制大孔方兄数枚，悬于墙壁及池上。游人争以铜元掷此孔方兄，能中此方孔，即为今年佳运之兆。故掷钱者颇多，而掷中者极少；愈不能中，则愈欲掷，必中而后已。于是争前投掷，而池中之铜板铿然不可数，墙壁中稳坐之道士，暗地里开心大笑矣。

白云观会集期中，有优胜之点，可以首善号于众者，则跑马是也。观之右侧京汉铁路之堤下，有空旷地可跑马。跑马者甚夥，马走如飞，旁观者多为喝彩。跑马处两旁皆搭茶棚，士女啜茗，凭栏而观，亦至足乐也。

民国以来，每逢纪念日，先农坛、天坛开放之期，亦有跑马之举。北京人之注重跑马，盖亦积习使然矣。此又北京社会上善良之风俗也。

北京官厅对于旧历新年，虽未加以提倡，然无形中亦多感化。催发欠薪也，预借拨付也，以便持归寓内，购食品、添新衣、偿旧欠；与家人妇子围炉共坐，作吉祥语，以祈新岁幸福。官场如此，其他更无论矣。

燃放爆竹，本为官厅所禁止。自民国九年始，警厅忽取放任主义。于是家家户户，每至年底，争先购置；当子正初交时，乒乓之声，即不绝于耳。计其所费，为数亦不赀。值此民穷财尽之秋，尚以大好金钱，掷诸无用之地，良可慨叹。

大棚栏一带售卖宫灯之商店，其门如市。此种宫灯，长方绢地，设色人物，如《三国志》、《列国志》、《红楼梦》、《西厢记》等，绘手颇极工致。每架售银八元以上，实非穷措大所敢问津焉。各商店于年关亦异常忙碌。普通皆为收账，一年交易，到此咸谋结束。民国二、三年间，警厅对于商店之旧历结账，曾加以取缔式之劝告改用新历，但各商店仍置之不问也。复有数种商店，因应年景需要而特别忙碌者：一为茶食店，就中尤以稻香村等南茶食店为最；其他若米面店、肉店，生意亦甚佳；更有为年节而特设者，则纸灯店与爆竹店是也。

有钱之人皆忙于过年，若无衣无食之贫民，每日尚闭门啜泣。北京城内外，如此等人，实非少数。更有外来流民，携子抱女，蹀躞街道，伸手求食者。社会上苦乐之不均，念之可发浩叹。

京华之所谓太太团、姨太太团者，终日绮罗珠钻，无所事事。新年则更兴高采烈，赌也逛也，不堪闻问矣。

旧历十二月二十三日晚，北京各住户均祭灶。灶王为家家常供之神，尊敬之不遗余力，谓为一家之主。凡家内各事，灶王均有全权管理；并于暗中察看人之善恶，善事则置于善罐中，恶事则置于恶罐中。每至年终，灶王即结束其一年内所调查之结果，升天奏之玉皇大帝。升天之日即十二月二十三日，故各家均为之送行。祭灶所用之供品，糖为大宗，有关东糖、南糖、糖瓜（即糖之圆者）等种类。考其所以用糖之原因，据谓此日灶王升天，将各人善恶报告上帝。若尽情报告，则所作之恶事过多，必受上天之惩罚，故以糖粘其口，使之缄默寡言。有用糖一块放于灶火中者，有用熔化之糖粘于灶王口中，并祝曰："好话多说，不好话少说。"此中国人掩耳盗铃之恶习，亦社会心理之表现也。糖之外，有用茶、草料、皮豆、白面、火烧等件。茶所以备灶王之润口，草料备灶王坐骑之食，豆备灶王饲鸡者，火烧备灶王饲犬者。此外则有普通礼佛所用之香元宝、蜡烛等件。祭时礼节，先由家长跪拜，只限于男子。女子不许祭灶，男子不许祭月，殆为全国之通例，所谓“男不拜月，女不祭灶”是也。拜后，将纸灶王请下，置诸架上。架用芝麻茎子及松枝所札成，一同焚化。焚后，全家食糖，尽欢而散。

旧历三十夜一时，各家均迎神。所迎之神，即灶王与喜神也。先向正面焚香，将灶王迎入，再于历书上查出新年喜神之方向，即于此方焚香迎神，然后上供。所供者为月饼、蜜饯、果品、年糕，饺子等。前四种于正月中每日供列，饺子则只供一二小时即撤去。

正月初二日各家祭财神。其所祭之财神，有由店铺购者，有自小孩手中买下者。此类童子大半为贫苦之家，欲乘此新年机会，捞摸若干钱文，于是做成财神，向各住户串售，于门口大呼曰：“送财神爷来了！”愿意要者，付以一两枚铜元之代价，即满意而去；若不欲要者，亦不能回以“不要”，盖避不祥也，只答以“已有”。祭时所供品为鸡及活鲤鱼。又有在家中祭祀不算，必须赴彰仪门外财神庙烧香，并借元宝，唯借一枚须还十枚。

据星相家言，各人每岁皆有一位星宿，如太阴、太阳、罗喉、太岁等名词，本年命运如何，纯视此星宿之优劣。故人于一年之始，须祭祀之，以祈其降福。在北京有请顺星之举，行于正月初八晚。顺星有在庙、在家二种。在庙者须往白云观中之后土殿，对其本年星宿礼拜焚香。在家者则祭于晚间，祭法用灯花纸作成纸捻子，名曰灯花，用油浸透，燃之；其数目须较本年岁数多一个，如二十岁者则用灯花二十一个。

除夕夜各家率皆长夜不眠，屋中灯烛辉煌，全家不作事，唯饮食谈笑，嬉戏作乐。是夕诸幼稚持小红纸灯，往来跳跃街道间。俗传是夜天上神仙下界，故不可随意各处便溺。又以芝麻满铺地上，行人往来踩之，谓之踩岁。

初一日各不相往来，人家多吃素饺子。据云：元旦日吃素，其功用等于一年。义元旦日不准使水土出门，即不泼水、不扫地，盖以为水土出门，即财气出门也。又是日不准用刀剪，故往往于三十日即将刀剪藏好，恐元旦日忘却也。

初二日为祭财神之日，各家吃馄饨。因馄饨形似元宝，即谓之元宝汤。

自元旦日至初五日五天，谓之破五。于此五日内，妇女不许往人家，谓之忌门；去则以为不祥。又家家不煮新饭，但将年前做就食品热之。其所食不外饺子、馒首、鸡、鱼、猪羊肉。又此五日内不食烤物，如饼之属。食余之饺子，须俟五日后，方用火烤熟食之。

初八日家家顺星，亦不许妇女出门。是日大半须赴白云观。

自十三日至十七日五天，谓之灯节。各商店均陈列灯彩，各住户亦于灶王前燃灯烛。此数日内均食元宵，即米面裹成之珠状物，内实以糖。神前亦须供设。至十八日，则年节皆过，无可作乐，故各家均早睡。俗传十八日为耗子成家之日，其婚娶时常借人之鞋作轿子，故谚云："十七十八，耗子成家。"其用意盖以哄骗幼童早睡也。

四　礼俗杂志

民国光复，世界共和，宫廷内外，一切前清官爵命服及袍褂、补服、翎顶、朝珠，一概束之高阁。独见近来城市官绅士庶人家，每至婚娶，新郎概穿天青马褂缎袍等件，只头带礼帽，并不穿礼服；而新娘则家家惯用凤冠霞帔，及衫裙袍带，甚至补褂、朝珠等件，仍沿前清旧制。此婚礼之最奇者也。

民国共和，礼仪渐减，一切官场仪仗，如衔牌等件，亦皆废置，不尚繁文。近见缙绅士庶人家，每至丧葬出殡，炫耀街衢，至今惯用前清某太夫人衔牌，及旗伞大锣，"肃静回避"、"前清举人进士"、"某科翰林"及"钦加道衔、府衔"衔牌等样。此类气象一新，固已足骇人耳目。尤可诧者，人家出殡时，苦无官衔可用，则用“福全德备”及“乐善好施”等牌，亦当衔牌之用。甚至皂隶贱役，亦且假袭官衔。道途见之，每每令人嗤鼻。凡此辈者，半皆欺饰庸愚耳目，假作炫耀之资耳。

民国时代，凡于婚丧喜事仪制，前清拜跪礼节，今概改用鞠躬。不独总统庆贺，即如祀孔庙、关岳之春秋祀典，亦屏除繁文，只用三鞠躬礼。乃士庶人家，于治丧礼节，灵前仍设拜垫，亲友往吊者，概用拜跪，不用鞠躬。岂祀神或有迷信，吊丧亦尚有迷信乎？

北京风俗，遇有丧事，接三、做七、出殡，无不延僧诵经、放焰口，以超度亡灵。从前花费无多，现在行市大涨，直同买卖。凡饮食、镇坛、交汤、红绿巾、灯烛、钱粮、饽饽、香斗、老米、解结、散花、点心、台面、挑儿，以及双分衬钱，一切增加数倍。夜间施放瑜珈焰口，金铙法鼓，直到天明始止。不知亡者得此，果否超升，而丧主之钱，已耗去不赀。感时者呼之为“和尚戏”。社会迷信之不易革除，亦非独都中为然也。

京师凡有死丧之家，抬棺安葬，先期由杠房召集抬棺人。抬杠头目，皆经众工选举，其人必年高望重，为侪辈所莫及，尤须熟于北京地理者，方能膺选。抬棺出门，首领执响尺敲之，在前引导；众工听其尺声，以为进止，步履秩然，无敢逾越。棺上有巨罩，行时不得少有倾侧。工有怠不受命者，以尺痛击之，虽死不论抵。时或大雨，泥泞没踝，亦前行不辍，无少馁却。首领更以身先之，然事前踏勘地段不详，误走泥淖，众工当事时，亦无异言，虽死无惮；事后则群聚责难，竟攒殴至死者，亦不抵偿云。然亦可以资自赎；工人有半途退却者，罚亦信苛。其团体之稳固，秩序之不紊，首领之大公无私，群工之踊跃从事，殊堪赞美。

近年做寿者日多，其所用之礼仪亦至不一。唯不设寿翁、寿母座位，每设寿堂，挂用寿幛，铺设寿筵，及糖茶、糕茶等类。所最奇者，仕宦之家，每因父母既没，无从做寿，乃亦大张旗鼓，谓之曰做阴寿。设神像于堂上，对神像行礼。家内或设坛，延僧拜忏，以为超度。然而名为超度，实则为自身出风头，或网罗财帛耳。

北京城内，凡小儿生后三日，名为洗三。是日必招收生婆到家，酒食优待。然后由本家将神纸（俗呼娘娘码儿）并床公、床母之像，供于桌上，供品用毛边缸炉（北京点心名）五盘。由收生婆烧香焚神纸，毕，将火煮之槐条水倾入盆内，旁置凉水一碗及两盘，一盘盛胰子、碱、胭脂、粉、茶叶、白糖、青布尖儿、白布数尺、秤权、剪子、锁、镜等物，一盘盛鸡子、花生、栗子、枣、圆圆、栗、荔等物，均用红色染过。诸亲友齐集床前，将各样果子，投数枚于盆内，再加冷水两匙、铜元数十枚，名为添盆。添毕，由收生婆洗小儿。洗罢，将小儿脐带盘于肚上，敷以烧过之明矾末，用棉花捆好。所有食物，全由收生婆携去。洗三告终，即视小儿脐带几日落下，以卜小儿日后如何。如五天落，必忤逆等。一月后，名为满月，邀请亲友宴食。一百日后，名为百禄，请客与满月时同。至周岁，于小儿生日，将士农工商所用之器具置于桌上，小儿梳洗毕，衣新衣，抱至桌前，任其随意抓取。若所取者为笔，将来必为文人；若所取者为算盘，必为商人……诸如此类，名曰抓周。

五　百业消长

语云：五都之市，百物殷阗，商贾辐辏。伊古已然，于今益甚。北京为全国首都所在，居民二百万，达官贵客，麇集于斯。举凡宫室、衣服、饮食之所需，奢者固力求华美，以资炫耀；俭者亦勉为相当程度，以便生存。在昔荟萃全国之菁英于一隅，海通以还，且聚全球之珍玩于一地。近十年来，则更新旧递嬗，其迹弥著。不仅富贾工运输之计，巧匠亦喜制作之方。因此工商各业，多有勃兴而起。旧者一方苦保存之不足，且多日渐淘汰而不自觉；然其间亦未尝无乘运会之变迁，而显出一时变态，以旋兴旋灭者。兹述其盛衰消长观，以供海内人士之参考。

就工业言，最盛者：

一曰车厂。当民国元年，人力车之行于市者，多为高大铁色木轮，小轮者已不多见，胶皮轮则仅东交民巷内间有三四辆耳。岂知四五年间，胶轮之车居然盈街皆是，而所谓铁轮者，则转瞬淘汰尽矣。盖此数年之内，制车之厂，到处设立，成品之多，令人骇异。迨七、八两年，则新旧各车，合赁用、私用以计，殆不下七百万辆。因此车价大跌，车夫日多。警察不得已，乃设法限制，以免供过于求。而近三年来，人力车厂未见增加，而汽车行又日见推广，唯其家自制造尚不过多耳。至于轿车、大车，既系旧式、不适用，当然日形减少；所谓老斫轮手者，均不免失业之叹矣。

二曰铁工业。铁工业中固有兼制人力车者，而要以制造各种铁器为大宗。如煤炉，从前京人所罕用也，今则以重卫生、避煤毒，大都改用出烟筒于户外之炉矣。又以建筑日多，需用铁件日伙，窗户栅栏、箱笼锁钥，在与铁为缘。其有旧式铁铺，亦有延新工改新作者矣。

三曰布厂。机制各种布匹，所在皆有工厂。

四曰袜厂。用机器以制线袜，近来亦日见加多。此皆因社会需要之夥，所以有此现象也。

五曰革厂。革所以制靴鞋，或用以制箱盒。改良旧式，变用新法，城内外不乏此等工厂。

六曰木藤、竹器。木器铺在昔虽有若干家，而近来则益纷纷继起。藤器、竹器，则更为新近广销之品。从前虽有，固远不若此时之精而且多也。

七曰金店。此系专指制作金银器者而言。盖不仅首饰一端，妇女用之者众，而金银杯盏，为礼品所必需，销途亦推广。以故前门一带，旧者固大事扩充，新设者亦所在皆是。平昔累累满架，宝光夺目；唯一遇有风鹤之警，则运搬者运搬，窖藏者窖藏，架上空无所有，仅蔽一白幔。斯则大增市面萧条之象矣。

就商业言，近数年来所最盛者：

一为烟店。此则专指售纸烟者而言。都中吸烟之风，自来称盛，往往十龄之童，即携管自随，时时吸食；近更普及于诸般社会矣。社会吸之者众，故商人供之者多。调查精密，虽属势所难能，然大约计之，在此五年之内，添设专售纸烟之店，至少当有三百家，其代售之铺，犹不在内。纸烟销售既多，于是中国旧烟店乃大形减色。益以公卖结果，税日重，价日增，遂驱全市之人多愿舍中国之烟，而用外国之烟。盖因其价虽微昂，而取携则颇便利也。所幸尚有南洋兄弟烟草公司一种国货与外货相竞争，稍足为吾国民解嘲耳。

二为西药店。如所谓某某药房者，近年设立颇多，此亦具征社会需要之众。唯旧式药铺之著名者如同仁堂及西鹤年堂，其势仍不稍衰。不过西药已骎骎焉有并争中原之势矣。

三为银行。此乃北京商界及金融界近年来特异之一种现象。一方面现出金融业之发展，新式企业者才能之可贵，一方面又觉发展异乎常情。其营业目的，专注于政府之借贷，贪高利而忌危险，前途殊未敢遽抱乐观。

四为钱业。夫银行兴而旧式钱业宜乎稍衰歇矣。然在距今四五年以前，各钱商利用中交票停兑之机会，大施其倒把作用。一时钱业小店，乃竟纷纷设立，称盛一时。唯疾风暴雨，不可崇朝，近则歇业者大半矣。此真一时之变态也。

五为旅馆。从前旧式客店，大半保存旧规，不合时尚，故近来顾客无多，生意极其萧索。反之，则新式旅馆乃勃然代兴，城内外新设者殆不下数十处。此固人情喜新厌旧，然亦因行李往来，为数数倍于昔也。

就工业而兼商业者言：

一为南纸店。近年大形发达，从前只有琉璃厂一隅设有若干家，近则城内通衢，设立多处。就西城而论，自西单牌楼至西四牌楼间一小段，年来新设之铺已有八九家。举一隅可推知其他矣。

二为印刷业。印刷工厂，近年新添者最多。一因学校讲义待印者多，二因公署出版物日夥，三因报纸日事扩充。至于旧式刻字业，虽有保存之店铺，然大都黯然寡色，恐再阅数年，淘汰尽矣。

三为西服庄。此则以做大氅及冬帽为大宗，而真正做西服者尚少。年来北京人士需用大氅之数，比之以往，可加及数倍。需用既多，故供给者众。

四为饭庄。此则旧者衰、新者起，新旧代兴，因之日推而日广。

五为茶食店。近来南茶食店如稻香村等生意日形发达。所制食品，寓京南人固爱食者众，即北京亦多采用。因之本京旧式饽饽铺，乃有日即萧条之叹矣。此不过就其大概数种言之耳。

六　负贩琐录

中国繁盛之区，莫过于上海；食味之美，莫过于江南；奢华、侈食两者并兼，莫盛于北京。其应时对景琐碎之食品，及零星贩卖，未有多于北京者矣。故养成一种馋懒争妍斗胜之奢侈，推本求源，亦系由旗习所染。然而开门七事，到处皆然，在所不免，然未有繁于北京者。兹将都门之常日常年穿街逾巷之小本经营，按照时次，为之写照。其笔墨难于形容，以及设摊陈诸市上者，皆不列入，以便分析穿街售货与不穿街售货者之区别。更有编不胜编之负贩者，如卖青菜，卖鲜鱼、鲜花、鲜果者，一年四季，无一日无一时无之，一经编入，盈千累万，徒费楮墨矣。

卖炭（有零炭、山炭二种，有摇堂鼓卖炭者，以内城为多。）　杏仁茶　豆腐　豆芽菜　豆咀（俗念嘴）　豆拌（俗念沿）　豆腐浆　青酱高醋　香油煤油　麻花烧饼　馒头　粳米粥　杂烩菜（系下等人所食）　各样青菜　南豆腐（用石膏点成者）　推车子卖羊肉　卖干牛头肉（计分两种，有推小车子卖者，有掮筐子者）

卖水（有甜水、苦水之分。前数年有卖河水者，穿街吆喊，近来已无）　卖小米面饼子（系小米及黄豆磨成，用柴锅半蒸半烤）　江米酒　老豆腐　吹糖人　换取灯儿（系收破铺陈、碎铜、烂铁等物，换给枚杆。迩来火柴盛行，已改换火柴矣）　打鼓（收买珠玉器、金银翠饰及细软衣服、家具等物。凡日要之物，无不要者）　卖黄土（黄土用以搀合煤末中，团成煤球儿。为中下人家所必需）　卖笤帚　沙锅（北京西山人多为之）　耍耗子（冬季、春季最多）　卖干劈柴（冬季最多，即用以引火之干柴）　木头底儿（有摇铃者，有吆喊者）假头发、翠花（代售各样小件玉器）　洋针洋线　耗子药　修理桌椅板凳　箍桶匠（修理水桶、马桶等什物）　补（俗念箍）漏锅　卖切糕（有笨切糕、水切糕、盆糕三种。有推车子者，有摆摊子者，有背架子者）　卖豆汁（有生豆汁、熟豆汁两种。有摆摊子者，有挑担子者。此项生意，北城为多，南城亦间有之）、糖烧饼　铁蚕豆（穿街吆喊曰："铁蚕豆，大把抓。"京中有谣曰：铁蚕豆，大把抓，娶了媳妇不要妈。要妈就要扠，要扠就分家）　唱本戏本（有设摊子者，有背柜子穿街卖者）　纸灯笼（杂货铺卖，有在十字路口卖者。吆喊曰："灯笼蜡，六个大。"北京谓每制钱二枚为一个大，六个大即十二枚制钱矣。此项灯笼只北京、上海有之，他处皆无）　黎膏（盛行于夏季，为儿童消闲品）

各样鲜果子　卖馄饨（挑担穿街，日暮时多）　唱莲花落

打大板（为上等乞丐。有黄门、红门种种名词。逢年按节，在各大铺之门前叫唱，唱完必须给以数百文。否则啸聚徒党，围绕门前，喧嚣叫唱，至十天半月不休。此时虽给之十吊八吊，亦不去矣。近时警察厉行，此种刁风已无形消灭矣）　卖玉面馒头　零碎材料（即零绸零缎）　山楂糕　唱话匣子（即留音机，穿街吆喊，取价至廉）　卖糖葫芦（有冰糖、小糖两种）　豆腐丝　剃头（挑担穿街，手持双铁片，振之作响）　缝破鞋（即皮匠）　卖面茶　卖炸虾炸鱼　茶汤　烂驴

肉　豆腐脑　卖汤面饺儿（系推小车者，沿街吆喊）　钱板子枣木槌棒　喝潮银子（亦系打鼓之类，惟形状不同，并不担挑，只夹一篮布包，穿街吆喊）　打糖锣（系卖童稚玩物者）　卖鲜花（种类不一，有卖细花，为妇女插戴之品。有卖栽花者，春天可养。有卖堂花者，为厅堂之陈设品）　卖带子　摇铃卖线（分两种，有推车子者，有不推车子者）　大鼓（卖各样绦子及堆花挽袖之属）　拨铃鼓（卖妇人所戴马尾纂及刷牙骨头枝等物）　算命（有数种，有吹横笛子者，有打咯达锣者，有打堂鼓者）　卖仔绳　变戏法（穿街打锣）　锯碗　摇笨鼓（系卖槟榔及各种玩物）　串米（穿街叫喊，北城居多，固有俸米也）　磨剪子磨刀（分数种，有吹喇叭者，有打铁链者）　锯缸黏缸（穿街吆喊）　染绸缎（穿街吆喊）　拈灵签（有自己抽者，有用黄雀及公鸡抽者）　收什雨伞洋伞　取字纸（挨家逐户拍门，有官私之分）　卖盆（有磁盆、瓦盆、缸盆之分）　铁丝笊篱　煤油灯玻璃灯罩（有卖纸糊者）　卖灯草（系旧式油灯之灯芯，时下卖者甚多）　换槟榔膏（与换取灯儿略同，惟此行专注重头发）　换磁器（系用破烂衣服及靴帽等物换给磁器，约物值十换给之六七耳。又须细软衣服，要布衣者甚少，早年盛行）　收买酒坛子（代收缸瓦，推车挑担不一。唯此行专重绍兴黄酒坛子，回空其碎缸瓦，再转卖给砖瓦铺，锤碎修皂堂所用）　煤油桶（回空桶，及转做洋铁壶）　乱头发（系编辫连子用，及卖给妇女作假发）　洋酒瓶子（须完全者，并代买碎玻璃）　卖冰糖子　果子干、糖莞豆（此行春夏盛行）　落花生、瓜子（冬季盛行）　洋糖（有带四弦胡琴拉时调小曲者，津人多为之。庚子前无此项生意）　饭勺　水勺　鞋刷子　笸箩　簸箕（代卖慧帚）　卖芫造肉（北城多有之）　羊肚　贯肠　干烧酒　熏鱼、炸面筋（即卖猪头肉）　干碗酪（代酪干。此行生意多回教人）　煮小肠　说大鼓书　唱鱼鼓简版　收买破鞋　卖硬面饽饽（须至夜间方卖）　捏江米面人儿　量谷糠（秋后盛行，春夏间偶有之）　卖甑儿糕（又名喇叭糕）　卖锅包鱼　艾锅、驴打滚　棋饼、馒首（业此者多回教人）　送新闻纸（庚子前无）　卖烟探子（即旱烟探子，风门所用之懒龙，又名拉弓）　当票　猪血　江湖药（种类过多，难道其详）　南荸荠（暮冬初春时多）　秏子押子（俗云秏枷子）　白薯（济南呼为地瓜，泰安名之露土，兖州呼日红薯）　修秤　卖图儿（非有十大不赦的案子，方有卖者。近年甚少）　纸花样（闺中品）　卖小炸食（穿街吆喊曰："小炸食，我的高。一个大，买一包。哄孩子，他不闹，他不淘。"）　炸糕　换肥头仔（系妇人背筐，穿街吆喊，用破铺陈换。肥头仔用法：将肥头捃碎，浸水抵头，当泡花水用）　卖麻豆腐　黄面窝窝、豆包　枕头　鞋刷、棕货　鞭杆、缰绳　糊铁丝灯笼　卖毛掸子　油鸡（或喊曰："九斤黄大油鸡!"）　敲猪　收买烟灰（时下改买当票）　卖彩票（虽禁止销售，然终难断绝）　卖坤鞋面儿　糖咂面（儿童食品。有词曰："姑娘吃了我的糖咂面，又会扎花，又会纺线。小秃儿吃了我的糖咂面，明天长短发，后天梳小辫。"种种名词，信口而编，俱能叶韵）　太阳糕（此项生意每年只二月初一日卖一早晨，他时无之。因是日为太阳生日，一般迷信之家，购之与老年人祝寿）　喜鸡蛋（即未孵出之鸡蛋）　绿豆　小油鸡（有代卖小鸭子者）　豆墩（为豌豆汁所做。大栅栏有两处摊子，他处甚少）　小猪　凉炒面　豆渣糕　提卖茶　卖金鱼大甜螺丝　大麦米粥　腌白糖蒜　小菜毛（即三楞草根，形与小荸荠同）　火绳（有蒿子、艾叶两种）　换竹帘子　粘扇子　卖芭蕉扇（代卖油纸扇）　酸梅汤　冰核儿　桑椹　樱桃　蒲子　艾　五毒符　凉粉　卖饸铬（读合落，荞麦面所做）　捻捻馔儿（新麦子所做）　扒糕（荞麦面所做）　臭豆腐　瞎子唱小曲　卖鲜菱角（代卖鸡头米）　凉席　五香干豌豆（穿街喊曰：

“干豌豆，给的多。一个大，半砂锅。”） 莲蓬 白花藕 三白大西瓜 羊角蜜甜瓜 蝈蝈儿（即叫哥哥） 蛐蛐儿（即蟋蟀） 卖莲花灯（七月十五日方有，他时无之） 纸花篮 鹌鹑 螃蟹 鲜鱼 腌鱼（有两种，曰黄花鱼、海鲫鱼） 金钟儿（蟋蟀类，形状略同，身量较小，颜色亦异。惟东西陵特产，他处无之。养法用大磁缸，喂以蓬蒿，声音洪亮宽大。每至秋凉则鸣，寿长五月余） 炰羊肉（有推小车者，有设摊子者，回教人多为之） 栗子糕 山里红（都门俗谚：“不怕三红，只怕一黑。”三红者，沙果［与苹果相仿，小数倍，山东名曰甜子］秋海棠果及山里红是也。一黑即黑枣。枣熟于霜降后，此时天气渐冷，人须着棉衣，故云） 黄豆芽 卖黑枣（乡人于冬季，无事于田野，多贩黑枣，入城喊卖） 烙炸黄粉饺儿（绿豆所做）羊头肉（暮秋后方盛行） 卤煮炸豆腐、茶鸡子 煎饼（鲁省均为饭食，有麦子者，有高粱者，有小米面者。北京只有小米面一种，均当点心，未有当饭者。因不耐饥，俗云“南京到北京，上当吃煎饼”） 椒盐苏烧饼 锅灰末炉子（质料产北京西山及北山） 饹炸饸（与卖酪炸者大异，此为熟品） 酸菜牙豆（即蚕豆） 代卖菜皮儿（即未晒之粉条是也） 石板缸盖（西山人多为之） 毡垫鞋垫（代卖火绒、火石及钉鞋钉） 玉米花、凉炒豆儿（儿童食品） 卖草帘子 贩囤狗窝 收什铜活（小炉之一种） 收拾家伙 卖酸黄菜辣菜（与酸菜大异） 水萝卜 橘子 青果（冬季夜中穿街卖，白昼少见）

支锅碗松花 卤虾小菜 小活虾米 蜜供枣儿（点心之一种。推车子穿街吆喊。前数年无串街者，总因近来生意萧条之故） 走马灯（玩具，设摊）。菱角米（唯十二月初有卖者，过腊八则无矣） 门神、挂钱（代卖虹纸石榴花者。按挂钱有红、白两种，白者为满人贴祖先龛前之用，北京人用红者贴于神龛前及各门上） 卖绢花 老元宝（代卖银锭） 南千张（为纸马之一种，非食品之千张） 芝麻尖、松柏枝

糖瓜、糖饼（祀灶所需）　马草、马料（亦祀灶所需）　鞭炮、起花　画纸　红头绳儿　供花（与卖门神挂钱者及卖绢花者不同）

玉泉山冻豆腐　江米年糕　送财神爷（于除夕夜中，为打抽丰之一种）　买大骡车（玩具之一种。除夕后半夜方有卖者）　口琴（代卖纸牌）　琉璃喇叭　春牛图（二十四个小皇历。代卖消寒图）

念喜歌（正月初二日至破五为度）　跑旱船（穿街）　耍鳌山灯（近十数年来已罕见）　耍果立子（从俗音，即耍傀儡者）　耍猴儿　卖元宵　耍狗熊　橄毡子　卖哈吧狗（此项生意，多在前门外大栅栏中，近已罕见）。

七　里巷食谱

北京沿街串卖之食品，种类至为繁杂。每至胡同，儿童争往购之，群聚而食，若至鲜美；实则其内容至龌龊，在外省人视之，几欲掩鼻而过。特久居北京之儿童，以风俗习惯故，自不觉耳。兹举其中最有碍卫生者数种，表而出之。

凉粉。以青豆粉为之，和以蒜泥、胡萝卜丝，佐以酱油、醋及芥末。自正月半即沿街呼卖。粉皆渍于冷水中，灰土大积，为各种细菌之制造场，食之无不病腹泻者。下等社会小儿，各据而大嚼。春日所发之瘟疫，未尝非此等食品为之媒介。

扒糕。系荞麦粉所制，食法同上，而污浊更过于凉粉。价亦较廉，食者亦较多。

羊肚。墩羊脏，佐以秦椒，汤浊如泥潦。

燉豕肉及丸子。此类多摆摊者，食者大半为洋车夫。

炰羊肚。夏日多售之。此类亦多摆摊，不沿街呼卖，蝇矢满焉。入汤少渍即食，尚未大熟。此类传染病毒最烈。

和饹。荞养麦粉条，食法同凉粉，污浊同扒糕。

炸虾米炸鱼。此类卖者尚少。

酸梅汤。多以冰水为之。夏日食之，为霍乱之媒介。

玻璃粉。如凉粉然，以糖水渍而食之，即古所谓寒具也。尘土满集其上，见之亦作三日呕。

桃脯。以桃杏之水，和以豆粉，食法同上。

马肉脯。多在热闹市场中摆摊，皆病死之马肉。

驴肉。此类多沿街呼卖，同马肉脯。

熟牛肉。此类亦沿街呼卖，多以死驼之肉充之。

熟猪肠。肠中贯以豕肝，如北京饭馆之假鹿尾，熟后以油炸之。买者至多，此类多列肆。

沿街呼卖之冰淇淋。作黑色，买者至多。

炒肝。此类亦沿街呼卖者，为豕肠。

胡子糕团。北京好以山查作炒红果，山查之皮与核，另以黑糖渍之，团之成球。铜元一枚，可得其五。卖者存储多日，蝇矢满集。童子利其廉，辄喜买而食之。

糖球。以虫蚀干杏碎之，和以黑糖之滓，团之成球。此类多为打糖锣者所卖。

以上所举不过百一，其他有害卫生之食品尚多，难以枚举。然而北京儿童之食品固至夥，盖北地土质松软，所产瓜果极鲜美，种类亦极繁夥。兹略举其种类，及其习俗相传之异名，列之于后。

枣：酸枣、老虎眼（即大酸枣）、璎珞枣（长圆枣）、嘎嘎枣（两头尖）、黑枣、小枣（干枣）、挂络枣（以枣焙干去核，而以线穿之，故名）、焦枣。

柿：西红柿、高桩柿、大柿子、柿饼（即大柿之饼）、羹饼（即高桩柿之饼）、柿霜。

桃：大蜜桃、五家香、董四木、大叶白、扁缸桃、缸儿桃（又名毛桃儿）、五叶鲜。

李：玉黄李、红李。

苹果：虎刺车（一名虎刺宾）、宾子（一名闻香果）、沙果、秋果（此类近似海棠）。

杏：青水杏、白杏、红杏、关老爷脸、黄杏、八达杏、火杏。

梨：白梨、波梨、鸭儿梨、秋梨、沙果梨、红绡梨、酸梨、糖梨、杜梨、鸭广梨、欧梨。

橘：福橘、蜜橘、红橘、金橘。

西瓜、甜瓜：三白、绿皮、黑皮、枕头瓜、沙瓤、肉瓤（以上西瓜），羊犄角蜜、老头乐、倭瓜瓤、鲜瓜（一名香瓜）、三白早甜瓜、虾蟆酥，竹叶青、抱猴儿（以上甜瓜）。

葡萄：五子粒、长葡萄（一名牛奶葡萄）、红葡萄、黑葡萄、白葡萄、婆罗葡萄、藏葡萄。

八　燕京百怪

北京社会，光怪陆离，丑态百出。久居京华者，习与之处，渐化而为常。初至其地者，则几无事不奇，无人不怪矣。近日有作《燕京百怪》者，禹鼎燃犀，颇能描摹尽致。惜内有数则，已成明日黄花者。兹为易以近事，录之于后。

訇砉澎湃，飞沙走石。毁庐拔木，惨天晦日。列子不敢御，宗悫莫由乘。怪一。（大风）

黑漆漆，乌沉沉。风起则人成印度，雨降则地变黑海。怪二。（黑土）

晴天三尺土，下雨一街泥。灰尘卷地起，奇臭阴沟来。行路之难，难于上青天。怪三。（土街）

裔裔皇皇，黍离为伤。共和国家，乃有满皇。怪四。（清室）

朝秦暮楚，随波逐流。审时趋势，惟禄是谋。笑骂由人，忘却廉耻。

怪五。（政客）

出必汽车，吃必大菜。夜则八埠，昼则戏园。挥霍自豪，不顾人言。怪六。（阔官僚）

备位充数，永不做事。随班画卯，按时吃饭。尸位素餐，是诚混蛋。怪七。（无聊之官僚）

薪俸不发，衣食无着。儿号妻啼，只好测字。怪八。（穷部员）

盈千累万，断绝交通。手执纸旗，怒气上冲。怪九。（学生游行）

人云亦云，道听途说。主笔势力惟一剪，宗旨抱定是金钱。怪十。（报馆）

高车驷马，翎顶辉煌。舍却东华，取道北上。怪十一。（北上门之早朝）

怪哉此手，有如机械。遇汽车则伸，遇洋车则打。怪十二。（警察之手）

学校虽然号专门，屡次招考没有人。不管上班不上班，入门先要拿洋银。怪十三。（骗人之学校）

下圆而上方，黑质而白章。怪十四。（学生帽：圆帽方顶，上白下黑。）

昼入教室，夜则狎妓。酒楼戏馆，大喝大吃。四年毕业，一无所知。怪十五。（流荡学生）

赤胸露臂，短袖青衣。云鬓高垂，皮鞋耸底。怪十六。（女学生之装束）

一闻登场，观者如市。牺牲色相，心醉神迷。怪十七。（名伶）

旧戏新景，今古一室。纱帽圆领，鞠躬作揖。怪十八。（半新半旧之日日听戏，不管正事。所捧者出，怪声四起。笔描口绘，登诸报纸。怪十九。（戏迷）

捧甲者曰：甲圣乙陋。捧乙者曰：乙圣甲低。始以辨论，继以丑诋。

意识毫无，只费笔纸。怪二十。（评剧家）

黄衣大袖，肥面油头。怪二十一。（喇嘛）

真是好贵盘，一盘一块钱。喝上两杯茶，久坐狗也嫌。怪二十二。（茶围）

裙光钗影遍西东，无赖少年处其中。品头骘足还不算，要学濮上与桑中。怪二十三。（中央公园）

身高丈二，腰粗数围。呼声如雷，头大如斗。其大人国之遗民欤？抑防风氏之苗裔欤？怪二十四。（万牲园司门之大人）

游手好闲，柔懦无力。穷到尽头，相对自缢。怪二十五。（旗民）

红衣黄帽，长翎高靴。一步一摆，相见必揖。怪二十六。（鞑子）

白者为粉，红者为胭脂，黑而黄老而麻者为面，黑黄老麻而加以红白之胭脂粉者，为旗妇之面。怪二十七。（旗婆子）

头横二尺之小黑板，足踏三寸之厚尖底，言则莺声，笑则燕语。怪二十八。（旗幼妇）

满街乱跑，购油买米。闻人誉之，则夸耀邻里。怪二十九。（旗女即大姑娘）

其粗如指，其长盈尺。见之生畏，食之破腹。怪三十。（摇头面）

面团团大小不一，厚敦敦分两参差。怪三十一。（烙饼）

大肠一根粗如蟒，盘据锅中煮以汤。嗜者争说其味美，混名即叫锅肮脏。怪三十二。（肮脏锅）

油锅煎得响，远避不敢尝。肠中实红粉，也说吃之香。怪三十三。（煎肠）

小如羊枣大如箕，满街争卖沙窝梨。怪三十四。（沙窝梨）

老头年约五六十，面上仍然涂粉脂。腰悬极破壶一把，要好一语一解颐。怪三十五。（说穷词）

无事且到天桥来，阴沟旁边去买鞋。每人摆着数百双，一只一只数千

排。怪三十六。（卖破鞋者）

远闻叫声卖，宛转颇可听。衣服两大堆，件件来回经。怪三十七。（卖估衣者）

手打小鼓肩有担，专走胡同买破烂。怪三十八。（买破者）

肩担磨刀口喇叭，一步一哼哈。怪三十九。（磨刀者）

本铺真正是王麻，京都惟有我一家。王麻共有数十个，谁是真来谁是假？怪四十。（卖刀者）

正月元旦逛厂甸，红男绿女挤一块。山查穿在树条上，丈八葫芦买一串。怪四十一。（大糖葫芦）

有环有团，亦辣亦甜。沿街叫卖，一枚一元。怪四十二。（硬面饽饽）

烤白薯，可果腹。十文钱，四两五。怪四十三。（烤白薯）

手持铲与斗，列队街上走。海上逐臭夫，修浚与防杜。怪四十四。（工程队）

桶一具，刷一把。舀清水，满街洒。怪四十五。（洒道夫）

远望秽水池，恶味来的亟。当作三日呕，行人皆掩鼻。怪四十六。（秽水池）

木桶背一只，铁勺导遗矢。硼然一声响，桶满心中喜。怪四十七。（粪夫）

尚未出太阳，马子刷的忙。十年应不涤，许多人中黄。怪四十八。（马子）

圆如球，黑如漆。一百斤，四吊七（四十七枚）。怪四十九。（煤球）

远看似鬼，近观非人。全身乌黑，唯有牙白。怪五十。（煤夫）

冷水盛碎冰，大口喝得凶。若要身体弱，遗满厕中坑。怪五十一。（酸梅汤）

红水一碗，酸汤一罐。大冰一块，花生一堆。怪五十二。（山果摊）

叮当叮当讲演会，摇得铃甚响。只见摇铃人，不见人听讲。怪五十

三。（讲演会）

今日城南园，明日新世界。出必汽车，吃必大菜。怪五十四。（姨太太）

昔日大名鼎鼎，今日怨詈声声。怪五十五。（新人物）

触玲一声响，似铃也非铃。肩挑红板凳，还带洗面盆。怪五十六。（挑担剃头匠）

血红嘎嘎枣，中粗两头小。怪五十七。（嘎嘎枣）

远看似乞丐，近则为邮差。褴褛绿衣服，腰悬信一带。怪五十八。（邮差）

各铺门面前，大柱直耸天。若问有何用，毫无取义焉。怪五十九。（商铺门前大柱）

走到正阳桥，无水亦无桥。怪六十。（前门正阳桥）

零星物件油盐店，青菜杂货都摆遍。一文二文三四文，此种贵来彼种贱。怪六十一。（油盐店）

舶来之品充国货，五月七日早忘过。商人只图目前利，哪管后来亡国祸。怪六十二。（洋货铺）

眼药久数定州马，应龙元龙非一家。谁敢用眼去尝试，好辨谁真与谁假。怪六十三。（眼药铺）

只发钞票不发钱，小民叫苦亦枉然。是谁定下杀人策，追思能不恨梁袁。怪六十四。（中交票）

明是十枚票，只作九枚钱。怪六十五。（铜子票）

长袍马尾纂，天足不蹒跚。野花插一只，粉脂擦一脸。怪六十六。（妇人）

争说茶叶好，只论分量不论包。怪六十七。（茶叶）

车夫苦力室中满，狂饮半日一铜元。怪六十八。（小茶铺）

大壶一把，中实以茶。一枚数碗，卖与人喝。怪六十九。（卖茶者）

门前攘攘总不疏，东亚由来号病夫。惟愿买得韩康药，好使吾民迅昭苏。怪七十。（同仁堂）

小菜久推六必居，扁额仍是严嵩笔。怪七十一。（六必居酱园）

东安市场，小乐目赏。茶楼酒馆，金碧辉煌。无事消遣，可至球房。怪七十二。（东安市场）

劝业场，叫得响。野妓女，署场长。怪七十三。（劝业场）

下车请至西河沿，客栈义旅馆。房饭不一定，最坏是小店。怪七十四。（西河沿旅馆）

买书要到琉璃厂，真赝新旧细端详。鳞次栉比百十家，也有中文也有洋。怪七十五。（书铺）

风流事业称八埠，金钱抛却不论数。一朝山穷与水尽，净赚一身洋梅毒。怪七十六。（八埠）

不男不女宫内监，昔日亦曾握大权。而今只恨帝制去，犹自盘据后宫园。怪七十七。（宦官）

手握一条蛇，盛将膏药夸。百药无此妙，膏到百病拔。怪七十八。（卖药者）

门外立缢鬼，门内大鼓吹。怪七十九。（小戏馆前之陈设）

冬日要穿毡棉鞋，蹒跚寸步挨。一双有五斤。非常暖和哉。怪八十。（毡鞋）

大街名一尺，胡同叫螃蟹。大街一步过，胡同横过来。怪八十一。（一尺大街与螃蟹胡同）

首善之区人品杂，高尚亦卑下。交游要小心，恐被杠子打。怪八十二。（社会）

会馆充斥遍寰宇，半为游民之栖止。怪八十三。（会馆）

一城分两县，各归各自管，都不相侵犯。怪八十四。（大兴、宛平）

各省饭馆齐全，不愁莼鲈无餐。故乡风味尝一尝，是否如到家园？怪

八十五。（各省馆子）

铺名许多是泰山，此事别处真希罕。怪八十六。（小铺）

买卖破烂赴小市，大半上当事，还是要少去。怪八十七。（小市）

满清改朝，尚戴红缨帽。为人作奴隶，可怜又可笑。怪八十八。（交民巷之夫役）

抱关又击柝，原来是老婆。怪八十九。（更妇）

俱乐部，无有数。怪九十。（俱乐部）

制服制自羽毛纱，有如出了家。飘行大风中，不啻佛释迦。怪九十一。（大学制服）

莫贪估衣贱，不久即破烂。怪九十二。（估衣）

球一枚，捶十根。自隧道而捶，滚倒一根糖一根。怪九十三。（卖糖者）

烹煮都不烂，其味有梅酸。怪九十四。（酸菜）

想是北京多弱症，为何极多卖参茸。怪九十五。（参茸店）

忽闻大鼓声，挽联满街行。不闻丧家哭，只闻鼓手哼。怪九十六。（出殡）

娶妻真是难，大定小定繁。一朝撮合了，即是天定缘。怪九十七。（娶妻）

朔风阵阵寒，生吞硫磺团。只图一时暖，哪顾性命残。怪九十八。（乞丐）

圆厢带脚铃，又快又平稳。铜元加一枚，奔走疾如飞。怪九十九。（人力车夫）

黄轮黑轿，巍然高耸。嗷然一声，谨防头肿。怪一百。（骡车）

九　游览会期

（一）三忠寺。在东便门外，正月初二日开庙一日。

（二）精忠庙。在北新桥，正月初二日开庙一日。又正月十三至十七日，开庙五昼夜，名曰灯节。

（三）大钟寺。在德胜门外，正月初一至十五日开庙。

（四）火神庙。在琉璃厂东，正月初一至十五日为庙会，陈列字画古玩，任人游览。

（五）厂甸。在琉璃厂官窑内，正月初一至十五日为庙会。

（六）白云观。在西便门外，正月初一至十九日开庙。

（七）护国寺。在西四牌楼大街，自正月起，逢七、八日开庙。庙中陈列各种货物，供人挑选，并有江湖卖艺及杂耍等游艺，实一旧式之市场耳。

（八）隆福寺。在崇文门北，自正月起，逢九、十日开庙，性质与护国寺同。是两处为北京之两大市会。

（九）西黄寺。在安定门外，正月十三至十五日开庙。

（十）黑寺。在德胜门外，正月二十三至二十五日数日，有喇嘛跳舞布札，俗呼为演鬼。

（十一）香厂。在前门大街西南，正月初一至三十日为会期，商贾戏剧，丛聚于此。

（十二）太阳宫。在崇文门外，二月初一至初五日开庙。

（十三）蟠桃宫。在东便门南河坡，三月初一至初三日为会期。

（十四）潭柘寺。在马鞍山，三月内开庙。

（十五）东岳庙。在朝阳门外大街，三月初一至十五日开庙。

（十六）高粱闸。在西直门外迤北，清明日都人士踏青于此。

（十七）城隍庙。在宣武门内，自清明日起，开庙三日，又十月初一日开庙一日。

（十八）万寿寺。在西直门外广源闸，四月初一至十五日开庙。

（十九）碧云寺。在京西，四月初一至十五日开庙。

（二十）妙峰山。在京西，四月初一至十五日开山，又七月开山半月。

（二十一）丫髻山。在京东北，四月内开山半月。

（二十二）关帝庙。在永定门外十里河，五月十一起开庙三日，跑马赛车，梨园献技，岁以为常。

（二十三）雍和宫。在安定门大街，五月十三日有喇嘛诵经。

（二十四）善果寺。在广安门内，六月初五、初六两日，为晾经之期。

（二十五）灶君庙。在崇文门外，八月开庙三日。

（二十六）白云观。在西便门外，九月初一至初九数日，设坛诵经。

（二十七）五显财神庙。在广安门外，九月十五起，开庙三日。

（二十八）天坛。在正阳门外，阳历十月十日国庆纪念，开放三日。

（二十九）先农坛。在正阳门外，国庆日开放三日。

（三十）白塔寺。在阜城门内，十月二十五日番僧诵经。

十　燕市杂咏

竹枝词之作，多记载地方之风俗，往往绘色绘声，描摹尽致，使读者于该处风俗，了如指掌；且出以谐韵之文，不废风人之旨，亦采风者所必不可遗漏之事。燕京风俗，已尽载于前数章，特恐犹有挂一漏万之讥，兹录近人所作竹枝词数首，以补其阙，想亦阅者之所乐睹也。

巍峨宫殿壮皇都，京泰名磁贵小壶。宋鼎元磁矜异品，周彝汉爵出仙炉。

乌金元宝靠头拖，贪看两人眼角梭。更有旗娘横草把，胭脂两颊媚容多。

皮鼓丁东算命忙，沿街瞎子说荒唐。乌都号铳聒人耳，磨剪锋纯亮似钢。

街头喜事闹喧天，先有姑娘坐轿前。喜字大门明表记，团圆今夕欲登仙。

胡同八大噪芳名，潭里胭脂谱凤笙。家素风流朱李蔡，可怜广福老先生。

食青食到打春天，七日刚逢景物鲜。破五旋交燕九会，米团小饼鬻南廛。（注曰：正月五日为破五节，七日为打春。妇女多买萝卜食之，谓之食青。十九为食神仙日，燕九会。二月一，市人以米面团成小饼五层，上贯小鸡。）

寺名善果晒经忙，祭马烹猪各履堂。蒿子灯中萤火聚，玫瑰糖拌饼浮香。（注曰：六月六善果寺晒经。五日番僧烹猪供神。六月二十三日祭马。七月七小儿聚萤贮灯为蒿子灯。四月以玫瑰花拌糖为饼。）

供月无男拜月前，白云观里饼尝鲜。黑黄古寺瞻神像，宫建雍和谛秘传。（注曰：八月中秋，男不拜月。九月白云观设九里会，黄黑寺喇嘛诵经。五月十三，雍和宫诵经念咒，祓除不祥。）

寒衣一送起葭灰，白塔番僧近问梅。冬至馄饨夏至面，粥烹腊八酌新醅。（注曰：十月都人为送寒衣节，白塔寺番僧诵经放纸鸢。十一月冬至，食馄饨，与夏至食面同。十二月八日食腊八粥。）

正阳门外唤停车，妇孺争持敝帚挝。跣足蓬头尘积寸，求将铜子笑言哗。（注曰：南来车初抵前门时，无数蓬头婢子、龙钟老妪，争持布帚，拂拭人衣。盖车客尘污满身，彼辈故投机也。投以铜币一二枚乃去。）

满目尘沙太混茫，他乡毕竟异吾乡。东西南北多歧路，路上逢人说借光。（注曰：北京人倩人指引道路时，辄曰借光，犹南人请问之意。）

异宝奇珍贴地铺，电光争耀月轮孤。长风刮地声如吼，为报今宵夜市无。（注曰：北京摊头市易，皆有定期，于日入后行之，名曰夜市。届期作大风雨，则明日补行。）

地安门外晚烟黄，瘦马残车故故忙。尽有胭脂供点染，可怜犹见内家装。（注曰：后门一带，多旗人居住。每见老妪，既鸡皮鹤发矣，而脂粉痕深厚特甚，令人笑且慨之。）

古迹嵯峨不计年，王侯第宅尽巍然。衣冠上国真堪羡，三尺儿童会打千。

吹残二十四番风，景色前门看不穷。偶向夕阳红处立，车如流水马如龙。（注曰：前门外最繁盛，游人麇集，大有山阴道上应接不暇之势。）

为闻同乐有公园，古柏阴森静不喧。倾国花名天趣足，娱人众妙独开门。

一池清水绿溶溶，锁住相思路不通。未应风光多锢蔽，英雌何必不英雄。（注曰：润身女浴所，在李铁拐斜街。北京有女浴所，实为创见。）

直　　隶

津沽春游录

津门为京、保之门户，据有大沽天然之港，势为南北交通、中外贸易之要枢。近则更有铁路经营，贸易往来，益形称便。只以地势偏北，气候严寒，而所渭社会习俗者，亦略异其趣焉。其民情朴厚，为南人所弗及。至若商业，则以他省出产品为多。盖偏北渚省，以气候故，绝少农产；若工则又在幼稚时期。故社会风俗，均甚俭啬。每俑旧历新年，商民均仍其旧习，休其业，停其工，而从事于会计长年之盈亏，谋家室之欢聚。至于元旦，宾朋庆贺，聚众饮博。耳目所及，大都是焉。虽租界内之商户，亦多掩扉三日，以一畅其欢乐。兹略记其情景，以饷阅者。

除夕之日，街市商户，多悬灯结彩。交易过至夜午，游者及采办年货者，拥拥挤挤。举凡估衣街、大胡同、北马路、娘娘宫大街等市，随处皆是，车马往来，几弗能过。而乞丐是日之集于道旁求索者尤夥。至娘娘宫大街，则又以焚香偿愿者为伙，香烟通衢触鼻。生意极盛者，首为香烛店，而次则年画铺、风筝纸鸢店、玩物摊；其他如茶食店、广货铺、杂货铺、茶叶店、首饰店、典质店，亦均兴盛。煤气大灯竞每店悬其一，以故照耀街道，无隙不明。至于戏园，向为京津之所尚，随处多有，均于周日前已辍演封台矣。是即除夕日之所以游者为数倍于往日之故欤？至于学界，多如南省，以寒假为名而行给假者。假期通定为一周间，其中亦有不然者。如北洋大学、南开大学等，均于除夕、元旦给春节假二日，无甚特别之希望焉。时至中夜，多闯爆竹鸿声，家家已迎迓灶君下界以保平安。团圆之乐，概可知矣。

元旦日，凡极繁华街衢，皆闭门息业，如大胡同、估衣街、北马路、日、法、奥三租界均然。娘娘宫大街，则见有红衣妇女，进香请愿，联袂于途。是日津埠风俗，无地可游，唯娘娘宫一带可以观人而已。其进香者多为窑姐，所谓进顺遂之香者是。至若乐子馆，为别开生面者。举凡北里乐户，均须到场，打鼓说书。而其装束又甚奇观：无论长幼，均着红花缎衫裤，至于鞋袜，无不红色；加以首插红花，而涂胭脂，真为一红人，满台皆是。园内布置，亦如戏园，甚为新式。有熟窑姐者，必坐包厢，每一人唱一出，或说大鼓书一次。毕后，则上楼去包厢熟客处，周旋道贺一次。其幼者则二人共配一戏，均着花衣，唱做于台上，以艳观者。每逢元旦前五日，各乐子馆均于午前十时即行开唱（平时午后一时开唱，五时半可毕），午后三时即毕，晚间亦辍唱。迟至则无座矣，且有时尝闭门羹之滋味者。

京津各戏园，照例每年腊尽辍演休息，是为封台。其封台前，各男女优伶须演拿手好戏。迨至元旦，即行开演。是日无戏报，即街市广告处，均贴一某某舞台或茶园新戏亮台，其意即是日开演之戏，系由各伶自行选择，随意演之也。即各戏园门首，亦不贴明。照例是日多好戏，以各伶多以平日之拿手好戏演之也。各戏园与乐子馆不同，仍于午后一时演唱如常时，惟散戏均甚早，约五时即毕。晚间亦惟元旦日辍演，其翌日即照常开戏，夜戏亦照演焉。

津埠戏园，不下数十计。有优者，有劣者，近于租界者优，内地者劣。如日租界之下天仙，奥租界之东天仙，是虽云优，价亦廉，二三角即可占一席矣。劣者如三不管之后身草棚戏园，及河北北营门之北天仙均是。无名小卒，且多演秦腔者。此辈得有进步，即进大戏园演唱，戏价仅数铜元耳。

正月元宵日，娘娘宫大街竟日烧香者最夥，且多为大家妇女，与正月初之进香者全然不同。游人倍于月初，略与除夕娘娘宫之热闹等。待至夜间，则有商户住家，自制花灯，共携锣鼓吹打，游行市衢。各式花灯，颇为美观。各商家门首，亦必悬灯挂彩，以示节日。至若各乡间，则尤有别致者。如西沽则自元旦日起，村前多衣红衣妇女，均小家碧玉，其装束有如乐子馆之元旦日者；唯衣非红缎，乃系红布耳。北省人极喜大红，即平素亦多衣红衣者，见之亦不为奇。其在南省，唯于神会时进香始有之。至日用之物，亦多喜红色者。如在津埠住家者亦稍减焉，亦交通风气有以致之也。各村如河北之竹林村、西沽村、丁字村，叉杨村，均自正月十三日起为上灯之日。各家门墙，必悬一方牌琉璃灯，直长约尺五寸，横宽约尺八寸，内贴有五色毛笔画，或系《三国》之人物，或依《水浒》内之人物，有绘罗通扫北之图者，各尽其美。灯内有用洋蜡或煤油。家家如是，灯式大小，均略相同。其他如爆竹之声，有至落灯后始不一闻焉。

元宵夜，宫门大街游人极形拥挤，车马弗许逾行，游人唯徒步而行。目之所接，几尽系红衣之妇女。轻薄少年，于是利用此大好时机，益逞其挑目摩肩之技，以冀红娘秋波一为顾盼。而怨女荡妇，亦有以进香为名，竟肆其勾魂吸魄之惯技，挑眉弄目，以期天假之缘，得遂其野外鸳鸯之思。一入其境，丑态百出。妇女多小足，其形有如粽子式者，步行既缓，复被拥挤，竟有践其足而叫苦连天者，时闻其声。

娘娘宫略有秩序，以有警察督察，故多顺序而进。庙辟三门，烧香者入其中门，游览者习入其两偏门，以两边均为商店及货摊小商，略如上海之城隍庙，惟宽广较小耳。

津埠大宗贸易，均集于估衣街。其中以衣庄业为最盛，他如绸缎店、银楼等，无不备设。元宵夜均暂息业，各家陈列纸制花灯，形式新奇，加以增设电灯，光耀夺目。其灯之奇者，如绢制花篮、玻璃制宝莲大灯，及电灯制之飞艇等，五花八门，应接不暇。各店均休息，闹锣鼓，观者可自由进内，伙友均甚谦恭，并招待焉。

天津之社会观察谈

津埠濒海，时有狂风卷地而来，中含沙质，当之者辄感奇痛，较之北京尤甚。至天津道路之宽广整洁，以大经路及各纬路为最。道旁杨柳，亦多长成。此外除各马路稍洁外，其余各小巷内，因北人随处便溺之习惯牢不可破，加以驾大车之马粪堆积道中，与灰尘混合，飞扬空中，致臭秽之气，令人作三日恶。他如南市三不管等处，本繁盛之地，十里洋场，以酒楼妓馆居多。然一入其弄内，秽物灰屑，听其积聚如山，不一扫除，殊于卫生有碍也。

天津商肆之多且盛者，首推酒席馆，茶叶店、鞋店次之。此三业之所以发达，亦自有因。北京名公巨卿，遇有大宴会，辄苦拘束，不能畅所欲为。乃群趋于津埠，呼卢喝雉，任意挥霍。风会所趋，而酒席馆遂应时大兴。高楼大厦，陈设华丽，远胜京师。每当夕阳西下，车马盈门，笙歌达旦。至于茶叶之盛，则由于津人素有嗜茶之名，此可于茶楼、戏园、书场中觇之。此等处待客之茶壶，巨大无伦，贮茗之盂，均用大号饭碗代之。一人一壶，顷刻立尽，茶房东奔西跑，应接不暇，饮量之大，颇足惊人。茶之销路既大，则业茶者之盛，不待言矣。天津海卫式鞋，久已著称于世，今虽不盛行于社会，而各式靴鞋，仍以津制为佳云。此外各商场，则寥落殊甚。如东马路之东安市场、估衣街之青云阁、金华桥之金华商场，较之北京之东安市场、青云阁，其盛衰有天渊之别。仅北马路北海楼，摊肆林立，游人稍盛耳。

津市业馒首小铺，及负贩零星水果食物者，皆手持签筒一，内贮细签若干，摇之作声，盖赌具也。

津埠又有多且盛之二事，则戏园与落子馆是矣。戏园随在皆有，日夜开台，均男女合演，惜无甚名角。在租界各园，常演淫荡过甚之剧，以迎合社会心理。其戏资之贱，冠于他埠：最贵不过钢元念枚，贱者三四枚（均指正厅池子内）。故座客常满，惟人品极杂耳。座位之劣，不亚于北京。惟京戏园系以极粗不加油漆之长桌凳直列台下，与舞台成一直线；津埠则用稍加油饰之木凳横行排列，但无桌。观客茶壶等物，则置于座之前列凳上；遇拥挤时，即置诸地。楼上包厢，男女可以合坐，楼下则划定台上之正面廊下为女座。此亦北京所未有也。园外四周可以任意便溺，加以园内聚集多人，天窗又不常开，致秽气薰腾，稍坐即觉头晕。而有戏迷者，固乐此不倦，且叫好连声也。

乐子馆一名落子馆，即上海所谓书楼也，多在南市、日界一带，日夜开台。正厅戏资，在十枚上下。各妓之来度曲者，每园不下三四十人，亦间有声色俱佳者。每唱至半途，例演改装戏一出，与戏园无异。又择雏妓年齿相若者二人，手持檀板、莲花落、折扇、手帕等物对舞，和以歌声琴声，颇有似乎表情跳舞也者。活泼之地，与各妓之呆立铁栏前者，迥乎有别。各妓皆属纯尽义务，自愿前来唱书，借以招揽客人。故各妓院之隶于某园者，某门首即贴有某某部字样，以便游人之听罢雅奏，按部问津焉。（如各班书有中华部或权乐部字样者，即知此班内有妓在中华或权乐茶园唱书也。）茶园惯例，台上所备横额及联对，须将其园之名字嵌入。又落子馆内叫好之声，故意造作种种千奇百怪之声音，以博妓女之顾盼。丑态百出，不堪入耳。

津埠头等妓院及二等妓院之著名者，多聚集于南市及日界各里内。北门外侯家后，虽有二等，然颇寥落。三等则各租界及南市侯家后各处，遍地皆是。其标识之名称，颇与北京不同。北京妓院之最高者曰堂（即长三。现仅庆余堂一家），次之则为清吟小班，再次曰二等茶室，最下曰三等下处、四等下处。而津埠妓院，其最高者标为头等某某班（即长三，现亦只有数家），次之为二等某某班（即幺二）。唯著名之妓独立营业者，则冠以己名，而连以“下处”二字（如王金翠下处、任秀文下处等是）。再次为堂，即三等电。倘在北京，对小班妓女称之为下处，必饱吃耳光。在天津进三等妓院，自以为打头等茶围而来，必得“猪头三”之徽号（三等之阔绰者，门首悬铜牌或绣牌芳标，燃大煤气灯，与头、二等仿佛）。

各妓院中之跑厅（沪语所谓相帮），津人称之为大茶壶。此种称谓，真是匪夷所思。大约津人既有茶癖，往打茶围时，所时时呼跑厅者，无非索茶水耳。久而久之，一呼茶壶，则跑厅即知提壶而至，而“茶壶”二字，遂由习惯而为跑厅之代名词矣。

繁盛市面，乞丐亦非常之多，大都聚于各戏园门首及各妓院弄中。在数步前即向人叩头，碰地叮叮作响，或行举手立正礼，尾随于后，必得钱而后去。但此唯华界为然，租界则否。

津地中外辐辏，开通最早，而蓄辫之恶俗，反较他埠为独甚，亦奇事也。无论上中下三等人，剪发者殆居最少数。而租界华捕，亦皆脑拖长辫。理发店之生意，尚不及剃头店之盛，此亦可以觇民俗矣。

河北房屋，以二马路（即二经路）之诚安里、庶吉里，三马路（即三经路）之修业里、颐寿里为最佳。房既新，价且廉也。

河北商业，以金刚桥（俗称新铁桥）南、金华桥北之大胡同为盛，商务印书馆、中华书局、广生行等皆在是。过河而南，则一变河北荒凉景况，更变为湫隘污秽之境界矣。

旧日商业，以估衣街、锅店街为盛。今则渐移而南，至日界及日界附近之三不管等处矣。娼寮旧在运河沿岸估衣街后之侯家后地方，以当年漕运未废，商贾群集是间。今已式微，而此业亦迁至日界等处。

天津风俗诗

幽燕胜地产伶伦，技曲而今色色新。谈到须生谁绝调，大家都重“老乡亲”。（注曰：孙菊仙为津伶前辈，土人尊之曰“老乡亲”。）

时调大鼓打莲厢，宾乐中华落子场。听到浪声齐喝采，高呼脸子竞猖狂。

莫道双簧是下流，同声相应气相求。后人高唱前人做，那识人儿在后头。

北里寻春事惯常，入门见客唤来忙。双狮茶碗瓢儿大，习俗于今未改良。

弯弯曲曲小胡同，热度薰蒸臭气烘。嫫母无盐争卖笑，茶资有限几青铜。（注曰：此指老妈堂子也。）

从来天马惯行空，子弟爷台技不同。升降盘旋多变幻，男儿到此尽豪雄。（注曰：津地年少多习皮条杠子，谓之子弟爷台。）

卖冰到处击丁当，新制酸甜梅子汤。路畔车夫汗如雨，抽闲吃碗透心凉。

数到珍羞是食羊，西瓠饺子辣酸汤。今朝供客添佳味，烙饼加摊韭菜黄。

估衣街上古衣多，高喝衫裙值几何。檐外行人一回首，不从里坐也来拖。

出丧大事闹前街，旗伞辉煌夹道牌。底事奢华成俗例，娼优也得用衔牌。

世界琉璃欲卧游，冰床稳坐到滩头。须防青日融和候，不起风波也覆舟。

火烧土坑御冬寒，懒做娘儿把腿盘。未晚先餐同一饱，合家大小一齐攒。（注曰：津俗每日只两餐，故晚膳特早。又小户人家，竟多翁媳同卧一坑者。）

五百铜钱当一吊，口称大话学京城。乡人到此不知算，巨价听来吃一惊。

来自风尘著地蹲，磨光刮垢水盈盆。衫儿脱却兜儿露，血色斑斓刺绣痕。（注曰：津俗多著红兜或绣花。又洗面时多将上衣脱光，抓耳挠腮以洗之。）

棉裤灯笼不著裙，宽红带子两边分。足登半折靴鞋底，缓步街头橐橐闻。

老妈发秃润于油，古样梳妆梁子头。借问孩儿何所似，乌鸦飞集水晶球。（注曰：天津土著老妪所梳之髻，后髻长拖数寸，俗名大梁子。）

新年著个满堂红，颊染胭脂一色同。热闹娘娘宫畔路，香车飞趁夕阳红。

每逢朔望家家面，围坐呼餐个个欢。例菜攒来同祭品，粉皮豆剔两三盘。

天津腊月之腊品

蒸腊米

天津人每当腊月极寒冷之时，用好米，不拘多少蒸之，蒸至极透，然后铺摊于芦席之上，冷透而晒干之，收贮于磁缸之内，藏于干燥之处，可至数十年不坏。凡年老体弱及有病之人，以此米煮饭食之，最益脾胃。夏季煮食，可避泻痢诸症。惟收藏之缸坛须洁净，倘以盛过酒醋盐碱之缸坛盛之，则米易霉烂也。

碾腊米

腊月碾米，可以久藏不坏，食之最益脾胃。非如春、夏、秋三时碾之米，不但不能经久，且易生虫蛀也。

腌腊雪

腊月下雪之时，将雪贮入坛中，藏于阴处。至来年夏月，用以治馔，蚊蝇不至。

榨腊油

腊月榨清油收藏，至来年蚕室点灯之需，诸虫远避。即妇女以之搽头，亦能使发黑而光泽，不生虮虱。

收腊脂油

腊月以猪之板油一方，悬于壁上，能避蚊蝇。若于极冷之日，熬板油藏存之，可经年不坏。夏季用以治馔，最益脾胃，又可为治涂疮疖之药。

天津祭灶之风俗

阴历腊月二十三日晚间，津俗人家有送灶之举。考灶神之由来，《论语》云：“与其媚于奥，宁媚于灶。”《淮南子》云：“黄帝作灶，死为灶神。”《五经异义》谓灶神姓苏。《酉阳杂俎》谓灶神姓张。灶神之名，由来久矣。

送灶之举动。是夜人家必备年糕、糖瓜、茎草、清水等物。年糕、糖瓜，意使灶神食之而封口，不能说话，人间恶事，可以免奏于上天。而且祭灶必须男子，俗云“男不圆月，女不祭灶”。祭灶时向神祷祝，无非“上天言好事，回宫降吉祥”等语。祭毕，将灶神像焚化，谓之升天。茎草清水同时泼于地上，意为饲神马之用。以上所云，为津俗祭灶之情形也。

天津烧平安纸之风俗

天津北仓镇，每届阴历腊月，有烧平安纸之陋俗。在未举行之先，须拣选时日，大约以宜祭祀之日为宜。预备食品、香烛、纸锭、爆炮等物，豪富之家，至有杀猪宰羊者。迨至烧平安纸之日，昧爽，全家之人即起身，梳洗已毕，然后在院中供具祭品，焚锭鸣炮，全家叩首。其意之诚，比较祀敬祖宗，不啻倍蓰。据云，系祈天地保佑全家一年之平安也。

天津求雨之风俗

天津农人遇天旱之时，有求雨之举。求雨者，或抬关壮穆之偶像出巡，或抬龙王之偶像出巡，前引以仪仗多件，锣鼓喧天聒耳，有如赛会一般。另有一人，身披绿纸制成之龟壳，以墨粉涂面，口中喃喃而语。其余随从之人颇多，大都头戴一柳圈，手持一柳枝，亦不知何所取意。每到一处，该处之人皆须放鞭炮，陈列供品迎接。有街市之处，门口皆插柳枝，用黄纸书“大雨时行”四大字悬之，亦有书“大雨如注”，或“大雨倾盆”，或“天降大雨”者。另有儿童等用长木板一条，塑泥龙于上，以蚌壳为龙鳞，黏其上，扛之向街中游行，口中喊曰：“滑沥滑沥头咧，滑沥滑沥头咧。家家小孩来求雨咧。”或又喊之曰：“老天爷，别下咧，滑沥滑沥下大咧。大雨下到开洼地，小雨下到菜畦里。”种种举动，总不出于迷信之一途也。

天津小儿跳墙之风俗

天津北仓镇，每年当春夏之时，有一种小儿跳墙之风俗。此风俗之起因，大凡缺少子嗣之人家，忽然生下一个男孩，自然爱如珍宝。但是一方面却时时惶恐，或是多病，或是夭殇。因此，为父母者往往带领小儿，到庙中焚香祷告，求和尚给小儿起一名，俗称寄僧名。其意盖谓自此以后，此孩便算出家。寄僧名之孩，往往作僧人之装束，直至十二岁跳墙还俗之时才能更换。跳墙事前，必须择选一吉日，买簸箕一只、毛帚一把，预备老铜钱八枚。及期，为父母者带领小儿，又向神像前焚香祷祝，一面使小儿持簸箕及毛帚，拂拭香案，洒扫地下。事毕，即令理发匠为小儿留发，随后再使小儿立于板凳之上，左右手各持老钱四枚。旁观之人，喊声“赶和尚”，小儿便将手中所持之钱向后撒去，跳下板凳，并不回头，直跑至家中。此即所谓跳墙还俗也。当小儿撒钱之时，旁观之人，纷纷拾钱，带回自己家中，编成锁之形式，给自己小孩带在身上。照俗谚云，带了此锁，可以长命。不值一笑也。

宁津六月之两节

过半年

宁津人民，每逢阴历六月初一日，家家皆食馄饨，名为“过半年”。究其源流，盖因前清光绪年间，此地瘟疫流行，死伤之人甚多。当时相传，曾有神仙点化，云此灾非过年不能消灭。其时正五月中旬，距度新岁尚有半载，于是人民益加恐惧，云瘟疫传来数日，已死人无算，倘再过半年，必至阖邑死尽。于是大家决议于六月初一日，照正月元旦之例，备些食品过节，以当年节，借免灾疫。自此以后，每到夏季，即有人传说灾疫，大家便照前例过半年，以冀免灾。遂成为习惯，每年六月初一日必讨半年也。

接太阳

六月十九日，宁津有接太阳之风俗。每年至六月十八日晚，各村寺庙中锣鼓喧天，颇为热闹。村庄老年妇人集成一会，于是晚住在庙中，念经诵佛，直到天将明之时，排列供案，燃烛焚香，向东致祭，至太阳出来始止。若值天晴，清晨放出阳光，大家欢喜；倘是天阴，便云不吉，异常懊丧也。其俗如何缘起，无从考究。或曰：六月十九日，太阳生辰故也。

东光风俗略志

东光人民俭朴，农务耕耘，女勤纺织，士敦诗书、习礼仪，急公好义、慷慨负气者，不乏其人。聚族而居，严尊卑之仪，重男女之别。风俗为半开化，多太古之风，少浮靡之气。学塾甚多，故人民多数识字。盖自幼七八岁即使入学，其有不愿令其子孙业儒者，则于十六岁以后，即弃诗书而务耕耘矣。且具尚武之风，冬日闲暇，则群聚公益局之把式厂，习练拳艺，春则弃干戈而讲农事矣。其地公益局，以本乡德望长者经营其事，不定额数。往者四乡防御，皆公众轮流，虽非团练，而阖闾安堵。近驻有陆军防营，保卫四境，又有警察局巡察各处，然皆官设，转病其倚官扰民，不如自卫之晏如也。各乡街中有集市，逢一、六日行之（俗名赶集）。各种贸易，于是日皆集市场，以应取求。每年又有一会（俗名赶会），于九月底举行，亦贸易之时期也，共需五日，其范围较赶集为大。平时街中亦有店铺，以售日用各物。买卖一律用制钱，亦用银及银元，特纸币、铜元则不通行耳。其地庐舍皆平顶无脊，所以便堆物。墙多以坯为之。屋中有炕，可以睡眠。炕中空旷，以便爇火，冬日温暖。而多有在炕头置锅，中界以墙，于炊饭时，兼热其炕，以资利用。岁时习俗与各处差同，唯贺年叩节，仍重跪拜旧习。设与尊长邂逅于途，亦必顿首下拜，虽泥途不顾也。婚俗尚早婚，女长于男。盖其地妇人非家有儿媳，不能出户，如在外抛头露面，必为亲友齿冷；惟为儿娶嫁后，已即升为主母，只身行街市，可免訾议。其择媳年长于子，则赖其助理家务也。

丰润风俗琐记

我国风俗，各地不同，良以东西南北，山川有殊，民性各异。北地民性刚强，世人所知。兹就丰润一隅，略举数端，采风者试将南方习俗一为比较，则南北民性不同之点，不一而足也。

甲　食物

丰润之人，春季常摘取植物之嫩芽细叶，以供啖食。此种习俗，其与南方人之好食肥鲜相反。试分述如下（白菜、莱菔之类不在此列）。

（1）苦菜。此种植物属菊科，夏初开花，其色黄白。丰地村人，当清明前后，相率从事采集，拌酱食之，以解苦味。

（2）地衣。此为下等植物，根茎叶俱不分明，成薄片状，形如木耳。丰润人常食之，惟须用水洗净，去其土味，以醋和之，乃可食。

（3）榆钱。此物人尽皆知，不必赘叙。丰人取之煮熟，搀于面中，和以油盐蒸熟，食之味甚美，名榆钱糕。

（4）杨花。即杨树之花，去其花瓣及萼，留其花轴，煮熟后，合以酱，可以食之。

（5）椿树芽。椿树有两种，有香椿，有臭椿。香椿嫩芽，煮熟后，盐水渍之，备为下酒之用。臭椿芽，煮熟合酱食之。

（6）饭花子。属植物豆科，花似蝶状。采其花煮熟，和粱米作干饭，食之味甚清香。

乙　时节

丰润当端阳节时，无龙舟竞渡举动，与浙江等处习俗不同。是日在门旁插艾一枝，上悬纸葫芦一枚，借以避邪免灾。至于角黍，大概各处皆有，不足为奇。唯丰县有避灾星一事，煞有趣味。当五月朔日，人家都用棉花棉布缝做小狗、小人、小口袋等等形状，带在小孩身上。男孩所带之小人，做成男孩模样；女孩所带者，做成女孩模样。眉目口鼻，描摹清楚。并嘱小孩带在身上，时刻留神保守，不可丢失。俗谓小孩若失却身上之模形，一年之内，必有大灾，其父母引为至忧，焚香拜祷，哀求神灵，其惶恐举动，一如灾殃临其孩之身者。若小孩能保守其所带之模形，则所有灾殃，即由模形小人代受。其迷信殊属可哂。带至数日，至端阳节午前，各家主妇领其子女，齐往河岸或池边躲避灾星。归家时，将小狗、小人、口袋等物抛掷水中。谓狗用以咬灾星者，模制小人用以代小孩受灾者，口袋用以装灾晦者随水流去，此一年中即可无病无灾矣。噫！如此迷信，其愚不可及也！

丙　乡土

丰县有一村庄，名大松林庄，人家约二三百户，人民朴实无华。此庄虽一小村落，而披山带河，风景颇有足观者，分述如次。

还乡河。一名浭水，在村之西面。相传宋徽宗北狩，止于丰县之沙岩寺（寺距村四五十里），留诗一首，有“西流浭水自还乡”之句，此河因更名还乡河。河水发源于迁安县境，流至村处，水势渐通，唯夏季雨水连绵，河流涨溢，往往发生水患。现该地人民竭力讲求林业，沿岸植柳，不特可免水患，且足点缀风景。当清和天气，夕阳西下，散步其间，对岸渔舟三五，歌唱悠扬，信可娱也。

城子山。在村之南，与村相接。山不高大，亦无陡绝之险。蓬莱盛长，荆棘丛生。山阴多松树，林木在望。村之所以名大松林者，或因此欤？山顶有城，地广一二亩，真武庙在焉。庙门阶石中有巨人迹。距此十数里有盖子山，顶亦有真武庙，庙门阶石亦有巨人迹。据乡人云："真武曾由此山往彼山，故两山均有遗迹。"年逢端午或重九，村中无论男女老少，联袂偕来，登高游乐，故城子山亦村中名胜之地。

村东行数武，有史家坟。据县志所载，系明副将史宸之墓。宸系万历时人，墓前有二碑，刊其生前功绩。现村中史姓者最多，系宸之后裔。其碑下镇龟，右龟之颈有裂纹，较左龟低小。相传两龟已活，夜间常潜出窃饮人家之油酒。此种荒谬无稽之谈，殊足见其地民智之固蔽。

史家坟东数十武，地渐隆起，路亦窄狭，即至乱石山矣。满山怪石，或黑或褐，远望之，如恶魔，如猛兽，别有奇趣。山中有小石，其美丽而光泽者，颇可玩赏。石隙有泉，潺湲成小溪，近冬则干涸。故游人多在夏日，至冬则荒僻无趣矣。

自村北行二里之遥，有果园在龙山阳面。园内种有各种果木，春夏之交，万卉齐开，村人多往赏玩也。

丁　方言

语言为意思之代表。南北人习性不同，言语亦因之而殊。兹将丰润语言之有趣味者摭录如次：

（一）养生话。此类语言纯系俗谚，唯含有警戒之意，且言之中理，不啻圣贤之格言。此节所录者，皆关于卫生语句，故名之曰养生话。（1）饱不剃头，饿不洗澡。（2）吃饭先濁汤，永远没灾殃。（3）早起三光，晚起三荒。（4）不怕瘦，多吃肉；不怕弱，勤动作。（5）心闲长头发，身闲长指甲。（6）饱吹饿唱。（7）疥是一条龙，先从手上行。腰间转三匝，屁股上插老翎（言疥起于手上，而终于臀部）。（8）牙痛眼痛不算病。

(9) 病怕无名，疮怕有名。(10) 祸从嘴吐，病从嘴入。(11) 十人九痔。(12) 穷生虱子富生疮。(13) 少吃一口，安稳一宿；少吃一碗，安稳一天。(14) 皮肤病，是洗不洁；肚子病，是吃的棱。

（二）阅历语。此类俗语，含有观人之术，似有经验老者训戒少年之谈，故名之日阅历语。(1) 九斗一簸，不愁就过；九簸一斗，不愁就有。(2) 黄牙穷，白牙富，敲绿牙，开当铺（敲绿牙，言牙根带青绿色)。(3) 一抓金，二抓银，三抓不笑是好人（抓膝盖骨)。(4) 嘴大要唇，耳大要轮。(5) 两耳垂肩，骑马做官。(6) 手儿小，吃不了；手儿大，剩不下。(7) 双手过膝，主贵。(8) 天庭饱满多主贵，地阁方圆福不轻。(9) 眼有一分病，心有十分歪。(10) 鼻不露孔，手不露缝（主有福分)。按古者汉高见奇于吕公，明太祖见奇于郭子兴，观人之术，未始无征。如上所录，虽属俗谚，确有至理存焉。

（三）歇后语。歇后语俗称缩脚语。自唐之郑棨作歇后之语，寓庄于谐，今人谈话，每用歇后语体，露首藏尾。兹摭拾此类俗语，以见丰地之民性。

脸曰嬉皮笑。脚曰转弯抹（角与脚同音)，又曰天河掉。虎曰敲山震。狗曰招猫斗。鸡曰时千偷，又曰王婆骂。柴曰上山打。米曰粗梁细。水曰发河长。死曰发昏待。肉曰粉条燉。宝曰招财进。金曰万两黄。银［钱］曰刘海戏。山曰二郎担。打曰连踢再。画曰琴棋书。写曰一笔好。

保定风俗详载

保定，直隶之省会，京汉路之枢纽也。南通汉皋，北达燕京，虽地势偏北，气候严寒，而往来贸易，颇称便利。熙熙攘攘，亦繁盛富庶之区也。至其风俗习惯，虽多与京、津略同，然亦有可得而言者。

保定公园。即古之莲花池也。因清高宗曾游幸于此，遂擅有名胜焉。

园中池水碧清，山石玲珑，亭台楼榭，高耸云天，奇花异卉，鲜艳夺目。游人至此，颇有飘飘欲仙之概。每至令节，又常以纸糊各种动物，点缀其间。山穴中兽类狰狞，枝头上群鸟欲噪，观者无不叹赏其手工之巧妙。故一至令节，骚客游士无不群相征逐游戏于其间。然园中除一天津饭店可以小酌外，余无品茗谈话之处，亦一憾事也。

保定戏园。本有三庆、富华、萃仙三处，只以资本轻微，不能聘请名角，以广招徕，只以数个无名小卒，敷衍登场；且多演秦腔，板鼓檀木，声声震耳，以故观者无不厌之。各园戏价，池座卖铜元二十八枚，边座厢楼只十余枚耳。观客之著制服者，除学生外，余均不准其购池座票，此盖仿自京、津者也。

保定东洋车。胶皮者居大多数，车上油漆装潢，较上海之黄包车尤为悦目。价亦较廉，每二三里，只铜元五六枚而已。车夫多忠厚诚实，不若南人之滑头滑脑，专事欺生敲诈也。至于铁轮东洋车，势已在天然淘汰之列，除乡下妇女雇坐外，余几无问津者。且此车体积高大，乡女之穿红着绿者乘坐其上，目标最为显著，初见之，几误为泥观音出巡以收灾降福者，诚一怪现状也。

北人对于商铺主人之称谓曰掌柜，若老板则为开堂子者之称呼，即龟奴之代名词也。保定亦然。南人初至北方者，往往误呼其所主之店主东为老板，闹出如许笑话，遇激烈者且饱以老拳矣。

保定逆旅，有客店、栈房两种。名目虽异，内容实同。其价目之低廉，为他处所无，且均一律，无甚高下。大房间价，只京钱六百文（即制钱三百文），小房间京钱三百文（即制钱一百五十文）。唯房屋矮小，无高大宽畅者，且多不备伙食，亦旅客之大不便也。

保定居民，辫发未薙者十居五六。乡愚下流等固无论矣，即衣冠楚楚之店主店伙，亦多豚尾后垂。警察亦不加劝告，殊可叹也。

北地风俗，较南省为纯朴。如保定之公园、戏园中，无论闺秀、妓女，绝不一见。盖亦警局所例禁也。然每遇国庆、令节等日，公园中则兼售一女游券，戏园中亦可男女杂坐，其价较平日增涨一二成（公园游券平日卖铜元二枚）。至于晚间，则仍界限划清，如今晚专售男票者，明晚则专售女票。故虽陶情行乐之地，男女中绝少吊膀子、轧姘头等等丑态也。

奉　天

满洲之婚制

满洲之早婚，在全国可居第一。男子生十三四岁即结婚，至二十岁以上方结婚者，俱为贫人。往年号称刚健之民，而今已瘠弱不堪矣。加之民间惯以年长之女于配少年之男子，十三四岁之男子，必娶十七八岁之女子。盖其目的，在望女子真事妇职母职，并为家庭之看护者也。谚谓“宁嫁穷汉子，莫嫁孩蛋子”，盖不满于婚姻制度者之所谓也。

满洲地方，血族结婚甚多，致有张张氏、李李氏之笑话，在贫贱妇女中愈多。满洲住民之族制甚不严密，无如他省之有宗祠，又无家谱者甚多，因此不能辨别血统之同否也。

沈阳农家之歌谣

此篇所述，系奉省老农通行歌谣，以见奉省天气习俗与内地不同之点。词虽鄙浅，但趣旨甚深，亦经验之谈也。

立春阳气转，雨水融河边。惊蛰鹰鸭叫（白鹭鸟，俗名为野鸭子），春分雪水干。清明忙种麦，谷雨种大田（高粱、黄豆等，俗名为大田）。

立夏鹅毛住（立夏狂风弗扬，故谚有“立夏鹅毛不起”之言），小满鸟来全。芒种农人乐（此时入田锄地，口唱田歌，为状至乐），夏至小豆拈。小暑天气热，大暑是伏天。立秋忙打靛，处暑动刀镰（处暑禾稼如不秀穗，必为歉年，故俗谓“处暑不出头，割下喂老牛”）。白露齐割地，秋分无生田（五谷登场，田中已无生物）。寒露不算冷，霜降变了天。立冬交十月，小雪地封严。大雪江河冻，冬至不行船。小寒在三九，大寒就过年（指阴历年）。

营口婚嫁之风俗

相　看

男女两家同意，男家可以一人往看。合则留饭，即为定准，不合则不饭而行。某君诗云：“十五娇娃未上头，初闻相看意含羞。装烟（女出为相看之人装烟一袋）低首归房去，早饭谁知留不留。”

挂　钩

相看后，男女两家同意，先放小定。男家遣媒人送耳环一对，金银不拘，谓曰挂钩。某君诗云：“难得佳人赋好逑，无须繁礼事苛求。男媒女妁双双到，挂得金银一对钩。”

押匣子

小定之后，即择吉大定。除各礼外，有匣子二只，一装庚帖，一装银，计女一岁，银一两。某君诗云：“礼仪简朴例相沿，文定依然古俗传。

一岁年华银一两，无须论减与论添。”

通　信

大定后，或一年、或二年，男家议娶，即择吉日两个，一过礼、一娶期，遣媒往告，谓曰通信。某君诗云：“学来时样好梳妆，何日于归到婿乡。择得良辰通信息，从今检点嫁衣裳。”

猪　酒

过礼前二日，男送女家猪一只、酒一提，计二十八斤。富者送双猪双酒。某君诗云：“门庭结彩绕烟霞，猪酒分抬到女家。更有一般豪富者，双猪双酒向人夸。”

烧　纸

过礼之后，男家派尊长一人，往与女家尊长同拜天地，烧纸一通，然后筵宴。某君诗云：“衣冠齐楚会华堂，香纸高烧祝上苍。先却新人拜天地，此乡风俗异寻常。”

尝　汤

烧纸后，女家留男家尊长赴席。席将终，上清汤四碗，碗面各以红绳作十字交叉其上，绳脚各坠以铜钱。某君诗云：“笙歌举室闹盈盈，筵席将终礼节生。一样清汤来四碗，红绳十字划分明。”

献　花

尝汤后，厨役以猪蹄四个，刀一把，上插红花，以盘献上，谓曰献花，赏钱不等。某君诗云："厨夫何事著新袍，四个猪蹄共一刀。插上花枝红似锦，金钱赏处谢声高。"

装　烟

拜天地后，女始改装，各为客装烟一次。客贺以钱，名曰拜钱。某君诗云："发挽金钗额贴钿，亲劳玉手为装烟。晚来簿子分明记，多少何人出拜钱。"

管　饭

娶一二日，女家约亲友多人，至男家设席待之，名曰管饭。临行迎门，各敬以酒。某君诗云："华堂今日竞开筵，宝马香车次第连。管饭人回休忘礼，迎门杯酒敬当前。"

铁岭中元节之风俗

七月望为中元节，其俗各地不同。兹述铁岭之俗如下。

七月十三日，俗曰麻谷。凡人家遭丧未满三年者，是日戚友必以纸锞、果品等物，送往其家，以助祭礼。丧家是日亦备各种祭品、纸锞等物，齐赴扫墓。其所以名麻谷日者，因时交初秋，新麻新谷咸将登场，盖示不忘死者之意耳。

十四日，晚间慈善人家举行盂兰会。用纸扎各种灯与船，或置路旁，或放河内，延僧道设坛诵经施食。此种举动，俗传能超渡枉死诸鬼升天，是诚奇谈。

十五日为中元正日，土俗必于是日携纸锞、果品扫墓。因此野外纸灰飞舞，青烟不断也。居民是日均食馒首包子，乡民更为重视。噫！民国来改用阳历，此种旧俗仍然存在，易俗移风，亦难矣哉！

辽阳之农家谚

风俗各地不同，而谚语每同意异辞，互相吻合。今将辽阳谚语关于农事者录出，以便采风者资以比较他地之俗焉。

（1）八月十五日云遮月，正月十五雪打灯。

（2）风刮坟前土，农人枉辛苦。风吹佛爷面，有粮也不贱；风吹佛爷背，有粮也不贵。（清明及四月十八日娘娘会两日，均忌南风。）

（3）云行东，雨无踪，车马通。云行西，马溅泥，水没犁。云行南，雨溅溅，水涨潭。云行北，雨便足，好晒谷。

（4）朝霞不出市，暮霞走千里。

（5）一点雨儿一个钉，落到明朝也不晴。一点雨儿一个泡，落到明朝还未了。（雨著水面，起有浮泡如钉，主久雨难晴。）

（6）一年两个春，黄豆贵如金。

（7）十月电，阎王不得闲。十月雷，人死用耙推。（十月内有雷电，主来年灾疫。）

（8）要种麦，见三白。一月见三白，田翁笑呵呵。（冬至后第三戌为腊，腊前两三番霉［雪］），谓之前三白，大宜菜麦，又主来年丰稔。）

（9）猪渡河，来朝雨儿多。女作桥，来朝雨潇潇。（天河中起黑云片片、状如豖者，谓之黑猪渡河；若黑云堆起、相接亘天者，谓之织女作桥，皆主雨。）

（10）朝要天顶穿，暮要四脚悬。（当中云散，或四周露天，皆久雨放晴之兆。）

（11）天空鱼鳞斑，晒杀老和尚。（空中云片片如鳞，主酷热。）

辽阳人之媚灶

媚灶之俗，各处皆有，所不同者，繁文末节耳。辽阳人之祀灶，亦以十二月二十三日。俗传灶王为一家之主，专司家中一切善恶，每年于是日升天，将所管之家中一切事件奏诸玉皇，上天即凭其所奏，以降祸福于其家。故无论大小贫富之家，莫不供灶，唯奉耶稣教及天主教者不然。祀灶之日，每家购办皂糖若干，以备应用。于晌午时，自壁间将灶王纸像起下，曝之日中，使干而易燃。晚餐毕，孩童拣选细秫秸，剪其细之一端，扎成马与狗之像，据云为灶王夫妇升天时之坐骑。天色昏黑后，取茶杯二，置诸灶突之上，一盛水，一盛草料，持扎成之马狗，以其喙向杯中，作饮食之状。复将灶王供于杯前，燃香致敬。逮至星斗满天，香将燃尽，一人取爆竹一枚，燃放于院中，一人将灶王犬马等物聚于一处，以火焚之。复以皂糖少许，粘于锅灶口上，谓之糊灶王口。盖恐灶王升天，奏出恶事，闭其口不使之言。殊可笑也。

又辽阳人每逢朔望，必于灶神前拈香致敬。遇有疾病或远游出行等事，必虔诚祷于灶王前，乞佑其平安。尤可笑者，辽阳地方所供之灶神，均系画于纸上者，花花绿绿，画工之恶劣，木刻之笨拙，大可喷饭。旁绘犬一马一，又刻本年日历于上，然纯系阴历，无阳历及星期日等事。此一片纸之为用，只此而已。其旁所绘之犬，亦与家人之休咎有关。犬之口若张开，则本年所生之孩必不能长寿；口若闭，则婴孩壮旺发育。此辽阳人迷信之一斑也。

吉　　林

吉林奇俗谈

吉人不讲卫生，枕衾被褥，一年三百六十五日，唯逢秋季一度浣濯之，平时虽黑如墨、光如漆，气味腥膻，仍覆之不顾。又女子持躬谨严，平生入浴只三度，即初生一度，临嫁一度，濒死一度。不卫生极矣。

吉俗婴儿栖以采篮（或用布袱一方，四角系带），惟不置诸地，多索而悬之梁间。呱呱若泣，则扶而荡漾于空际，摇曳若秋千。中下等人家，躬操井臼，无力雇乳媪者，恒用此法。至鱼皮鞑子（系一种开化民族，散处吉黑东北一带），多束缚襁褓儿悬诸林木间，殊为可怪。又婴儿初生，枕以硬枕（枕实以豆），务平其后脑骨，以硬起欠美观，习俗然也。故辛亥之役，摸脑骨以别满、汉，以满人平直而汉人硬起也。惟疑睡炕故平削者，乃不知东省风气之臆测语。近燕鲁流寓者，亦多染此习。

吉人喜烘火，当炎炎赤夏之时，砂砾反射热颇强，挥扇纳凉之不暇，然卧土炕者，仍升火不辍。盖冬日之烘火以御寒，夏日之烘火以祛湿，甚至席焦背赤，炮烙横施。土人非此不安寝，否则觉背脊酸痛云。

吉地房屋，室门向外开，比户皆然。考诸志册，谓昔多虎患，时夜入民家，攫人而去。故门向外开，借槛桔之抵抗力，足以御虎冲撞。唯昔之外开为虎患，今之外开乃习惯矣。又窗纸辄外糊，凡阔桔疏棂、不嵌玻璃者，多糊以纸。唯纸必糊诸窗外，谓一可免积沙，一可斥堆雪也。

吉省气候严寒，寝室筑土炕，占室之半，可容十人。尊卑老少，长幼男女，一炕共寝处。虽外来之亲友，假宿之孤客，亦无上下床之别。临睡时，用木柴烧之以增温度，一室如春。唯习俗卧必裸体，故相率不燃灯。（近来中上之家，则稍施以间隔。）

吉省产烟叶极富，性辛烈，吸时喉管受刺激，痰唾分泌顿增。妇女酷嗜之，街市间姗姗而来者，均手携烟袋，且行且吸（妇女足镶鞋，底层三寸许，着衫及踝，而两端无衣叉，顶盘高髻，惟手握三尺烟筒，频频吸之，嘘气成云，顾盼豪迈），亦奇俗也。

吉地白山（一名北山）四月二十八日开庙会，求嗣者诣观音阁，赂庙祝，于莲座下窃取纸糊童子一，归家后置褥底，俗谓梦熊可操左券。

刳巨木为小舠，两端锐削，底凹弦平，大者仅容五六人，小者二三人，土俗称之曰槭梳。亦有作威弧、威呼、威忽者，盖一语之转音也。松花江畔，时见一人持桨左右掉，驶若飞渡。重载非方舟覆板不克济，冰期间以代马槽。入山猎捕者，水则乘以渡，陆则负以行，殊称便利。

有似车无轮、似榻无足，状类于犁者，土人呼之曰扒犁，满语曰法喇。乃取木之性软者，削两辕，前半翘起，后半贴地，上支四短柱，柱周镶回筐，覆以板，引以绳。载重则驾牛马，载人则覆席如龛。驶行冰雪中，速逾于车。驾犬者谓之狗扒犁，鱼皮鞑子惯使用之，即昔之所谓使犬部是也。

吉人以蓬梗为芯，涂以膏及糖屑，顺手粘傅之（逆捻则莫不著），晒干，支之歧木架上，燃以代烛，火光荧荧，结烟若云雾，谓之糖灯，满语曰霞棚。近自朗勃（洋灯）盛行，非穷乡僻壤不克见，亦犹磷寸兴而钻石取火之风渺矣。

吉地有一种恶俗，凡盗窃耕牛，惧事主追认，乃以利刃自牛膝以上，划一线通腹下，复以铁钩钩脊，系诸树，牛负痛狂奔，皮遂豁然脱落，谓之活脱衣。然牛不即死，必悲鸣一二日方毙。昔此惨风颇炽，近则间一见之。

吉地有所谓噶什哈者，即剔取獐狍鹿豕之膝盖骨，两面微窝，而一面突出。儿童妇女，抛掷为戏，视偃仰横侧别胜负；或以窝者弹窝者，突者弹突者，中者尽取所堆，谓之取噶什哈，亦犹内地小孩滚钱敲砖之属也。

吉省各地产乌拉草，草色深碧，其细如发，长者有四五尺余，溪谷岩石中蒙丛下垂，入冬不枯。性温暖，能御寒避湿，东人常取以铺卧榻。农工等人均以荐履，履用方尺牛皮屈曲成之，不加缘缀，覆及足背，冬夏胥著以操作。因用此草荐履，故即以乌拉名履，而俗又书作靰鞡（靰字并寓象形之意）。东人谚云：“关东三宝，人参貂皮乌拉草。”其利用而重视之也如此。

吉林猎者捕兽谈

满洲古为城郭射猎之民族，与蒙部逐水草迁徙者不同。故吉省人之生活，业狩猎者甚多。兹将其猎兽之法，分述于左，当亦采风问俗者所乐闻也。

（一）吉人呼熊为黑瞎子，以其睫狭而额毛蓊覆，故曰瞎子。大者为罴，小者为熊。熊轻矫而罴猛憨，拔树掷石，力倍于虎。至冬令，熊罴皆入蛰。罴多穴居，熊或藏空树中，气炎薰蒸，冰雪消融，俗称为坐洞。猎者悉其所在，投以木块，熊接入垫坐股下，再投再垫，逐渐增高，俟其顶与树口平，以斧力斫之。若投木块稍大，填塞洞口，乃从旁钻刺以毙之，颇不费力。否则虽弹丸洞胸，血流肠出，尚能掘泥土塞伤口，追击者致其命。故精于枪技者，独力不克胜之。

（二）虎性跳荡，喜居荒山丛薄中。吉人多讳言之，樵采者则直称之曰山神。昼伏夜动，猎者每于冬间，伺雪中迹以为掩捕。因虎前行，必寻旧路归，猎者辄于路张机。其法横系一铜线，一端曳于引满之机关弓架入铳机，虎触之，弹发恰中其前胸。既负伤，辄奔越，乃按血迹追寻，恒倒毙在数里外。

猎者蓄狗，大者能搏虎豹，小者则为逐兽之用。每于黑夜中闻虎啸，则放小狗出，谓之送客。狗驱虎前行而吠，虎闻声辄奔扑，将及则旁匿于林。再驱，虎再奔，再匿。如是数回，虎去已远，其狗乃归，安息无患矣。

（三）麝，东人呼为獐，足高毛粗，形如初生之驹。从前无有猎取者。嗣高丽人来此，就丛莽间隙地架一长绳，中系绳圈。麝穿隙过，则颈乃套入焉。大抵野兽属何种类，辄有一定之行径，且往还多出一辙，故与遇必不能免。近今山民效高丽人弋猎，所获殊多。

（四）貂皮为吉林特产。捕貂者用钉碓法，于森林之中筑一碓房，四方钉碓四股，每股长周三十里，于大木下置活木滚棒（支架甚繁，笔难细述），俟貂过触而压毙。以寒露节为支碓期，至霜降后捕貂最多之时，谓之打响草。以貂好捕灰鼠，其时落叶满地，貂踏草有声，恐灰鼠惊遁，故跳身倒木而行，而不知即为压毙也。至大雪节后，则收拾老碓。因雪地无声，貂不登碓，且冰冻碓亦凝滞不灵，乃另组撵貂法。其时森林中，每夜多降雪，貂眠夜出，挨搜树窍中以捕鼠，天明即伏树窍之内。捕者于清晨负一背兜，内插板斧，外带火具硫磺线、风扇等物，于雪中踏验夜间貂踪，必验明有入迹而无出迹者，先以树枝杜塞窍口，恐其出窜，再用烂木屑为火具，取硫磺线燃之生烟，以风扇扬烟入窍熏之。俟熏满，以土和雪将窍口严掩，使貂闷毙其中，然后以斧伐木取之出。近时业此者多用网兜，并蓄养猎犬，闻嗅定巢，较捷易矣。

宁古塔风俗杂谈

宁古塔不知何方舆，历代不知何所属，数千里外无寸碣可稽，无故老可问。相传当年曾有六人坐于阜，满呼六为宁公，坐为特，故曰宁公特。一讹为宁公台，再讹为宁古塔矣。固无台无塔也，惟一阜如陂陀，不足登。

天时北斗在北，较内地微高，月出较早，四时皆如冬。七月露冷而白，如米汁，流露之数日即霜，霜则百卉皆萎。八月雪其常也，一雪地即冻，至来年三月方释。五、六月如中国内地二、三月，亦复有裸裎时，日昃则须入户矣。春多风，风烈常十余日，无出户者。入夏多雹，雹下则黍苗殒。

土地无疆界，无城郭。枕河而居，树短柴栅，环三里，辟四门，而命之曰城。中以碎石甃碑丈余，辟东西门，置茅屋数椽，而命之曰衙门，章京刑政地也。碑雨即圮，圮即甃。栅内即八旗所居，余人则散居诸屯。有数屯焉，随所居多寡而大小之，无旧址，无定名。如曰牡丹者，满言一日往还也。曰沙儿虎，曰沙岭，曰泥浆，曰要罗，皆类斯。山川不甚恶，水则随地皆甘冽，或曰参所融也。随山可耕，官给人耕地四亩一行，如内地五亩，无赋税焉。地贵开荒，一岁锄之犹荒也，再岁则熟，三、四、五岁则腴，六、七岁则弃之而别锄矣。有桥垛存而板灭，有城闉轨存而阈灭，有宫殿基础存而栋灭，有街衢址存而市灭，有寺石佛存而刹灭。俗之祀神者动曰鸟禄，岂鸟禄旧封邪？环东京皆腴地，流水残山，颇似江南荒野。四至百余里外，皆有大树林，曰大河稽、小河稽。千章之木，杀其皮以令之朽，万牛不能送，时令人发深叹焉。自鹦哥关凡一千八百里而始至，中唯三屯，一曰灰扒，一曰多洪，一曰株龙。多洪屯各庐屋不满十行，差卒换马之地，多山多水多虾荡。虾荡者，淖也。淖不可度，中有结草如珠，车马履之而渡，失足则陷而倾掀焉。冬则冰。

宫室象鸟兽而为巢，为营窟。木多材而无斧凿，即樵以架屋，贯以绳，覆以茅。列木为墙，而墐以土。必向南，近阳也。户枢外而内不键，避风也。室必三炕，南曰主，西曰客，北曰奴。牛马鸡犬，与主伯亚旅共寝处一室焉。近则渐分别矣，渐障之成内外矣，渐有牖，可以临窗坐矣，渐有庑庐矣。有一小室焉，下树高栅曰楼子，以贮衣皮。无栅而隘者曰哈实，以贮豆黍。

树畜开辟来，不见稻米一颗。有粟，有稗子，有铃铛麦，有大麦。稗则贵者食之，贱则粟耳。近亦有小麦，卒不多熟，面麦亦堪与小麦乱也。瓜茄菜豆，随所种而获，霜迟则皆登于俎矣。丝瓜、扁豆较难熟，熟亦不能得子。有撇兰者，结实可斤余，其腴胜长安种。有小菱，有莲子，满人素不识。因游东京者往寻莲坡，土人遂撷之以市。有松子，有榛子。有酸梨大如栗，贮之木罂中令之烂，斯啜焉。有瓯子李，色赤而涩。有麋子尾，即猴头。有蘑菰，有黄菌，有山查子。

川有鱼，不网而刀。月明燎火，棹小舟，见鱼而揕之。有遮鲈者，大可百余斤，有骨而无刺，如内地之鲤，而其味更胜。他鱼亦随地有之。有刺姑焉，身如虾，两螯如蟹，大可盈寸，捣之成膏，清时宗庙祭祀必需之物，届期驰驿而进御。鸡豚鹅鸭，视所畜，客至则操刀而割。豕堕地即充庖焉。

无所谓风俗也。既无土著人，谁为遗之？谁为流之乎？八旗非尽满人，率因其种以为风俗；华人则十八省无省无人，亦各因其地以为俗，故曰无所谓风俗也。姑亦就满、汉相沿之久，而言风俗也。不用银钱，有银则买仆妇田庐；或用之，钱则他处来交易时，求作头耳之饰。至粟豆交易，或针或线或烟筒，大则布，裕如也。相见不揖，从者皆坐，坐以炕别。每有需则与之，无则拒之，不怼也。受所与必思有以酬之，相遇必歉歉自道。一酬即泰［奉］一脔，酬布帛所不计矣。

妇人多颜色。即贵人亦舄履而步于衢。一男子率数妇，多则以十计。生子或立或不立，唯其意也。其惮妇甚者倍于恒情，有弃妇者亦倍于恒情。结发老矣，曾无他嫌，男子偶有悦于东家女，女父母曰“必逐而妇归”，遂不动声色而逐之。即儿娶妇、女嫁婿，亦不敢牵衣而留。新妇人，儿女遂以事其母者事之。弃妇他日适后夫，过故夫庐而问新妇，相见无怍容、无怼言也。

八旗之居宁古塔者，多良而醇，率不轻与汉人交。见士大夫出，骑必下，行必让道。老不荷戈者，则拜而伏，过始起。道不拾遗物，物遗则拾之置于公，俟失者往认焉。马牛羊逸三日不归，则牒之公，或五六月之久尚能归。唯躏人田则责牧者，罚其值，虽章京家不免焉。

最重力仆健妇，尽一室人争奉之。若大家则择一人为庄头，司一屯之事，惟所指使。炕四时无断薪。薪在五十里外，五更饭牛，日暮乃返。采薪之仆，尤司一家之命，于群家更异数焉。

跳神，犹之乎祝先也。率女子为之，头带如兜鍪，腰系裙，累累带诸铜铁，摇曳之有声，口喃喃，鼓嘈嘈。以竿绾绸布片于炕，而缚一豕，以酒灌其耳与鬣，耳鬣动即吉；手刃之，取其肠胃，而手拚之，亦有吉凶兆。女子韵秀者，亦如歌舞状；老则厌，男子更厌矣。马神则牵马于庭中，以红绿布帛丝系其尾鬣，而喃喃以祝之。跳毕则召诸亲戚啖生肉，酌以米儿酒，尽醉饱，不许怀而出其户，曰神怒也。寻常庭中必有一竿，竿头系布片，曰祖先所凭依，动之如掘其墓。割豕而群鸟下啖其余脔，则喜曰“祖先豫”，不则愀然曰：“祖先恫矣！祸至矣！”

宁古塔无闲人，而女子为最。如糊窗则捶布以代纸，烧灯则削麻人麸糠以代膏，皆出女子之手。不碾而舂，舂无昼夜。一女子舂，不能供两男子食。稗之精者至五六舂。近有碾，间橐粟以就碾。舂余即汲霜雪，井溜如山，赤脚单衣，悲号于肩担者不可纪，皆汉人富贵家裔也，伤哉！

百里往还不裹粮，牛马不携粟草，随所投，如旧主人焉。主人随所供，不责报，亦无德色。

病不问医，无医安问？死则以敝船为椁，三日而火。章京则以红缎旌之，拨什库则以红布，再下则红纸。俗贱红而贵白，以为红乃送终具也。男子死则必有一妾殉，当殉者即于生前定之，不容辞、不容替也。当殉不哭，艳妆而坐于炕上，主妇率其下拜而享之。及时，以弓弦扣环而殒。倘不肯殉，则群起而缢之死矣。

满人不知有佛，诵经则群伺而听，始笑之，近则渐习，而合掌以拱立矣。西达子则知有佛有经，能膜拜，大约与喇嘛教同，与西土异。不祀神，唯知有关帝。亦无庙，近乃作一土龛。

稗子贵人食之，下此皆食粟，曰粟有力也。不饮茶。

无陶器。有一瓷碗，如重宝，然群不贵，遂不足宝矣。凡器皆木为之，出高丽者精，复难得，大率出土人手。匕箸盆盂，比比皆具，大至桶瓮，亦自为之。有打糕，黄米为之，甚精。有饼饵，无定名，但可入口，即曰佳也。多洪有蜂蜜，贵家购之以佐食，下此不数数得。盐则取给于高丽，每十月大宗伯特遣一驿使者至宁古昂邦，檄一牛禄，督市盐者以行，给其仆马，至高丽之会同府。府去王城尚三十里，荒陋犹宁古也。其国亦遣一官受我使，交易盐及牛马布铁而还。凡五六十日而始竣事。闻其国亦以供应为苦，得盐乃高价以售。汉人唯退而自啖其炕头之酸虀水菜，将霜取而置之瓮，冰浸火烘，久而成浆，曰胜盐多多矣。

东山名商阳哈笞，极高峻。此山最深远，向出参、貂，今则取尽矣。惟桑树最多，松子采之不尽。其东北一千八百里为非牙哈，总名乌稽，又名鱼皮。因其土人衣鱼皮、食鱼肉为生，故名。其人不知岁月，不知生辰，死以片锦裹尸下棺，以木架插于野，置棺木架上，俟棺木将朽乃入土。

凡各村庄，满人居者多，汉人居者少。凡出门，不赍路费，经过之处，随意止宿，人马俱供给。少陵所谓“马有青刍客有粟”也。如两人远出，年少者服事年长者；三人同行，最幼者服事，其稍长者亦公然坐而不动。

等辈彼此称呼曰阿哥，有呼名者。称年高者曰马发，朋友曰姑促，父曰阿马，母曰葛娘，大伯曰昂邦阿马，叔曰曷克赤，子曰济，女曰叉而汉济，甥曰济须即哈，夫曰畏根，妻曰叉而汉，男人曰哈哈，女人曰赫赫，兄曰阿烘，弟曰多。

流人间有逸妇者，人遇之亦不告，有追及者，讳云自返，亦不之罪。大率信义为重，路不拾遗，颇有古风。今则不能矣。

其人最善于描踪。人畜经过，视草地便知，能描至数十里。但一经雨，便失之矣。有草名乌拉，出近水处，细长温软。用以絮皮鞋内，虽行冰雪中足不知冷，皮鞋名乌拉。土谚云“宁古三样宝，人参貂皮乌拉草”。所产之物，俱异于他处。香瓜极香甜，夏日尽饱，无破腹之患，冬日食油腻及饮冷水亦然。故内地人到此者，无不服水土之患。其水人称为人参水。地极肥饶，五谷俱生，唯无稻米。四月初播种，八月内俱收获矣。农隙俱入山采樵，以牛车载归，足来岁终年之用乃止。雪深冰冻则不用车，用冰滑，或用扒犁，似车而无轮，仍驾牛，在冰地上行，速而且稳。暇则采松子，并取火绒。绒生于木瘿中，取之可盈掬。或开窑烧灰，或砍大树作器用。无瓦器，其盏碟、盆盎、澡盘之属，俱以独木为之。油用苏子油，似紫苏子。亦有麻油，稍贵。无烛，点糠灯。其制以麻梗为本，苏子油渣及小米糠拌匀，粘麻梗上晒干，长三四尺，横插木架上，风吹不息。不知养蜜蜂。有采松子者或采樵者，于古树中得蜂窠，其蜜无数。汉人教以煎熬之法，始有蜜有蜡。遇喜庆事，汉人自为蜡烛，满洲人亦效之，然无卖者。大小人家皆做黄虀汤。每饭用调羹，不用箸，调羹曰差非，又曰匙子。吃碗菜乃用箸，箸曰差不哈，碗曰么乐。出门者腰带必系小刀、匙子袋、火连袋、手帕等物。

房屋大小不等，木料极大。只一进，或三间五间，或有两厢俱用草盖。草名盖房草，极长细。有白泥，泥墙极光滑美观。墙厚数尺，然冬间寒气侵人，视之如霜。屋内南西北接烧三炕，炕上用芦席，席上铺大红毡。炕阔六尺，每一面长二丈五六尺。夜则横卧炕上，必并头而卧，即出外亦然。橱箱被褥之类，俱靠西北墙安放。有南窗、西窗，门在南窗之旁。窗户俱从外闭，恐夜间虎来易于撞进。靠东边间以板壁，有南、北二炕。有南窗者为内房，无椅杌，有炕桌，俱盘膝坐。客来俱坐南炕，内眷不避。

其俗无作揖打恭之礼。相见惟执手，送客垂手略曲腰。如久别乍晤，彼此相抱，复执手问安。如幼辈，两手抱其腰，长者用手抚其背而已。如以右手抚其额点头为拜。如跪而以手抚额点头，为行大札。妇女辈相见，以执手为亲，拜亦偶耳。除夕，幼辈必往长者家辞岁叩首，受而不答。等辈同叩。元旦，城门必严列旌旗弓矢，以壮威武。家家必于半夜贺岁，如迟至午，便为不恭矣。

满洲人家歌舞，名曰莽式，有男莽式、女莽式，两人相对而舞，旁人拍手而歌，每行于新岁或喜庆时。凡大小人家前庭，立木一根，以此为神。逢喜庆疾病则还愿：择大猪不与人争价，宰割列于其下，请善诵者名叉马，向之念诵，家主跪拜毕，用零星肠肉，悬于木竿头；将猪肉、头足、肝肠收拾极净，大肠以血灌满，一锅煮熟，请亲友列炕上，不用桌，铺设油单，一人一盘，自用小刀，片食不留，余不送人。如因病还愿，病不能愈，即将此木掷于郊外，以其不灵也。后再逢喜庆疾病，则另树一木。有跳神礼，每于春秋二时行之。半月前酿米儿酒，酿味极甜。磨粉做糕，糕有数种，皆略用油煎，必极其洁净。猪羊、鸡鹅毕具。以当家妇为主，衣服外系裙，裙腰上团围系长铁铃百数，手执纸鼓敲之，其声镗镗然，口诵满语，腰摇铃响，以鼓接应。旁更有大皮鼓数面，随之敲和。必西向，西炕上设炕桌，罗列食物，上以线横牵，线上挂五色绸条，似乎祖先依其上也。自早至暮，日跳三次，凡满汉相识及妇女，必尽相邀。三日而止，以祭余相馈遗。

清明扫墓，富贵者骑马乘车，贫贱者将祭品罗列炕桌上，女人戴于头上而行，虽行数里，不用手扶，而自不倾侧。即平日米粮箱笼，俱以头戴。有疾病，用草一把，悬于大门，名曰忌门。虽亲友探望，只立于门外，问安而去。

遇婚丧喜庆等事，无鼓乐，无男女傧相。订婚时父率子同媒，往拜妇之父母；次日，女之父亦同媒答拜。行聘名曰下茶。俱用高桌，上铺红毡，茶果、绸缎、布匹仍用盘放桌上，多至数十桌。贫富不等，羊酒必需。嫁时妆奁，如箱匣、镜台、被褥之类，亦置高桌上，两人扛之。娶亲用轿车，上挂红绿绸。妇入门，只拜公姑，无交拜礼，如汉人请亲戚扶新人行礼。

满洲人家喜筵宴客，饮至半酣时，妇女俱出进酒。以大碗满斟，跪于地奉劝，俟饮尽乃起。生子满月下摇车，如内地之摇篮。其制以筛板圈做两头，每头两孔，以长皮条穿孔内，外用彩画，并悬响铃之类，内垫薄板，悬于梁上，离地三四尺。用带缚定小儿，使不得动，哭则乳之，不已则摇之，口念“巴不力”，意即哄其睡也。丧事将入殓，其夕亲友俱集，名曰守夜，终夜不睡，丧家盛设相待，俟殓后方散。七七内必殡，火化而葬。棺盖尖而无底，内垫麻骨芦柴之类，仍用被褥，以便下火。父母之丧一季而除，以不薙头为重。

宁古塔地不计亩而计晌。晌者，尽一日所种之谓也，约当浙江田二亩。一夫种二十晌，晌收谷自一石至二石，以土之厚薄为等杀。谷凡十种，曰稗子，曰小麦，曰大麦，曰粟（小米也），曰秫（黏谷也，用以造酒），曰黍（大黄米也，作饧，亦可为酒），曰稷（糜子米也，宜酒，亦可为食），曰高粱（蜀黍也），曰荞麦，曰稽麦（铃铛麦也），而以稗子为最，非富贵家不可得。

昔年行柳条边外者，率不裹粮，遇人居，直入其室，主者尽所有出享。或日暮，让南炕宿客，而自卧西北炕。马则煮豆麦锉草饲之，客去不受一钱。他时过之，或以针线荷包赠，则又煮乳猪鹅鸡以贶。盖是时俗固厚，而过客亦不若今日之多也。今则走山者以万计，踪迹诡秘，仓卒一饭或一宿，再宿必厚报之。

满洲有大宴会，主家男女，必更迭起舞。大率举一袖于额，反一袖于背，盘旋作势，曰莽势。中一人歌，众皆以“空齐”二字和之，谓之曰空齐，盖以此为寿也。每宴客，坐客南炕，主人先送烟，次献乳茶，名曰奶子茶。次注酒于爵，承以盘。客年差长，主人跪以一手进之，客受而饮不为礼，饮毕乃起。客年稍长于主，则亦跪而饮，饮毕，客坐，主乃起。客年小于主，则主立而酌客，客跪而饮，饮毕起而坐。与席少年欲酌同饮者，与主客献酬等。妇女出酌客亦然。是以不沾唇则已，沾唇则不可辞。盖妇女多跪而不起，非一爵可已。又客或惧醉而辞，则主不呼妇女出，出则万无不醉者矣。凡饮酒时不食，饮已乃设油布于前，名曰划单，即古之单也。进特牲，以解手刀割而食之。食已尽赐客奴，奴席地坐，叩头对主食不避。

俗尚齿，不序贵贱。呼年老者曰马法；马法者，汉言“爷爷”也。呼长者曰阿哥。新岁卑幼见尊长，必长跪叩首，尊长者坐而受之不为礼。首必四叩，至三则跪而昂首，若听命者然。尊长者以好语祝之，乃一叩而起，否则不起也。少者至老者家，虽贫必隅坐随行。出遇老者于途，必鞠躬垂首而问曰：“赛音。”赛音者，汉言“好”也。若乘马必下，俟老者过，老者命之乘，乃敢避而乘。宴会必子弟进食行酒，不以奴仆，客受之亦不酢。往来无内外，妻妾不相避。年长者之妻呼为嫂，少者之妻呼为婶，子若弟妇。

婚姻择门第相当者。先求年老者为媒，将允，则男之母径至女家视其女，与之簪珥布帛。女家无他辞，男之父乃率其子至女之姻戚家叩头。姻戚家亦无他辞，乃率其子姓群至女家叩头，《金志》所谓男下女礼也。女家受而不辞，辞则犹未允也。既允之后，然后下茶，请筵席，此男家事也，女家唯赔送耳。结婚多在十岁内，过期则以为晚。

上元夜，好事者辄扮秧歌。秧歌者，以童子扮三四妇女，又三四人扮参军，各持刀尺许，两圆木戛击相对舞，而扮一持伞灯卖膏药者前导，旁以锣鼓和之。舞毕乃歌，歌毕更舞，达旦乃已。

十六日，满洲妇女群步平沙，曰走百病。或连袂打滚，曰脱晦气。入夜尤多。

正、二月内，有女之家多架木打秋千，曰打油千。

岁除必贴红纸春联，联贵四六，岁易新句，或与旧稍同则不乐。

十月，人皆背鹰走狗，逐捕禽兽，名打围。按定旗分，不拘平原山谷，圈点一处，名曰围场。无论人数多寡，必分两翼，由远而近，渐次相逼，名曰合围，或曰一合再合。所得禽兽，必饷亲友。

满人有病必跳神，亦有无病而跳神者。富贵家或月一跳，或季一跳，至岁终则无有弗跳者。未跳之先，树丈余细木于墙院南隅，置斗其上，谓之日竿。祭时着肉斗中，必有鸦来啄食之，谓为神享。跳神者或用女巫，或以家妇。以铃系臀后，摇之作声，而手击鼓。鼓以单牛皮冒铁圈，有环数枚在柄，且击且摇，其声索索然，而口致颂祷之词，词不可辨。祷毕，跳跃旋转，有老虎、回回诸名色。供祭者猪肉及飞石黑阿峰。飞石黑阿峰者，粘谷米糕也，色黄如玉，质腻，掺以豆粉，蘸以蜜。跳毕，以此遍馈邻里亲族，而肉则拉人于家食之，以尽为度，不尽以为不祥。

宁古塔烧酒曰汤子酒，斤银四分；黄酒，斤银三分。烧酒家为之，惟黄酒多沽饮。

宁古塔船有两种。小者曰威弧，独木，锐首尾，可受三四人。大者曰五板船，三舱合五板为之，合处不用灰麻，钉以木，水渍则以青苔塞之，可受十余人。常责一人执青苔以俟，不遑他顾，他顾则水人船矣。桨长数尺，两头若柳叶而圆其中，人执之，左右棹若飞。五板船，富者乃有之。威弧随处皆有，冬则以为马槽。

宁古塔薪不须买，昔年门外即是；今且在五十里外，必三四鼓蓐食往，健者日致两车，弱者致一丰。俗以伐木为第一劳苦事。每年冰雪中，运一年之薪，积于舍南；若出二三月冻开，不可运矣。（冬问合抱之木，一二斧即剖，十余斧即断，他时则否。）富者奴任之，贫者子若孙任之，或无子孙，则雇倩人。间有买者，大率二钱一车。冬春所烧皆湿木，然入炕即爇，夏秋则不干不爇矣。

童子把戏，多剔獐狍麋鹿前骽前骨，以锡灌其窍，名噶什哈。或三或五堆地上，击之中者尽取所堆，不中者与堆者一枚。多者千，少者十百，各盛于囊。岁时闲暇，虽壮者亦为之。凡卧，头临炕边，脚抵窗，无论男女尊卑皆并头。如足向人，则谓之不敬。唯妾则横卧其主脚后，否则贱如奴隶亦忌之。头不近窗者，天寒。窗际冰霜，晓且盈寸，近窗衾裯亦为寒气所逼，每不干，乃知头临炕边，亦不得已。近日炕皆外高内低，觉更便，但不甚阔，人稍长更须斜卧，而绝无增广之者。

满洲人见人以鞠躬为礼，别久相见则相抱。近以抱不雅驯，相见与别但执手。年长则垂首引之，少者仰手迎焉，平等则立掌平执。

双城跳神之习俗

吉林双城人民有一种习惯，即妇女之跳大神是也。习俗相沿，由来已久，人民极其信仰，尤以妇女为最甚，乡间为最多。操是术者，分文武两派。文派者，多系老妪为之，于深夜之际，闭目端坐，须臾之间，浑身乱抖，谓神即附体，信口歌唱，丑态百出。武派者，以青年妇女为最多，于夜静更深，腰悬铜铃一串，争击单面鼓，满屋跳跃，信口高歌。所附之神不一，如济颠僧、杨二郎、猪八戒等名目。间有中年男子，亦系武派者，能当场吞铁钉若干，能喝煤油数斤，若疯若狂，亦不知何所取义。人民即啧啧称美，谓其工夫已到，修炼已深。可笑极矣！城东二屯有王姓妇，年仅二十余岁，于严寒之际，在院内脱去身上衣服，露出胸膊，用铁练将肩窝穿透。练之两端，悬挂铡刀四口，名曰挂甲。虽鲜血淋漓，毫无痛楚之色。诚陋俗也！

黑斤济勒弥之生活

黑斤费雅喀济勒弥人，在今日吉林省东北边。自依兰以东，如桦甸临绥等属，皆有其踪迹（据十年前调查，桦甸临绥四属，男女凡七千余人），但血统多已混和。沿河渔鱼者，辄混称为鱼皮韃子。其傍山林以居之猎人，则称之为打牲人，或混称为打牲索仑。第以职业区别而已。

混同江下游东北海口，有大鱼，长一二丈，大数围，头有孔，行如江豚之涉波，孔中喷水高一二丈，訇然有声，闻数里。黑斤济勒弥诸人，通呼为麻特哈，谓此鱼奉海神命送鱼入江，以裕我民食者。是间土人皆不知岁月，特以江蛾为捕鱼征候。每于江面花蛾变白时（约五月），麻特哈送乌互路鱼入江，及青蛾初起（六月至七月望前），送西里性鱼入江，至江面小青蛾再飞起（八月），送答抹哈鱼入江，皆至特林河口而返。其驱鱼进口也，每三四为群，各去里许，逆流而上，掀波喷浪，势甚汹涌。而乌互路等鱼，则率群前行，若不敢稍止者，日可行三四百里。此三项鱼到时，济勒弥及黑斤人等，则于江边水深数尺处，多置木桩，长二三丈，或四五丈，亦有作方罫形，独虚沿江一面者，名曰闷杠，于水平线下，又系以袋网，须日乘小舟取之，每一闷杠可得鱼数千斤。又或以围网，或以撒网，一举可得数百斤、数十斤。载回小舟，举家各持小刀，临流割之。鱼分四片，穿以柳条，支架藏之，作御冬之旨蓄。至麻特哈巨鱼，初济勒弥等人以为海神之使者，故不敢捕取；后见俄人设法竞取，土人亦从而效之。每江中风浪大作，辄扬帆持叉遥掷之，叉尾系长绳，俟鱼力既惫，乃牵至江岸，或售或食，仍不敢携人室中，恐为祟也。若乘威呼持叉取鱼，则以剃发黑斤为最。当波浪平静时，江面认取鱼行水纹，抛叉取之，百无一失。其威呼不用木而用桦树皮，长丈余，宽约二尺，首尾胥窄，才容一人，其快如风。江中鱼类如鲂鳣鰋鲤，土人多生食之。

答抹哈鱼产于江中，长成于海，复回江河而死，故有“往来生死”之谚，其寿命只一年。每当暮春，江河冰解，小鱼即乘流冰入海，得咸淡混水，长大甚速。立秋后，辄又不食，逆流而上。母鱼追啮雄鱼之尾，俗称咬巡，昼夜追接；唯值江中滩石，则泳游不去，俗称巡场，渔者于此恒多获焉。临江县之黑斤人专以斯鱼为衣食，鱼肉充饥，鱼皮染绘作衣，黑斤人故又名鱼皮鞑子。是种人不知岁月，盖以来鱼一度为一岁焉。

黑 龙 江

黑龙江风俗琐记

江省木植极贱，而风力高劲。匠人制屋，先列柱木，入土三分之一，上覆以草，加泥涂之，四壁皆筑以土，东西多开牖以延日，冬暖夏凉，视瓦椽为佳。近年多以瓦为美观，仰而不覆，以水灰嵌合之，否则大风扬去。官廨外无厅堂，或三间四间，俱为房。环三面土炕，燃薪其中以御寒湿，入夏亦然。初时男妇杂坐卧，不相回避，即外来托宿者，亦与共之。嗣奉例禁，其俗始革，而市集稍远处，犹仍陋俗。外垣多无门，夜以大木纵横立之，早起平置地上。近如齐齐哈尔、呼兰诸城，仕宦之家，则仿佛内地，高阀厚墙，别设厅事延宾客矣。

江省入冬以后，窗皆高丽坚纸蒙蔽无隙，軏上厚冰寸许，视如积雪。盖屋中之火，与庭中之雪，相薄而成，至次年三月始消。北墙尺许厚，亦然。每雪落地，则散粒如沙，往来徒步，踏之有声，而不滑足。其下坚冻二三尺不等，经春间东风迅起，渐化为水，市中至泥深没马，月余乃平。入伏后，小热数日，然即晚辄凉，当身必须夹衣。冬坐室内，环以火炉，著羊裘，亦不畏寒；一出至庭，则肌骨为悚，须眉皆冰。土人著皮帽，蒙首至颈，仅留目孔出视云。

冬雪外出，耳轮辄以皮囊之，否则冻欲死。然以雪沃之，则回暖如旧，不觉其痛。盖寒气类引而出，反则闭之益甚，谚所谓“关门杀贼”也。

江省风俗素朴，嗜酒之外，饮馔极菲。然性颛愚，不知计算。又习于游惰，稍近劳力之役，辄避不前。每三五成群，酣饮市肆，一日未终，罄诸所有而后已，不知积蓄以贻家也。醉则随路倒卧，亦无人过问之。

新正各业停市，往来相贺，与内地同俗。爆竹之声，年尾年首，亦时盈于耳。唯十五元夕，户以上年积残油蜡聚铁镬中，悬门首燃之，至天明而罢，烟炎涨天，气又恶劣，不知取义云何。

巫风盛行，家有病者，不知医药之事，辄招巫入室诵经。装束如方士状，以鼓随之，应声跳舞，云病由某祟，飞镜驱之，向病身按摩数次遂愈。或延喇嘛治之，亦大同小异。寺观无僧道，行脚者亦鲜，唯呼兰三城，间一遇焉。

俗有丧，树木杆于庭，上挂长幡，以示远近。起芦屋，置柩其中，或数日，或十数日，舁之郊外。亲属服粗白布，无麻，赴吊者亦白冠。初多火葬，或近水置之，随江涨而没。嗣山东回民贩牛至者，辄数代依倚不去，于附城小阜，营域树碑，土著乃渐效。然青乌方术，五行家言，均不之问也。

旗民不重茶饮，客至则口吸袋烟，手捧以进。或久坐饷白水一盂。市肆商主，则煮茶进客。以故茶贩甚少。土人著履曰拉，制与靴同而底软，连帮而成，或牛皮、或鹿皮，缝纫极密，走荆棘泥淖中，不损不湿，且耐冻耐久。市有专肆，力食者入冬皆倚赖之，价亦不昂。各城妇女皆满洲装束，即垦民亦习而从之。

江省牲畜，遍放于野，不以豆料麦肩饲之。至秋后，畜于家厩，则喂以羊草。长尺许，色青而润，经冬不变，郊外随地皆有，四月即生，七八月将枯时，土人争往刈割，堆平屋顶上，约可供牲畜冬春之需。

市酒多自呼兰贩运，味薄同内省米酒，不及奉天牛庄之佳，然同一高粱所酿也。饮者既多，酿者亦遂贵多，市情自然之理。又有黄酒，以糜经宿成之，其甘如醴，以供祀神，余则饷客。

江省牲畜，以牛为多，诸部落初时以为常食，名曰乳牛，又曰菜牛。土人往来运载，多以牛车，轮极笨重，上露无棚，妇女亦乘之过市。又有耙犁，似露车，座低傍轮，前有轭而高，以牛驾之，入冬走冰上如飞，且可施帷幕衾裯御寒焉。

江省鹿类最繁，狍鹿为用尤多。呼伦贝尔、布特哈、兴安各城诸部落，每以狍皮置为囊，野处露宿，全身入囊，不畏风雪。麂皮则为衣裤之用，入市出售，印以花纹，极软温耐久。狍麂诸肉，市亦有供食，混与兔相类，腊之颇佳。鹿则茸角为上，而鹿胎为膏，则妇科佳药，鹿尾亦称佳肴。全鹿一只，可值京钱二三十千。以之煎胶成块，利益甚厚焉。

江省无成树花木，西洋菊之类，间一见之。又有以洋菊种人盆者，黄红相间，点缀几席间。树则杨、榆两种，随在多有，清明后始见青芽。原草亦然，八月亦渐枯矣。各城山内，桦树为多，其皮坚致光泽，可为冠履、器具、庐帐、舟渡，而省城不多见焉。药品如赤白芍、防风、黄芩、甘草、车前、五味子、薄荷、黄精、黄连皆有之。药肆中人，随采以归，无人取而供买者。蔬菜入夏始多，如韭菜、菠菜、芜菁、萝卜、土瓜之类。至秋末，则唯黄芽白一种，土人以盐水浸之，贮瓮中，留供冬春之需，谓之酸菜，调羹颇佳。或以芜菁、萝卜两种入窖，随时取食。市肉牛羊为多，豕肉则汉人食之。

娶妇之家彩绸红毡，丧家搭棚所需席片，及盘碗、灯笼诸物，无问官兵，皆值月铺户供应。

棉花非土产，布来自奉天，皆南货。亦有贩京货者，毛蓝、足青等布是已。然皆呼为京靛，而江南来者，号抽机布。俗谓一布为小匹，二布为大匹。制一衫，小匹不足，大匹有余，布之尺寸可知。

城内外门前揭笊篱者，旅店也。外来投宿，例报番子房，土人则否。

《盛京通志》称土俗云："行者不赍粮，而鸡黍之谊必笃，父兄对宾客，子弟侍立，执杯杓必恭。"今黑龙江一带，过客到门，必留酒食，肴不过猪肉鸡卵，而以双上为礼，如鸡卵二盘，猪肉亦二盘也。酒则子弟执壶侍侧，不尽不去，果如志所云。他城虽不逮，仿佛似之。

满洲宴客，旧尚手把肉，或全羊。近日沾染汉习，亦盛设肴馔。然其款式不若内地，味亦迥别，庖人之艺不精也。所谓手把肉，持刀自割而食也。故土人割肉不得法者，有"屯老老"之诮。

土人过节，上元汤圆，端阳角黍，中秋月饼，家自为之，亦有鬻者。唯二月二日太阳糕，九月九日花糕，不见食之者。此与都下少异。

土人以黄米造酒，谓之黄酒。又有名秋酒者，关以东处处卖之。达呼尔以牛马乳造酒，谓之阿尔占，汉名奶子酒。

土人熬饮黑茶，入烛油炒米以当饭。黑茶，满洲语噶喇钗也。茶叶来自奉天，一包谓之一封，又称一个。性不寒，能消肥腻，塞上争重之。亦有瀹香片、大叶等茶。啜以盖碗者，满洲汉军数家外，晋商为多。

索伦达呼尔，以狍头为帽，双耳挺然；披狍服，黄毳蒙茸。少见多怪者诧之，然亦穷苦者装饰如此。

商贩春秋毡帽，夏草帽。唯晋商帽皆有缨，夏必戴雨缨。在呼伦贝尔者不然，居近蒙古也。

土人以褡裢布制袍，或用茧绸。色尚蓝，灰酱次之。其缺襟亦有服绸缎者，十仅二三，则其得之不易可知。有衣名哈尔玛儿者，狍鹿等皮之毛落而鞟存者也，服之作苦，最耐磨涅。

夏日妇女多跣足，或划［刬］袜行。然野花满鬓，老少无分，故有"修头不修脚"之谚。

齐齐哈尔人家，门皆高大，可通车；院皆宽敞，可容牛马。屋不过三层，间造重门。设照壁。然墙多及肩，行路窥见堂奥。若墨尔根等处，则几于折柳而樊矣。

草屋南向者三楹，或五楹，皆以中为堂，屋西为上屋。乡居者率称西面为“德尔吉”，译言“上”也，盖尚右之意。

草屋一苫，可二十年，土屋须岁岁报墁。土屋谓之平房，列肆者多，居家者少。至以瓦为之，不过佛殿数楹。非仅陶瓦难得也，御寒不如草舍，故人家不用。

屋脊置木压草，以防风摄，谓之马鞍。亦有以砖代者，不多见。

柱埋于地，露二尺许，造屋其上，贮不耐潮湿之物，望之如水榭者，曰楼房。仓库类然，人家亦有。然大风有倾欹之患，故亦不多。

墙有土筑者，垡甓者，泥堆者。垡甓最耐久。垡者，野甸泥块土草结成，坚如砖。齐齐哈尔外城垒此。又有拉哈墙，纵横架木，拧草束密柱横架上，表里涂以薄泥，而占地不大，隔室字宜之。

窗自外糊，用高丽纸，纸上搅盐水，入苏油喷之，借以御雨。冬月盈窗棂间层霜内积如树介，稍暖则化点滴如雨。

屋内三面，皆炕绕之，室自暖。不然，虽煨红炉，寒气不散。地下四时坚冻，即三伏，炕必一两日一烧，否则腰膂间易致疾，疾甚须以热炕烙之。

寒贱者两家蹴居一室，仅以各炕为畛域。客来仍许借宿。无问城乡，类如此。

久烧之炕，洞中积有煤炱，往往随烟出筒，延烧庐舍。故炕必一岁一掏，谨修之，方无患。

屋侧烟筒，过檐数尺砖者，望之如堵，一家不啻五六座。亦有土木为之者，卑陋不耐风雨。

烟筒出火曰煤子，疾撒盐一握，或投猪矢于筒，而密堵灶门，其火自熄。

达呼尔屋脊插一小帜，院中树高竿无斗，而缚草一束，与满洲家索摩小异。

满洲汉军及流人家，亦立天灯。然平时点者少。正月点者，十室而九。

满洲汉军女既聘，婿先行叩头礼，然后送簪珥衣服，富者或致羊豕鹅酒，谓之过礼。娶之夜，婿家黄纸朱书“麒麟在此”四字，贴门上。女乘彩帷车，前悬筛箩及镜，沿路放爆竹，鼓乐导之。明日设席待亲族，贺者至，饭酒三杯辄去，择日更设席谢之。

达呼尔巴尔呼，以牛马为聘礼，多多益善；礼不备，女不容娶。然婿既得喝喇礼发密礼，许来往女家，与婿同寝处，称夫妇。故有聘逾数载，乃能备礼迎娶者，往往子女成行，随母入门；而翁姑受拜，仍以新妇称之。“喝喇礼发密”，译言“执手”。

满洲汉军，皆与蒙古通婚姻，然娶蒙古者多。达呼尔巴尔呼，自相婚姻。与蒙古通营站官屯，则满洲汉军娶其女者有之。

土人婚娶，无附远厚别之义。惟汉军果氏，以为系出满洲瓜尔佳，与瓜尔佳氏世不结亲。此外无别，豪族尤甚。

人死三日，既薄暮，其子以纸囊盛纸钱，负入土地祠，即神前曳囊三匝，觉重，曰亡者收去，出而焚之，谓之褡裢。

丧家门内树高竿，揭幡。舁榇用杠，以旗扇舆马为执事，皆与都下略同。然富者为亡人焚裘帽，一火尝抵千百金，较从前焚舆马，侈僭之甚。

人死焚尸而瘗曰熟葬，老人闻有免者，然亦满洲汉军数家。熟葬之法，舁棺至郊野，置柴上，请师举火，火炽尸起，挺而扑之。须臾肉尽，骨仅存，然后拾置所谓净匣中，而瘗之土。然师之业苟不精，骨亦易为灰烬。此势家之所以严择师也。

呼伦贝尔布特哈人死，挂树上，恣乌鸢食，以肉尽为升天。世有鸟葬、树葬之说，即此俗。

流人死，苟且棺敛城外，往往受狼犬之累。掩骼埋胔之令，惜无行者。而发冢一事，亦时有之。

土无片石，凡葬处，亦有植树，间立碑碣。石皆来自奉天，质粗易泐。

满洲家立索摩竿，春秋二仲，行还愿、跳神、背灯、换索诸礼，与都下无异。汉军旧家祭先，有烧香礼，亦春秋举行。余关帝、马神诸祀，满洲、汉军，按期举行，尤诚敬。

库雅喇满洲以犬祭，未闻用牛。近则讳犬，而诡言用豕。不知犬曰羹献，古礼以之荐家庙，何讳为？

达呼尔家，尔子兄弟如干人，其西壁草人亦如干，微具眉目，囊具半身，死去之，生增之，岁时祭祀，所谓祖宗也。巴尔呼亦然。其祖宗最忌动摇，触之主人必病，病则祭以肉，举家分肥。故下户狡狯者，馋则阴撼壁上囊。可笑也。

满洲清明墓祭，新坟插佛朵，旧坟插柳枝，皆示人有后意。佛朵之式，粘五色纸条如幡，汉名佛花，都下亦用。

水读为髓，柴读为财，土音也。元旦担水抱柴，扣门户问之，答曰送则入之，而置其水其柴釜灶中，大喊曰："添财添财！"家家如是。

上元城中张灯五夜，村落妇女来观剧者，车声彻夜不绝。有镂五六尺冰为寿星灯者，中燃双炬，望之如水晶人。此为难得。四五月，青草初生，载酒牵羊，饮宴于江边林下，号曰耍青。

除夕，人家门外烧马，通店肆门外烧炭，盖都下柏叶驱岁之意。向来爆竹极少，近则通市轰然。亦有销金门神、五彩画幅之类。

鄂伦春俗重鲜食，射生为业。然得一兽即还家，使妇取之，不贪多，亦不以负戴自苦。孛伦达呼尔旧亦然，近日渐知树艺，辟地日多。呼伦贝尔依然畜牧为生，富在牛马，力田者寥寥也。

鄂伦春妇临产，夫为搭棚寮数里外，送妇居之。既生儿，乃迎归。

达呼尔病，必曰祖宗见怪，召萨玛跳神禳之。萨玛，巫觋也。其跳神法，萨玛击太平鼓作歌，病者亲族和之，词不甚了了，尾声似曰"耶格耶”。无分昼夜，声彻四邻。萨玛曰“祖宗要马”，则杀马以祭；要牛，则椎牛以祭。至于骊黄牝牡，一唯其命。往往有杀无算，而病人死，家亦败者。然续有人病，无牛马，犹杀山羊以祭。萨玛之令，终不敢违。

伊彻满洲病，亦请萨玛跳神，而请札林一人为之相。札林，唱神歌者也。祭以羊，腥用鲤。萨玛降神，亦击鼓。神来则萨玛无本色，如老虎神来狰狞，妈妈神来噢咻，姑娘神来腼腆，各因所凭而肖之。然后札林跽陈新神救命意，萨玛则啜羊血嚼鲤，执刀枪白梃，即病者腹上，指画而默诵之，病可小愈，然不能必其不死。

小儿病，其母黎明以杓击门，大呼儿名曰博德珠，如是七言，数日病辄愈，谓之叫魂。处处有之。“博德珠”，“家来”之谓。

喇嘛有跑凳术。人家失物，喇嘛以绳击板凳，挽而咒之，自行如飞。止某家，曰盗也，搜之。无获，则又咒凳，又自行。尝止数家，失物卒无迹，而数家倾筐侧箧，所失转多。然不过乡愚受其惑也。

边俗不甚别男女，出则同川而浴，居则短垣可逾。一二守礼者，往往为荡子所指目，百计剔𠠎，务即败行乃已。倡妓之辈，其始流人贱户，迫于冻馁为之，近则土人亦渐不知自惜。狂夫引邪入室，公然与母妻杂坐。良家妇女，率好冶容艳饰，出入丛祠闹市间，甚至恣为狎媟，不可问也。

俗呼蟋蟀曰趋趋，络纬曰聒聒，螳螂曰刀螂，蚓曰曲蟺，萤曰火虫，蜣螂曰矢壳娘，蜻蜓曰玛螂，阜螽曰蚂蚱，蜘蛛曰蛛蛛，皆与内地无异。唯夏秋不闻虫［蝉］声，土人亦不识蝉为何物也。

鄂伦春族之生活状况

一 职业

鄂伦春族之人，以射猎为业。其射猎之目的物，为野鸡，为飞龙，为沙鸡，为树鸡，为狍，为鹿，为野猪，为熊，为狐，为狼，为虎，为水獭，为豹，为灰鼠等。常猎之兽，则狍、鹿、狐、灰鼠四种也。

二　衣服

鄂伦春族之人，以狍皮为衣服。皮有大毛、青毛、红毛之分。冬着大毛皮袄，春、秋着青毛皮袄，夏着红毛皮袄。鞋则夏穿布筒皮底（底用狍腿皮制成），冬、春、秋三季，则穿皮筒皮底（筒亦用狍腿制成）。帽以狍头皮制成，夏以白布缠头代之。

三　饮食

鄂伦春族以狍肉为主食品，米面为副食品。米、面、酒、油、盐、布、枪弹等物，由谙达供给之。鄂伦春族之人则以其猎得之狍皮及肉、灰鼠皮、鹿茸、狐皮等物品，以偿谙达之值。

四　居住

鄂伦春族之住屋，名曰撮罗子。斜搭木为架，上尖狭，下圆阔。夏季，富人外围以布，贫人外围以苇或草。冬季，富人表里都用皮围，贫人在苇或草之外面敷以雪。春、秋季，富人围小毛或狍腿皮，贫人与夏季同。顶上开直径尺余之孔，里面掘地设圆形或长方形之火坑。长方形者长约三十尺左右，宽二十一尺左右，内烧以柴，三面铺草，上面铺皮褥为卧处。北面卧处上方，挂皮袋数个，袋中盛八拉罕（神之意）二三个不等，必特有高贵之客来，方让于此处坐、此处卧也。住所迁移无定，逐鸟兽而居，大都在有山有河之处。此处鸟兽猎尽，即迁移他处。冬季多住于山之阳，夏季多住于河之滨也。

五 器具

鄂伦春族放置食物之器具，概用皮制成，有方者，有圆者。放置衣物，亦以鞋皮制成之箱子、圆盒子等盛之。上面或有刻以花纹者，颇精致，概出于妇人之手所制成也。

鄂伦春族之风俗习惯

一 婚嫁

鄂伦春族定婚时，由媒人说洽妥，婿即至岳家，为岳父母及岳家长者叩首。归来后，始将礼物送去。礼物为马两匹，或多至五六匹，野猪一两头，酒四五十斤。

结婚时，新郎及父母再烦数人携酒肉等，一同往岳家迎亲。归来后，新郎为岳家送亲人叩首，新娘拜见翁姑，戚友携钱衣等物来贺，饮宴后始散去。

二 丧葬

鄂伦春族人死，即为易衣，放在撮罗子外面地上，通知同族及戚友，哭泣以志哀，焚化纸钱。然后用桦皮将尸体裹起，择日舁出，架于树上。待皮肉腐烂，骨坠下，然后拾起埋之土中也。

三 祭祀

鄂伦春族父母故去后，雇画工画一幅二尺见方之像，卷起盛于桦皮筒内，供在撮罗子后方桦树上。自制木质、皮质之小神像，名曰八伯罕者，盛于皮袋内，挂于撮罗子内之一面。每逢月朔、月望以及令节，焚香祭祀。大祭时用野猪、狍鹿、野鸡等，宰死剥皮，供神前。焚香叩头毕，散去，煮熟，再祭。毕，撤而食之，当日食尽。

四 交际

鄂伦春族遇族戚友有婚事，携钱衣等物往贺；有丧事，携纸与钱往吊。戚友间互相访问，亦时以猎得物相赠遗。与汉人交际，亦赠遗此等物，汉人则别以酒布之属酬报之也。

卷二

山　东

济南采风记

济南士好经术，城乡绅家，罔不课读；即农夫胥役，亦送子弟受读。学校如云，名里相望。曾南丰《类稿》云："齐为文学之国"；又谓"齐鲁文学，皆天性者"，信然。

缙绅之家，不权子母，以夺民利，其有竞刀锥以兼贫寡者，皆羞为之，故多贫。居常亦罕与仕宦往来，请托夤缘之习，殆不可见。至深山之民，有老死不识衣冠者，其守分可知矣。

历下之民，最乐输将，不俟催科，自然云集。乡民力田者多，贫者樵采佣工。间有贸易，然不远出。东三府则有远去其乡者，殆以滨海之民，往往思动邪?

郡属之民，畏见官长，故健讼者少。妇女尤兢兢以登公堂为耻，即有官事牵及者，辄百计求豁免。故城乡妇女，节烈者多。

乡间妇女，最勤纺织，七八龄女子即优为之。男子冬月无事，抱儿负暄，使妇得不旷织。故布帛之利，不减吴中。

省垣商贾杂居，稍稍奢靡。优伶倡妓，游食颇多。然皆非土人，未足为大邦累也。

郡有湖山之胜，距东南数省，亦复不远，凡宦游于此者，每多侨寓不归，久遂入籍，俗谚有“惯发客籍”之说，亦非无因。人既杂居，风气遂兼南北。闾阎比户，衡宇相望，月夕风晨，一游街市，富庶景象，实有可观。

婚礼不事繁文。议既成，以亲友为冰人，用柬帖粘红笺，男家书“伏希金诺”，女家书“谨遵台命”，不书年庚。此外则书吉祥等字，以满纸为上，余从皆省。婚议既成，男女家或有事故，或为期尚早，则先用红单书写，命仆从传送，谓之传小柬。

齐俗本不亲迎，间亦有行之者。莱属之诸城，则守礼不衰，竟有不亲迎则不得为妻者。及期，男家用处女二人，俟彩舆登堂，艳妆先出，一执粉盂，一执脂盒，在新人面上作擦摩之势，谓之添胭粉。

新人出彩舆，必从马鞍过，以作厌胜之术。外用一火盆，烧兽炭，俟交拜时，用火酒数瓯浇于火上，以取将来家业兴旺如火也。两新人既入洞房，仆人即用新砖裱以红纸，置大门上。此俗不惟省垣有之，盖风行齐鲁间焉。相传明太祖微时夜行，遇新娶者，煞神随之，太祖尾之入，以砖置其门。次日，有问曰者：“昨何故与煞神犯？”曰者谓明知之，然是晚有紫微入度相救，故敢用之。流俗相传，至今勿替，不知其语之所自来也。

入房坐床之后，例吃子孙饽饽。先是男家纳吉之日，用荤素菜果盒面一盘，上加枣、栗、绒花、鬏髻等件，谓之油头粉面，送之女家，多少称家之有无，谓之合礼。此礼最重，虽极贫者，亦不可少。女家收其素者，而半收其荤者。先期一日，用面包素者，作水角子，以为新人坐床吃子孙饽饽之用。荤者留俟三日，款待新婿。坐床后，女家随送面丝斤许、肉合子数板、稀饭一罐来。盖齐俗三日内，新人不食男家之物。次早，女家又送面丝来，谓之抬头面。此后则不复馈送矣。

新人入门后，凡贺客登堂者，皆不令见。入夜，母送其子人房，亲友概不得入，故无南省闹房恶习。此风最佳。

数日后，仆挟红氍毹，新郎具衣冠，往拜各亲友之门，见者甚少，见则叩无算。此风亦遍通省焉。

女若归宁，与婿相遇于家，不令同居。济宁一带，虽生子，在母家并不与婿相见，其严有如此者。赘婿之说，亦唯侨寄者间有之，土著家则决无其事。

既生子，婿家用鸡子染红，先报喜于母家，其多寡亦称家有无。戚谊中惟此最重，数世后犹相亲热往来。若姑姨中表，则不能如此。登莱之间，竟有终世不相往来者。

生日从无肆筵受贺之举。凡登仕版者，在他乡则举行，回籍后，从无收受礼物，亲友亦无登堂拜祝者。

小儿出痘七八日后，亲友送以烧饼油果，谓之结瘩瘩，盖取结痂之意。出痘家用寸许宽、四五寸长红布，挂于门首，谓之挑红。近亦盛行种痘及种牛痘者。

丧礼颇近古。初弥留之际，即著内外裳衣。始死，孝子披发至院心，呼其亲而号曰“上西南”，谓之指路。三声后，擗踊大痛。盖从古人升屋而号之礼，而少变其仪者。哭踊毕，用瓦罐盛米汁赴土神庙，呼其亲而遍洒之，谓之送汤。三日后止。

赴告与各省同。赴告后，吊客络绎至，十余日方止；绅衿家有月余方止者。七七之说，不甚经意。从无诵经之事。

丧期既择定，复告期于亲友，请其临丧。及期，用红笺书亲友名号，榜于壁，谓之挂榜。凡有执事者，咸列焉。

开吊日，客至灵前，长号三声，谓之举哀。省垣近染官场习，此礼遂灭，各郡尚遵行不替。若客来，孝眷咸举哀，女客犹随同举哀如故焉。

殡期至，亲及最契之友送狮豹。狮豹者，用花毯作身，木作首尾，一人裹于其中。开吊时列于大门左右。及启灵，狮豹先入于灵前舞蹈。丧家先备制钱一千或两千，置于灵几。舞蹈毕，卧于旁，从腹中出小狮讨喜钱，即攫几前钱而去。间有用数人，假戏场衣冠，于狮豹舞毕，演戏一折，然后启灵。此等乡间皆亲友为之，城市有用贫人者。

发引仪制亦同于他省。亲友著素衣冠送，乡间丁少之家，请送者或十余人，或数十人，皆白衣冠相送，以壮观瞻。此则失于太过，近则已不行矣。

丧服以东省为近古。省垣尚有用墨绖者。盖谋生于外者，多不能不少从杀，唯鞋则三年之内，无不用白。旧东三府及沂州等郡，竟服白三年，期服亦服白期年，冠履一色。此风他省人无不讶其太重，而不知古风之仅存也。

葬无过期年者。造坟最为坚固，用砖砌作城门式，前安以门，谓之发旋，砌作池形，上用木板作盖，或用石板，外用三合土筑之。三合土，用黍米汁合沙与土，干则坚过于石，谓之金顶坟。风水之说不甚信，故无论贫富，无停棺不葬者。墓道甚宽广，松楸荫及亩许，碑碣巍然。非独美观，亦使世世子孙祭扫不替。

祭以扫墓为最重。寒食日、中元日、十月朔，皆至墓前，陈祭品展拜，焚冥镪，加土，用土块压纸钱于坟顶而回。无此则人有疑其斩祀者。羁旅见之，不无风木之悲焉。

家忌设祭，房屋狭隘者，亦得展墓，有力者则祭于家。东府以冬至扫墓为最重，谓之冬祭，即蒸祭礼。省垣则罕行之。

除夕焚纸镪于门外，谓之接家前。接后方设祭于家，或供一日，或供三五日，亦有供至元宵后者。设祭焚楮，谓之送家前。

五谷以麦为上，黍次之，蜀秫次之。乡间此种最贱，人食之余，用饲牛马。近水之地，间或有种稻者，然不甚佳。市肆所鬻之米，皆自南来，非土产也。

麦以发面为最上。发面用酵发之，俟面高起成蜂窝，则为合度，加碱用力揉之作馒首，谓之馍馍。此贫富常食之品。用发面作寸许厚饼烙之。

谓之锅饼，此则贫而用力者食之。用生面和水作纸厚之饼，谓之单饼。擀面作条或细如线，或宽如韭叶者，谓之面条，此市肆食之者最多。

元旦用面作角子。齐俗用素馅者多，省垣谓之水包子。市肆鬻卖者谓之扁食，亦谓之水饽饽。东府谓之馉饳。此则不独东省为然，北数省皆盛行之。

小米用水浸透，磨推如糊，用鏊摊之，其薄如纸，干而脆者，谓之煎饼。此则通省皆食之，唯武定、曹州较少。省垣亦有鬻此者。夏秋时，用新麦制此者，谓之麦子煎饼。乡间贫家，用高粱制成者，谓之红煎饼。沂属一带，夏间晨制而晚摊，味带酸者，谓之酸煎饼。此则仅行于沂属者。

上元灯市，自十三起至十八止。隔五六家即安一灯架，高约丈余，或嵌玻璃，或糊纱绢，彩画各剧，谓之灯牌楼。街衢恒如白昼。

清明日妇女忌作针黹。东府盛行秋千，是日皆艳妆结队出游、打秋千，谓之踏青。此则戏而近古者。

六月六日，炒白面，用糖拌食，谓之吃炒面。夏日用小米炒面食之，谓之炒谷。城乡皆通行之。

中秋节作家宴者少。铺户中各出一人，互相邀请，然绝无人来。请毕，闭户畅饮，达旦方息，谓之圆月。

清明日、中元节、十月朔，为三冥节。城隍出巡，仪仗甚丰。妓等白衣白裙，手捧链索，扮作女囚，若戏中所演之苏三者，乘敞轿随行，谓藉以谶除罪恶，殊属可笑。此风吴下盛行之，不意此间亦有，甚有莲瓣纤纤、步行竟日者，其愚诚亦自难得。

除夕爆竹之声，达旦不息。年节拜贺，亦同他省，虽雨雪亦不稍止。亦可见此邦人士之诚实矣。

鱼肉之属，不减他省，唯野鸡鸭甚多，则以近山之故，味亦甚佳。蔬品以冬白菜为最，谓之黄芽菜，惟济南所产有包头者。次则瓢儿菜，次则芸苔菜，春初结花，酒肆以为美品。次则疙瘩菜，冬间市肆制作辣菜，即所谓大头菜，无论城乡，皆市为御冬之品。次则瓮菜葱，以章丘为最肥美，男女皆好食之，然其味甚恶。他如韭、蒜、香椿、胡荽之属，皆与他省同。唯郡北德平数县，乡间冬用胡罗卜煮粥加盐，谓之咸饭，稍异他处。用五谷作菜蔬，惟豆为最，黄绿豆芽，为常食之品。用黄豆作粗面，加细切菜丝，夏间则用野菜者，谓之小豆腐。东三府所制与南省同，谓之南豆腐。绿豆以粉皮、粉条为大宗，次则豆粉，谓之粉团，次则瘩瘩。市肆所卖者，用小米粉加豆与粉条青菜者，谓之油粉。用小米作细条，夏以芝麻酱作汤，加醋蒜拌食之，冬用清汤，加胡椒芫荽者，谓之米粉。此市间所通行者。

蚕桑之利，厥惟东南，山左亦踵行之。桑以长山为最，他郡所产，皆不能及。沂水织作绢，昌邑织作绸缎，青郡一带织作罗纱，为蚊帐之用。会垣亦有织洋绉、纺绸等类者，然质粗而薄，去南省远甚。固属人力之不齐，亦以天气燥湿，南北不同也。盖蚕桑多借力于女工，东省男女皆尽力于南亩，无暇及此，土复不润，故桑亦不肥，因地制宜，固非可强。棉花东昌最盛，武定次之，往往由海道远售他省。地最宜麻，而种之者，恒与苘相半。苘之用，可作粗细绳；其干劈作数片，浇以硫黄，谓之取灯。此系庄农所用，城市罕见之。麻之用少，每多销往他处也。

齐俗俭朴，衣服不尚华丽，无论贫富，率服大布之衣。间有服茧绸缎者，即昌邑所产。若洋绉大缎，虽极富贵之家，亦罕有作常服者。妇女不穿裙。年少者冬不服裘，夏服白衫裤。男子夏间出门，长衫皆折叠挂于肩背，及门方服之，而入出则仍折之归。其俭亦可见一斑。

东省与都门近，土音亦略同，但稍重浊。其寻常称谓及方言之独异者，略记数则，以广见闻。省垣谓父为爹，东三府谓之爷。谓母为妈，有嫡庶者，嫡曰妈，庶曰娘；外府则谓嫡为娘，庶为妈。谓祖父为爷爷，祖母为奶奶。东三府谓祖父亦为爷爷，然读作去声，谓祖母为妈妈，然读作上声。谓伯为大爷，伯母为大娘，叔为叔叔，叔母为婶。兄弟姊妹称同。

弟若与他人言及其兄，亦称几哥，从无有老几之称者。夫妇男称女为家里，此称最古，见《玉台新咏》；女称男为外头。翁姑称其媳，皆指子女而言，呼之几嫂，而加以你字。媳称翁姑，从其夫。嫂叔娣姒之称，与他省同。小儿乳名，以意为之。其最俗者，为淘气儿、迷糊儿，及犬马之属。盖命以至贱之名，冀其易养，此风他省亦有之。自谓为俺，谓人为你。

外戚以外祖父母为重，谓外祖父为老爷，外祖母为老娘。舅为舅，舅母为妗子。姨谓之姨，姨丈谓之姨夫。姑谓之姑，姑丈谓之姑夫。中表兄弟姊妹率以兄弟姊妹称之。岳父母之称不同，有旧亲者仍其旧，否则称其妻之称以为称。兄弟姊妹，各从其称，而与人言，则谓舅姨。然土俗最忌小舅之称，往往有以兄弟呼其姊妹丈者。舅嫂各不相见。连襟谓之两乔，盖本大小乔之义。

雇觅长工，谓之做活的，东三府谓之觅汉。客作谓之短工。女工谓之老妈，东三府谓之办饭的。凡有吉凶事来伺应者，谓之行人，东三府谓之管家。妇女产后，谓之月子里，东三府谓之睡倒了。土棍谓之无赖。土娼谓之苦瓜，又谓之媳妇儿。民妇有外遇者，人皆谓其夫为当鳖。凡妇女往来，送出门后必连呼来字，竟有人去数步，犹呼之不已者；妓送客亦然。

谓物之不佳及事之不成者，谓之不济。按《左传》“我周之东迁，晋郑焉依。善郑以劝来者，犹惧不兢。”似宜作“兢”字方合。此山左方言之最近古者。

谓有息之钱为取钱，无息之钱为借钱，此语最古。

形体之属，大略相同。惟谓咽喉为嗓子，东三府谓之吞子，读作去声。谓臀为定，竟有缘《诗经》“麟之定”，谓此语为古称者，殊可笑也。此则与他处迥不相同者。

乡俗以辰时为东南晌，巳时为巳饭时。此沿古十时之称而未改者。谓昨日为夜儿，前日为前儿，明日为明儿，后日为后儿，此口头常语，无可考证者。

街市闲游，谓之逛，读作广字去声。相聚闲谈，谓之拉聒，聒字读作瓜字上声。彼此相詈谓之卷，义取言语互相攻击，如席之可互卷也。打人谓之掫，韵本上平声，而讹作去声者。谓饿为饥困。谓未见为没见，没读作觅。山左音韵甚不讲求，东三府为尤甚，竟有平仄互讹，与平仄统为一音者。安得颁发正音，与齐鲁诸生共研求之也！

济南人之特性观

济南人有三种特性，一曰简，二曰质，三曰重保守。出门时较体面者为人力车，余则鸦鸦轧轧之小车耳。摩托车之踪影，迄今尚绝迹。此交通上之简单也。食品寻常为馒头、大饼、猪羊肉，非若南方人士之盘餐精美、珍味罗陈。此食用之简单也。衣服即中上社会之新人物，亦不十分华丽。男子夏布白长衫，加黑纱马褂；女子着白女衫，下围黑裙。此种现象，颇觉古道可风。此服色上之简单也。其地居民不识字者甚多，即商家司账员亦下笔极艰，其普通一般人之教育程度，于此可见。此思想上之简单也。尤可笑者，他处行酒猜拳，必曰五魁、四喜、三星、七巧，而济南每际灯火初明之际，商埠中之繁盛街市，恒闻极简单之数目呼声，自餐馆中传出。其住民特性之简单，概可知矣。

济南人之第二种特性曰质直。以与南方人士相较，似乎时代不同，盖一则犹商之尚质，一则犹周之尚文也。济南各商店分类，语甚平直，如浴室径名曰澡塘，鲜见清水盆汤、汽水浴堂等种种殊称。客寓径名曰栈，并无饭店、旅社、旅馆、行台等名义上之轩轾。此外各项商业，门类虽不能尽忆，大抵不重浮文套语。西门大街等处，各大铺户所陈列奢侈品一类，实远不若南方之多。山东本地出品，若茧绸，若草帽，绝鲜消耗物品。即类似稻香村之南馃店，亦觉其中食物品目，无变幻离奇之诸花式。此又山东人士尚质不尚文之特长也。商店行用大银元及小角，以镌袁世凯小影者最见流通。其原因有二，一则此项银币为民国三年所鼓铸，伪造之举，迄无所闻。二则此项银角，其价值十枚换一元，非若小洋之价值涨落不可靠，而时有亏耗之虞。凡此皆足见济南人之直捷爽快，一种质直之特性也。

至论济南人之保守特性，则入其境即见。沿途诸苦力，大抵蓄发为辫。及履阛市、入餐馆，目之所接，无往不遇垂辫广袖之徒。于此见济南人固守旧习、不知改革之特性。其街市有三种营业，最足令人注意。其一为辫线店，高悬黑色之辫线甚多。其二为首饰铺，玻璃匣中所陈设者，大抵皆南方三十年前之古旧银器。其三为售手帕者，大方巾蓝花甚粗俗，小方绢有紫红者，有红而带黑者，亦皆南方三十年前通行之物。不意一国之内，其南北程度之相去竟若是也。尤可笑者，济南各名胜，大抵标有白纸小签，如“休息日女士游览”等语，触目皆是。此又足见济南人保守特性之深也。

惠民县之民情

惠邑土多硗瘠，民鲜盖藏。四乡之俗，虽习尚各殊，大约质直而鲜文，奉公而畏法。吉凶宾嘉之事，不必尽合于古，而细民安其朴陋，富厚之家亦未尝务为观美，以浮文缛节相矜夸。语曰“沃土之民不材，瘠土之民向义”，不信然乎？近者河患频仍，岁时之景象倍觉萧条，土物之生殖日形减啬，频兴大役而怨讟不闻，民情亦可大见矣。

民俗之良驳，视乎搢绅巨族为之倡率。邑内诗书之家，多习文艺、安俭素、尚廉耻，不干有司，不兴词讼，犹然先民之遗。少年子弟间有浮荡者，尚畏人言。农勤耕耘，畏官府。亦有以锱铢起衅者，啬于财也。商贾之业以花布为大宗，其余所需皆寻常食用之物。故货之列于肆者，无所居奇。工尚质朴，故诸匠作及陶冶之类，不习淫巧。女事纺织，农忙之外，机杼无暇日。间亦植桑，而蚕事绝少。旧志云：东南之民勤苦，西北之民刁悍。今时亦不尽然。

惠民县之礼仪

男女结婚，互易书启。娶期之先，男家送钗币衣服于女家。女家具嫁奁，视家有无为丰俭。及期，婿入门亲迎归，行合卺礼。三日，夫妇同拜父母舅姑，即古庙见之礼。

父母尊长始殁，具棺衾以敛，朝夕哭踊上食，讣告戚友。戚友往吊，致祭赙。亦有尚浮屠、作佛事者。葬日剪纸为明器，引柩于路，有鼓吹幡幢，男女皆随丧行。葬用铭旌覆棺上。既葬，而虞反主于家。

搢绅家有宗祠，贫者亦奉主于家。遇时节及亲忌日，皆荐物以祀。清明、中元、十月朔，祭于墓。

惠民县之岁时

正月元旦，鸡初鸣，长幼皆起，祀祖宗神祇，叩拜父母尊长。亲戚乡里交拜履新，互相请席，名曰吃年茶。于是日占风云，卜岁。立春前一日，官府率士民具芒神春牛，迎春东郊。立春日，官吏各执彩仗，击土牛，谓之鞭春。制小春牛遍送搢绅家，谓之送春。元宵张灯火，放花炬，酒筵乐歌，竞为欢会，前后凡三夜。三日内，有风为歉，无风为丰，名曰占岁灯。十六日，男女盛饰游眺，日旰始散，名曰走百病。念五日为填仓日，黎明，罗灰于院中，画地作囷，置诸谷少许于内，名曰打囤。二月朔日为春龙节，取灶灰围物，如龙蛇状，名曰引钱龙。望日为花朝，以日景之阴晴，占果麦之丰啬。清明，各插柳枝，挈牲醴，扫墓，培冢土，挂纸钱，哭新鬼，架秋千，放纸鸢，士女结伴游春，谓之踏青。五月五日，戴彩符艾虎，插艾于户；以彩线系儿童臂，曰长命缕；以竹叶裹黍糯作粽，亲友相馈遗；饮菖蒲雄黄酒，又用雄黄酒洒墙壁，以辟五毒。七月七日夜，妇女陈瓜果，祭织女，结彩缕穿针以乞巧。十五日，祀扫先墓，放路灯河灯，为盂兰会。八月中秋，设月饼瓜果于庭以拜月，亲朋月下相聚醵饮。九月九日，登高，饮茱萸酒。十月一日，祭先墓，剪彩纸为衣裳焚化，谓之送寒衣。是月田事告竣，田家设酒肴，犒佣工，谓之辞场。冬至为履长节，他处以是日祀祖先，惠俗不行此祀。十二月八日，以果实杂五谷为粥，名曰腊八粥。念三日，设糖果，饯灶君，名曰送灶；亦有念四日祀灶者。除夕，易门神，换桃符、春联，插芝麻秸于壁。祀天地祖先，祭品较常丰盛。长幼聚饮祝颂，谓之分岁；围炉团坐，谓之守岁。又清明、七月望日、十月朔，举城隍神像，导以旗仗，至厉坛而还，谓之城隍出巡。

按惠邑风犹近古。四大礼中，冠礼虽废，而婚不计财，丧必尽礼，祭无失时，足征风俗之美。其他岁时节序，间有俚俗不经者，沿为故事久矣。苟无败坏风俗之举，则亦采风者所不废也。

邹县之民情

周公治鲁，尊贤而亲亲，故鲁俗崇信义、重礼教。邹近鲁，风俗略同。其民椎鲁质朴，士甘寒俭、耻奔竞；缙绅大姓，率多恂谨，不饬边幅。农者什之九，然皆仰藉天时。妇女不勤纺绩，坐而待哺，亦不矜冶饰。有年，轻五谷；年不顺成，即室如悬磬，缓急不惮出息称贷，以故殷富者少。间有逐末，不出乡工，不作淫巧。乡曲少长，无渎伦。非大故不敢讼，其词质实易鞫。婚娶相称，不计财。礼揖尚左。好义乐施，急供赋役。时醵金钱，结神社以祀诸望。饮食粗粝，珍奇不登于俎。宴会不尚奢侈。屋宇茅茨者多，雕峻者少。有急，分帖设酒，求助于亲友，人乐输赀，故事易举也。

四境之人，东近沂泗，多拙实；南近滕鱼，多豪侠；西近济，多浮华；北近滋曲，多俭啬。山僻中，饮泉水之不流者，多生瘿袋，男女有之，甚至有项过于首者。其人物行吁吁而卧如同木石，不辨方向，不识数目。顾乃精耕耨，巧纺织，善栽种，勤牧养，以自食其力。有终其身未尝入城市，无人相往来者。

邹县之岁时

立春，戴彩燕，食萝卜，谓之咬春。先一日，迎芒神，设宴。至期，鞭土牛，观者取土涂灶。

正月元旦，昧爽，设香烛，祭天地，拜祠堂，拜父母，以次而及。进椒酒，戚里相贺。三日：祭墓，宴亲友。

上元夕，通衢张灯结彩，放花炬，妇女群游，曰走百病。女子邀厕姑，问凶吉。

二月二日，画灰为仓图，中实五谷，压以石，名曰填仓。炊糕逆女，女辍针，工为戽戏。煎饼豆熏虫，逆女归宁。春分日，酒造醯。

三月清明节，男女簪柳，以柳枝插檐，迎乙鸟，出郭踏青。先一日为寒食，士女登墓，标楮钱焚化，增新土于冢上。念八日，祀东岳，女子为秋千，男斗百草。

四月节立夏，邑人下乡处，就农桑业。十八日，祀天仙，治农具。

五月五日，书门符，悬艾虎，儿童彩绳系臂，谓之续命缕。戚里馈送角黍，饮菖蒲雄黄酒，书朱符，以驱百毒。

六月六日，晒书，晒针绣衣服。储水造面，渍醯浚井，改水炒面为食。伏日，造酱食冰。

七月七日，女子设瓜果，祀织女乞巧。望日，祭墓，祭冢。

八月中秋，戚里馈糕饼瓜果，赏月，携酒邀邻友，集街衢，夜午乃已。

九月九日，为粟饼菊酒，馈送登高。

十月一日，祭墓，送寒衣。农家设酒肴，燕佣人。下元日：祀先，毕场功，设醮宴。

十一月冬至，官府拜节，庶民礼废。（按孟子卒于至日，邑人哭之，遂废贺冬至之礼，竟以成俗。）

十二月八日，食腊粥，以米豆枣栗杂煮之。念四日，设糖饼果菜，祀灶。除夕，多嫁娶，易门神、桃符，插芝麻秸于壁，辞岁，祭真宰祖祢，设香烛爆竹，家人设酒守岁，春祈秋报。其礼万历年间始废，而坛坫犹存。

邹县之礼仪

为婚不拘六礼，但以媒聘为定，不计财礼，不侈妆奁。必于亲迎，不醮不御，奠雁代以鸡，女必冠髻。始行入门，拜天地；三日拜公姑，谒家庙。入室，行合卺礼，母家馈食三日。其有风之陋者，赘婿一事。婿承岳产，为他人后，永不归宗。又如姑舅兄妹成亲，母女配父子。夫赘妇家，名曰钩拐，为之养老管业。更有服内成亲一事，男家有丧，女以齐衰至期，送丧归，以吉服合房；女家有丧，男以车马，俟于墓间，葬毕，女易彩服归夫家。皆沿习使然，细民行之，士夫亦不以为意。

临危不复，故后哭奠于土地神祠三日。其服制，齐斩期功有差，腰绖其本，男左女右，父母俱亡，然后双垂。其冠制，两耳缀以绵纩，易弁髦也。衣之襞积脱肩，其缝在外，示忙错也。向不崇佛事，輓近颇盛，虽孔、孟诸圣贤家，亦或行之。

元旦、清明、七月望日、八月中秋日、十月朔日，家家祭扫坟墓。无坟墓者，祭于通衢。

高唐奇俗之一种

阴历二月初二日，高唐有一种奇俗，名吃蝎子毒。蝎子为蜘蛛属，长三寸许，色青黑，全身环节而成，尾端有毒钩，能注射毒汁杀人。高唐之人，用黄豆盐水泡之，经二十四小时后，将水滤去晒干，置锅中炒熟食之。其意以为春雷鸣动，万蛰皆起，而此螫人之蝎子，亦将出蛰。故吃黄豆，托名蝎于毒，谓吃尽其毒，可免为其所螫也。

荣成县之迷信

（一）藤将军会。荣城县之东，距城三十里，有成山。山有成山庙，俗称始皇殿。年届阴历六月初五日，附近各村群趋赛会，名藤将军会，演戏五日。远近人士，咸来赶会，有拈香者，有售物者，愚夫愚妇，贩夫走卒，奔走喧扰，大有人山人海之观。至于行会各村，有一村一会者，有数村为一会者。每会都用“姥姆驾”舁藤将军神位，驾之周围遍挂纸宝，旗锣伞扇，为驾前驱，巡行各村，驾到时放炮相迎，神威凛凛。会将到山，庙中道士，击铙鸣钹，名曰接神。迎神至庙，迨各会皆至，群复燃香，名曰参神。参神既毕，各会舁神驾而回。是日各村午后，大张筵席，名曰吃会。赴会者各出钱若干，名曰会印。每年轮推会首一人，主行会及宴客会客等事。此种举动，在旁观者觉劳民伤财，殊属无谓；而该乡之人，年年行会，不知革除，亦可见其迷信之深矣。考此会之由来，据父老云：昔者荣城东山，海贼出没无常，居民时被刧掠。清道光时，登州藤将军率水师前来剿灭，与贼战于鸡鸣岛，右手为贼所伤，将军忍痛，左手刃贼十八人，卒平海贼，将军亦投海而死。后人感之，塑像于成山庙，定每年六月五日行会，原属纪念之意。今则数典忘祖，全为求福求财起见，询以此会之起原，则瞠目而莫知对矣。

（二）七夕乞巧。乞巧之俗，各地皆然，原无足奇。惟荣县乞巧风俗，有与他处不同者，故摭录之，以备采风者参考焉。(1) 巧芽。七月初一晨间，各家小孩，趁朝曦未出时，咸取盅一只，置些许细沙麦子于其中，名曰生巧芽。视麦芽之好歹，定小孩之巧拙。故一般小孩对于自己之巧芽非常注意，日间灌以清水，夜置露天中，尽心维护，大有宋人悯苗之概。迨至七夕，麦芽已渐长大，于是从盅中取出，视麦芽之根须如何，定一生之巧拙。例如须长而密，于是巧立花名，谓之为佛手，为金钱，为富贵不断头，吉语连篇；设根须不甚长密，或因水泡烂，不甚雅观，于是谓小孩蠢拙不堪，难期造就，种种坏批评，不一而足。或有将巧芽之嫩芽剪下，和糖包以面粉，名曰月芽，男孩做圆月形，女孩做半月形，晚间对月食之，亦乞巧之一事。噫！如此种种，殊可哂也。(2) 巧花。用面粉制成种种食品，或莲蓬形，或金鱼形，或荷花形、竹篮形等等，不胜枚举，谓之曰巧花。七夕，人家咸须制此食物应景，并谓七夕吃过巧花，能使人巧。斯则无稽之设，不值一笑矣。

（三）中元节会。旧历七月望，为中元节。是日荣县人家皆祭祖先，祭品为饽饽、肴馔、水果等物。其不可缺者为西瓜，故贩西瓜者，是日必高抬价值。晚间致祭时，将西瓜割成无数齿，名曰西瓜山，红瓤黑子，布于案上。祭毕，合家分食果品。以上所叙，为荣县东山之俗。至于城内，是日又有城隍出巡之事。俗传城隍出巡，系开鬼门关，放鬼出狱。故一般愚夫愚妇，入庙烧香，求祷福寿。城隍出巡之景况，极为热闹。神坐花轿，众舁之巡行街市，锣鼓开道，旗伞前驱，所过炮声隆隆，神威凛凛，观者填街塞巷，肩摩踵接。神驾至北门外，晚间转回，灯火齐明，照耀满街，俨如白昼。其可笑者，城隍面上，晚间因灯火照耀，反射红光，迷信者遂谓神酒醉而回，是诚愚极矣！计是日香烛费用，耗财不赀，并且演戏助兴，举市若狂，有何益哉！民国以来，此风已渐革除，不可谓非幸事也。

（四）年终杀猪。自腊月中旬迄于除夕，荣城有一种杀年猪风俗，每村所杀之猪在十余头以上，一般屠户，忙碌异常。然则村人屠猪如是之多，岂因无处易肉耶？则集上市猪肉者固甚多也。此其故何哉？盖所杀之猪，大半为还神愿。譬如某甲患病，十分沉重，其家人为之在神前许愿，祝曰：如病体得愈，当杀猪以报。设病已医愈，则归功神佑，年终杀猪还愿。用黄纸书疏文一道，叙病人之姓名、住址、年岁以及感谢等语，杀猪蘸血，与黄表同焚，叩头谢神。若贫家无钱买猪，则借别家杀猪蘸血以代。惟闻还愿者，必将猪头留下，方能有效。此则莫名其妙。一言以蔽之，愚民迷信，无理取闹而已。

荣成县之清明节

荣成县人民，在清明节之一日，各家多以面粉制若干小燕，互相赠送。儿童更持香楮、小燕、熟鸡蛋，至土地祠供奉，名曰而耥清。并有一般儿童，匿于土地祠后，伺有人前来，便将小燕及鸡蛋放下，群相夺取，名曰抢清。迫至夜半，方始还家也。

沂州等处结婚借被之奇俗

山东沂州府、济南府及济宁等处，小户之民，严冬皆裹衣而卧于土炕，逢结婚则借诸寨主。寨，土围也；寨主者，大户也，徐海曰围主。北直隶各府亦多如是。

山　西

山西之哑叭教

山西各县，近日盛行一种秘密教，名曰哑叭教。至其传教之手续，极端秘密，往来必于夜间。称领袖名为老掌，或曰上辈掌柜，专司周行各处，密布教义，行祀神祈祷之礼。其下则为执事、引进等职。初入教时，无所要求，年深月久，必纳费用。老掌于每月初一、十五等日，至各处集会行礼。入教者即于此时行之。初入门，必先盥洗，此后服水两碗，跪于神前，静候授教。名为孔子教，实则孔子之道毫无所知。供清水一杯，老掌、引进等职依次跪齐，乃令初入教者誓曰："今有某处某处引进弟子某人，情愿信奉祖母高皇，恪守规戒。如有不守规戒，泄露教义，五雷焚尸，浓血化身，暗刀被杀，土剑伤身"等语，恐吓人民。誓毕，老掌即起而讲道。初语以善恶因果、生死轮回之说，继则杂讲《四书》。其最可注意者，即其所言"明传四书暗传道"一语。岂知道无暗的，暗则非道。至于老掌服饰，仍着前清缨帽补褂，颈带朝珠，至为离奇。信此教者，率多青年无知男妇。其传教也，名为讲好；对坐互谈，名作功。引人入教，必用投机之语：无财得财，无子得子，死后之人，亦能团聚。用此等语惑人，妇女愚夫，最喜人彀。先诱入教，后日设辞要钱。设如青年男妇两人讲好，父母概不干预。老掌讲道，又在夜间，男女混杂，各得遂其私欲，而少年人尤所愿为。或有质以教义者，则限于鸣誓，绝不敢向人泄露。种种秘密，不可枚举。民国九年春间，曾经军署派员密查，一时敛迹。后又故态复萌，日益支蔓，已又由军署通饬各县严密查禁矣。

保德土风拾零

保德县属雁门道，旧为州治，故宋定羌军治所。在山西西北隅，南接岢岚州，东南至宁武府，正东则大同府，形如葫芦。岌嶪山颠，俗名其峰为莲华峰。峰西临大河，为府谷县；稍南为神木县；直北数十里，即蒙古萨拉齐地。环保德之境，皆土山联属，屈曲凹凸，绝少平直。城中居民户千，诸乡屋舍寥寥，而俗尚淳朴，特逾他处。其风俗贱男贵女。年十三四，即适人。妇女不以再嫁为耻，虽儒家之子，亦娶以为偶。饮食非祭祀宾客，不设米饭，居常食胡麻、荞麦而已。服饰尚布素，必富家始具茧袍，妇人亦不以金珠为饰。夫家定聘，熔银珠一十三颗，悬妇项下，自此终身不去。出则跨驴，以纱蒙面，而夫为执鞭。除夕各爇石炭于门外——石炭者，煤也。城中无井，取汲于河。若乃土产之异，则有石华鱼，青黑如鲫，肥美胜常。此州有石燕子，毛羽备具，但不及零陵解飞尔。有龙鳞石，天然作老龙鳞甲，山径间或长至数丈，蜿蜒起伏，望之唯恐雷雨之至。并识于此，以资博物家之参考。

河　南

开封风俗诗

媳妻客女学生儿，坏赖讹音种种奇。主贵果然生总统，谶言早寓俗言时。（注曰：豫俗谓妻曰媳妇，女曰客，儿曰学生，坏曰赖。开口惯言主贵。）

南北风情迥不同，县城不敌一乡中。开门七件无三件，浮出唯多蒜与葱。

畜生唯有北方多，谑语曾闻客说过。今日亲躬临豫省，载途果是马牛骡。

称呼女仆任雌黄，高奶王妈总不妨。最是豫南尊若辈，举家莫不唤干娘。

修脚由来亦卫身，浴池沐罢唤频频。那知寻遍周家口，南北池中无一人。

闺阁流风尚朴良，除非至戚莫周行。倘然有客相探问，莲步从来不上堂。

官妓名称号马班，高张艳帜南刘删。呼来侑酒原无异，异在招呼到仆班。（注曰：局妓来时，须往仆从班先斟一盏。）

妇女衣妆久不时，裙拖一事更非宜。无端席地翩翩坐，尘土居然不碍伊。

戏班问候闹纷纷，开演无非斗几文。声色倘教京沪晓，定然登报入新闻。

病命房墙地与天，河南三靠久相传。更添一事凭谁靠，遍地豺狼靠没钱。（注曰：有病无医，药店代诊。有梁无柱，以墙为架。地则全无水利之可言。谚云“病靠命，房靠墙，地靠天”也。劫财架票，时有所闻。）

西华之中秋节

西华中秋之俗，不外状元会、馈节仪、赏月三事。详述如次。

（1）状元会。八月初旬，市铺即有月饼出售，购者极形踊跃。商店有假开月饼会、夺状元票、攀桂子香种种名目，以哄人来购月饼，于中博利。其性质殊近于赌博，得头彩者，即为状元，可得奖品，贪利者趋之若鹜。此种恶风，官厅应加以禁止也。

（2）馈节仪。中秋前二日，各家备用月饼、石榴、栗子等拜谒亲戚，谓之庆团圆。其在外求学经商者，至中秋，亦咸归家团圆。妇女于中秋夜拜访亲友，谓之走月。

（3）赏月。黄昏月上时，各家设案燃香，陈月饼瓜果，名曰礼月。此事多妇女为之，男子不加过问。俗云：“男不玩月，女不祭灶。”盖古人称月为阴象，又名嫦娥，故拜月属妇女之事。是晚老幼皆往高处，争先望月，谓为看太阳朝元。又俗谚有云：“八月十五云遮月，来岁元宵雪打灯。”又云：“雪打上元灯，云罩中秋月。”此谚与中秋节有关，故录之。

郑县采风记

郑县当铁路未通时，仅有土店十一家，在西南关一带。自京汉、汴洛铁路通后，客栈最为发达，争强斗胜，层出不穷，于是有新式栈房数十家之多。当此等栈房初开之时，不过见一二家之发财，遂步后尘，初无若何之统计。迨设立过多，供过于求，倒闭随之，有数日不得一客者。据调查所得，约计各栈之东伙厨役，及其家属衣食于此者，当在一千五百人之谱。此项人开封湖北居多数，间有土人及湖北人，于今倾家失业者，已有一半矣。

郑县向有铁轮人力车约三百辆。自皮车盛，铁轮车受天然之淘汰，不过余五十辆，而皮轮车反有二百五十辆之谱。车捐所入，日有百千。贫民业此者，除交车主赁价外，每日所入，约在二三百文。

郑县各县物质文明之发达，当以戏园为最晚出。盖自清宣统三年始行出现，未几武汉事起，即行停止。至民国二年，大局初定，乃更重整旗鼓。座客极少，赖当道为维持市面计，准坤角合演，而豫省犹严女伶之禁，一般望慕女伶丰采者，时自省垣专赴郑县流连，赖此稍为支持。

铁路未通之先，无明牌之妓女。偶有到者，随到随去，名曰马班。自四路交通，又值烟土营业发达，土商咸以郑县为中心点。清宣统二三年间，为神女生涯极盛之时代。调查其捐册，一等九名，二等五十名，三等二百零二名。其漏捐及暗娼，大约尚倍此数。区区一县，有此盛况，亦不易矣。自土业淘汰，大腹贾一律星散，而妓业亦随之凋零，其人数较前已减半矣。此等妓馆多聚于三多里、宏农里之间。一妓居所，约需四五人之供应，名曰内领班、外领班、先生、老妈等名色。盖妓女三百人，附属者约在于五六百人以上。此等人清江人最多，开封、山东人次之，汜水、荥泽人亦间睹一二。捐例一等八元，二等四元，三等二元。其最为社会之害者，为三等妓女，串店嫐客，少年人出外，少不自持，未有不堕落者也。而串店之妓，往往有十四五岁者即藉枕席。盖威迫于领班者之驱使，风餐露宿，盖亦无复人趣。

汲县岁时之风俗

正月元旦，长幼夙兴，放纸炮，肃衣冠，祀神，拜祖先，幼者向尊属叩年；食馄饨，俗称扁食；亲友交贺，市肆不张；自岁前封井不汲，且禁止洒扫，盖取蓄藏之意也。立春，郡人相率往东郊观迎春；小孩裁纸为蝴蝶，名曰春蝴蝶，在市唤卖；乡人食薄饼，名曰春饼；食莱菔，其圆而红者，谓之春萝卜，生食谓之咬春。正月初三日祀祖先，扫祖墓。十四至十六两日为上元节，各处有牌坊、鳌山、灯棚，食元宵，或举放烟火，扮秧歌。十六日妇女联袂出游，名曰走百病。十九日，俗称是日为小添仓，凡碓磨缸囤皆燃灯。念五日，俗称为大添仓。二月初二日，俗称龙抬头，煎食上元所制之米粉糕。三月清明日，乡人皆祭扫，妇女小儿多戴柳，且插柳枝于门前。二三月间，有踏青之举，携榼提壶，遨游郊外；然皆风雅者所为，乡愚不与焉。四月朔，妇女率带皂角芽，不知其何所取义。五月朔，小儿手足系五色彩线。至端阳节，堂前贴符，插艾与菖蒲；食角黍，食油果，俗名麻糖；以雄黄涂小儿耳鼻，取避毒虫之意。六月六日，晒衣服，食炒面合以酱。三伏中造面。七月七日，晒水碗于日中，幼女浮针乞巧。十五日中元节，扫墓，放河灯。自初一日至此日，人家多以面羊、瓜果馈问外孙。八月中秋节，拜月，陈西瓜、月饼、枣、栗、柿、榴诸果及毛豆角等等；供月毕，饮于月下。九月重阳节，食面枣糕、羊肉，赏菊登高；市人祀财神。十月朔，扫墓。十一月冬至节，食馄饨。十二月初八日，食腊八粥，系以米菽诸果煮成。念三日，祀灶，供饴糖及果饼。念四日扫舍宇。除夕，易春联，祭祖先；晚间，亲友戚族，往来互拜，谓之辞年。

洛阳风俗琐录

一　概略

洛阳即河南府，九朝建都之区。今改设河洛道，并驻洛阳县。西与陕西交界，南朝洛河，北坐邙山。地瘠民贫，风俗偷陋。城垣不广，市面亦衰，牛马溺粪，处处皆是，一遇飓风，灰沙扑面。既不清理街道，又弗讲求卫生。附近并无著名市场，且乏出品大宗。人民好健讼者颇多。

离城五里有墩，十里有铺。十里以外，每隔五里，即设墩台。四周乡村，苟烟户稠密者，公同筑围，形式若城，亦有城门城楼、大街小巷，不过较城垣稍小，其名曰寨。最著名之产物，牡丹与野百合两项。牡丹有紫、黄、红、白、绿数色，绿、白最香。百合味干性糯，服之补肺。此外桃、杏、李、樱、梅、梨、枣、柿，多而且贱，每斤仅值十数文，可谓价廉矣。

二　社会状况

居住房屋形式，与南方庙宇相等，无楼房，矮而小；并且有梁无柱，梁椽即架于壁，故谚云“田靠天，屋靠壁，人靠命”。屋瓦有阴无阳，两瓦搭界之处，用泥灰涂之。以土筑墙，砖砌少有。乡人居土窑最多，故回禄之患少有。

附近罕植树木，所用木质之器，均以竹质代之，桶盆以缶质代之。据土人云：“窑中无所谓家具，诸事皆席地而行也。”牛马骡驴，或驾车，或负物负人，或抬轿，道途往来，络绎不绝，人之苦力，均将牲畜代之。

此处有地无田，杂粮下种，水旱莫策筹防，牵骡耕草一二次，以为事了。问其何不设法灌溉，据言伊洛之河，鞭长莫及；掘井车戽，杯水无几。本地俗语曰：“千拨罗，万拨罗，不似老天一拨罗。”所致收成之丰歉，听天由命耳。

人食。粮食类，以小米、小麦、高粱、黍粟、荞麦、红薯为正当。菜蔬类，以葱、蒜、韭菜、萝卜为正当。咸质类，以盐醋为正当。此外大米、鱼、肉、油、酱等物，食者鲜也。

此处男女便溺，不用马桶便桶，即于屋后园中露天便溺，不过筑人高之矮垣，分别男女而已。

娼妓俗呼曰马班子，上等居于客栈，下等住于窑内。其上等品貌装饰，不过南方花烟间相侍，下等不言而喻。然嫖价非常之贵，况除唱之外，别无佳趣。可见北地胭脂，终不及南朝金粉耳。

演戏有三调：二簧、越调、梆子。俱系土音，听之无所区别。衣衫褴褛，面形菜色，诚南人所云“三只破箱子，十个叫化子”者也。而本地人叫好之声，连连不绝，莫明其好处何在也。

沿街乞丐，皆手执檀板，高唱梆调，挨户求乞所与。南方之哀的、强的、弄蛇的、善骗的种种行为，除哀的稍有，余竟鲜有耳。

三 婚嫁

结婚一事，内容未详。唯外貌无论若大之排场，仅尽一日之长。大门对面必贴“烂其盈门”或“烂气盈门”四字。新娘轿前有两人先行，各持一红毡，每过庙，或大石、大树，均遮掩之，以为恐有触犯神明。新娘出轿，系在大门外，由送亲男人左右扶，新娘俯首屈躬而入。至于打发嫁妆，用人极多，须将其尽有者尽行披露，连粗服旧衣，俱要排出。此处送礼，用竹半桌以代南方之捧盘，非捧系顶也。故发妆之五光十色，亦均分布于桌，以表奁妆之丰富。

四　丧葬

人死穿衣毕，即由主丧人亲报三党亲族。俟到齐后，由最有关系之公亲问明病源，允准收殓，方可入棺。譬如父死，欲族长允之；母死，欲母党公亲允之；妻死，欲妻党公亲允之。若非经公亲之许可，擅自先殓，则公亲来时，以为必有过犯，群起反对，借此为由，大闹不休。遂致公亲不到，无敢棺殓。殓之一日，无所举动，待至三七或五七，始行开吊成服。以上所述，如年老病久，或贫穷不堪者，则亦不然。至于人死之际，焚毁纸糊车轿，以及开吊出殡时之排场，大致均与南方相同。唯只用吹鼓手，不延僧道，此即异点也。另有一种恶风，如二三岁小孩因病身故，必将其尸骨雇人赴野地焚化成灰，随风而散。其意为除其祸根，以保下胎之安宁。迷信若此，可为惨矣。

五　礼俗

铺户交易，见客至须起立，迎客请坐。如交易毕，客人付钱，店伙两手已在收入，而口中尚言“带去么，带去么”，其虚伪之客气如此。

送礼之物，猪肉为最高贵、最普通之品。无论婚丧寿节各札，以及人情酬谢，虽轻重有别，肉则不能缺也。

妇人生产，百日之内，只准饮小米粥汤，此外概不敢食。家属恐产妇偷吃，如防贼然。妇人在甲家受孕，不能在乙家生产。若外来租户，不知其情，一经迁移，则用屋已赁出，乙屋不许住，而临盆在即，只得至庙中或养生堂诞育，俟满月后，始可进屋。故外邦寄居于此者常受其累，诚挈眷旅行者不可不知之事也。

城内及附郭庙宇不下数十处，每处在春夏季时，各演戏三天。三日中之一日，名曰大会。作买卖农器、家具、牲口、花木之市场，并有装扮高跷、抬搁等类沿街演唱，至庙前为止，以为敬神。虽庙屋塌，塑像已毁，而修理不难，戏必欲演也。

男女衣服，穿青、蓝两色土布。洋布极少，绸缎更不必说矣。孩童穿红色最多，甚至上下通红，名曰十二红。

言语减缩，声刚无回音。譬如问其物值，一文则曰一（读音），二文则曰二（读略），一千五百文则曰吊五。诸如此类，无言不减也。

妇女之装饰，衣长袖大，裤脚扎腿，概不穿裙，髻圆足小，面抹浓粉。行路类如风吹柳枝，势若欲跌，老幼均用拐杖拄之。或有用牲口代步。故户外必树骑马石一对，以便上下也。

家家门中，须树夹竹桃一棵，以为能驱一切邪祟。

五月送瘟鬼。十月施寒衣（系纸糊之衣）。腊月三十送穷鬼，与南方送更饭相同。

南阳农人之谚语

凡一地方之农人，对于天时节候，皆有一种谚语。兹就河南南阳农人之谚语略述如下："春雾黄风夏雾热，秋雾连阴冬雾雪。"谓春季有雾，必有黄风；夏季有雾，天时必酷热；秋季有雾，必连阴雨；冬季有雾，必有大雪也。"立夏不下雨，犁耙高挂起。"谓主凶年也。"八月十五云遮月，防备来年雪打灯。"谓中秋节无月，来年元宵必有雨也。"云往北，干研墨。"谓无雨也。"云往南，下满潭。"谓有大雨也。"云往东，一阵风。"谓有大风也。"云往西，观音老母披蓑衣。"谓主大雨也。"麦收八十三场雨。"谓麦只须八月、十月、三月三场大雨，便有大收成也。"干冬湿年节"，谓一冬无雨，过年必有雨也。"天河南北，小娃不跟娘睡。"谓暑热，母子须分床也。"天河东西，小娃哼唧。"谓天时严寒，小儿畏冷。

沘源县之祀灶

旧历腊月二十三日，俗谓小年节。是晚，各村各户，无不祀灶神者，名曰祭灶。祭时用香五根，黄表三张，小蜡一对，名曰灶蜡；烧饼二枚，名曰灶火烧；牙饧一块，名曰灶糖；雄鸡一只，名曰灶马；芋草节少许，粮食五种，清水一盂，谓之马草，用以饲灶马者。预买新灶神一张，张贴灶前，谓之换新衣。随带黄纸马二张，约方寸许，亦名之曰灶马，一张黏于灶神额上，意谓迎灶神回宫之马，于元旦日黎明时焚化；其他一张即于当日随香表焚化，意谓送灶神升天之马。主祭之人，必为家长。礼拜时，身后跪一幼童，双手抱一雄鸡，家长叩头毕，向灶神祷祝数语，祝毕，一手握雄鸡之颈，将鸡头向草料内推送三次，一手将凉水向鸡头倾洒，鸡若惊战，便谓灶神将马领受。祭毕晓餐，食时豆腐汤为不可少之物，并食祭神时之灶火烧，谓之过小年节。

沘源县之节俗

除　夕

自十二月二十三日以后，逐日皆有名称。县中小儿歌谣曰："二十三，点灶蜡。二十四，扫房子。二十五，磨豆腐。二十六，去割肉。二十七，杀灶鸡。二十八，去插花。二十九，去沽酒。三十，刷门。正月初一，俯着髀骨作揖。"一至除夕，人民更形忙碌，如送礼、请神、贴对联、打扫厅堂，种种琐事，不一而足。中等之家，用红纸裹木炭两根，置诸门框两旁；贫穷之家，以棍一条，置诸门槛外，谓之拦门杠。盖俗传一届年节，诸鬼怪相率出外，向人家索食，若见此杠，便不挥自去。院内竖桅杆，上悬灯笼，谓之天灯。相传昔有九头恶鸟，为二郎神杨戬斩去一头，常年滴血，每至除夕，即出而飞鸣，其血滴于谁家院内，其家必遭祸事，唯见有灯光，则远避去。此根据《西游记》之传说也。是日晚餐，皆吃扁食，谓之元宝汤。晚餐后，家长出钱，分散长幼，谓之压腰钱。分钱后，堆木柴于屋内烧之，谓之熬年。复取酒菜，合家团坐饮之，谓之辞年酒。至夜分后，各预备迎新年之礼。先祭祖宗，既往神前行礼。祭神之物，除香表、蜡烛、鞭炮外，有蒸馍、猪肉、面蒸枣山及白果、红枣、核子、栗子、柿饼，排列五筒，谓之贡果，上插纸胜五朵。祭神毕，排列香表、鞭炮、酒肉各物于一方桌上，四人舁起，一人整齐衣冠，向本年喜神所在方位，一直行去，谓之迎喜神；途中凡遇老少男女，或飞禽走兽，即焚烧香表、鸣鞭炮、叩首。意谓迎得喜神，一年内万事如意也。迎喜神毕，凡盥洗之水、扫地之灰，概不许倾于户外，犯之则主一年破财。如有人出入叩门，只宜推敲，不宜高叫；若高叫者，屋中必无答话。其意仍与拦门杠相仿，盖恐此夜有鬼魅叫门，应之者必生灾病也。

年　节

元旦日早餐，仍为扁食，唯添扁条少许，美其名曰“金丝穿元宝”。面食内预包制钱一文，若食得之者，本年内必有大庆。初三日名曰谷子生日，是日不宜食米饭。初五日谓之破五，一曰不宜作事，犯之则主本年内遇事破败。初七日为火神生日，夜间必放花炮，是谓放烟火。初八日为财神生日，各家仍吃扁食，谓为财神所赐之元宝。初九日为天爷生日。初十日为石头生日，名曰十不动，家家向石头焚香致敬。午餐必食馍饼，谓之石落。石落者，泚源土语谓饼馍为烙馍。初十日食此烙馍，一年内任遇何事，必十分落钱也。

灯　节

正月十四、十五、十六三日，谓之灯节。各家用芊草束缚成把，插纸花于其上，分散各粪堆旁，名曰散花。又以秫秸数根，将一端劈成篾子，每篾尖端仍扎一短节秫秸，插于户外檐旁，谓之挞鬼棒。晚间以米面制成灯盏，添油少许，点放各处，谓之灯山。儿童辈伺无人时，将面灯偷回大嚼，谓之偷灯盏。意谓此灯系神用之物，食下必能免灾病。点灯毕，男女老少无不华服靓妆，联袂出游，谓之大观灯，又曰消百病。各村适中之地，皆设一公共神棚，神棚内预购各种烟花玩艺，如手筒花、泥筒花、两响炮、传掷帘、起火箭、炮打明月、炮打五子等名目。繁盛之区，复有花伞、花马、火旗杆等，五花八门，不胜枚举。俟合村人齐集后，共取出四下分放，名曰放烟花。火光耀地，锣鼓喧天，到处人山人海，热闹非常。尚有他种游戏，最要者有三种，一曰撑旱船，以秫秸扎成船形，船上扎一小屋，糊以五色纸，二人立于船内歌唱。二曰赛高蹻腿，扮演者至少须四五人，装成男女各形状，插科打诨，至堪发噱。三曰打狮子，二人蒙纸糊狮子皮，一人作杰士状，手持三股钢叉，与狮子上下争斗，盘旋跳舞，颇为壮观。此灯节内游戏之大略也。

沘源县之闺阁游戏

一曰抬石头神。先备瓦罐一个，平面大石一块，麻绳两根，木杖一条，香九炷，表五张，同置灶神前。先以麻绳将石头缚就一套，再将木杖插于套内。焚香毕，将表烧于罐中，口内念咒数句，即将石放于罐口之上，二人抬之直走，罐亦随行。此理系借表之热力，将罐内空气逐去，故罐能粘于石头下。然妇女之作此戏者，则谓有神相助，故曰抬石头神。二曰请鳖姑娘。用杓子一把，擀杖一条，小儿衣服数件，札成如人形，置于阴沟旁，焚香叩首，念咒数句，二人抬至灶神前，以卜一年吉凶，或询以将来之富贵贫贱，问话时杓头若点动即为应允。三曰请七姑娘。与上法略相同。唯所请之地在粪堆前。尚有他种游戏，大约不外神怪之说而已。

卷三

江　苏

南京采风记

市井丛话

宁垣风俗尚称淳厚。人民安居乐业，奉公畏法。唯固守旧习，不知开放。故工则墨守陈规，无新奇之创作；商则利博蝇头，无企业之发展；富者乐居家园，乏远大之思想；贫者自鸣知命，无激昂之奋斗。此则宁人之弊病，不庸讳者也。至道路之不治，市廛之喧杂，在在皆当改革，笔难尽述。

宁地居民众多，实业不兴，无资本雄巨之公司，无出品丰富之工厂。以故无业游民，居大多数，闲居无俚，则邀朋引友，茶楼评茗，说地谈天，借资消遣。城内各处茶寮，日见增加，而无不少长咸集，生涯茂盛。其富绅大贾，亦多有以茶寮为怡情遣兴之地，例于每晨或午后一往评茗，习为故常。茶寮生涯以夫子庙一带为最盛，是处接近秦淮，旧有贡院，今已毁其基址，改建商场，名为新市场，茶寮酒馆，为全城之冠。时有三五名花，点缀其间，男女杂坐，佳趣风生。故一般青年（即年事高者，亦复如是）趋之若鹜，钩蜂引蝶，大有上海青莲阁之风味也。

宁人复有一习惯，无事喜往澡堂闲坐。其为澡身者固无论矣，而一般社会交际、商家贸易，往往约定时刻，以澡堂为谈话之地。否则即在茶寮，一若舍此别无酬酢之方者。亦有富商大贾，于茶寮评茗之后，趋往澡堂躺卧多时（时在冬令，夏时则不然也），每日如是，以为快活。其中恶气混浊，有碍卫生，不之顾也。

宁地风气较他地稍为开通，而比诸苏、沪，则瞠乎其后。然风气愈开，风俗愈恶，成一反比例。妇女衣服，好时髦者，每追踪于上海式样，亦不问其式样大半出于妓女之新花色也。男子衣服，或有模仿北京官僚。自称阔老者；或有步尘俳优，务趋时髦者。至老学究之骨董衣服，新学派之西服革履，则各是其是，非局外人所能加以评论矣。

宁人有种种无目的之举动，即俗所谓凑热闹是也。如正月间，群往夫子庙，男女老幼，人山人海，拥挤不堪。其地亦无何游戏场足资游玩者，至其地者，不过肩摩踵接，步行一周，所谓人看人而已。他如正月十六日走城头，清明日登雨花台，亦倾城往游（详“岁时纪事”内）。种种无谓举动，而游者乐之不倦，殊不可解。

宁垣妓院林立，而以城南钓鱼巷一带为最。秦淮河内，花船小舫，首尾相接。每届炎暑之季，夕阳之时，一辈荷花大少，雇花船，挟妓女，放乎中流，听其所止，丝竹之声，皮簧之音，绕于云际。两岸珠帘半卷，红袖飘香，游客兴豪，夜以继日。至城内私娼，秘密操神女生涯者，亦不一而足。其下关一带，竟有妓女晚间在马路拉客者。官厅虽加禁止，亦不过具文耳。

城中高井一带，有所谓晓市者（俗呼黑市）。每日破晓时，有一辈贫人，各持种种旧货，置之道傍出售。而观客亦不乏人，盖以其价廉也。相传满清入关后，明末遗臣家计益艰，遂将其家中器物，叫卖于市。以白昼羞为人见，故辄于破晓时交易焉。沿至今日，遂成习惯。惟其间售物者，颇有假作伪物，以晨光曦微，不易辨认，肆行欺骗；亦有鼠窃狗偷之辈，乘此时机出售赃物者，流弊滋多。

宁俗每逢时节，人家必互相馈送食物，谓之送节盒。命家中所雇之女媪致送，受者必赏以力金，谓之盒钱。所送除糕饼外，或应时果品，夏则水晶鸭，冬则盐鸭油鸡之类，往往由甲家送之乙家，乙家又送之丙家，丙家又送之丁家，甚有丁家复转送之甲家。辗转相馈，卒至鸡鸭腐臭不可食，徒使一般女媪，博得几许力金而已，诚无谓也！

宁省妇女有种种恶习。如每日傍晚时，多有倚立门外。观望来往车马行人，俗谓之贴门子。不独小家为然，即中上之家，亦往往如是，殊可怪也。又小家妇女，不理家事，常至远近邻家，镇日谈天，除食宿外，几无家居之片刻，往往议长论短，致生口角。此种恶习，俗谓之闯门子。

宁省妇女，有一种少见多怪之习。每闻街坊偶有喧声，则阖家奔出观之。如婚事之铺嫁妆及彩舆，丧事之出殡，固在所必看，视为奇观者。即一种游街锣鼓，无谓之举，经过门外，亦必出观。故一般流氓，每于正月间，或逢神会，或届节期，辄聚多人，各执锣鼓等乐器，沿街道敲击，引人家妇女出观，以为笑乐。在流氓固其心可诛，在妇女则其愚可叹也。

宁省妇女，复有种种迷信。烧香拜佛，固所难免。此外如正月间城乡内外，无论贫富人家，必使游街之瞽者，一测算其命运，以占一年之休咎，为先事趋避之方。于是瞽者乃簧鼓其词，谓某日有某星与某命犯冲，吓以灾祲，诱之解禳，索钱若干，谓之退送。他如平时疾病，遇有感冒、头痛、头晕等疾，则必见神见鬼，谓与家族亲戚已故者之某相遇。于是用箸三支，以碗盛水，立箸其中，淋水而呼死者之名。箸因水淋而直立，则谓果与鬼遇，乃焚香祷告。又小孩偶有疾病，则妄疑为于某地惊悸成疾，失魂某处。乃一人持小孩衣履，以秤杆衣之，一人张灯笼至其地，沿途洒米与茶叶，呼其名（一呼一应）而回，谓之叫魂。至若乡间有疾病者，每不知延医诊治，而从事所谓看香头、走阴差之举，更不一而足矣（详“江湖技术”内）。

岁时琐志

正月元旦至初五日，此数日中，每饭必先祀祖。亲戚友朋，互相贺年。虽民国改用阳历，十年以来，习俗未尝移改。元旦日例不扫地泼水，谓可聚财。

初二日，俗谓米娘娘生日。是日人家煮饭，亦有择吉，为一年中煮饭之第一日。

初五日，为财神日。人家于初四日夜间，或初五日清晨，焚香燃烛，虔诚迎接；而以商店为最盛，且具牲醴，燃放爆竹，迎财后，即于是日开市交易。

初八日，为灯节。有闺女出阁者，送各式灯至婿家。最要者为明角麒麟送子灯。是时夫子庙、评事街两处，灯贩陈列各色纸灯，谓之灯市。

十五日为元宵节。晚间各家燃灯，并以元宵祀神祭祖。元宵节前后数日，城外下关有龙灯会之举。

十六日，士女均上城头，人多如蚁。俗传是日至城上行一周，可以驱除百病，谓之走百病。

二月初二日，俗谓龙抬头。有女出阁者，均于是日归宁。谚云：“二月二，龙抬头，家家接女拆冤仇。”

三月初三日，俗谓荠菜花生日。乡间妇女均摘荠菜花插于鬓边，以为纪念。谚云：“三月三，荠菜花赛牡丹。女人不插无钱用，女人一插米满仓。”

清明日，各家扫墓。如有新丧者，必于春秋社前三日上坟致祭，焚化楮帛，谓之赶社。俗谓过社日之后，如不上坟，死者即为敲扑也。又是日有游玩雨花台之举，倾城士女咸出南门，登雨花台，举国若狂。甚有远道而来者，人满山巅，如蜂屯，如蚁聚，而山上舍观放纸鸢，别无可游。且游人众多，出入城门，拥挤不堪，往往肇事。在昔虽有踏青之举，从未见人众如是。民国以来，此种举动，年甚一年，殊不可解。

四月初八日，俗传为佛祖生日。是日富家出赀买龟鳖及乌鱼放生，谓是日救一生命，能较平日作十万功德。因此前数日，无赖者多方网得龟鳖以求售。

立夏日，以豌豆煮熟作糕，坐于门槛食之，谓可止作事时之瞌睡。

夏至日，称人，谓可免蛀夏。

端午节，饮菖蒲，作艾人，各处皆然矣。唯宁省各家，皆以清水一盂，入雄黄少许、鹅眼钱二枚（鹅眼钱，小钱别名，言其小如鹅眼也），合家大小，均以此水涤眼，谓之破火眼，一年可免眼疾。又将此水遍洒各处。女子带各色草花，谓之五毒花。绒制虎插于妇鬓，绸制虎形负于儿背，并以雄黄酒涂儿额上，作王字形。焚艾于室中，以杀蚊虫。午刻焚香烛敬神，亲友互相贺节。

十三日，俗传为关王磨刀之期，人家相戒不动刀砧。

六月初四日，俗谓荷花生日，凡有池塘植荷者，以纸作灯，燃之放于中流，以为蝦祝。

初六日，相传为晒龙袍之日。凡有藏书者，皆于是日晒书。

十一日，妓女有老郎会之举，俗传为老脸会。每年三次，正月、六月、十一月，皆在十一日。或谓所祀为管仲，以“女闾三百”故；或谓所祀为唐玄宗，以梨园子弟故。（《阅微草堂笔记》谓其为钟三郎，又谓中山狼。）会时，诸妓极意修饰，陈设鲜妍，要求平日所欢者为之设宴张乐，谓之作面子。妓女名愈噪者，酒宴愈多。六月十一日之会为尤盛，灯红酒绿，丝竹嗷嘈。是时秦淮河一带，两岸则窗开水阁，鬓影衣香；河中则画舫灯船，往来梭织。五陵年少，意气自豪，一日夜之间，所耗不止中人产焉。

七月七夕，五更时谓有巧云见于天半，于是闺女皆乞巧焉。乞巧之法，于初六日取净水一碗，置日中晒之，夜露一宵。初七日清晨，折细草，取浮水中，视其下所现之影形状如何，而有种种名称，或戳子，或算盘，或针，或如意，或必定，牵强附会，以占休咎。

七月朔，相传地狱门开放，鬼魂求食。各街巷于月望前后，皆延僧诵经施食，即所谓盂兰会是也。而西城清凉山，为地藏菩萨修炼之所，自月初起烧香膜拜，不绝于途。至二十五日以后尤盛，麾汗如雨，游人往来如蚁。各处皆设茶棚，以备烧香憩息之所。装潢之炫烂，陈设之华丽，无不斗胜争奇。至月杪，俗传关山门，香火始已。

中秋节，晚间焚香拜月，小儿则以瓜果菱芡之类，供于中庭，供毕仍饱口福。是晚望子者，至夫子庙游后，过桥一行，谓可卜梦熊云。

重阳节，儿童皆食重阳糕。又以五色纸凿成斜角式，连缀成旗，竖之院中，以庆重阳。是时菊花大放，有茶肆招徕生意，用五色菊花堆迭成山，高下参差，颇有可观，动至数百盆云。

冬至节，宁俗节期以冬至为最重，其次则新春。冬至日谓之过小年。凡工艺及学生，均放假一日。谚云："冬至大似年，先生不放不给钱。冬至大似节，东家不放不肯歇。"

十二月亦称腊月，凡腊月逢八日谓之腊八，如初八、十八、二十八等日。有欠债者均须清理，其无力清理者，则百计弥缝。俗云："第一腊八犹自可，第二腊八急如火，第三腊八无处躲。"城内仓巷有卧佛寺，十二月初八日，必施散腊八粥。以米作糜，内置枣栗果仁，沿门散给，谓可得佛佑。然前数日，其方丈必领全寺僧人，身披红衣，手执钵盂，沿街化米，豫为煮粥之资料也。二十三日，各家祀灶。用灶糖、灶糕祀灶神，又剪草为刍、撒豆作粮，用以祀焉。

二十五日以后，各家皆须祀祖敬神，谓之辞年。并有购纸马供之堂中，视为神之凭依即在是间者。（纸马系以红纸大张，上绘楼阁云霞之形，中坐神像，或财神，或玉皇，或关帝，或如来。）

除夕谓众神下界，又有独足神至人家床榻散病，是晚帏则必须早垂，以免受其侵害。又是夜接灶神回室，先置豆腐一块于釜上，俗谓诸神见是家惟有豆腐在釜，其家必奇贫，冀神生怜悯之心，次年佑之使富。殊可笑也。

婚丧礼俗

婚俗　婚俗繁文甚多，男女两家，各有种种缛礼，兹分述如下。

（一）关于男家方面者。

发草八字：凡男女两家愿结朱陈者，先将女宅年庚用粗纸书就，由冰人成双交男宅，压灶前香炉下。三日内家中平安，然后持就星家合婚。三日内倘有碎碗破甑之事，谓之不祥，即托言不合，将草八字退还。

传红：俗谓之下定。男宅婚既合，由双冰人转致女宅，择日传红。女家用泥金全红柬，书年庚八字交冰人（俗称大宾）送男宅。男宅报以金银茶果等物，普通为银一定，金如意一支（俗称一定如意），果品四色或八色，如龙眼、荔支、栗子、蜜枣之类，茶叶数十瓶、百瓶不等。

送日子：男家欲迎娶，先将男女八字送星家诹吉，必使无冲犯、无刑克之良辰，以全红柬上记新人沐浴宜何时、水倾何方，新人上轿何时，合卺何时，避忌何人，谓之送日子。

行礼：迎娶有期，约早十余日先为行礼，将所索之衣饰聘金鹅酒靴敬筵席，并有泥金郡名帖二付，又有泥金帖二付，上有红条，不写只字，同送至女家，请其书"允吉登嘉"四字携回，即无改易。

铺嫁妆：喜期前一日，女家将应有之奁具，丰简视家之有无，使挑夫（俗称马头）送之男宅，由伴娘为之铺设。

求亲：迎娶日午刻，新郎乘舆至岳家，谓之求亲（即亲迎）。舆马至岳家门时，必久久予门外，谓之捺性子。门既开，有长班高声赞礼，过一重门，作一长揖，至厅堂。新郎南面，主人北面，两大宾东西面，饮茶三次（俗名三道茶）。次至岳母房中小憩，岳母必嘱咐数语，然后以红封藏之胸际。次则至堂行礼，无论长幼平辈，均须拜见。临行时平辈又敬以酒（俗名上马杯），始令乘舆。

发轿：约申酉之时发轿，鼓乐齐奏，择年轻四人，手执一灯，随彩舆至女家，谓之迎亲。轿到门时，先放花爆，然后舁至厅堂。预请二妇人为搀亲，手持红烛，将新娘扶出，置一鞍子于前，使新娘跨之。新人头搭方巾，搀亲者扶新人立正中偏右，新郎立正中偏左，先拜天地，次拜祖先，再次交拜。地下铺红毡，不足则用梢袋，新人步于其上。使二童子执花烛，引新娘入房。若无搀亲者，即用红绿布二方，约长尺许，男女各引一端，相牵入房，谓之红绿牵巾。民国以来，礼从简约，多用马车。

作富贵：两新人入房，由伴娘扶之，盘膝坐于床头。男东女西，任人调笑，不言不动，约半小时，谓之作富贵。

合卺：坐床既毕，由厨室开小宴入房。仅设四座，正面两新人，旁坐两搀亲，必以新娘新郎杯中之酒，互相倾注，各饮二人以少许，谓之合卺。

开脸：次日黎明，两新人即起。伴娘以一瓯莲子羹进，使二人分食之。然后为新娘梳妆绞脸，谓之开脸。妆毕，伴娘引入舅姑及诸长房中请安。新娘不语一言，一切由伴娘代达，谓之闷声大发。

请会亲：第三日谓之三朝。男宅有于此日请会亲，如岳翁、妻弟诸人。每有一男丁，必有帖一付，不计能来不能来也，然岳家辞谢居多。迟日登门视女，使男家出其不意，免厚款待，谓之会亲。

煎豆腐：此即古人三日入厨下之意。先置豆腐厨刀于灶上，新妇至，卷袖露手，一手持刀，一手执豆腐，划开置之釜中。伴娘连作吉语曰："豆腐煎得黄，来年生个状元郎；豆腐煎得跳，新郎坐八轿。"

分大小：入厨后，复登堂行家庭礼，俗谓之分大小。自尊卑以及亲朋，皆受两新人参拜。受参拜后，各有所赠，谓之见面礼。

（二）关于女家方面者。

说媒：俗云“一家有女百家求”，然必年貌相当、门户相对，方能结婚。说媒者多以妇人说合居多，必先言定聘礼聘金若干。合婚后，男女家另择媒人，谓之大宾。

拜主亲：主亲，即大宾也。传红有日，女宅先拜主亲，届期盛筵款待。俗云：“作媒作媒，三十六回。一着有不到，嘴巴子（即掌颊）垒垒。”以故饕餮之徒，贪其大嚼，辄乐此不倦也。

回盘：男宅行礼，衣饰聘金到门后，必筹所以回盘者。除翁姑新郎针线外，另回三代——腰带、钞袋、袜带。近今三代，只行二代，谓女家自留一代。俗例相沿，自为消长，而妇女之见，牢不可破，诚可笑也。

大开门、小开门：大开门者，舅子之靴帽也。小开门者，彩舆至女宅所索之开门钱也。

上头：喜日新娘必镇日眠。及彩轿到门催请，然后新娘起身，沐浴更衣。桌上燃大烛一对，梳妆穿带，则请年轻有全福之妇人为之，谓之曰上头。妆毕，由厨房送饭一碗，就妆台上使新娘食之，极口中之所容，不啮不咽，复吐出，以红纸包之，一半置于母家米柜，一半交伴娘带去，置男家米柜，不知是何取意。

代嫁饭：出阁有日，诸亲朋争制净洁肴馔，以相馈送，谓之代嫁饭。

三请三邀：男宅彩舆来，另有三请三邀帖六付，次第投进。新人上头毕，由父兄抱之上轿。另请少年四人，随轿走送，谓之送亲，半途即回。新人临行时，必纵声大哭，俗谓不哭即不发。彩轿至男宅，入门时，新娘必力仰其首者三，俗云以后可以抬头。

暖位：新人既行，此位必有人严守，不使人坐，恐夺秀气。所怪者，沐浴上头，烛均燃之不息。位旁置一脚炉，上烘新人脱下之鞋，谓新人至男家脚气方好。

元饭：女出阁之第三日，母家即备糯米饭一瓷瓯，鲢鱼两尾，肉饼一盘，送至男家。外具各色针黹多件，分献翁姑尊长，以为贽见之礼。谓之三朝盒。

送夏、送冬、送灯：此系富而好礼者方有之。女出阁后，逢第一夏日，即送婿与女各纱罗之衣。第一冬日，即送炭墼、火盆、手炉等。逢灯节，送各式新灯。

丧俗　宁俗丧礼有种种迷信手续，兹详述如下。

烧轿马：亡者病笃，即预备纸扎轿、马各一事。易箦即避帐，于门外焚轿马，谓亡者至阴司，即不至徒步以行。

易衣：富者以绸绫之衣十二件，贫者以布衣七件，有官职者则用礼服（在清时即朝服朝冠、蟒服翎顶以殓，女则凤冠霞帔，视夫之品级为高下）。

打狗饼；俗传人死必经恶狗村，故易衣后，必以龙眼七枚，悬于手腕，或以面作球亦可。俗云持之可御恶狗之噬。

招魂幡：死后必以极稀之丝绢一方，藏于亡者胸际，殓后取出，挂之灵幡。俗云可以招魂归来也。

择七单：以亡者年庚及气绝时日，命星者推算，择入殓之吉时，避冲犯之方法。偶一不慎，即犯重丧恶煞，最为不祥。故宁人视之极为重要。

入殓：届时亲人均须环送，即将亡者舁入棺内。棺内诸物，为黄土、石灰、炭屑、雄黄、衾、褥、被、鸡鸣枕、脚炭、纸卷。棺外诸礼节，为兜巾、暖肩、分金、收钉、上凳、安位、叫好、正荐魄［魂］幡。

成服：亡者死后三日或五日，全家易凶服。凡有戚畹，均于是日吊唁。富家则铺张扬厉，张燕奏乐，悬挂灯彩，设置诸仪节，为丧篷、吹鼓亭、门吹、门鼓、云板、材吹等等。

作七：每逢七日设盛馔以祭。如有女已嫁者，必于六七日致祭。俗云："六七不食自家饭。"富家则延请僧道，礼忏讽经，以求冥福。

题主：亡者木主，必请当道之显者题之。相传此日为亡者之吉日，故全家均着吉服，鸣炮奏乐，灯彩摇红，见者若不知其为丧事也。俗谓之点主，又谓之在堂。贫家即自书点，谓之求主。

治丧：约在点主后三四日。其奢华较成服尤甚，其仪制亦与成服略同。来吊唁者，均赠赙为奠，孝子唯匍匐灵右答礼，别延相知者应接宾客，谓之司宾。

家奠：治丧者，使外姓之人来吊；家奠者，使族中之人行礼。是日虽贫家，亦延僧徒诵经，以求超度。

发引：又谓之出殡。羽葆纷繁，鼓乐导引。丧仪盛者，数十人、数百人不等。其仪节则有诰命亭（有职官者）、开路神（赤发蓝面）、方弼方相（身高丈余）、大人（俗呼呆子）、五兽（青狮、白象、独角兽、金毛猊、花豹。身躯笨重，下有辘轳，曳之以行）、扬人诵人（身著呢袍，头带暖帽）、杨柳雪柳（以白纸剪成）、铭旌（高四五丈，以红绸书死者爵衔、姓氏、享年若干）、粮饭亭（七七设祭日，取饭少许置瓶中，发引日移于此亭）、彩凉床（上幂彩布，中悬影像）、影亭、影轿、十二月花神（皆女妆束，手中各持一花）、衔牌、仪仗、僧道。民国来多有增用军乐者。最后则用五彩绸罩棺，谓之棺罩。亲故知交，要于途中设祭，谓之路祭。出城择寺院稍憩，谓之解杠。

镇堂：材既出门，置米一斗，上插尺一、秤一、镜一、剪刀一，秤上挂历本，旁置炽火一盆，谓之镇堂。

安葬：先请堪舆家择定吉地，命坟主掘一深坑，谓之打金井，再择吉时安葬。入穴诸仪节，为定向、暖坑、分金、安位、叫好、兜金、斗宝、掩土。

复山：坟既成，三日后必再临视，设祭哭奠，谓之复山，又谓复三。

神会迷信

（一）茅山会。茅山在句容县西南，上有三茅宫。相传有茅氏兄弟三人，修真于此，而得道焉。正月中，烧香者无间远近，趋之若骛。各乡合数村结为一会，以小木龛为佛龛。龛高约一尺五六寸，广约一尺余，制作屋宇形，雕刻精细，镂金错彩，中坐五七寸高神像。龛前伸小木二，一人负之于肩，随者执锣鼓铙钵，镗镗于后。亦间有旗伞者，游行街市。正月望前，每日均有数起。每人身负黄色布囊，上书“朝山进香”四字。

（二）东岳会。东岳庙在南门城外。三月杪日，为东岳诞辰，好事者遂舁神出巡，谓可以消灾弭患。于是城内各业，各结一会，旗伞灯牌，抬阁秋千，百出其奇，争巧斗胜。舁出之神，有东岳及其夫人、韦驮、善报司、速报司、财神等。更有无知男妇，身披红衣，手带镣铐，扮作罪人状，随于神驾后，盖皆病时许愿于神前也。又有四五岁、七八岁之小儿，装作剧场之武小生、武三面、武老生等，腰悬利刃，手执杭扇，指套钻戒，胸挂金表，异样精彩，耀人眼目，手叉两腰，躯干矗直，耸立于大人之肩，毫无倚侧惧怯之态。又有业骨董者，聚极昂贵之玉器珍玩，制一精巧玲珑之担，罗列陈设，价值甚巨，使精壮练习之少年挑之，手不扶掖而叉于两腰，行步如飞而不倾仆，以示技艺而耸观瞻。此两种尤为会中之特色。

（三）善司会。善司即都天神，主瘟疫，蓝面赤发，狰狞可畏。庙在城西骁骑营。于三月内出送，云每年出会一次，可去疫疠之患。

（四）城隍会。邑庙城隍，俗谓故信国公文天祥。每年有出巡三次之例，清明日、七月望及十月朔。相传明季郑成功占据台湾时，由吴淞口直入长江，势如破竹，所向披靡。直至芜湖，始为两江制府祁如虎设伏于金陵神策门，要而击之，死者数万，成功狼狈遁去。自是以后，神策门外，冤魂怨魄聚而为厉，数十里内，一无安堵，必使城隍至其地亲祭之，其祟乃止。由是一年三次，遂沿为长例矣。

（五）大王会。神为黄河福主金龙四大王。此会主事，为水西门及旱西门外船户为多。每年九月间，例出巡一次。近年因香火衰微，无力再举矣。

（六）拜香会。七月杪为地藏王诞辰，迷信者创为拜香会。或因己身有病，或子女为父母，或妻为夫病，至庙中许愿。病愈后，至七月时斋戒沐浴（女人则发辫解散），身著罪衣罪裙，手执小凳，凳端燃香一支插之，自家中拜起。拜十年者则十步一拜，五年者五步一拜，三年、一年，均随其所许而拜。

逢场局戏

（1）摆棋势。夫子庙、朝天宫等处，皆设有棋桌，无事者辄借以消遣。有所谓摆势者，将象棋红黑二部，摆成残局，骤视之似无生路，而不知二部皆有生机，胜负未可预卜，一着失算，其负立见，往往以此赌胜负。

（2）敲五音。在昔夫子庙有之，今未曾见。其法于纸条上书古诗一句，或五言，或七言，将诗中除去一字，写五字于旁，下写一字，用纸筒掩蔽，任文人之推敲中者以一得三，亦赌中之别开生面者也。

（3）红黑筹。年节时，有一种人用竹筹二根，一涂红，一涂黑，使赌者易于认视。持此红黑二筹于手，反覆颠倒，押红则抽出是黑，押黑则抽出是红。贪小利者，未有不落其圈套也。

（4）数莲花。七月半作盂兰会，延僧施食。好事者杂以数莲花四五人，团团围坐，将古今事实折道出，一人唱之，众皆和于尾一言，高声连曰："一枝莲花，一枝莲花。"

（5）说黑话。人家有喜庆事，每招能口技者一人，于黑暗中用布围之，作男女老幼声、笑声、哭声、怒骂声、鸡犬声、鼠声，声声酷似，并同时数种声音并作。但闻其声，而不见其物，谓之说黑话。

（6）木人头。古称傀儡。其貌毕肖，其形缩小，衣举冠动，与优伶无二，令人忘其为木偶。往者新年时见之，今夫子庙有以此演戏者，谓之吊戏。

（7）白曲。狎游青年之子，好唱小曲（亦间有京调者），并非以此为业。每届人家喜寿事，招之即至，只须供饮食，不取金钱，故谓之白曲。

（8）丝弦。亦名清音，弹唱时不用大锣大鼓，共三四人，有男有女，均系瞽者。有喜寿事家，常雇以为乐，谓之曰丝弦。

（9）打春。季冬之际，乡人手持一小锣，帽旁插一公文，一似奉官而来者，口中作种种吉语，借此向人家索取钱文，谓之曰打春。

（10）别棍。赌具纸牌也。共一百零九张，四人赌之，首家十张，次家九张，一色为上，杂色次之。此为昔时闺阁消遣品，今则风行麻雀、扑克矣。

（11）十糊。亦纸牌也。共一百二十五张，有荤素之别。二至八条饼万，谓之素张；一至九条饼万，及驴子、千子、枝花，谓之荤张；仁义礼智信，谓之五星。四人赌之，轮流一人作洗，以为休息。首家三十一张，余均三十张。牌不圆而糊，虽多不赢，牌圆而十糊则赢矣。此种赌具，唯年事高者及旧派妇女喜为之。

江湖技术

（1）敲铁板。星相家遨游市上，瞽者居多，手持铁板一块，连敲七下，响声震耳，与弹弦者不同，亦算命中之怪象。

（2）摇串铃。江湖中人，持一物如圆形，中空而有胆，作声震耳。自言能为人医病，活人无算，实则脉理药性，一无所晓，徒以骗人金钱为目的。

（3）牵雀算命。有一种江湖者，左手持雀，右手持盘，盘中安排十二畜。问吉凶者，将八字（即人之生辰）报明，雀即于盘中牵出，丝毫无讹。其知者以为平日教成，不知者以为奇验非常也。

（4）鬼谷数。馆设城内三坊巷。亦瞽者流，问病之吉凶。先将铜钱五枚，手摇倒出三次，再用黑牌摸推，即知病者家中之何物作祟，莫不奇验。

（5）走阴差。俗云人死必有阴差来引，而阴差非阳差领入不可。有一种奸猾妇人，自谓在冥受此阳差职分，往来冥路。人家有久病不愈者，每延请若辈，赴阴查察之。或睡于床，或卧于地，佯为死去，勿令人摇动。一小时后而醒，谓之还阳。睡时信口开河，胡言乱语，而乡愚常信以为真。噫，可笑也夫！

（6）看香头。无知愚妇，捏名仙姑附体，插一股香于炉中，视香头之长短，卜病症之吉凶，信口胡言。或云有冤鬼缠身，或授以药方，猥鄙不堪。乡愚有病，往往不知延医诊视，而听信此辈之妄语，乱投药饵，虽至死不悟也。

（7）管灵哥。阴阳相隔，本不能通。业此者自谓有樟木神，能介绍已死之魂，与生人接谈，喉间作声唧唧，闻者不明，必须其为之翻译，方能明了，谓之管灵哥。妇女多迷信之。

（8）捉魂。病者寒热久而不住，医药罔效，俗谓失魂之故。延请巫人捉之于旷野间，见一虫豸，斯即病人之魂，捉归掷病人床，喃喃数语，病起则有功，病败亦不任咎。此种迷信，唯乡间有之。

（9）白日串。有一种人，衣裳楚楚，似上流社会中人，而不知阴为无形之贼。或于人家，或于客栈，见人时则伪为寻友，不见人时，则窃取财物，谓之曰白日串。

（10）扑灯蛾。此偷儿之别称。每于黄昏时，乘人不备，阴入人家，藏躲空屋中，一试鼠窃狗偷之技，谓之曰扑灯蛾。又于清晨闯入人家，窃取财物者，谓之曰露水鬼。

（11）告地状。穷苦无依，席坐于地，用布以蒙其面，张一纸于地，或书其履历，或诉其冤枉，欲使仁人君子代伸其说，以为猎取金钱捷径，谓之曰告地状。

（12）掉包。一人伪失物于途，佯为不知，一人见而拾之，一人从旁窥之。拾者遂仓皇失措，先向旁观者摇手，示以勿声，继而曰："包中物与子分之。"当时将包开视，果金银首饰绸绉衣服也。分则恐起争端，不如贱价以售于人。未有见利而不贪者，因有第三者罄腰中钱以予之。还其家开视，皆伪物也。返其处，则其人已杳如黄鹤。此种骗局，常有所闻。

（13）剪绺。一名扒手。各地皆有，唯在宁者尤神乎其技，或于轮船、火车上下之时，或于热闹场中，趁人多拥挤，一试其妙手空空之技。佩衣挂件，及衣袋中物，霎时间皆可不翼而飞，谓之曰剪绺。

（14）圈巴。有一种赌棍，专以局赌为生活。或冒充巨富商人、宦家子弟，一掷千金，在所不惜，于酒肆、妓院中百般引诱。至入局后，即施翻天印、倒脱靴之术。受其骗者，莫不荡产倾家，谓之曰圈巴。

人品绰号

宁俗好以绰号呼人。暴富人家，皆有绰号。如王豆腐，即其家曾业豆腐也；蒋驴子，即其先有人赶驴子也。类此者甚多，不可历举。此外就流品而呼人绰号，亦不一而足。试缕述之。

尖头棒。不循规矩，任事占人便宜者，俗谓之尖头棒。

白马蚁。一事无成，毫无技能者之称。

鳅打混。终日不作一事，游手好闲者之称。

大脚三。有一种大脚妇女，而步履轻飘者、游荡者谓之大脚三。

吃白食。有一种人，逢人家有喜寿事，即往混食；或任人嘲笑，专贪口腹，而不为东道者，俗谓之吃白食。

篾片。此言一种无品之人，投其所好，不抢他人之意思，借此沾取他人财物。所谓篾片者，言其善于刮也。

桃干。儿童在人家店内学徒，未终局而逃回家中，躲避不面者，俗谓之桃干。盖桃与逃同音也。

香瓜。凡乡人初次进城，不知事理，不知人情，俗谓之香瓜（香与乡同音）。

流尸。即流氓之别称。以敲诈为生活，遇事生风，不知情理，俗谓之流尸。

时髦子。有一种人趋赴宴会，不能久坐，半途逃席，一似另与他人作约者，俗谓之时髦子。其服尚趋时者，人亦以此名之。

机包子。此本为织缎匠人之称。俗见人短衣缩首，每谓之机包子，言其品相不善也。

土匪。自光复后，人多呼妓女为土匪。其意盖因土匪为拾取财物者，妓女亦以金钱为目的，其敲竹杆亦等于土匪也，故名。

牵马。男女秘戏结合，而有人为之穿针引线者，谓之牵马，即开设台基者之别名也。

吃仙鹤。赌局之人而外，其与之共饮膳者，谓之吃仙鹤。其义等于吃白食。

尿儿鬼。有一种悭吝之徒，出手及手，凡事但求俭省，不肯错用一文钱者，俗谓之尿儿鬼。

焦尾把。老而无嗣，待人又苛刻，人因从旁詈之日焦尾把。

避忌笑谈

宁人早出，最恶见尼姑，见之则以为大不祥。

清晨闻鸦鸣，以为不祥，默诵“乾元亨利贞”五字七遍，谓可解禳。早间最忌对人说梦字，有不慎而误道者，人必掩耳而走。

入茶社饭肆饮食，三人一桌，如空一位不坐，谓之关门坐，为肆主所最忌。

凡入店铺购物，设将一足跷于门槛，为铺家所忌，见必呵斥。

晚闻鸡鸣，谓有火警，以为不祥。

狗作怪声，谓之狗吠，主凶丧，必逐出之。

有不识者，乞取火柴，或杯水，必靳不与。盖恐为术者，防其暗算也。

清晨对人作呵欠，人必不愿意。

至人家吊丧，若迟至午后，谓之收鼓槌，以为不吉。

送人出殡，若到时稍迟，而灵柩已经起行，则为大不祥，谓之赶棺材不上。

逢年节时，讳言死字，如购得死鱼死鸭之类，则曰文鱼文鸭。所谓文者，言其不动也。年节时遇亲友丧事，趋往吊奠后，归家时，必先入寺院一行，恐有鬼祟相随也。

宁俗人家讳言狐。家中有狐者，每逢朔望焚香敬祝，且呼之曰老太爷。

于厨房中忌骂人恶语，恐触怒灶君也。

病者延医诊视，药方必正折；如反折则谓药与病反，不得功效。又药渣必倾于门前，谓之投门。

年节及有喜寿事时，如破瓦碎瓯，以为大不利。

食品琐录

（1）烧鸭。举叉火炙，皮红不焦，味香可口，谓之烧鸭。

（2）盐水鸭。淡而脂，肥而不浓，初春及仲秋时，最为上品。

（3）板鸭。冬日盐渍日久，呼为板鸭。远方人喜购之以为馈献，居家者亦多备办，以为除夕元旦之用。其煮法，先将鸭用冷水泡二三小时，置釜中沸水煮之，数分钟后，提出于冷水中浸之（名曰洗澡），再置沸水中煮，数分钟后复提出浸于冷水。如是者三次，然后置釜中文火煮之，半小时即透。

（4）桶子鸡。味鲜嫩，与初春盐水鸭同，为冬时之珍肴。

（5）四件。将鸡鸭截其翼足，探其肫肝，零售之，名为鸡四件或鸭四件。

（6）杂碎。将鸡鸭腹中所有之件，葅而沽之，名曰杂碎。

（7）熟切。取猪豚蹄舌尾肠肚，入釜熬陈久之汁，浸之烹之，肉店于晚间列案，零切售之，谓之熟切。

（8）罐肉。取猪肉数斤，置诸小缶，入水满之，纳于爨火中，与饭同熟，谓之罐肉。南门桥饭铺中皆具，以供往来行旅者也。

（9）发糕。民间年节祀神及乔迁多用之。取麦粉揉糖为圆式，蒸之，堆迭数层，谓之发糕。

（10）山查。产于清凉山麓，用线穿之如数珠式。七月杪地藏会，儿童竞购食之。

（11）贴炉面筋。取麦麸揉洗之，成小团，炙以火，张其外而中虚，谓之贴炉面筋。旅客购回以为馈赠品。

（12）干丝。此为茶社小品。取百叶干片缕切之，浸以酱汁，点以生姜丝。厥味清腴，南门贵人坊、观音庵僧善制之。

（13）梅豆。一名状元豆。儿童最喜食之。取黄豆以饴糖、红曲煮之，搀以梅子，其色红，味极鲜妍。正月间茶肆皆以之供茗饮。

（14）甑儿糕。削木如小瓶，实籼糯米粉于中，递蒸之使融。人家小儿哺乳不足，每购此糕喂之。

六合之礼仪

婚礼：婚礼有亲迎，俗废已久。大都币聘既纳，婚者于将娶前数日，具帖往拜诸亲，谓之告成婚礼，诸亲亦即各以仪物馈贺。子女将嫁前数日，亲族以酒馔相邀，谓之待嫁，随以衣奁等物相馈。先一日，亲朋聚饮婿室，名为餪房。至期，婿家彩舆相迎，灯乐前导——宦家或杂以仪卫，民间止引以花灯。是夕，婿家延请亲友，先舆往女家，曰迎亲。女家亦延亲族，随舆至婿家，曰送亲。次晨，女家送茶果糍糕等物，谓之开门茶。傍午，送酒食肴馔，谓之熟饭。三日后，迎婿女归，名曰回门；亦有迟至满月者。其宴会丰俭，各随贫富，此大略也。

丧礼：丧礼多遵古制。殓后，即具讣文，以告亲友。间有缞服自往告者。亲友闻讣，往唁，继以酒果，至四十九日乃止。讣状载明奄丧之期；奄丧，即不受吊。以孝子或无兄弟，或多事务，不能日日俟宾，故便宜以从俗也。葬无定期，预数日开吊，亲友各赙以吊仪，谓之助丧。昔起于诸生胡大观，今已通行一邑矣。发引日，用僧乐輓歌，以导輀车，亦有陈列纸帛人物、祭章、亭幔，及用方弼、方相者。自初丧以迄终葬，其间或用释道看经礼忏，则各随民便，礼不能禁。

祭礼：岁时有祭，忌日有祭。富家有庙，贫家第设主而已。祭祀之品仪，亦随家之贫富以为丰俭。

六合之岁时

元旦。迎喜神方向，各庙烧香。男女皆盛服，展拜于庭；为酒食以待亲邻，交相拜跪，友朋则多以名刺相投矣。

上元。先数日，鬻灯于十字街，拥塞道路。于十三日起，比户张挂门灯，为鳌山牌坊及灯谜，以供游人猜戏。又为龙虎狮豸各种彩灯，竞相擎举，鼓乐喧阗，往来街巷。姻戚则以元宵酒果，互相馈送。至十六日落灯，夜静，妇女出游，携瓦罐，抛弃于桥梁之畔，以为禳病云。

社日。自城市以及乡村，各醵金具酒醴鸡豚，以祀土神。祀毕，群享祭余，乡邻欢聚，名为社会。

清明。插柳于门上，男女或簪之。祀祖于家，祭扫于墓，插陌钱于墓上。或具尊罍果核，踏青郊外。小儿竞放纸鸢。县知事主祭厉坛于北郊，命属官赍文请城隍神监坛。民俗即具鼓乐、盛仪卫以迎送。至三月二十八日，俗以为东岳帝君诞日，演剧建醮，亦具鼓乐，盛仪卫，舁神舆遍游四境。

五月朔日。民间即互馈角黍。龙津桥上下河内，群造龙舟竞渡。士民灯舫画船，箫鼓竟夜。五日，饮雄黄酒，插蒲艾、榴花于瓶盎，小儿系彩线臂上。是月十三日乃关帝诞辰，官民祭享，演戏建醮，龙舟游舫如五日。

六月六日。俗皆曝书籍衣帛于庭。母家熟腊肘，市花红，以馈其女。

七夕。幼女陈瓜果，穿针乞巧，至夜分不寐，候盼彩云。

十五日。家祀祖先，官祀厉坛，如清明节。里巷为盂兰灯会，乡民女皆于是日归宁，以为此后即各勤农事矣。

中秋。家家以菱藕、蹲鸱、糖饼相馈送。夕则陈以祀月。祀时所焚香，其制周围尺余，高四五层，或六七层不等，以上渐锐，形如塔，最上一层裁纸为斗贯其上，斗旁插小旗二，谓之斗香。乡村愚妇，有夜分私取园瓜，谓之摸秋，以兆生子。小儿垒瓦片为塔，燃灯其中，鸣锣击鼓，绕塔以戏。

九日。食糕，佩茱萸，竞载酒携螯，作登高会。

十月朔。祀先祭墓，官祀厉坛，如清明。

冬至。民间祀祖，渔家拜贺燕饮如元旦。

腊八。食粥，以诸果杂谷为之。

祀灶。或廿三日，或廿四日。祀以茶果糖点，亦有用鱼酒者。剪草杂糟豆，以饲灶马。先数日，卜吉扫舍宇。

除夕。祀众神家庙，换桃符、宜春字，劚五色纸，为钱及花卉人物状，杂粘于门壁间。至晚，以松竹为灯盆，合家团坐欢饮，谓之守岁。家长以钱遍给家人，谓之压岁钱。夜分，祀井。昧爽，设祭品迎灶。是夜爆竹响达旦。

镇江奇俗之一端

旧历十月朔，为入冬之第一日。镇江是日，无论贫富人家，咸不食米饭，另用红豆与糯米煮饭，名曰红豆饭，合家咸须食之。未食前，先置一碗于桌上，谓给苍蝇饱食。蝇饱食而痴，即不致再相扰害矣。食毕，观城隍神会。俗传是日城隍出巡，意在收鬼。故愚夫愚妇，见偶像前过，噤不作声，唯合十默祝神佑。亦可哂也。

吴中岁时杂记

正　月

挂喜神　新年比户悬挂祖先画像，具香蜡、茶果、粉丸、糍糕，肃衣冠，率妻孥以次拜，或三日、五日、十日，上元夜始祭而收之。至戚相贺。或有展拜尊亲遗像者，谓之拜喜神。

上年坟　携糖茶果盒展墓，谓之上年坟。

飞帖　贺年有不亲往，而遣僮仆投红单刺至戚若友家者，答拜者亦如之，谓之飞帖。

开门爆仗　岁朝，开门放爆仗三声，云解疫疠，谓之开门爆仗。

欢喜团　围炉中烧巨煤墼，曰欢喜团。凡岁朝届元宵而止。吴谷人祭酒《新年杂咏》小序云："欢喜团，杵炭屑而范之，上下合成，圆而有扁势，炭墼之巨族也。除夕，取以埋炉，置寝室中，谓之欢喜过年。"诗云："开炉重得彩，余喜复余欢。火色明通夕，春光聚一团。儿人先附热，举室不知寒。笑指青红意，还将儿女看。"（注：俗指小儿女之称意者，亦曰欢喜团。吴人亦有此口号。）

黄连头叫鸡　献岁，乡农沿门吟卖黄连头叫鸡，络绎不绝。黄连树，村落俱有，其苗可食。乡农于四五月间，摘取其头，以甘草汁腌之，谓小儿食之，可解内热。吴谷人祭酒《新年杂咏》小序云："吹鸡，揭竿缚草，以处鸡群，口衔翁管，巡街吹卖，其音曰哺哺哺，故名哺哺鸡。"诗云："晓日一鸡唱，春风正满闾。居然生羽翼，大要借吹嘘。功岂养成候，声疑伏卵余。儿童能起舞，壮志定何如。"

看风云　农人岁朝晨起，看风云以卜田事。谚云："岁朝东北风，五禾大熟；岁朝西北风，大水害农功。"

秤水　自岁朝至十二日，以瓶汲水，秤其轻重，以卜岁中水旱。自元旦至十二日，当一岁之月，重则其月多水，轻则旱。

烧十庙香。郡县城隍庙及本里土地诸神祠，男妇修行者，年初皆往烧香，必经历十庙而止，谓之烧十庙香。归必炷香于家堂司命诸神之前，曰回头香。

年节酒　元旦后，戚若友递相邀饮，至十五日而止，俗称年节酒。范来宗《留客诗》云："登门即去偶登堂，或是知心或远方。柏酒初开排日饮，辛盘速出隔年藏。老饕餍饫情忘倦，大户流连态怕狂。沿习乡风最真率，五侯鲭逊一锅香。"又蔡云《吴歈》云："大年朝过小年朝，春酒春盘立见招。近日款宾仪数简，点茶无复枣花挑。"

小年朝　正月初三日为小年朝，不扫地，不乞火，不汲水，与岁朝同。

接路头　正月初五日，为路头神诞辰。金锣爆竹，牲醴毕陈，以争先为利市，必早起迎之，谓之接路头。蔡云《吴歈》云："五日财源五日求，一年心愿一时酬。提防别处迎神早，隔夜匆匆抢路头。"是日，市估祀神，悬旌返肆，谓之开市。

看参星　正月初八日，昏时看参星，占岁中之水旱，谚云："参星参在月背上，鲤鱼跳在镬橄上。参星参在月口里，种田种在石臼里。"又以是日参星之隐见，卜上元日晴雨，谚云：“上八不见参星，月半不见华灯。”

斋天　正月初九日，为玉皇诞辰。元妙观道侣设道场于弥罗宝阁，名曰斋天。酬愿者骈集，或有赴穹窿上真观烧香者。蔡云《吴歈》云：“七日为人八日谷，谁祈人寿谷丰登。惯闻九日朝天去，香市穹窿第一层。”

点灶灯　正月十三夜，悬灶灯于厨下，凡五夜，至十八夜止。十三日为试灯日，十八日为收灯日。

爆孛娄　乡农以糯谷入焦釜，老幼各拈一粒，曰爆孛娄，谓卜流年之休咎。

春饼　春前一月，市上已插标供买春饼。居人相馈贶。卖者自署其标曰“应时春饼”。

圆子油鎚　上元，市人簸米粉为丸，曰圆子。用粉下酵裹馅，制如饼式，油煎曰油鎚，为居民祀神享先节物。

走三桥　元夕，妇女相率宵行，以却疾病，必历三桥而止，谓之走三桥。

闹元宵　元宵前后，比户以锣鼓饶钹，敲击成文，谓之闹元宵。有跑马、雨夹雪、七五止三、跳财神、下西风诸名。或三五成群，各执一器，儿童围绕以行，且行且击，满街鼎沸，俗呼走马锣鼓。范来宗《锣鼓》诗云：“轰连爆竹近还遥，到处喧阗破寂寥。听去有声兼有节，闹来元旦过元宵。太平响彻家增乐，开道声稀巷转嚣。取决春风催劈柳，卖饧时近又吹箫。”又有无名氏《闹元宵》乐府云：“童儿放学店未开，家家锣鼓喧如雷。新年风物幸无事，买得元宵灯未试。夹雨夹雪七五三，更将走马为绦骖。迎春既过复迎喜，爆竹烧残闹方已。更缚风鸢一尺长，街头又看东风起。”

三官素　上元、中元、下元日，为三官诞辰。俗以正、七、十月，朔至望日，嗜素者谓之三官素。或以月之一、七、十日持斋，谓之花三官。

接坑三姑娘　望夕迎紫姑，俗称接坑三姑娘，问终岁之休咎。妇女又有召帚姑、针姑、苇姑，卜问一岁吉凶者，一名百草灵。乡间则有祈蚕之祭。

验水表　正月十五日夜，月明时，立一尺五寸之表于地，至夜子正一刻，候之以卜旱涝。

二　月

元墓看梅花　邓尉在光福里，去城七十里，因后晋青州刺史郁泰元葬此，又名元墓。山人以圃为业，尤多树梅。暖风入林，元墓梅花吐蕊，迤逦至香雪海，红英绿萼，相间万里。郡人舣舟虎山桥畔，禊被遨游，夜以继日。沈朝初《忆江南》词云：“苏州好，鼓棹去探梅。公子清歌山顶度，佳人油壁树间来。元墓正花开。”

惊蛰闻雷米似泥　土俗以惊蛰节闻雷，主岁有秋。谚云：“惊蛰闻雷米似泥。”若雷动于未交惊蛰之前，则主岁歉。谚云：“未蛰先蛰，人吃狗食。”

掌腰糕　二月二日，以隔年糕油煎食之，谓之掌腰糕。蔡云《吴歈》云：“二月二日春正饶，掌腰相劝啖花糕。支持柴米凭身健，莫惜终年筋骨劳。”又徐士鋐《吴中竹枝词》云：“片切年糕作豆条，碧油煎出嫩黄娇。年年掌得风难摆，怪道吴娘少细腰。”

冻狗肉　二月初八日，为祠山张大帝诞。相传大帝有风山女、雪山女，归省前后数日，必有风雪，号“请客风，送客雨”，虽天气甚温，又必骤寒，俗有“大帝吃冻狗肉”之谚。

百花生日　二月十二日为百花生日，闺中女郎，剪五色彩绘，粘花枝上，谓之赏红。

二月十二　土俗以十二日天气清朗，则百物成热。谚云“有利无利，但看二月十二。”

观音生日　二月十九日，为观音诞辰。士女骈集殿庭炷香，或施佛前长明灯油，以保安康。或供长幡，云求子得子。既生小儿，则于观音座下，皈依寄名，可保长寿。僧尼建观音会，庄严道场，香花供养。妇女自二月朔持斋，至是日止，俗呼观音素。六月、九月朔至十九日，皆如之。

观音山香市　观音诞日，有至支硎山朝拜者，望前后已联缀于途。马铺桥迤西，乃到山路也，人多赁坐竹舆，资以代步，不帷不盖，两人肩之以行，俗呼观音山轿子。

木林柴　观音山人以枣栗诸木，作盂碗葫芦之属，或以寸木作妆域，上覆如笠，下悬如针，旋转为戏，俗呼转盘图。又以柳木片胶粘作小舫，为小儿玩物。俗有“乖乖乖，观音山罢木林柴”之谣。

老和尚过江　二月二十八日，为老和尚过江，必有风报。若吹南风，主旱。

神鬼天　清明前后，阴雨无定，俗呼神鬼天。或大风陡起，黄沙蔽日，又谓之落沙天。蔡云《吴歈》云：“劈柳吹花风作颠，黄沙疾卷路三千。寄声莫把冬天当，耐过一旬神鬼天。”

春台戏。二三月问，里豪市侠，搭台旷野，醵钱演剧，男女聚观，谓之春台戏，以祈农祥。

解天饷　春中，各乡土地神庙，有解天饷之举。司香火者董其事，庙中设柜，收纳阡张元宝，俗呼钱粮。凡属境内居民，每户献纳，一付、十付、数十付不等，每完一付，必输纳费制钱若干文，名曰解费献纳。稍迟则遣人于沿街鸣锣使闻，谓之催钱粮。有头限、二限、三限之目。盛设仪从鼓乐，载车马，舁神至穹窿山上真观，以钱粮焚化玉帝殿庭，为境内居民祈福，名曰解天饷。

三　月

田鸡报　三月三日，农民听蛙声于午前后，以卜丰稔，谓之田鸡报。

谚云："田鸡叫拉午时前（延先切），大（读作度）年在高田。田鸡叫拉午时后，低田弗要愁。"俗又以是月晴，宜麦。谚云："三月沟底白，莎草变成麦。"

野菜花　荠菜花，俗呼野菜花。因谚有"三月三，蚂蚁上灶山"之语，三日，人家皆以野菜花置灶陉上，以厌虫蚁。侵晨，村童叫卖不绝。或妇女簪髻上，以祈清目，俗呼眼亮花。或以隔年糕油煎食之，云能明目，谓之眼亮糕。

插杨柳　清明日，满街叫卖杨柳。人家买之，插于门上。农人以插柳日晴雨占水旱，若雨主水。谚云："檐前插青柳，农夫休望晴。"

戴杨柳球　妇女结杨柳球戴鬓畔，云红颜不老。杨韫华《山塘棹歌》云："清明一霎又今朝，听得沿街卖柳条。相约比邻诸姊妹，一枝斜插彩云翘。"

过节　人无贫富，皆祭其先，俗呼过节，凡节皆然。盖土俗家祭，以清明、七月半、十月朔为鬼节，端午、冬至、年夜为人节。逢鬼节，则祭用麦面。烧纸焚锭，亦鬼节为盛。新丧终七而未逾年者，多招释氏羽流，讽经礼忏，以资冥福。至亲往拜灵座，谓之新清明。

青团炀熟藕　市上卖青团炀熟藕，为居人清明祀先之品。徐达源《吴门竹枝词》云："相传百五禁厨烟，红藕青团各荐先。熟食安能通气臭，家家烧笋又烹鲜。"

上坟　清明时并出祭祖先坟墓，谓之上坟。间有婿拜外父母墓者。以清明前一日至立夏日止。道远泛舟具馔以往，近则提壶担盒而出。挑新土，烧楮钱，祭山神，奠坟墓，皆向来之旧俗也。凡新娶妇，必挈以同行，谓之上花坟。又皆在社前祭扫。谚云："新坟不过社。"周宗泰《姑苏竹枝词》云："衣冠稽首祖茔前，盘供山神化楮钱。欲觅断魂何处去，棠梨花落雨余天。"又蔡云《吴歈》云："舵尾飘飘挂纸钱，出城都是上坟船。荒原落叶何曾扫，胜地名花别有缘。"

野火米饭　清明日，儿童对鹊巢支灶，敲火煮饭，名曰野火米饭。

四　月

立夏见三新　立夏日，家设樱桃、青梅、穞麦，供神享先，名曰立夏见三新。宴饮则有烧酒、酒酿、海蛳、馒头、面筋、芥菜、白笋、咸鸭蛋等品为佐，蚕豆于是日尝新。酒肆馈遗于主顾，以酒酿、烧酒，谓之馈节。蔡云《吴歈》云："消梅松脆莺桃熟，穞麦甘香蚕豆鲜。鸭子调盐剖红玉，海蛳入馔数青钱。"

秤人　家户以大秤权人轻重，至立秋日又秤之，以验夏中之肥瘠。蔡云《吴歈》云："风开绣阁扬罗衣，认是秋千戏却非。为挂量才上官秤，评量燕瘦与环肥。"

注夏　俗以入夏眠食不服，曰注夏。凡以魇注夏之疾者，则于立夏日，取隔岁撑门炭，烹茶以饮。茶叶则索诸左右邻舍，谓之七家茶。或小儿嗜猫狗食余，俗名猫狗饭。是日虽寒，必著纱衣一袭，并戒坐户槛，俱令人夏中壮健。

立夏三朝开蚕党　环太湖诸山，乡人比户蚕桑为务。三四月为蚕月，红纸粘门，不相往来，多所禁忌。治其事者，自陌上桑柔，提篮采叶，至村中，煮茧、分箔、缫丝，历一月而后弛诸禁。俗目育蚕者日蚕党。或有畏护种出火辛苦，往往于立夏后，置现成三眼蚕于湖以南之诸乡村。谚云"立夏三朝开蚕党"，谓开罢蚕船也。

小满动三车　小满乍来，蚕妇煮茧、治车、缫丝，昼夜操作。郊外菜花，至是亦皆结实，取其子至车坊磨油，以俟估客贩卖。插秧之人，又各带土分科。设遇梅雨注溢，则集桔槔以救之。旱则用连车，递引溪河之水，传戽入田，谓之踏水车。号曰"小满动三车"，谓丝车、油车、田车也。

麦秀寒　夏初，天气清和，人衣单袷；忽阴雨经旬，重御棉衣。人以时之寒在麦秀之际，谓之麦秀寒。乡人以麦宜寒、蚕宜温，惟同在四月之际，两者必有一偏。尝有歌云："做天难做四月天，蚕要温和麦要寒。种菜哥儿要落雨，采桑娘子要晴干。"

卖时新　蔬果鲜鱼诸品，应候迭出，市人担卖，四时不绝于市，而夏初尤盛，号为卖时新。赵筠《吴门竹枝词》云："山中鲜果海中鳞，落索瓜茄次第陈。佳品尽为吴地有，一年四季卖时新。"

浴佛　四月八日，为释迦文佛生日。僧尼香花灯烛，置铜佛于水盆，妇女争舍钱财，曰浴佛。居人持斋礼忏，结众为放生会。或小舟置龟鱼螺蚌，口诵往生咒放之，竟日不绝。

阿弥饭　市肆煮青精饭为糕式，居人买以供佛，名曰阿弥饭，亦名乌米糕。周宗泰《姑苏竹枝词》云："阿弥陀佛起何时，经典相传或有之。予意但知啖饭好，底须拜佛诵阿弥。"

七日八夜雨　农人以初八日夜雨，主伤小麦。谚云："小麦不怕神共鬼，只怕七日八夜雨。"

神仙生日　四月十四日，为吕仙诞，俗称神仙生日。食米粉五色糕，名神仙糕。帽铺制垂须钹帽以售，名神仙帽。四月十六。土俗于十六日望晴雨以候岁，晴则水，雨则旱，惟阴云为佳。谚云："有谷无谷，但看四月十六。"

五　月

修善月斋　释氏羽流，先期印送文疏于檀越，填注姓氏，至朔日，焚化殿庭，谓之修善斋。是月俗又称为毒月，百事多禁忌。

贴天师符　朔日，人家以道院所贻天师符，贴厅事以镇恶，肃拜烧香。至六月朔，始焚而送之。有贻自梵氏者，亦多以红黄白纸，用朱墨画韦陀镇凶，则非天师符矣。而小户又多粘五色桃印彩符，每描画姜太公、财神及聚宝盆、摇钱树之类。受符者必至院观拈香，答以钱文，谓之符金。

端五　五月五日，俗称端五。瓶供蜀葵、石榴、蒲蓬等物，妇女簪艾叶、榴花，号为端五景。人家各有宴会庆赏。端阳药市、酒肆馈遗主顾，则各以其所有雄黄、芷术、酒糟等品。百工亦各辍所业，群入酒肆哄饮，名曰白赏节。

采百草　端五日，土人采百草之可疗疾者，留之以供药饵，俗称草头方。药市收癞蛤蟆，刺取其沫，谓之蟾酥，为修合丹丸之用，率以万计。人家小儿女之未痘者，以水畜养癞蛤蟆五个或七个，俟其吐沫，过午取水，煎汤浴之，令痘疮稀。

黄梅天　芒种后遇壬，为入霉，俗有"芒种逢壬便入霉"之语。而人即以入霉日数，度霉头之高下。如芒种一日遇壬，则霉高一尺；至第十日遇壬，则霉高一丈。皮物过夜，便生霉点，谓之黄梅天。又以其时忽晴忽雨，谚有云"黄梅天，十八变"。又谓天寒主旱，谚云："黄梅寒，井底干。"夏至后遇庚，为出霉，小暑日为断霉，过此则无蒸湿之患。俗又忌小暑日雷鸣，主潦，俗呼倒黄梅，谚云："小暑一声雷，依旧倒黄梅。"农人又以入霉日雨主旱，谚云："高田只怕迎霉雨。"又以入霉日雨主阴，出霉日雨主旱，谚云："雨打黄霉头，四十五日无日头。雨打黄梅脚，四十五日赤蛞蛞。"又以霉日雨主水，"迎梅一尺，送梅一尺"。

梅水　居人于梅雨时，备缸瓮，收蓄雨水，以供烹茶之需，名曰梅水。徐士鋐《吴中竹枝词》云："阴晴不定是黄梅，暑气薰蒸润绿苔。瓷瓮竞装天雨水，烹茶时候客初来。"

三时　夏至日为交时，曰头时、二时、末时，谓之三时。居人慎起居，禁诅咒，戒剃头，多所忌讳。农人又以每时之末忌雨，谚云："三时三送，低田自弄。"中时而雷，谓之腰鼓报，主大水，谚云："中时腰报没低田。"又以时中多雨，及时尽而雷，皆主涝，谚云："时里寒，没竹竿。"又云："低田只怕送时雷。"

分龙雨　五月二十日为分龙。俗以分龙之次日雨，谓之分龙雨，主雨旸调顺，岁必有秋。有“二十分龙廿一雨，水车搁拉弄堂里”之谚，又云“二十分龙廿一雨，石头缝里都是米”。自是以后，分方行雨，俗谓之“夏雨隔爿（读如辨平声）田”。蔡云《吴歈》云：“南阡朗日带长虹，北陌顽云斗疾风。偶凑分龙得新雨，山村水荡说年丰。”

拔草风　梅雨既过，飒然清风，弥旬不歇，谓之拔草风。俗又以小暑日东南风，主旱。谚云：“小暑吹了东南风，四十五日拔草风。”

六　月

黄昏阵　俗以六月初三日晴，主旱。若是夜黄昏有雨，则日日有之，谓之黄昏阵。谚云：“六月初三打过黄昏阵，上昼耘稻下昼困。”义云：“初一落雨并泉枯，初二落雨井泉波（读为普胡切，作溢字解也），初三落雨夜夜阵，初四落雨通太湖。”盖此时农民望泽孔殷，如久晴，则立竿制纸旗以祷雨。街坊小儿出松花会，呼曰“小儿求雨天欢喜”。蔡云《吴歈》云：“六月不逢夜夜阵，满城扯遍七星旗。草鞋人散松花会，正是湖乡雨透时。”

六月不热，五谷弗结　俗谓三伏日宜热，谚云：“六月不热，五谷弗结。”

山糊海幔　俗又以夏中日出时，云雾迟开，主热，谓之“山糊海幔”。谚云：“山糊海幔，晒杀老鹳。”

谢灶　六月初四、十四、念四日，比户祀司灶。谚云：“三番谢灶，胜做一坛清醮。”祀时以米粉作团，素羞四簋，俗称谢灶素菜。

狗䃼浴　谚云：“六月六，狗䃼浴。”谓六月六日，牵猫犬浴于河，可避虱蛀。郭麟《浴猫犬》词云：“六月六，家家猫犬水中浴。不知此语从何来，展转流传竟成俗。流传不实为丹青，孰知物始睹厥形。孰居庄严成坏住，劫前八万四千横竖飞走一一知其名。而况白者乌龙不同族，何以降日物同生。一笑姑置之，听我为媒词，司马高才号犬子，拓拔英雄称佛狸。乌员锦带粉绮丽，韩卢宋鹊尤魁奇。世上纷纷每生者，李义府与景升儿。金钱犀果洗若属，但有痴骨无妍皮。猫乎犬乎好自爱，洞里堂中久相待。伐毛洗髓三千会，会见爬沙登上界。”

晒书　六日故事，人家曝书籍图画于庭，云蠹鱼不生，潘奕隽《六月六日晒书诗》云：“三伏乘朝爽，闲庭散旧编。如游千载上，与结半生缘。读喜年非耋，题惊岁又迁。呼儿勤检点，家世只青毡。”

翻经　又六月六日，诸丛林各以藏经曝烈日中。僧人集村妪为翻经会，谓翻经十次，他生可转男身。

三伏天　旧俗有夏九九，今已不传。但从夏至日起，第三庚为初伏，第四庚为中伏，立秋后初庚为末伏，谓之三伏天。好施者于门首普送药饵，广结茶缘。

雷斋　六月二十四日，为雷尊诞。自朔日至诞日茹素者，谓之雷斋。郡人几十之八九，屠门为之罢市。或有闻雷茹素者，虽当食之顷，一闻虺虺之声，重御素肴，谓之接雷素。嗜斋之先，戚若友必馈馔肴以相暖热，谓之素斋。既开斋，又如之，谓之开荤。

七　月

预先十日作秋天　立秋前数日，罗云复叠，细雨廉纤，金风欲来，炎景将褪，似乎有新凉之意思。谚云：“预先十日作秋天。”李福《偶得吴谚成诗》云：“梧桐满院绿阴连，引得新凉到枕边。细雨斜风几番过，预先十日作秋天。”

秋瞉碌，收秕谷　立秋日雷鸣，主秀不实。谚云：“秋瞉碌，收秕谷。”又以稻秀时浓云大作，中有白虹横贯者，俗呼白鬒，亦主获秕谷，谓之天收。蔡云《吴歈》云：“雨洒风飘日又晴，先秋十日借秋声。雪瓜火酒迎新爽，怕听天边玉虎鸣。”

朝立秋，淘飕飕；夜立秋，热畔咔　土俗又以立秋时之朝夜占凉燠，谚云："朝立秋，淘飕飕；夜立秋，热咔咔。"自是以后，或有时仍酷热不可耐者，谓之秋老虎。

巧果　七夕前，市上已卖巧果，有以面和白糖，绾作苧结之形，油汆令脆者，俗呼为苧结。至是或偕花果，陈香蜡于庭，或露台之上，礼拜双星以乞巧。蔡云《吴歈》云："几多女伴拜前庭，艳说银河驾鹊翎。巧果堆盘卿负腹，年年乞巧靳双星。"

㧳巧　七日前夕，以杯盛鸳鸯水，掬和露中庭，天明日出晒之，徐俟水膜生面，各拈小针，投之使浮，因视水底针影之所似，以验智鲁，谓之㧳巧（㧳音笃，吴语弃掷也）。

看天河　七夕后看天河显晦，卜米价之低昂，谓晦则米贵，显则米贱。

斋田头　七月半为中元节，农家祀田神，各具粉团、鸡黍、瓜蔬之属，于田间十字路口，再拜而祝，谓之斋田头。

棉花生日　七月二十日，俗传棉花生日，忌雨。谚云："雨打七月念，棉花弗上店。"

八　月

天炙　朔日，早起取草头露，磨墨点小儿额腹，以祛百病，谓之天炙。

灶君生日　八月初三日，为灶君生日。家户具香蜡素羞，以祀天王堂及福济观之灶君殿，进香者络绎终日。有集男妇嗜斋为会者，谓之灶君素。

八月半　中秋，俗呼八月半。是夕人家各有宴会，以酬佳节。人又以此夜之晴雨，占次年元宵阴晴。谚云："八月十五云遮月，来岁元宵雨打灯。"又云："雨打上元灯，云罩中秋月。"蔡云《吴歈》云："闷闷中秋云罩月，哓哓元夜雨淋灯。谁知篱豆花开日，养稻正需水满塍。”

走月亮　中秋夜，妇女盛妆出游，互相往还，或随喜尼庵，鸡声喔喔，犹婆裟月下，谓之走月亮。蔡云《吴歈》云：“木犀球压鬓间香，两两三三姊妹行。行冷不嫌罗袖薄，路遥翻恨绣裙长。”

糍团　八月二十四日，煮糯米，和赤豆作团，祀灶，谓之糍团。人家小女子，皆择是日裹足，谓食糍团缠脚，能令胫软。蔡云《吴歈》云：“白露迷迷稻秀匀，糯团户户已尝新。可怜绣阁双丫女，初试弓鞋不染尘。”

稻生日　八月二十四日，农人以为稻生日，雨则藁多腐。谚云：“烧干柴，吃白米。”

木犀蒸　俗呼岩桂为木犀，有早晚两种，在秋分节开者，曰早桂；寒露节开者，曰晚桂。将花之时，必有数月鏖热如溽暑，谓之木犀蒸，言蒸郁而始花也。自是金风催蕊，玉露零香，男女耆稚，极意纵游，兼旬始歇，号为木犀市。

风潮　七八月间，大风陡至，先有海沙云起者，谓之风潮。蔡云《吴歈》云：“裂残火伞作罗纹，萧飒声来退暑氛。又恐风潮坏棉稻，东南莫起海沙云。”

秋兴　白露前后，驯养蟋蟀，以为赌斗之戏，谓之秋兴，俗名斗赚绩。提笼相望，结队成群。其虫为将军，以头大足长为贵，青、黄、红、黑、白正色为优。大小相若，铢两适均，然后开册斗。时有执草引敌者，曰莛草。两造认色，或红或绿，曰标头。台下观者，即以台上之胜负为输赢，为之贴标斗，分筹马，谓之花——花，假名也，以制钱一百二十文为一花，一花至百花、千花不等，凭两家议定。胜者得彩，不胜者输金，无词费也。

九　月

重阳信　重阳将至，盲雨满城，凉风四起，亭皋落叶，陇首飞云，人以是为立秋后第一寒信，谓之重阳信。俗又有“九月九，蚊虫叮石臼”之语。

重阳糕　重阳日，居人食米粉五色糕，名重阳糕。自是以后，百工入夜操作，谓之做夜作。蔡云《吴歈》云：“蒸出枣糕满店香，依然风雨古重阳。织工一饮登高酒，篝火鸣机夜作忙。”

祭钉靴　九月十三日，俗祭钉靴，占一冬晴雨，晴则冬无雨雪。谚云：“九月十三晴，钉靴挂断绳。”

十　月

十月朝　月朔，俗称十月朝。人无贫富，皆祭其先，多烧冥衣之属，谓之烧衣节。或延僧道作功德，荐拔新亡，至亲亦往拜露座，谓之新十月朝。

天平山看枫叶　郡西天平山，为诸山枫林最胜处。冒霜叶赤，颜色鲜明，夕阳在山，纵目一望，仿佛珊瑚灼海。在三太师坟者，俗呼为九枝红。游者每雇山轿，以替足力。

五风信　檀火斯改，飘风欲来，使人预备御寒之具，谓之五风信。土俗又以月旦之雨晴，占一冬寒暖。蔡云《吴歈》云：“寒衣未办费商量，月旦占晴也大慌。风信五番都过了，棉花须定价低昂。”

冬酿酒　乡田人家，以草药酿酒，谓之冬酿酒。有秋露白、杜茅柴、靠壁清、竹叶清诸名。十月造者，名十月白。以白面造曲，用泉水浸白米酿成者，名三白酒。其酿而未煮，旋即可饮者，名生泔酒。蔡云《吴歈》云：“冬酿名高十月白，请看柴帚挂当檐。一时佐酒论风味，不爱团脐只爱尖。”

焯蟹　湖蟹乘潮上簖，渔者捕得之，担入城市，居人置以相馈贶，或宴客佐酒，有九雌十雄之目，谓“九月团脐佳，十月尖脐佳”也。汤焯而食，故谓之焯蟹。

盐菜　比户盐藏菘菜于缸瓮，为御冬之旨蓄，皆去其心，呼为藏菜，亦日盐菜。有经水滴而淡者，名曰水菜。或以所去之菜心，刳菔薹为条，两者各寸断，盐拌酒渍入瓶，倒埋灰窖，过冬不坏，俗名青不老。

十一月

冬至大如年　郡人最重冬至节。先日，亲朋各以食物相馈遗，提筐担盒，充斥道路，俗呼冬至盘。节前一夕，俗呼冬至夜。是夜，人家更迭燕饮，谓之节酒。女嫁而归宁在室者，至是必归婿家。家无大小，必市食物以享先，间有悬挂祖先遗容者。诸凡仪文，加于常节，故有“冬至大如年”之谣。蔡云《吴歈》云：“有几人家挂喜神，匆匆拜节趁清晨。冬肥年瘦生分别，尚袭姬家建子春。”

冬至团　比户磨粉为团，以糖、肉、菜、果、豇豆沙、芦菔丝等为馅，为祀先祭灶之品，并以馈贻，名曰冬至团。

连冬起九　俗从冬至日数起，至九九八十一而寒尽，名曰连冬起九，亦曰九里天。歌云：“一九二九，相呼不出手。三九廿七，篱头吹觱栗。四九三十六，夜宿如露宿。五九四十五，穷汉街头舞。不要舞，不要舞，还有春寒四十五。六九五十四，苍蝇躲屋栿。七九六十三，布衲两肩摊。八九七十二，猫狗躺淘地。九九八十一，穷汉受罪毕。刚要伸脚眠，蚊虫猎蚤出。”又谓头九暖主寒，谚云：“头九暖，九九寒。”又谓四九时必多雨雪，谚云：“雨雪连绵四九天。”又云冬至前宜寒，谚云：“冬前弗结冰，冬后冻杀人。”蔡云《吴歈》云：“露宿何曾熟夜眠，太阳照户一欣然。若教穷汉街头舞，还有春寒卌五天。”又云：“连冬起九验天寒，只怕寒消九九难。第一莫贪头九暖，连绵雨雪到冬残。”

干净冬至邋遢年　俗以冬至前后逢雨雪，主年夜晴；若冬至晴，则主年夜雨雪，道途泥泞。谚云：“干净冬至邋遢年。”

冬舂米　入腊，计一岁之粮，舂白以蓄诸仓，名曰冬舂米。有四糙、发极黄诸名。

起荡鱼　畜鱼以为贩鬻者，名池为荡，谓之家荡。有所谓野荡者，荡面必种菱芡，为鱼所喜而聚也。有荡之家，募人看守，抽分其利，俗称包荡。每岁寒冬，毕集矢鱼之具，荡主视其具，衡值之低昂。而矢鱼之多寡，若有命而主之者，鱼价较常顿杀，俗谓之荡鱼。

窖花　冬末春初，虎丘花肆，能发非时之品，如牡丹、碧桃、玉兰、梅花、水仙之类，供居人新年陈设，谓之窖花。

三朝迷路发西风。土俗以寒冬连朝久雾不开，主西风大作。谚云："三朝迷路发西风。"

腊雪　腊月雪，谓之腊雪，亦曰瑞雪，杀蝗虫子，主来岁丰稔。谚云："腊天一寸雪，蝗虫入地深一尺。"又以腊中得雪三次，宜麦。谚云："若要麦，见三白。"又云："腊雪是个被，春雪是个鬼。"

十二月

跳灶王　月朔，乞儿三五人为一队，扮灶公灶婆，各执竹枝，噪于门庭以乞钱，至二十四日止，谓之跳灶王。周宗泰《姑苏竹枝词》云："又是残冬急景催，街头财马店齐开。灶神人媚将人媚，毕竟钱从囊底来。"

跳钟馗　丐者衣怀甲胄，装钟馗，沿门跳舞以逐鬼。六月朔始，届除夕而止，谓之跳钟馗。周宗泰《姑苏竹枝词》云："残须破帽旧衣裳，万两黄金进士香。宝剑新磨堪逐鬼，居然护国有忠良。"

腊八粥　八日为腊八，居民以菜果入米煮粥，谓之腊八粥。

年糕　黍粉和糖为糕，曰年糕。有黄、白之别。大径尺而形方，俗称方头糕。为元宝式者，曰元宝糕。黄白磊砢，俱以备年夜祀神，岁朝供先，及馈贻亲朋之需。其赏赉仆婢者，则形狭而长，俗称条头糕；稍阔者，曰条半糕。富家或雇糕工至家，磨粉自蒸。若就简之家，皆买诸市。春前一二十日，糕肆门市如云。

叫火烛　残年永夕，有击柝沿街高唱“警防火烛小心”者，名曰叫火烛。

打埃尘　腊将残，择宪书宜扫舍宇日，去庭户尘秽。或有在二十三日、二十四日及二十七日者，俗呼打埃尘。

过年　择日悬神轴，供佛马，具牲醴糕果之属，以祭百神。神前开炉炽炭，俗呼圆炉炭。锣鼓敲动，街巷相闻。送神之时，多放爆仗，有单响、双响、一本万利等名。或有置编成百千小爆，焠之连声不绝者，名曰报旺鞭。谓之过年，云答一岁之安，亦名谢年。蔡云《吴歈》云：“三牲三果赛神虔，不说赛神说过年。一样过年分早晚，声声听取霸王鞭。”又云：“饮福叨尝酒满壶，通红火炭就圆炉。年头年尾空还愿，到底钱神有也无。”

盘龙馒头　市中卖巨馒，为过年祀神之品。以面粉抟为龙形，蜿蜒于上，复加瓶胜、方戟、明珠、宝锭之形，皆取美名，以谶吉利，俗呼盘龙馒头。

念四夜送灶　俗呼腊月二十四夜为念四夜，是夜送灶，谓之送灶界。比户以胶牙饧祀之，俗称糖元宝。又以米粉裹豆沙馅为饵，名曰谢灶团。祭时妇女不得预。先期，僧尼分贻檀越灶经，至是填写姓氏，焚化禳灾。篝灯载灶马，穿竹箸作杠，为灶神之轿，舁神上天，焚送门外，火光如昼。拨灰篝盘未烬者，纳还灶中，谓之接元宝。稻草寸断，和青豆，为神马秣具，撒屋顶，俗呼马料豆；以其余食之，眼亮。蔡云《吴歈》云：“媚灶家家治酒筵，妇司祭厕莫教前。剉柴撒豆喂神马，小小篮舆飞上天。”

灯挂、挂锭　厨下灯檠，乡人削竹成之，俗称灯挂。置必以双，相传灯盘底之凹者为雌，凸者为雄。居人既罢新者，则以旧灯糊红纸，供送灶之用，谓之善富挂锭。锡纸糊成，间以绿牌方段玲珑一串，先期置之。除夕接灶，悬于灶神龛之两角，为来年获利之兆，俗有“一事无成，先置挂锭”之谑。周宗泰《姑苏竹枝词》云：“残年生计斗喧嘈，挂锭金银贯竹梢。一事无成求利市，腰缠十万意嚣嚣。”

冬青柏枝　摘松柏之枝，副以石楠、冬青，乡人残年，札成小把，沿门叫卖，供居人插年饭中用，或借为送神马之需，呼为冬青柏枝，又名送灶柴。或馈自管坟人者，必酬以数十钱，俗目之为打秋风。

口数粥　腊月二十五日，以赤豆杂米作粥，大小遍餐。有出外者，亦覆贮待之，虽襁褓小儿猫犬之属亦预，名曰口数粥，以辟瘟气。或杂豆渣食之，能免罪过。

年夜饭　除夜家庭举宴，长幼咸集，多作吉利语，名曰年夜饭，俗呼合家欢。周宗泰《姑苏竹枝词》云：“妻孥一室话团图，鱼肉瓜茄杂果盘。下箸频教听谶语，家家家里合家欢。”

封井　置井泉童子马于竹筛内，祀以糕果茶酒，庋井栏上，掩之，谓之封井。至新正三日或五日，焚送神马。初汲水时，指蘸拭目，云能令目不昏。

接灶　安灶神马于灶陉之龛，祭以酒果糕饵，谓之接灶。谓自念四夜上天，至是始下降也。或有迟至上元夜接者。

祭床神　荐茶酒糕果于寝室，以祀床神，云祈终岁安寝。俗呼床神为床公、床婆。

年饭　煮饭盛新竹箩中，置红橘、乌菱、荸荠诸果及元宝糕，并插松柏枝于上，陈列中堂，至新年蒸食之，取有余粮之意，名曰年饭。又预淘数日之米，于新年可支许时，供案头，名曰万年粮米。

画米囤　乡农人家，以石灰画米囤于场，或象戟矢元宝之形，祈年禳灾，谓之画米囤。

听响卜　或有祷灶请方，抱镜出门，听市人无意之言，以卜来岁休咎者，谓之听响卜。

叛花　亥子之交，抱未痘小儿卧爨下，以红帕蒙首，天明始还卧所，谓如是则痘花稀罠鬷，谓之叛花。盖俗呼痘为花也。或撒黄豆于帐顶，或以红绿线穿黄豆三粒，置帏间，俱能禳痘。

节账　土俗贸易场中，以端午、中秋、除夕为三节，按节索欠，谓之三节账。除夕一节，自昏达旦，虽东方既白，犹络绎道途，不嫌笼灯入索也。蔡云《吴歈》云："无地堪容避债台，一年积欠一宵催。店门关到质钱库，还点灯笼走一回。"又徐晋镕《除夕诗》云："生计吴中往日虚，到来今日各踌躇。平时浪费知何益，千载奢风尚未除。索负偕来门外汉，救贫谁窃枕中书。阿侬身外无长物，安乐新添一味蔬。"

小年夜、大年夜　祀先之礼，相沿用昏，俗呼大年夜。或有用除夕前一夕者，谓之小年夜，又曰小除夕。俗又总呼之为大年小夜。鸡且鸣，持杖击灰积，致词以献利市，名曰打灰堆。又小儿绕街呼嗷云："卖汝痴，卖汝呆！"世传吴人多呆，故儿女戏欲卖之。今皆不传。惟是夜家户储水于厨下，埋炭墼于炉，不使焰熄，置寝室中，谓之种火。焚辟瘟丹、苍术诸药，谓之太平丹。街坊爆竹之声，铿鍧不绝。俗谓是夜忌犬吠，谚云："年夜狗弗叫，来年疾病少。"蔡云《吴歈》云："封门小结乌薪社，守岁双垂红烛花。多少风光一场梦，醒来又早换年华。"

吴中之习俗

吴中之俗讳

民间俗讳，各处有之，而吴中为甚。如舟行讳住、讳翻，以箸为快儿，帆布为抹布；讳离散，以梨为圆果，伞为竖笠；讳狼藉，以榔槌为兴哥；讳恼躁，以谢灶为谢欢喜。按：江西人讳饮药为吃好茶，亦有趣也。

吴县之扫晴娘

吴县如遇久雨，则用纸剪为女子之状，名曰扫晴娘，手执扫帚。纸人须颠倒，足朝天，头朝地，其意盖谓足朝天可扫去雨点也。用线穿之，挂于廊下或檐下，俟天已晴，然后将扫晴娘焚去。

此外又有一种求晴之法，以破坏不堪之旧灯笼，取出焚之，颇有验也。

吴县中秋节之俗

吴中旧习，民国来依然如昔，未尝稍移，风俗相沿，竟难期改革耶。试述中秋之俗。是日俗曰八月半，有斋月、步月等事。斋月即用月饼（形圆如月，为中秋节应时物品，是时亲友互相馈送此物）、香斗（系用线香制成，如斗状，其中满储香屑，燃时香烟缭绕，景象可观）置庭前案上，并陈果品，燃香烛，妇孺辈咸对月跪拜。即是日天雨，月光阴而不见，斋月之事，亦必举行也。至步月之举，古诗云“月到中秋分外明”，秋高气爽，明月高悬，市面店铺亦多张灯烛，以助月色，借为庆赏中秋，故士女三五成群，游行街市，明月灯光之下，极一时之热闹也。店铺中咸供小财神一座，并置楼台、几案、乐器及一切杂物，以资点缀，式样精巧，颇有兴趣。故一般步月者，咸注足而视，拥挤异常也。相传中秋夕之晴雨，可卜明岁上元节之天气。若中秋月光明朗，明年上元节必天气晴爽；若月暗无光，明年上元节必雨。故俗有云：“八月十五云蔽月，来岁元宵雨打灯。”又云：“雨打上元灯，云罩中秋月。”此种俗语，往往应验，然究其理则殊不可解。

吴县之奇俗

吴县有小儿寄名神佛之俗。此风全境皆然。盖富贵家之小孩，娇生惯养，太半身体柔弱，时膺疾病。其亲乃至庙烧香，用红布制一袋，置小儿年庚于其中，俗名过寄袋，悬佛橱上。自是以后，每旧历年终，寺僧备饭菜，送小儿家中，名曰年夜饭。其亲必给僧以钱。凡送三年始毕。当过寄时，僧为小儿取名，譬如神佛姓金，即取名金生、金寿等类。其亲并携小儿来庙拈香，呼神如寄爷。及至成年完婚后，乃将红布袋取回，名曰拔袋。

吴县月之出没谚

初三夜来月丝丝。（丝丝，即略有光也。古云“初三哉生明，十六哉生魄。”）

初五夜来月当更。

初八、廿三，上落半夜。

十一二，鸡啼没著泥。（二，读泥音。）

月半、十六两头红。

十八九，坐等守。

二十、廿一，天亮月直。（月直，即月在中也。）

廿二三，月上半来在。（半来，即夜十二时也。）

廿五六，月上四更足。

常熟风俗

常熟人媚灶

常熟风俗，四五岁下之孩童，第一次患疟疾，谓之胎疟，须由外祖母家遣人来，向家灶上祭祀一番，病始得痊。其祭祀之法，由外家备灶马二个，香烛、阡陌、素盘、水果、糕饼等物，遣人持至病家灶间，须一径走人，不能和人接谈。将两灶马背与背相接，置诸大镬盖上，各种祭品陈列于前。祀毕，将灶马与阡陌焚化，携饼一个，直向外走，亦不得与人接谈，口中但云："我以后不再来了。"既出门，将所携之饼掷以饲犬，其意若曰将病传之于犬也。祀灶所余之物，亦须立时食尽，盖谓吃得快，好得快也。

常熟之丧俗

常熟风俗，凡赴丧家送入殓后，归时，家人必于门前焚稻草一束，人从火上跨过，而后入内，否则将不利。若自丧家出门后，已经别家，则可毋庸跨火。

丧家出柩时，其邻近各家，均将旧笤帚倒竖于大门外，据云为避棺前丧刹神者。

昆山冬至节风俗

冬至前数日，各家备鱼肉，至是日烹鱼肉，煮蔬菜，先祭祖先，然后宴亲友，名曰过冬至节，又名过年节。其中有一种菜，以青菜、山芋、栗子相合而成，名曰安乐菜，为各家必备之品。俗云："吃了安乐菜，从此便安逸快乐。"殊可哂也。又昆地冬至节，无论贫富，皆须丰备酒菜。俗云："有者冬至夜，无者冻一夜。"亦可见社会之状况矣。唯是日出阁之女，必回夫家。盖俗谓女儿已经出嫁者，遇年节如在母家，母家家道即因之衰落也。

吴江县放水灯之风俗

每当夏末秋初，吴江有一乡有放水灯之风俗。先由经理人向人家募捐，约计数十元，择定日期，雇船数十只，夜间游行河中，云可以驱灾去疫。船上皆扎彩悬灯，有请僧人诵经者，有供泥佛像者；另有数只，雇请多人奏乐；末后一只，则专将五彩纸折成之灯，点着火烛，放入河内。红白相间，倒也可观，但是云可驱疫去灾，则未见有功效也。

黎里赛会之恶俗

江浙人士，夙迷信赛酬神会，处处皆然。其著者，三十年一赛之新塍会，十年一赛之桑阳会，是皆掀动东南、腾为盛事者。其次则年以为例，无虚岁者，如盛泽之童子会与黎里之夫人会是也。

黎里为吴江县属南部之一大镇。其有会也，云始于唐朝，载于里志，盖秋日祓除灾邪之意。年届中秋时，必举行赛会。当八月十二日夜阑时，即有鼓锣声，盖赛会之预备也。十四、十五始盛，十六则所谓夫人会矣。

其会之仪仗，金鼓旗锣前导，神像随后。每神像之前，各有仪仗，大略相似。先监察神，次安乐神；末为广佑王，即城隍也，相传姓李，唐太子也。全会之后，有善男信女凡数百人，老幼男女，各手执塔香一柄，尾随于后。有穿红衣插犯条者，有手带拷练者，奇形怪状，不可思议。最可骇者，中有一人，伸其右臂，臂上挂香炉钩入皮肤，不知痛楚。其后有一对挂锣，锣重亦十余斤，不仅提锣而走，且须照例击十三记。提者泰然走数十步，保护者一，为烹水于挂处，惨不忍睹。此盖曾因事故，许有大愿心者，其遇亦可怜矣。此十四、十五两日赛会之情况也。

十六日夜间之会，为夫人会。仪仗执事，布置与前相仿佛；惟出会之主人，则神之夫人也。会过处，店肆或大家恒以纸花送夫人，喜娘即为之插带。明日取花送大家，谓可压邪。此则夫人会之情形也。

是时市面各店，悬灯结彩，陈设一新，大有火树银花之概。又十三至十六四日，城隍庙日夜演剧。本镇士女，莫不兴高采烈，齐往庙中观剧。剧台密布，几无立足之地，喧闻数日，阖镇若狂。恶习相沿，年年如是，迄莫能改也。

武进社会状况

武进自泰伯开基之后，重文轻武，相袭成风。文学代有专家，而乾嘉最盛，如张皋文、孙渊如、洪稚存、赵味辛、李申耆辈，文名震天下。科第之盛，亦为他属所罕见。此武进所以为声名文物之邦也。惟社会情形，向重个人之财产，近今尤甚，故消极事业多，而积极事业少。试一涉足街衢，银行钱庄，触目皆是。城周不及十里，当铺开至九爿。此外茶楼酒馆，耗费金钱、消磨岁月之处，难以枚举。此武进之所以日见贫弱欤？虽然商学巨子，今已稍稍注重实业，工厂日增，流亡日少，亦武进之好气象也。兹将普通习俗，条列于下。

一 生儿

凡遇生产，须向舅家送毛米粥，向亲戚故旧家送鸭蛋，三朝请三朝酒，满月请满月面，周岁请周岁酒。凡为之亲戚故旧者，月内须送汤

（鸡、鸭、鲫鱼、鸡蛋、糖果等），满月、周岁须送礼物（酒面、首饰、衣料、鞋帽等）。然此皆为妇女第一次生儿事，生女则从俭。第二次以下，无此烦文，且有若无其事者。

二　婚嫁

嘉礼昏仪，犹循纳采问名古礼。但民国以来，旧式未改，参用新礼，往往有借旅馆及青年社行结婚礼者，此亦嫁娶从俭之好现象也。然而踵事增华，且有过于往昔。奁具必用红木，铺陈必用绸绣，始行之于豪富，近且中人以下亦仿效之，虽境况艰难而高筑债台，勿顾也。

三　作寿

遇寿辰，亲戚世交，门生故旧，送礼物（面酒、糕团、屏联、包裹），齐赴寿堂行礼。儿孙辈齐集堂前回礼。行礼毕，肆筵设席，尽一日之欢。晚间或有特别之赏心乐事，如清曲、髦儿戏、戏法、叫局、唱戏等。座上宾客，或雀戏，或拍克，或猜拳。车马盈门，笙歌彻夜，若人间无忧患事者，亦人生之乐境也。昔年惟六十、七十、八十岁之老人，望儿孙借此作舞彩之戏耳，今则三十、四十、五十岁亦有大开寿宇者。甚且有数人合作八十、九十、百龄，以鸣盛者矣。此亦庆寿中之有趣者也。此外尚有冥寿。凡祖先亡故以后，每遇整十，子孙为作纪念，诵经礼忏，以表示后人孝念。亲戚朋友，送纸扎锭，亦有登堂拜祝者。

四　丧葬

凶丧之礼，民国初年，少数士绅，曾有改革陋俗、力从节俭之举（如减少仪仗，不用僧道等）。行之未久，旋即复旧。近今以来，日趋奢靡，中人之家，亦有军乐队、洋八队者。孝子体弱多病，或年高不能远行，在孝帷内，用黄包车代步，前导多用直锣，灵柩多用绣花罩，或独龙杠。崇俭黜华，还望地方先进诸君提倡之。

五　祭礼

凡凶丧，除服以后，即将木主请入神龛，朔望焚香燃烛，向神龛礼拜。一年之间，凡遇祖先生日、死日，必洁治荤素菜肴供奉，谓之摆供，又谓之过忌日。倘遇婚嫁吉日，特别致祭。其祠堂内，则二分二至，各祭一次云。

武进岁时记

元旦日

商店贴朱笺对联于大门，停止营业四日，以示庆贺。新年各种玩具，沿街兜售。昔年尚有亲朋互相往来贺年之举，今已革除；然家庭中犹未尽废也。儿童贺年，长者须出押岁钱，并有果盘（花生、糕、水果等）。街市中有锣鼓之声，谓之闹元宵。

初五日

俗谓之五路财神生日。各商店开市。鞭炮之声，终夜不绝。乡间农人，有来城掉龙灯者。

十五日

名上元节。元宵锣鼓，声震全城，且有行元宵灯者。是日居民例食糖圆。

清明节

居民插桃花、杨柳于门，以祓除邪祟。城隍神出会。人民于此节前后扫墓。

端阳节

居民例裹米粽，谓之角黍，吊屈原之遗制也。是日龙舟竞渡于白云渡一带，画船箫鼓，竟日通宵。改革以后，废除数载，今又渐渐兴复矣。商店于此日结账，下午停止营业半天。在店伙友，于此夕定去留。

七月半

名中元节，俗又谓之鬼节。前一日夜，全县人民将锡箔折锭，卷入白钱纸，沿路焚烧，谓之结鬼缘。此月中盂兰胜会，遍地皆是。僧人道士，几有应接不暇之势。且有好事者扎成无数奇形鬼怪，排列街市，殊属可笑。是日城隍出会。居民例食茄饼。

七月三十

俗名地藏节。以东郊三官堂为集会之所。农人于是日将田具及木制出品陈列于道，任人购取。日间各坊厢，云车络绎于道。晚间灯火辉煌，通宵达旦。并有乡人头戴箬笠，身著布裙，沿途诵经，一步一拜，谓之拜香。光复以后，西郊商人亦作节于此日，游人如蚁，画舫如云，扬厉铺张，较东郊有过之无不及。其用意所在，则以西门新辟马路，致振兴商业故也。

八月半

名中秋节。各界人士，向有游览舣舟亭、吃熟菱、看桂花之说，今亦徒有其名矣。是日各商店结账，晚间备盛筵以饷伙友；而伙友之去留，亦于是晚作一结束。早晨居民例食糖芋头。晚间将月饼、菱藕等物于月下供设，谓之斋亮月。

重阳节

名登高节。城乡人士，有登文笔塔游览者，取登高之意也。居民例食糖糕，谓之重阳糕。是月自初一至初九，设坛拜斗者有六七处。善男信女，多有购香斗入坛焚化者，亦极一时之盛。

十月朝

即十月初一日。城隍神出会。居民于此节前后扫墓。乡间例食糍团。按赛会一事，最为劳民伤财。民国成立，军政府赵不党捣毁神像、停止赛会者五年，民国六年，从新建设，举行赛会，一时风靡，官厅无如之何也，四乡尤盛，往往酿成械斗风潮。其行会时，并有愚民，装作罪犯，及踹高跷、烧手臂香等恶习，实足为武进新文化进行之障碍物。所赖四乡明达君子，有以善化之耳。

冬至节

居民入宗祠致祭。晨起食糖圆。

年　节

是月，居民例置米粉团，大者谓之人口团，小者谓之送灶团等，异常靡费。二十左右送灶。过年十分忙碌。大除夕接灶，悬祖先神像于堂屋间，香花供奉，至新年初撤去，谓之落神像。各商店于此日作一大结束，晚间通宵不寐，店事办妥，即设筵畅饮，谓之守岁酒。居户亦有至夜半就寝者，唯卧室内必然红烛一对，谓之守岁烛。天明以后，则顿易新年气象矣。

宜兴之恶俗

婚娶之恶俗

乡民婚娶，最喜装潢，但不伦不类，徒然遗笑大方耳。在满清时，即新郎之目不识丁者，亦必靴顶辉煌，以示阔绰。谚语谓“新郎三日大”，盖此三日中，即红顶花翎，他人亦不得干涉也。民国以来，政体虽改，而新郎之戴顶履靴者仍属有之。然亦有喜学时髦，著大礼服，戴大礼帽，以示特别开通者。最可笑者，新郎高冠峨峨，履声橐橐，在前面视之，固俨然一新人物也，讵知背后豚尾犹存，红丝辫线，坠落及地（乡俗新郎辫线多以红丝为之）。又有所谓陪宾者，新郎之护卫也，多亲友任之，通常四人。此四人中，有西装者，有便服者，有仍服满清时礼服者，形形色色，无奇不有。及新郎奠雁（新郎至女家朝婚帖行四跪四叩首礼，曰奠雁），仍行跪拜礼。其跪拜时，先脱礼帽，交代陪宾后，再听赞礼者之口令而跪拜焉。此种非驴非马之礼制，殊可笑也。至宜兴婚礼，最为繁琐，费亦甚巨。小户寒家，多有年近而立，而犹鳏居独处者。于是抢亲之事，时有所闻。盖婿家贫寒，而女家索财礼过奢（妆奁资至少亦须六七十元），无力应付，不得已而出此野蛮手段也。其抢亲，约亲友七八人，逗留女宅，托词闯进，见女即抢之而去。女家格于俗例，事后无可如何也。

营屋之恶俗

乡间营造房屋，为喜事之一，亲友中往贺者，多肩盒头一担。盒头者，盛礼物之器具也。礼物以糕粽团为大宗，盖取高中团圆之意也。余犹有茶食、水果、鸡鸭等类。故盒头一担，非四五元不办。亲友遇此，虽典衣质物，亦所不辞。其上梁时，有所谓抛梁者，泥木作以糕粽团数筐，在梁上向四面掷抛，使来观者群相抢拾，盖亦以助观者、贺者之余兴也。故建屋上梁日，贺客盈门，异常热闹，糕粽团流星满天，势若雹雨。泥木作在梁间作疯狂状，且抛且呼曰："抛梁抛仔高，子子孙孙中阁老。"一般乡儿，争来拾取，图一饱之利，虽击中头面，亦不退让。此种风俗，亦可哂也。

宜兴之七月望

旧历七月十五日为中元节。是日本地城隍出巡至北门外坛上，仪仗前导；继以扮犯人者若干人，著兰色僧领衣服，腰束裙，身备铁链及手枷，手执长香——是皆为小孩因病许愿，特来还愿者。神像过处，威严凛肃。往者城隍神午前至坛，午后宜、荆两县知县咸去致祭，晚神驾回庙。民国以来，神到坛，县长不致祭矣，唯导前之仪仗则依然如旧耳。中元节夜，城内蛟桥上放三大士焰口，超度无祀鬼魂。河中用船三四艘，一放焰口，一载佛婆念佛，一烧锞锭，一放河灯，行遍城内外之河道。

中元节前一日，用纸扎成鬼王头一，判官一，高各丈余，腹中空，点烛。夜间，击锣鼓，舁之行街巷间。一路抬锭烧化，俗谓出鬼王头，即盂兰会也。至十五夜止。

人家于中元节前，选期祀祖先，俗谓过七月半。所用祭品，多系应时物品，唯有两种特别供品。一为西瓜，必须购备，且需红瓤者，用刀剖成狗齿状；一为茄饼，用麦粉或糯米粉制成，形如半月，馅用青菜或豆沙糖。另取茄子柄，剥去外皮，插于饼之一端，故名茄饼。是日并邀亲戚午餐，俗谓吃过七月半饭。及晚，取酒、饭菜、西瓜、茄饼等物，于门外祭无祀鬼魂，俗谓做野羹饭。祀毕，将菜饭等给与乞丐。

以上所叙，皆宜兴七月望之风俗也。

如皋七月之风俗

乞　巧

初七日，相传为牛郎织女相会之日期。是晚，各处之红男绿女、总角童孩，设香案庭间，跪拜以乞巧。

振　孤

十三日夜，各家以许多纸钱，在路旁焚烧，系给孤魂野鬼受用。

城隍会

十五日，凡有城隍庙之地方，须将城隍像舁出巡行，谓之城隍会，仪仗甚盛。

地藏灯　放河灯

月杪晚间，一般无常识人民，用各种颜色纸，剪成荷花瓣形状，贴在碗口上，中用油点火，名曰地藏烛。又有用整纸糊荷花形式，泊在河上，云野鬼得此，可以成仙，名曰放河灯。

施　食

是月自朔至晦，无论市乡，必须请僧尼设坛施食，云系超度野鬼。所以七月内之僧尼，非常忙碌。

太平会

太平会多于乡间举行，城中不多见。系用各种色布，扎成如舟状之花棚，请巫人弹唱小词，云系希望国泰民安。举动颇贻笑大方。

大香台

每当时疫流行之时，好事之人用许多木梢，搭成高台，供纸马于台上，香烟直冲霄汉。男女跪拜台下，云可禳灾。与非洲土人拜火教何异焉？

南通正月望之奇俗

旧历正月十四日，各农家束稻藁数个，置于田中。又用面粉搦成似棉花形之物，凡数百个，缀于秸上，与已放之棉花相似，于是将此假棉花秸遍插田边。月望之夜，用草把柏枝，握于手中，燃其一端，旋舞不已，且高声唱歌。歌谱甚多，兹就所知，录其一则于下：“正月半，放烧火，别人家菜才栽，我家菜已经上了街。别人家黄豆骰子大，我家黄豆盘蓝大。别人家棉花瘦且低，我家棉花壮了要撑天。”火把烧完后，将棉花秸上之面果摘下，还家入锅炒熟，分给小孩食之。俗说食此面果，可免灾殃。以上所述系南通农家风俗。名曰放烧火，年年正月望有此举动也。

淮安风俗志

迷信之恶俗

（一）赛会。赛会之风，随地皆有，然未有如淮安之甚者。一年之间，赛会次数，不下十余次，其最著者，则为都天会及东岳会。都天会则又分小都天、大都天（小都天庙在河下，大都天庙在河北。大小之称，意殊不解）。都天会之赛期，在每年四月中、下两旬。东岳会则必在五月初一。与会者尽系商家，分米、钱、绸、布各业，共有二十余业之多。每业皆备有执事全副，区别其业，则以“某安胜会”辨之（如钱业曰“文安”，绸业曰“普安”）。执事中价值最高者为样轿（如绿轿。四周镌纹极细，并附灯彩）及玉器等亭。又有所谓花担及鼓乐亭者，亦颇精致。夜间均有灯彩。唯赛都天会时，各业未必尽数与会，以东岳会为最齐（前后衔接，约占十里之遥），观者途为之塞。一次所费，约数千金，不可谓不巨。光复后，已经停赛矣。

（二）借寿。借寿之说，世所罕闻，而淮安独有之。凡家有病者，至医药罔效、自知不起之时，于是戚友中之亲密者，咸有借寿之举。其手续则由戚友自相邀集十人，亲往郡庙，虔心拜祷，各愿借寿一岁，求神延长病者之寿，俾病者痊愈，得以治理家中未完之事。俗传此举定须十人，且必出于借者自愿；若由病家之请托，或系他人之说合，则无灵验。此种迷信，识者非之。然在借者感于平日爱好，但求病者速痊，出此不得已之举动，以冀万一之希望，即减短己寿亦所不吝，情谊之笃，不无可风。惟事涉荒谬，终不免为世俗之诟病耳。

（三）送子。旧历元宵节后，二月二日以前，此十数日间，有所谓送子者焉。此事亦系出于亲友之所为。盖凡老年无子，及成婚多年而无所育者，亲友知其盼子心切，咸乐送之。然所送者非人，乃一纸糊之小红灯耳。间有用砖代者，此砖须取自东门外之麒麟桥塊，否则无效，盖取麒麟送子意也。其手续由送者先期择一吉日，备柬通知受者之家，临时约集十余人，锣鼓喧腾，乐声大作，持灯或砖送往。受者则远迓于门外，以所送之灯或砖悬于望子者之床中，并以酒筵款待送者，聊答盛意。将来如得子，尤须谢以重礼；在送者亦受之无愧，一若非吾一送，则此子即不能得也。亦可哂已！

婚丧之陋习

（一）闹房。闹房（即闹新房）之风，各处亦有此举，唯俗例所尚，颇有不同之处。淮安闹房之时间，则在黄昏之后，以送房为限制（即送新郎人洞房之谓）。是日，婚家须预从男客中择一能言者为招待员。惟闹者约分孩童与成年人两种。（1）孩童之闹房，其目的则在安息香各若干枝而散。（2）成年人之闹房，其目的则在侮弄新娘及伴房者。淫词戏语，信口而出，或评新娘头足，或以新娘脂粉涂他人面，任意调笑，兴尽而止。婚家则百般忍耐，听其所为，而莫可如何也。

（二）闹丧。女既嫁人，即为人家之人，寿夭自有天命，不可以人力强也。唯淮安则不然。凡女已嫁人而死者，母家则尽族中所有亲属，纷至婿家争闹，大有此女为其谋毙之概。甚至奢列殡殓用途，即婿家实系贫乏，亦必尽其财力而后已。且女死后，必待母家亲属到齐，方能殡殓；苟缺其一，擅自成殓，骚扰尤甚。因此，母家则故意留难，屡请不到；或由婿家浼出友人，从中劝说，舌敝唇焦，而后始来。来则非指衣衾之菲薄，即谓棺木之值贱，吹毛求疵，不堪其扰。在婿家，被扰不休，势必偿其所欲而后止。从此良好姻戚，顿成仇敌，永无和好之一日矣。

（三）丧俗。各处丧俗，大同小异，兹将淮安与他处不同者分别述之。（1）头七（即死后之第七日）。俗谓此日为死者上望乡台之日，凡家中所有之事物情形，无一不为死者所见。丧家多于此日之夜，通宵不卧，穿着孝服，意恐死者不知其在此为之穿孝者。(2) 送饭。俗传人死之后，三日内不能即达阎王处所，则暂驻于本坊土地庙内（淮安城厢，以一段落为一坊，每坊必有一土地庙）。此三日间，每夜必往土地庙送饭一次，并多焚纸帛，意似贿嘱土地照应者。(3) 起程。三日之限既满，本坊土地则将死者送往都土地庙（在城之西隅）。丧家遂以纸扎轿马，并延僧人及乐手前导送之，谓之起程。并谓轿为死者所乘，马为本坊土地所骑，竟似实有其事者。相沿成习，且为牢不可破之事矣。

阜宁二月二日之三件事

阜宁县于阴历二月初二日，有三种风俗，无论贫富之家，皆须执行。三种风俗者，一打露天囤，二敬土地，三接姑娘也。兹分述如下。

打露天囤

露天囤者，农人收五谷之时，籽粒甚多，屋内到处皆用芦篾做成之摺子，团团摺囤，房中囤满，然后在农场上随摺囤，谓之为露天囤。二月二日打露天囤，并非实有其事，不过表示其希望收成之丰足而已。其俗取灶中炊后剩余之灰烬，在住屋附近，或近场左右，撒成大大之圆圈而已。是日如向村前一望，处处皆是，恰如所画之盛开梅花，另有一种别趣也。

敬土地

习俗相传，二月二日为土地神之生辰。阜宁农人以为土地是管理禾苗之人，我辈希望禾苗之盛旺，应该致敬，祈伊暗中默佐，免受风雹螟蝗之灾。阜宁人对于土地之供奉颇为郑重。大村庄均筹集公款，起造土地祠宇。小村庄无钱力起造祠宇者，则用粗瓦缸一只，将缸之近口处敲成长方洞门，覆之于地，将土地牌位供之于内，权当土地之祠宇。而其所敲之缺处，则祠门也。谚云："土地老爷本姓张，有钱住瓦屋，没钱顶破缸。"即此之谓也。

接姑娘

阜宁风俗，旧历正月，婆家不准媳妇回母家。唯是母女天性，母爱女，往往新年之食品，总须留以款女。故正月一过，到二月二日，无论谁家，均须接姑娘归宁也。谚云："二月二，龙抬头，家家待活猴。有馒头，食馒头；没馒头，啮老妈妈头。"活猴即指姑娘也。

扬州老鸦语

扬州老鸦语，产于三十年前。发明者，为某钱庄之总管吴某。始只闻于钱业中人，局外人不得而知也，今则下流社会人多操之。彼等视为一种寻常白话，故茶坊酒肆中莫不有此种声浪，往往他乡人初至扬地，常受彼等之谩骂而不得知。兹择其寻常多用者录述如下，亦考察风俗者所需知也。如谓一曰夜明珠，谓二曰耳朵边，谓三曰散花，谓四曰狮子猫，谓五曰乌梅果，谓六曰隆冬，谓七曰棋盘，谓八曰斑毛，谓九曰舅子，谓十曰省油灯，谓百曰绷子，谓千曰浅水流，谓万曰顽意仗，谓眼曰安南红，谓耳曰耳头边，谓鼻曰并头莲，谓手曰寿州，谓足曰肿头间，谓肚子曰总都府，谓儿子曰奈河桥，亦曰枝子花，谓头曰斗兽，谓眉毛曰昧良心、冒失鬼，谓是曰丝瓜，亦曰出州，谓无曰本色，谓好曰号条，谓他曰托盘，谓你曰泥笔，谓我曰鹅黄，谓吃曰纸糊，谓小曰小鸟，谓大曰打扫，谓狠曰更亭，谓要曰腰刀，谓顽曰弯环，谓多曰哆嗦麻，谓帕曰巴豆，谓父曰闹佛，谓嫂子曰扫帚枝子，谓出阁之姑娘曰古凳盖，谓姘头曰襄阳号條，谓妓女曰标头，谓来曰癞狗，谓去曰区区，谓吉曰绉皮，谓钱曰欠草，谓大洋钱曰秧娥，谓茶曰叉头枝，谓饭曰番花瓜，谓鬼或龟曰桂花枝，谓老实可欺者曰亚佛，谓睡觉曰垂头蒿儿菜。

仪征婚葬礼俗记

仪人婚葬，率在冬腊月间。

婚期前几日，女家铺房，除床外，木器皆女家备办，谓之一房一屋。帐幔铺盖必双，谓之两铺两盖。而豪家夸富者，更有四铺四盖、八铺八盖。铜锡瓷器若干抬，大红箱若干对，房屋陈设必华，首饰衣服，具奁簿中，悉数不尽。捧奁簿者，受上赏，若团圆镜、百年箕箒、百子桷以下，则赏有等杀焉。届期，男家花轿迎娶。向时轿用木，围堆绫绢人物于上。近年用顾绣大红呢幔围，极轻便；轿顶及四角花灯，亦比昔隽。轿前全副职司，凡男家官衔，悉注于牌，以盛夸其门第。而女家亦备多牌以送。鼓吹外，又有细乐十番，谓之清音踩街。喜火、百子爆，沿途点放。媒伴悉少艾，艳服乘舆而来。女家请女眷二人曰上头，男家请女眷二人曰搀亲，必夫妇全福而其时未怀孕者。送亲迎亲，则又请男家之全福者为之。过门后繁文缛节不叙。次日请亲戚受拜，谓之拜堂。夕宴新妇于中堂正席，诸多肴列，谓之一吃一看。所来坐客，两壁旁坐，若陪新妇者然。又次日，请亲友看新娘，谓之暖房。少年豪客，必于新房闹酒，索喜香，则其家之富丽堂皇，可不言而喻矣。此婚礼大凡也，若商家犹不止此。

葬前开吊，先一夕觞客，谓之请封宾。门前搭过街棚，挂长幡，树铭旌亭。客人鼓三挝，谓之报门鼓。鼓手作乐，门内百职事排列，中堂摆祭案、设祭品。其案有架，前后牌楼，左右花椒为围。牌楼前两矮绢人，头顶立台盘，盘上插烛，谓之波斯；两长绢人执戟在旁。案前天香几，古铜炉瓶，几下奠池。左廊祭器案，阶下猪羊亭，皆灯轿行职其役，曰前局。

司祭者著白绫褂，绅士家著裥衫，褰孝子行三献礼。寝门张幄，内堂柩前垂大幕，幕下设容亭，亭下古鼎三两座，时花几瓶。壁间高涓茶排，列若山幕。外观门长幡排彩檐灯，檐外上札洋楼，下铺棕厨。左右围屏，屏里奏细乐。孝子伏案左，客入拜，知宾者肃之出，揖于众。但见四壁祭幛，呢羽绸缎者不一轴；楹上挽联，款尽名贵。峨冠博带，跄济一堂。堂侧有别室，曰官厅。通城文武官来奠，迎之致敬，入门三炮，鼓手摆围，礼生侍旁呼礼，绅士延之官厅，孝子前席申谢；出门，复三炮。倘嘉宾频仍，则迎送者奔走不迭矣。又有送祭筵者，纷来沓至，其新异者以灯代之。孝堂以内，纷纷藉藉。过午稍静，则速点主官驾来煊题，舆马鸿赫，识者知为城中大老也。延二茂才襄之，雍容成礼而去。夕间张灯，肆筵设席。觞毕，得掩灵祭视。五鼓时开灵，尤整肃焉。人家少有资财，务为夸张，否则人诮其薄父母矣，礼之必于奢也。以此出殡，各官示牌前导，次铭旌亭，再次则各职事，鸣锣呵道，仪从毕陈，鼓吹交作。又有方弼、方相等纸绢人，相望于道。或若干羽士，执葫芦灯而导一亭；或若干僧，执西方接引灯而导一亭；或灵旙宝盖、声声细乐，或洒花亚字、种种丧仪，而各导一亭。亭上若祭器，若衣冠，若香、若容，皆如常仪。魂轿前提炉提灯皆家丁，著白布袍，沿途飞洒纸钱。亲友致祭，如列肆然。抬柩三十二人，俗云人抬人，喻其众也。柩用棺罩，或天青缎，或大红呢，皆顾绣者，围之于上。勇字灯若干竿，拥其后。孝子匍匐执仗，号泣从之。再后若干白布轿，诸女眷送殡，远望若一群白雁回翔平野间也。茔上请显者祀后土。席棚无数，皆会葬者筵宴其间。舆台仆从，何止千人。其为铺张扬厉可知已。此丧礼大凡也。

二者皆立冬以后事，过大寒节则止矣。

仪征岁时记

正月元旦，天未曙，爆竹声累如贯珠，日上三竿乃已。有爆竹表里一色、铺地如红云锦者，曰满堂红。人家开财门，接天地，以之意取吉兆，满堂尽瑞色耳。

堂前设宫薰，爇炭墼。其通用者曰旺盆，爇木炭。接天地后，祀家堂福祠、灶径、天官影像，拜父母尊长，望人下拜，故曰拜年。出门神祠进香，遂诣亲戚家拜年。入室，主人肃客坐，献果子茶，九品攒于一盒，曰桌盒。茶罢，进酒，亦九品攒于一盒，曰酒桌盒。数巡后，进馔，陈杂肴于一俎，曰暖锅。馔毕，少坐辞出。再至一家，又如是。有不及至者，命仆投刺，曰拜年帖。或就其家门簿书名。傍夕归来，团圞家宴焉。

绅士宴客，曰请春卮。铺家宴客，曰做财神会。豪者演戏，否则清音十番、说书杂耍，必有一以娱宾。席上嫩韭芽、包荷叶灰、江上鮰鱼（大者为板鮰），时食也。

每值黄道吉日，香舆满街，女眷择吉出行。后此诣亲戚家不忌矣。新妇归宁，夕必返夫家，谓正月不空房。轿内妇孺归来，手持棒枝香，抵家，插炉中；接行灯，悬檐下，不灭。仆妇进糖茶道喜。

元宵前后，龙灯之外，俗尚花鼓灯。其前八人涂面扎抹额，手两短棒，曰大头和尚，与戴方巾、穿红绿亵日呆公子者互相跳舞。厥后曰连相，曰花鼓，曰侯大娘，曰王二娘，曰渔婆，曰缝穷，曰疯婆娘。凡女装者，统曰色头。其男装者，曰瘸和尚，曰瞎道士，曰渔翁，曰补缸匠，曰花鼓老。相率串各戏文，于中择喉齿清脆者唱滚灯，所操皆本地时调，名翦翦花。手执莲蓬灯头、小红凉篷，曰猴子头唱；唯此脚色最多。旁有弹丝弦佐唱者，曰后场。主人延之家，各出串毕放赏。是若干人者，皆在门内饮啖，独后一人，高戴白毡帽，反穿白羊皮马褂，一手摇铃，一手持灯，曰王夸［侉］子买［卖?］膏药。主人以所卖者不祥，屏之门外。即昔所谓社火也。世俗相沿，由来旧矣。

元夕家宴，啖元宵，以应节气。元宵者，搓糯米粉，包桂花卤于中而为团，所以象月圆也。室自有群灯，又买之灯市，如壁灯秋虫之类，与孩提竹马手灯互相辉映。宴毕，命家童放九条龙、双蝴蝶、线穿牡丹、金盏银台、飞鱼花子诸火药；小孩放滴滴金。花香酒熟，月白灯红，室家团园，洵可日乐事。

又有好事者，放洋灯，飘宕天际，随风而游。或有藏头诗句，任人猜摸，猜得者，赠以笔墨笺扇等事，谓之灯社。或为高跷之戏，装各出戏文，下缚丈木于足，步出层檐，则又视花鼓一新矣。

十八日落灯，人家啖面，俗谓“上灯圆子落灯面”。亦家自为宴以志庆。十九日拜藏影像，洗除欢乐。欢乐俗名挂乐，谚曰“家家撕挂乐，人人寻下落。”士人则攻书，工人则返肆，而年事以毕。

二月初二日，土地神诞辰。纸扎铺剪纸为袍，而粉绘之，人家买以作供。大街小巷，供当方土地，张多神［灯］于神前。人窃其灯以送妇人不育者，苟怀孕，则来年诞辰，一以奉十，而还灯于神前。县署福祠旁搭草台，演土地戏。是日家家接女，留之过宿，二月空房不忌矣。

十二日花朝，闺中裁红，系之卉木，风来招展，红绿参差，亦春光之小点缀者。

将近端午，僧道送符，外致两盒，如芥菜、萝卜、干蚕豆瓣之类。是节玩物最夥，削艾为人，剖茧作虎，像生店制小龙舟。闺中制各肖生物，襟上佩之，曰老茧人，即俗云端午景也。

初五日端午，楹上贴神符，中堂悬判官，瓶插蜀葵、石榴、菖蒲，小儿背老虎头，戴老虎兜，手腕系五彩绳。人家以腌腊包糯米于芦箬，谓之火骽粽，与鲥鱼、枇杷相馈遗。午时烧午香，爇苍术，点蚊烟，进蒲觞，家宴赏午。小户之家，亦多买黄鱼、雄黄、烧酒庆节。谚云“当裤子，买黄鱼”，良不诬。

夏至节，人家研豌豆粉，拌蔗霜为糕，馈遗亲戚。杂以桃杏花红各果品，谓食之不蛀夏。

六月初六日晒经，第丛林故事耳。晚间捣凤仙花，包红指甲，则闺房韵事也。

七月俗名巧月，以七夕乞巧也。人家亦有陈瓜果于庭者，第不多觏。茶食店制巧果人酥以应时。

是月各街道大兴盂兰盆会。街前后扎灯牌楼，前摆斗香架，后设焰口台，中间布幔，下悬各色粗细灯。其新颖者，则西瓜灯、番瓜灯，雕镂而成，极其精巧。两旁扎若干纸鬼，内藏灯碗，如赌鬼、酒鬼、大老官、篾片等，皆讪笑世人者。僧来诵经，必令放小板焰口，其腔调如银纽丝、湘江浪，皆时下俚曲声音，供市人笑谑而已。以云超脱亡灵，恐未必也。此会自朔至晦不断。九月九日重阳，俗尚糕。昔年萧美人糕，名重一时。

小雪后，人家腌菜曰寒菜，烧糯米曰炒米，蓄以御冬。腌肉鸡鱼鸭，曰年肴，煮以迎岁。鱼肉多者曝之，留以消夏。装暖阁，熨寒衣，挂棉帘，手炉汤婆，罔不具备。

十一月冬至节，丛火，祀家庙、福祠、灶陉，拜父母尊长，设家宴，亲戚相庆贺，与元旦一例。谚云“大冬大似年”，即吴中“肥冬瘦年”之说也。

腊月初一日，欢乐店开门，张大小画，画皆刻版人物，涂以丹青。小孩必买多张，贴壁上。有代书春联者，润笔只堪易酒。乡人来城买杂货，曰打年货。各店生意皆兴，而帽店、领店、鞋袜店尤甚，小户人家莫不买新冠履过年。故除夕之夜，此三店犹扰扰焉。

初八日，煮腊八粥，丛林沿门化米豆煮之，供众僧道。于是时送檀越家烛疏，如端午之送符也。人家择除日攩尘。二十三、四日送灶。祀灶日，煮糯米饭，曰灶饭；糖九层如塔式，曰灶糖；糕亦如之，曰灶糕。又有灶馒、灶果，摆列灶台。主人率子弟拜祀，纸马中夹灶疏。爆竹之声，从是日始矣。

择吉酬神，曰辞年。酒醴三牲，香烟缭绕，重檐复壁，烛彩辉煌。堂前丛火，钳火炭于滴醋烧酒中，曰香炭。周旋门户，以示打扫洁净。然后主人焚香肃拜，鸣鞭爆，化纸马，家人齐声叩喜，妇女称庆，洵一门盛事也。

冬至节前后所腌咸货，至是时煮之，曰煮年肴。庖人倩伙来帮忙，曰帮年。祀灶后，开发年事，曰年账。族戚寒素者，送以炭赀，曰年敬。往来馈遗者，曰年礼。神祠烧香，曰年香。正初须吉日开生，预于是时蒸饭，曰饭干，又曰隔年陈饭干。盛以斗，或方或元宝式，上插小旗竿，内嵌诸果品，曰年饭甑。虽柴米，亦曰年柴、年米，莫不冠一年字，以寓傍节之意。

除夕易新楹帖，曰贴对子，亦有贴门神者，若房门曰子儿。内堂悬影像，中堂挂天官，案上左瓶右牌，瓶插天竹、腊梅，镶以蟠松。案前天香几，几上炉瓶烛台，俗谓五件头。案左右花架，分列碧桃、牡丹，堂内桌围椅披、椅垫，皆红缎或红呢，合窗下红毡帘为一色。门头欢乐，雕红刻翠，张之大门外者，纸色尤鲜。

迨夕，门灯高悬，戳灯双峙，火巷鹅头灯，灿若列星。重门洞开，庭宇深邃，遥望厅事，红烛满堂，灯光交错。群仆整冠束带，率领粗使，奔走内堂。婢女兴致勃勃，亦各效殷勤。儿童行乐，买如意丹，放火盆中。子侄辈来辞岁，各兆以吉语。家人请供影像，主人盛服，相率拜毕，排家宴，饮分岁酒。其可人者，小孩牙牙学语，肩随而前，花帽锦衣，承欢侍宴，绕膝之乐，其乐尤真。以红头绳穿钱予之，曰压岁钱。家人予以钱包，曰恭喜封。宴后，逛街看年景。各铺灯火通明，行人往来不断，典铺尤杂沓焉。是时花店价甚廉，见必托消梅桩数盆，归至家，而花已送至矣。厨上收拾既毕，伺候主人接灶。守岁灯将半残，听钟声，已十二，夜过半矣。儿女尚有未寝，而云守岁者。

东台时节之风俗

东台风俗，与苏省各地小异大同。兹将与他地不同者，略为录出，以资参考。

（一）天贶节之俗。阴历六月六日为天贶节。考其由来，以宋代有天书降于是日，定为此名。沿至今日，特虚行故事耳。东台是日晨起，合家老幼咸互道恭喜，名为贺节。并食糕屑，其制法，用麦粉以糖油为馅即成，家中各人咸须食之。故俗有云："六月六，吃了糕屑养了肉。"亦迷信之陋俗也。

（二）十月朔之俗。十月朔，俗称为苍蝇回里之日。是日东台无论贫富人家，咸有食红饭之举。红饭之制法，即用糯米与赤豆煮成。煮熟后，先盛红饭一碗、水一杯，置厨下，其意盖为苍蝇饯行也。口中喃喃祝道："明年再来！"祝毕，将红饭合家食之，或馈送亲友。此种举动，俗名送苍蝇。噫！蝇为害虫，与人生极有妨碍，方将驱灭之不暇，而一般迷信者竟祝其明年再来，是诚愚陋已极。有心人为之兴叹不已。

兴化之新年

兴邑人民固蔽，向不开通，至今迷信未除。新年时迷信之举甚多。最可笑者，莫如送孩儿灯、偷桩二事，兹详述如下。

孩儿灯。此灯用泥制成。俗云此灯系自送子观音迎来，送至不生育人家，即能生子。故望子情殷之人，遇人去送孩儿灯，彼必酒食相待，感谢莫名，且将此灯供于堂前。设此泥偶手足或有损伤，则以为将来生子，必遭残疾。迷信如此，岂不可笑。

偷桩。偷桩一事，用意与送孩儿灯相似。桩之为物，原系小渔舟用以代锚者。愚夫愚妇，希望生子，每于新年中夜间，乘人不备，窃渔舟之桩。俗云偷桩回家，必能育子，极为灵验。但为渔人所觉，虽携之还家，亦无效果。此种迷信，较送孩儿灯更不可解矣。

泰县时节之风俗

俗语云："十里不同风。"意谓相隔十里，风俗即不相同，可知一地有一地风俗。兹将泰县风俗叙述于下，以备观风者采焉。

（一）新年。兹为便利叙述，先从岁暮叙起。岁暮之风俗，如送灶、接灶等事，皆系迷信之举，姑置弗论。其可笑者，除夕日各家咸购石灰，及至夜间，将石灰放蒲包内，将家中各处，满地印成蒲包印，称为元宝墩。殊可笑也！至安寝时，将鞋底朝上，鞋口朝下。俗传是夜神人下界降灾，使神降灾于鞋底上，诘朝起身，著鞋奔数步，灾即脱落。是更足发噱矣！元旦天明时，各人醒来，咸须先食一黑枣，称为开口，然后方能说话。起身以后，无论大小，咸换著新服，亲友往来，互相贺年，说种种"恭喜发财"、"称心如意"等语。儿童则争取压岁钱，买玩物。种种情事，无非表示新年快乐之景象，无庸详细描写也。唯有二事，殊属无聊。一则新年中掷骰赌牌，呼卢喝雉，扰攘不休，伤神费财。一则妇女辈入庙烧香，拜佛念经，求富求贵，迷信神权。二者皆亟宜革除也。

（二）清明节。清明之风俗，如扫墓、植树等事，人所尽知，不必赘述。泰县有一种特别风俗。清明日，乡下农人咸备大船几艘，每船约有二十余人，立船之两边，咸执撑篙，在空旷河道比赛，称为撑会船。各船争先恐后，拼命前进，遇岸上孤坟，即焚化纸锭，至晚尽欢而散。究竟此种陋俗，起自何时，有何用意，乡人亦莫明其妙。吾无以解之，谓之为田家作乐而已。

（三）夏至节。年至夏至节，泰县有一种风俗，名吃时果。无论贫富人家，男女老少，咸须吃之，以应时节。所谓时果者，即用豌豆洗净，放釜内煮熟，吃时用糖拌匀，滋味极为香美，故人咸乐意吃之。唯吃豌豆起于何时，有何益处，则相沿成习，亦无从溯其原也。

（四）七月杪。每届阴历七月杪（月大三十日，月小二十九日），泰县有种种恶习，年年如是，牢不可破，不知何日始能革除也。述之如下。

（1）地藏王会。此会系该地寺僧主持其事。年至七月廿日左右，寺僧即遍贴黄纸帖于市。帖上所云，无非“请地方善男信女，届期到庙拈香”等语。但对于富绅殷商，则备特别请帖。世态炎凉，勿谓和尚不知势利也。月杪清晨，寺僧在地藏神前设立香坛，邀居士七八人，就坛前礼忏。乡人纷纷携带香烛纸马，并香仪一二百文，来地藏庙拈香跪拜。寺僧备素菜饭，款待香客，而且乘此神会，赌禁大开。噫！迷信神权，伤风败俗，有地方之责者，何视若无睹耶！

（2）斋孤。七月杪前两三日，合境无论贫富人家，咸购办锡箔，折成锞锭。待至月杪晚间，于河边或三叉路口焚化，并说数句鬼话，对空祝祷，如“我家小娃娃，若到河边耍，拜托你们诸君照顾照顾”等语。见神见鬼，诚堪发笑。

（3）放河灯。河灯制法极为简单，用三寸正方厚纸做灯底，然后用芦柴一根，长约三寸，中穿一眼，装竹签钉于灯底。另用红纸折四方形，就灯底四面糊之，即成其所谓河灯矣。放灯人家，事前预备船及吹手，届期船搭布棚，棚中高悬灯彩。夕阳落后，船中灯烛光明，吹手鼓吹声喧，极一时之热闹。船上之人荡船前进，沿河将灯上竹签，装上油纸捻，燃置河中，此之谓放河灯。

（4）碗儿灯。七月杪晚间，市镇人家咸须燃碗儿灯。此灯制法亦甚简易，用彩纸剪成荷瓣，糊于碗之周围，碗中置一酒杯，盛油燃以芯，置诸门前。家家如此，亦不知何所取意也。

泰县人之信仰

江苏省之泰县，亦有一泰山，山麓有和合财神庙一座，香火颇盛。每年正月初四日，庙门外摩肩迭踵，异常拥挤。附近一般乡愚，各斋戒沐浴，来此进香。并有借钱之说，并非钞票银元，只锡箔粘成之元宝耳。一般财迷者，走至庙中，敬神既毕，乃将纸元宝虔诚携回家中，供诸神桌上，每日焚香祷祝。至次年正月初四日，复将元宝送还庙中，谓为还债，另加利钱元宝一个。于是此庙中元宝愈积愈多，遂可堆积成山矣。

高邮之丧礼

高邮人民，凡不幸而遭父母大故，棺殓之时，未封钉之前，孝子必须执杖跪请族长（指父丧而言；若母丧，则请舅父或表伯叔兄弟）执掌斧柄，连敲三下，然后次第实行。富者仍须赠贻执柄者以彩帛。执柄者若贫寒，且视为发财机会，预定封钉礼金，始允代敲。若不满意，或不延其到场，则惹起交涉，谴责频加，甚且打扰不休。噫！执柄职权，何关轻重，而为此跪请之虚文，敲击之表式，无厌之诛求，毋乃过当乎？

封钉之时，必以孝子孝妇发丝缠绕钉尖，谓之挽发。说鬼者流，且谓之亮钉。恒以傲凌伯道，争嗣之人，尤以挽发为重大问题。盖发既挽后，继承确有铁证，虽不当继，而亦必强为容纳。夫挽发之制，不知创于何年，俑于何人，闻江南及其他省分并无此制。揣其用意，大抵发肤受于父母，仍还之父母，藉以维系幽明，联络心性耳。今则垂辫不合时宜，趋重剪发制度，有人因无发可挽，刺血以代。其或血液贯注钉隙，以衅灵榇，庶无罅漏乎？又或血统绵延，世世传真，子孙永垂弗替乎？孝子仁人之用心，亦云苦矣。

凡人始死之时，家人必以芦席稻草圈于本村土地祠旁，为魂灵栖留之所，男左女右，谓之铺堂。铺堂之后，家人则按中晚两餐，备具饭一盂、菜两盘，送至祠旁所设之鬼寓，多则三天，少亦两天。其女儿媳妇，沿途呼号，去则哭，来则止，甚且绕越三桥，谓之送饭。

棺殓之夕，必延僧道念放焰口。家人则以纸轿、纸船、纸马，抬至土地祠中，声请土地暂放死者，随其回归，谓之招魂看戏。

死之日起，每一周间为一七，计共七个夕［七］。每七预于前夕，家人团聚灵前，设食供奉，或延僧道诵经，谓之守七。

七期之翌日逢七（例如初七、十七、二十七），该七为摸七。家人以其灵魂回归，预将汤灌水缸空坛之口，完全盖覆，恐其坠入。又将枕簟被褥铺好，衣服鞋帽设放床前，供其服用，谓之闭殃。

淠淮间婚嫁风俗

淠淮间婚嫁风俗，其礼式与各处不同之点甚多。如男家赍送期单，必媵以带子棉花一袋，给新妇装被，为下子棉。选择吉期，有大利月、小利月之说。谢告叔诗云："无端阿嫂傍香肩，笑语冰人下子棉。九月刚刚逢大利，不寒不暖菊花天。"又吉期既订，男家必倩红叶致问衣服之长短，谓之讨尺寸。谢君诗云："最爱时髦称体裁，个中尺寸费思量。侬家小妹强人意，拣取新衣较短长。"又女家发轿，辄喜延迟，竟有候至深夜者，以早恐客多未散也。谢君诗云："忙煞催妆向蹇修，彩舆何事忒迟留。阿娘别有牵情处，生恐来宾未去休。"又以竹筛一面，羽箭三支，中嵌铜镜，系诸花轿之后。花轿至门，必闭门一小时，始令轿入，谓之劝性子。又婚娶必张红伞。谢君诗云："四人花轿簇莲灯，羽箭铜盘札彩绳。谢罢喜神门遽合，犹撑红伞最高层。"又新嫁娘于临期旬日，必递减饮食，谓之扣饭。谢君诗云："翠绕珠围楚楚腰，伴娘扶掖不胜娇。新人底事容消瘦，闻道停餐已数朝。"又新妇进门，以布袋铺地，展转更换，令步其上，谓之传袋，犹言"传代"也。谢君诗云："箫鼓声中笑语哗，两行红粉迓香车。锦裯层迭偏铺袋，为祝绵绵瓞与瓜。"又参堂拜三，客多向新夫妇道喜，故令频频跪拜，往往汗珠欲滴，观者因而取乐焉。谢君诗云："参罢翁姑诸客临，许多同辈礼偏深。更番贺喜都陪拜，故使香肌污湿巾。”以新房闹房之风气甚盛，以新妇未过三朝，无分长幼，团聚欢呼，毫不为怪。谢君诗云：“洞房耳鬓尽厮磨，未过三朝热闹多。喝酒豁拳叉麻雀，大家团聚乐如何！”又新夫妇三朝必展墓，多数女眷同往，均着红裙，各村闻爆竹声，无不争看新嫁娘也。谢君诗云：“双双展墓趁新晴，钱纸烟中爆竹声。一色红裙归去缓，村庄男女各欢迎。”又一月归宁，谓之回门。及往夫家，必以糯米制饼饵相馈遗，谓可黏其婆口云。谢君诗云：“琐碎从来计米盐，家庭指导且休嫌。归宁多备连糕饼，侥幸能将婆口黏。”

黄渡镇妇女之求子

青浦黄渡镇妇女之无子者，必往镇东祖师堂之送子观音前，烧香告祷，并暗中将送子观音之绣花鞋偷去一只，云即能生子。唯生子以后，须寄给与送子观音为干儿子也。或遇有生子人家之三朝或六朝，祭天生婆婆之红蛋，能偷而食，亦能生子。生子之人家，三朝或六朝，祭天生婆婆以后，焚锭送出时，如有无子者，可命送至其家之门首，云系送儿子来也。再妇人怀孕，倘将雄黄精佩在身畔，云可转女为男。

金山清明之赛会

旧历清明节，金山有赛会之举，其神即为城隍。此种风俗，由来已久。当清明节前一夜，庙中出十数人，手持钢叉（俗称小鬼），周行街市，名曰巡街。巡街已毕，复有收台之举。所谓收台者，有阴台、阳台之别。收阴台，即至荒野，见有朽烂棺木，尸身暴露，即将其骷髅取回。收阳台，预先探明乡人姓氏，及至收台之时，唤乡人名字，如阿三阿四等名，如有人答应，即燃放爆竹，以为收台已著也。迨回庙中，收阴台者，将骷髅抛入土偶座下；收阳台者，将灵魂捉入木桶之中。此种荒谬举动，不合人道，而乡人迷信，且以为灵验也。清明日下午即举行神会，乡人无论老幼男女，空室出往观，人山人海，异常拥挤。当未出会前，有许多劣童至庙中，扮七伤、八将、十二员、疯子等戏，乡人扮刽子手、街队小鬼等。其最惨无人道者，有人袒胸裸臂，臂穿许多钢针，针连绒绳，绳系香炉，炉重有数斤者，有重至十数斤者，系之而行，不以为楚。是盖曾许愿者，今特尽其应尽之义务，以了愿心耳。其愚可笑亦可怜也！出会时，鸣锣击鼓，为神开道，舁神巡游街市，东至杨爷庙，与杨爷相会。巡行一周，还驾入庙。入庙时，抬驾者举步疾驰，名曰抢轿。是时脚步声，呼喝声，铜叉声，声声相应，极一时之热闹也。

崇明时令之歌谚

此篇系录崇明俗谚，虽街谈巷语，词句浅鄙，而以之占时令、测天文，往往应验。摭录如下。

日落胭脂红，非雨便是风。

乌云接日头，半夜雨稠稠。（稠稠，雨声也。）

明星照烂地，天亮落勿绝。（绝读绪音。）

小暑一声雷，倒转黄霉十八天。

东虹日头西虹雨。

东北风，雨太公。（言大雨也。）

云里雨，赫小鬼。（言无大雨也。）

西南出谷，搓绳攀屋。（言寒风自西南来者，其势必大。）

赤脚冷西风。（言寒天西风砭骨，犹赤脚之冷也。）

西风夜静。

青冈红冈，明朝热杀和尚。（夏时傍晚，红日初下，每见云作峰冈之状，呈青或红色，邑人以为翌日热度加增之兆。）

朝怕南云，夜怕北云低。（此二语，谓为将雨之兆。）

日箍风，月箍雨。（日箍、月箍，即日晕、月晕也。）

东风极雨落，秀才极教学。（言东风迅疾，必下雨也。）

行之春风有夏雨，落之腊雪有河鱼。（言春时多风，夏时多雨。河鱼即河豚也。）

春寒多雨水。

两春夹一冬，无被暖烘烘。（十二月立春，兆冬暖也。）

春雷日日阴，要晴须见冰。（言春雷必冻，风起乃见天晴也。）

惊蛰闻雷米如泥。（言预兆年丰也。）

惊蛰雷声未是奇，春风无雨病人稀。

未蛰先蛰，人吃狗食。（言惊蛰前闻雷，兆凶年也。）

有利无利，只看三个十二。（二音利，言正、二、三月十二日无雨，主丰年也。）

三月沟底白，莎草变成麦。（言三月晴，主麦秋有望也。）

麦秀风来摆，稻秀雨来淋。（麦秀时畏雨，稻秀时畏风信）

小麦不怕人共鬼，只怕四月初八夜里雨。（四月初八夜雨，小麦歉收。）

冬青花未开，黄梅水正来。

小暑日西南风，三车勿动。（三车即油车、轧车、碾米之风车也。是日西南风，主歉收也。）

二十分龙念一雨，水车搁在弄堂里。

二十分龙念一䨘（音虹），拔起黄秧便种豆。

二十分龙二十落，车水车得臀肛落。

六月初八西北风，惊动海中龙。

秋孛鹿，损万斛。（言立秋日忌雷。）

处暑若还天不雨，纵然结实也无收。

八月初一难得雨，九月初一难得晴。若还能得晴，皮匠娘子要嫁人。

八月南风两日半，九月南风当夜转，十月南风随身雨。（言必雨也。）

十月南风应小春，十二月里又交春。（交春，立春也。十月南风无雨，乃应春也。）分后社，白米遍天下。社后分，白米如锦墩。

白露日雨，到一处坏一处。

白露前是雨，白露后是鬼。

白露日西北风，十个铃子九个空。白露日东北风，十个铃子九个脓。（棉实如桃开裂，崇人谓之铃子。）

十月雷，人尸拌来推。（言十月中如有雷鸣，疫疠盛行也。）

南闪火门开，北闪雨洋洋。（夏日黄昏，见电光闪闪，见于南方则热，见于北方则雨。）

冬前米价涨，穷人男女倒好养。冬前米价落，穷汉人家越萧索。

除夜犬不吠，新年无疫疠。

三朝迷雾发西风。

晓雾即收，晴天可求。雾收不起，细雨不止。三日雾濛，必起狂风。白虹下降，恶雾必散。早起天顶无云，日出渐明。暮看西边无云，明日晴明。

午前日晕，风起北方。午后日晕，风势须防。晕开门处，风色不狂。早白暮赤，飞沙走石。返照黄光，明日风狂。

虹下雨垂，晴明可期。断虹晚见，不明天变。断虹早挂，有风不怕。

三月初三田鸡暴。（俗云："田鸡叫得哑，低田好稻把。田鸡叫得响，田内好摇桨。"）

雨落乒乓响，柴米对半涨。亲眷勿动身，只好拿小团打。（雨落过久，柴荒米贵也。）

男吹风，女吹雨。（婴孩无意之间忽自吹风，男吹必风，女吹必雨。）

早箭风，夜箭雨，下昼箭箭干到底。（群鸭同声而鸣，谓之箭嘴。）

鲫鱼浮头，鲤鱼扛水，天必下雨。（夏日午正或午后，鲫鱼浮于水面，吸取空气，逐水为戏，天必雨也。）

崇明之鼠迷信

崇明人对于老鼠之迷信有三种。一日老鼠数钱。鼠至夜深时，或将天晓时，吱吱之声，有似数钱。迷信妇女以为听出此声，家中必出祸事，因此日夜愁惧，若大祸之将降临者，必俟数日后不见灾害，始释然。二日老鼠落空。鼠出外寻食时，或失足落地。迷信妇女以为见者大不吉利，非生疾病，必有他种祸事，必须设法禳解。禳解之法，须见者亲往乡间，沿户讨乞白米，谓之百家米，回家以之煮饭，食下便可解除灾晦。虽富家妇女，亦必装成乞丐样向人乞米，殊可笑也。三日老鼠咬东西。鼠喜啮物，乃其天性。迷信妇女以为人说不好语言，为鼠所闻，故将东西咬坏，于是禁止家人詈鼠，并不准说之，有时呼之曰“老鼠伯伯”以媚之。

海门人之猜天

海门滨海，其居民对于气候之变化可以预测，有时亦能言中。兹记其相传之俗语于后。

一曰：“朝看西南迷，午前必有雨。”言侵晨西南方若有云，则午前必落雨也。二曰：“有吃无吃，只看三个十七。”言正、二、三三月之十七日若无雨，则主丰年。三曰：“车前风，车后雨。”言夜间黑云横于河问，在车水星前，必有风；在车水星后，必有雨。四曰：“上看初三，下看十六。”言初三日晴，则上半月亦晴；十六日阴，则下半月亦阴。五曰：“南虹刀兵动，北虹换君王。”言南方有虹现，则有兵灾；北方有虹现，则朝庭有变动。六曰："东闪闪西闪闪，明朝干剥剥。"言夜间虽四方有雨势，次早仍无雨。七曰："蝇荒蚊熟，虾荒蟹乱。"言蝇多年必荒，蚊多年必熟；虾多年必荒，蟹多年必乱也。八曰："雌迷雾无雨，雄迷雾有雨。"当迷雾时，植物中有水滴下，谓之雌迷雾。雄迷雾反是。九曰："花是花，四十日，拾棉花。"言开黄花后四十日拾棉。十曰："要看来年好，只看今年三个十九天气好。"言正、二、三月三个十九日也。十一曰："西风爽，蟹脚痒。"言八月起西风，蟹必多也。十二曰："九月十三雨扬扬，稻芦头上出青秧。"十三曰："九月廿七催懒户，十月无风躲不过。"十四曰："十月三十日，犁星著地水生冰。"十五曰："十二月初三牛蘸黄，一粒大麦两人扛。"言十二月初三若有雨，麦之收成必佳。十六曰："春甲子落雨人无食，夏甲子落雨鱼无食，秋甲子落雨牛无食，冬甲子落雨鸟无食。"十七曰："二十分龙二十落，扛子水车绕田踱。"言必有大水也。十八曰："廿二廿三若落黄龙雨，红粉娇娘上踏车。"言必旱也。十九曰："七竹星上天，花稻完全。"二十曰："井树花开盖被单。"言天气稍寒也。二十一曰："秋个落，收壑角。"言立秋日有雷声，收成必不好。二十二曰："冬前不冰冻，冬后冻煞人。"二十三曰："干冬湿年。"二十四曰："壬戌癸亥，翻天作海。"谓必有大雨也。二十五曰："月半十六两头红。十七十八，快手婆娘杀只鸭。二十行更，月上一更。廿一、二，月上二更二。廿二、三，月上半夜间。廿五、六，月上四更足。廿九朝，月上黄殿高。"二十六曰："朝爽一，夜爽七。"言风起自晨，一日即止；起自夜间，七日方止。二十七曰："初八廿三正小汛。"言潮小也。二十八曰："初三潮，十八水，烁烁眼，没到嘴。"言潮大也。二十九曰："月食三朝大雨下。"三十曰："初五夜里勿见月，干干湿湿半个月。"言半月内不得晴也。三十一曰："朝撑不要晒，夜撑不要收。"当日出没时，紫光下照成芒，名曰撑。朝撑必雨，夜撑必晴。三十二曰："日脚冲天，雨在眼前。"日将落时，紫光向上，谓之冲天。三十三曰："东南阵，经过落三寸。"夏日雷雨谓之阵。三十四曰：“五月里迷雾，撑船不要问路。”言必有大水也。三十五曰：“五月十三青晃，床底下摸蚌。”言五月十三日天晴，必有大水也。三十六曰：“六月无晓，种田无靠。”言无晓星，主凶年也。三十七曰：“初一落雨进田窝。”言六月初一雨，主旱。“初二落雨连太湖。”言初二雨，有大水。“初三落雨，七十二个连环阵。”言初三雨，必有七十二二个阵头。“初四落雨，直直风流到立秋。”言初四雨，将连续落至立秋也。三十八曰：“七月七落雨斗量花。”主歉收也。三十九曰：“七月七有闪，壁脚眼里皆照去。”言花价必贵也。四十曰：“八月田鸡叫，耕田犁头跳。”言种麦时，土必干也。四十一曰：“话事弗开总有鬼，迷雾弗开总有雨。”四十二曰：“芒种便交梅。”四十三曰：“小暑一声雷，黄梅依旧归。”四十四曰：“夏至搭头时。”四十五曰：“夏至三朝，知蜩上树。”四十六曰：“好是处暑暴，不好是送死暴。”言处暑遇大风，收成必大减。四十七曰：“小满三朝架头响。”言打麦也。四十八曰：“蕴藻头对北，虾鱼蟹鸟要哭。”言夏日水藻头对北，虾鱼蟹鸟，必多被捕。四十九曰：“白露看花秋看稻。”五十曰：“梅里西风时裹雨，时里西风干到底。”

宝山十月朔之俗

十月朔俗称十月朝，是日祭祖先。其祭品为鱼肉、糕饼、团子、果品等类，而团子为其中不可缺者。是日接女儿回家，俗称吃团子。午后出城隍神会，俗称祭团，又名巡查。各家备香烛黄纸，神像过时，即焚香致敬。俗传城隍出巡可保合境平安，亦云迷信极矣。

浦东之礼俗

浦东者，黄浦江东岸之地，包有奉贤、南汇、川沙三县而言，位于江苏之东南隅。民智简陋，风气闭塞，其风俗习尚，与内地大同小异。兹就其婚丧礼节中大要者记之。

浦东之婚礼

浦东人之婚礼，泰半沿用旧俗。当男女两姓未订婚约前，男家先遣媒人往女家，索女之八字，即生年月日时也。然后男女二人之八字，请算命者合之，讨论其中有无冲尅，谓之合八字。若算命者谓女命中犯望门寡，或无子息等语，则婚事必不能成就。八字合妥后，由媒人居间说合，得两方家长同意，方可实行定亲。定亲日期，由女家择定，男家请媒人往送茶礼，如金钱、彩礼等类。女家受茶礼后，再写允吉八字一张，定亲之礼遂毕。定亲后距相当日期，由男家择定吉日，请媒人通知女家，谓之报日。然初次通知，女家必不允，必须往复三四次，始得允可。再由男家备礼物若干，如金钱、首饰之类，谓之行盘；女家受礼，谓之受盘。结婚时，堂中先置香案一，案上点花烛及安息香。行礼时，用红绿连接之绉巾，使新郎新娘各执其一端，一切司仪由专营此业之大夫司之。礼毕，新郎新娘并坐于香案正中，大夫高唱吉祥韵语，并取红蛋一枚，向新郎、新娘面上一晃，谓之圆面，然后偕入洞房。婚礼毕，再于堂中设香案，并置酒席若干桌，唯空其坐位。新郎新娘齐出，向香案行跪拜礼，谓之告祖。完婚之第三日，谓之三朝，是日新娘归宁父母，新郎亦同去，岳家呼之为新客人。婿至岳家，先拜见岳父母及其他亲长，继由各亲长给婿以钱，谓之见面钱。是日岳家必备盛席以待婿，筵毕，即日偕新妇返家。其他尚有种种名目，如女子于临嫁之日，将久蓄未剃之额发修去，谓之开面。登舆时，于发髻上满簪花朵，面上遮以面红，谓之上头。当迎娶之彩舆临门，女子别其父母，必大哭，以诉离别之苦，谓之谢亲。新婚之第一夜，新郎新娘同坐首席上，贺客于此时作种种戏谑，以资笑乐，谓之吃暖房。俗谚曰“新婚三日无大小”，意谓于新婚后三日中，不分老少，均可往新房中作种种戏言丑态，以博新娘一笑。有故将新娘鞋子脱去，借以掉换果饵者，是谓闹房。

浦东之丧礼

浦东之死丧状况，亦与内地大略相同。一曰暖棺。人死之第一夜，无论已殓或未殓，必延羽士若干，向亡者诵读经卷，乃为死者安定魂魄之意。二曰回煞。俗传人死之第三日，死者魂魄必返家一次，故于是日，死者之家族必陈酒设菜，供于灵前，谓之做三朝。三曰念经。富贵之家，每逢七期，必延僧道诵经，为死者超度；普通亦必唪经一二次，方为合礼，否则人将耻笑之。四曰七期。距死期之第七日，谓之首七，以后每七日一祭，谓之二七、三七等称，直至终七，适满四十九天。以后还有六十日、百日之类。每逢上述之日，亲友多来祭奠。死者之家属，亦必尽哀如礼。五日祭祀。每年逢阴历之七月、十月、清明节及死者之生忌、周忌，均需祭祀。七月之祭谓之七月半，十月之祭谓之十月朝。每次祭毕，必焚化纸锭，以给死者。

浦东之迷信

乡愚无识者，每遇不意事，或伤风感冒，即至神前焚香祷告，求签以占吉凶，或向测字者卜休咎。如云犯白虎煞，则立请白虎，丝毫不敢违抗。每届清明佳节，路上来往之人，手中均携草囤，向祖宗墓前焚化，谓之烧草囤。又有一种女巫，俗谓之仙人，专以蛊惑人心为事，妇女最易受骗。如新丧之家，因思念死者之故，欲知其死后在阴间之状况，即请女巫来问之，谓之问仙。问时先点香烛默祷一番。须臾，女巫作种种怪态，口中喃喃语，肖死者之口吻，述其苦况。妇女闻者，必泣下沾襟，信以为实。每年阴历正月初一、初三、十五及八月十五四日，各家点香烛，谓之点天香，以敬奉天地。又如设坛、打醮等事，费时伤财，莫此为甚。然而此种陋俗，固非浦东所独有，中国内部各省殆大半有之，其每年耗费之金钱为何如耶！

上海风俗琐记

上海为中国第一大埠。上海人民之动作，几乎可以代表全中国。但有一事，为其他各城所希闻，即南京路浙江路角五龙日升楼下，每日下午及黄昏，簇拥聚立者之多也。谓其为休止，则进占地位，明明有阻碍去路之行为；谓其为进行，则徘徊瞻顾，又忽忽不知其所往。无以名之，名之曰无目的。

上海人民春秋二季之看赛马，亦足表示其无目的之特性。盖在看赛马者之心意中，固绝鲜竞技与尚武之趣味，亦不过凑趣而已。时谐有云："心不在焉"，此四字足以代表之也。

上海人民娱乐之法，以旧历之季节言，如新年十五日内之城隍庙市，二、三月间之龙华桃花，四月初八之静安寺大佛会，十月初一之迎神赛会，及除夕夜之虹庙香火，其足引动大众之游兴者，无非曰赶热闹而已。更以一日中所征逐者而言，如每日午后南京路车马之繁，半淞园游踪之盛，游戏场瞻瞩之娱，无非赶热闹也。又如每夕各戏园之坐位拥挤，与各大菜馆之笙歌嗷嘈，乐园天韵楼之列炬争辉，与福州路宝善弄之香车络绎，亦无非赶热闹也。

节届中秋，月饼为应时之品。上海各糕铺制饼发客，几有应接不暇之势。而斗胜争奇，各出心裁，竟有以电气灯盘作"中秋月饼"四字，高挂门首，以代市招者。入夜则光明灿烂，颇夺游人之目。而稻香村糕饼铺尤遍地皆是。某君诗云："稻香村畔晚来行，节序关心记得清。一色电灯盘作字，中秋月饼放光明。"盖实录也。

近数年来，闺人竞尚吸纸烟。开风气之先者，厥为上海。各地效而尤之，几蔓延全国。推原上海女界吸纸烟之开山鼻祖，实为曲院中人。所吸率舶来品纸烟，其茎绝细，迨不逮纤指之半。一吐吸间，恒耗青蚨二三十翼。大家妇女争试焉，咸以此为时髦。一烟之微，必盛以金盒，配以金斗，兰房粉阁间，几以吸烟为正课。在昔闺中韵事，曰焚香读书，曰然脂写韵，今则悉以吸烟代之。吾人如涉足梨园及游戏场所，可见粉白黛绿者流，十之七必以纸烟实其樱唇，恣吸若狂。而昔人之所谓口脂香者，悉变为烟臭矣。

世界各国大城市，其住民最富同化力者，莫如上海。无论何地之人，一抵上海，不能不染三种习气，一曰趋时，二曰务奢，三曰尚圆滑。苟不如是，似不足以化成完全之上海人也。上海人同化力之可惊，有如是者！

上海人最喜用新字，无论何种店号、何项货品，若冠一“新”字于其上，遂觉件件皆新，一新而无不新。可惜新字字面虽好，一被大众随意借用，反令人有新不如旧之感。若言书籍，凡属名著，必有人依样仿造。新字之外，更有“后”字、“续”字等巧好名目，以紫乱朱，迨至数年、十数年后，曰新、曰后、曰续诸印刷品，一概无形消灭。此可见模仿性质之过于拙劣，绝鲜成功之理也。

出版新书之多，以上海为第一，大都投顺俗好，近于滑稽者居多。光复之后，所谓《清宫秘史》、《清室轶闻》，以及前一二年间《袁项城轶事》、《徐树铮轶事》、《王占元演义》等书籍，遍陈于书铺之玻璃窗内。今则已成明日黄花，过问者少矣。

前数年某某男女合演新剧社，凡观剧者，皆有赠彩。其最优之品，为杨庆和之赤金戒指及银桌面等物。是亦招徕之一法也。

上海各机关、各铺户、各住宅门前常见之字，当以“大”字占最多数。卖药处所必曰大药房，法律学者必曰大律师，洋行经理寓庐高悬“大班住宅”之牌，寻常西式小餐，亦以英法大菜为号。此外若大行台、大旅社，客栈之变相也；大舞台、大戏院、大剧场，梨园之雅号也；大汤为浴堂中最低劣之一部；大马戏等，殆即外国人江湖卖艺之生活耳。以上数者，均有大之名，而不必有任何之大规模也。而上海悉以大字自鸣，谓非好为大言之明证乎？

上海住民，一朝幸获温饱，即须另置外妾。寻常一商人，每有额外住宅数处，每处开支款额，俨然成一小康之家。偶尔营业不佳，势必一败涂地。此则一生为妾忙矣。亦有巨商大贾，因蓄妾多而子姓甚繁，盘剥重利，较量锱铢，积其辛苦所得，而付之子若女，任令挥霍无度，演成种种伤风败俗之举，不啻一生为子女忙。而为之子女者，御钻戒，驾机车，炫饰美服，辉耀人前，而以为甚荣也；扑克之会，缠头之费，一掷万金，不稍吝惜，而以为甚豪也。此辈丧心病狂，更不啻虚掷一生，而专为左右近习者空忙耳。

上海一年之中，必有两次不为死人吊，专引生人笑，惊天动地之大出丧。此诚上海之特别现象，最足证明流俗心理人不为己之奇拙也。次若福州路北、南京路南之夜市笙歌，大半皆应酬场、行乐地，每一宴会，主人待来客，前客复待后客，耗费光阴，仆仆为人忙。其所为乐，非真乐也。

上海习惯，在新年中，鲜有出外购备食物者。以为此时购物，必其家庭穷苦而无储蓄者也。于是岁终之时，必择重要必须之物品购而储藏之，以供应用。是以商店中于此时最为忙碌。及至新年，反觉萧条矣。

上海习俗，在元旦日晨，每有至城隍庙中焚香拜佛，求神保佑，俾得一岁平安无事。且诚心者以为必俟天未明时须即往，能第一次至者，求福必多，名曰头香。于是除夕日之半夜，途为之塞，城隍庙中，几无容足之地，盖无不欲思得第一次头香也。

吾国习俗，以为元月五日为财神诞生之日，故必先期迎接，则一年之内，财源必能富裕充足。是以上海每至元月四日之夜，通宵达旦，终夜不眠，爆竹之声，不绝于耳，盖无不欲财神之光临也。惜财神未至，而所费已为不鲜也。

上海自楼外楼创造屋顶花园之后，继之者纷纷，如新世界、云外楼、天外天、绣云天、小世界、大世界、先施乐园、永安天韵楼，遍地皆是。电梯一升，便飞入清凉世界，车马尘嚣，不足畏也。

盲者吴鉴光，卖卜于南京路，素有“三个半滑头之一分子”名。新岁生涯尤盛，大得一般闺阁之欢迎。又有小糊涂，测字于沪上，往问婚姻者，例须拈字双卷，生涯亦甚盛。

海上五方杂处，赌风素炽，花会亦赌中之一也。由于无赖之甬人，为之遍设机关于城内外各小肆中，美其名曰航船。一般无识之男女，趋之若鹜，因输巨资无以为生而自尽者，亦时有所闻，为害之烈，于此可见。嗜此者，迷信甚深，如梦何物，即猜何物，或求梦于鬼神。此中人云，尤以缢死鬼为最灵，求梦者以纸帛焚之，即卧其棺旁，以求梦示云云。花会共分四门，曰青龙，曰白虎，曰进门，曰出门，其中共有三十六名，内除把筒外，余皆可开，惟三槐不能时开。传云三槐系缢死阴魂，能迷弄世人，因其不祥，故会中不愿开此名；必须会中连日大输，方始开之，且猜者亦甚少，必可获利也。开筒之后，会中必须以三牲祭之，并焚化纸锭以报之云。

上海衣肆规例，每晚必将衣服摊喊，名曰卖叫货。此等货物，大都不良者多。观者不察，往往为其所愚。其有察出破绽，不愿向购者，该店伙必多方讽刺，甚且装出一种藐视之丑态。乡愚懦弱，往往有不能忍受痛苦买去者。此类店伙，规模较小之店铺大都有之，固不止衣肆已也。

上海商家习惯，账台旁之水牌上，必书“动笔免思”四字。考其用意，系以水牌为暂时登记之物，庶事后免费思索者。乃商人不察，竟有书“免”为“勉”者，此勉字下得矛盾可笑。

上海黄包车兜揽生意，除西人外，每向衣冠楚楚者低声问曰：“先生法兰西去吗？四马路去吗？”一种温和气象，出自至诚。而对于衣饰质朴人，非唯不屑呼问，即以手招之，又必多索车资以难人。彼意以为坐车者须另具一付面目，不洽其意，即不之应也。且衣服丽都，与夫少年艳姝雇之，则风驰电掣，瞬息数里。反是，则如逆水挽缆，进步当迟。大抵逢迎富人之心，万方一概，而于沪上车夫，其尤显而易见者也。

舟车为交通利器，上海近日以乘汽车为豪。每至礼拜日，必有许多少年男女，同乘一车，疾驰于南京路、静安寺路、福州路。而马车中，今仅见四十许男子一人兀坐，无复向日盛事矣。

穿红著绿，偶见于内地乡间之女子；若通都大邑之女子，无不穿一套缟素衣裳矣。不谓上海男子，乃有红绿两种。邮差则如出水之蛙，扫街夫则如落汤之虾，穿红著绿，往来人丛中，煞是可观也。

卷四

浙　江

杭州嫁娶风俗

杭州旧式婚娶之礼，先凭媒氏以草帖子通于男家，男家以草帖问卜或祷签，得吉无克，方回草帖。亦卜吉，媒式通音，然后过细帖，又谓定帖。帖中序男家三代职位名讳，议亲第几位男，及官职年甲月日吉时生，父母或在堂或不在堂，或书主婚何位尊长，或入赘，开明将带金银、田土、财产、宅舍、房廊、山园，俱列帖子内。女家回定帖，亦如前开写及议亲第几位女，年甲月日吉时生，具列房奁、首饰、金银、珠翠、宝器、动用帐幔等物，及随嫁田土、屋业、山园等。其伐柯人两家通报，择日通帖，各以色彩衬盘，安定帖送过，方为定论。然后男家择日备酒礼诣女家，或借园圃，或湖舫内，两亲相见，谓之相亲。男以酒四杯，女则添备双怀，此礼取男强女弱之意。如新人中意，即以金钗相赠，谓之放定。若不如意，则送彩缎二匹，谓之压惊，则姻事不谐矣。

既已放定，则伐柯人又通好议定礼，往女家报定。若丰富之家，以珠翠、首饰、金银器及绸缎衣裙，加以双羊牵送，以金瓶酒四樽或八樽，装以大花银方胜，或以罗帛贴套花为酒衣，酒担以红彩缴之。男家用销金色纸四幅为三启、一礼物状，共两封，名为双缄，仍以红绿销金书袋盛之，或以罗帛贴套。五男二女绿盝盛礼书为头合，共凑十合或八合，用绿袱盖上送往。女家接定礼合，于宅堂中备香烛酒果，告盟三界，然后请女亲家夫妇双全者开合。其女氏即于当日备回定礼物，以紫罗及颜色缎匹、珠翠须掠、皂罗巾缎、金玉帕环、七宝巾环、篋帕鞋袜女工答之，更以原送茶饼果物四方回送，羊酒亦以一半却之；更以空酒樽一双，投入清水，盛四金鱼，以箸一双、葱两株，安于樽内，谓之回鱼箸。若富家官户，多用金银打造鱼箸各一双，并以彩帛造像生葱双株，挂于鱼水樽外答之。

自送定之后，全凭媒氏往来，朔望传语。遇节序，亦以冠花彩缎、合物酒果遗送，谓之追节。女家以巧作女工、金宝帖环答之。次后择日则送聘，预令媒氏以鹅酒，重则羊酒，至日方行送聘之礼，且论聘礼。富贵之家，常备三金送之，则金钏、金镯、金帔坠者是也。若铺席宅舍或无金器，以银镀代之；否则贫富不同，亦从其便，此无定法耳。此谓之下财礼，亦用双缄聘启礼状。又有一等贫穷父母兄嫂，所倚者惟色可取，而奁具茫然，则议亲者，以首饰衣帛加以楮物送往，谓之兜里。今富家女氏，既受聘送，亦以礼物答回，大抵女红等类。自聘送之后，节序不送，择礼成吉日，再行导日礼报女氏。

亲迎日分先三日，男家送催妆花髻，销金盖头，五男二女花扇花粉。女家答以金银方胜、袍靴等物。前一日，女家先往男家铺房，挂帐幔，铺设房奁器具、珠宝首饰动用等物，以至亲压铺房备礼，前来暖房。又以亲信妇人与从嫁女使看守房中，不令外人入房，须待新人入，方敢纵步往来。

至迎亲日，男家则刻定时刻，预令行郎各以执事，如花瓶、花烛、香球、纱罗、洗漱、妆合、照台、裙箱、衣匣等，前往女家取迎新人。其女家以酒礼款待行郎，散花红银、揲利市钱会讫，然后乐官作乐催妆，克择官报时辰，催促登车，茶酒互念诗词，催请新人出阁登车。既登车，擎檐从人，未肯起步，仍念诗词，求利市钱。酒毕方行，起檐作乐。近至男家门首，时辰将正，乐官妓女及茶酒等人互念诗词拦门，求利市钱红。克择官执花斗盛五谷豆钱彩果，望门而撒，小儿争拾之，谓之撒谷豆，以压青阳煞耳。方请新人下车，一妓女倒朝车行，捧镜或青毡花席上行，先跨马鞍、背平秤，过入中门，至一室中稍歇，当中悬帐，谓之坐虚帐；或径迎入房室内，坐于床上，谓之坐床。房门前先以彩帛一段，横挂于楣上，碎裂其下，婿入门，众手争扯而去，谓之利市缴门，争求利市也。婿登床右首座，新妇坐于左首，正坐富贵礼也。其礼官请两新人出房，诣中堂参堂，男执槐柬，挂红绿彩，绾双同心结，倒行；女挂于手，面相向而行，谓之牵巾。并立堂前，遂请男家双全女亲，以秤或机杼挑去盖头，方露花容。参拜堂，次诸家神及家庙。行参诸亲之礼毕，女复倒行，执同心结，牵新郎回房，行交拜礼，再坐床。礼官以金银盘盛金银彩钱杂果撒帐，次命妓女执双杯，以红绿同心结绾盏底，行交卺礼毕，以盏一仰一覆，安于床下，取大吉利意。次男左女右结发，名曰合髻。又男以手摘女之花，女以手解郎绿抛纽。次掷花、髻于床下，然后请掩帐。新人换妆毕，礼官迎请两新人，诣中堂行参谢之礼。次亲朋讲庆贺，及参谒外舅姑。已毕，则两亲家行新亲之好，然后入礼筵。行前筵五盏礼毕，别室歇坐，数杯劝色，以叙亲义。仍行上贺赏花节次，仍复再入公筵，领后筵四盏，以给其仪。

三日，女家送冠花、彩缎、鹅蛋于婿家，谓之送三朝礼也。其两新人于三日或七朝、九日，往女家行拜门礼。女家广设华筵，款待新婿，名曰会郎，亦以上贺礼物与其婿。礼毕，女家备鼓吹送婿回宅。女家或于九朝内，移厨往婿家致酒，谓之暖女会。自后迎女回家，以冠花缎匹合食之类，送归婿家，谓之洗头。至一月，女家弥月礼合，婿家开筵，延款亲家及亲眷，谓之贺满月会亲。自此礼仪可简，遇节序，两亲互送节仪。若士庶之家，贫富不等，亦随家丰俭，不拘此礼。若果无所措，则已之。

杭州育子风俗

杭城人家育子，如孕妇入月期将届，外舅姑家以银盆或彩盆盛栗秆一束，上以锦或纸盖之，上簇花朵，通若贴套五男二女意思及眠羊卧鹿，并以彩画鸭蛋一百廿枚，膳食羊生枣栗果及孩儿绣绷彩衣，送至婿家，名催生礼。足月见坐蓐分娩，亲朋争送细米炭醋。三朝与儿落脐炙囟。七日名一腊，十四日为之二腊，廿一日名三腊，女家与亲朋俱送膳食，如猪腰肚蹄脚之物。至满月，外家则以彩画钱或金银钱、杂果，及彩缎珠翠、囟角儿食物等送往其家，大展洗儿会。亲朋俱集，煎香汤于银盆内，下洗儿果、彩钱等，仍用色綵绕盆，谓之围盆红。尊长以金银钗搅水，谓之搅盆钗。亲宾亦以金钱银钗撒盆中，谓之添盆。盆内有立枣儿，少妇争取食之，以为生男之征。浴儿落胎发毕，以发入金银小盒，盛以色线结絛络之，抱儿遍谢诸亲客，及抱入姆婶房中，谓之移窠。若富室官家，则用此礼；贫下之家，则随其俭。生子百日即日百岁，亦开筵作庆。至来岁得周，名曰周晬。其家罗列锦席于中堂，烧香炳烛，顿果儿饮食及父祖诰敕、金银七宝、玩具、文房书籍、道释经卷、秤尺刀剪、升斗等子、彩缎花朵及一切应用物件，观其所拈何物，以卜儿一生荣辱，谓之拈周试晬。

杭州寄干儿女之风俗

杭州承寄干儿子、干女儿之风最盛，盖唯恐其不寿，而以出姓为名，其实亦不过以有事为荣也。干爷、干娘送礼，以包袱、兜肚二物为重，其余衣帽鞋袜等项，若云取名压帖，此中丰啬不等。其子女送干爷、干娘者，备素菜十碗，并糕桃烛面鞋袜膝一切须用物件，随同本身父母前往，斋供王母寿。至于每逢各节，一年之内，亦如新嫁女儿须送各式节景予子女，除夕又送年饭，三年为满。

杭州之淫祀

杭州清泰门外有时迁庙，凡行窃者多祭之；涌金门外有张顺庙，赤山埠有武松庙，石屋岭有杨雄、石秀庙，此皆淫妄之祀。又有谬误者，温州有土地杜十姨无夫，五髭须相公无妇，于是合而为一，则杜拾遗、伍子胥也。孤山林和靖祠，塑女像为偶，题日梅影夫人之位。或戏之曰："何不兼塑仙鹤郎君?"世俗诞妄，真是匪夷所思。又凡庙中司事之人，杭人名之日庙鬼，所作所为，往往戏侮神圣。如关帝手中所执之扇末署款云："云长二兄大人瞩书，愚弟诸葛亮。"真堪发噱！又某年杭郡作保沙会，各庙神像俱迎聚于西湖玛瑙寺前。于是诸神持帖互拜，最奇者，大士名帖云"愚妹观世音敛衽拜"，尤堪捧腹。

杭州之信仰

杭州人无论男女老幼，莫不崇信朱天菩萨。每当四月二十三、二十四诞日，满城香火供奉，盛极一时。庙亦遍城皆是，而皆附设于他庙，无一独立者。妇孺尤信仰，四月内必茹素斋戒，谓之朱天素。夷考佛经、《封神》，皆无此菩萨，而又独为杭州所有，异哉！或谓朱天者，谓诸天也。其说不足信。殆清初遗民，追念胜朝，托名崇祀，其说或稍近欤？按民间流行讽诵之《太阳经》，即追念明故帝也。朱天而外，更有所谓青蛙将军者，庙在清波门外。相传有一青蛙，常临民间，有见之者，谓能致富，必以鼓乐亭佛，恭送回庙；否则听其自去，必致不祥，亦有奇验。神鬼之理，已极玄奥，此则尤玄之玄矣！《聊斋》有《青蛙》，所记与此略同，惟形体不及《聊斋》所记之大，约得三方寸大耳。

杭州之传说

百狮池在旧藩署大门外，石桥架其上，四周围以石栏，每柱凿小狮一双。传闻池中水可通藩库，昔曾有人由此盗库银。自后乃于池中畜癞头鼋数十，人遂不敢下。今者池虽荒废，而鼋则犹有存者。

朱养心膏药店，在大井巷内，所造膏药，颇著灵验，因之四远驰名，生意极盛。其屋后临山，有古井一口，相传刘海仙之蟾曾匿其中。汲井水调丹，药遂奇验。并谓刘仙临别，且以水墨龙一幅相赠，悬之可避回禄。其家至今视若拱璧，不与人见；即有见之者，皆假画耳。

杭州游戏场之今昔

梅花碑即古观梅社，在今省长公署之右首园墙外。街道开阔，住屋稀少。十余年前，其热闹不下苏州之玄妙观。凡医卜星相，及捉牙虫、卖草药，各色果点，各式摊场，皆罗列焉。又间以大书、道情、隔壁戏、花鼓调，以及各种游戏。终年如是，无间寒暑。及光复后，旗营辟为市场，遂纷纷迁入。今已萧条冷落，游人不堪驻足矣。

杭州酒家极多，均有当垆小鬟，妍媸不一。风雨小饮，把盏看花，亦一趣事。沽醪稍勤，酬以一二佛，可作登仙想矣。两年前粲者可走马看之，兹则群趋土土娼之一途，唯余黄发乳臭，不足一盼矣。

西湖画舫，桂桨兰棹，容与中流，湖光山色，均揽入胸襟，疏雨明月，咸擅丽致。独西湖工程局置一脚划，脚划为萧绍陋品，以此俗物，乃置于此，游客尤厌其玷污圣雅明隽之西湖，不念其何以必用此手足并陈之脚划也。某君打油诗有云：“脚划小船冲波去，直把西湖作鉴湖。”

杭州商业之今昔

杭州营业之著名者，曰五杭四昌。五杭者，即杭扇、杭线、杭粉、杭烟、杭剪也。扇店今推舒莲记为首，张子元次之；线店推张允升，粉店推孔风春，烟店推宓大昌，剪刀店推张小泉；其余皆不甚闻名矣。四昌者，则素负盛名之四大南货店也，曰顾德昌，曰胡宏昌，曰冯仁昌，曰胡日昌。今所存者仅胡宏昌一家耳。

杭州妇女之生活

杭为浙省之都会，人烟稠密，商业亦颇繁盛。唯妇女生活状况，未能目为完善，兹略述之于后。

甲　工业

（一）络经。业此者，大都皆下城各处妇女。络成后，归诸绸缎庄，每日可得小洋三四角。

（二）缫丝。杭地近来织绸工厂林立，其缫丝、打盆等诸事，悉召女工充之，每日可得工资四五角，多者七八角不等。

（三）缝袜底。居家妇女，迫于生计者，皆以此糊口。每双约可得钱五六文。一日之中，少者能缝十余双，多者至二十余双云。

（四）制冥锭。俗称锭儿，亦称银锭。妇女皆制以出售，每千可售小银元三角。

（五）磨锡箔。上城妇女，多业此者。各箔坊遣人分发各居户黄纸一捆，锡箔一卷。各妇女将锡箔挑于纸上，一一磨之，即成箔纸。每磨成一捆，可得钱数十文。

（六）糊火柴匣。妇女多喜为此，至火柴厂领取匣子原料，携回糊之。大匣每千枚得钱七八十文，小匣每千枚得五六十文。其中有绉纹者，皆被剔出。

（七）女成衣。妇女中长于针黹者，或为成衣肆及估衣肆代做衣服，或为住户雇去，其工资较廉于男成衣，每日得工资大洋一角，一切饮食，亦由雇主供给之。

（八）织洋袜。各洋袜铺大都皆雇女工，织成出售，每日给工资三四角。亦有自贳机器在家自织者，每月能得洋十余元之多。唯此辈妇女，皆须眼光敏锐、身体强健者，方能胜任。小康家之妇女多从事于此。

（九）踏鞋帮。此皆由各鞋铺发给各妇女，以缝纫机器踏之，日得工资一二百文。

（十）纺纱。各乡镇村庄多有之，唯所纺者为土纱。现今洋纱盛行，此业渐受淘汰，每日仅得工资数十文。

（十一）编草鞋。乡间妇女多编之，由男子负至城市出售。一般车夫苦力咸乐购之，每双可售钱六七十文。

（十二）稳婆。俗称收生婆。妇人遇有生产，皆雇往收生。其家居门首，皆悬有招牌一块，大书“祖传某奶奶收生在此”。

（十三）拣茶叶。上城下城各茶叶铺，皆招女工，剔拣各种红绿茶叶。各女工自备饭食，日得工价约百数十文。

乙　雇佣

（一）喜娘。此辈妇女，皆系齿牙伶俐、善于词令者。每次所得资无定数，少者能得七八元，多者十余元不等。

（二）佣工。是项人大都来自田间者，工资每月至少可得一元五六角。如能针黹，或能为主妇梳头者，其工资当在二元以上。

（三）洗衣。老媪或中年妇人，因贫乏不能自存，往往为人洗涤衣服。或欲雇之亦可，日给小银元一枚，并供给饭食。

（四）乳娘。乳娘须由荐头店荐来，为家中小孩哺乳，一切寝处饮食，皆须丰美，待遇之优，迥异于寻常佣工。

杭州伏日与冬至之种种习俗

四五月间，晴雨无定，天气异常潮湿，物件易于霉烂，俗称为黄梅。昔人诗云“黄梅时节家家雨”，黄梅名称，盖有由来也。六月称为伏天，即历书所名初伏、二伏、末伏是也。初伏日，富家咸杀鸡煮肉，合家大嚼，谓伏日食物较平时格外滋补也。并购青蒿六一散等药，冲水令小孩代茶饮，谓能驱热消暑。或有将生姜于日中晒干，名为伏姜，储作药用。遇有人患胃痛，用水冲姜饮之，即能治愈。妇女是时咸往庙烧香，名为烧伏香。立秋节期常在末伏前十日，故谚有之曰：“秋里十日伏，伏里十日秋。”立秋日，人家咸备秋桃，分给家人大小，人食一枚。将桃核留藏，俟除夕时置火炉烧烬，唯须守秘密，勿为人知，谓来年倘有瘟疫发生，此法可免传染。其迷信可谓极矣。又六月朔至初六，多有在庙宇礼忏，供奉斗姥，燃黄色烛，俗称拜斗。一般迷信者，于此六日中茹素持斋，戒杀生物，俗称吃斗素。六月十九日，相传为观音大士诞日，一般香客，十八晚间，相率出涌金门，渡西湖，露宿天竺一夜，异常拥挤。更有借题作乐，亦于是晚去游西湖，放荷花纸灯于湖中，飘荡满湖，远视之，几疑为星罗地面也。平时城门晚间关闭，禁人出入，至是日官厅因习俗关系，竟将涌金门开放矣。六月二十三日为雷神诞辰，城隍山雷神殿拈香拜佛者，不绝于途。往时杭俗称五六两个月为凶月，不结婚，不迁居，民国来此风已渐减矣。

冬至前一日，合境人家，都购包头鱼几尾，全家大小分食。唯鱼之头尾必留下勿食，用碗盛妥放米桶中，谓曰吃剩有余，意取经济宽裕、食物丰多。此俗由来已久，但始于何时，未能考察耳。是日出嫁之女儿，若在母家，必回夫家。因女儿已嫁人家，倘在母家过年节，母家家道便不兴旺。盖杭县人视冬至为一大节，俗谓“冬至大如年”，可以知矣。冬至日，市上年糕即有出售。年糕分两种，颜色或青或白，有成元宝式者，有成如意式者，无论贫富人家，咸购食之，成为牢不可破之习。午时陈牲醴菜蔬祭祖先。祭毕，小孩向尊长行礼，平辈互相拜手，无异贺年景象。是时复有一桩趣事，人家用猪肉和酱烧熟之，称食为冬至肉。其实此种肉亦平常肴馔，别无奇特，而俗传吃过冬至肉，能以身体强健。其与初伏日杀鸡大嚼，同一笑谈也。

杭城冬日杂咏

满城酿雪，南风合冰。分咏消寒，挂一漏万。惟是居乡言乡，以俗道俗，略述杭州之风习耳。

学作西湖宋嫂羹，包头鱼担遍杭城。明朝冬至如年大，早办辛盘话甲庚。（冬至前一夕，杭人遍以包头鱼作馔，又有“冬至大如年”、“过了冬至大一岁”之说。）

赛罢财神借宝忙，五云山上祝华光。香烟一抹云栖坞，田熟隔江开道场。（杭城十月结财神后，又往五云山进香，群谓之借元宝。十一月绍兴人每于云栖作水陆道场。）

分送麻糍驾长差，年汤嫂妹早安排。剪余彩纸无些事，唤个同年抹纸牌。（九姓船泊江干者，男称驾长，女曰同年嫂、同年妹。冬日祀神毕，捣糯米黏黑芝麻作饼，如面饼大，名曰麻糍。杂牲牢作羹，名曰年汤，分送杭人。又剪五色纸悬舵尾。）

柏叶青青橘壳红，剥黄菱肉插居中。炊成斗米隔年饭，地扫隔年年岁丰。（杭人呼风菱为黄菱，冬至及除夕，以橘与柏枝贯之置饭上，曰隔年饭。是夕扫地谓之隔年地。）

守墓人来分柏枝，金团佃户进城时。人家兴败凭渠看，要好儿孙门户支。（十二月初，管坟人以墓柏分送，佃田户以粉饼相贻，名曰金团。实窥探城中人家之兴败也。）

儿童屈指算昏晨，冬至交来又几旬。理毕年书放长假（杭俗：蒙师十二月朔，复课旧书，谓之理年书。望后散学，谓之放长假），何曾冬学闹比邻。

紫芥含酸咬菜根，切红莱菔俭盘餐。儿童翻笑红缨帽，帽戴红缨要自尊。（杭俗：冬日醋烹紫芥，油炒红莱菔丝，储以待除夕家燕，来岁供客，从俭也。如“无有红莱菔丝儿绕芥菜，红缨帽儿把狗戴”之童谣，儇薄可憎，作此以解嘲，寓讽劝也。）

节节年年高满盘，发财元宝笑声喧。圆炉炽炭团欢喜，吉语多同尽喜欢。（冬至度岁，立春供神。粉糍呼为节节高、年年高，并柴下节物俱呼为元宵。烧柴炭煤饼于炉，呼柴曰发财，炭曰金条，煤饼曰欢喜团，炉曰圆炉盆。）

卜烧年纸挥神旗，遍地钻天奠酒卮。变调送神歌一曲，杭城隐语大离奇。（杭城腊月卜吉祀神，谓之烧年纸。剪色纸作旗，插牲牢上，谓之神旗。又谚云：“遍地徽州，钻天龙游，绍兴人赶在前头。”盖谓徽州人作爆竹，龙游人作纸马，绍兴人酿酒。祀神毕先奠酒，次放爆竹，焚纸马灰马，上下因有此谚。）

教侬归去伴郎眠，嫁出女儿卖出田。短至新春都过了，回娘家要月儿圆。（杭俗：出嫁之女，忌在家过冬至、度岁。正月十六归宁，谓之回娘家。故俗有“光亮光光，女儿来望娘”之谣。）

竹灯韵协足登调，善富沿街压担挑。卖到城隍山脚下，沈家门巷不萧条。（杭城里巷名有大善富，因康、雍间沈姓居城隍山麓，乐善好施，乡人编大竹灯二，悬门旌之，号曰善富。劫后犹存。每岁十二月腊前，乡人编小竹灯叫卖，善富户尽购之，以图口号。）

小春曾上百年坟，除夕上坟斜日熏。要与儿孙作板样，松楸频扫不嫌勤。（杭俗唯此风为最厚。）

西湖之香市

西湖昭庆寺山门前，两廊设市，卖木鱼、花篮、耍货、梳具等物，皆寺僧作以售利者也。每逢香市，妇女填集如云。孙渊如诗云："丝带束腰锦衬额，游廊叉手走东西。"描写下路妇人，形景如绘。

临安岁时记

元旦日，各族设奠于祠堂，次拜家长。为椒柏之酒，以待亲戚邻里。以春饼为上供。爇列炭于堂中，谓之旺相。贴青龙于左壁，谓之行春。插芝麻于檐头，谓之节节高。签柏枝于柿饼，以大橘承之，谓之百事大吉。自此少年游冶，及时行乐，衣履翩翩，任意征逐，或弹丝吹竹，或斗九翻牌，以及舞棍踢球，唱说平话，任意所之，无论昼夜，是谓放魂。至十八日收灯，然后各执其业，各事其事，是谓收魂。

上元节前后张灯五夜。相传宋时只三夜，钱王纳土献钱，买添两夜。先是腊后春前，自寿安坊以至众安桥，谓之灯市，出售各色华灯。人物有老子、美人、钟馗捉鬼、刘海戏蟾之属，花草则有栀子、葡卜、杨梅、柿橘之属，禽虫则有鹿鹤、鱼虾、龙马之属，其奇巧则琉璃球、云母屏、水晶帘、万眼罗、玻璃瓶之属。而豪家富室，则有料丝鱼魫、彩球明角、镂画羊皮、流苏宝带等类，品目各殊，难以枚举。好事者或为藏头诗句，任人揣测，谓之猜灯。若祭赛神庙，则有社伙鳌山，台阁戏剧，滚灯烟火。无论通衢委巷，星布珠悬，皎如白昼，喧阗彻旦。市食则粽糖、粉团、瓜子、梗孛娄诸品，撒灯交易，识辨银钱真伪，纤毫莫欺。人家妇女，则召帚姑、针姑、苇姑、筲箕姑，以卜问一岁吉凶。乡间则有祈蚕之祭。俗以上元为天官赐福之辰，故多有诵经持斋、不御荤酒者。

二月朔，唐、宋谓之中和节。后虽不举，而民间犹以青囊盛五谷瓜果之种相遗，谓之献生子。自是城中士女已有出郭采青、扫墓设奠者。湖中游舫，倩价日增矣。二月间士女皆戴蓬叶，谚云："蓬开先日草，戴了春不老。"

二月望为花朝节。盖花朝月夕，世俗恒言二、八两月为春、秋之中，故以二月半为花朝，八月半为月夕也。是日宋时有扑蝶之戏，后虽不举，而寺院启涅槃会，谈孔雀经，拈香者麇至，犹其遗俗也。十九日上天竺建观音会，阖邑士女皆往。其时马塍园丁，竞以名花荷担叫鬻，声调颇中律吕。

三月初三日，俗传为北极佑圣真君诞日。佑圣观中，崇修佛事，士女多往拈香。亦有就家建醮、酌水献花者。是日观中有雀竿之戏。其法树长竿于庭，高可三丈，一人攀缘而上，舞蹈其颠，盘旋上下，有鹞子翻身、金鸡独立、钟馗抹额、玉兔捣药之类，变态多端。观者目瞪神惊，汗流浃背；而为此技者，各蝶拍鸦翻，蘧蘧然自若也。是月士女皆戴荠菜。故谚有云："三春戴荠花，桃李羞繁华。"

清明节（自冬至数至一百五日，即为清明）前两日，谓之寒食。人家插柳满檐，青茜可爱，男女亦咸戴之，有"清明不带柳，红颜成皓首"之谚。是日阖城人家咸扫坟墓，南北两山之间车马阗集，而酒食尊罍，山家村店，享俊豪游，或张幕藉草，并舫随波，日暮忘返。苏堤一带，桃柳阴浓，红翠间错，走索飞钱，踢水撒沙，吞刀吐火，跃圈抛钹，及诸色禽虫之戏，纷然丛集。而外方优妓鼓吹觅钱者，水陆有之，接踵承应。又有买卖赶趣，香茶细果，酒中所需。而彩妆傀儡，莲船战马，饧笙鼗鼓，琐碎戏具，以诱悦儿童者，在在成市。是夜人家贴"清明嫁九娘，一去不还乡”之句于楹壁间，谓如此则夏月无青虫扑灯之扰。僧道采杨桐叶染饭，谓之青精饭，以馈施主。

三月二十八日，俗传为东岳齐天圣帝诞日。杭州行宫凡五处，而在吴山上者最盛。士女答赛拈香，或奠献花果，或诵经上寿，或枷锁伏罪，法音嘈嘈竟日。

立夏之日，人家各烹新茶，配以诸色细果，馈送亲戚比邻，谓之七家茶。富家以侈丽相竞，果皆雕刻，饰以金箔，若茉莉、林擒、蔷薇、桂蕊、丁檀、苏杏，盛以哥汝瓷瓯，鲜艳夺目。四月初八日，俗传为释迦佛诞日。僧尼各建龙华会，以盆坐铜佛，浸以糖水，覆以花亭，铙鼓迎往富家，以小杓浇佛，提唱偈诵，布施财物。

端午节亦称天中节。人家包黍秫以为粽，束以五色彩丝，或以菖蒲通草雕刻天师驭虎像于盘中，围以五色蒲丝，剪皮金为百虫之像铺其上，葵榴艾叶，攒簇华丽，互相馈遗。僧道以经筒轮子、辟恶灵符，分送檀越；而医家亦以香囊雄黄、乌发香油，送于常所往来者。家家买葵榴、蒲艾，植之堂中，标以五色花纸；贴天师或虎蝎之像，或朱书“五月五日天中节，赤口白舌尽消灭”之句揭之楹间；或采百草以制药品，觅虾蟆以取蟾酥，书“仪方”二字倒贴于楹，以辟蛇虺。

六月初六日为天贶节。宋时作会于显应观，因以避观。今会废而观亦不存。自此游湖者，多于夜间停泊湖心，月饮达旦。而市中敲铜盏、买冰雪者，铿聒远近。是日郡人舁猫狗浴之湖中，多有汨没淤泥、踉跄就毙者，亦不知其取义何在也。

立秋之日，男女咸戴楸叶，以应时序。或以石楠红叶剪刻花瓣，簪插鬓边。或以秋水吞食小赤豆七粒。

七夕，人家盛瓜果酒肴于庭中或楼台之上，谈牛女渡河事。妇女对月穿针，谓之乞巧。或以小盒盛蜘蛛，次早观其结网疏密，以为得者巧多寡。市中以木雕塑孩儿，衣以彩服而售之，名为摩喉罗。

七月望，俗传为中元节，地官赦罪之辰。人家多持斋诵经，荐奠祖先，摄孤判斛。屠门罢市。僧家设盂兰盆会，放灯西湖及塔上、河中，谓之照冥。

中秋节，人家以月饼相遗，取团圆之意。是夕人家有赏月之宴，或携榼荡船，邀游彻晓。苏堤之上，联袂踏歌，无异昼间。

八月间，郡人有观潮之举。自八月十一日为始，至十八日最盛。盖因宋时以是日校阅水军，故阖城往观，至今犹以十八日为名，非因江潮于是日特大也。是日士女云集，上下十余里间，地无寸隙。伺潮上海门，则有泅儿数十，执绿旗，树画伞，踏浪翻涛，腾跃百变，以夸技能。豪民富客，争赏财物。其时优人百戏，击球斗扑。盖人但借看潮为名，而随意酣乐，乃其实也。

重九日，人家磨粟粉，和糯米拌蜜蒸糕，铺以肉缕，标以彩旗，问遗亲友。其登高饮宴者，必簪菊泛萸，犹古人之遗俗也。又以苏子微渍梅卤，杂和蔗霜、梨橙、玉榴小颗，名曰春兰秋菊。

十月朔，人家祭奠祖先，或有举扫松浇墓之礼者。初八日则以白米和胡桃、榛松、乳蕈、枣栗之类作粥，谓之腊八粥。月望为下元节，俗传水官解厄之辰，亦有持斋诵经者。

立冬日，以各色香草及菊花、金银花煎汤沐浴，谓之扫疥。

冬至俗名亚岁，人家互相庆贺，一如新年。吴中最盛，故有“肥冬瘦年”之说。舂炊糕以祀先祖。妇女献鞋袜于尊长，盖古人履长之义也。

十二月二十四日，谓之交年。人家祀灶，以胶牙饧、糯米花糖、豆粉团为献。丐者涂抹变形，装成鬼判，跳叫驱傩，索乞财物。并换桃符、门神、春帖、钟馗、福禄、虎头、和合诸图，粘贴房壁。买苍术、贯众、辟瘟丹、柏枝、彩花，以为除夕之用。自此街坊箫鼓之声，铿鍧不绝矣。僧道作交年疏、仙米汤以送檀越。医士亦送屠苏袋、同心结及诸品汤剂，于常所往来者。

除夕，人家祀祖先、礼神。架松柴齐屋，举火焚之，谓之籸盆，烟焰烛天，烂如霞布。爆竹、鼓吹之声，远近聒耳。家庭举宴，则长幼咸集，儿女终夜博戏藏钩，谓之守岁。燃灯床下，谓之照虚耗。以赤豆作粥，虽猫犬亦给食之。更深人静，或有祷灶请方，抱镜出门，暗听市人无意之言，以卜来岁休咎者。市面休业，往来邀饮。盖杭人侈靡，不论贫富，俱竞市什物，以庆新年而光饰门户。妇女衣服之属，更修饰一新。皆故都之遗俗也。

海宁风俗记

海宁为盐官旧治，僻处海隅，俗尚农桑，民风质朴。兹将风俗分志如左。

婚　嫁

订婚之始，谓之缠红。富厚之家，聘物恒用金饰，如手镯、如意、耳环、戒指之类，加以绒线制成五色盆景，光艳夺目，满盛盘中，谓之花果缠红。平常人家，则无如是之财力，或用小纹银一锭，鎏金如意一事，取“一定如意”之义；或用鎏金八吉一对，镀金手镯一付，取“有吉局”之义，盖谐音也。庚帖由冰人送至乾宅，是否以一月为定，不能过日。一月之中，乾宅须将庚帖请瞽者合婚，或赴神庙求签。如卜之吉，则央冰人向坤宅报告，选日缠红，否则将庚帖送还。间亦有不问卜者，谓之天婚。庚帖送来时，乾宅以米淘箩一只、红筷一把，上覆红巾，供天井中；设香案一，冰人即将庚帖安放箩中，不顾而去。迨乾宅已择定吉期，复请冰人向坤宅接洽，谓之话亲。嫁女俗谓出阁，请客设筵，与乾宅同。唯新娘加笄，俗谓开面，等于乾宅新郎上冠，谓之上头也。新娘拜别祖先，曰辞宗。新郎新娘共拜祖先，曰庙见。上轿时，新娘花冠由父母为之戴上，并叮咛嘱咐，沿古训必敬必戒之意；如无父母，则由伯叔父母或长兄嫂代之。花轿前预设坐椅，新娘袍服端坐，戴上花冠，家长进以肉饭，曰吃上轿饭。然后进轿。轿抵乾宅，停于厅前。良久，由乾宅预邀七八岁之童孩，盛装艳服，携糖汤饮新娘，曰担糖汤。出轿时，用米袋直铺至花烛前，新娘脚踏米袋，曰步步高、代代好。参拜天地，曰拜堂。新人对席互饮，曰合卺。以红绿绸新郎新娘各持一端，曰牵红。送入洞房，并坐床上，用果子遍撒，曰坐床撒帐。复以盆盛水，新郎新娘同洗手，曰洗和气手。以甘蔗挑去幛面红巾，曰挑兜巾。妇姑用粉为新妇润面，曰添妆。入晚奏乐，请新娘坐筵，曰坐独桌。未坐之前，先由其姑坐中间，喜娘导新娘进酒，并颂种种吉利语，曰吃蚕花酒。新娘稍坐进房，另排一席，与新郎对食，旁无闲人，曰吃小夜饭。新娘归宁曰回门，新亲初来乾宅曰望朝。奢礼繁文，不胜琐述也。

丧　葬

凡人死后，先用水抹身，将帐子撤去，停尸床上，头旁点油灯一，并点小腊烛若干枝，以死者之年岁计（为四十九岁，即点四十九枝）。一面烧草鞋于丧家之左近，盖为死者之轿夫而烧也。另将死者旧时所著之衣服叠成一包，上用纸条书明死者姓名、孝子某某焚化字样，粘封包上，由孝子跪焚，曰烧包。人死后立延阴阳生（即羽士之属），将死者年庚及其家属生肖，推算书成一纸，斜贴于丧家门外，曰批书。上载何时小殓，何时大殓，何日迎神（迎神即回煞，俗呼接眚），以及冲忌等类。未殓之夕，雇尼姑多人，陪夜通宵达旦，曰念夜佛。至戚闻耗，先来拜奠，曰探丧，所以吊死者而慰生者也。翌日安设灵帏，柩停于帏后。衣衾咸备，将尸敛出，安放材盖，谓之小殓。稍待数小时，即敛入棺内，覆以衾被，用五色布纵横环绕，结成槟榔纹，曰结窑，仅露面部。再停片刻，即用红绸盖好，谓之封面。然后盖棺。迎神之日，先于死者原卧处安设灵床，以死者临死时所穿衬里衫裤平铺床上，上用纸锭盘成头形，复用角黍四枚，分置于袖裤管口，成手足形，中用馒首一枚，置肚腹之间，幻成一人形，床下以炉灰平铺。事毕后，验死者魂兮归来否。或云有人迹鸟兽迹显于灰上，亦迷信者附会之说，未可信也。魂亭以纸竹糊成，俗呼座头。自迎神之日起供设。富有之家向冥器铺定造，规模宏敞，俨若楼台，旁嵌楹联，或书“月镜水花，浮生一梦；纸窗竹屋，小住三年”等字样。左右有纸制童男童女各一，手执茗盘烟筒，分两旁。初死七日内，于灵席旁供牌位一，上书“森罗殿上掌首七星官引魂使者之神位”，中插箸一，不知何所命意。七日后即行焚化。清明、冬至夜，家属必哭于其灵。而魂亭俗例不得过第三冬至，必须撤去，谓之除灵，又曰化座。除灵之日，上午铺设尚白，仍为丧事；下午一律易吉，悬灯结彩，仿佛喜事。入晚用鼓乐前导，由孝子等将魂亭扶出门外，家属跪送，迨焚化既毕，均穿吉服而进。原设灵席地位，置梯一，上覆红毡毯一，下置炭火盆一，未知何意。翌日设祭祖先，加杯箸一付，谓之热淘羹饭，言此后死者与祖先同享血食也。至于营葬，或未几即葬，或数年再葬，或久停不葬，并无定期。盖惑于风水之说，冀先人遗骸获牛眠吉壤，子孙可享幸福。此种迷信，比比皆是，不独海宁为然也。

节　令

元旦黎明，即须接灶，并供设井泉童子位。初二夜谓之小年夜。初三谓之大年朝。初四夜大都接财神。初七谓之人生日，以秤称人。十三日谓之上灯夜，是夜起至十八日止，可接淘箩头娘子。法用米淘箩一只，倒覆，中插角针，下铺白米，簪以红花，戴以女帽，设香案，年糕、净茶各一杯，旁立妇女二人，以手指抬起淘箩，口中念念有词（“茶冷了，糕硬了，淘箩头娘子好来了”），如是者三遍，其淘箩自动，举家即以本年吉凶问卜；亦卜紫姑之类耳。十八日谓之落灯，而新年毕矣。清明夜必备酒菜，谓之清明夜饭。乡间非常注重，盖吃过清明夜饭，大家须育蚕也（俗谚所谓“清明谷雨旺修蚕”）。端午与他处相同，插菖蒲，饮雄黄酒。七月十二日夜接祖先，家家裹甜馄饨。七月半谓之鬼节。八月半谓之人节。十月朔谓之十月朝，须敬祖先扫墓，与清明节同，所谓春秋二祭是已。十二月二十三日送灶。除夕吃年夜饭。无非佞神媚佛，颂吉祥语而已。

禁　忌

年初一不吃汤淘饭，盖言吃了汤淘饭，出门必下雨也。正月十五以前不吃豆腐，盖因吊丧日吃豆腐饭，故以为不吉也。年初一不扫地，盖恐扫去财气也。育蚕时往乡间不准扣门，盖恐冲去蚕花也。小儿种痘，头扎红布，防染天花也。女孩穿耳，须七夕，为穿针日也。此外俗例，均与他处相同，无特殊异点耳。

于潜避疟鬼之迷信

于潜人迷信甚深，对于寒热病之传染不知系病菌之故，云是寒热鬼作祟，于是而有躲避寒热鬼之风俗。凡染有寒热病之人，在寒热未发之前一日，预先向亲友说知，言明日早晨，我须来你家中，请你合家不必问我。迨至次日，天将黎明，即就床上奔窜至亲友家中。亲友知其故，亦不问其所以，只请其盥面，请其饮茶，或请其食饭。坐过片刻，即回到自己家，以秤一杆、草鞋一双，乘无人之时，在路上划数下，跑数个圈子，云如此便不至再发寒热。若是在路上之时，或是在亲友家中，有人间其如何这早起身，其法便不灵矣。但是行之者甚多，而有效验者，亦不多见。亦可见斯事之出于迷信，以就医药为愈也。

嘉兴农民之生活

嘉兴北门外十八里之下睦港，港南港北，泰半业农。衣履俭朴，平时所着者为自织之布，客衣则为锦绸，最华丽者为丝绸，有红、绿、紫、兰等色。女子着布裙，终日不离身。所饮之水自河中汲取，所食之米系自所耕种。贫苦之家，田收不足，始籴米而食。菜蔬亦系自种。故除油盐以外，概不仰给外人。其所居之屋，概用砖瓦建造，唯甚低浅。前面有田场，间有草棚，为养六畜或堆积什物之所。其主要职业为耕种，一年生计，需赖于是。其次为养蚕种桑，此外之副业，为种植杨柳、果树、菜蔬、菱藕及畜牧渔业。妇女除养蚕耕种外，亦从事纺织。其一年中之作业，只正月及十二月为空闲之时。正月上半月往来作客，或从事娱乐，下半月男子垦桑地，女子做鞋袜等。二月在桑畦上芟草，下瓜蓏豆菜等种子。三月最忙碌，采桑饲蚕，均至紧要，田地尤须照顾。故农民于此时往往饮食不饱，睡眠不足。四月蚕已上簇，即预备缫丝。缫丝毕，即收豆、割麦、播谷。故农谚云："跨出丝车，踏进水田。"五月须锄田、灌水、插秧、施肥、芟草，男女皆形忙碌。六月秧已插毕，仍须加肥、灌水、除草、驱虫。七月田中只须加水、芟草，妇女织绸者亦预备络丝。有于蚕事后即织绸者。八月桑田中须翻垦泥土，播种菜类。种菱之家，于此时采菱。早熟之稻，亦于此时收割。九月稻熟，各人携镰刀往田中割稻。稻割毕，须将田中翻转，作成畦垄，预备种豆麦。十月谷已登场，妇人多入田种菜麦豆等。十一月打谷砻米，且须预备缴纳租税。妇女皆从事于纺织。十二月为农隙之时，男子修补器具，或作小事，女子从事于女红。总之，一年中三时最忙：一曰蚕忙，即养蚕；二曰水忙，即种稻；三曰旱忙，即收获。若蚕事兴旺，五谷丰登，即熙熙皞皞，安度新年；否则愁容满面，奔走告贷矣。其俗至诚朴，重交谊，互助力颇强，邻里有事，必尽力助之；亲戚往来颇密，遇婚丧等事，大率完全出席。

湖州问俗谈

湖州，前清府城也。民国成立，改名曰吴兴。东北与苏省交界，西北与皖省毗连。山水环绕，离太湖甚近。人民以蚕桑为生涯者，居其多数。出产丝绸为大宗，毛竹、松木次之，笋、藕、鱼、菱、玫瑰花又次之。城系属于水乡，桥梁殊为不少。虽非通商之埠，而市面极盛，人烟稠密。农夫勤耕，故无荒芜之田、不毛之地。唯迷信最多，兹分类录之。

婚娶之习俗

在婚期上数月曰通信（即男家央媒通知女家婚期也）。上数日或十余日曰行盘（即男家将手饰衣服送至女家也）。上日曰行嫁（即女家嫁妆送至男家也）。当日晚曰回门（即新郎赴女家叩见岳父母也）。缓八日或十二日曰望朝（即坤宅至亲来乾宅望新郎也）。至于文定纳采，各礼大致与别处相同，不出《周礼》范围之外，不细录。兹述其迷信风俗如次。

（1）和气汤。新郎新娘回房后，预备莲子桂圆汤一大碗，先从新郎新娘以及来宾，男女老幼，挨次均饮一口，为呈和气之象也。

（2）演飏。新娘未到门之先，于床上下或置袱一条，或扁担一个，俗语曰扁扁伏伏。欲使新娘畏忌翁姑之意（袱，借作“伏”也）。然新娘进门，亦有立门槛及私坐新郎袍角等事，亦系制伏翁姑并夫之意。此则亦可笑之一事。唯行之者甚鲜。

（3）开库。女家所嫁来衣箱内，均用裤子盖面，俗语曰开箱见库（裤，借作“库”也）。又新娘初次动针，须先做裤，其义与上述相同。

（4）闹房。新郎薪娘合卺回房之后至三朝，众来宾时赴新房闹房。或涂脸扮女，装成妖丑之态，戏弄新人；或搦足看手，口讲游嬉之谈。种种兴趣，出人意表，无非意欲引新娘一笑耳。无论如何喧闹，主人不但无言，且以为愈闹愈发，喜可加倍焉。

死丧之习俗

凡衣衾棺殓之奢俭，视其家贫富为之地。逢单日成殓，或一或三，并无一定。如值天热，于当日小殓（小殓者，先将尸身入棺，盖小板一层），三日大殓（大殓者即钉棺盖而言）。亲族送礼，近者送素菜一席，或普佛一堂（普佛者，僧道来念之经也），以及大米饭、大米饼之类。远者送棉帛银锭是也。至丧俗迷信，不一而足，分述如后。

（1）孟婆汤。俗传人死后，须食孟婆汤以迷其心。故临死时，口衔银锭之外，并用甘露叶做成一菱附入，手中又放茶叶一包。以为死去有此两物，似可不食孟婆汤。并有杜撰佛经曰："手中自有甘露叶，口渴还有水红菱。"此两句于置放时，家属喃喃念尔。

（2）剥衣亭。凡人死后，俗意须经过此亭。若不预先说明，必受恶鬼所剥。故于临终穿衣时，家属妇女，对死者亦诵杜撰经数句曰："尔件衣裳那里来，我件衣裳家里来。文武织补太监裁，观世音娘娘开领做纽攀，弥陀穿去不回来。"随穿随念，以为死者免遭剥衣也。

（3）血河忏。凡妇女产后而死，家属恐其入血河地狱，为代其超生，塑一死者草像，身穿披挂红裙，挂入僧庙大钟之中，将钟昼夜徐徐而撞之。每至七日加一蒲团（即草做拜垫也），旁有和尚念经。如是者历四十九日，计七蒲团加尽，然后亲族俱来，延僧数十，即在此庙念咒作法，举放烟火，并造许多纸人纸马，以及城垣、桥池、恶鬼等类，连同所塑之草人，一并焚化。即所谓破开血河池，死者超生也。

（4）靠稳把定。凡人临死时，气尚未尽，而先将其坐于栲栳或巴斗之上穿衣，为后代将来靠得稳、把得定之用意焉（栲，借作"靠"；巴，借作"把"也）。

（5）不食肉。儿女殇后，父母有百日不食猪肉之戒。以儿女是骨肉，既已亡，不忍再食也。

（6）买路钱。凡出殡时，棺材前面沿路抛楮，恐野魔拦住死者。此为买路出钱之意。

（7）破法。凡年老寿终，恰遇八十一岁，俗目九九八十一，财数算尽，后代有穷败之意。故用算盘一具，拆散，俟死者将气绝时，隔窗洒出，即谓破法也。

育蚕之习俗

育蚕，于清明获种，谷雨节担蚕，隔七日为头眠（即蚕脱壳也），再六日为二眠，又四日为三眠，又隔七日曰四眠，再隔五日曰上山（即将蚕放入草内，做茧之谓也），三日曰回山（即采茧也）。其中有热棚、冷棚之区别。热棚者，棚下生火薰蒸，取其做茧之速也。冷棚者，不用火薰，由其自然而成，为日稍迟也。起收之早晚，眠日之短长，大略相等；即有参差，亦不过三日左右耳。其育蚕之迷信，亦忌讳多端。

（1）于清明节后，凡育蚕者，均须接青龙，退白虎。用鱼肉、香烛之类，大门口贴纸门神一对，未贴之前，亦必先行斋供，俗谓不如此则收成必薄也。（2）如担蚕之后，除自养蚕者外，闲生人等，概不宜直入蚕室，及大声呼唤，或穿孝服者而进，则恐冲犯外邪，有不吉利也。（3）蚕室内如见有蛇者，不敢惊呼，以为是青龙降临，随即斋供，听其自去也。

生产之习俗

凡妇人怀娠，将于临盆时，俗语云有邪鬼争夺投胎之事。于是高烧红烛，以避邪祟。婴孩满月剃头之后，须与舅父怀抱前走，姑父撑雨伞遮于婴孩头上随之，赴街游行一圈，俗意以为将来不惧生人焉。至小孩体弱多病，有用红封纸袋，向熟识别姓人派取钱文，苟满百家，即将所得之钱，购制项锁一环，围于颈际，俗意使带之，关煞开通、身无疾病也。

铺户之习俗

店铺中辄有种种无聊之忌讳，如有犯者，生意即不顺适，亦迷信之风习也。录如下。

（1）不许坐于柜上。

（2）不许立于店门槛上。

（3）不许拷帐桌。

（4）不许朝店小便。

（5）不许学徒朝外扫地。

（6）不许店伙朝里坐。

船户之习俗

船户亦有种种习俗，如犯者据言不利。录如下。

（1）不许将筷架于碗上。

（2）不许当船头小便。

（3）不许在哑子桥下开口。（湖属桥梁最多，内中有数条，如船过桥下不能开口，言者必遇碰伤或倾覆之虞，故曰哑子桥。如何出典，未知其详。）

（4）不许两船用铁练并同带住。

（5）不许载死人。

（6）不许男女搭客在船上交媾。

烧香之习俗

妇女进香，不可胜记。如逢某月某日谓系某神诞辰，则相率入庙拈香叩拜，迷信已极。兹录其最热闹者于后。

（1）正月初九日，烧玉皇大帝香。

（2）二月十九日，六月十九日，及九月十九日，烧观世音菩萨香。

（3）三月二十八日，烧东岳大帝香。

（4）四月十四日，烧吕祖仙师香。

（5）六月二十四日，烧雷祖香。

（6）七月三十日，烧地藏王菩萨香。

（7）八月十五日，烧斗香。

视听之习俗

每日所见所闻，亦多忌讳，遇其所谓吉者则喜，遇其所谓凶者则戚。诚迷信之奇谈也。

（1）看见蛇脚，曰须遭病殃。

（2）看见鸡飞上屋，曰有火灾。

（3）看见灯火生花，曰有财气。

（4）看见师姑，赌博者见之曰不利。

（5）听见老鸦叫，曰有口舌至。

（6）听见喜鹊叫，曰报喜信。

（7）听见狗哭，曰有火灾。

湖州岁时纪

正月元旦，乡人晨兴必迟，俗名曰眠蚕花。惟城中则不然。

正月初四日夜接财神，用三牲糕团等类斋供。城乡各铺莫不皆然。倘店主拟歇某伙，是日不令其拜神，即示意不联生意也。

正月初七日，家家吃叠砂团子，俗名曰人口团，食者可一年人口平安。

正月十一日，烧南堂香。离城一站地曰石冢村，有庙曰南堂殿，塑男女神，男神曰南堂广灵，俗呼为亲伯；女神曰太君夫人，俗呼为亲姆。如人家生男女小孩，俱寄名与神像为干儿，可保长寿。在六十岁以前，年年届期至庙拈香。倘已完姻，则夫妇同去，名曰烧团圆香。

正月十三日至十七日，北城外耿家汇，每夜各铺户沿街灯彩盛悬，锣鼓喧闹，观者极多。俗以为若无此举，必遭水灾。

二月十三日，种花之期，爱花者是日将各色花子下种，开则必盛。

三月初三日，凡妇女小孩，头簪荠菜花（即野菜花也），俗云可避一年头痛之病。

三月朔日至月杪，此一月内，人家游东岳庙。乡人来游者，先烧香，后至殿右击鼓数声，名曰蚕花鼓，以期养蚕收成好之意。

三月朔至四月杪，白雀山、道场山两处僧庙，苏省人来进香者络绎不绝。据云白雀山殿后之竹，为观世音所植，食之可以明目，故来者必采一撮而返。然两山之景秀，庙宇之宏敞，树木之蓊翳，道路之平坦，固较他山为佳胜多矣。本地人作游览春景者，最佳之地也。

清明日游显山，即踏青之意。显山离城二里。

四月初八日，有食黑芝麻糯米团者，以为可免毒蚊吮啮也。

四月十三日，游云巢山。上有吕祖庙，是日吕祖诞期，善男信女，结队成群，赴山烧香者有之，一般好热闹游览者亦有之。

立夏日，称人。谚云不称者蛀夏（蛀夏者，即畏夏之意也）。

六月初六日，俗名猫狗生日。如家畜有猫狗者，均欲替其洗浴一次。同日，织绸匠或乡人吃面食居多。按南路乡人云，以为将来死后，可以抵销阴债；而北路乡人则称不然。其中究何用意，尚未深悉。

七月朔至月杪，城厢各村镇均延僧道，沿街搭台念经，名曰放焰口，系追荐孤魂之意。或一家独行，或多数家合举，皆可。举行日期之迟早，则亦不一。总之不出七月，此通例也。

九月初九日，游猎山，名曰登高。山在西北隅，离城甚近。

十月朔日，天气近寒，俗语云："十月朝，十家小户穿绵袄。"（绵袄者，非棉花之棉，乃丝绵之绵衣也。）

十二月二十三日，送灶神上天，用松柏、纸轿、楮箔各物；并将神马呈粘糖一块，按俗意为塞满其口，免上天多言也。

十二月二十五日，吃豆腐渣，俗意可解一年杀生之过。

十二月三十日或二十九日，家家食年夜饭。饭餐之丰俭，碗数之多寡，须视其家主一年来境遇为转移。除必备者外，其余不胜枚举。而有趣者，如食鸡蛋曰元宝，茹菇曰时来，芋艿曰运来。俗云食之则来年可万事如意，交运发财也。

十二月间，无论居家铺户，皆须敬神，俗名曰拜利市。所供者，无非招财、利市、玄坛、城隍、土神像马张也。用猪头、牛羊肉、鸡鸭鱼虾等类，陈设丰厚。如有财力不逮之家，则备物减少。若有重服在身者，改换名曰拜五圣。然各法同然，不过名目更变，猪头换肉而已。因既已丧人，不能利市，故改曰五圣。唯敬神之日，迟早不一，悉听举家者之有暇，而于是月为最多也。

又二、八两个月不造灶，正、九两月不迁屋。

湖州养蚕之习俗

湖州人泰半以养蚕为业。每届养蚕之期，各家购极大花纸二张，贴于门上，谓之门神将军。亦有赴庙中焚香祷祝者，谓之拜蚕花五圣。其用意在乞怜于神之默佑，使蚕花旺盛也。又当蚕初出时，不准生人进门，在置蚕之所，须说吉祥语。蚕长大蜕皮，谓之眠，隔数日为二眠。待至三眠、大眠完全后，蚕即不动，亦不食叶，俗谓起仰。是时用稻草制成之架子，将蚕置诸草上，下用火罐使蚕感热，即可吐丝做茧，谓之上山。

定海人食物之癖性

定海人民之习性，专喜食腌腊腐臭之物，试述之，以见其地风俗之一端。苋菜之老干，定人呼为苋菜干，用滚水煮熟，置于坛中，以盐腌之，经半月余，觉有臭味，然后取而食之。他如腌茄子、腌冬瓜、腌白菜，亦复如是，不俟其臭腐不食也。俗云“三日不吃臭咸菜，脚步跑不开”，可谓荒谬极矣。又阴历十一月间，定海人家须自做年糕。其少者做一石米，多者做两三石、四五石不等。做成后，置缸中，以天落水浸藏。岁内除送年谢神外，余者俟开年正、二、三月间出以请客。时年糕已有酸味矣。或有藏至对年十一月，年糕已腐烂成浆，而定人食之尚津津有味也。按此风不独定海为然，浙之绍兴、萧山、诸暨、上虞等处，无不如是。其何以喜食腌腊腐臭之物，殊难索解也。

又定海民智固蔽，至今迷信未除，试举其立夏食品，即可知矣。

（一）蛋。鸡蛋或鸭蛋，置锅中煮熟，分送亲友。俗云蛋之形状，白而且肥，立夏日食之，可以使身体肥壮，一如蛋白而且肥也。

（二）笋。每年立夏时期，虽略有早迟，总在春末夏初，是时笋正旺盛。立夏前一日，定海人家咸须买笋，乃至是日，将笋煮熟，合家分食。其用与食蛋相同。俗云笋为竹之嫩芽，“竹”与“足”字音相似，立夏食笋，即能健强足力矣。

（三）糯米饭。此饭用糯米杂豇豆煮成。俗云立夏日食之，夏季可免误食苍蝇之害。盖豇豆在糯米饭中，恰似苍蝇死于饭中之状也。

以上种种，纯系出于迷信，毫无道理，吾愿定海人亟革除之。

绍县做平安戏之风俗

绍俗称五六月为凶月，所以每年此两月中，该地必有做平安戏之事。

先于五月初间，每乡村中，由一发起人，向各家捐款。款既捐到，于是选一日期，在土地庙开演。该戏日夜都有，日间所做之戏与平常之戏相同，唯一到天色傍晚，便有许多伶人，扮着魔王及小鬼种种可怕的装式，排着队伍，更附以锣鼓旗帜，在村中送游，俗谓召丧。据云系召集一般小鬼去看戏之意。此时更有妇人和小孩去看，头上插遍桃树枝，或桃树叶，云可避鬼云。

召丧完毕，伶人始上戏台演戏，戏目多演目莲救母故事。唯戏剧之外，还要扮许多恶鬼之形状，在戏台之下舞跑。迨至明天，将恶鬼赶到台下，云是将乡村中恶鬼一律赶去之意。近村妇女，呼朋唤友，前来看戏，非常热闹。唯必须看至天明，始可回去。盖若不终局而散，必有真恶鬼随之而去也。

当晚做戏之时，又有多人以冥镪纸钱等，沿路向有坟墓之处焚花，俗称烧孤坟。

绍县之女儿酒

女儿酒者，绍兴乡人于女子初生之年便酿此酒，待出嫁时始开用之。此各家秘藏，并不售人。其花坛大酒悉是赝本，且近日人家萧索，酿此者亦复寥寥矣。

萧山问俗记

萧地风俗淳厚，近来已稍趋奢华，生活程度，亦高于前十年者二倍。东部邻近绍邑，缛节尤多，分录于后。

婚礼（其他吉礼附之）

婚姻尚媒妁，一切皆父母主之，毫不容子女置喙。设出一言，则戚党族间，传为怪事。至如自由结婚、自由恋爱，更非梦想所能及。

（1）介绍。有所谓媒婆者，探知某家女当嫁，某家子当婚，则奔走为之说合。或某家知某家有女，与己子年相若，则使若辈为之说合；反之亦然。

（2）请庚。两家既有成说，于是用开合之法，或此请彼庚，或彼请此庚。小家以口传，大家以笔述。命瞽者卜之，即以瞽者之吉凶为吉凶。卜既吉，然后男家具求帖并礼送女家，女家具允帖并礼回至男家。从此正式订定，不能翻覆矣。

（3）发盘。有发三次者，二次者，一次者。第一次定时，男家以干果、喜蛋、纸花、银洋等等送至女家，女家回以回盘糕等，名之曰定盘。第二次，送以匹头、烛面等等，匹头有四件、六件、八件、十二件、二十四件、三十六件以至四十八件不等，皆衣料也。其回以裳也，大家亦必如其衣料之数，普通则四或二而已，不视衣料之多寡也。其尤穷者，则从事贷借，事后两相归还，以偿借主。陋俗如此，作伪如此，不知是何用意也。此次名之曰大盘。第三次，至吉期将近，有以银洋、干果等送至女家，名之日开面盘。普通曰一盘者指此。但其作用，实包括三次也。其聘金自四百金至数十金不等，视家之贫富而定。甚者视聘金为代价，彼此断断争论，无耻之事，无以复加于此。然此在贫家则然，大家则不甚计较也。

（4）结婚。结婚前数日，女家将所嫁之床桌、器具、箱笼、被褥等等送至男家，名曰发行嫁。其物亦大有等差，有所谓八只八口、六只六口、四只四口、二只二口、一只一口、一顶一箱者。八只八口，八大箱、八中箱、八小箱、八柜，其他桌榻等等称是。余皆以是类推。至于一顶一箱者，仅一箱一柜，他物称是而已。自二只二口以上，则有床榻；自二只二口以下，则无有也（亦有例外者，然大略如是）。其尤贫者，仅一里衣、一床被已耳。大约四只四口、二只二口最为普通，至于八只八口及一里衣，皆绝无仅有也。妆奁既至，乃陈列于新房，任戚属之观览。其桌上陈设者，皆锡制瓷制，间有银者，非如吴门之有金银台面也。后数日，大燕宾客，至晚发轿，以途之远近，定发轿之迟早。发轿之先，长者秉烛持镜，入轿照其四隅，名曰搜轿，盖恐妖祟之入也。搜轿毕，然后发轿，鼓乐旗伞前导。轿至女家，新妇之母在堂哭之，意盖惜别也。上轿有走与抱之别，走者不复哭；抱者，其兄若弟抱而纳之于轿，其母哭送之。既至男家，有所谓祝寿者，择亲戚中最老而吉者，以杖叩其首，口述吉语，名曰祝寿。祝寿毕，然后交拜。先是，新郎沐浴剃头，择戚中之吉者二，曰顺利人，助之沐浴；以后燃烛者亦以此。既毕，乃吉服以俟。既至，新妇左立，新郎右立，先跪拜，后交拜，鼓乐双烛前导，新郎新妇各持红帛之一端，相引入洞房，意殆红丝系足之谓欤？次日庙见后，族戚以次相见，名曰见亲。然后燕飨，新妇高坐堂皇，盖舅姑燕之也，名曰坐席。新妇虽珍错满前，饥肠轳辘，决不敢尝一脔。下午，以四女郎陪新妇燕饮，亦不一举箸，形式而已，名曰坐头次饭。饭后，乐者鼓乐送一小土偶入洞房，名曰送子。又次日，薪郎新妇偕至岳家，乃燕新郎，至晚方回，名曰回门。未回门之前，新郎三燃薪，新妇三炒豆，意盖谓井臼之操，自此始也。回后，新妇居末席以燕舅姑。其余琐事尚多，以无关紧要，故不多赘。

（5）弥月。燕飨设祭以外，无他事。

（6）望节。至节母家备物送之，名曰望节。大家则终身如此，亦有中止者。其首一年之节，尤视为重要。

（7）生子。女未生子之前一月，外家以衣服、鞋袜、饰物、食品送至婿家，名曰催生。既生弥月，又以前所具物减食物而送之。其他戚族之近者，亦视交情之厚薄，而馈物有差。婿家亦饷之以饮食酒醴。设初生而为女婴，则岳家亦以物馈之，唯略减少。至下次生子，而后举行大礼，是亦重男不重女之恶俗也。

（8）周岁。设祭祀神飨祖，岳家戚族则均以礼物相馈送，乃设燕飨之。其所赠之衣履，较弥月时为大，非曩日一寸之冠、一尺之服矣。

（9）庆寿。约言之，亲族送礼物祝寿，寿家饷之而已。但其间亦略有异点，如十龄多由外家代做，二十多由岳家代做。所谓代做者，代备祀神祖之山牲等物而已，非其他一切开支皆由彼担负也。自二十以上至五十，不过祀神祭祖礼忏而止，非冠冕堂皇如花甲以上者之必受贺也。

丧礼（凡凶礼皆附之）

丧礼近素朴，然作伪太甚。如举哀有时也，宾至则哭，客去则止；焚帛则泣，祭止则已。居丧者或背人而笑，人亦不以为奇；至时不号，人举以为怪。夫哭泣由于哀戚而发，哀则不时哭之可也，不哀，又何必哭？或曰：“前人之定时而哭者，恐多哭徒乱办事者之方寸，不能措置裕如耳。”是诚然，然终非人情也。

（1）殓。人初死，停于床，丧属跪而号哭。既，以三牲向邑庙之方设祭送之，名曰送无常。祭后，乃面西停于堂。至夜，僧或道睡门，各事其事。或由丧家自雇，或为亲戚所赠，铙钹钟鼓交作，至晨始已，意盖散抑郁之气也。如是或一夜、三夜、五夜，以至于七夜，视家之贫富、时之寒温而定。大约何日大殓，则何日已耳。又命门眷合日时以殓。其殓也，或布或绸，皆须全套，不能丝毫混乱。将殓，亲属一二人为之沐浴，著内衣。亲属各人，各为梳发三次，然后加外服。次第为之著就，以衾围之。至吉时，然后殓。最可笑者，将殓之时，长子或长孙衣殓时外服，鼓乐旗伞前导，往最近之河流投以钱，买水以归。归时一人候于宇，至，以衣杈于无杈，令末高，大呼曰：“一称梢，前头还是后头高！”殓后，请礼生呼号于灵前，名曰做祭。从此每日每数时一祭，或孝子，或亲族，或亲友，分别主祭。然名虽戚友设祭，而礼生则由丧家自请。是项礼生，以儒生而善此者为之，非大家则无有也。

（2）成服。既殓，乃择一日，使亲戚等序亲疏，衣凶服，名曰成服。若孝眷等，则死之日已衣凶服矣。

（3）接煞。门眷按照成法，推算接煞日。届期，设如丑时死，即以子时接煞。前列道士，后随孝眷，周行停柩之堂及厨，然后至门外，向邑庙之方，行若干步一回，如是六次，名曰三转六回头，盖状其临死之恋恋也。于堂中设死者衣服，状为人，设菜以祭。接煞之役，与送无常者必从之；否则虽至亲之人，不必与也（唯孝子不然）。

（4）七。每七日一来复，设祭，僧道诵经。首七仅以姜醋豆腐祭之，六七必戚属祭之。谚云“六七不食家乡饭”是也。余七则有赠送忏祭者，然不拘定如六七。

（5）百日。至百日，或诵经，或设祭，其差极大，大抵视丧家之家况而异，最贫者亦设祭焉。

（6）殡。坟地未曾觅得，或以葬期遥远，乃有殡之一法。或殡于家，或殡于野。其在外死者，不复能至家，觅寺院殡之。殡之举，大家多优为之，贫家不为也。然往往以觅地不合，或后裔不贤，蹉跎复蹉跎，不可复葬，以致窀穸难安者，比比是也。

（7）葬。葬之期大有出入，早者在七日或百日内，迟者周年，或三周年，或若干年不等。将葬之数日，大燕宾客，设祭。至期，鼓乐、旌旗、伞扇、僧道等等前导，其仪仗有所谓三件者、五件者、七件者、九件者。三件，即像亭、铭旌、材罩也。五件者，视三件增高灯、主亭。七件者，视五件增神亭、香亭。九件者，又视七件增魂轿、敲棚（敲棚亦有易为供船者）。又有种种纸贺，如开路神、回摇头等。孝子以白布围之，四隅以人拉而随之，孝眷则乘轿而从。大家则路中每若干里设一路祭，或自祭，或宾祭。然名曰宾祭，实则皆丧家邀集之耳，其作伪大抵如斯。故其设祭，胥在热闹处也。既至葬地，命僧或道设焰口，诵经。至吉时，则葬。所葬之椁，种类甚多。有所谓熟椁者，置棺于地，以砖围之。生椁则预为制成，而以土覆之。又有所谓石椁者，以石六，形如棺而较大，不复覆土；此仅龛山一隅之大家为然。又有茅坟者，仅贫家为之。鸣锣举柩，孝子执幡前引，至地以稻茎围之，每岁一易。此在乡间则然，城中虽极贫，不为也。亦有棺之外即以土和石灰覆之者，曰灰淋灰葬，城乡之贫者皆为之。

（8）忌日。遇死者之生卒日，邀集子孙，正午设祭。其在大家，则立田亩为祭产，子孙轮流承值其事。贫家则仅死后近数年祭之，余惟四节、年暮祭之已耳。

（9）扫墓。大家分三次，正月备肴果香烛等祭之（亦有不用肴果，仅用香烛者）。祭毕而焚锭，仅男丁而已，女口不与也，名之曰拜坟年［年坟］。至清明前后，则画船箫鼓，男女杂集，名之曰上坟。十月间，则又如正月之例，名曰扫松。贫家则仅上坟一次而已。

（10）中元。七月十二日宵分，以干点瓜果祭之。十三又祭，十五又祭，十七又祭。复择日，或诵经忏，或放焰口。

（11）周年。死者已一年，至死之日，诵经礼忏设祭。其间礼忏亦大有上下床之分，贫家则祭之而已。其他如三周年、十周年，皆然。此后惟六旬、七旬、八旬、九旬、百岁、二百龄等等，做阴寿而已。盖于死者，已渐淡忘之矣。

（12）分析。死者有产，或有数子，即须分析。有父母生前预定者，则殁后不甚起争端。至死后邀集戚族为之分析，则大费周章矣。名曰分家。其族戚等各备礼送之，而岳家之礼为尤重。其争执与否，全视子弟贤不肖而定。综观于此，复式家庭之流弊，为何如哉！

（13）承继。死者无后，则生前须预为继定，不则或大起争端。立继有相当人物，须择其支派之亲而贤者；否则其亲必争，讼师乘之，不可收拾矣。

余姚之习俗

迎礼拜之习俗

余姚县每当旧历二月十三日至十九日，有一种迎礼拜之习俗。据云该日为观世音大士生辰，人人吃素念佛，以期消灾增福。迎礼拜者，系用一种长方形或三角形彩色绸制之旗，大者长丈余，小亦五六尺，上书“观音菩萨”四字，亦有画观世音肖像者。令各手执一旗，敲锣击鼓，吹喇叭，聚集一处排队。迨至队齐，然后各处游行。各处皆有观世音庙，皆须演戏敬神。一般愚民，不论贫富，均需乐助，并须各家办素斋一席，迎请迎礼拜之人，挨户轮流，数日内日日如是。设有口腹不慎，至吐泻，或头晕，或腹痛者，人不谓其饕贪所致，反谓其不虔心敬神，竟设有种种罚规，甚可笑也。

对于动物举动之习俗

余姚人习俗甚多，视家禽野兽之一举一动，谓皆有主因。如牛打喷嚏，谓主雨也。野鸽鸣如六家埠，亦主雨；如鸣如六家埠红灯，则谓主晴。鸦夜鸣，谓宜防火灾。枭夜鸣，亦主有火灾。家多鼠，主吉。鼠啮物，主物价贵昂。鼠啮人之发，主有喜事。鼠啮人之脚底，主有凶事。闻鼠鸣如数钱声，在前半夜，主得财；若在后半夜，则主散财。狗在物上小便，主物价昂贵。狗挖洞，主凶。狗啮青草，主有雨。狗夜哭，主家有丧事。狗打喷嚏，主晴。萤飞入室，主有客来。红蜻蜓交集，主大水。蝇多，主年荒。蚊多，主年熟。鸡飞上屋，主不吉。牝鸡鸣，主不祥。鸭乱叫，主天雨。鸦鸣，主凶。

上虞农夫之习俗

上虞农人，相传谓豆之收成，与雷有密切关系。雷少则收成好，雷多则收成欠。问其所以然之故，则谓豆花心黑，故遭雷殛。此迷信也，不知豆为天生植物，其花心之黑，本系天赋，天既生之，为何复殛之？且豆之花心，年年皆黑，有殛、有不殛何也？盖时当春日，空气湿润，淡气和水分最多。水分乃轻、养二气之化合物，当电流经过时，轻气立与淡气化合为阿摩利亚气，即铔气是也。铔气无色，味极臭，豆最忌之，故雷多，豆之收成必不好。

新昌之立夏节

各地风俗不同，故各地食品，亦当有殊异之处。试就新昌立夏节食品观之，或与他地迥然不同者甚多也。

（一）花饭。立夏节午膳，人家咸食花饭，即用糯米乌豆煮成者。因其为色黑白相间，故名曰花饭。

（二）黄鱼。此鱼多产江中，又名江鱼，体金黄色。立夏时，售此鱼者甚多，盖一种时鲜食品，人家咸须购食，用蒜及酱油烹之，用以佐膳，味甚鲜美。

（三）炖肉。猪肉固寻常肴馔，平时亦有出售，特至立夏节，人家咸须购食，以应时节耳。

（四）盐蛋。盐蛋之腌法，先将稻杆灰浸盐卤缸中，然后放鸡蛋或鸭蛋于缸内，约一月间，蛋已变为盐性，由盐卤取出，洗净盐灰，于笼内烤熟，味甚香美。

（五）健脚笋。立夏时之笋，亦一种时鲜食品。食时，去其外箨，煮熟后，加酱油、麻油，味甚鲜美。俗传立夏时笋可以健脚，故名健脚笋。

（六）蚕豆。蚕豆亦立夏时食品之一种，置釜中，加盐少许煮熟，食之，味颇佳。

（七）酒酿。酒酿味甚甜，人咸喜食之。其制法人尽皆知，兹不赘叙。

（八）樱桃。樱桃之味，初时颇涩，熟时甚甜。新昌产之甚少，故视为无上贵品。

（九）青梅。青梅色青味涩，立夏时人咸食之，其意无非应时赏新耳。

天台问俗记

天台土瘠民贫，风醇俗朴，男务稼穑，女勤织纴，服食俭约，不尚华靡。近年以来，风气亦渐侈矣。其人虽彬雅不足，而厚重有余。学者能以道艺著，仕者多以气节显。男敦孝悌，女慕贞洁，孝子节妇之坊表，名臣鸿儒之祠宇，相望于阛阓阎闾之间。（有孙齐氏者，夫死不嫁，手筑翁姑、夫婿之墓于赤城山上，而寝处其旁，孤帏自守，垂数十年，以苦节为当道所旌。其人至今犹存也。）台人多合族而居，重宗谊，善团结。族中有为外姓所侮者，则群起而与之争。黠者利用之，遂成械斗之风。往往以一二人眦睚之嫌，各纠族人，约期械斗，鸣炮燃枪，如临大敌。官吏坐视，莫能禁止，迨事后勘验，则伏尸遍地矣。虽严惩重办，其风终莫能革。盖族中渠率，多邑之巨绅，举声一呼，数十百人可以立集。风潮起伏，决于一言，阖族既依之以无恐，其人亦挟众以自重，官吏未如之何也。台人于好斗之外，又复健讼，恒有以雀角细故，涉讼法庭，伪造案情，私设佐证，倾家荡产，以求一胜者。噫！使台人无好斗、健讼之敝俗，可与三代同风矣。

天台山多于地，农产多杂粮，若麦，若玉蜀黍，贫民饔飧之所资也。中人之家，日必食麦一次，鲜有终年食稻者。服饰向多朴素，男女皆布衣，鲜有曳罗绮者。惟新婚及节序庆喜，稍加饰。今则红紫缤纷，日尚华靡；少年子弟，亦有纨绔者矣。住屋之壁，多以石为之。天台多山而产石，价廉工省，故多用之。俗严内外，妇女多闺居，生客罕有能见其面者。即节序庆喜之时，阛阓里巷之间，亦无妇女之踪迹，其贞洁有足多者。

婚丧之制，颇循旧礼。厝棺多用石椁，拘忌风水，停棺不葬，以致里巷之间、园圃之内、丘墟之地、道路之旁，厝棺纵横，人与鬼邻，既碍卫生，复乖古制，识者讥之。祭祀，缙绅大家有家庙，细民多从寝堂设龛。四时之祭，元旦、上元、清明、端午、中元、重九、冬至、除夕，各以时物为荐。而上元之祭，尤为一年中之巨典。各家庙皆悬其祖先生像，设笾豆，陈宗器，合族聚祭，以致诚敬。祭后，任人入内观览。一入其中，则追远探本之思，孝友敦睦之心，不觉油然而生。天台居民多卑陋，而家庙则无不轩敞宏丽者。

天台岁时纪

元旦夙兴，焚香拜天，次祀祖先，少年拜尊长。燃长寿灯，啜五味粥，以祈五福。旋诣戚党拜贺。城居者妇女晨兴，登城游眺，谓之游城。

元月八日祀神。是日各乡之妇女，连袂进城礼佛。城隍庙，东岳宫，以及大小杂祠，莫不灯烛辉煌，香烟缭绕。妇女拜跪其间，手持念珠，口宣佛号，几于不能容足。即城上之小庙，亦人满其中。妇女年事多高，间有少艾，然甚鲜也。

元夜张灯，自十三日起，至十八日止，官厅弛禁。俗重十四日，是夜先祀祖先，阖宅团聚。男妇在外，苟无他故，例必归家。凡索逋逮捕等事，概行停止。阛阓之间，箫鼓殷阗，游人杂沓，颇有熙皞之象。上元前后，乡民聚众醵资，舞狮为戏。舞狮之后，继以技击，先幼后长，以次递演。每终一剧，恒至二三十人。皆于新年闲暇，延师学习，久练功深，然后出而相竞，以博声誉。各村皆然，相沿成习也。

清明扫墓，悬纸钱于墓上，采莖作饼，以备寒食。

二月十二日，俗传为城隍诞，礼佛者甚盛。远方妇女多襆被来城，日夜拜跪，起卧于佛座之前。街市则张灯演剧，凡五日而后止。若夫良辰胜日之礼佛于国清、高明等寺者，则尤不可胜纪。

二月十八日，为国清寺传戒之日。苏杭之人，皆来顶礼，常至四五百人。

端午以角黍相馈遗。儿女系五色长命缕，采榴花簪之，谓可以避恶。用菖蒲、雄黄泛酒速客，谓之泛菖蒲。

中元节（七月十五日），各祀先荐新。僧家作盂兰会，夜放水陆灯。

中秋俗重十六夜，设果饼饵，召宾以观月华。

重九登高饮菊酒，插茱萸，蒸米为糍，各相馈遗。

腊月二十四日以牲祀神，谓之谢年。其夜阖家治筵聚饮，凡索逋逮捕等事皆不得行。其俗盖始于清初，为邑令戴公所创，使贫穷之户，得于是夕优游度岁。台人至今称之。

除夕悬祖先遗像于中堂，少长欢集，共相守岁。

兰溪县嫁俗琐记

婚嫁全凭媒妁之言，文明结婚实属罕闻。女子嫁人三日后必返娘家一日，名曰回门。凡新嫁妇人，其第一时节，决不能在娘家过宿。至于冬节，不论新娶与否，亦不能居住娘家。谚曰“过个冬，去个公”，言妇人若在娘家过冬节，来年定害死其家长也。缠足之风，城区稍懈，乡间则如故，村妇儿女子之天足者深耻之。

虐待养媳及婢妾之风甚盛。凡婆母（兰溪称姑之俗语）及大妇主母残忍者，往往横施毒苦，惨不忍闻。

社会上一般人均视卖女为婢妾为惨无人道，故民家不准卖女子为人婢妾，倘有违者，族人即不承认其为同谱焉（俗谓隔出祠堂）。

临产之妇，必令其速回婆家。否则，至将产时，令稳婆扶至荒野，架铺以居之。然苟先时由婿家付以若干之赁金，立一赁契，则不在此例。

妇女以多缠足故，无习农业者。唯游埠等区，有少数侨民妇女，耕种樵薪，与男子等。

江山县妇人侨居此地者，多习渔业，本地人则未之见焉。

工业有三种。甲、织布。此间产棉颇富，柱阳、永昌等区，多以织布为业。然拘守旧法，销路日形闭塞。乙、织草鞋蒲鞋。殿山、甘溪、平渡等区多事此，比邻诸邑，皆仰给之，且有运往湖州、嘉兴等处者，亦女工出品之大宗也。丙、制冥锭。城区妇人为之，每日可得百余文。

溪西区蚕业最盛，各区亦饲之，惟只有初次、两次耳。食料唯桑叶一种。

中年以上贫妇，为人厨役及洗浣买办等事，每月除膳食外，亦可得一元左右之酬劳。

女子教育极为黑暗，欲求一女子高小学校而不可得，故女子智识极为鄙陋。近虽有女子蚕桑传习所及女子模范学校之设，然均在城区，且亦未能发达。乡间国民学校之女生人数亦甚少。

金华城隍散粮之风

金华县每逢清明前一日或后一日，举行城隍散粮。届期，三四人扛着城隍神像，在街上乱跑。后随数十人，手执钢叉或刀剑，面目黧黑，装作种种奇怪之样，名曰小鬼。其时市上做生意之人，无论陈列如何之物品，如被小鬼看见，总须抢完；但是被抢之人不怨言，并云生意可望格外兴盛，可谓奇怪之至。城隍神像在街市游过一周，然后扛至北邙荒冢之处。

焚化无数纸钱银锭，意谓城隍即以此散给孤魂野鬼也。焚化完毕，然后将城隍扛回庙中也。

丽水之天贶节

旧历六月六日为天贶节。丽水有一种奇俗，相传陈玄奘自西天取佛经来中国，经大海时，曾堕海中，为水所湿，故天贶节丽邑有晒经之俗，诚奇事也。

晒经之人，大半为妇女。各寺院庙观，咸有妇女晒经。有晒一庙之经者，有晒数庙者，有晒全邑各寺观者。但晒经虽定为初六日，而晒经妇女初五日晚间即群集佛前，喃喃诵经，至旭日东升，即停诵四散，庙中阒无人迹。而所谓晒经者，特其名耳，并无于日中晒经之实事也。吁！此种陋俗，亦可怪已！

丽水食物之习性

食物习惯，各地皆异，即一地于四季之中亦不相同。试述丽邑秋冬季之食物，即可明矣。

（一）腌萝卜根。切萝卜根成薄片，和以盐，约一二时，去盐渍，再入红乳腐汁腌之，用以佐餐，味颇佳。

（二）干萝卜菜。夏、秋时萝卜极盛，将菜干与叶洗净晒干，用腌菜汁煮后，取出复晒之，晒干复煮，至三四次，食之味香爽口。丽人称为菜头阴干。

（三）芋干。将芋外皮刨去，于日中晒干，用腌菜卤煮之。煮后复晒，晒后复煮，经若干次，然后切芋成片，以酱油炒之，味甚香美。

（四）番茾羹。番茾俗名地瓜，味甜，初冬经霜，味益甜。农家以之果腹。有以之为糊羹者，法去番茅首尾两端，置笼内蒸熟，再去其皮，磨擦细汁，和以蕨粉及糖霜，加水搅匀，再用猪肉炒之，即成番茅羹矣。

遂昌信仰之风俗

遂昌居万山之中，交通不便，风气闭塞，民智简陋，故信仰之事极多。兹分述如下，备研究社会风俗者参考焉。

（1）星算。小儿产生后，一星期内，父母必请星士为之算命。如谓命好，即快乐无穷；倘谓小儿命运有不利之处，则引为至忧。于是拜干娘（所拜者概系贫家妇女，甚有拜石头、樟树者）、许愿（即入庙烧香，祈神保佑）、渡关（巫师所为者）等事，以之而起。又凡遇事必先测字，观运气之好坏以定行止。至遇丧葬，必延堪舆者察看风水，如无吉地，即停柩不葬，竟有待至数十年而未葬者。

（2）打醮。打醮通常分二种。有所谓清吉醮者，每年有一定时期，及期举行。各处时期不同，总在阴历正月、二月及七八月之内。规模大小亦不同，有十余昼夜道场者，亦有二三昼夜道场者。此种打醮，年例如是。至遇荒旱瘟疫之时，亦延僧道建道场，则临时之打醮也。或有丧家为死者超度，借表子女之哀痛，亦延僧道诵经。有七八昼夜者，有二三昼夜者，最少者亦须一昼夜也。此种打醮，俗谓做功德。

（3）赛会。烧香拜佛，邑人信仰极深，无论何事，咸须求签问神。当阴历月朔、月望，各庙宇咸有烧香者。每年逢旧历三月、五月、六月、十月此四月中，各处有迎神赛会之举，异常热闹。总计全县为此无谓信仰浪费之金钱，数且巨万。最可慨者，中人以上之邑绅且为之倡也。

（4）鸾仙。此种信仰，为近数年所兴，现信仰者已日见其多，所谓鸾坛，已林立各处矣。入坛者，茹素持斋，终朝跪拜，为鸾仙之弟子。喧传入坛者能洗除以前罪过，将来能登天成佛。以此号召，故愚者趋之若鹜也。

卷五

安 徽

合肥风俗记

一 概况

合肥旧属庐州府，为庐州之首邑。地处皖省中央，故其民间风俗，淳朴似皖北，而耿介则似皖南。幅员辽阔，土质肥饶。居民多以耕读为业，四民中以士为最贵，农次之，商次之，工又次之。农人遍地皆是，商业只限于区域内，有大资本及远出经营者少，工业则除金工、木工、土工等徒手工作而外，直无所谓工业矣。西北三乡多冈田，东南二乡多圩田。全境不事生产之人甚少，除少数华贵公子及退伍军人外，余均终岁勤动，各执一业。农家妇孺皆耕。妇女多天足，能耐劳苦，农忙时则插禾芟草，从事于田间，农隙则从事纺织烹饪，抚育子女；其一身所谓之重任，较之男子，有过之无不及。贫家之孩童，五六岁即令之牧牛，家有牛者则在家自牧，无牛者则受雇于人家，其每年工资不过四五元；至十岁以上，略能从事于田野工作，其工资亦在十元以上矣。

富户田产多者，则招佃户耕治。其收租方法，有论银租者，即言明每年缴纳银元若干，以作租谷。有直接收稻者，亦分两种。一日揣租，即由佃户于谷将熟时，延请主人及一二乡绅亲赴田中踏看，估计本年可收谷若干，写明租条，俟秋收后，主人即遣人按照租条上之半数量去。二日场分，即当谷登场时，主人派人到场监视，量而分之。此种分法，最为刻薄，佃户丝毫无好处，然亦唯田产少者，方能行之，多则不能矣。田产少者多自耕之，家中人少田多者，则雇人来家助耕。雇工有长年、短年之分。长年者正月初即须上工，直做至除夕为止，举凡田地间一切事务，均倚赖之。短年者二月初上工，至十月间为止，盖此时百谷登场，无所事事，雇工殊不经济也。近年工价昂贵，然长年之工，每年不过二十余元，短年则十余元。长工之外，又有散工，亦农忙时临时雇之，每日工资在二角以内。

合肥县城，旧为安徽省垣。有淝水通芜湖，小轮一日夜可达。城内商业颇繁盛，唯街道逼窄，发展颇不易。城外近轮船码头处，有栈房十余家，供旅客栖息之所。至城内之栈房，则纯为四乡来城涉讼者所居，价目颇廉。年来商务发达，颇有自芜、扬等处运来之流妓，然均秘密营业，官娼尚未实行。土著中亦有操神女生涯者，但均暗中往来，门外汉无从得入也。

肥人有嗜茶之癖，尤以城市中人为甚。每日清晨，各呼朋唤侣，手携茶叶包，向茶肆而去。故各茶肆每至此时，无不满坑满谷，迟来则无座位。此辈茶客，一落座则高谈阔论，喧笑盈庭，有谈各业行市者，有谈收成丰歉者，形形色色，不胜枚举。坐约一小时，必俟碗中茶叶色香味全失效用，始兴辞而去。乡镇间则每逢集期，一般农夫必偷其耒耜余闲，至茶肆中作牛饮。酷暑时则袒裼裸裎，聚坐馆中，虽汗流浃背，臭气薰天，彼辈尚欢呼喧笑，若无此事然，殊可笑也。

四乡之民，多聚族而居，故宗法极重。每族各设一祠堂，族大者多至四五处，祠内供历代祖先牌位。每届清明、冬至二节，族人群赴祠中祭祀。或族中有重要事件发生，亦于祠中开会决之。祠有田房等不动产，每岁有族中年高有德者管理之，其所得之利息，则存放以谋合族之公益。每族均有一宗谱，族人少者则只一挂谱，将族中存殁人名，各依其宗支，作一表式，悬诸祠中；族大者，宗谱多至数十册。谱约每三十年一修，修时则预先调查此三十年内存殁人名，及其生年月日时。修谱时最重要者为承嗣问题。盖乡人重视谱谍，以为一登于书，则永不能变，而官中亦认为听讼时证据之一种。故无后者若有财产，则有承嗣之资格及本支中之刁猾而希冀承继者，必力争之，往往至于涉讼。族中规例极严重，颇具自治之雏型。举凡族人争吵沟洫等事，均取决于族中贤者长者，必重大案件为族人调解不开者，始诉之于官。官之判断，仍须参合族绅之意见。族中有不法而败坏一族之名誉者，族人得召集会议，于宗祠中处分之，或罚之以金钱酒席，或责以杖，重且至于绞死。光复时，官吏失其重心力，人民无所羁束，不法之徒，乘机而起，驯至抢劫时闻，闾阎不能安堵。而合肥独能匕鬯不惊、商民安谧者，即奈各族各自约束其族人，不准为非作歹，有逾法轨者，则执行宗法以铲除之。是故宵小敛迹，外盗莫侵，补官之不足，作良民之保障，正不得附和新学家之言，谓为阻碍文化进步，一鼓而废之也。

二　婚嫁

婚嫁礼俗，与各地大同小异，无赘述之必要。兹唯择其特殊之点述之。

古有亲迎之礼，今已废弃久矣，唯合肥尚能保存之。其俗于吉期之前一夜，男家盛设筵席，遍邀族邻及与贺者，并备轿二乘——一为花轿，预为次日新娘乘坐者；一为呢轿，预备次日新郎乘坐者，及大灯笼四对，火把四对。火把系用干篾片所制，燃之可以烛路。俟筵宴毕，设香案，铺红毡，新郎着礼服，先拜祖宗，次拜父母，以次至族邻诸尊长。拜毕，鼓乐喧天，炮声震耳，新郎坐花轿中，另以童子坐呢轿中，名曰压轿。贺客齐送至门外，灯笼火把前导，于是行矣。途中遇村庄，必放爆竹。及至女家门首，女家照例将大门紧闭，于是来人大放其爆竹，名曰催门炮。又有所谓开门封者，系仆婢之胥索，然所求亦不过苛。女家认为兴尽，始行开门。开门后，新郎须端坐轿中，不急于下轿。由女家派一礼生，至轿前相请，必来往三次始出。是夕，女家亦筵请亲族，盛设香案，以待新婿。婿至，必须遍拜诸戚族。有故意刁难者，往往无中生有，使新郎疲于奔命，以为笑乐。然爱婿者，多从简略。俗言云："为嘴伤身，为老婆拜丈人。"盖此数日间，新郎所磕之头，实不计其数。近年新礼制通行，已多以鞠躬代之矣。礼毕，新郎易常服，女家设盛筵于正厅中，请新郎上坐。照例不得多饮酒，多吃菜。盖新婿初至，诸姑姨姊，多隐屏间以窥探新官人之丰采，举凡新郎之一举一动，无丝毫得逃其目中，品头论足，议论纷起，甚有吹毛求疵，故造蜚言，以为笑乐者；偶一不慎，则哗笑随之矣。菜上毕，新郎必起立致谢。是夕新郎即宿于岳家，然道远者及礼节烦琐之家，往往大礼方终，东方既白。是夕女家所燃之灯烛，须由男家供给，且每烛燃不及半，即须更新。故男家必多备蜡烛，以供需索。孩童多抢所带来之爆竹，以为戏乐。吉日之晨，来人须多放爆竹，谓之催妆。新娘梳裹毕，由女子兄弟或至亲负之入轿，家人必大哭以送之，女亦呜呜泣，作留恋不舍状。女上轿先行，女之兄弟或至亲二人乘轿随之，谓之送亲。新郎拜辞岳母，岳母授以妆奁中之钥匙，并附以礼物，如珍宝首饰等类，然后上轿随之去。

男家门口陈列耙一张，上置马鞍一。轿至门前时，必依次跨越鞍上而过。又有一人手捧花生、枣子等物，于轿至时撒于地上，口中唱有韵之吉利语，群儿聚而拾之，谓之撒喜果。喜轿停门前，由男家延全福之妇女二人，以灯周绕轿前，谓之照轿。然后扶新人出，地上铺米袋，直达洞房中，新妇即行于袋上。至房门前。即将新妇之鞋，易以新郎之鞋，谓之同偕到老，盖“偕”与“鞋”同音也。新妇在房略坐，即扶至堂前与新郎行交拜礼。其余坐床撒帐、合卺交杯等礼，则大略相同矣。

新妇回门，有于三日后行之者，有另择日行之者。回门时夫妇同行，路近者有本日即归，若宿于岳家，必信宿而后返，盖取成双之意也。

成婚后之第一新年，新夫妇同往岳家贺年，岳家必盛筵以待，其岳家之戚族亲党亦设席相邀，谓之邀亲。有族戚多者，因新郎无暇多耽搁，乃一日赴七八家之筵席，其应酬之繁忙，几与北京之大人先生相埒。婿宿岳家，不得与妇同榻，每晨于未起身前，必披衣坐床上，食面蛋等点心，俗例然也。

三 丧葬

丧葬礼仪，以贫富而异。富者仪仗挽联，连绵数里，执拂者数百人；贫者则萧然一棺，孝子数人而已。兹择其中人之家所奉行之礼俗述之。

人于将死未死前，家人为之向肆中购纸扎之轿马及轿夫，焚于门前。焚后用物将灰烬遮好，免为风吹去，俟断气时即揭去，云为死者乘之以赴阴间也。将脱气时，即由房中迁至厅前，使卧于地上。迁移时须以伞罩之，不使见天日。又请胆大者数人，将病者全身拭净，然后易以临终之衣。其易下之衣，即塞之棺中，以免尸身移动。尸入棺后，暂将盖盖好，唯不封殓。请僧道一人或数人，按死者之身殁年月日时，推算应以何时何日封殓，何日何时落葬，并书灵牌七单，上载七七日期及忌回煞等事。此等事在合肥有人专司之者，其人非僧非道，而诵经念佛，与僧道略同，俗谓之山人。大约即古所谓阴阳家之苗裔，娶妻生子，与常人无异，唯不事生产，除代人送终外，亦能打醮。

成殓后，阖家成服举哀。其服制于亲疏嫡庶均有区别，丝毫不得紊乱。大率亲生之子女均服斩衰之衣，衣以白粗布为之，四缘及袖口均不缝，脊缝之毛口翻出；头扎六尺长之白布巾，直垂背后，俗谓之“直披”；

系以麻丝；鞋前蒙白布，毛口凸出。子妇亦如是，唯肩际多白布一幅，露于外，俗谓之“反托肩”。侄辈至孙辈之衣，四缘及袖口均缝好，脊缝之毛口向内；头扎白布巾，横垂于肩际，俗谓之“横披”；系以白线；鞋前所蒙之白布无毛口，尺寸亦较短。侄妇辈之衣亦无反托肩，子之妾亦然，所以别嫡庶也。曾孙之服，四缘及袖口缘以红布，头巾亦缀以红布或红寿字。冢子于行礼时，外罩麻制之衣，头戴麻制之帽，帽前悬小棉絮球数个，所以蔽耳目也。吊唁者至，必给以白布一方，约四五尺，吊者或顶之于首，或系之襟际。

六安之婚嫁风俗

六安婚嫁风俗，其最奇特者，在未迎娶之先，男必须下礼至女家。礼物之轻重，视贫富为差别，大概为包茶、欢团、花生、胡桃等物，并有紫色衣服一套，名曰五子衣。迎娶时，新娘即穿此衣至夫家。夫家必须备公鹅一只，名曰催妆鹅，送至女家，女家配以母鹅，一并送回夫家。此双鹅永远不宰杀，盖以预祝其夫妇之偕老也。

迎娶时，夫家去花轿一顶，其执事则随贫富而定。在轿未发之先，请数位全福之妇女及小姑娘辈，随轿照料，名曰照轿，并有扫帚等物。

花轿至女家，新娘必须大哭一场，然后梳装上轿。上轿时，由新娘之兄弟背至堂前，并先预备米一斗，新妇由米踏过，然后上轿。上轿以后，全家痛哭，以表示惜别之意。当夫家花轿初到女家之时，女家须将大门紧闭，候夫家送过开门封子钱，然后开门。花轿抬至夫家，夫家大门亦须紧闭，有至一点钟之久者，云系折磨新妇之性情也。

花轿进门，新郎须对花轿行礼，名曰谢轿神。花轿进堂屋，新郎将轿门开开，名曰开锁。

新郎新妇拜过堂后，由全福之妇女伴送新娘进房，房中预备火炉一具，中烧木炭，故意火不旺，黑烟四出，让新娘围火炉圆转，云亦系磨折新娘之性情者。

进洞房，新娘梳洗后，来宾便在新房中闹房。有看新娘子之手者，有看新娘子之脚者，新娘站在床沿之前，闭眼垂头，一任人之玩弄。

新娘母家之兄弟辈，迨至新婚之第三日必来省视，名曰看三。路远者即随同花轿一同来，名子送亲，至第三日始去。

闹洞房之时，有一种通行之吉语，一人赞读，全体道好。其词云："上高堂，进洞房，灯烛辉煌。大家女，知礼节，就站起来。人人说，新姑娘，可敬可爱。孔圣贤，女四书，读满心怀。夫今日，小登科，悬灯结彩。子异日，大登科，八扶八抬。化一省，众黎民，人人爱戴。三年后，迁调任，父老皆哀。千人上，一人下，权揽四海。七十载，归田园，福寿无灾。十个男，十个女，佳妇贤婿。四男孙，四女孙，绕膝称怀。"

芜湖风俗琐记

鸠江为皖省独一之通商口岸，商贾辐辏，以故土妓流娼，触目皆是。其入大花园（园倚陶塘而筑，虽乏亭台，尚有花木，占地甚广，为芜湖惟一之风景地）也，亦如沪妓之游味莼园，然其状则与雉妓之在青莲阁、升平楼绝相似。每于夕阳西下时，涂脂抹粉之鸠盘茶，结队游行，此往彼来，满口扬州白，乖乖、辣块之声，令人生厌。彼辈复故意卖弄风骚，而逐臭之夫，则如蝗附膻腥，品头评足，刺刺不休，诚鸠江怪现状之一也。

芜俗佞狐，商铺几于家家设位供养。闹市中有狐仙堂数处，笙歌祭享，月必十余次。土人不敢直呼为狐仙，奉之为仙姑，称之曰老太。小儿有误呼之为狐者，其家人必痛责之，且为之忏悔大仙之前。各家于小儿种痘时，祀狐最虔，称之为花老太。据云稍有不敬，小儿必无幸免者。

芜湖有七多之笑谈。七多者，街上豕多，小儿痢多，终年雨多，沿途粪多，强讨丐多，私门娼多，说话蛋多。盖此邦人民，说话好加蛋字。例如角口则曰吵蛋，胡缠则日倒蛋，放刁肆闹日刁蛋，其余各语常硬赘蛋字，故曰说话蛋多。

丙辰清明，适逢阴历三月初三日，芜人谓之为真清明，为百年罕遇。据故老相传，乏子嗣者，备一南瓜，于真清明日，全瓜入锅烂煮，于午时取出，陈诸案上，夫妻并肩坐，同时举箸，尽量食之，必然得子。故是日市中南瓜极昂，每个有卖至七八元者。按此风不特芜湖有之，长江流域各处，殆皆有此种传说。

歙县纪俗诗

歙人性善禨祥，每事必征于神鬼，曰发兆，而求嗣者尤切。兹录其乡村纪俗诗，以见风俗之一斑。

各族祠前爆竹喧，人丁有例记年年。瓣香拜罢低低祝，一万虔输汉口边。（阴历正月初二日，各族祠堂，例放人丁炮。每丁三枚，得子者加百子十挂。是日爇香祈子有验。）

喜气宵来溢洞房，影堂（供真处）宝炬灿余光。金盘果与金尊酒，送烛人来哄一堂。（各族宗祠，例以新正初五日收真。筵前椽烛烧未及半，司事者以余烛撒送支下，冀邀福于祖先。受烛者劳以酒果。）

元宵灯火闹长堤，舞出神龙振鼓鼙。争向龙头请龙烛，烛笼双引入香闺。（元宵嬉灯，极其喧闹。巨丽龙灯，亘数十丈，舁以数十人，游行村市。请烛者以烛易残烛，得子则加倍酬之。）

送子中秋纪美谈，瓜丁芋子总宜男。无辜最惜红绫被，带水拖泥那可堪。（好事者令幼孩戏窃倭瓜，入新婚者之房，纳入被中。或以子母芋，泥水淋漓，沾濡床褥。真恶作剧矣！平时固禁盗窃蔬果綦严，是日照例弛禁。）

盼煞征兰梦有无，丹山不长凤凰雏。邻家昨报添丁喜，多谢擎来粥一盂。（得子者以产母砂锅粥分馈戚好。）

水月庵中来许愿，东云岩上去求签。背人偷得筵前箸，要卜佳儿快快添。（乡中有水月庵、来［东］云岩等寺宇，望子者咸往求祷。）

礼佛先持数日斋，不将心事诉同侪。爇香悄向莲台上，借得观音一双鞋。（抱子则手自绣鞋，以偿观音菩萨。）

莲房少子桂无花，劳尔年年望眼赊。闻说换年真个好，隔年打点住娘家。（女以残腊归母家，新正诹吉，肩舆笼灯而回，曰换年好。）

手擎雨盖踏香街，鞋袜裙衫一色裁。入室大家开笑口，望春恰恰共春回。（先春数日归。届期乘青舆，衣青衣，行者必伞，以立春之时入门，谓之望春。）

如愿全须佛力凭，珈瑜会恰衍三乘。送来阿树尖头果，摘得莲花座上灯。（焰口法事，设有阿什果树，啳佛之次，则撤而撒之，得顶尖太子果者，宜子。坛有荷花灯七，摘其一归，佛光照澈，梦入熊罴矣。）

黟县之中秋节

八月望为中秋节。是日，小儿早起，呼朋唤友，取田中稻草扎成龙形，糊以色纸，夜间插烛于龙身，游行街市。草龙大小不等，大者十余人共舞，小者一人独舞。锣鼓声喧，爆竹满地，极奔走之热闹。有子之家，令其出与舞龙。无子者将龙首上蜡烛换下，谓可得子。迷信极矣。

婺源度岁风俗谈

我国重用阴历，以新年为大节，无论贫富之家，莫不整顿精神，搜集钱钞，以备度岁。有自腊月杪即合家忙忙碌碌，为年事之预备。究其所谓年事者，第一件为饮食问题，其次则衣着。饮食如猪鸡牛羊、花生糖果等类，随地而殊，唯婺源之吃年汤最为有趣。婺源风俗，于腊月二十四日以后，各家均有做年之例。做年者于其夜合家团坐，笑语喧哗，通夜不眠，如江浙等处之守岁。其意不过谓一年将尽，老少各增其年齿，且终岁勤动，家人中多在外经商作官，岁底率皆回家，不可不举行一种特别礼仪以纪念之。婺源人于坐年之夕，有吃年汤之俗。当夕焚香祀祖后，家人齐集厨房内，各揎拳捋袖，有调粉者，有切菜者，有刷锅者，有洗碗盏者。俟一切齐备，共至厅前谈笑片时。俟至夜分约十一点钟时，将备就之猪头放入锅中，加汤煮之。煮熟后，用铁铲捞起，放入他器中，再将所调之粉搅入猪头汤中，更将肉丁、冬笋、丁香料等，使成糊状，然后盛之以碗盏，合家团集而食，其味异常鲜美。又将煮熟之猪头切成薄片，和年汤同食，亦鲜美可口。有时以之资送亲友族邻，无不欢迎者。吃年汤时，愈吃得多愈好。故四碗五碗，亦不嫌其多。然油腻过重，往往染成腹泻之疾；小儿贪其味之鲜美，尤易多食，不可不慎也。

元旦日起身特早，合家均易新衣，少年妇女及孩童辈装饰尤其讲究，斗丽矜奇，各不相让，儿童辈欢天喜地。梳洗后，长者至堂前点香燃烛，虔诚礼拜，先祀天地神祇，次祀先师至圣孔子，后始及祖宗。礼毕后，家人复相继礼拜如初，再由家中幼辈向尊长行贺年礼，平辈亦分长幼行礼。贺年毕，合家进食茶点，如子糕、裹棕、鸡子等物。各人食毕，整齐衣冠，由家长率领卑幼出门，先向较亲近各族戚处贺年，再至较疏各家。贺年时，各家将大门紧闭，拜年者往敲门，受者在门内以客气话拒之，如“不敢当”、“心领”等语，不绝于口。贺年者亦必故做必需进去之状，以示殷勤。是以往往相持甚久，始有解决，或开门请进，或贺者自去，浪费时间，莫此为甚。然遇至亲者来，即不如是拒绝，贺者至家后，必饷以点心；携孩童来者，必给之以糕果。故孩童对于贺年之事，无不异常高兴者。有时贺年归时，必满载而归，并斤斤较量于各家所给之多寡，果品之好丑。若贺年者不肯食点心，则随即遣人送至其家，所送之物，多则八种，至少亦有二种。亦有不上门贺年，而用拜年签作代表者。拜年签者，以狭小之红纸，上书“某人率子某侄某孙某等顿首拜”字样，贴之族亲戚大门上。门上若所贴之拜年签甚多，红纸飞扬，迎风招展，至为美观。有不用拜年签而代以拜年片者。拜年片即以普通之名片，上书“顿首拜”字样。有特用红纸印就者，各随人意。

元旦日，若于途中遇熟人，彼此都要行礼。商界中人相遇者，行礼外必互相道贺，如“恭喜发财”、“生意茂盛”等语。贺年者大都成群结队以出。若于途中遇贺年者两队，甲队与我识，则我应与之贺年矣；然甲队中若有与乙队中相熟者，我虽不识乙队中人，见甲队与乙队相贺，我亦必随以相贺，不然人将怪为不知礼。谚所谓“宁可欠人钱，不可欠人年”，又谓“礼多不亏人”者是也。

贺年之礼，不特于元旦日行之，即元旦后数日，若遇亲友未贺年者，亦必须补贺。所谓“拜年拜到三月三”者是也。

婺源中秋风俗谈

婺源中秋之风俗，有一种特异者，即儿童之堆宝塔是也。造塔之材料为砖与瓦，塔之形状，系七层浮屠，上小下大，中间全空。虽是用砖瓦砌成，却甚有规则。塔砌成后，前面挂帐幔，并悬匾额及对联以及种种之装饰品。又安置小桌一张，上供果子饼饵，为敬塔神之具。迨至夜间，塔之内外，均点齐灯烛，一片光明灿烂，直与天上明月争辉。儿童则坐于塔前赏月，并作种种游戏，以表示其欢娱，实一幅天真烂漫儿童行乐图，惜无人绘之也。

婺源人于中秋节之一日，必食塘鱼。塘鱼系人家辟塘蓄养之鱼。相传塘鱼迨至中秋，脑髓始能充满，人家食之，格外能滋养。私塾学生，对于先生有送节之礼仪，塘鱼亦为送节礼品之一种也。

绩溪中秋风俗谈

吃月饼

中秋日，每家要需购买月饼，合家分食。盖因月饼圆形，似中秋月圆，又表示合家团聚之意义。

吃中秋酒

中秋夜，富豪之家，必办酒筵。合家团聚而食，名曰吃中秋酒。贫穷之家，无钱办酒筵者，亦必添菜数碗，以赏佳节。

打中秋炮

中秋节，十数岁儿童，以稻蒿扎成中秋炮，形似发辫，长约五尺，粗盈握。浸于水中数分钟，再拿起向石上打击，如放炮之声，名曰打中秋炮。

游火龙

火龙系用稻蒿扎成，身长约丈余，有头尾，有爪。游时，十数人用竹竿撑之，游行各村，向各家讨香，插在火龙身上。龙后佐以锣鼓，喧哗闹天。游毕烧纸箔，放爆竹，送至河中始已。

泾县之节令

插柳节

泾县清明日插柳。于门簪一嫩柳，谓能解邪。具牲醪扫墓，以竹悬纸钱而插焉，或有取青艾为饼，存禁烟寒食之意。

浴佛节

四月八日，泾县浮屠是日浴佛，谓之浴佛节。有五色香水。民家采乌桐叶染饭，青色有光，曰乌饭，与之相馈遗。

泾县东乡佞神记

泾县东乡佞神之最著者有四：一赛会，二舞狮子，三唱目莲戏，四烧拜香。

赛 会

赛会有三月十六日玄坛会，四月初八日五显会，六月初六日会，六月初八日牛王会，十月二十日迎春会。各会有一定之地点，至期与会各乡村，竞出其所备迎神旗伞銮驾，佐以锣鼓，扛神出巡各处。其富庶村户，更扮演抬架以娱神。抬架者，以幼童饰剧中人，立于小桌上，使人扛之而行。此外又有马上道（衣冠骑马上，背神之印绶令箭）、香盘（衣冠手捧木盘，缘以绣帷，上焚檀香）、提香炉（大锡香炉一只，缀以铜练，衣冠而提之）等，悉以本村文人充之。每赛会必须演戏，与会乡村轮年而值之。先一二日开演，即迎神来戏场观剧。出巡回来，必抬神在戏场疾行四五周，谓之扛神。间有不及走避而跌伤者，不问也。赛会之夜戏，必以通宵，以便远来之观者。就近人家，必接其亲戚故旧来家看会，非待戏演完不去。各业辍工，良莠蝈集，金钱虚耗，固不待言；而盗劫之事，亦每因此而发生。且值年之村户，往往因贫而售典产业，以当此门户，一以为若破此例，当犯神谴而触众怒也。就中以玄坛会、五显会、迎春会为闹热。牛王会虽不闹热，然香火则较盛。牛王大帝者，即汉渤海太守龚遂也，以卖刀买牛之故事，乡人讹之，称为牛王大帝。凡在二三十里内之人家，必具香烛往酬神，间有自百里而来者。正戏之外，兼演傀儡戏（以木偶饰生旦净丑，伶人举之演唱）。其戏由特别酬神者出资演唱。特别酬神者，或因病，或别种事实，曾许牛王大帝之愿者也。香烛之外，悉出钱四百文，演傀儡戏一出，又杀鸡沥其血以飨神。此外演戏佞神者，有关帝生日戏，财神戏，老堂戏（猪之神也），蚕娘之戏（蚕之神也）。总之，无非虚掷无量之金钱，以媚此荒诞不经之木偶也。

舞狮子

赛会演戏，犹各地所相同。若舞狮子，则为泾县东乡特别所独有也。泾县东乡对于狮子菩萨之信仰，尤高出牛大王之上，故其香火较牛王大帝为更盛。其神非偶像，乃形似的，斲木块为狮首，缀以黄布为身，二人顶而舞之，佐以红海公、白海公、判官、娘娘诸神，悉以人戴假面具为之。红海公、白海公，系弄狮子者，一红面，一白面，均满身红衣，作种种不伦不类之怪剧，以引观者之发笑；间作恶剧，以窘儿童。娘娘白面，亦红衣，骑狮子身上而舞。判官黑面绿袍，执笔木立不动。设有人病者，必迎狮子至病人室中，周视一巡，以祓除不祥。初生小儿，将渠含至狮子口中，谓容易长大云云。其期自元旦日始，至三月初三日止，各村轮次而舞，或全堂（一日），或半堂（半日），皆有定例。迎狮子神者，必斋戒茹素，格［恪］诚格［恪］敬，无敢稍怠。舞狮子之人，率本地祠丁，平日被役于人，独此月俨然尊大，一若渠即狮子神也。

目莲戏

目莲戏，演目莲救母故事，皖以南盛行之。泾县东乡，各村不同，或十年一演，或五年一演。每演率于冬季之夜，自日入起，至翌朝日出止；或一夜，或三夜，或五夜、七夜，大抵以三夜者为多。间有地方不靖，缢死者多（该乡谓缢死鬼为最凶恶之鬼），于定例之外，得临时加演。每届演时，合村视为重大问题，筹募款费，推举司事，以办此平安神戏（五乡谓目莲戏为神戏，系保佑地方人口平安者）。演戏伶人，大抵为南陵人（南陵，皖南县名，属芜湖道），专业是艺者。先数日前雇至，部署甫定，然后禁止屠宰，择期开演。立坛于戏场半里内外，供奉五倡五鬼神。日将入时，伶人饰五倡五鬼神，骑竹马，在戏场跳舞，谓之起马。起马之后，然后开演。第一夜演目莲之父富相施财济贫事，第二夜演东方亮妻之缢死，第三夜演目莲之母刘氏游十殿。就中以第三夜为最热闹，因东方亮妻之寻死，而有溺鬼、缢鬼之争替；因两鬼之争替，而有闻太师之逐鬼。逐鬼谓之出神。闻太师者，纣臣闻仲也（见《封神榜》），俗谓之家堂神，专管人家之冥事。当出神时，台上灯火齐灭，缢鬼、溺鬼，浑身冥箔，满台乱扑，作鬼嗥声，状甚幽凄。闻太师手执钢鞭，数其扰乱人家之罪，而下驱逐之令，钢鞭一指，两鬼立即跳至台下，向坛上奔去。闻太师随后驱逐，人声喧哗，炮爆连天，两旁女台（所搭为妇女观戏者，男子无此优待），灯笼高挂，纸扇乱摇，一若以为真鬼，恐其近身讨替也，间有因惧怕而昏晕者。其迷信甚可哂也。正戏之外，加演诸多打诨戏及技术。技术立木柱一支，高十余丈，一人盘旋其顶，谓之盘戳。或札布彩于台前，二人穿而舞之，谓之盘彩。打诨戏多引人发笑，惟《小尼姑下山》一出多淫荡，有伤风化。而《黄妈妈偷鸡》，饰老媪混入妇女观剧之台上，尤可恶也。

烧拜香

烧拜香，一名朝九华，率下等社会人为之。九华山在青阳县（旧属池州府治），相传地藏王菩萨肉身成佛处，故山上庙宇丛多，香火繁盛。近二三百里之愚民，均结伴前往朝山烧香。烧香有两种：普通者谓之烧行香，无他特异；特别者谓之烧拜香，草履布衣，散发，顶绉纱巾，手捧香盘，口诵佛号，遇庙而拜，遇桥而跪，心无邪念，目不旁视，苟稍有懈怠者，谓必遭神谴云云。朝山回来，又必斋醮数日而后已，其愚可笑亦复可怜也。

贵池中秋风俗谈

献　新

八月初旬，农人大半皆已收获。凡初次所造之新米饭，均须献过祖宗、家神、灶君、社令，然后方食，名曰献新。

社令会

秋社前数日，各家预备做会一切之物品，除香烛纸马外，每家必须做些糯米粑。迨至社日，均携香烛、捧米粑，在社令位前行礼敬神，名曰社令会。

五猖会

各乡各村，每到八月十四日，地方首事之人，邀集大众，预备生鸡血酒，五彩色纸，云本日为五猖生辰，名曰暖寿。次日祝寿，一村之人，团聚庙前，爆竹喧天，迷信可笑也。

鹊江风俗志

皖铜陵县有镇日大通，乃沿江之乡镇，无大贸迁也，夹江一盐舶停焉。江之西岸，一洲突出如荷叶之横浮，再西即滚滚之长江也。荷叶洲即别曰鹊江。清光绪初年，彭宫保雪琴巡阅长江时，改荷叶洲为和悦洲，今人辄称为大通。其实大通在江东岸，长龙山下一乡镇也；此繁盛商场，实和悦洲耳。洲以盐务为大宗，客民分八帮。一曰两湖，即湖南、北也；二曰金斗，即庐州也；三曰大邑，即安庆府；四曰新安，即徽州；五曰泾太；六曰旌德；七曰池阳；八即土著。江西有会馆，曰万寿宫，而不与闻洲政。洲有事，八帮共议之，亲亲为宝，若家人然，从无排外欺生、党同伐异之恶习。山水明媚，人物淳朴。钱庄三，现均收歇。盐行则有胡成美等六家。鱼米均贱，居家颇易。春时野桂花丛生，清芬无比，贫女采折，提筐叫卖，有“红日满窗人未起，隔墙风送卖花声”之韵。夏初必唱目莲戏全卷以祈福。竞渡之戏，亦较他埠齐。有秋后，八帮必赛会。会以城隍为主，在四官殿集城隍头衔，为敕封显忠大王。其会各帮有各帮特色。两湖则以彩船高跷胜，而犹有令人闻之思奋者，则仪仗前之四对招军耳。此招军为他会所无，盖当湘军初散时，湖湘子弟故假招军一吹不平之气。其声哀艳，不异塞上悲笳，呜呜一声，令人执干戈卫社稷之心油然而生。次为泾太驴子会、六邑龙灯会、新安灯会、池阳之财神会，各有擅长。本地帮神前则有黑白无常，戴高帽，极硕伟；小鬼蒙面具如篓筐，助声势，与黑无常斗。唯土地雍雍雅雅，不言不笑，若有深意焉。神前判官须发生动，中人以上者，且顶礼焉。古人神道设教，亦足补薄俗教育之不及耳；今已禁之。洲有莲花禅院，即俗名财神庙者。掌院德风和尚，清修梵行，园寂后肉身不腐，洲人为主装金身，置香火焉。

寿春岁时纪

正月初一日，鸡初鸣即起，栉沐焚香，拜天地家堂，燃爆竹于门前，插桃符于门旁，以趋恶鬼。

正月初四日，接财神，具三牲肴蔌，谓之财神请酒。内设鱼头、茹菇、芋艿等物，以取吉兆。鱼头曰余头，茹菇曰时至，芋艿曰运来。奇想天开，颇堪发噱。又群以香火灼神面，谓之火财神，不知何意；或曰，火财神犹言“活财神”也。

正月初五日，俗谓是日为五忙日，不许动土，动土必有灾害。

正月初七日，以饴糖掇炒米成团，谓之太平团，食之一岁人口太平。且以馈饷他人，谓之饷太平，俗以为“想太平”之意。

正月初九日，妇女相聚迎九娘神，卜将来蚕桑及一切杂事。或曰九娘神即紫姑神也。

正月十四、十五、十六三日，皆谓灯夕。悬灯彩于门前，喧鼓乐于庭际，谓之闹元宵。俗谓不若是必遭火灾。城乡男女，皆空户出游，谓之走百病。

正月十九日，妇女以炒米撒墙壁隐僻之处，呼蜈蚣、蛇、蝎等毒虫咒之，谓之咒百虫。

二月初二日，焚香水畔以祭龙神。谚曰：“二月二，龙抬头。”农氓每以是日之阴晴，占岁之潦旱。

清明日，家家门插新柳，俗意谓可祛疫鬼。挂纸钱于墓树，谓之贶野鬼。

三月初三日，士女多携酒饮于水滨，以禊祓不祥。妇女小孩，头插荠菜花，俗谓可免一岁头痛头晕之病。

三月十五日，烧四顶山香。山在八公山东北，离城厢约七里余。山上为庙宇数十间，塑女神曰碧霞天君，俗为泰山奶奶。奶奶殿侧有一殿，亦塑一女神，俗呼曰送子娘娘。庙祝多买泥孩置佛座上，供人抱取，使香火道人守之，凡见抱取泥孩者，必向之索钱，谓之喜钱。抱泥孩者，谓之偷子，若偷子主人果以神助而得子，则须更买泥孩，为之披红挂彩，鼓乐而送之原处，谓之还子。其事最可笑。

四月初四日作豆腐糜，加油膏其上，和之以水泥，埋置门前隙地。俗谓可免疟疾，盖俗谓疟有疟鬼也。

四月间，有鸟曰布谷，自呼其名。农氓呼之曰阿哥，多焚香祝之。谚曰：“阿哥唤，犁耙上岸；阿哥呼，犁耙出土。”

五月初五日，家家贴天师符，俗谓可避鬼怪。妇人簪艾虎，小孩系五色缕，俗谓可免病瘟。

五月俗称恶月，忌盖屋造灶，又曝床荐席，俗谓犯之者不利。

立夏日，称人，俗谓称者不瘦夏。

夏至日，取野菊为灰，以止麦蠹。

六月初六日，家家晒衣服，俗谓是日晒衣可免霉渍鼠啮。又是日落雨，恐有水灾。谚曰：“湿了龙袍，淋破蓑衣。”

六月伏日，家家吃汤饼，俗谓可免暑疫。

七月七日，相传为牵牛织女聚会之期。女子陈瓜果祭织女，穿针以乞巧。若有嬉子网于瓜果之上，则大喜，俗意以为将来必贵。

七月十五日，俗谓鬼节，僧道沿街搭台念经，谓之盂兰会。谓广施佛力，以追荐孤魂，而为饿鬼施食。

八月十四日，妇女小孩，以朱水点头额，谓之天灾，以厌疾。

八月十五夜，妇人设瓜果团饼于庭院拜月。小儿执火炬，相与结队走田野，以摘取果豆等物，谓之模模。

九月初九日，蒸枣糕，插菊相馈遗。

十月初一日，天气近寒，家家扫墓焚纸钱，俗谓之送寒衣。

十二月初八日，曰腊八。取五谷杂枣栗菜豆为粥，谓之腊八粥。俗意祝次岁丰登。又各乡人击鼓扮神，神曰金刚力士，舞流星以逐疫。《论语》曰“乡人傩”，此盖傩之流派也。

十二月二十三日，家家具酒果饴糖，送灶神上天。置茑豆于灶前，以秣神马。其置饴糖者，俗意为塞满其口，使之上天不得多言也。

十二月二十九日或三十日，家家易门神，换桃符，家人相聚，彻夜不眠，谓之守岁。又以此夕为诸神下降之夕，禁恶声谩语及弃污水于地。

寿春习俗录

寿春，古淮南地，前清时为州，民国成立，改为寿县。虽非四通之区，然汉魏六朝，赫然重镇。今虽丹井已空、草木无凭，而据冬临肥，为人皖之中枢、钟离之腰胁，亦皖北形胜之地也。民力耕桑，出产以米麦豆谷为大宗，棉竹次之。唯山川风气刚劲，民俗质野，益以文化浸润未深，故一切迷信甚多。兹特录出，亦采风问俗者之一助也。

凡产妇临盆时，盆中污水，戒随意乱泼。俗有送生娘娘之说，恐污及娘娘之身，遭其谴责也。

婴孩三日后，必为之净洗，谓之洗三朝。置红鸡子床前，使产妇焚香祷告，谓之拜床公、床母。若产妇有病，令洗婆代拜。婴孩满月剃头后，须请舅父怀抱，游行通衢之上，遇行人，则谓小孩曰：“认得否？弗要怕。”俗意以为将来不致怕生人也。婴孩周年之日，置食物农工器（系小模型）及小铜刀、铜剑、纸笔等物于案上，使其随意攫取，谓之抓周。俗意以为观其攫取何物，可知其将来志之所向也。

小孩体弱多病，有用大红布袋，向别姓家取粮食，谓之吃百家饭。俗意为免一切灾害。又有舍于寺院，过十二岁始领回。又有认干父者，俗谓之认干爷。认满八人时，八人共醵金为制项锁一圈，加之小孩颈上。十二岁后，则八人复为之去下。俗谓带锁时为锁关，开锁时为开关，一锁一开，则以为可通身无病矣。

婚嫁论门第辈行，重媒妁，通婚启，问名纳采，皆有定礼。当日曰过门，拜堂合卺。三日庙见，弥月归宁。

新娘出嫁时，有以红布制荷包置之怀中者，谓之塞婆嘴。俗意以为可以制服翁姑也。此事之可笑，与瞒婆豆相等。

新娘喜轿到门时，有将堂门闭起，使之逾时始入者，谓之劝性子。俗意以为可以折服新娘也。

自吉期至三日后，来宾时赴新房看新娘，谐言百出，谑语横生，谓之闹房。主人不但无言，且愈闹愈喜也。

死人三日成殓，天热时则当日小殓，将尸身入棺，唯不钉棺盖。又三日成服受吊，其子过百日始剃发。亲友送礼，或素席香烛，或楮帛银锭。至于衣食棺殓之奢俭，则视其家之贫富为转移。

人死时为之穿衣服者不得悲泣；如悲泣，即涕泪不得落死者之身，谓泪落死人身，恐有走尸僵尸之累。

凡人死后，俗以为必须过孟婆亭吃迷魂汤，故成殓时，以茶叶一包，加之土灰，置之死者之手中。以为死者有此物，即可不吃迷魂汤矣。又三日后，有上望乡台之说，忌家人泣哭。俗以为死者不自知其死，及上望乡台始知其已为鬼物；若泣哭，是使死者之心愈悲痛也。

凡人死后，恐遭野鬼戏弄，有以棉帛银锭等物，向就近庙宇佛殿焚烧，烧残之灰取而扬之，所经过之路迨遍，谓之撒金钱，乃行贿于野鬼之意。又以鬼最嗜油，取麻秸涂以油膏，于出殡之前夕，燃之以火，沿途插放，谓之放灯。俗以为野鬼得此佳饷，则死者之魂可所向无阻也。

儿女殇后，父母有戒食猪肉一月之说。俗意以儿是骨肉，既已殇亡，不忍再食，亦追悼之意也。

凡幼丧（即死者尚为少年），值春庚申、夏甲子之日，则以为大不利，谓将来必有僵尸之患。请术者以朱笔画符数纸，贴置棺上。又于临葬时削桃木七根，插于坑侧，谓之镇恶。又有以铁钉钉死者心窝暨四肢者，残忍之行，尤为背绝人道也。

凡搭船时，不许呼船户曰老板（老板者俗语也，即主人之意）。俗意以为老板之音，与橙板相似，故忌之。

凡搭船时，吃饭后不许将筷架在碗上，俗意为碗犹船也，筷犹箸也，箸与“住”土音相似，是谓其住船无生意也。

凡搭船时，不许在船上小便，盖俗语小便之臭味为骚，骚与“烧”土音相混，船户最畏者即火，故有此忌。然此未免可笑太甚，究不知尚有别故否耶?

船内不许载死人，俗意以为不利也。

凡搭船时，不许盛饭（盛平声）。盖讳“沉”以及盛也。

早起听老鸦叫，俗以为有口舌至。

早起听喜鹊噪，俗以为有喜报至。

早起听牛鸣，俗以为有人侵侮。

早起听沙和尚（鸟名，喜食肉）叫，俗以为须遭病殃。

夜中听鹳子叫，俗以为有水灾。

夜中听狗哭，俗以为须遭水灾。

夜中听驴子叫，俗以为有灾病。

看见狗上屋，俗以为有贼警。

看见狗做揖（狗以前足微离地少许，以振其精神，犹人之伸懒腰，俗谓之狗做揖），俗以为须遭横逆。

看见鸡上屋，俗以为有火灾。

看见鸡身带草，俗以为有客至。

看见灯火生花，俗以为有喜事。

看见出殡，赌博者以为有财气。

看见尼姑，赌博者以为蚀本不利。

梦见银钱，俗以为有口舌。

梦见长虫（即蛇也），俗以为有人暗算。

梦见杀人，俗以为大吉。若十二岁以内之小儿梦见，俗以为其将来必贵。

梦见穿孝服，俗以为有财气。

江　西

赣省育儿习俗谈

赣省风俗，每遇小孩初生，为父母者必有种种之迷信手续。如凑百家锁一事，尤为全赣之通行品。其法以白米七粒，红茶七叶，以红纸裹之，总计二三百包，散给亲友。收回时须各备钱数百文或数十文不等，将集成之钱，购一银锁（正面镌“百家宝锁”，反面镌“长命富贵”），系于小孩颈上，即谓之百家锁，谓佩之可以保延寿命云云。凑百家锁一事，如上所云，固为其法之一种，而手续繁琐，更非亲友多者，难以办到（百家锁须百家钱，纵不然亦要有数十家）。故此外有一种凑百家锁最简便之法。其法维何？即任唤一乞丐，以一百余文，或二三百文，易其小钱百文，盖其系从百家讨得者。然后以之凑购银锁，或镀金锁，或纯金锁，佩于小孩腹前也。

凡稍有家资者，每产一孩，有所谓做三朝、做满月、做周岁。倘系男孩，除遍请亲友大嚼特嚼外，又必备书籍、珠算、刀剪等物，置之案上，令小孩自取一种，盖欲占其长大之志也。苟取得者为书，则家人必欢声雷动，以为该孩定能专心问学；其余珠算则为商，刀剪则为工。且在前清时，更加入朝珠一种，若小孩一取此物，家人尤为高兴，必大众贺曰：“某孩长大能做官！”于是为父母者益喜形于色。此种陋俗，到处有之，抑可笑也。

小儿种痘，一经事竣，皆醵钱演戏，答谢神庥，至以南昌县属为最甚。至戏完之日，用纸扎轿马、人物、旗伞多件，送至河干焚烧，名曰娘娘送驾。附近男女观者甚众，几有举国若狂之概也。

疾病不求医治，唯祷之于菩萨，固然大谬也。然小孩有疾病，不但祷诸菩萨，且有求之乞妇者，则尤为荒谬。如浼乞妇拜干娘之举是也。盖误于迷信之说，不日冲动关煞，即曰遇着生前父母，且均如法禳解。既之无效，最后乃浼一女丐，另嘱人抱小孩拜之，其亲生父母，口称“拜干娘，拜干娘，自今以后与干娘一样”，或曰“与讨饭的干娘一样”，连呼不已；乞妇亦高声以“贱头贱脑”四字答之。幸而该儿已愈，丐妇即以其丐得之饭，每日来喂儿一次，该家须给饭一二碗以为报酬，乞妇亦乐得为干娘焉。此风赣省到处皆有之，于此亦足见父母爱子之心，无所不至，不得以其迷信而笑之也。

临川之中秋节

中秋节之俗，如贺节食果、饮食赏月种种，各地皆然，无庸赘述。兹述其与他地不同而有奇趣者如下。

中秋夜，一般小孩于野外拾瓦片，堆成一圆塔形，且有多孔。黄昏时于明月下，置木柴塔中烧之，俟瓦片烧红，再泼以煤油，火上加油，霎时四野火红，照耀如昼。直至秋深，无人观看，始行泼息，是名烧瓦子灯。复有一俗，临睡时每人置一针于茶碗盖内，碗盖置庭中，翌晨察针受露水，必微生锈。如锈于针杪，即曰少年晦运；锈于针中，即云中年晦运；锈于针尾，即云晚年不佳。习俗迷信，莫此为甚矣。

吉安婚俗奇谈

吉安婚俗，种种奇异举动，至足令人惊骇。兹详述如下，倘亦采风者所乐闻欤？

新娘乘舆诣乾宅时，无论夏冬，必穿棉袄一件。每当炎夏溽暑，热气逼人，所乘之舆，四周闭塞，乡村交通不便，如有二三里之距离，经时颇久，舆中新娘既受闭塞之苦，益以棉袄之暖，汗流浃背，勉强忍受，其苦与囚禁者相去几希！其俗例必穿棉袄者，盖亦有故。向例当新娘入乾宅与新郎交拜祖宗天地后，新娘不得用自己之足行动，须其长辈如伯父、叔父之类抱负而行。当抱负而行之时，友人亲戚或邻舍，无论大小长幼，皆得任意以木棒击新娘之背臂等处。柔弱女子，谁能任此困苦者？于是无论冬夏，皆预穿棉袄以为抵御之用。问其婚姻乃人生喜事，何取乎击打？则以习俗相沿，莫敢更改云。

尤奇者，新娘于所穿棉袄之上，须加一破烂污浊之衣。此衣乃临时借诸打鼓吹之苦力，其污浊之甚者臭味薰蒸，令人不能忍耐。乃使如花如玉之新娘服之登舆，舆中空气既不流通，其臭味之难受，可不言而喻。为父母者当无不爱惜器重其所生之子女，独于嫁女之时，令服破烂所污之衣，形同乞妇，实令人百思不得其解。问其何所取义，则以习俗相沿，庸众盲从，亦莫知其原因何在；但以风俗难违，亦不得不从众焉。

新娘登舆之前，家中长幼相抱哭泣痛号。欣荣喜乐之时，倏现凄惨悲悼之景，其现象无异属纩之期已至，就木之时将近，可谓奇矣。

吾国闹新房之恶俗，盖为至野蛮鄙劣之举动，然未闻如吉安之甚者。当闹新房之夜，无大小长幼之别，每呼一声，新娘即须向之下跪，受者可不回礼。闹新房者以此为乐，而新娘之腿苦矣。

以上所述，为新娘所受之苦，虽足深为浩叹，尚不及吉安乡人娶亲之男子受害之酷。盖一为嫁人而备受虐待，为时尚暂，一为娶妻而自陷终身，为时实长。其故安在？试详述之。吉安每一村中有一人娶妻，则当完婚之日，无论贫富，必备喜宴遍飨全村之人。全村之人，每遇此等吉日，无不携妻挈子，阖第趋娶妻或嫁女之家，坐待喜宴。一村人口稍大，其喜宴之资已觉浩大，非常人所能任，况此全村娶宴之时，例须连飨三日。苟为素封之家，固不甚足措意；然素封之家非可多得，而乡农村夫多因娶妻而负债綦重，于是有至终身勤劳，尚或弗能尽偿其债，而加其负担于其子若孙之身者。每村中人受此祸者十之八九，莫不痛心疾首，徒以风俗相沿，莫可如何。大抵因娶妻而举债，甚易蒇事。盖村民无不视娶妻为人生第一要事，苟遇有人娶妻而向亲戚朋友举债者，其亲戚朋友无论如何拮据，亦必集合二三十人分资贷之，其心中以为是乃慈善之事，初不知其适足使人终身陷入罗网，莫能摆脱也。为父母者，一见儿子仅逾成童，虽境遇窘苦，亦必筹谋借贷，亟亟为之迎妇，其债累之足使其爱子终身困苦，毫不计及。此例之兴，不知何自而始，习俗相仿，竟无人焉非之。闻往昔尚不仅娶妻之最初三日须设宴飨全村而已，于新婚之明年元宵日，尚须宴飨全村一次。有某村农民于新婚之第一元宵日，一钱不名，计无所出，竟卖其妻，以所得之资，应此燃眉之急。自是之后，乡人亦大动其恻隐之心，新婚后第一元宵遍宴村人之例，乃尽除焉。然而新婚遍宴全村三日之俗，仍牢不可破也。噫！此种恶俗，宁非咄咄怪事耶！

吉安之中元节

年届七月望，为中元节。是日居民无论贫富，咸备佳馔祀祖先，且焚化纸钱纸锭。锭之花样甚多，系用锡箔折成，而折锭忌孕妇，忌晚间。盖为孕妇折锭，焚化后鬼举之不动，无益于阴曹，洵奇话也！复有一种风俗，自七月朔至七月望，此半月内，富家咸延僧放焰口，诵经度鬼。放焰口之处，大率于路旁搭一高台，台上置神偶、锣鼓、丝竹及包子、水果等物。众僧或击锣鼓，或鸣丝竹，或诵经，喧闹一场，然后将包子、水果向台下乱掷。一般迷信者争相拾取。据云妇人抢取包子一个，来年即可得子；小孩抢得包子，一生可不受惊吓。是殊可哂也！

安福民风琐记

安福古称安成，山县也，僻处赣省之西部，旧属吉安府治，今则隶于庐陵道焉，于历史上、地理上均无甚表见。距吉安一百二十里——吉安旧称曰庐陵，与吉水同为吉安府首县，欧阳文忠、文信国之故里也，高临赣江，为江西富庶之区。距南昌四百八十余里——南昌，江西省会也。距九江三百余里。自九江卸长江轮船，水路附小火轮往南昌，可两日而达。若乘南浔铁路之火车，则一日之程也。南昌往吉安，曩日惟有民船，近亦有小火轮开驶者，计程亦只需两日；唯遇冬令赣江水浅，则难于驶行耳。

安福与吉安毗邻，水陆均可通。水则赣江之支流河浅滩多，需时日。行者多趣道于陆，雇一笋舆，崎岖蚕虫间，一日之程耳。

安福既僻处山隅，交通隔绝，几如世外桃源，故民智暗陋，盲于时势，人生应有之智识，多缺而不备。间有一二由省会学校毕业归来者，庸中佼佼，大有不可一世之概。顾风俗极敦朴，大都布衣，鲜着绸绫，即婚丧宴庆，亦不过一领竹布衫而已。

居民多务耕种，兼及纺织。妇女亦多从事于田间，否则即居家治布，无一旷闲者，阖邑机声相闻。所谓吉安青布者（安福归属吉安府治，故云），为出产大宗，销行广东之南雄、佛山间。全城商铺三百余家，业布业者占三分之一，亦可觇其大概矣。其他特别出产，如橘子，如柚子，如樟树，如马，如猪。橘柚遍地皆是，柚子每枚钱十文，橘子每斤钱二十余文。樟树即制樟脑油者，出产甚富。马多矮小，材不及北省产。猪肥小，全身毛洁白，头及尾梢间黑色，耳小上耸，肉鲜美；其制火腿，不减浙江金华制。虎狼野兽，时有所猎，有扛至市中求售者，虎皮一床，索价七八元。

百物贱易，米每斤钱二十八九文。中等之户，有织机两床，一家七八口即可度日，非江浙所能梦想到也。

教育之事非所闻，顾极重文人。科举时代苟能博得一领青衫者，即能厕身绅界，握地方政事权，为合县所崇仰。城内虽有小学一二所，办理善否，不可得闻；然每遇毕业，学生家必广开筵席，演戏娱宾，门首报帖高张。亦一怪现状也！

近城建筑物之巨者，为东山文塔及凤林桥。东山文塔为三国孙皓时物，在东门内，高十余层，尚未颓废。凤林桥在北关外，跨赣水之支流（忘其河名），计十三洞，上可横列马十余骑，为通萍乡之大道。

房屋矮小，类皆泥墙，内屋无窗牖，顶洞开方五六寸许，覆于［以］明瓦。阴雨时须摸索行，有类牢狱。询之，则以暗黑能纳财对。

迷信之事，各处所不能免，若安福为尤甚。每日市上，必有木偶出巡，扛一小木椅，上座一红面如关壮缪，或白面如韦护，或黑面如赵公明者，立其上；三五人撞锣击鼓，随其后。日必数起，盖病者酬神也。或舍身某家司厨君座下，书纸数十，分贴各处壁隅。最溺信日者言，所谓地师者，供奉若尊长，一事之举动，必就其决吉凶，而婚丧建筑，尤郑重其事，择吉最苛严。庙宇遍村市。僧道不剃发，有妻子，亦多经生意，为苏皖所未闻。

饮食多生冷，嗜韭蒜，起居不洁，案厨尘封，多不拭抹，晨兴间有不梳洗者。若漱口刷牙，诧为希有之事。

言语初至不谙，经久亦稍习之。其义有可解者，有不可解者，兹录于下。如何曰做债（按即沪上做债之转音），橘子曰柑子，洋钱曰花边，亦曰英光、龙光（即英洋、龙洋），铜元曰毫子（按花边毫子为赣省通话），乳曰呆（按即奶之转音），先生曰老师，亦曰师老，鸡蛋曰剥之，饼曰苗，小曰细，儿曰基。

萍乡岁时之风俗

年节之风俗

阴历岁首拜年之事，大约各地皆同。然萍邑风俗，除拜年外，更有所谓赞土地者。如某家接得新客（婿初到岳家，谓之接新客），某人适逢寿旦，固无论矣。即无此二项事故，苟小康之家，平日稍喜玩笑者，即以赞土地为无谓之庆贺。其手续必先日具帖报告当事者，谓“来晚土地恭贺新禧”（于新客则称“恭贺新客”，于寿旦则称“庆祝千秋”）云云。至次日黄昏后，锣鼓喧腾，爆竹声声，以一人假装线胡须，翻穿皮马褂，左手持杖，右手执扇，摇头摆尾，自赞曰“土地神，土地神，土地原来天上人”，以及种种庆祝之语，不胜枚举。赞毕，然后酒肉征逐，兴尽而后返也。

端阳节之风俗

龙舟竞渡，角黍投江，相传为屈大夫蹈汨罗之纪念，习俗相沿，年年如是，即各地亦莫不然也。萍俗五月朔早，晨曦方出，一般小儿向母索钱，趋购麦包与角黍（俗名包子与粽子）。盖萍俗，是日以面包与角黍为要品。售包子、粽子之斋铺，至五月朔方开市，且开笼之包、粽较后出者为大，故小儿赶前往买。城内店户，乡村居民，亦复争先恐后，购之馈送亲友。自初一至初五日，此数日中，阖境人极为忙碌。午节早晨，市面各铺休息，停止营业。是日售猪肉及鱼者，利市三倍，转瞬售罄。各家早膳时，将粽子、包子、腌蛋、大蒜各物置于桌上，合家大嚼。饮雄黄酒以解毒，悬菖蒲艾于门前，并于屋角遍洒雄黄，谓能驱邪。或有备三牲酒肴，入庙敬佛，爆竹声声，极为热闹。敬神还家，合家痛饮。午后长幼男女，咸着新衣，纷纷去观龙船。盖午饭后，赛船之人咸集龙王庙，焚香燃烛，祭祷龙王后，披红巾于龙王首上，然后将龙首龙尾迎下小舟，龙首置于船镒［艏］，龙尾置于船末。水手数十人，泼桨前进，船末掌舵一人，船首一人持小红旗二面。当二船比赛时，锣鼓大作，船首执旗者大喊助威，发声极怪，舞旗不已。及至胜负即分，两岸观者亦大声欢呼。赛胜者上岸饮酒，饮毕复作二次之比赛，直至金乌西坠，尽欢而散。

重阳节之风俗

九月九日为重阳节，又称重九。是日原为桓景避难之日，而今人登高行乐，未免数典忘祖矣。萍俗是日阖境人家，咸备办酒肴，恣意饮嚼。膳后至南门外宝塔岭登高。此岭下系一长岬，高约二十余丈。下面植柑成林，登高者咸购柑，自山向岬中掷下。一般贫家小儿争来拾取，因之或起哄斗。掷柑者故意对拾者掷下，借以取乐。而此等贫儿贪此小利，冒死争夺。山下柑如雨下，击其首面，不知痛楚。往者曾有一儿为柑击中眼球，眇其一目；又闻有被柑击中要害，因之陨命者。夫亦大有怜矣！然则掷柑者花费金钱，为此无益之举，果何用意耶？盖俗传人有晦运，逢重阳掷柑，若掷中拾柑主人，晦运即可移至彼身。噫！此种心理，害人利己，其实徒然费钱肇祸，损人亦不能利己，诚愚之甚也！

萍乡婚嫁之恶习

迎接媒介之野蛮

新婚之家，必有媒介。当亲迎之日，为媒介者，峨其冠，华其服，高视阔步，大有唯我独尊之概。主人必先于其大门之外，设方桌一席，席置水果、醇酒若于，择饮土二三立待于其前。俟媒介至，一声恭喜，强令痛饮，多者十余碗，少者一二碗，务必达其既醉之目的而后止。因是有吐者，有呕者，有嬉笑者，有怒骂者，种种怪状，相逼而来。然后任情驱使，迎接升堂，款以上宾之礼，为客中之重要人物矣。

调戏伴娘之野蛮

新婚之家，于未婚之前，必央求媒介，寄语女家，聘请伴娘一人或二人，择容貌清丽、歌曲工雅者充之。俟亲迎之日，肩舆而来。于是一般作客者，使酒纵情，任意调戏，甚至偷香苟合，无所不至。少则三五日，多者一二月，随婚家之贫富为转移。至亲好友，微论远近，一闻伴娘之美丽，必连翻［翩］而来。为伴娘者亦志在猎取金钱，乐为应酬，虽声名狼藉，亦所不惜。噫！婚姻本文明美事，而竟以此等最不规则之举动杂于其中，殊可哂也！

萍乡人之习俗

贸易之习俗

贸易之家，必有赵公（俗又谓之招财菩萨）。然赵公之来，必自亲友欢送之。亲友之欢送，又必自盗窃以得之。盖谓非亲友之欢送，亲友非盗窃而来，则赵公无灵验，不能保障其发财也。欢送之手续，亦必先行具帖报告，于某日邀集其欢送者，华其服，峨其冠，以一人携赵公，附以爆竹声、锣鼓声（亦有不用锣鼓者），蜂拥而去，磕响头，赞土地，送呈贸易之家。然后猜拳饮酒，作一餐之哺啜，借以索相当之报酬耳。

疾病之习俗

此种习俗有二事，分述于下。

（一）打天斋。设有人偶受皮肤之病，如跌打损伤、肿痛糜烂，以及种种之凡关于外科者，经旬日不愈，即央请二三亲故、左右良朋，提筐背袋，嘻脸笑容，至各家请求米粒。多者一升，少者一碟、一瓯不等。此外线香若干，视贫富以分多寡，必充其欲望而后去。如是者多日，积而至米粒三四担以至十余担，如是以其半或三分之二磨成粉质，制作圆形物，向四面抛掷，附近之贫家儿童或穷措大，或乞丐，群来抢拾之，谓之抢天斋。抛掷既完，一哄而散，谓病者从此可庆再生矣。当抢拾之时，如精神疲倦者不敢致身人丛，则所得甚少，其数不满二五以上，必又存而抛弃之，谓得之反足以招病。呜呼！疾病在身，不务医药，而以打天斋为却病之方。

（二）请菩萨。设有人偶受风寒，发生种种病状，如呕吐也，头痛也，四肢畏寒也，遍体发热也，以及口中作呓语，面目带猩红色，经数日不愈，即于附近寺观中迎接杨四菩萨（俗又谓之杨四将军）一位，置之家堂之上。又敦请一道士，花其衣，纱其帽，口诵“齐东集”，时跪时拜，如是者半日。迨黄昏后，以壮有力者二人，肩负杨四，左右波折，任意播弄，口中作牛鸣，呼呼不已；此外杂以铜锣声，俨如道场。并携小水罐一个，徒步出门，至水畔枯树之处，道士对罐作法。当火光烛天之时，见凡有飞蛾蚁虫等来，即捕捉一二，置之罐中，谓为病者之魂魄。既毕，仍喧嚷返家，但相戒同去之人，不得回首后顾，谓后顾则魂魄来而复去云云。是之谓请菩萨。

萍乡人食物之习性

食物之习性，各地有殊。南喜肥鲜，北嗜生嚼，各得其适，亦不可强同也。兹述萍乡食品，以资参考焉。

（一）辣椒。辣椒之种类不一，有黄椒、青椒、朝天椒、灯笼椒诸类。春二三月时下种，五六月间即可成熟。性极辣，食品中常用以调味，而在萍地则以之为日常必需之食品，常年四季，无日缺之，无论何种菜蔬，咸需和以辣椒。例如鱼一头重量一斤，而烹时至少和半斤辣椒，否则不能下箸。故萍地购椒至少几斤，其嗜椒如此！

（二）豆豉。豆豉有甜、苦两种。制造之法，先用黑豆七石半，置小池中浸透，将水放出，用大木桶蒸之，每桶置三四百斤。蒸熟后，布于篾席上，俟其半冷，贮篾盘中，闷于屋内。经七八日，即发长霉，于是将豆爬出，于河中洗净，积成一堆，盖以禾秆。俟其发热，然后用水酒百斤，砂盐五十斤，甘草、茴香各三斤，磨末和入豆内搅匀，贮大桶中，再盖以禾秆。经一星期，取出晒干，即成其所谓五香豆豉矣。其苦豆豉制法与上相仿，唯加青矾，去甘草、八角、甜酒三种。苦豆豉浸汁极浓，甜豆豉味较佳美。萍地专制豆豉者，有十余家之多，因萍人喜食辣椒，椒与豆豉有连带关系，不可缺一也。且无论何种菜肴，咸须和以豆豉，若煮豆腐，更非豆豉不为功矣。故豆豉销路畅旺，大可惊人，即汉口、北京等处亦至萍乡购办。盖其地销场既大，制法更精益求精也。

（三）豆腐。其方块者名曰硬豆腐；其水腐者名曰水豆腐，亦名豆腐花，又名豆腐浆；其盐水浸硬豆腐而成者，名盐豆腐。萍人食豆腐更甚于食椒，限定早餐食水豆腐，午餐食硬豆腐，俨然赖豆腐以为生活矣。新年中三日，市间无处购豆腐，则先备足油炸豆腐，以为新年中三日之需。闻萍地人云，萍乡咸用煤炭，又嗜辣椒，借食豆腐，亦可祛解热毒，以资调剂。言之尚为近理也。

（四）茶叶。我国各地之人皆喜欢饮茶，不独萍地为然，似不必赘叙。然萍人饮茶，与他地不同。其敬客皆进以新泡之茶，饮毕，复并茶叶嚼食。苦力人食茶更甚，用大碗泡茶，每次用茶叶半两，饮时并叶吞食下咽。此种饮茶习惯，恐他地未之有也。

萍乡之俗语

入境问俗，方言为先。兹将萍乡俗语，就所知录出，亦风俗之端也。

你曰悻，我曰憾；你们曰悻里，我们曰憾里。詈人痴呆曰么气，倒运曰背时。说话是曰铁定，非曰不定，言言曰打野话，又曰扯白。跑曰打飞脚，饮酒曰吃长面。此处曰个里，彼处曰冷里。现在曰该刻仔，如何曰约弟仔，闻人呼唤问以何事曰做榨咧。佣妇曰大嫂，妇人及妻皆曰婆娘，小孩曰乃仔，呼儿曰崽子，父曰爷老子，母曰娘老子，姊曰姊老子，妹曰妹老子。睡曰困窖，今日曰加不，夜晚曰夜不。称人能干曰脚色，詈人无用曰该死。阔绰曰摆脸，流氓曰打流鬼。许久曰蛮久，小曰细，物断曰櫜，污秽曰雷堆，奇异曰古里古怪，最好曰刮刮叫，刀利曰飞快。蛋曰架假，茄子曰子瓜，墨鱼曰默鱼，荸荠曰慈姑子。铜元曰毫子，银元曰花边。

德安杨泗菩萨晒袍之风俗

德安于阴历六月六日，俗传为杨泗菩萨之诞辰。杨泗菩萨是日必须晒袍。家家户户之妇女及儿童，皆着新衣新裳迎接杨泗菩萨，须恭恭敬敬，不敢说一句笑谈；如敢有说笑谈，谓菩萨必将降灾于其人之身。并将杨泗菩萨由此屋迎进到彼屋，名曰过案。所供之物，为麦制之发粑，及细茶、猪肉。供过以后，便将物品分给儿童，云食之菩萨必保佑其身体强健。倘是日天雨，大家必云：五月十三日杨泗菩萨既未拿雨水给关爷磨刀，所以今日关爷亦不拿太阳给杨泗菩萨晒袍也。

福　建

闽俗琐记

闽省婚嫁之礼极繁。嫁女子之于结婚前一夕，扶女拜于祖先之前。毕则坐于厅事，择一有福之人为之梳髻，谓之试装。斯时女必哭，有真者，有伪者，亦各视其情而已。翌日登舆，舆行后，新人之兄或弟袖中笼箸一把，由大门而人，置于箱中，谓之留福，盖恐新人带福于男家也。新郎先于早间至女家迎亲，女之兄弟多以计戏弄之。及花舆进门，置厅事上，约半小时，始扶新人降舆。盖恐性躁，有意为之，欲使之温柔耳。丧葬之礼，则更繁杂。人死之日，凡来吊者则哭之，死者子孙亦哭，否则不祥。至入殓之时，则以面含于死者之口，谓之吃面。于是置棺于后厅，日必供饭，事之如生。必三年后，始择地而葬，甚至有数十年而不葬者，意谓不忍其亲之死也。及葬后，回主三日，灯笼之上必书吉祥语，如“百子千孙”之类。夜则宴会，亲友戚辈，均来道贺，盖谓此后永无不祥之事也。每逢新年，则有多数船妇携篮往各家唱歌，其家予以年糕，妇乃归而煮食之，谓此一年中可免患难也。正月二十九日，闽人多煮糖粥，杂以红枣、荸荠、芝麻之类，谓之后九粥。凡已嫁之女，必馈之母家。盖因古有一妇坐狱，其女以芝麻之类杂于粥中以奉其母，于是闽省遂为风俗，岁必为之。

闽省岁时风俗记

乞巧节之俗

阴历七月七日为乞巧节。福建俗例，是日陈瓜于庭以乞巧。其普通者，为蚕豆、苹果、藕、菱、黄皮果五种。其乞巧用蚕豆，亦不知用意何在。食时，或以猛火和砂炒之，名曰炒蚕豆；或以水和五香煮之，名曰五香豆。其中苹果、藕、菱、黄皮果诸物，亦无甚取意，特应时赏新耳。乞巧时供牛女二星，供毕，将果品分给儿童，儿童取之亦互相贻赠，谓之结缘。俗云乞巧曰结缘，此后即不致有兄弟阋墙之斗；是诚奇谈矣。

冬至节之俗

冬至节时，福建有搓丸之俗。前数日，用糯米磨粉，置日中晒之，俟冬至前晚，备烛一盒，橘十枚，橘上各插一纸花，箸一双，蒜二株，陈列盘中置桌上。然后将糯米粉（俗呼为粿）用开水调成糊，合家老幼，用粿制成银锭、银元、荸荠等形。当初作时，必先搓小丸，俗称搓丸。冬至早晨，将所制糯米食品，用红糖拌匀，祀神祭祖后，合家分食。考此风之由来，盖往时有一樵者，至山樵采，失足坠涧中。涧极深，无人援救，不能出险，且深山路绝人稀，樵者呼救，力竭声嘶，亦无援之者。樵者居涧中，食黄精姜得免饿毙。历十余年，遍体生毛，身轻能飞，于是高飞出涧还家。性状全变，家人呼之不应，乃用糯米粉和水成丸，与樵者食。樵者以为黄精姜，食之，渐还本性，家人因以团聚。而自此相沿成习，遂有搓丸之风矣。此种奇谈，殊怪也。

闽人佞鬼风俗记

中国人迷信鬼神，崇拜偶像，各地皆有此风，不足为奇。惟闽人佞鬼，想入非非，有出寻常意料之外者，其种种动作，皆足令人绝倒。兹分述如下，以供采风问俗者之参考。

闽人最尚阶级。平民与绅士，其门第身分之相差，不可以道里计。因之闽中神道阶级之俨，亦足为各省冠。每年七八月间赛会，凡高级之神道，其出也必以舆；中级以下，皆步行于街路之中。神道能步行，可谓奇绝！

神道位分愈大，则其像愈小；其位分小者，则神像愈大。高级之神像，其构造与他省无异。中级以下必须步行之大像，皆以轻木雕成，只有上身而无下部，躯轻中空。当赛会时，将此半截神像套于人身（此等人名为神脚，此人非但代神行步，有时且代表神道发言），衣以长袍，于其胸部开一圆洞，名曰大窗，俾腹中人可以瞩视外物。当神之出巡也，最先为十番鼓乐，继之以台阁、彩亭、花担（满担皆鲜花，其香沁鼻）、茶担、卫队、掌敕印令箭之书吏，殿之以晃晃荡荡、高视阔步之神道（有时前驺掌敕印令箭之书吏，反得坐二人肩舆），游行街衢中，另有一种威猛之气概。

闽神位分最大者，若武圣庙之五公、瘟部尚书、郭圣王、三仙姑、齐天大圣、东岳帝、炳灵王、包孝肃、省城隍。一切等神，皆有坐轿之资格。其位分之至卑至贱者，莫如长爷、矮爷，盖即黑、白无常鬼也，其身分与皂隶相等。每逢赛会时，横冲直闯，皆长爷、矮爷也。盖每庙皆有一长爷、矮爷，故此辈发现于街路中者为最多，而闽人谄事长爷、矮爷较他神为尤长。长爷长约九尺至一丈，矮爷头大如巨箩，身不满三尺。凡矮爷之神脚，以七八岁之小孩充之。此等小孩，本极顽皮，一经套上神像，遂至无所不为。矮爷形貌狰狞，其目与手与舌，皆有机捩，可以活动。其目能左右盼视，其舌能自由伸缩，其手亦能伸屈上下，有时径摸小儿之头，或拊行人之背，往往有被惊而成疾者。且矮爷游行道上，最无规则，或前后跳跃，或追逐途人，盖神道中之蟊贼也。闽人生子，往往拜长爷为干爷。有时长爷之后，跟随无数之小长爷，其衣冠亦与长爷无异，皆其干儿也。惟矮爷则无之。

闽省赛会，无一定之机关。当七八月间，城乡各集，皆奉神出巡，有时途中神与神相遇，有一定之仪注及问答之信语。神不能自言，以香头代言之。香头戴羽缨之凉帽，衣葛纱或夏布之开启袍，束以扣带，追随舆神之旁。当神道相见时，香头不啻神道之代表也。譬如省城隍途遇瘟部尚书，则城隍之舆停于路旁，尚书则停舆于路之中央。于是此城隍之香头代表本神，趋前行三叩礼，仍跪启云："卑神不知圣驾到此，接驾来迟，罪该万死！要求殿下恕罪，并赐教训。"斯时瘟部尚书之香头挺胸凸肚而言曰："免罪。今日本爵出巡，到贵城隍辖境之内，家家户户，信奉神圣，一路之上，祥光拥护，疫气毫无，所有散疫小鬼，早已逃避外国，足见贵城隍办事认真，可喜可嘉！本爵明日面奏玉皇，还要保奏一本。"城隍香头跪云："谢殿下栽培！"瘟部尚书之香头云："这是本爵应分之事，不消谢得。此后务须益加勉力，不负玉皇万岁为要。去罢！"有时途遇步行之中级神道，则中级神先在路旁站班，及接近神舆，则屈一膝请安。斯时贵神教训之词益加严厉，彼步行之小神只能"是是是"，答应而已。有时东岳之太子炳灵王或武圣五公之太子出巡，遇见贵神，则口口声声称呼"老伯"，执子侄之礼甚恭。此等发噱之事，笔不胜书。香头代神发言，操不规则之官话，尤为可笑。且香头竟能借神权，发行威力。有甲乙二人，甲为贵神之香头，乙为长爷之神脚，此二人素有仇隙，猝然遇于途中，甲问："尔游行街道，曾否遇见疫鬼？"乙答："殿下圣驾出来，他们岂能出现？早已远逃到外国去了。"甲问："尔游行路过何处道路？"乙答"某处某处”。甲云：“尔这小小鬼役，胆敢胡说八道！本爵适从某处经过，见有五个疫鬼，乃是有名余家五兄弟，最为厉害。本爵当用乾坤如意袋，将五鬼装入袋中。你既从某处来，何以不见五鬼？你在本爵面前尚敢说谎！来！将他用铁练锁起来，带回殿中听候审办”云云。嗣闻此代表长爷之某乙，竟被棍责四十。当受责时，身上仍套长爷之神壳，抑何可笑！又有福州知府张某，途遇长爷，直冲前驺。张即命亲勇将长爷拖翻，褫裤笞臀四百。笞毕，谓之曰：“你是阴府神班，我是阳间太守。阴阳虽隔，名分则一，不打何待！”闽人亦无如何也。闽人信鬼而畏官，久而久之，将两种心理合而为一，于是呼庙宇之木偶，皆施以官场之制度，致有此特别之怪现状。奇乎不奇！

闽中神道，讲究应酬。有时北涧之武圣五公，晋城拜谒双门楼之武圣，而双门楼之武圣五公，于客神回乡之时，必亲送至城外，名曰送行。对于西涧、芝涧皆然。当拜客及送行时，皆用全部仪仗，十番鼓乐，台阁杂剧。又雇城外南台之白面（即土妓），扮出戏中角色，骑马唱曲，举国若狂，糜费无数。盖城集与乡集竞胜争奇，虽牺牲无量之金钱，亦所不惜。至两神会话之时，各由香头自由发言，或仿官场㧑谦之口气，或仿滑头吹牛之声调，往来问答，有延长至三四小时者。武圣五公者，杨灵公、显灵公、振灵公、咸灵公、宣灵公是也。其像皆畜首人身，有猪首者、牛首者、马首者、狼首者、犬首者，光怪陆离，无奇不有，盖淫祀中之最奇者。

溥度亦名普度，每岁七月中元，无论城乡各集，必举行一次。其经费则沿门募集，虽至贫者，亦必想尽方法，筹款以应命。其经理之会首，有因以为利者。谚曰：“普度不出钱，瘟病在眼前。普度不出力，矮爷要来接。”当举行普度时，搭一极大之彩台，台中列桌无数，陈设古董玲珑及种种希奇之物。虽碗箸灯炉，亦必搜求古物之有价值者，其他可知矣。本集神道高坐其上，长爷、矮爷偶坐于下。于是僧尼念经，道流礼忏，钟鼓鞳鞳，震耳欲聋。又有浮浪子弟，吹弹丝竹，抟拊金鼓。有一种异样之乐器，如鼓而长，四周絣以极细之革丝，以手拊之，其声沉雄而悲凉，名曰“狼丈”，盖言其声如狼之嗥也。邻近男妇，携其子女，尽室来观。闹热之情形，有不可以言语形容者。普度七日，乃举行出海之典。

出海一事，较普度尤为重要。以杉板制一船壳，糊以彩纸。船中陈设极夥，综言之，凡人世应用之物，无不备具。唯其物皆雏形之模型，若三寸之火腿，一寸之猪头，酒坛如鼻烟之壶，烟盘如火柴之齿，宁式之床大如翠鸟之笼，沐浴之盆大如印色之盒，种种物器，无不精巧而可爱。又有纸制男女仆婢二十余人，各司其事。有一婢一仆，专司鸦片烟者，一以通条刺烟枪之管，一以挖子爬烟斗之灰，其形状栩栩欲活，阅之令人绝倒。此船身长约二丈四尺，宽约四尺二寸，有帆有舵，有篷有锚。董其事者，预泊船于台中州之大桥下。同时坛董取木桶二，置于身前，顶礼膜拜，至无量数，金鼓杂奏，僧道各念其经咒，遂取猪血、狗血、鸡血、牛血等血暨腐败之肠、臭秽之布，种种恶物，杂投其中。然后以神道签字之印条封贴桶盖，必严必密。彼谓神道用乾坤袋拘捕之疫鬼皆收容于桶中，故其郑重如此。至于出海时，鼓乐前导，长爷、矮爷步行以从，列炬数十，照耀于前。挑桶者必用精壮之少年，绝迹飞行，速如驿马。道中如有人触着此桶者，此人必死于疫。故出海时，行人远观，无有一人敢逼近而观者。既至天桥下，则置桶于船，时潮方涨足欲退，乃解缆令其随潮出海而去。

闽中花会，无处不有，因而鬼卜之风亦盛。花会有三十六门，每门有一名字，每一名目皆有一鬼。如明珠为女缢鬼，必得为男缢鬼之类，土人皆熟知之。凡打花会者，往往于丛冢之中，露宿达旦，是晚所得梦兆与何种鬼相符者，即以孤注博之，必可获中。得中以后，则以酒食祭之。洪山桥附近有官山，丛墓如麻。有一孩尸为野犬所啮，仅余头臂，有一人即以香烛祭祷，用锦被裹之家中，默数由山至家之步数，用三十六之数乘之，余数若干，即打花会第几门，居然获中。南校场行刑时，有人持秤而待。

钢刀既下，人头落地，此人赶紧捧其首级，用秤秤之，约若干斤，即打花会第几门。此等举动，无奇不有，而皆谓之鬼卜。有验有不验，其验者则迷信益深，不验者则自怨其诚心之未至。总之花会一日不绝，鬼卜之风亦一日不除也。

闽省上府各县往往有奇案。旅客独行山路，辄为人锯其手，或锯其腿，或挖其心与目，或割其阴，尸血模糊，极为可惨。亦有获犯到案者，问其命意，则以塑血像对。彼谓割活人之肢体，以之塑造神像，灵异非常。此等人以卖鬼卜为业，挑一香担，担上有极小之神龛，游行各村。凡打花会者，闻香担至，必就神前问卜，以定宗旨。每卜一次，得钱十余文。挑神像以营业，可谓商业中最奇者。而担中有血像者，则营业异常发达，然百不得一二也。血像亦有供诸室中者。闽人家家有神像，多或二十余尊，少亦七八尊，皆供于厅堂。

闽人每有疾病，必以打獞为最要之事。打獞者，谓之獞子，赤身红裤。同来有一人，状似道人，以手捻诀，向獞子做种种怪状，口中念念有词。俄则獞子自摇其头，愈摇愈疾，辫发皆散，披乱如卷。俄而獞子大声疾呼，不知做何语，滚地作斤斗无数，或跳跃如猿，或伏如狗。此道士以法禁制之，使勿再发狂，然后置香案于前。病家子弟眷属，皆跪求施救病人。此獞子自表其附身神道之尊号，大抵非二郎神杨戬，即齐天大圣孙悟空之类；然后以不规则之官话，向病家问讯，如呓语，不可尽解。道士进剃刀一把，獞子以刀自割其舌，以舌血画符数十张，又取极旺之香火嚼之，口鼻皆冒烟缕缕然，不知有何术也。事毕，道士焚符退神。獞子即醒，自言一切都不知晓，舌上割处，亦无痛楚。此等作伪主人，似亦稍有邪术也。按打獞之用甚广，凡打花会者，亦常打獞，以代鬼卜。又秋间赛神时，神舆之前，亦有赤身步行，以钢钻贯其两颐，血液模糊，口中流涎，垂至三尺，或一人，或数人，皆獞子也。

闽侯之拍喜俗

闽侯西门外某乡，风俗鄙陋。其最足令人喷饭者，则乡民娶妇，至次年正月十五，亲邻持竹杖觅新妇打之，谓之“拍喜”。随拍随问曰：“新娘有喜未?”应曰“有”，则挟竹再往他家。设畏羞或倔强不答，则连打连问以逼之，必使答应而后已。妇呼号痛苦，至于身无完肤，不恤也。如未经受胎，则后此届期，仍不能免；生子后方脱此厄。故每当元宵节，举乡奔走若狂，竹枝纵横，与火把灯球相挤。新娘拘于例，是日不能避回母家。天甫黎明，问喜之人即鱼贯而至。妇仓皇闪避，如鼠投穴，间有躲入米瓮中者，亦可谓谑而虐矣。顾人心狡诈，种种机械，因此以生，冤冤相报者有之，借此调笑者有之。亦有妇不能忍，与客相打者。曩有菜妇，拘执不答，竹下如雨，妇痛难禁，逃入庙中，客追入窘之，妇羞忿无所泄，竟自经死也。

漳州女子之杖林

福建漳州，女子皆小足，必倚杖而行。凡遇庆吊之事，女子偕往，每人皆持一杖，相聚成林。盖初时民俗，淫奔者众，朱文公守漳时，立法命之缠足极小，使不良于行，借革其浇俗，故成为今日之现象也。

宁化民风略记

宁化县属福建汀漳道，连墟连壤，可田可沼，宜稼宜麻。力本自赡，富即不及二万，而带索炊尘者稀矣；庶不及四万，而袂云汗雨，亦几几似之。闾井边幅自好，矜蹈自充，杯酒贰疑，动相进责。士子硁守故闻，吝于权变，至雕虫鞶帨，比挈尺寸；篱壁各封，径绝天海。虽释屩临民者，未忘此习也，大约遇事激发，如风横涛涌，久久刁调寂湍，涨落无力持昼夜。往承平时，白下、阊门之贾，岁再往还。里巷衣冠，必曰京式；器御酒果，非吴产不珍。富翁累铢扃箧、悭吝日俭者有之，而呼卢调笑、泥沙一掷者，亦踵相接也。岁有十二辰，而迎神之会有五。若夫喜斗终讼、肤受求伸，婚媾唯财、不遴坦腹，至于贺元张灯，饮社上冢，悬蒲竞渡，乞巧赏月，登高守岁，四月八日浴佛，中元祀先诸俗，率同闽中，亦不异海内，无庸琐书也。

永定农家之乡俗

永定乡中，年至七月，有食新禾之俗。是时早稻登场，村中有人选择日期，布告通衢，略谓："吾辈农人，备历艰苦，新禾登场，理应尝新，酬神酬愿，及时行乐"云云。自布告后，乡人纷纷赴市，购办食物，煮肉杀鸡，以博大嚼。俗有云："新禾一餐不满足，死也不瞑目。"此种举动，殊可笑也。

永定之方言

你曰悻，我曰艾，他曰渠；你们曰悻大家，我们曰艾大家，他们曰渠大家。詈人痴呆曰死货，倒运曰摸时。是曰契，非曰无契，打官司曰做是非，谎言曰讲仙话。此处曰这仔，彼处曰甲仔，无曰谟，如何曰浪得仔。闻人呼唤问以何事曰做吗咧，佣工曰长年。妇人曰妇娘子，夫曰老公，妻曰老婆，男孩曰大细子，女孩曰大细妹子。呼儿曰团，又曰大细，父曰阿伯，母曰阿姆，祖曰阿爹，祖母曰阿姐，外祖曰公爹，外祖母曰外姐，兄曰阿哥，弟曰老兑，姊曰阿姊，妹曰老妹。昨日曰差不，晚上曰夜不。称人能干曰脚色，詈人无用曰不中用。小曰细，流氓曰打流鬼，最好曰妙妙，又曰顶刮刮。蛋曰春，茄子曰球。铜元曰镭仔，银角曰毫仔，银洋曰花边。

建阳之赌风

建阳僻处万山中，风气闭塞，教育不兴。土著十户中有八户有祭田，每一家最疏，轮值者摊年计谷，亦有五百斤，足资一人之食。因有此病，故人民多坐食，乡民耕者十分之三，半耕者十分之四，余皆坐食之游民耳。妇女无事职业。赌风甚炽，城内二千五百户，终日有四十桌雀牌，即此可见乡间终日有赌，习为故常。业赌博者都万余人。现在妇人赌博至有不能罢者，竟以设庄抽头为生，男子倚以为活，而竞相排设者。廉耻且从此丧尽矣！有长民之责者，何弗加以禁止耶！

邵武风俗记

邵武人性犷直，治生勤俭，唯鸦片流毒，染者迨遍，有终日辛劳只供一时之呼吸者。居民日趋于贫困，岂非以此故乎？居民迷信未除，信鬼好祠，谣诼纷纭，时多不根之谈。晚近民间风俗日替，夫死再嫁，视为固然，甚有一而再、再而三者（有坐产招夫者，人名其男为白鼻头）。夫可转卖其妻，妻亦可自赎其身。此等陋俗，为民上者宜禁革之也。

卷六

湖　北

武昌东乡乡里制度

武昌居鄂省东南，为本省首邑，因地势而分东、南、北三乡。东乡分二里，曰保安，日永丰。里以下有村正、族正，族支出为房长。族正、房长，协助村正者也。同宗者虽远家千里，族正皆有管理之责。任其事者年有更代。民有争执之事，先经本系族正、房长暨村正与村之贤德者平之；不果，巨绅里保再平之，而后上达。苟直接官府，必罚不赦，理曲者则议罚于宗祠云。

武昌之民情

乡民率以农为业，工、商、渔、猎次之。勤苦俭约，妇女尤甚，以纺织致富者所在多有。男子喜争哄，酷嗜斗牛，虽三尺童子亦习之，往往以细故酿成巨案，官吏弗能禁也。斗牛者，锐牛角，培牛力，而遍身浴血不休。不博彩，不偿伤，惟胜者矜荣一乡，负者另图洗辱。妇女力巨者能举三爪水车；爪者，车头轮齿也，俗以爪多寡辨车大小。力薄者任炊爨、耕溉、插秧、刈禾、采棉、耘耨等事。水中耕作，以缠足故，必着水履。妇女皆擅纺织，善储蓄，尤精刺绣。亦有业丝为商者。暇时男喜角力、击毽、拍球等事。制毽以古式靴钉，扎以羽毛，削木成板击之，以远近计胜负。球团絮而成，绕之以线。女则嗜踢毽、红绳、剪彩等戏，字纹变幻，精心巧虑，亦绝技也。

武昌之佞祀

本地风俗颇笃神道，寺观林立，村必建土地祠，且及他神。即家畜失踪亦祷土地，贿以三牲挂红。病辄神医，谓之降神，附体者曰杩角。最怪者，虽素不知医、目不识丁之人，神若附之，即言吐成章，医理纯熟，剐药良方，源源而来，似非庸医。酬神者立匾挂红，金像修社，紫冠、彩衣、旗伞、执事，无不尽心竭力。年丰演戏，年稍荒亦不废。有庙则年必戏，往往因夺戏酿剧争。夺得者旷野营高台，属村筹戏台款。是时也，昼夜连奏，商贩蝇集，男女蚁附，赌徒及斗牛者亦乘时而兴。又所谓花鼓戏者，状甚猥亵，秋夏之间，夜必有之。虽无斗牛戏，而赌风颇炽，官绅莫之禁也。

武昌之嫁娶

礼娶之事异他乡者数端。男当吉辰，偕媒出发，谓之迎亲。坐女轿返，先坐床席而后礼神，盖先占祥也。女轿入门，必倩儒道礼车马神，读车马文，即祝词也。次日拜亲，三日礼灶，四日后拜邻居族人。女俟男轿去，衣男家衣。先数日不多食，立斗礼神，自首散著四周，合家痛哭，毡地入轿，一别亲族，不履斯土也。时男俟女出，回轿礼拜，谓之谢亲。女子九日一返母家，曰回九天；偕婿曰双回门。后复回，则长居一月，曰住满月。月中备育儿之事，去时馈送甚丰。育儿后首次回母家，谓之讨宝。儿女初往戚家，谓之新上门，遗衣食礼物亦丰。年酒必于东方将白时缓缓食之，取愈食愈明之兆。

武昌之岁时

正月初四曰新婿贺年期。岳家宴客，莫奢于此。妻之嫂弟，往往于食中作种种恶剧，一如迎亲时。

正月十三至十五为龙灯期，俗谓之弄龙。龙竹制，糊以彩纸，连多数竹环成身，身内有灯座，下有柄，人持柄而弄。昼则身披彩衣，夜则具灯火，鼓乐随之。按户循行，户必奉香礼之。年中生儿者必挂红于角，供以三牲；求子者往往许旗、炮。弄龙之人遇富户，必盘绕多时，以耗鞭炮，富者亦以是奖励之。弄首者非有臂力莫能任。龙长十余节至数十节不等，节约三尺至五六尺。又所谓换酒者，即两村之龙互相请宴也。龙往则全村男子无论老幼皆随之，故往往一日数食。十五日为火龙期，烧其首尾，留身衣以待明年。是夕会全乡龙于庙，争先恐后，持械以卫，结党以攻，往往酿命案。观者之多，千百倍于演戏，为一岁中最盛之日。

二月二日为土地会。鼓乐喧天以迎土地，家家必礼之，宴会一堂。宴罢继之以博，尽欢而散。会费公派。

五月五日端阳节，有竞舟之戏，以吊屈原也。每户皆于门前插蒲艾，小儿涂雄黄，男女皆饮雄黄酒。

七月七日为七巧，俗谓吃星。是日户无大小，必纯肉食。为塾师者，生家亦遗以肉。谓有见天门开者，神降，求必应，唯不逾三事。谬妄甚矣！

八月十五中秋节，一切与各地同，兹不赘。

武昌乞丐之习俗

乞丐者流，霸道强横，非洞其道者莫治；然亦有道也。大小红白事，必为彼等设席，少不遂意，辄倾席毁具，碎碟破碗，必主家道歉，另为设席乃已。嫁娶育儿之家尤甚，然亦视其家之境遇，贫者不往也。来时燃二五鞭一挂，小鞭也。一丐道吉祥，余皆和之。席中出酬金，谦辞遣去，偿鞭钱也，实数百倍于鞭值。丧家非作吊宴客不临，至一随主人意，不争也。彼等不常盗。若遭丧事，共来畀榇，虽有至要事莫敢辞；唯须丧族跪而礼之，一饭即去，不受酬也。

武昌之商情

武昌地居温带，土质腴沃，出产以米为大宗，豆麦次之。楚贡之茅，载之史传，无地无之。樵之作薪，岁不下万万金。药材烟叶，亦颇丰富。洪山之红苔菜，名闻各地。各湖鱼产年数万金。樊口之鳊，肉嫩味美，尤为著名。藕则各地有之，以巴湖为佳，浆富而味甜。各地油坊产额颇富，麻油、菜油、棉油、豆油为最，油饼多运销外洋。蚕桑业亦甚，养蚕者多系妇女。林木亦富。砖瓦窑皆仿古法，陶器亦然，所产足供一方用。工艺品有丝线作坊、包头机坊，颇称发达，获利甚丰。所制生丝线，倍于夏口线行，练之转售，所谓青水包头者，即机坊所出也。

黄陂风俗志

黄陂为《禹贡》荆州地，春秋黄国，旋为楚并，夷为西陵。明属黄州府，清初改隶汉阳府，此鄂谚称为“黄剥皮”也，谓黄州府剥去黄陂而隶汉阳耳。邑西北为山乡，东南为泽国。农朴士滑，重科第，严贵贱。男子务农，女子纺织。十年以前，无甚极贫者；近者年荒谷贵，洋纱洋布盛行，夺妇女生计，则非当日景象矣。无论茅檐编户，农暇必闻弦诵，父课其子，兄教其弟，然皆八股耳，亦非为求官计。有子弟能作文，即可附人士流，为门户光，所以某词林为冶工，某太史为牧竖，皆实事也。然邑人以王、周、胡、徐为旧世家，若金、若萧者，均科第望族，为邑人崇信者；若涂、蔡、黎、蓝、江、龚等姓，亦代有兴者。此外古姓有鄢氏、谌氏，散姓有六十余姓，皆量其家世互相婚媾耳。

邑名黄陂者，“陂”为水乡之称，其实山水各半，唯“黄”字则知古人命名之义独确耳。其水土极黄，无论何种人，至黄陂住一月以后者，不但其皮肤黄，凡能受色者无不黄也。

邑南乡为泽国，有湖曰油湖，与武湖通。水阔时，种菜种麦。清明时节，黄花匝地，一望青葱，致足乐也。湖内有秋湖冢，六七月湖水盛时产银鱼，其味逊于天津，美过巢湖。邑内港叉分歧，惜秋末即涸耳，东达汉口，西抵县治。沿油湖之民，多以操舟为业，流寓江皖间。油湖左行曰陂上。陂上之民多务农，其间萧、王二族，又以书香显。由湖人港而西，曰县河，曰淹成港河，东曰许家桥河、柁嘴河，其余小叉不及计也。由许家桥北行，渐入山乡，其间水寨周、段家岗，皆聚族而居，称世家焉。再西北行，有地曰令古，一曰经古，则世外桃源也。万山丛中，羊肠一线；入其境，忽然开朗，纵横三十余里，别有天地。远代无征，近世如闯献之乱，红羊之劫，皆未预焉。辛亥之役，邑人纷纷向其迁避。其俗不甚与外通姻娅，无老少皆务农，淳朴多礼，仇视衙役，农毕赴柜纳粮。与外人亦无争，言语又是一种音韵。其俗凿井而饮，耕田而食。春二三月，野花如绣，其民似羲皇上人，游其境不啻神仙也。若询其邑之某氏富、某氏贵，彼瞠目不知所谓；若曰“若家牛肥，力足善耕；若家狗瘦，难期守夜”，彼则欣欣然乐道焉。

黄陂人称母曰二。询其旧族知礼者，亦数典忘祖也。或曰：天一地二，乾一坤二；父为乾，母为坤，天为一，地为二。然又不称父为一也，与满人称父为亚妈同一不可解耳。习俗重视女婿，荫庇外甥。女嫁后尚有主持娘家家政者，此陋俗以东乡胡氏为最，上下不为非也。女子皆缠足，四寸以外者即为陋；近日此风少息，然世族外仍缠焉。邑人性情，自卫心甚厚，公德心甚弱。其西北乡人多忍耐性，东南乡人多浮躁性。其人物清时继王司马而起者，姚中丞、周制军耳。民国肇兴，尤有盛焉。虽然，啸傲烟霞，仍有人在也。地方自治，能力甚大，各姓有各姓之宗祠，各社会有各社会之董事。不安分之人，由祠逐出，知照社绅，即可处以活埋之刑，故乡里无敢为非者。黄陂四乡无地保，皆董事也。董事奉到县令之日，则必开贺，以炫吓乡人，故其社得一恺悌君子，四邻受福；得一威福小人，受害不浅。因董事皆贡监选充，不比地保可以随时笞责也。儿童入塾读书，学诗敦礼，虽牧竖亦彬彬也。散学后，亦作琢梭、踢球等戏，父兄严禁之。其制法，实以发，包以棉，绕以纱，一掷跳起五尺余，捷者一气能击数百也。读书仍崇经学，重气节，慨然诺。迩者禁私塾、改学堂，学堂不能遍设，私塾又不敢公开，所谓教育普及不及耳。

丧礼，亲年至五十后，必先预备寿方寿衣。临殁日，诗礼之家，举行家祭；寻常之家，则用道家设斋坛。三日至七日不等，锣鼓震地，酒肉薰天，至除服亦如之。

婚礼，分迎亲、求亲两种。求亲，婿偕媒同至女宅，女宅闭门，请知宾立于户左右迎婿。婿下舆，鼓乐齐作，佐以炮仗，烟雾迷漫。迟之又久，女宅启门纳婿，婿逢门必行跪叩礼，所谓门下子婿是也。至厅，婿行谒岳礼，铺以红毡，毡下必实以三角瓷瓦等类以戏之；岳虽不欲，诸姑伯叔不从焉。拜已升座，进三元汤，取八股时连中三元之意。其三元，鱼圆、肉圆、汤圆焉。必重油汤圆，心必重糖，使难于下咽且取笑焉。食已，新娘上舆，婿向彩舆躬身而置封条。到男宅，婿先出舆行回銮礼，然后进宅交拜。闹房则雅俗不同，亦看其人之境遇、家世如何耳。三日后，新娘入厨，循古礼也。

县无他产，萝卜为天下第一，生息蕃衍，每至隆冬，芬芳扑鼻，其心逾坚。富家和五味贡人，贫者赖以资生。邑人薄参苓而重萝卜焉。

黄陂儿童初生之时，即有媒人前来说媒。如双方面满意，便请媒人饮筵，名曰呷准酒，以表示允许之意。于是就日者择一吉日，排起筵席。席毕，将男女生辰书于庚帖之上，彼此各执一纸，以为证据。至结婚之前一二年，男家每逢时节，必须送妆饰品及鱼肉等至女家，名曰送节礼。迨男女年龄至二十五六岁之时，始择期迎娶。娶之日，男家迎以彩轿。除鼓吹以外，媒人须伴新郎一同至女家，先向女家祖宗之座位叩首，然后大张筵席。宴毕，始同新娘及女家媒人、送亲人等，一途而回。轿进男家之门，由人将新娘引出，同新郎先向男家之祖宗叩首，名曰拜堂。拜堂礼毕，同入洞房，有坐帐、呷交杯等之礼俗。至天将晚，亲戚朋友至新房，新娘对于长辈者叩首，名曰见礼；对于幼辈，亦须送茶送烟。新房内可以任意取笑作乐，名曰闹房。三日后新郎同新娘回女家，拜视新娘之父母。

黄陂岁时纪

岁底小康之家，起塘鱼，蒸年酒，打豆丝，做粢巴，宰年猪，写门对。凡有亲丧者，必以蓝纸写一“服”字贴于门首，门对用白纸，其对文大半均曰“守孝难还礼，思亲免贺年”。二十四日为小除夕，凡耕具、织具，均收拾于室户内，祀送灶神。至除夕日，老幼男女，五鼓即起梳洗，手柱香至祖坟，名曰标山，请祖先回屋度岁吃年饭。或家有新丧者，其亲友于是日必携烛一对，冥钱一扎，来灵前叩头辞岁，示哀恋之意。至夕接灶出行后，即行拜年礼，首天地君亲师，次祖先，次堂上。拜毕鸣炮，开门上庙。由庙回，初一拜本家，初二母舅，初三岳家。年前有新丧者，孝子穿白袍墨套，冠无纬空梁冠，以服内昆季二人穿白袍作陪，至戚族家叩首谢孝，名曰管新灵。老农每日必视天气之阴晴，曰一鸡、二犬、三猪、四羊、五牛、六马、七人、八谷、九麻、十豆，何日天阴无太阳落山，即损害何物。元宵节，一村落必有一村落之灯会。虽曰灯会，皆非夜色，其布景殊有可观。其牙牌曰“贺春王正月，庆天子万年”，“风调雨顺，国泰民安”，“五风十雨，万紫千红”。牙牌后，即高跷锣鼓。其龙灯或布绘，或彩绣，视村落之贫富焉。至邻村庄，每户必设香案，以龙首据案享受。随龙有四老者，衣冠立香案左右，察设香案之营业，祝以吉语，户户如之。然后鸣炮舞龙，炮不尽，舞不止，熙熙攘攘，人喜神欢焉。近则龙灯、炮仗，悬为厉禁。至二十日后，送灯入庙，嬉事毕矣。

每逢立春之左右，邑役必派人下乡说春，售芒神春牛。说春之人，红袍纱帽，以一人鸣钲。所说皆吉利语，似歌非歌，似谣非谣。说毕酬以米。曾见某贫家见春官来，忙托一板凳与坐，凳缺一脚。春官云：“见了春官把凳托，托个板凳三只脚。不是春官看见快，险险栽破后脑壳。”又某贫家以闭门羹待之，彼唱曰：“一见春官把门闩，交了霜降打脾寒。”诸如此类，亦趣事耳，足引人发笑也。

每年夏至后逢卯日，名曰过半年，亦曰吃新。俗谚曰：“乡里人，两餐荤；过了年，望吃新。”亦农夫之大典也。所谓吃新者，庆新谷已萌也。摘新谷一穗，归而荐之祖，此礼颇含有上古荐熟意也。次日女子已嫁者必于归，名曰赶臭肉。提筐少妇，牵衣稚子，往来红尘绿陌问，点缀升平。此种韵事，近日年荒已不复见；即见之，亦不过褴缕贫女，向母家乞升斗耳。

黄陂信仰谈

邑治之西北，有山曰木兰山，山祀木兰将军，即唐花木兰从军故实也。考纪载，木兰为豫人，野乘木兰为黄陂人。然邑人之迷信，与五台、九华并重。农事毕，即举行朝山礼。每社香头四人，四人中有一领袖焉。某社于某日上山，住某宫，皆有定期。未上山之前，先期斋戒，祭在如在，无敢做一戏语者。起行之日，沿途鸣锣称佛号。其称佛号，先一人曰“南无阿弥陀佛”，群应之曰“无量寿佛”。远者百余里，近者数十里，必一路呼号至山，方昭诚敬。其香客以农人为多，前清时冠染麻红缨，凉帽草履，天青布单套，其形似沐猿而冠，令人可笑。朝山毕，必携山上所售木喇叭、木刀、木枪、筷子、汤勺之类，馈赠亲友。

邑中道士多，和尚少。道士则娶妻生子，与居人等；道人则蓄发，与僧等。所谓道士者，必有职，其职逢斋坛上表玉皇时，亦用全衔称臣某，仍每年度升。其度升之法，集善男信女，斋戒告天：“今某由某职升某职，伏乞恩准。”然后用灵宝大法司印信，呈告江西天师府；然从未见道士革职耳。举动虽无稽，亦从无道士集会酿事者。邑人有一种邪病，曰挂影，其跟见龙蛇等物，道士能治之。此症楚人外无染者，亦奇事也。官顺民情，故官网亦不禁道士耳。此外尚有斋公一途，分大乘、姚乘两门为正宗。仍有清净门，均愚夫愚妇为之，经文卑俗，实佛门之糠秕，常遭官禁焉。人若生有疾病，医药不效，必请道士，做十保福。所谓十保福者，每人出钱百文，由病家延至，款以酒饭，十人出名，向东岳求寿。亦有降神者，其法以一人鸣锣，以一人喃喃作咒，咒毕，其人狂跳，称神附焉，如上海之看香头一班耳。

监利婚丧之礼俗

监利滨江介湖，土膏脉发，颇号沃衍。俗尚与旁邑等，好礼让，崇节俭，然呰窳少蓄聚，常有水息故也。邑俗娶妇，初聘用钗镯酒果之仪，继乃纳币礼。亲迎先一日，设筵邀宾，即父醮子遗意。合卺次日，谒祖父，贽见舅姑，以次及家众。亦有家贫而出赘者。丧事报讣延宾吊，名曰开堂。发引先一夕，凡陈设奠献诸仪，悉准家礼。祭用童子数人，歌《蓼莪》之意，谓之唐祭。延乡党有齿德者，题明族神主。是日用鼓乐导从丧车至墓所，封窆毕，然后归。七日备祭，谓之过七，至四十九日而止。死后朝夕上食，至百日始罢。

监利岁时气候记

立春先一日，官师班春于庙，农人皆趋观焉，以土牛彩色占水旱等灾，以勾芒鞋占寒燠晴雨，啖春饼生菜，朋友会饮，谓之春台席。

元日祈年，洁屋宇，陈设酒醴，门外插松柏枝。子妇夙兴，皆盛服祀神。男子谒庙，谓之出天行。少长叙拜，戚友相过贺。三日市无列肆，宅内亦不扫除。至初三日，燃烛于大门，将屋檐所插松柏合楮焚于街际，谓之烧门神纸。

上元，至十一日张灯，至十五日尤盛。裁缯剪纸，像人物、花果、鱼龙、禽鸟，陈列门首。士女嬉游达曙。元夜，迎紫姑，卜问丰歉。各乡村燃炬火以照田间，声彻远近，谓之赶门狗。食粉饵日元宵。

社日，赛会宴饮，每岁二月朔、八月朔，即春祈秋报之意。

清明，祀先祖，绮纨角胜，歌哭迭应，楮钱满陌，更以纸幡标龙头。

端午，采百草，悬艾于户，食角黍，以雄黄、朱砂入酒饮之。用艾茎洒雄黄酒于户舍墙壁，小儿则以其末涂耳鼻，云避百毒。是日竞渡，楚俗皆同，而监邑尤兴高采烈，观者无不鼓掌以助气势。

七月七日，祭祖祢，谓之迓亡。连享七日，焚楮荐之，曰送亡。新死者，则于是月朔迓祭，于此夕奠送。

中元，具酒馔献祭先祖。乡中宰牲尝新，父老子弟群聚宴会，谓之过月半。寺观作盂兰会，钟鸣达旦。

中秋，设酒果，为赏月之会。以月之明暗，卜湖鱼之有无及来岁元宵之晴晦。

重阳，士子登高啸咏，乡落问蒸饼酾酒，聚众赛会，藉野乡宴。

二十四日，为小除夕，俗谓之小年。扫屋尘，换炉灰，具酒果，祀灶神。

除夕，更春帖，燃爆竹于庭，以松柏枝插户楣，设酒食聚饮，曰团年。子弟向家长拜庆，曰辞年。家中所用器具，均挂纸钱，曰散岁。达旦不寐，曰守岁。饭兼数日之炊，曰宿岁饭，又曰隔年陈。

邑居荆州下游，地多卑湿，三春和煦，仍多寒候。惊蛰前后鸣雷，其寒较甚，谓之冻虫。清明断雪，谷雨断霜，故播种早则清明，迟则谷雨。四月湿气上蒸，础石带润，雨每连绵不已，俗呼梅烂天，亦作霉旺。五月多暴风骤雨，溪涌川涨，谓之端阳水。夏至后始盛热，大雨时行，每村陇相望，雨阳各异，俗云“夏雨分牛脊”。三伏炎蒸，立秋后尤燥烈，至九月中始解。十月温暖，谓之小阳春，往往桃李再花。十一月、十二月间，降霜雪，雪多则以为年丰之兆。

湖　　南

湖南信仰之风俗

（1）除夕打破碗盏，次年必遭凶事。新年打破碗盏，一年事事发财。

（2）除夕将灯油泼地，家中必多疾病，或有不利之事。

（3）除夕将大蒜置各种食物之上，可免瘟神放毒。

（4）除夕于无人时，多置竹筷于摇篮内，来年家中必定多生儿子。

（5）过年时家置水仙一盆，若开花茂盛，家必兴隆，否则衰败。

（6）新年初一至初五日，灰屑不许外倾，一年必可聚财。

（7）新年贴红纸于果木上，一年果木丰收，利市十倍。

（8）正月十五焚草把于菜园中，并放鞭炮，一年菜蔬可免虫伤。

（9）炉中炭火炸裂，必有财喜临门。

（10）妇女梳头时，梳忽落地，即有客至。

（11）妇女脚带忽然松放拖地，必有酒色。

（12）男子耳热，次日天必晴和；女子耳热，次日天必阴雨。

（13）剃头洗脚，入赌场必输。

（14）赌钱打牌，不许旁人负肩背，否则必输。

（15）同坐吃饭，不许他人以足践椅栏上，否则食必噎。

（16）鸡飞上屋，家中必有火灾。

（17）犬吠似哭声，其家必有丧事。

（18）夜间一更鸡鸣，必兆焚如；二更鸡鸣，须防盗贼。

（19）鸱鸮夜鸣，村中必有人死。

（20）乌鸦绕屋飞鸣，家中将有口角。

（21）蒸饭时锅鸣有声，须以金器压其上，不然主有凶丧之事。

（22）鼻嚏连作，必系有人咒骂。

（23）眼皮左动，主进财；眼皮右动，主退财。

（24）小儿夜哭不眠，用红纸书“天皇皇，地皇皇，我家有个夜哭郎，路过君子看一看，一晚睡到大天光”二十七字，张贴通衢，经路人见之，即可安眠不哭。

（25）小孩多病，将姓名生庚书贴庙内钟鼓上，谓之关帖，可保关煞消除。

（26）病人服药，若将药持过门限，药即不能奏效。

（27）闺中少女，不许足践落花，否则将来育儿时，必致踏花生（小儿生时双脚先下，谓之踏花生）。

（28）幼孩体弱多病，寄拜庙神为干父，可保永年。

（29）每年秋季，男子青衣草鞋，沿街拜跪，赴南岳庙烧香，可保父母延寿。

（30）城隍神迎会，幼年子弟，装作囚犯，奔走烧香，可免一生灾厄。

（31）每日清晨，不许说“龙虎鬼梦”四字，倘有道及一字，闻者争相趋避，谓是日有大不吉利之事。

湘人称呼之奇俗

湘人无论老幼，其称呼总以“芽里”二字。盖其俗喜少恶老，虽遇七十、八十岁高年老人，亦当以芽里相称。若加以“老人”字样，如他地称年尊者为“老人家”之语，闻者视为切肤之痛，柔和者掉首不顾，刚强者且怒目唾骂矣。所谓“芽里”者，乃少年之美名词，盖言其如初生之芽而英茂之意也。又旅馆侍役，在他地称为茶房，在湘中必以“拐子”二字呼之，彼始乐意；若呼以茶房，则不惟充耳不闻，且退有怨言矣。然为茶房者乐人称为拐子，则其用意殊不可解也。以上所述，皆湘中称呼之奇俗。入境问俗，采风者不可不知也。

长沙新年纪俗诗

长沙新年风俗，其事不一，爰取足资趣谈者，漫吟成句，备采风者考焉。

九方烧烛叩诸天，盘列三牲奉祀虔。拜罢祖宗拜家长，辞年还要押年钱。（除夕烧九方烛，祀天神祖宗。祀毕，合家团拜，谓之辞年。为家长者以红线穿制钱百文，赐与儿童，名押岁钱。）

贫家早早掩财门，债主虽临难进行。恼煞商家收账客，无钱反吃闭门羹。（除夕辞年毕，用红纸条书“衡门衍庆”四字，将大门闭固，无论何人，不许出进，谓之封财门。穷人多有借此避债者。）

出行都向喜神方，翎顶官靴奔走忙。路上逢人施一揖，口中犹自吃槟榔。（一般市侩，在前清捐授虚衔者，个个衣冠顶戴，高视阔步，行路赴各处拜年。槟榔一物，商人嗜好尤深，口中时时不断也。）

爆竹声中贵客来，香茶奉罢果盘开。槟榔元宝双双赠，恭喜今年大发财。（新岁客来，须放爆竹迎接，入座时送上槟榔两枚，谓之元宝，取发财之意。）

纸扎龙灯奉作神，香花处处表欢迎。堂前一度兜圈子，步步龙行百草生。（省城各庙如定湘王、朗公元帅诸神，每岁扎一纸龙，沿街行走，鸣锣击鼓，甚为热闹。家家烧香顶礼，若迎接真神然。）

妇女围龙可受胎，痴心求子亦奇哉。真龙不及纸龙好，能作麒麟送子来。（妇人多年不生育者，每于龙灯到家时，加送封仪，以龙身围绕妇人一次，又将龙身缩短，上骑一小孩，在堂前绕行一周，谓之麒麟送子。）

龙须此日亦居奇，剪取焚烧病可医。都把生麻作灵药，乡愚何事受人欺。（纸龙用麻作须，浅识者以多钱购剪服之，谓可治一切疾病。）

巧把财神红纸裁，乞儿持送进门来。十文竹杠敲虽小，未见招财先退财。（新岁初间，乞儿以红纸印财神像，沿家致送，索喜钱十文，名为送财神。）

不道水瓢亦有神，闺中迎接信弥真。姑姑解得儿童意，喜把糕团分赠人。（闺中妇女，每于新年迎接瓢姑姑神。取厨中水瓢一只，上缚一竹筷，两人以手托之，口中祝词毕，瓢上竹筷即能写字，家人可卜休咎。如小孩索糕饼时，瓢能转动竹筷，与案上供品赠之。）

前度神龙今又来，沿途收水取钱财。可怜菩萨亦遭厄，炮火重围避不开。（元宵日，各庙龙灯再到各家一次，谓之收水。各将封钱送之，并多备爆竹围绕燃放，不令外出。相传放炮愈多，神愈保佑云。）

衡州风俗记

邑人之习俗

衡城南里余有一山，名回雁峰，山顶为寿佛寺，俗呼为雁峰寺，衡城第一僧寺也。俗以二月八日为寿佛诞日，一班善男信女，皆携巨烛，往跪于寿佛前，名曰跪烛。必候烛燃完，方敢起身。厅廊殿阁，为之塞满，后至者不得人，则跪于寺门及路旁。男女杂处，老幼无伦。城中流氓，见妇女稍美者，亦买烛以跪其旁，名为跪烛，实为调戏，伤风败俗，莫斯为甚。寿佛诞日之先晚，城乡各社团例必送花爆以贺寿，观者数万人。次日各社团又举行玩龙庆寿，龙之首尾以彩色纸糊成，龙身则以布或绸为之，长约数十丈，每距数尺，则用着彩衣之童以棍顶持之。凡闺阁幼女、青年郎君之美艳者，例必装戏，随龙行，有乘马者，或坐车者，花围锦簇，画态极妍，争胜斗巧。金鼓音乐之声，震耳欲聋，观者途为之塞。每次须费钱数十万缗云。

衡山为五岳之一，距衡城九十余里。其上寺庙林立，以南岳圣帝为主神。每至秋季，各处进香者相望于道，衡城尤多。为戚友进香者，与通常敬神无异。为父母求福者，例必进香三年，以木作小凳，高约三寸，其上插香三，父母在，着红衣（此衣为父母殁后所着者），殁则着青衣。第一年进香，手持凳、香，行三步一拜，第二年则五步，第三年则七步，名曰烧拜香。虽头肿膝烂，风天雨地，亦莫之顾。其孝固可嘉，其愚诚可怜也！

船户之习俗

湘省各处民船，皆随地而名之。独衡城之船，则名小泼船，意义甚不可解。为数甚多，皆运耒阳之煤，以售于长沙、汉口等处。船中规则甚严，最忌“倒”、“洗”等字样，如洗澡必曰筛凉，倒水必曰清水，倒桅必曰眠桅，早晨尤忌“虎”、“猴”、“鬼”等字。稍一不慎，立被呵叱，虽搭客亦不之顾（此习衡城亦盛行）。各船户最信奉杨泗将军（水神也），公立庙以城北，各船开到，例必至庙敬之。清宣统时，有某船泊于樟木市（距衡二十里），夜间舱内忽来一绿蛇，头有黄章，长约尺许。该船户以为杨泗将军显身也，花香供奉，恭运至衡。于是城乡哄动，闻风来观者甚众。邑吏恐民间骚扰，投之于河。是夜蛇复至舱内，于是船户益信其神，恭抬至神座上，演戏玩龙以敬之，自是庙内异常热闹矣。

婚娶之奇闻

衡城亲迎，与各处大同小异，唯闹房之风盛行。稍文明者为抬茶，其姿式不一。有所谓和合茶者，其式为新郎、新妇共坐一凳，新郎以左足置新妇右腿上，新妇亦然，新郎左手与新妇右手相互置肩上，其余手之拇指及食指合成正方形，置茶杯于中，亲友以口饮之。又有所谓桂花茶、安字茶等名称，不可胜述，无非为戏弄新妇而已。此外又有打传堂卦之名目，公举亲友中之滑稽者作堂官，以墨涂面若丑角，着满清式外套，黼黻以荷叶为之，朝珠以算盘子为之，头上冠以大冠，红萝卜为顶，大蒜为翎，旁立差役若干，皆亲友中之有力者。拘新郎、新妇及其翁姑跪堂下，命翁姑教新郎、新妇以房术，薪郎、新妇必再述一遍，否则以鞭笞从事。顾习俗若是，亦不敢出怨言；惟此事难人过甚，行之者鲜。

中秋晚，衡城有送瓜一事，凡席丰履厚之家，娶妇数年不育者，则亲友举行送瓜。先数日，于菜园中窃东瓜一个，须令园主不知，以彩色绘成面具，衣服裹于其上若人形，举年长命好者抱之，鸣金放爆，送至其家。年长者置东瓜于床，以被覆之，口中念曰："种瓜得瓜，种豆得豆。"受瓜者设盛筵款之，若喜事然。妇得瓜后，即剖食之。俗传此事最验云。

宁远岁时记

习惯随时代为变更，又或因地土而异。兹将宁远对于节序之积习，略举如次。

正　月

初一日，元旦。清晨，男妇装束一新，列祖先神龛前行礼，复向长者行礼，名曰拜年。是日，农人必不睡，俗云睡了便要倒田塍。初十日，忌风。农人于是日扎稻草如十字形，用大砖压住，以禳风虐。十五日，元宵。晚间，各家必灯烛辉煌，好事者扎龙灯游行街市，或到亲族戚友家舞弄，名曰要元宵。十七日，忌鼠。俗称是日为老鼠嫁女，忌开箱启柜。前一夕，孩提辈将糖果花生置暗处，并将锅盖簸箕等类，大敲大打，为老鼠催妆。次晨，将鼠穴塞闭，云自此以后，鼠可以永远绝迹云。

二　月

初一日，忌鸟雀，俗用粑粑粘枯枝上，遍插田间或园内，俗云可黏鸟嘴，不致毁伤谷种。春社，禁舂碓。俗云是日舂碓，必断牛脚。惊蛰，将石炭［灰］遍撒墙隅僻处，俗云可避虫蛇。

三　月

初三日，忌蚂蚁。俗以蚂蚁草置桌上及锅灶等处，云蚂蚁即可远避。清明，各家门户上必插杨柳一枝，节前或节后三五日，男子携牺牲纸烛，诣祖宗坟墓前烧奠，名曰挂扫。

四　月

初八日，忌毛虫。用方寸黄纸，上书“四月八日节，洞宾来借歇。仙风吹一口，毛虫尽皆灭”等字样，粘贴壁上，云可使毛虫绝迹。立夏，农人必食鸭蛋数枚，云作事不致脚软。

五　月

初五日，端阳。将菖蒲、艾叶悬门户上，以禳毒气。又饮雄黄酒，并买各种药品，煎水沐浴，云可辟灾疫。妇女制香囊，自佩之外，并赠送亲戚。

六　月

初六日，曝书晒衣。妇女将清水曝热，为孩子洗浴，谓可免疮疖。是月，择黄道之辛日，尝新，且必将新饭先喂狗，谓五谷乃由狗尾所播种。

七　月

初七日，女孩在新月下穿针乞巧，云以后刺绣，必巧夺天工。十五日，中元。各家购纸烛、金锞、银锞或纸箱及冥包等类焚化；且于三日前，折冬青一枝，置神龛上，并供酒食馐馔，如待大宾。云每年是节，祖宗灵魂必归家一次。

八　月

十五日，中秋。是夜，妇女月下拈香，或围聚唱歌，谓之赏月。节前数日，备月饼糖果之类馈送亲友，谓之送节。秋社，妇女往往为女孩穿耳。

九　月

初九日，重阳。士子多结伴，游览名胜之处，或相聚饮酒，谓之登高。是日，人竞造酒，曰重阳酒。

十　月

十五日，为下元节。迎神赛会之事，多于是节前后行之。冬至，是日多割鸡宰猪，将肉阴干，谓之冬至肉，味甚香美。

十二月

二十三日，送灶。俗谓是日灶神上天奏事，必虔诚奉送。三十日，晚餐后，小儿长辈行礼，名曰辞年。是夜多不睡，家人父子，相聚笑语，名曰守岁。

汝城风俗纤记

汝城旧名桂阳，其婚祭丧礼同列郡。稍异者，结婚自童幼，大家无十岁未聘之子。婚日不亲迎，以富贵多子孙老妪为侍娘主赞。新妇交拜堂上，姻族童子怀女贞子、柏子乱掷之。妇之父终岁不见婿。唯西北乡婿于成婚后三日至妇家，同于衡湘；其余则改岁正月诹吉迎新婿，姻族咸在，或以童子象魁星，鼓吹升堂，用朱粉笔涂婿额以为吉云。丧祭大敛，其子解袢衣，入柩枕亲首。七日内葬者不卜日，曰血葬，《春秋传》："渴葬也。葬急曰渴葬，血、渴声近，故有此名。"葬三日，男女毕上冢。三年岁时必往，尤重春、秋二社日。谚曰："挂六社，辟牛马。"虽远祖，清明则子孙皆上冢，鸣钲炮以行，连月乃毕，墓讼多兴于此。中元烧纸衣钱，自始祖及姻族无主者，谚曰："挂山清坟烧衣青。"人家各有祭田，子孙贫者多资之，最善俗也。

邑节候多暖而少寒，然播种莳稻，后长沙半月。岁时景物同列郡。其异者，正月二十为小忌，二月朔为大忌，皆停针不洒扫。小忌日以茅，午交压以石，曰定风。大忌晨，舂稻为糍，食竟，以其余缀竹稍，插田中，曰粘雀口，使不食苗。惊蛰则以蜃炭洒户外，数童子洒且祝，祝曰："惊蛰惊蛰，虾虾生日。洒灰作堆，洒盐作团。"以驱毒虫云。清明上冢，邑北乡皆以石灰垩坟顶，每岁增加，余乡不垩也。四月八日，家煮青精饭，曰乌饭。妇女相约为酒食，食鸭卵、肥菜。肥菜，莴苣也，岭南谓之生菜，自仲冬至仲夏，以为常蔬。邑旁岭，亦重此菜，其种肥绝，不及南海。立夏，家煮鸭卵，食羸笋。蓝山家家为油茶，以糯及杂果姜茗，入油炒研之，沃以茗汁，客至则设之。出蓝山数十里无此矣。

津市之农谚

“一日黄尘三日雨，三日黄尘九日晴。”谓一日黄沙飞起，必有三日之雨；连起三日黄沙，则必有九日晴天也。

“有雨山戴帽，无雨山束腰。”谓雨后山下有雾，若再有雨，则雾在山顶；倘无雨，则雾横山腰也。

“一黑一亮，大雨三丈。”谓下雨之日，天气一时亮、一时黑，必有大雨也。

“天上起了鲤鱼斑，将有四十八天干。”谓天如有云如鲤鱼斑状，则将久无雨也。

“日枷涨水，月枷井枯。”枷谓绕围日月外层之厚云，即日晕、月晕。谓日有晕，天必雨；月有晕，天必无雨也。

辰州风俗记

辰州之迷信

辰州俗供神像，有有头而无躯者，名猡神，一于思红面，号东山圣公；一珠络窈窕，号南山圣母。两人兄妹为婚。不知其所自始，楚、黔之人，皆崇祀之。

辰州之人，信巫尚鬼，皆虚中堂供佛。独不置灶突，炊烟曲屈不得出，蒸而为煤，薰而为涕。更可笑者，门庑厅楼，檐宇逼凑，不露一隙光明，城外旷处亦然。其门户槛最高，门最低。稍长者，必俯首出入，偶一忘怀，必遭磕击，比户皆然。

辰州妇女之装饰

辰州妇女耳坠若番僧铜环。男家聘妇用坠，即表于耳，有重至一两者。嫁女用嫁履盈筐，庙见后，以送其夫族。

辰州之刁风

辰俗动以强奸诬人，教其妻坚执其所讼者，首尾捏造，若有粉本。及视其妻，则秃顶黧面，皤腹巨擘。满堂匿笑，而长舌益厉。官厅重治其一二，其风稍杀。

辰州之溺女

辰州生女多溺死，故女甚贵，再婚亦须三十余金。前夫久而复讼，谓之求敷；讼牒中十有六七。甚有男子仅三四十岁，而女子则六七十岁者。其老死不得娶者，又比比然也。

辰州之弃妻誓

辰俗弃妻不以为异。其退婚券中立誓有云：“一休二休，十离九休，高山磊石，沉落深沟。清白亲夫，永不同头”云云。

辰州之称呼

辰俗呼外父曰家公，呼外母曰家婆。妻曰婆娘；婆而系之娘，尊之也，非贱之也。向人称妻兄弟为舍舅。呼叔曰晚，言其晚得也。亦有称父曰晚，晚者，言认为叔之子，易长养，无刑克也。寻常称呼，则称父母为哀爷、哀娘，又有称哀姐者。

麻阳婚丧之陋俗

湖南麻阳县某镇，凡红白事，戚友不送套礼，只送分金。始于一钱，而极于七钱，盖一洋之数也。主人必设宴相待，一钱者只准食一菜，三钱者三菜，五钱者遍肴，七钱者加簋。故宾客虽一时满堂，少选一菜进，则堂隅有人击小钲而高唱曰："一钱之客请退！"于是纷然而散者若干人。三菜进则又唱曰："三钱之客请退！"于是纷然而散者又若干人。五钱以上不击，而客已寥寥矣。

陕　　西

陕西风俗琐记

陕西之车，唯用一马，车轮较中原宽尺余。故一出陕境，便不合辙。

安定西数站，山高土厚，掘井不能及泉。因作窖于低洼处，凡天雨与人畜诸溺，皆聚之，名曰窖水。

黄河交春令，冰渐泮，土人犹踏冰以渡。葬鱼腹者，日凡数辈，然终勿之鉴也。

河水浑浊，其泥可以粪田。遇河水淹没，岁即大丰。

陕民不知经商，士子亦不能学幕，唯耕读而已。

土人以一人为一娃，生子则称某娃，往往至老不改。又呼妯娌为先后，呼妻为婆娘，呼父为达达。

南人生儿女，用金钱或丝绦作锁索，西土则竟以铁索索之，若囚徒然。

土人逢客至，以酒作茶，却无下酒物，南中所谓寡酒也。

土人睡炕，并无被褥，唯铺芨芨草席一张，填以马粪。初人室，臭不可耐；久之亦不觉矣。

毡衣用羊毛碾成，不假裁剪，土人无冬夏皆衣之，价廉于布。

以麦秆为冠，形如伞而微小，稀疏不蔽风雨，出入寒暑不少离。

西州风俗俭吝，虽巨富，亦缊袍疏食，创见者，不知其为富翁也。

土人有喜事，贺客满门。不论冬夏，皆戴白胎凉帽，相习成风，不以为怪。

铺户每逢朔望，晨起于门外烧财神马，复兴隆铺，互相拜揖，口称发财。

土人先一夕，作水黄酒，次早沽卖。即［及］午即酸，不可饮。名曰半天香，可谓名副其实。

省中黄酒，每坛洋十元，或十余元。外府州县，尤踊贵，尚有假充之者。

水族多自汉中来，死者过半，而其值甚昂。惟各官府用之，土人则不能举其名也。

本地唯羊最贱，三百钱可买羊一头，羊皮却可二百钱，则一羊只百钱也。

粹灯，即南边发粹也，一把数十张，白净可爱，只需一文钱，南中勿能胜也。

土人大半住土窑，窑或一层，或二层，即《毛诗》之"陶复陶穴"也。窑上不是原田，即是孔道。袁子才《诗话》载土窑诗云："雨风不向窗中入，车马还从屋上过。"可以互证。

土人无少长，皆吃水烟。每逢市集，烟气四布，几不见人。

凡插烛，俱以烛就蜡签，由下插上。陕地则将烛台中空，由上插下。

南巾熟米，皆用臼舂之，以熟为度。巩秦一带，则直以蒸熟者为熟米。

土人妇女，皆坐敞车出门。服饰鲜丽，面上却用乌纱罩之，可以见人，不令人见。

妇人吊丧，不论疏属泛交，皆遍身缟素，故所见孝服居多。

西安妇女，脚背无隆骨，故纤小胜于南方，亦天工，非人力也。

妇女晨起，皆撒溺于盆，溺温即以洗面，免费柴火。

乡中少女，上衣而不下裳，虽至冬月，私处常见。

土民贫而愚，不知鬻妇为犯法，罪者亦然，官厅亦不必援例断也。

卖酒饭者，俱系妇人，其丈夫则执爨抱孩子而已。

土著不重男而重女，女生方龀，即教舞，为摇钱树之地位。

门首幌子，画一酒壶，即妓家也。酒名酩留子，义不可晓，岂谓饮至酩酊，即可留宿欤？一笑。

辖内当商，不论五家十家，遇节辄互相送礼。顾仪极菲薄，酸醋半瓶、内米一碟而已。

泾阳婚丧之俗礼

泾阳习俗，各随其方，东境多强劲，南境多浇诈，西境多俭啬，北境多斗讼。然士多循循崇礼让，务农力田，不喜牵牛服贾以走四方。且里不朝歌，巷不夜游，依然有古之遗风。冠礼昔时颇重之，今则襁褓之中已冠其首。间有师其意者，则以十六岁为成人，亲族馈遗称庆；为父兄者，则倩人字之，亦古祝醮之意也。婚礼往往以财较量，富者厚其奁具，贫者亦以薄装为耻，故民多不举女，而伉俪为难。不亲迎，女至，设香烛，拜祖先，毕，入房。立男妇于叔前，择年齿相上下者，以赤绳结两卮，转相授受。三日后，出拜公姑，谒伯叔妯娌。逾年或半载，方归宁。丧，沐浴含敛，沿俗成礼。亲族群从，入棺临视，目视饮食，朝夕炷香，每逢七日，或以蔬食致奠，或用师巫诵经。惑于阴阳家言，停柩不葬，甚有二三世不获人土者。子孙愈多，禁忌愈甚。有庙祭，有家祭，有墓祭。冬至庙祀，则有胙肉分颁。元旦，拜谢天地祖宗。越日具火爆纸钱拜墓，即古扫墓意也。纨袴之子，好酣歌剧饮，而樗蒲之声达于昼夜。俗无水火葬，喜尚浮屠，病则祷巫禳鬼。妇人勤纺绩，攻刺绣，间有垂绡饰钿以嬉游于闉阇之外者，亦邑之陋风也。

凤翔县民俗琐记

凤翔县属关中道治，界万山中，群峦耸峙，溪涧环流。人生其间，虽斌雅不足，而骨鲠性成，多以气节表见于时。土瘠田硗，人无甚富，男务稼穑，女勤织纴，虽缙绅家，服食俭约，不尚华靡。近者风气渐侈，少年子弟亦有纨袴而闲游者。顾俗素称淳朴，乡野之人，有终身不见官府者。妇女亦以贞节自守。女临嫁前数日，行笄礼，拜天地祖宗及尊长，母为训戒，犹有古风。凡议婚，必凭媒氏，纳采、请期、奠雁诸礼，悉以古制，惟亲迎未行。嫁娶日，各择其族之贤者，相与迎送。初丧含殓毕，即成服开丧，姻戚赴吊，贫富称家有无，不用鼓乐，颇为近礼。安厝多用石椁，丰家必请显者题主，亲友执绋哀送。若火化、水葬，虽编户亦耻不为也。但有拘忌风水之说，停柩不葬，识者讥之。祭祀，缙绅大家有家庙，细民从寝堂设龛。四时之祭，元旦、清明、端午、中元、重九、冬至、除夕，各以时物为荐。祭毕，子姓享馂余。墓祭用羊豕，或用牲醴，各随其祭田之厚薄，而颁胙亦以是为差。服食室庐，俱从俭素。人不习工巧匠作器用，多取给于他处。鱼盐山海之利，皆他郡专之，惟坐肆售货，觅十一之利而已。至以岁时，元旦夙兴，焚香拜天，次五祀祖先，少者各拜尊长，燃长寿灯、啜五味粥以祈五福，旋诣戚党拜贺。元宵张灯，起十三，终十八。俗重十四夜，祖先、五祀皆设祭，有问卜及召紫姑者，于是夜占休咎。清明墓祭，悬纸钱于家，采茎作饼，以备寒食。端午以角黍相馈遗，儿女系五色长命缕，采榴花、艾叶簪之以避恶，用菖蒲、雄黄泛酒速客，谓之泛菖蒲。中元各祀先荐新，僧家作盂兰会，夜放水陆灯。中秋俗重十六夜，召宾以观月华。九日登高，饮菊花酒，插茱萸，蒸米为糍，各相馈送。腊月终旬，用馒首赛神，谓之谢年。除夕悬祖宗遗像于中堂，少长欢集，共相守岁。

汉中风俗略志

陕中地利，首数关中，汉中次之。陆海神皋，沃野千里，河山两戒，自古为昭。西路自咸阳以迄宝鸡，锦绣平原，一望无际，即古所谓“周原朊朊”也，较之东路，殆犹过之。每值麦秋，道旁所见，丁男作苦，子妇提壶，田间收获，满车满篝，欣欣色喜。所剩者，别有妇孺拾之以去，遗秉滞穗之风，穆然如见。汉中各属，田少山多，与关中截然不同，俨有南方景象。褒城、沔县、南郑、城固、洋县、西乡、汉阴、安康等县，八九百里间，平畴沃壤，带以汉江，环以众流，水旱皆不为害，故在汉中，最为饶富。风县、留坝、略阳、紫阳、砖坪、白河、山阳等县，童山重迭，乱石嵯峨，其石中杂土之山，类由客籍农民开垦成地。其人民生活程度，汉中、安康两处土客杂居，濡染川、鄂风习，渐趋于踵事增华，而礼教荡然，亦缘之以起。汉中风俗，往往有指媳以继子，招夫以养夫。甚且胞弟妻其孀嫂，谓之转房；一女嫁卖数家，名曰放鸽。乱伦灭理，几等苗瑶颇为客民所为，而土著尚无此事也。

临潼之送穷节

临潼县之人民，以正月五日为送穷节。家家剪纸人，送之门外而掷之。是日人人必饱食，谓之填五穷。

甘　肃

兰州之迎春赛会

元旦后数日，市民举行迎春赛会，满街锣鼓喧阗。几许人妆扮若鬼怪，招摇过市。又十余人负大鼓，鼓长形，且跳且击，曰太平鼓。闻此风惟兰州有之，他县所无。有高跷，与内地同。红男绿女，填街塞巷。女子多列坐街前，或升屋顶而观；男子则多整束绣鞍，驰骋于荒郊大道。城隍庙屋檐遍悬纱灯，华丽异常。持纸糊如漏斗之器者一人前行，打太平鼓者数人随后。又有扮女相者一人，丑不可言，而妆娇作态，时出谐言，调笑妇女。又有涂黑脸者数人，亦招摇过市。

兰州运输之情形

兰州运输之器，蔵唯大车、轿车、骆驼、马四种，而货物则多藉大车。大约西路至肃州十八日，运费需白银三十二两。若肃州至迪化三十六日，则需一百二十两；以出关路难，故较贵也。东路至陕西十八日，大车须三十元。轿车多载人，其价则廉于大车。大车载重自千六百斤至二千斤，大约视驼之多寡而轻重之也。骆驼非本地产，多系经过此地者，马则仅近处有之。

狄道人民之衣食居处

狄道女子之装饰

甘肃狄道县风俗，男女之界极严。女子外出，必蒙布于面，盖犹不失我国之古礼。布之薄，可以见人，然人不之见也。但非遇必要之事，如戚家婚丧之类，女子断不外出。以故街市之上，绝无妇女足迹。外出必乘马，亦常例也。

女子未嫁，一律发辫，故一望而知其为处女。若至既嫁之后，则一律结髻。发辫也，结髻也，实不啻女子嫁否唯一之标识也。苏俗有谓开脸者，彼处则绝未闻有斯项手续云。

女子多缠足，天足者亦有之，但不多耳。白狼之乱，妇女之缠足者，无不备受奸污。既蒙莫大之激刺，故今日缠足之风，为之一变；则白狼之教训，为不可没也。

狄道人民之居处

狄道县天气极寒，八月以后，至翌年之三月，一般居民，非皮不温，非火不暖。宿榻用土筑成，夜间置火盆其中，一睡醒觉，愉畅非常。

狄道人民之饮食

甘肃多山，人口稀少。民食以麦豆为大宗，面包、豆饼，不一日或缺。狄道县人民食面，不用油盐，仅具蒜葱、酱醋数事而已。

鱼为该地居民所不食，盖亦无此习惯也。无论男女外出，必需二人同行，否则必为狼所害。猎者猎狼，切忌为狈所见，否则狈虽中枪，要必扑杀其敌而毙，每殆十而八九之事实也。

平凉等处之穴居

甘肃平凉府高平关一带，民皆穴居。穴皆穴山而成。地奇冷，出行者必以手拥护其鼻，否则归而鼻脱矣。谁谓上古之风，不见于今耶？

宁夏之婚俗

此间风俗，颇有与腹地相异者。婚礼，媒妁既通，必取男子年庚对合、无忌刻为定。世家多不拘。定礼用彩币、镯锁之属，贫者梭布、簪珥；女家以冠佩相答。婚期已定，必备礼盒酒果，倩宾送期于女家，曰通信，盖古请期之遗意也。先期一日，女家以妆奁送至男家，曰铺床。至日男家又以大蒸饼并果盘，随彩舆赴女家，曰催妆。倩女宾为新妇插花冠笄，曰冠带。女家亦请女宾随舆至男家，曰送亲。娶妇多用彩舆鼓吹，贫者以车。世族之家，间亦有奠雁亲迎者。新妇三日拜见舅姑，贽以针工。同族长幼各拜见，曰分大小。新妇入门三日不下炕，不食，不排泄，恐污神明也。奇矣！

宁夏之丧俗

丧礼最重缞绖，冠履多依古制。三年孝服，虽已葬，麻巾缞衣必大祥后始易。期功以下，近多就简便，不尽如古礼。七日行大殓礼，亲戚多会吊。将葬，先知亲友。前一日各以酒盒奠仪往祭，丧家备酒食相酬，多至数百人。赙奠之仪，不足以核所费。每进饮食，孝子必出稽颡，谢礼尤烦，身弱者恒不能支。中卫、灵州俗尤尚送葬，多或百人。丧家因须备酒食，恒数十年不能举葬。相传明季近边各堡，黠虏乘人丧出劫，故丧者皆请姻戚为之备，相沿至今，习而不改，转成弊俗矣。

宁夏之生活状况

全城人口一万九千余，回教民约三分之一，计二千三十户。全城大小商户三百二十五家，晋商居十之六，秦商居十之二。

宁夏饶水利，有四大渠，每渠由道署派委管理修渠事宜，每渠岁收水租约二三百吊不等。俗谚云："天下黄河富宁夏。"又云："南京北京都不收，黄河两岸报春秋"，其农事之盛可想矣。

中卫县在宁夏县之南，地气较暖，故春二月下麦种于地，和肥料犁一次，至四月灌水一次，五月、六月各灌水一次，而收获期至矣。稻则先犁，然后灌水散种，不使水干，八月底收获。宁夏迟中卫一月，先犁田，后散种，灌水亦三次，六月收麦。稻则四月下种，九月初收。以地较中卫寒故迟，以土涩故先犁而后散种也。

田亩高者宜种麦、胡麻、莞豆、谷、糜等，低者宜种稻。高者每亩十两至三十两，低者五两至十五两。每亩种麦可获四百余斤。

市面所用之斗，俗称二十四筒，每斗米约四十斤。秤较库平为小（九九折）。尺系官裁尺。工艺品毡毯之外无他，均由工商零星织卖。毯每方尺七钱左右，视纬之多寡，价有差等。最佳者每方尺百二十纬，次百纬，又次八十纬。毡每方尺一钱。织造之家计二十余，绒长花美，胜于包头、新疆之产。

市面通用铜元、制钱、银两，银元不常见。银两换实钱一千八百文左右，银元通常八钱计算，兑换时以七钱五计算。本地兑换机关，只有蔚丰银行一家，汇天津、北京、汉口每千两贴水一［二?］百六七十两，西安贴水二百二三十两，平遥、太谷贴水一百六七十两，兰州贴水二十两。

包头往来船价百斤平均约七八钱，车驼百斤约二两；兰州、凉州往来车驼约二两三两之间，西宁同之；石嘴及定远营每百斤约五钱。下水船只可装甘草二万斤，盐三万斤，皮毛三万余斤，因毛容积大，惧风也。上水装货半于下水，故船价亦较少。大约河水开冻时，货物多由水运，约占全年十分之七，而车驼占十分之三。

此间土地肥沃，面荒废独多。汉民之惰，殆无其匹。若于此兴实业，非雇用回民不为功。距宁夏西数里，有废渠及荒地数万亩，索价仅一万余元，是见地价之贱矣。又此间各家均以马粪烧炕，以致全城烟雾弥漫，臭味触鼻。

甘肃农事自达拉拜以南，时见土人于田中掘井深数丈或十数丈，取出沙和细石，铺之于田。问之，即云以当肥料，但莫知其理。据农学家云，此沙乃黄河冲积而成，有动植物腐败之质，可当肥料，一也；又此带田地土壤多粘性，雨水不易渗入，一晒即干，沙石可保护水分，二也。每次铺后，十年一换，土人谓沙老了。俗语又云："父苦死，子乐死，孙穷死。"盖沙铺至十年后，任种何物不得活也。又碱地宜用小石铺，太阳不及，而碱不生也。

土司之制度

土司之制，南方唯云、贵、四川、广西有之，北方唯甘肃有之，大都为明朝指挥使之后，封其地以为世袭。尝有辖地至千里者。狄道县杨土司为甘省最大，其所辖人民汉番各半。赵土司次之，所辖皆汉人。汉与番皆种田，其荒冷之地则放牧。种田之法，先为土司耕种，然后为己种。不为其民则去，不得取其财产。每岁代耕之外，又须交租若干。土司专制殊甚，禁其民读书，恐知识大开，不利于彼也。

甘州之称呼

甘州人谓姊妹之夫曰挑担，其异父之昆曰隔山，名其子女多曰仓、曰库，不慧之子曰瓜子。

四　川

越隽求雨之风俗

童子烧香

越隽地方，如遇天旱，必有童子数十成群，向各处人家讨香三炷。到黄昏之时，将香燃起，各持三炷，沿街祝祷。一童子先大呼曰：“童子烧香，祝告上苍。天降滂沱，地下焚香。有雨无雨?”众童子齐声应之曰：“有雨！有雨!”

耍水龙

天旱时，又有耍水龙者。折杨柳扎为龙形，并以柳圈戴于头上，裸其上身，执水龙沿街沿巷而舞。一人前行鸣锣，家家备水泼淋。

此外或地方长官雇请道士，设坛求雨，一面出示禁止屠宰，一面到坛祈雨，拈香祷祝。并须将南门锁闭；云南方丙丁火，闭南门，自必下雨也。

泸县拜鸡、新正风俗

拜鸡之俗

泸县有一种奇俗，如人家小孩肚泻，请医生服药不愈，便将家中所养之公鸡、母鸡来做保爷、保娘。到晚膳后，以香一炷，在鸡面前殷勤拜祝，保佑其子即日痊愈。颇为可噱也！

新正之俗

旧历正月初九日至月望，此数日晚间，七门五保，竞赛龙灯。其沿行时，前有高照一对，次则纸灯一盏，上书“庆贺上元”四字。后随无数纸灯，所谓云里福灯、斗风车灯、鱼兵灯、虾将灯等等，名目繁多，不可胜举。复有火弹灯球，光怪陆离。其最妙者有两种，一为水捧蛇灯，灯中燃油纸条，二人肩之游行，忽往忽来，灵活异常；一为龟丞相，扮丞相者首冠纸制之丞相帽，背负筲箕，上画八卦，手执木瓢，瓢中燃油，腰挂口袋，袋装松香末，时撒松香于瓢上，烟火闪动，眩人眼目。此后继以龙灯，灯或纸扎者，或纱糊者，灯中亦燃油纸条。前呼后拥，招摇过市，大呼曰：“拿花筒大炮来！”好事者于龙灯过处，出花筒、火炮、黄烟、地耗子、滴滴金、地花等等，向龙灯燃放。观者填街塞巷，锣鼓喧阗，火星乱落。戏龙灯者，赤身跣足，盘旋跳跃，口含橄榄，以解热毒。遇人燃放花筒火炮，彼等即戏龙灯。及至龙灯已烧，剩一篾筐，戏龙灯者乘隙潜去，而扮龟丞相者依然往来跳舞，兴致不减也。此系四川旧习，时和世泰，人民逢场作戏，借资寻乐。近者川中多故，土匪蜂起，烽火频惊，人民困乏，此种龙灯，已数年未举行矣。

金川风俗琐记

金川之气候

金川僻在四川省城西南隅，西北通甘肃回部，西南控三藏，与十八家土司部落毗连，犬牙相错。气候一日之间，寒暖顿殊，咫尺之地，阴晴各异。严冬天晴，日中可穿春服；盛夏天阴时，朝晚亦可披裘。四时无大寒大热，然倏忽变幻如此，不必烟瘴为属，稍不自谨，中之立病。

金川夷人之畏痘

金川夷人，终身不出痘。间有一二患此者，辄裹数月糗粮，舁置荒僻岩洞中，父母兄弟曾不一顾，惧传染也。以故患痘者十死七八。幸而获免，跰躃以归，举家欣庆，虽窭贫，必延喇嘛诵经数日。

金川之皮船

甘肃邻近黄河之西宁一带，多浑脱（音驼），盖取羊皮，去骨肉制出，轻浮水面，骑渡乱流。李太仆开先《塞上曲》有“不用轻帆并短棹，浑脱飞渡只须臾”之句，其巧便已可概见。然浑脱只可渡一人，且下体不免沾濡，不若金川之皮船工省用溥。其制尤巧，用极坚树枝作骨，蒙以牛革，形圆如棓棬。一人持桨，中可坐四五人，顺流而下，疾于奔马，顷刻达百里，虽悬泉峻滩，曾无触碍。船中人咸相戒不得动，动即颠覆，百无一生。船不能行逆流，辄舣岸负之而趋，轻若戴釜。蛮俗不知刳木之制，大江往来，赖此一物。秋冬潦尽潭清，奔流凝碧，时见皮船，与波驶逸，正如一叶随风。缪清泉锡嘏尝作句云：“随波奔荡傍斜阳，万顷舟中一苇杭。

太乙莲花应并蒂，杜陵春水正相当。圆如月镜浮沧海，稳想禅杯渡法王。若与浑脱相比拟，未知谁更利中央。”最能曲肖。

金川夷人之房屋

夷俗称土司署所为官寨，民居曰寨子。每一户中，必有一两座碉房，为守望之所。头人土目家，并有经楼及转经楼，俱华瞻精致。碉楼如小城，下临大山颠，有高至三四十丈者，有数十层，每层四面，各有方孔，可施枪炮。家各有之，特高低不一耳。顶上四周，遍竖杂色布旗，旗各印刷佛经，以多为贵。造屋尽用土盖，先砌石作墙，架巨木为梁，以杂木横搭之，盖土于其上，筑之令坚，虽倾盆雨不能漏；唯淫雨连月，须加土再筑。其砌楼及一切墙垣，俱砌乱石，远望作冰裂纹，整齐如刀削，虽汉人工巧者不能及。其所用阶梯，以独木截成锯形，凹处仅容半足。汉人登之，不能动寸步；彼徒负重上下，狷捷如飞。间有木板盖房，上置碎石压之，衙署处处皆然。然陡发狂风，走沙飞板，从空击下，剧足怖人。木板俗称瓦板，以杪木爆［曝］干，用斧劈之，自成片段，无事刀锯。楼中设机轴如车轮，四围刻佛像，罗列经卷印布，手推之即旋转，俗谓转经楼。谓推转时，佛像经卷，尽从身过，不啻诵经宣佛号。又有名转转经者，长三寸许，卷迭佛经数千言，贮以铜匣若竹筒，上有机捩，可以旋转，佩胸前，日夜捻动，以当宣诵，亦即转经之意也。

金川夷人之春秋朝山

金川章谷之墨尔多山，高插云霄，相传释迦佛成道处。上多喇嘛寺，常出异僧。土人每岁春秋，不惮千里，必往参谒，俗称朝山。山巅一峰，名玉笋峰。天日晴朗，辄有云气迷之，不甚明了，惟天阴时了然在望。亦一异闻也。

金川夷人尊卑之严别

金川各土司部落，俱数百年来父子传袭，未尝有变更。其间亦有贪纵淫虐者，百姓至死不敢贰。夷俗上下之分极严也。无论土司，即以头人论，百姓莫不敬之如神明，无一言敢稍拂。居家妻不敢与抗礼，或自远行归，其妇必率家属及百姓男妇，跪迎数百里外。观此可见一斑。

金川夷人之刑法

金川土司中最重窃盗，事犯辄捆缚犯人，投诸大江中。杀人者，罚牛马银物入土司赎罪。至奸淫一事，不足为异，未见有告讦者；即或事败，不过私自罚柴数百斤而已。其有规避徭役、不遵土司饬遣者，例最严酷，籍没其家，将其人并家属分卖各部落为奴。

金川夷人之炊爨法

金川土司寨子，正中一间，必挖地炉，置锅为举家炊爨所。或支铁架，或系铁索，下垂数十鼎锅，一时并举，最为便益。地炉四围，男女杂坐烤火，无间冬夏。汉人居夷地久者，虽夏月亦喜煨榾柮。甚矣，习俗之移人也！

金川夷人之欢会

金川夷人俗喜跳锅装。嘉会日，里党中男女各衣新衣，合包巾帕之属，罄家所有，杂佩其身，以为华瞻。男女纷沓，连臂蹈歌，俱欣欣有喜色。腔调诘倔，无一可解，然观其手舞足蹈，长吟永叹，又似有一定节奏，亦任侏之亚欤？

金川夷人之担物法

黔楚苗瑶及西藏夷人，携带货物，或缠缚头顶，或系绊脊膂，头不得转动，身不得屈伸，肩挑手挽，劳苦尤甚。然彼徒习以为常，乐此不疲。至金川夷人，辄用皮条长数尺，作活套，束物系背，仍手持其端。劳顿时，背就蹲石，手松其套，可小憩。盖金川跬步皆山，顽石簇伏，扯撑良便；夹道崎岖，又复盘旋曲折，若用横担，非特上下触碍，抑且转侧多阻。因地制宜，其法尽善。

金川夷人之岁时

金川夷人于正朔长至令节外，复于岁中扣满三百六十日为一周。是日互相往来，登堂称贺，不计闰，不计大小尽，不计冬夏，总以周天为度。特重十月、十一月节令，每年十月十三日及十一月十四日，头人家及土人之在官者，辄聚亲戚男女及其所部百姓，宴饮赏劳，欢笑竟日，倘亦吹豳息蜡之意邪？

金川夷人之教育

金川夷人不知有儒教，读书识字，皆奉藏经为授受，如内地旧时私塾读“四书五经”然，然字画又与西藏稍异。其有学业深邃者，辄远赴西藏，从班禅喇嘛处，博览群经。十数年后归来，便翘然自异，群以喇嘛目之，抗衡于土司酋长之列，徭役赋税俱捐免，亲戚朋党咸趋承恐后，不敢于抗礼。有延之诵经者，赠贻倍优。以故民间兄弟多者，必有一二人为僧，由俗所尚也。

金川夷人之徭役

金川夷俗，多力役之征。一家中更番出应，终岁几无虚日。惟喇嘛及土僧，得从优免。此外虽头人之弟兄，亦与齐民同作苦云。

金川夷人之信仰

金川俗尤信鬼。夷人患病，延喇嘛诵经咒。复捻酥油肖病人形，为替身，送诸荒野。或舍身为僧，其室家殷实者，辄雇人作替。岁时傍节，先立土坛，设纸供数事，厚叠薪刍，选两长人蹑肩矗立，高及丈许，蒙以大衣，殆如赤郭，盖取食鬼之义。人各执弓矢，鸣钲鼓，四处寻索，追至土坛，将积薪焚之。俗称尔布斯，犹有《月令》大傩遗意也。

金川夷人，俗既信佛，家各有经堂，有事必延土僧及喇嘛礼忏。夫所谓土僧、喇嘛者，出家而在家，居处并与人同，特无妻室耳。然口诵佛经，手执牛羊肉脯，咀啮无拘忌。梵筵乐器中，有声似觱篥者，削人胫骨为之。又有小鼓如兆鼓者，截两骷髅，以胶漆粘连囟骨，两面蒙人鞹，取阅之，色微黄，薄似羊皮而腥秽特甚，令人森寒直毛发。吁！彼徒所谓佛法，殆与采土折割者又何择乎？

金川夷人之奇形

金川夷人终身不留髭须，间有留者，率蜷如佛顶螺髻。更有一种三撮须，最为奇观，两口角及下唇三处，各留少许，如初生榆荚大。虽于思长鬛，仅存数茎，随风飘扬，乍见令人捧腹。

金川夷人命名之奇

金川夷人，儿初生时，辄延喇嘛诵经咒，祈福命名。名字自一二至六七字不等，大抵取藏经中绝佳者，以致什伯雷同，甚难识别，竟有父子同一名者。

金川夷人之婚俗

夷俗无问名、纳采诸礼，男女率先私合，然后婚配。男家遣喇嘛拣择吉日，通知女家，其期两家各延喇嘛，诵经礼忏。亲戚邻里，咸集女家，餍饫猪膘，吸杂酒。男家倩一人前往，如媒妁礼。女家亦倩一人，壶浆以迎，酌之酒。男家人长跪而后饮之，女家者端坐不动也。饮毕，群拥新妇至夫家，笑言谑浪，相率跳锅装。跳毕，各侈饮啖。既醉既饱，忽如乌兽散。自此往来不常，食宿无定所，迨生有子女，然后依栖夫家。

金川夷人之起居

夷人无姓氏，不知有族属，遂至婚媾混乱。即居处亦大可异，男卧碉上，女卧碉下。男女分类杂处，卧无定所。无床枕衾褥，惟毛毡贴地而已。虽新婚夫妇，不同室，夜间鹤步下梯，暗中摸索，未闻有以暗入桃源诋诮者。相沿承俗，犹有弄明遗风；唯土司头人家渐循华礼也。

金川夷人之耐寒

金川夷人儿生不洗浴，以手拭之，寝之地而裸体焉，不知襁褓绷裹，然亦未尝感冒风寒。行旅往来，身携裹粮，托宿长林丰草间，蒙以披毡，虽遇冰雪，坐卧其中，曾不知疾。盖垢腻既多，腠理自密，风寒不得而入，要亦自幼习惯使然也。

金川夷人之装式

金川夷族，俗喜畜牛羊，春夏日暖，多剪取牛羊毛，绩线作毛毯，男女衣服取给焉。郑康成《尚书注》“织皮，西戎之国”，良不诬也。衣服之外，横披大幅长毯，若释氏袈裟，日以蔽风雨，夜以代衾褥，寒暑不改服。好徒跣，男女皆同。间用革靴，形制诡异。男子穿袍裤，女子短衫长裙，无裤，裙带阔尺许，亦用牛羊毛织成，下垂五色流苏，其重足以压风。

夷人数十亩之家，必留三五亩种麻苎，阖家衣服，借以取给。近日蛮女下裳，多用白布或藏绸制成，边幅镶红布襞积，细致如百叠裙。头人家妇女衣裙，多用碎锦镶成，临风飘扬，颇似古时舞衣。

夷人耳饰累坠，大于腕臂间条脱，幸空中不甚重。特讶其耳际垂蚺，为地有限，何能衔此巨环？询之土人，始知幼时穿耳，即用桦皮卷塞，日渐增添，后遂可贯拇指。发梳数十小辫，挽结作髻，梳时极难，非半月［日?］不办。每月只梳一次，其解发垂髻，即入月洗裙日也。俗不贵珠玉，特重珊瑚、宝石、绿璁、砗磲，用金银镶嵌作首饰。

金川夷人尚武之精神

夷俗尚武，咸工击刺之术，虽妇女亦解谈兵。闻有征调，踊跃向前，临阵奋不顾身。男子喜佩刀，俗称左插子，身衣毯袍，长仅及胫，围帛两端，垂缀尻后如尾，无贫富皆同。独腰间佩刀长尺余，外鞘镶嵌不一，竟有值至数十百金者。佩犊佩牛之说，严禁未能禁革。且多膂力，类能手揽强弓。弓小如箕，弦控牛筋，复粗笨不相称。簇利甚，却无翎羽，是以射近能饮石，不能及百步之远。又善用火枪，枪制亦与中华小异。

金川夷人之字画

夷人写字，用竹筵削尖蘸墨汁，犹有古人漆书遗意。字形如蚯蚓，变化不一，细看之，似有行楷之分，其横写侧读，则在满文回字之间。喜向缯布画佛像，施朱傅粉，仍用画笔。绥靖画手，推土僧羊中尔告为第一。然佛像外，翎毛花卉，俱不足观。

金川夷人之饮食

金川无米谷，夷人日食饘粑，炒青稞磨粉，或用大麦、小麦、豌豆为之，入牛乳酥少许，以手搅和，捻成团子。食毕，餂手及所用木钵，以舌代盥洗。手黑如鬼，终身不浣。无碗箸，亦无盐醋诸物调剂。头人或用盐，然惜之如金。

金川夷人之工艺

夷人亦解造纸，利取楮树皮，人锅煮烂，复用杵椎捣之，澄诸清水中。竹帘木械，并如汉式。随造随晒，顷刻可成。虽极坚韧，然质厚理粗，不堪供书写。其有细薄者，颇似高丽纸。楮树自一二尺至四五尺不一，遍地皆有。二三月间开小黄花，攒簇如桂。

金川夷人之索卦

夷人索卦，即蓍卜之法。地上先布土石杂物，卖卜者手执牛毛绳八条，每绳两端各有散毛如流苏，即于散毛上，随手挽结掷地。卦成，取木或石分行标识，如是者三，以定吉凶。

金川夷人之弈棋

夷俗弈棋有两种。一名板带屑，二人对下，枰内二十四位，人各十二枚，子先尽者为输。一名孔屑，与汉大马赶将军戏同。无象棋、围棋诸戏。

金川夷人之数理

夷俗于数理一道，不知有乘除诸法，所恃唯牟珠一串，曰诵佛所需，亦即用以记数。多一曲折，即茫然不知所为也。

金川夷人之语言

金川夷人，语言诙异，谓水曰答几，火曰窦米，称其头人曰达鲁，称其土司曰而甲而布，非通事译字，不能解也。

金川夷人之幻术

夷俗能为变鬼法，或男子，或妇女，变形作羊豕骡驴之属，啮人至死，吮其血。学其术者，授咒日诵之，渐能变化，自后或猫或狗，随其意为之。以盗窃人财物，间有被执及击毙者，辄与禽兽无别，唯齿牙如人，不能致变。然则《太平广记》所载报桥三娘子易饼变驴一事，未足惊异矣。

黑帐房生番之生活

绥靖与绰斯甲部落交界，再进十数程，有一种生番，名黑帐房。其地不生五谷，性好剽杀，日以搏取禽兽为业，盖亦打牲夷类。家各畜牛羊千百头，毡肉酪浆，所居无屋宇，以牛皮作穹庐荫庇风雨，迁徙无常，月尝数易，率皆深山穷谷中。其俗无头目，兼并凭陵，自立部落，推剽悍者为雄长。虽巙岩深堑，层冰积雪，辄纵马未尝颠蹶。其地无盐茶、布帛、鼎碗之属，就近番民结数十人贩卖，可博十倍利。其相失在后，及一二人独行，每被抢劫，俗称放夹霸。所产马，性极骁腾，生番亦常挟以易货。

崇化章谷夷女之异装

布拉克底部落毗连崇化，巴旺都落毗连章谷。两处男妇服饰，犹与金川相同，所异者，未嫁之女子不穿裙裤，上衣极短窄，复用麻线及羊毛线粗细如钱串者千百条，长仅尺许，束腰际，垂掩前阴如帘箔，以兽骨裹护尻后，自股髀以下，竟赤无纤缕矣。风吹日暴，色皆类炙脯，严冬亦如之，贫富皆然。乍见令人惊诧，此与裸形国何异？土人云：处女耻言裙，必嫁后始得衣裙，其障身制度何诡异乃尔！

达围寨土司之状况

达围寨凡三层，其制下以栖夷人；中层之右，土司居之，中［左?］为喇嘛诵经所，中供佛；上层则土司妇女所憩也。夷人皆上衣下裳，妇女服长衣，内着裤，辫发作数十条，约之以绳。其衣率厨毯氆氇之属，附以杂色。男女戴喇嘛帽，头目耳缀大环。二瓦寺沃人皆薙发作辫，而金川则多蓄发。

连州八排之瑶风

连地自古无瑶，《连志》载自宋绍兴年间，州乡宦廖姓者，为西粤提刑，及旋里，带瑶八人防道，见连地皆深山峻岭，易于耕锄，遂不去。始居州境油岭、横坑各山，刀耕火种；及日久种繁，越居连山境内。又分五排，曰大掌岭、火烧坪、军寮、马箭里、八峒，其小排十七冲或二十冲，散处不常。皆居峻岭邃壑之中，历年以来，衍息不可胜数。距县治仅一二十里，县治又当五排之隘口。

瑶之先，相传出自盘匏，世远代杳，盖莫可考。性犷而悍，鴃舌侏儺，居高山，刀耕斧种，椎髻跣足。近有入城市者，颇习揖拜，渐次问华风矣。但其人耐寒暑，善走险，精药弩，惯捕猎。儿始能行，烧铁石烙其跟蹠，虽践枳棘嵾石，终不能伤。或令儿童着长齿木屐，旋转石碛上，日十数回登山，俾其习惯陟岭，健如猿猱，平民莫能及，而瑶人亦颇以此自持。良善者重然诺，畏鬼神；奸黠者狡猾难测，奋不思难，逞强行凶，四出劫掠，皆此辈也。远出包裹米饭，虽经时腐败，不以为秽；食毕，掬涧水饮之。窃人牛，刳去其肉，张皮木橛，使中凹可受水，以火煮之，饱餐而去。以牛肉为粮糗，盖其俗使然。又一种，衣食居处与五排稍同，独妇人以三角薄板系髻，名曰带板瑶，住居黄南。又一种，妇人带长笄一枚，名曰带箭瑶，亦居县域。今皆改服饰，守法度，化为良民矣。独大掌岭、火烧坪、军寮、马箭里、八峒五排，未能全变瑶风。

四时之候，寒暑不齐，匝月之间，凉燠顿异。隆冬桃李犹华，盛夏衣不去绵。谚云："不食黄茅粽，寒衣不敢送。"又云："四时皆是夏，一雨便成秋。"每当八九月，寒暑相搏，晨起岚气蔽天，薄午方散，俗谓禾黄瘴，一名黄茅瘴。是时有蜂色黄，鸣飞成队，人谓黄蜂瘴。又木樨开时，岚气随香丽入，俗谓香花瘴。大抵宜咀姜饮酒，勿饱食，勿眠；若或不谨，便易成疾，旅寓者尤不可不知也。若瑶人则全不畏此，诚异事哉！

曰盘，曰房，曰唐，曰沈，曰李，曰莫，曰冯，曰黄，曰邓，曰何，大略不过此十姓。以行次为名，间有呼其别号者，如青菜、烂酒、戆狗、蚂蚁、鸡臀尖、中山镇、老虎擦、黑毛尖之类，必排中之豪者也。

男子皆大领左衽，裤用青布，裤脚以五色绒横绣之，腰间缚包肚，或皮带。少年衣领下加白布一幅，如女子云肩，以绿珠数串缀于白布之上。女衣幅袖以五色绒密绣之，后衣则长过膝，无前襟，余布二幅不绣，左右相交遮肚，转后下垂。女裙前用青布一幅，印白花，名曰裙褦。裙无折，无后幅，用衣遮脚。跣足，素不识履，夜睡亦不洗足。

瑶无冠礼，少年男子以五色彩珠及绵花作条饰髻，上插鸡尾，以为美观。男二十余岁，不薙发，以红布缠头，兼用网巾，穿耳环。女年至将嫁，发长以为羞，择日于私室梳髻，以五色绒绣红布缝为头包，其名曰帕，其状上尖，两角上圆，罩发，昼夜不脱，不令人见。嫁三年后，换白布，不绣绒。

少年男女唱歌山坳，其歌男炫以富，女夸以巧，相悦订婚，宿于荒野。或会度衫带长短相同，遂为婚。次日告父母，方请媒行定。用红纸包盐十二两，又用茶一包，系以红青麻线，银一钱二分为定。近岁间用年庚行定，及娶办银二两四钱，贫者或一两二钱，猪肉四十斤，富者或六十斤，酒一壶，鸡一对，用糯米作圆糍，大如月饼，为聘。女家用一十四人送之，男家各酬牛肉一十二斤。婚日，新郎避出于外，至夜卑幼送回，成婚不告。野合先，婚配后，此为悖谬之甚者也。

凡丧，亲族送楮钱一束焚之，白布一幅盖骸，修斋一夜，次早抬尸至山房，用棺木择日而葬。丧家穿白衣。

凡遇丧，亲族用楮线一束、酒一埕为祭，婿用草纸一百张，米一斗，酒一埕。

凡贺寿，亲族用肉一碗、酒一壶来庆。惟婿办鸡一只、酒一壶、布衣一件为祝。岳翁以银一两酬之。

至于岁时之令节，正月初一日，鸡鸣，先击米箕，后击锣鼓，放铳，吹牛角；天明，备酒肉糍茶各二碗，箸两双，拜祖宗。是日，新郎亲送酒肉至岳翁家拜年，主人请亲族聚饮，计客多寡，婿出钱作封，每客送银二分；越日，各客请酒，用生肉二斤为酬。元宵，击锣，挝长鼓，跳跃作态。长鼓头大中小，黄泥涂皮，以绳挂颈，或云亦古制也。男女相杂，至山岐唱歌。三月初三日，谓之开春节，备酒肉，祀祖宗，请岳翁饮酒。清明，凡祭新坟，亲族各送楮钱一束，焚于墓前；主人酬以米糍四块，肉二斤，相聚轰饮；惟婿送楮钱一束、酒一壶。四月初八日，谓之牛王诞节，备酒肉，祀祖宗，请岳翁来饮。七月初七日，谓之七月香节，备酒肉茶盐米糍各二碗，箸两双，祀其先祖。此节瑶人最重，有事于外者，必归其家。每岁至七月，瑶人四出窃牛羊及鱼等物。民国间更加提防。八月早禾初熟，请岳家尝新，又发肉银一钱或五分赠之。十月，谓之高堂会，每排三年或五年一次行之。先择吉日，通知各排。届时至庙宰猪奉祖，列长案于神前，延道士坐其上，每人饭三碗、肉一碟，口诵道经，瑶人拜其下，以筊卜吉凶。富者穿五色绣衣，或袍或衫，必插鸡羽于首，足穿草履或木屐，或赤足不袜，系金银楮于竹篙上，手执之，击锣挝鼓，赛宝唱歌。各排男女来会，以歌答之，至夜宿于亲戚之家。间有以银牌红布作贺者，客回，主各酬以生肉。除夕，备酒肉，祀祖宗，男妇聚饮。客至宜款待者，瑶妇立待左右。

凡相聚议事，必设凳筵以延年老，无凳则以银酬之，名曰坐凳银。此礼犹为近古。

祀神，前用人数队，戴革兜，穿皮甲，持抢链相逐。次以一人抱木像，旋转而行，口作鬼啸。又次老瑶数人，穿红袍或绣衣，皆持白扇，拱手遮面，口中亦作鬼啸。每数步，聚舞喧哗，焚楮放炮。

卷七

广　　东

广东人之性质

广东人富于排外性，无论政商学界，乃至劳动苦力之夫，莫不抱此思想。属彼乡人，虽甚恶之，不肯扬其恶；苟非其类，虽所爱好，必欲屏斥以为快。如对外交涉，历来争持之烈，均为他省所不逮。其爱国爱乡之忱，均堪惊叹。

粤人性情高亢，不为人屈，酒楼茶肆之役，人唤以“伙计”则应，呼以“堂倌”则怒目而视。绅富之家雇用舆夫或男女仆役，均称“请”而不称“雇”。其主人则多与仆役共饮食，惟遇有生客则否。

粤人好大而喜新，急功而易动，故为之长官者，遂不易驾驭。彼等对于官厅，其初至也，一事之合，奉之若天人；其莅久也，一事之失，恨之若仇雠。有能以新学说、新主义相号召者，倡者一而和者千，数日之间，全省为之响应，虽以势力制之，此仆而彼起，莫能遏其炎焰。故有利用之以作奸犯科者，有善导之而创建功业者，皆较他省易于措施。

粤人性质既刚，其流而为盗贼者，则更进而为犷悍。粤盗之盛甲全国，劫兵轮，抢军械，掳人勒赎之风，视为司空见惯。但以穿窬派论之，此辈常挟利军器于身，弗愿人见，或瞪目视之，彼恐其相识也，无论如何哀求，决不相舍，必欲制其死命而后已。故老于粤中者，遇此等事，只合阖眼假寐，任其胠箧，方能免于难。此亦可见粤人犷悍之一斑矣。

外郡土客，仇杀未已，且不受官劝。乡村族居，多建炮台，县官催科，动必发兵，幸而战胜，惧乃纳税。省中录囚，日署百人，皆无辜之穷老，受钱而代死，子卖其父，如犬羊然。轻命嗜货，有如此者！

广东之赌风

广东地性蒸暖，易生疾疫。民无正业，习为博盗，白昼攫金，雾刃连队。有白鸽标之戏，标主以《千字文》二十句为母，每日于二十句散出二十字，令人覆射，射中十字者，予以数百倍之利，其余依次而降，四字以下为负。其法以二文八毫钱为一标，由此而十、而百、而千，悉从人便。其名有一炷香、八搭二、九撞一、大板罾、小板罾、河汉百子图等目。谓之鸽者，凡鸟雄乘雌，鸽则雌乘雄，且性喜合，以八十字之雌而十字之雄，最易合者也，义盖取此。此敛财之巧术也。意钱掷骰，割肉悬壶，藏钩压牌，皆供赌输。愚者倾家，智者疲神。

广东妇女之特性

粤中妇女，向称贞节。女子作嫁后，果系贞节，夫家则多备烧猪分馈戚友，床第之私，守宫之验，明告六亲，夸以为荣。否则夫家之人，群起而逐新妇，途中且杖而驱之，使弗能为人。故妇女于能吃烧猪为荣，非是为辱，则父母国人皆贱之。

广东女子，多有犯绿郎以死，男子多有犯红娘以死者。谚曰“女忌绿郎，男忌红娘”，盖皆婚姻不及其时，情欲之感所致也。

广东之妓女

粤中妓女，向称老举。“老举”二字，不知何所取义。或言老举当系老妹之讹，“妹”者女子也，“老”者称谓发语之词，犹言老李、老张也。雏妓则称琵琶仔。粤人言及物之小者曰仔，读音如者。琵琶仔者，或言捧琵琶之雏妓，或言其身躯幼小，绝类琵琶大小也。此等妓女，初见时不问姓名，不通款曲，与之语，正色作答，意尽而止，不多赘一词；苟弗与语，则终席不发一言；或偶触以手，则趋避不遑，若将浼焉。席终，索局资，声色俱厉。畀以毫子，则掷地辨声；苟有铜毫，或不能通用者，当场请易，不稍假借，虽叫至十数次，不改其态。其冰冷之气，直如令人坐冰窖中。然至资格渐老，交情既深，则脉脉深情，常流露于不知不觉之间。或两情契洽，金屋娇藏，又能始终不渝，坚贞自矢。故老于冶游者言：粤妓愈做则愈热，义益深，情益厚；外江妓愈做则愈薄，交益密，竹杠益大。此虽不能概及全体，然大致固如是也。

广东之生活状况

粤省与外人通商最早，又最盛，地又殷富，故其生活程度冠于各省。而省城地方，则殆与欧美相仿佛，较上海且倍之。房屋一项，自马路通行后，普通每幢每月，亦在百金以上，惟大抵为三层楼居多。若繁盛市场，如长堤、西关一带，则更昂矣。寻常日用之需，食米则每元自十斤至十二三斤，菜蔬之价与上海差等，肉食亦然。大抵食猪者多，食牛羊肉者少。然每日宰牛之数，常至二三百头左右。绸缎一项，大都来自苏杭，除先施、大新两大公司外，未见上等货色，而取价奇昂。若土产之生丝织品，则廉而耐久，常供中下社会之需，上等社会所弗屑也。土布之产出，种类亦多，足敷一省之用而有余。

粤人自奉颇厚，虽编氓之户，食必有肉，米必上白，亦他省所罕见。其佣为人男女仆人者，每月工饭亦在五元左右，盖非此不能自生活也。此外，舆夫则每名十三四元，车夫亦在十元以上；街车街舆，价亦甚贵，大抵必倍于海上也。此为省城生活程度之概况。香港则与之相等，而澳门、汕头次之，各小商埠又次之。若夫消耗事业之发达，尤有骇人听闻者。

广东之礼俗

粤俗凡婚丧等事，其施放爆竹，最为热闹。甚至国家庆典，欢迎佛人，或新官就任、机关开幕，亦非此不可。

又粤俗，凡遇公私喜庆等事，有舞狮之举。法用大鼓一面，其声蓬蓬，后随刀叉之属，中以一人扮作狮形，沿街舞蹈。此俗以新年为最多，犹之绍俗之龙灯会，而较有尚武之精神焉。

广东之戏剧

广东省城有戏院四所，曰河南，曰海珠，曰乐善，曰东关，均演粤剧，唯东关戏院开演京剧。剧场组织，均极简单。平时售价，有贵妃床对号（即上海之特别正厅）及头、二、三等之别，自一毫至一元不等。若遇名伶奏技，则更为昂贵。至戏剧内容，大抵重文而轻武，或武生绝少，戏亦不多。所演各戏，皆从头至尾，一夜演完。近年以来，亦颇注重布景；然戏馆之建筑既不适法，布景亦不能完备。唯伶人所用服装，则争奇炫异，推陈出新，绚丽异常。

广东之宴会

广东之酒楼，可谓冠绝中外。其建筑之华美，陈设之幽雅，器具之精良，装潢之精致，一入其中，辉煌夺目，洵奇观也。著名大酒楼均在长堤一带，而城内亦间有之。其制大抵均为四楼，每家房间约二十余至四五十不等，不曰房而曰厅；厅不分号，而别以杨柳、芙蓉、青梅、红杏、太白、少陵、鸿儒、白玉等种种名色，颇不惹厌。此等厅房之组织，均用极珍贵之品，估其价值，每厅有达数千元者。开销既巨，自不得不取偿于顾客。大约每厅大者可容二席，小者一席。厅有租，大者每天八元或六元，小者四元至二元、一元。若逢年节佳日，有增至数十元者。酒楼规则，例无小账。每客一茶，价目二毫至四毫，面水亦然。席间所用酱醋辣质，每人一份，均另外加钱，不在菜价之内。菜以鱼翅为主要之品，其价每碗自十元至五十元；十元以下，不能请贵客也。翅长数寸，盛以海碗，入口即化，鲜美酥润，兼而有之。然以群乐、南园两家为最，外此亦未必尽能合法，常有以数十元之重价，而得恶劣之制品者。此外若烧猪、燕窝等，亦为珍品。至平常之菜，大约自八元至十元，亦颇冠冕矣。酒类甚繁，山西之汾酒与浙江之绍酒，均为社会所欢迎。绍酒价格，每斤常在三四毫间。又有土产之酒颇多，其普通者为白糯米、黑糯米二种，味甘而性亦甚烈。若军政两界及巨商富绅之宴会，则多用洋酒，其值更昂。试以普通宴会之价值计之，厅租四元，茶资四元（以十人计），面水四元，瓜子二元，水果一元，干果一元，牌租一元（粤中打牌不抽头，每牌一副，租金五毫），翅二十元，菜十元，杂项十元，洋酒十元，则已为六十余元矣。若更加烧猪、燕窝、点心、汽水，或叫局唱戏，并小账及客人之轿班、差役等堂金，则已在百金左右，犹为寻常之宴会也。

广东之多妻

广东多妻制盛行。社会上咸以妻妾之多寡，视其人财产之丰啬，故往往有纳妾以为虚撑门面者。闻某富豪家，有胡椒树百零八株，每年收入极丰，而竟娶百零八妾，每妾各收一株之利益，以为饮食服饰之费。至于三妻四妾者在在皆有，盖如此方足以维持其中等人家之体面也。

作妾之妇女，大都出自贫家，此外则娼妓为多。然女学生慕虚荣者，间亦有之。作妾者但求衣食无亏，多不离贰，闺房之私，亦不计较。故一男虽有百十妾，绝少醋海风波，亦无桑间濮上之行。有谓广东妇女不好淫欲者，以此。

纳妾制既如此盛行，一旦死一男子，即产出多数寡妇。寡妇俗称孤矜，又称鬼婆，人咸目为不祥人，以为其夫主之魂魄常随妇身，有娶之者，必受其祟，故辄弃置不顾，无人再娶。其多财妇女，或可借以苦守终身，其贫者常作苦力以自活，欲觅琴瑟之好，其惟再世乎！

客籍之旅粤者，多不忌讳，实亦不必忌讳也。每有贪苦妇之财，娶为妻妾；或虽无财而廉其值，亦有娶之者。如欲娶寡妇时，先请媒人，同至妇家，与妇面谈。如以为可，即面议聘金及迎娶日期，书券为信，届期交款迎娶可也。但无论中意与否，须备红纸包银角二毫，为觌面礼，妇得其半，媒得其半，此常例也。

广东之特殊妇女

瞽　姬

广东有所谓瞽姬者，由营是业之龟鸨，选购秀丽婀娜之女，教之以歌舞，训之以应酬。迨至十四五岁时，龟鸨即施毒手，毁其双目，另装假眼，戴墨色眼镜以掩饰之。于是出而应客之征，卖唱为业，既不辨客之老少妍媸，亦不致有卷逃之虞，惟龟鸨之命是从，亦云惨矣！

妹　仔

广东有中年妇女，专以买卖妇女为生活，出其储蓄，选购贫家娇好妇女，盛为妆饰，运往西洋群岛各商埠，贩与当地华侨为婢妾，获利不赀。被卖之妇女，名曰妹仔。故男子被卖，名以猪仔，义原于此。

自由女

迩来妇女解放之声浪日高，粤已有自由女一种产物。女子至成年后，绝不受家庭之束缚，家庭亦不欲束缚之，凡居住、婚姻，均任女自由活动，俗谓为自由女。此种女子，甚有竟入巫山之梦，上焉者一宵之缠头费不过十元，其次则五元已足。盖欲借以选择乘龙快婿也，苟两情融洽，即可赋《关雎》之什。此种举动，女不以为羞，家庭亦然，社会亦视之淡然若忘，亦云奇矣！

妈　姐

粤俗中人之家，有所谓妈姐者，即佣妇之称，如苏沪之所谓杜姐是也。唯其性质，与别不同，每当黄昏，或夜阑人静，则常见有时装革履者，浑身黑服，头发光鲜（此等装束，粤谓之妈姐装），或三五成群，或独行踽踽，于西濠、长堤、十八甫一带，出没其间。此种人以一般青年寡妇居多；间或罗敷有夫，而为穷所迫者；亦有乡村少妇，既嫁而不肯归夫家者。闻此等妈姐，尝自立一行，其团体力甚大。有以月得之工资储蓄为会，或畜少婢以为货殖者，名之曰妈姐妹。然其中黑幕甚多，一入彀中，弊端百出。

妈姐之性质，不注重于月薪，别具一种思想。其有少年娟秀者，价值亦必较其他为昂。一入主人之家，莫不殷勤侍奉，逾于仆婢，务得主人之欢心。若主人年纪老迈而有少妾或小姐者，则必深得少奶奶及小姐之欢。于是由恋爱而信任，往往有席卷而逃者。否则多方引诱其少奶奶出外为非作歹，一般登徒子多借为引线。若其主人年尚轻而或有少主人者，妈姐必曲意奉承其主人或少主人，日久月累，于是桑间濮上，月夕花晨，而主人不可一日无此妈姐矣。甚或有名为佣妇，而阴为侍妾者。形形色色，不堪尽录。此妈姐对内之手段也。至若公余饭后之时，盛服靓妆，漫游于洋场僻道之中，一般轻薄者，或以语言调笑，作自荐之机，或明讥暗讽，为挑引之资，果属俊俏风流，不难另眼垂青。故粤之嗜此者，谓为淘古井（粤俗以人财两得为淘古井）。此妈姐对外之手段也。相沿既久，甚至有大家闺秀，亦效其装束，盖以其能惹起旁观者之特别注意也。

蛋　妇

粤有所谓水鸡者，即所谓蛋妇也，以其居水滨，故名。浮家泛宅，一叶扁舟，日以渡人为业，生涯亦颇盛。顾此等水鸡，则注意于夜市，所撑之艇曰沙艇，装璜美丽，洁净非常。每当夕阳西下，则灯火齐明，沿河一带，如西濠口、长堤、沙基等处，济济溶溶，触目皆是。一般青年蛋妇，盛服艳装，坐以待客，或高唱其咸水之歌，或娇呼其唤渡之声，于是叫艇呀、游河呀、乘凉呀、过夜呀，一片柔脆声浪，乍聆之如春莺出谷，殊令人解颐。遇炎夏时尤多。第见其衣黑绸之衣，长者及膝，着黑绸之裤，短及于胫，赤足盘坐，而露其雪白娇嫩之肤焉。夜度之资甚廉，然多麻疯之症，偶一不慎，则祸立随之矣。

广州岁时纪

六月初六日，俗传为龙母娘娘诞日，群趋悦城庆祝之（悦城在德庆县，地濒西江）。是时建醮演戏，异常热闹，多有集会贮款、届期偕往参神者，数日后始返。惟是月西潦正盛，轮渡往来，以载客日众，常遭沉没，官厅每加禁止。又是日人家多检衣物曝之日中，故谚有“六月初六晒衣服”之谣。

十三日，俗传为鲁班先师诞。建筑家及水木工匠最敬奉之，是日休业庆祝，亦有建醮巡游之举。

十九日，俗传为观世音诞日，群往拈香顶礼，尤以妇女为盛。多有联集观音会，醵资为礼神用费，热闹极盛。

六月前后，城西荔枝湾，荷香荔熟，游客扁舟一叶，纳凉其间。夕阳西下，清风徐来，裙屐少年，三五为偶，游宴竟日。

七月初七日，俗传为牛女相会期，一般待字女郎，联集为乞巧会。先期备办种种奇巧玩品，并用通草、色纸、芝麻、米粒等，制成各种花果、仕女、器物、宫室等等，极钩心斗角之妙。初六日陈之庭内，杂以针黹、脂粉、古董、珍玩及生花、时果等，罗列满桌，甚有罗列至数十方桌者，邀集亲友，唤招瞽姬（俗称盲妹），作终夜之乐。贫家小户亦必勉力为之，以应时节。初六夜初更时，焚香燃烛，向空礼叩，曰迎仙。自三鼓以至五鼓，凡礼拜七次，因仙女凡七也，曰拜仙。礼拜后，于暗陬中持绸丝穿针孔，多有能渡过者，盖取“金针度人”之意。并焚一纸制之圆盆，盆内有纸制衣服、巾履、脂粉、镜台、梳篦等物，每物凡七份，名梳装盆。初七日，陈设之物仍然不移动，至夜仍礼神如昨夕，曰拜牛郎。此则童子为主祭，而女子不与焉。礼神后，食品玩具馈赠亲友。拜仙之举，已嫁之女子不与会，唯新嫁之初年或明年必行辞仙礼一次，即于初六夜间，礼神时加具牲醴、红蛋、酸羌等，取得子之兆。又具沙梨、雪梨等果品，取离别之义；惟此为辞仙者所具，他女子礼神时，则必撤去。又初七日午间，人家只有幼小子女者，咸礼神于檐前。礼毕，燃一小梳装盆，曰拜檐前，祈其子女不生疮疥。俗以檐前之神为龌龊神也。复有一事，即于是日汲清水贮于坛内密封之，尝久贮不变臭味，曰七月七水，调药治热性疮疥，极有特效。

自七月朔至月望，俗名七月半，又称鬼节。各家皆择日以金银衣纸（即各种色纸，俗以为可制冥衣）、溪银（即冥中钱币）、元宝等冥具，盛于纸囊，加封缄固，称为包袱，书先人姓名官阶于其外，人各数包不等，于午后具酒馔祭祖毕，燃化之，曰烧衣。其夜又以种种冥具及水饭酒菜香烛等祭于门前，以祀无主之鬼魂。祭毕，燃冥具，舍酒饭于门首，曰烧幽。最后掷铜钱于街中，其意原借金声驱鬼，唯顽童多来争拾，闻声预集，喧攘无似。又烧衣亦有延迟至十五日以后者。

七月初六日，俗传为康元帅诞日，群往沙头庆祝之。（沙头，地名，属南海县辖境，在省城西，有水道可达。礼佛者舳舻往来，衔接不绝。）亦有所谓主帅会，即醵资以供礼神之用。

七月十三日，僧尼寺院有盂兰胜会之举。诵经施食，以祭幽灵。亦有人家附亡人牌位于会中，曰附荐。其妻孥女眷等，日夕临吊，哭泣甚哀，并有口串文语，随哭随道，如歌辞焉。（粤俗凡遭丧故，女界多如是哭奠之。）盂兰会至十五日停闭，焚金银纸衣及纸制用物住宅等。

七月十五日，俗称为中元地官诞，礼神者多往观音山三元宫庆祝。

七月廿二日，俗称为财帛星君诞，建醮庆祝，各界皆拈香虔礼之，并有燃花炮、接胜灯之举。

七月二十四日，俗称郑仙诞。郑仙即安期仙，飞升于省城东门外白云山，祠宇在焉，曰郑仙岩，又曰云岩。礼神者皆往庆祝之，谓之游白云。并顺道游览附近诸名胜，如白云、双溪、濂泉、能仁、景乐诸僧寺，云泉、碧虚诸道院，九龙泉、摩星岭、滴水岩、蒲涧、濂泉之胜，有流连数日始返者。惟游玩者终不及礼佛者之盛，虽妇女亦间关跋涉，趋往礼佛。然陆道交通不便，且时有盗贼之虞，非合群未敢轻往。俗以曾游白云者，身体必加强健，故趋之若鹜。又俗以凡游白云，至少必二三年继续往之，甚有每年必往参礼者。又是曰俗称城隍诞，廿三夜间，乡人及蛋户等，群往城内惠爱街都城隍庙露宿一宵，曰打地气。庙内外栖止殆遍，几无尺寸隙地，男女杂沓，扶老携幼，流弊甚多，地方官严厉禁之。俗以曾打地气者凡百顺遂，故乐此不倦。又是夜子时祝寿，凡上头炷香者，获福无量，故非有权势者不可得。而打地气之流，其初盖为炷香较早，后乃失其本旨，直曰打地气。

七月卅日，俗称地藏皇诞。苟是月小建，则地藏皇不开眼，大建则否。各家于是夜燃多蜡炬于中庭，以清香纸宝祭之。

九月初三日，俗称灶君诞，东厨司命定福之神，各家无不牲醴敬祝之，贫家亦必焚香燃烛，勉尽其仪。

八月十五日为中秋节，俗称八月节。节前十数日，市面有月饼出售。饼作圆柱形，高及二寸，径不及三寸，有酥皮、硬皮二种（俗有专以硬皮者为月饼，酥皮者曰酥饼）。酥皮饼其皮为多数极薄层垒，富于脂油，作红黄白赭诸色。硬皮饼其皮仅一较厚之层，以火烘作赭色而已。无论何种，因其馅之材料不同设立种种名目，如味咸者有咸肉、霉肉等月饼，味甜者有甜肉、金腿、烧鸡、叉烧（叉豚肉而炙熟者，俗曰叉烧）、豆沙、豆蓉、莲蓉、麻蓉等月饼，殚于缕述。购饼之店曰茶居，平时售茶，届八月时，其门首悬一挑凿通花之金碧木牌，颜曰“中秋月饼”，他时除去之。又有所谓月光饼者，饼甚小，其表面绘花草人物等，载以宏大华丽之玻面锦盒；其劣者粗加绘彩，纸盒盛之。节前数日，各家以月饼为馈赠之品，配以橼柚鸡鸭等，并以月光饼分遗小孩。节日互相庆贺，名曰拜节。祀神祭祖如仪。是夜以橼柚、月饼、果品及炒螺（石螺、红螺之属炒熟之，味甘可食)、香芋等拜月。夜半设酒馔中庭，宴饮为乐，曰赏月。翌夜再宴饮，曰追月。赏月、追月之宴，有于珠江之滨，雇河道船畅饮者。船宏大，陈设精美，调制肴馔，每有独到之妙。又是夜各家，以小灯联续多数，砌成字形或特殊形，高揭于家屋之高处，曰庆贺中秋，俗曰竖中秋。满城灯火，如明星罗列。即小孩亦有提灯之会，盖取光明之意。俗以十五夜月色明亮无瑕，则是年食用油类必平售，否则价昂。十六日，外嫁之女回母家拜节，亦称钻节罅。

广州之中秋节

一

广州每至八月初间，城中各饼店门前挂一挑凿通花金色之木牌，上刻“中秋月饼”四字，很是精致；直到中秋以后，才将除去。店中陈列之月光饼有圆式者，有方式者，有椭圆式者，有多角式者；大小亦各不同，有大似盘者，有小似碗者；表面用种种颜色，绘花草人物等图，装以玻璃盒或纸盒，甚是美丽，人家多买之赠送亲友。另有一种月饼，因馅之材料不同，分甜肉、咸肉、豆沙、豆蓉、莲蓉、蒜蓉、烧鸡、烧鸭、金腿等种种名目，节前人亦多买之赠送亲友，名曰送节。迨至中秋节一日，各商店、各工厂均皆休息。是日清晨，各家将月饼、柚子及各种果品，陈列桌上，焚香燃烛，祭祖礼神。家中大小，互相庆祝，并有到亲友家去庆贺者，名曰拜节。迨至夜间，在天台或后园旷地，陈设方桌，陈列月饼、柚子、炒螺、香芋等，并燃香烛。各妇女向明月礼拜，拜毕，燃放爆竹，并坐明月之下，谈话、说笑、唱歌、食果饼，并有设筵夜宴者，至深夜月落，才各散去，名曰赏月。亦有在翌夜再宴饮者，名曰追月。赏月、追月，亦有在江滨上，雇定河船，在船上举行者，乘凉畅饮，颇甚愉快。各家男女，并有在节前数十天，用竹条扎灯笼，及果品、鸟兽、鱼虫，并各种庆祝中秋字样，上糊色纸，绘各种颜色，中秋之晚，燃烛于内，用绳系于竹竿之上，高树于瓦檐或天台之上，光亮灿烂，实与明月争辉。有时并有童子提灯会，沿街游行唱歌者。

二

广州有竖中秋之举。“竖”字之义，颇涉不经，亦习惯语也。盖广州屋宇，多有楼台，中秋之夕，咸竖旗于台上，饰以灯笼。富家所悬灯笼或至百数，砌成“庆贺中秋”等字，年来有用电灯者，高可数丈，家人咸集于台中，聚饮为乐。而中人之家，竖旗一杆，灯笼两颗，亦自乐其乐。是夕若登高远眺，光芒万丈，不啻琉璃世界也。粤谚有云：“八月十五竖中秋，有人快活有人愁。有人楼上吹箫管，有人地下皱眉头。”语虽鄙俚，颇得“今夜月明人尽望，不知秋思在谁家”之遐想。

中秋夜相传为月生日，拜月之风，非独粤省为然。其特异者，则礼节及果品也。月姐人称之为女神，故拜月之义务，多属妇人或女子。行礼之时刻，必以夜半，细语人不闻，北风吹裙带，至今思之，粤俗犹古风也。果品多用芋头、柚子、菱角、月饼（其味之精美，为各省所无，上海所销售者，亦远不及之）等类。拜月之后，即将是月所售入之柚子剖食，如柚子中通者，可卜吉兆；否则是年多忧闷（按上等柚子多中通），亦迷信也。芋头必载以大盘，中藏一大芋，名曰芋头母，其旁则绕以小芋，取子孙众多之义。

月光书之俗，四乡多行之。虽然“月光书”数字，颇不明了，惟欲解释月光书之意义，不可不先知粤省之木鱼书。木鱼书者，粤曲之一种，纯用粤语以为弹唱，亦如上海新滩簧之一种也。木鱼书之种类极多，如《客途秋恨》、《三娘教子》、《蒙正拜灶》等类皆是。月光书者，即中秋夜所卖之木鱼书也。是夕玉兔初升，卖者咸集于道，高呼“月光赢”不止。盖粤人讳言输，“输”与“书”同音，故然。妇孺多争购，以卜吉凶。如所购者为《客途秋恨》，则有落魄之兆；如所购者为《蒙正祭灶》，则有先难后易之兆。殆粤人无一而不迷信也。

迷童子之俗，本与中秋节无关，惟迷童子多行于中秋最后之数夕，因月明如昼，后有谓必于是日举行，始获灵验，故亦成中秋节之习俗焉。其法先择男子一人，令合眼危坐。作法者乃先烧符一度，其符咒极简单，人多知者。令数人手持香火一大把，向童子前后摇曳，若画圈然。约半小时，童子即喃喃自语。众乃呼曰：“师傅至矣!”复问曰：“师傅喜用刀耶，抑剑耶?”问至男子点首，即为合意，众乃以器械授童子，觉飞扬起舞，若有家法。演毕，男子即睡倒，呼其名即醒。或曰：是殆野鬼游神所凭借也。惟中秋节前后，迷童子之俗所在多有，何野鬼游神若是之多也！殆亦精神作用，男子久坐为符火所迷，遂动作于不自觉耳。

又粤俗八月朔日，诸女士树三角小旗于庭院，上缀银铃、刀剑诸物，风过锵然，殊堪悦耳。夜则悬红灯三碗于竿头，至月晦始罢，洵兰闺韵事也。

广州之七夕

广州风俗，綦重七夕，实则初六夜也。诸女士每逢是夕，于广庭设鹊桥，陈瓜果，焚檀楠，爇巨烛，锦屏绣椅，靓妆列坐，任人入观不禁，至三更而罢，极一时之盛。其陈设之品，又能聚米粘成小器皿，以胡麻粘成龙眼、荔枝、莲藕之属，极精致，然皆艺事，巧者能之。惟家家皆具有秧针一盂，陈于几，植以薄土，蓄以清泉，青葱可爱，乃女伴兼旬浸谷，昕夕量水，凭炎热天时酝酿而成者。睹此觉中土“谷雨浸谷，芒种莳秧”之说，犹滞古谚，拘于地、囿于时也。广州盛暑时，昼皆衣单絺衣，夜较凉，可衣复絺衣，其天时如此。粤稻岁两熟，七月莳秧，十一月刈稻，以为常。

广州之金花夫人

广东金花夫人庙最多，其说不一。或曰金花者神之讳也，本巫女，五月观竞渡，溺于湖，尸旁有香木偶，宛肖神像，因礼之月泉侧，名其湖曰仙湖。或曰神本处女，有巡按夫人方娩，数日不下，几殆。梦神告曰："请金花女至则产矣。"密访得之。甫至署，果诞子，由此无敢婚神者。神羞之，遂投湖死。粤人肖像以祀，呼金花小娘。后以能佑人生子，不当在处女之列，故改称夫人云。神诞为四月十七日，画舫笙歌，祷赛极盛云。

广州之仔字称呼

粤俗呼泥腿曰滥仔，呼幼稚曰小仔，呼幼女曰柳阴仔，呼使女曰美仔，呼十岁内男女曰囱门仔，呼纨袴曰河官仔。案："仔"即"崽"字，音宰，北人以为骂詈之词，与羔子、蹄子等矣。

广州之密蔷薇习俗

嫁女送亲，所在皆然，广东顺德县为尤甚。凡来者环立门外，主不迎送，亦不供茶酒，名之曰密蔷薇。

广州之飓讯

粤中濒海多风，正、二、三月发者为飓，五、六、七、八、九月发者为台。台甚于飓，而飓急于台。习海道者设为占候之法，或按节序，或辨云物。正月初四日为接神飓，初九日为玉皇飓（此月验也，一年皆验），十三日为关王飓，二十九日为乌狗飓，二月初四日为白发飓，三月初三日元帝飓，十五日为真人飓，二十三日为妈姐飓（即天后诞辰也。凡真人报多风，妈姐报多雨），四月初八日为佛子飓，五月初五为屈原飓（系大台之旬），十三日又为关王飓，六月十三日为彭祖飓，十八日为彭祖婆飓，二十四日为洗炊笼飓（自十二日至二十四日，皆大台旬），七月十五日为鬼飓，八月初五为大台旬，九月日九降（自初一日起至十八日止，往往风迅发不常），十月初一为大台旬，十八日为弥陀飓，十二月二十四日为送神飓。飓可支，台不可支，盖飓散而台聚也。

广州之娘妈会

旧历三月十七日，广东有娘妈会之风俗。凡值会者，于是日必备具烧猪、红包、棋子饼以及各种之果子，或各种之糖果，一直扛到庙中祭娘妈，俗称做寿。祭毕，全体会友到当值会者之家中，将祭品大家平分，携回家中，俗呼抽肴。与绍俗之子姆会，实大同而小异也。

广州之银洋称呼

粤中所用之银不一种，曰连，曰双鹰，曰十字，曰双柱，曰北流锭，曰镙，皆乾隆初年以前所用。其后外洋钱有花边之名，来自墨西哥。又有鬼头之名，盖外人往往以其国王之像印于钱面也，今民间呼为番面钱，以画像如佛，故又号佛番。南、韶、连、肇多用番面，潮、雷、嘉、琼多用花边。粤中用钱，千敲百凿，率皆烂板。其发江浙者，曰出舱光板，无一鏨痕。每圆以广平秤之，足重七钱二分，以寻常通用烂钱易之，每元加二三分、四五分不等。

广州之麻蛋烧猪

煎堆一名麻蛋，以面作团，炸油镬中，空其内，大者如瓜。粤中年节及婚嫁，以为馈遗。又粤俗最重烧猪，娶妇得完璧，则婿家以此馈，女氏大族，有用至百十头者，盖夸富也。如不致送，则媒氏随押妆奁，背负其女而归矣。其他赛愿敬神之事，率皆用之。最足奇者，观音诞辰，亦荐此品，岂佛门清净之戒，不至南天欤？

番禺之婚俗

乡间娶妇，大约过礼后三五年迎亲，迎亲后又三五年而新妇乐家。此固习俗使然，而老婆债亦为一重要原因也。盖贫家娶妇，亦须用数百金，其金多由息借或请会执会而来，是谓老婆债。过礼所用，以至迎亲，恰可清还；迎亲所用，以至乐家，又恰可清还。还清老婆债，然后谋所以养妻子。贫人生计，大都如是。

乡中女子，习染归宁不返之风。回輾即返母家，及将满月，再回夫家数日。此后则元日、端午、中秋，照例须回夫家过节。有不愿者，先时逃避，谓之走节；节后数日，便归母家。亦有终身避匿，不回夫家，亦不回母家者，谓之走密身；迨至夫死，乃如常出入。又有为夫立妾，以遂其不返之愿者，谓之赔银；贫家多有之。

女子出阁后，约留夫家数日，即回輾。自是除过年过节外，以在母家之日为多。必俟有子，始肯乐家；否则迟至十年八年者有之。若逼之太甚，则往往轻生服毒死。故为翁姑者，每托词姑病，接妇回家。留三两日，妇又常托词送嫁，仍返母家。谚曰：“家婆多病痛，新妇多嫁送。”所谓多者，非真多也，皆托词耳。

乡人因女子乐家迟，故早婚者多。中人之家，大约十七八岁便置家，盖待至新妇乐家，亦已二三十矣。若贫寒之家，则娶者迟，嫁者亦迟，往往四十乃有子。此富家较贫家所以常多一二代也。

俗谓弟妹嫁娶先于兄姊为跨（读揽去声）头，兄姊不能嫁娶，致误弟妹之婚期者为阻头。阻头不便，跨头不祥，故通常十二三岁即定婚。然有因拣择过严致成阻头者，谓之拣大；父母心急，即草草为之结婚。谚曰："千拣万拣，拣只烂灯盏。"盖指此也。女子自梳，多于此时行之，亦有伺他家男子夭折，往为执丧者，谓之冒贞。总之，自梳、冒贞以及归宁不返之俗，皆"阻头不便，跨头不祥"之说有以致之也。

乡中多有子娶妇，满月后即使之过埠谋生者。夫无怼语，妇亦无怨言。盖徒有夫妇之名，而未有夫妇之实，故皆淡然若忘也。数年之后，其夫归里，而新妇恰亦乐家矣。顾往往有嫌其妇年老或貌丑而买妾者，此则家庭之变，抑亦风俗之羞也！

乡间妇女，视贞洁二字最重，足称节妇、烈妇、贞女者，随处有之；而再醮者则百不一二，间有之，辄为姊妹所不齿，绝之终身；若淫奔，更不经见。贞洁自守，相习成风，偶遇干戈，死者无算。闻咸丰间此风最盛，因拒贼而死者甚多，惜文献不足，乡人仅能言其事而不能举其人，致轰轰贞烈，竟湮没而不彰，真一大憾事也。宁死不辱，今犹及见。间有过激者，因不愿与夫同室，或仰药以死，或乘隙而逃，或罄所积蓄为夫立妾者，视男女同室为大辱，等生命于鸿毛。此为乡间妇女之特性，若能维持之不使太过，风俗之美，何以尚之。顾自富人之势盛，而婢子之廉耻无存；自由之说行，而闺女之风纪渐坏。涓涓不息，流为江河，良用隐忧，曷胜浩叹！

番禺女子之不落家

大抵主张女子不嫁者，当以女子之生计为重要问题。盖女子确能自立生活，不需男子之扶助，即父母之力亦无依赖之必要，夫然后可言不嫁。番禺土地膏腴，居民多以蚕桑为业，家无贫富，其女子皆能采桑缫丝，一日所得，多则可七八角，小者亦三四角，乡间生活程度，固不若城市之高，以此自给，绰然有余。彼辈既有所恃，又以嫁为人间最羞辱之事，于是遂相约不嫁。即为父母所强嫁，亦必不落家。不落家者，嫁后不与丈夫同寝处，越日仍归母家，与同党姊妹为伴，谓不失落于夫家之意也。闻彼辈同性相处，情若夫妻，对于背约嫁夫者，虽无一罚惩之专条，然设为同伴姊妹所知，则预先锢之别室，不令返家。故为父母者，对于其女子嫁期，必先守秘密，时期已近，然后预备密室，闭其女不使外出。女之伴侣必相率而来，仍欲劫之他所，使不得应期成礼；或向之声罪致讨，诘责之，殴击之，致嫁者每有哭叫寻死之举。顾此为朋辈私约，不敌其父母之威权、男婚女嫁之通例，于是彼辈之第一步不嫁主义已经失败，则进而行其第二步之不落家主义。于将成礼之日，先将嫁者之衣服脱去，用布袋将其上下体遍加束缚，更密缝之，以为符记。及次日新妇归母家，诸女伴乃验其带裹线缝之封识，若不符原式者，必相聚而痛殴之，虽父母无如何也。以故新婚之夕，新妇每因抗拒其夫之行使夫权，恒至用武，相视如仇，殊足令人捧腹也。虽然，彼辈若果以嫁夫为莫大羞耻，或以不嫁为免其生育之痛苦、室家之系累，则实行其独身主义亦是一种问题。乃彼于桑间濮上，男女杂作，每多自由恋爱之事，又或不愿嫁其父母代择之男子，而必嫁其自识之男子，亦是一种问题。乃彼既不告其父母以所欲嫁之人，又不愿意嫁其父母所代择之人，又非实行真正之独身主义，不过借不嫁之名，以便其桑间濮上、朝秦暮楚之多夫主义，及至春风暗度，豆蔻含胎，深恐泄漏春光，于已所宣示于人之不嫁主义有所矛盾，则不免有绝无人道之堕胎情事。我恐此种行为，虽持自由恋爱议论者亦当不取，尚有何言者！

至于既嫁而不落家之女子，虽居于母家，究因继续宗祧为我国人公认为人子莫大之责任，彼不落家之女子，不敢公然以个人私心，显违宗族社会通例，于是富者输款于夫，俾其娶妾（在别处娶非不落家之女子），然后一己可以自由。否则，年时令节亦必裹粮归夫家，住宿一宵而去（粤俗女子既出嫁者，不得在母家过节）。在此一宵间男女同处，未免有情，且距婚期已远，同伴之监督已疏，夜阑人静，事可自由，百炼钢或为绕指柔，固意中事。故不落家之女子，与其所天，经此数次之化合作用，往往发生肉体之关系，而成子姓。既成子姓，不得不正式宣告落家，至是所谓不嫁之贞女，遂一变而为已嫁之妇人；已嫁而不落家之妇人，又再变而为落家生儿之当家妇矣。

吾文至此，已无可述，兹再记一二实事，以为吾文之实证，并以助阅者兴趣。顺德某氏女，于田间姘一男子，爱恋有日，父母不知也，旋以女许配某氏子。新婚之夕，女坐洞房中，见夫来，俯首至臆，不敢迎视。久之，夫欲与合，女不从；夫强之，女悉力抗拒，竟至用武。正撑拒间，其夫忽大声曰："汝毋庸徒事拒抗，试观我为何人！"女闻声诧异，急偷视之，即素所恋爱之人也。又某氏女，嫁后即归外家。此女固多所恋爱，念一经落家，则相与行乐者唯丈夫一人，独乐之乐，不若与众共之，朝暮秦楚，政由己出，乐之至也，因亦不落家，而邻右飞短流长，丑声四播。夫闻而侦之，一日，遇女于林中，见与男子戏。夫亦不言，次日，即遣人示意于女，索金娶妾。女积蓄富，立出八百金与之。其夫乃以五百金别纳处女焉。（编者按：此篇所纪，与前篇微有出入，姑存之以供参考。）

顺德女子之金兰契

金兰契俗名夸相知，又名识朋友。其俗不知始于何时，或谓始于丝厂之女工。粤省业丝，以顺德为尤盛。其厂内纺茧缫丝，皆全用女工，其数常至数百人。女工之感情遂日洽，故有择其平日素相得之一人，结为金兰之契，其数仅为二，情同伉俪。后佣妇多效之，浸假而大家闺秀亦相率效尤，遂成风气矣。其内容，男界或不能尽知者。其契约成立之手续，必须双方允洽，颇具法律之形式：如双方颇有意，其一方必先备花生糖、蜜枣等物为致敬品，以为意思之表式；若其他方既受纳，即为承诺，否则为拒绝。至履行契约时，如有积蓄者，或遍请朋侪作长夜饮，而其朋侪亦群往贺之。此后坐卧起居，无不形影相随，曾梁鸿、孟光不足比其乐也。契约既经成立，或有异志，即以为背约，必兴娘子军为问罪之师，常备殴辱，几成一种习惯法。按：二女同居，虽不能具有男女之形式，实具有男女之乐趣，或云适用磨擦力，或云适用机械的，此言不雅驯，缙绅先生难言之。彼辈更择有后代（即嗣女）以承继其财产，后其嗣女复结一金兰契，若媳妇然，如血统之关系，亦云奇矣。

顺德女子之不落家

不落家之风，与金兰契实有连带之关系。彼女子既有金兰契，遂共约不适人；后迫于父母之命，强为结婚，乃演成不落家之怪剧。不落家者，即云女子已嫁，不愿归男家也。金兰契之风，以顺德为最盛，故不落家之风亦以顺德为独多。女子嫁期有日（粤语谓之知日），必召集一群女子（粤谓之花枝群），作秦庭七日之哭，如丧考妣，其金兰友亦在焉。临过门之夕，嫁者必被带束缚，其状若死尸之将入殓，复饱喂以白果等物，使小便非常收缩。及归宁后，其兰友必亲自相验，若其束缚之物稍有移动，是为失节，群皆耻之，其女必受辱不堪。故顺邑常有娶妻数年，而不识其妻之面者。每岁翁姑寿辰，或度岁度节，非遣仆役至女家恭接数次，不能望其妇一来；即来亦数日即返，见其夫婿，若遇仇雠，夫妇之道苦矣。前十年尝有迷夫教，致其夫于死者，近年此风少戢，但娶妇非数年后，不能望其常来也。

顺德之婚俗

婚礼之野蛮，各地迥异其趣，但顺德尤为特异。迎娶时新娘登彩舆后，必沿途放声大哭，候将到男家时，其声始辍。彩舆到门，无论冷热，新郎必持一白纸扇，出门时将扇头向彩舆一敲，谓之踢轿门。新娘既入，新郎必先俟于新房门首，门设有竹梯，新郎礼服登至梯之绝顶，亲友群集于梯下，劝新娘以酒，口呼步步高升。俟女仆背新娘至，新娘之高度适与梯等，新郎乘势以手挑其首帕。时新娘带一虎头形之冠，必俟入房后始卸去，且禁儿童遇之，谓煞气急大云。古礼御轮三周，妻至则揖以入，且以宾礼待之，所以致礼也。顺德风俗，竟有绝端反对者。见舅姑时必膝行，庭中置一方桌，新娘膝行于桌之前方，必叩首数次；膝行至桌之后方，又叩首数次。如是周而复始者约数时（粤语谓为跪茶跪酒），新娘多有不胜其苦，而当堂痛哭者。闹房之风则野蛮异常。俗有所谓会友者，其形式又非谱友，盖先未冠者数人联合一小团体，专预备亲娶时互相扶助者也。闹房之际，会友毕集，新娘立于中庭，会友乃多方调笑，或令新娘为不能为之事，稍不如命，则多烧爆竹，新娘面目、手足、衣服常为火所伤，其情状恍若囚犯之行刑。更奇者，闹房时不许新郎在侧，实不知其目的之所在也。

赤溪民俗纪

赤溪蕞尔片壤，土瘠民贫，居民多以耕樵为生，家食自安，争讼者少。唯风俗虽朴，民情实顽，必泽以文化，渐摩日久，方可化为驯良。

境内舟车之属，制极朴陋。舟无篷，炎暑阴霖，均多不便。陆行肩舆只用两竹夹木板坐其下，下横一木，以为足踏，上无帷帘，遇雨则以箬叶围之。乡间有小车，一人手推之，载货而不能载人。观此种种，可见其地民智之愚陋矣。

圣人神道设教，其俗固有不必尽变者，然末流淫祀野巫，遂炫其术以蛊愚氓，则流弊亦不可胜言。赤溪土人祷祀珓卜，颇致诚敬，凡有兴作大小诸事，必卜之于神。此外复有降童，尤涉怪诞。往往自言神降其身，人遂就其占休咎、决从违，一国若狂，奔角［走］恐后。逾时神去，而降童如常焉。《汉书·郊祀志》谓粤人信鬼，不其然哉！

粤东敬神烧爆，谓拾得爆首，则其人生理饶裕，明岁复以大爆酬神。省城以二月，佛山则三月，赤溪则元宵前后数日，特无其繁盛耳。

正月间复有舞狮之戏，锣鼓阗咽。魅面及执矛盾者随之，超距击刺，与舞狮相问。乡人之傩，兼以习武海徼。熙春之乐，大率类是。

赤溪俗，嫁娶之日，彩舆凡经亲串门首，必小驻片刻。其家妇女，即至舆前送贺，并有馈遗，或银或钱，或花绣果饵之属，杂沓纷投，舆为之满。于施衿结縭之外，复多此礼，亦云奇矣。

居民善牧豕，香山、澳门等处，销售颇广。缘粤俗赛神婚礼，概用烧猪，复以尾长者为贵（盖取有始克终之意），而赤溪之豕为最合度也。

曲江之奇俗

曲江之北有大山二，一狮子山，一即象山。两山相接处有石门，乡人称为双石门，为曲江通海之道，一般乡愚呼之为石公。有时小儿啼哭不安，即选择黄道日，备香糕、果品、素斋、纸钱、锡箔等等，至双石门借名。其名必嵌有石字。先用朱纸请道士书“双石成”或“石天保”等名字，至双石门，拈香祈祷后，将朱纸所书之名贴于石门上，沿路呼所取名字还家。俗传如此能使小儿强壮，易于长大。此种举动，俗称借名。俟小儿成年嫁娶后，仍备香烛糕果等物，至双石门设祭，称为还名。职是之故，双石门前，几于每日咸有借名、还名者，可谓迷信已极。此外复有向他姓人家借名、偷名者，向何家借名，其名即兼某姓字，若向张姓借，则名张……至偷名之举，则先探知某家人丁兴旺，请人向某家偷一饭碗及筷。偷时如为其家所觉，则云不到，复更人去偷。偷名者返时，儿母抱小孩于门前迎接，称为接名，偷名者呼名，儿母即代儿应之。以为偷取名后，自此可无灾病矣。

潮州风俗乐府十咏

粤俗以潮州为最坏，清黄霁青太守作乐府十首，采风者可以观矣。

翻金瓮

戒迁葬也。潮俗溺于风水，妄思趋吉避凶，既葬其亲，复出诸土，水之，火之，兵之，瘗骨以坛，名曰金罐；易其处曰翻。甚有累迁而卒暴露者，是宜戒也。诗曰：翻金罐，何其愚！风水不知有与无。尔祖尔父生何辜，死后窀壤不得安其居。百镒延堪舆，千金买山地。坏土犹未干，掉头旋复弃。发丘斲棺析骸骨，何异狐埋更狐搰。子孙忍为盗贼行，富贵焉能畀凶悖。美哉金罐藏诸幽，夜来鬼哭声啾啾。牛眠吉壤如何求，又有觊觎人巧偷。（潮民往往有以吉地盗换埋骨者。）

螟蛉子

斥乱宗也。潮俗人家，以丁多为强，乞养他人子，非独单门然也。其有貌为鞠育、包藏祸心者，更多故矣。异姓乱宗，显有功令，是宜斥也。诗曰：螟蛉子，多奚为？日以保族撑门楣。老无儿，嗣厥后，吁可怪，九子母。伤人抵罪李代桃，同时豢养同豕牢。给赀行商涉洪涛，割蜜饲蜡酬其劳。性命谬相托，恩义良已薄。一朝反唇乃交恶，此孽由来君自作。（注：凡讼养子不肖者，称螟孽。）

女儿布

伤乖离也。潮俗嫁女，以葛布箱装，称家多寡。其极精细者，名女儿布，所以遗藁砧者。婚姻道衰，夫妇相弃，布乎布乎，非以结绸缪者乎？是可伤也。诗曰：女儿布，产绵阳，采葛缫丝凝雪霜。细如鲛绡薄蝉翼，非烟非雾含风凉。富家嫁女多越好，贫家嫁女一匹少。为郎制衣稳称身，服之无斁期偕老。可怜一朝恩义疏，夫弃妇兮妇背夫。犹是箱中一匹布，谁道新人不如故。

打怨家

惩械斗也。潮俗强悍，负气轻生，小不相能，动辄斗杀，名曰打怨家。非条教所禁，口舌所谕，势已积重，官则权轻，威克允济，区区补救奚为乎？是宜如何惩也！诗曰：打怨家，有何怨？有怨何不诉官衙？睚眦辄尔兵相加，壮丁在前老弱后，藤牌鸟枪卒然凑。今日斗，明日斗，彼洞胸，此绝脰，一哄纷纷如怨兽。杀人者谁莫穷究，官来弹压空寨逃。祠堂屋宇点火烧，出此下策真无聊。亦有调停两和息，反复无常旋构隙。小惩大戒终何益。呜乎！安得十万粮粱三千兵，制事许以便宜行，三日以往可供［使］蛮村慑伏民无争。

买输服

哀被诬也。潮俗非命死者，其家每置凶徒于不问，辄指告懦而富者，为索钱计。欲壑既满，大仇亦忘，否则剔黝不已。出钱者命为买输服，弱肉强食，倾家有之。为问司谳而保富者谁欤？是可哀也！诗曰：买输服，鬼头银，锱铢积累多艰辛，乃甘跪献控诉斗杀之家人。杀人是甲不是乙，甲乃穷子乙富室。择肥而噬奇货居，一棺肯盖千金躯。悭囊破出无奈何，强者欢娱弱者贺。岸上饿虎饱，水中饥鲸馋，可怜有冤屈，曲不自直口中石阙碑长衔。

宰白鸭

悯顶凶也。潮俗杀人真犯辄匿不出，而被诬者又愜怯不自申理，率买无业愚氓，送官顶替，贪利者罹法网焉，名曰宰白鸭。别可悯也！诗曰：宰白鸭，鸭羽何褵褷，出生入死鸭不知。鸭不知，竟尔宰，累累死囚又何辜，甘伏笼中延颈待。杀人者死无所冤，有口不肯波澜翻。爰有已定如铁坚，由来只为香灯钱。（注：顶凶类多孤孑，所得身价，彼谓之香灯钱，以死后旁人为之接嗣，继续香火也。）官避处分图结案，明知非辜莫区判。街头血洒三尺刀，哀哉性命轻于毛！劝君牍尾慎画押，就中亦有能言鸭。

速吊放

恶掳赎也。潮俗不逞之徒，每结党掳人，关禁索贿，甚有凌虐至死者。被害诉牒，必吁日速吊放。以人为货，甚于盗贼，是可恶也！诗曰：速吊放，情词长。叩头向县官，火急乡间来。老爷如不来，阿总亦可使（潮俗称官日老爷，皂役日阿总），速吊则生迟则死。赎还者多，吊放者少。忍气复吞声，群凶婪肚饱。穷鱼脱网鸷鸟嬉，不如［加］诛殛官何为！试看被虏人，鸠形鹄面生理摧，虎狼之穴木鹅积成堆。（掳人者每以坚木凿两穴，钳其足，名曰木鹅。）

阿官崽

讽游冶也。潮俗富家子弟，习于浮薄，好弄斗靡，争妍取怜，恬不为怪，土人目为阿官崽。俗以物之小者曰崽，阿官者，少不更事之谓。是可讽也！诗曰：阿官崽，荒于嬉。赵先生，难为师。搔头弄姿兀自喜，柳巷穿来又花市。千金结交游侠儿，六篷密昵婵娟子。香囊紫，祷褶红，金环饰耳摇玲珑。危哉呼娘复呼妹（潮俗小名，率以某娘某妹相呼，若忘其为男也），或色寡人防抱背。

打花会

儆赌博也。潮俗赌风，莫盛于花会，厉禁虽严，旋革旋复。盖诱之厚利，趋之者多，往往败家丧身，曾莫之悔。是宜儆也！诗曰：打花会，花门三十六。三日又翻覆，空花待从何处捉。一钱之利十倍三，奸巧设饵愚夫贪。一人偶得众人慕，坑尽长乎那复悟。夜乞梦，朝求神，神肯佑汝，梦若告汝，不知厂中饥死多少人。初一起，三十止，送汝棺材一张纸。（打花会者，写批设厂，并按月存记厂中有开名目，故谚有“纸棺材”之语，谓好之者必自毙也。）

莺粟瘴

叹鸦片也。鸦片向由西洋来，本取罂粟花脂熬膏而成，后内地亦有种以射利者，流毒日广，有识者目为莺粟瘴。是可叹也！诗曰：莺粟瘴，难医治，黄茅青草众避之。中此毒者甘如饴，床头荧荧一灯小，竹筒呼吸连昏晓，渴可代饮饥可饱。块土价值数万钱，终岁但供一口烟。久之黧黑耸两肩，眼垂泪，鼻出涕，一息奄奄死相继。呜呼！田中莺粟尚可拔，番舶来时哪得遏。

潮州人之服饰

潮州土人，向属朴质。其所谓素封之家，恒年所服，不过一土布长衣；稍事矜饰，或参与宴会，亦唯一缎制者而已。其地气候温暖，非逾不惑之年，鲜有衣棉衣者。妇女则相沿皆天足。二十年前，惠来县之妇女，有足大假小，无分老少，行必持杖之风，今则悉改良矣。惟其髻发，则殊可怪。如惠来则多将发于脑后结束成小刀形，而旋其末于顶，贯于一红染之竹筒；筒长二寸许，圆径大小如银元，发突出筒外寸许，乃结以红绳，横以约长五寸之针，循下牢插；四圈点缀以珠，借壮观瞻，行时动摇不定，如鹭鸶之踣伏颅上，诚奇观也。至潮阳、揭阳、普宁三邑则不同，其梳法虽一若惠邑，唯少一竹筒，而式作菜刀样，夹以金银或竹板之夹，发端束顶，簪金纸花于其上，名曰大后尾；至若两鬓使之耸然如蚌壳，名曰蓬头。迩者风气渐开，除惠邑仍其故外，其余诸邑与各省大同小异。盖如上述之髻，实难于整理，手段灵敏者亦必需一时左右，其钝拙者则非二小时不可，而犹歪斜不定。故人多喜改良之。老者之发，则盘结如元宝，或陀螺倒置形。

潮州妇女之生活

潮属实业不振，工厂缺乏，贫家妇女辈皆以织苎麻为活，按日所得，最巧者百文而已。外人观之，殊属可悯，惟若辈习惯自然，处之怡怡。近年来，潮邑富户多集资组设纺织厂，若是则该地妇女从兹生活或可蒸蒸日上矣。

潮州人之械斗

潮州土人，性悍喜斗，每以坟田风水争夺起见，二姓互相启衅，甚者期延累年累月，犹未少懈。战时情状，令人咋舌。其对垒之间，相距约三亩地耳。既战，枪声隆隆，死亡枕藉。二姓各自戒严，凡往来进退者，必稔个中口号，否则以间谍论，辄遭枪毙。据闻此风以普宁为最，约普邑合八百乡，中以关爷、零仃二派占大多数。遇有战事，两派各自出援，所耗资财，辄以万计，亦不少恤。维时虽有官军径往弹压，然全普之游击队仅九十有奇，以此薄弱兵力，深恐匪徒乘机袭县，故莫能长驻解围，一临即去。官兵既去，而两方之战事仍继续进行，官军虽有所闻，亦无如之何。兵器中大半为毛瑟，余为来福马枪、勃郎林等，莫可计数。官军以武力弹压时，亦惴惴忐忑，盖恐其蛮悍者结队返攻，不若了之以敷衍手段也。

潮州之三点党

之　一

潮邑三点党，盛于满清末造。其初为一二技术家，设帐授徒，潮人好勇，就学者日众，而党势亦蒸蒸日上。时党徒多工商界人，不闻为非作恶，唯有不平辄拔刀相见，慷慨悲歌，大有燕赵侠士之遗风。以是良懦者歌功颂德，借为公理保障，而党徒亦以此鸣高，束身自爱。其后人数日多，良中之莠，稍稍在外招摇，然亦不敢明目张胆，惧党规也。盖党规严厉，凡借势作恶，有格杀弗论之条。不良分子见无利可图，于是别树一帜，名曰新三点。新旧党人如冰炭之不相容，械斗杀伤等事，时有所闻，但旧党中大都执有恒业，薄有资财，安肯铤而走险，与此亡命之新党争短长？其初不过激于义愤，与党史争光荣耳；迨见无赖麇集，新党势焰日张，既不惜背城借一，又不能立事剪灭，惟有知难而退，付诸一叹而已。旧党既失败，新党益无忌惮，为所欲为。党徒均身藏利刃，长四寸许，柄缠红绿布，式样皆同，为入党后发给之利器。三五成群，间行于大街小巷间，绑票拦劫等，视为常事，潮人亦司空见惯，不之异也。甚至潮人言语之间，讳说“三”字，否则党徒闻之，即刻刃其腹，祸可不测。故潮人言三点钟曰“二点六十分”，诸如此类，不一而足。以是人畏之若虎，莫敢与抗，终则群趋入党，以保身家。是以全潮居民，十九登诸党籍，其毒焰有如此者。今小党魁鼓德小毛辈虽先后枪毙，然抢掠之风迄今未息。其抢劫也，明火执仗，任意搜索，兵警充耳不闻，一任其所为。党徒抢掠时，全身不挂一丝，丑态毕露，亦不可思议之怪行动也。

之　二

潮州之三点党，声势浩大，党人星罗棋布，迹遍全潮。无论贫富，多有入党，秀者借以保障人才，歹者赖而肆行劫掠。党分老三点、新三点派，入党者必循守其规则，及熟谙其黑语。党魁给以随身护票以防路劫者，票宽二寸，长四寸，中涂生鸡血，并写“桃园结义”字样，傍画二剑。不然携物途中，必遭劫夺。是党多年轻敢死之辈，明火执仗，屡见不鲜，作奸犯科，时有所闻。有捕其一而戮之者，则余党必日逐其左右，俟报复而后已。凶悍若斯，人多畏慑，而一任其所为，莫敢与抗。

潮州之信仰

潮民酷信神权。每值元旦，无论贫富，胥集里中，旷场筑棚，从庙中捧泥塑金雕之木偶置其上，像如齐天大圣、三山国王（三山国王，据谓初为妖魁，以其屡拯人于濒危间，民德之，故勒像为祀，以垂不朽云。事实渺不可稽，姑妄听之）、七圣娘娘等。逾时，一人身披红衣，头围赤布，隐语喃喃，跳跃而至，自言为某神某仙。男女一唯其言是听，争询疾病休咎及年禧财运，摩肩接踵，恐后争先。事讫皆旁立，肃噤无声。自号神者遽以剑割舌使破，取血涂书符咒，镇压四境。迨毕，但闻响拍数声，称神者徐摩其眼作呵欠状，若恍然而醒。数辈男子，乃将偶像捆载一兜，而以四人肩之，一人执大旗为先导，遍历里中大小各巷，始返之原处。及夜，则家家出稻草于巷前或场中，堆而焚之。每堆相距两丈余，火光熊熊，烈焰高腾数丈，使肩神像及执旗者跳跃逾其上，偶或失足堕火，众弗顾也。既竟，阖里出斜方形之糖方（即米泡糕）祀神，糕以层垒最高者为胜。继燃放爆竹焰火以为娱乐，二鼓后才四散归宿。好事之徒，则聚而豪饮，至更阑方罢。

潮州之新岁

潮州人于新岁中，富裕之乡，多选其中男女若干，各衣绮罗艳服，弹唱五音，鱼贯出行，名曰大锣鼓。此外有足令人解颐者，即斯地所谓唱莺歌是也。其戏以三十六壮年男子，饰梁山泊英雄，半执两棒，棒长盈尺，半执小鼓，鼓大如碗，举步亦趋亦跳，进退不紊，棒声鼓声，劈劈咚咚，殊可哂也。继莺歌之后，又有所谓“后棚”、“白鸟记”二剧。“后棚”则以若干辈作戏装，沿途演唱，如桃花过渡、拖车子、闹花灯等，但皆淫邪不正之词，伤风败俗，莫此为甚。“白鸟记”，一名“打布马”，乃乡中稍谙技击之无赖所组，设围于旷场中，各献所长，互角胜负。此端虽属尚武精神，然往往二姓发生战端，实肇基于此。月之十二，凡一里中客岁新产男孩之家，均于是日备制糖方（即上述祀神之米泡糕），宰鸡豚，备盛馔于室中，打扫洁净，摆牲醴，燃灯烛，遍邀亲朋，颇形拥挤。各事既备，即有老成数辈（乃阖里所举之头目），手捧神炉，继以鼓乐，吹吹打打而入，置神炉于桌上；孩之父母，则抱而揖之，随口作吉祥语。有顷，乃大放喜炮爆竹，家人随给来者糖方，每名四砖，据云谓之探茶；谓不如是，其孩必遭夭折云。是亦陋俗之一也。

潮州人之盂兰会

时届七月，潮民复从事于盂兰会，作台演剧，扎纸糊人物。另筑一座，绵亘二百余码，名曰孤棚，其上满列杂物，除大宗糕饼外，余为器具服饰及鲜果波罗梨柚等属。戏节凡三。一曰白字，乃其地儿童所演，男女趋之若鹜，唱作有次，颇堪悦目。按所有戏本，乃编于广州之不第秀才，字句清晰，韵调合度。至其服装，与京班无异，旦角之髻，则如上述之大后尾或蓬头为多。一曰大戏，为土人与外省流氓混集而成，语言拉杂，戏皆道白无唱，所演如《三国志》、《前后唐》、《征东》、《征西》等，妇女几无一涉足其间，以其出台喜打大鼓，吹大喇叭，殊令人厌也。一曰外江，纯属异省人组合，间有男女相杂演唱，形色一若京班。观者虽众，惟多不谙其中情节语言，如不稔英文之流观电影，但见手舞足蹈而已。统计盂兰会所费，大者十余万，小者亦数万之巨。以有用之金钱，弃之无用之地，滋可惜也！

潮州人之方言及教育

潮州土音，呕哅哳节，识者寥寥。若译成文，虽苍颉复生，亦无能为力。如俗言你要去那里，潮音则为“捞爱苦丢假”，相悖若斯，不值一哂。相传以楼居为不祥之兆，故虽富逾巨万之家，鲜有筑三层楼房者。物产以粟、柚、甘蔗、波罗、荔枝、薯、龙眼、食盐为大宗。学校自清创办迄兹，规模教法，亦颇不恶，且尚设女校多所。独惜富贵之家，对之漠然，不以培育女子为急务。潮地教育之不振，良有以也。

潮州之迎青龙

潮州土俗，以蛇之青色者为青龙，奉之如神。每岁二月望前，结彩为舆，管弦钲鼓，舆之以行，名曰迎青龙。妓女之未经梳拢者，皆浓妆艳服，扮剧中故事，随神游行，望之灿然，如锦始濯，如花始发，艳心眩目，莫可名言。纨袴子弟，裙屐少年，争备金缯，择佳丽者，以次给之。受者名曰得标，得标多者，声名噪甚，即有大腹贾不惜千金，为制衣饰，与之梳拢。昔衈海阳铁香有《观妓》诗云：“凤城二月好风光，社鼓逢逢报赛忙。百戏俱张全不饮，争围台阁看新妆。”又云：“一枝花斗一支新，公子王孙逐后尘。夺得锦标载月返，不知春思属何人。”盖实录也。

潮安之中元节

之 一

潮安之中元节，须谒祖宗。中饭后，门前悬挂纸钱。纸钱之制法，以长方形之纸数十张，割为连续之纸条，以钱形之铁印打印之，以绳系之，悬于门环之上。至黄昏时，在门外之墙边，点起蜡烛及香。香分三枝，插于墙之周围，如农人所插之田秧，名曰布田。然后将所挂之纸钱及另备之银纸，一齐焚化。另有一般儿童，以香插在柑子之上，做灯球玩弄。一般下流社会之人，抢拾银纸之烬灰卖之，名曰拾鬼屎。事毕，然后各闭门而睡，无人敢出门一步。

之 二

中元节，潮地居民门环上咸悬纸钱，富商大贾于铺内举行盂兰胜会，以祭无祀孤魂。妇孺晚间插香燃烛于门外或旷地上，名曰插田。口中喃喃祝祷，向空跪拜。小儿捏土成团，制香球以为戏。好事者更制戈矛狮虎之类，游行各处，极为热闹。闻揭阳、澄海二县，亦有此俗，较潮安为甚，诚无谓之举动也！考盂兰胜会之由来，据长者云，曩者揭阳有许氏子，中进士，恃势鱼肉乡愚。一般社会下流之人，受其欺压，遂生反抗之心，暗中结党，约七月望起事，尽屠揭、澄各地劣绅。潮县是日亦受害。起义之师兵分九路，故后世名曰九军贼之乱，旋为官军剿灭。自是以后，每年七月十五日，居民必设馔焚香烛，以祀冤魂。年复一年，相沿成习矣。

潮安之食品

潮安人有一种特异习性，与他处食品不同，试摭录之。

（1）鱼生。此物在七八月出售，其制法系用鲜鱼（一名鲩鱼，土名草鱼）去鳞及脏腑，切为二片，洗净，用干布擦之极干，悬钩上。食时刮成厚二分许之薄片，再用萝卜切成细丝，羊桃（即五敛子，《诗》所谓苌楚）切成薄片，沃以酱醋，入口冰融，甘美胜于常味。此外亦有用黄鱼者，因其刺骨甚多，皮亦甚厚，故脍作条形，食法亦拌以甜酱。复有用生蚝沃以豉油而食者，此殊不合于卫生也。

（2）蔗虫，此虫寄生于蔗之根须中，冬月收获蔗时，农人取出之。形似蝉之幼虫，大如蚕茧。小儿盛以竹篮，沿门叫卖，百钱可售六七十个。用水洗净，入油煎熟，撒以盐，味香脆可口。

（3）蛇。夏季捕蛇者，捕得后去其毒齿，售之。俗传患湿毒者，食之可以愈病，谓以毒攻毒。然而此种理论，然乎否乎？

（4）苦瓜。苦瓜一名菩蓬，又名赖葡萄，又名锦荔。其最奇之名，曰君子菜。盖因其味苦，但与猪肉共煮，则变其苦味，一似君子刻己而不苦人，故有君子之名。潮人甚嗜食之。

（5）苦菜。苦菜一名苦刺，系野草之一种，丛生茂盛。清明时妇女儿童持小竿竹篮，随打随拾，归来洗洁，与豆芽同煮。俗传食之可以清血解毒。

（6）蜂蛹。蜂蛹之状，与蚕蛹相似，惟皮较柔嫩。食时自蜂房取出，以油炸之，味甚芳香。

（7）蝉。五六月时，有人于树上黏捕蝉，在市呼售。人家购之炙熟，以啖小孩，谓食之能消疳积。

（8）香菜。香菜一名香花菜，其嫩叶可包饭（内和杂香）生食。

上述种种食品，或味香，或味苦，或有毒，或生食之，或熟食之，皆潮人特异之性质，恐他地未之有也。

大埔之习俗

喊太阳

大埔乡人，每遇小儿夜间不能安眠，其父母即呼太阳以治之，俗谓之喊太阳。其法于日初出或将没时，备香楮等事，向日焚之，口内祷祝，略谓“吾家小儿不能安眠，恳求太阳保佑，一觉睡到大天亮”等语。事毕将纸灰携回，涂于小儿额上；有余则放之床头，据云可保佑小儿安眠。

炒惊蛰

大埔有一种奇俗，名曰炒惊蛰。每年到是日晚间，家家皆取黄豆或麦子，放于锅中乱炒，炒后并舂，舂后又炒，反复十余次而后已。其原因盖大埔地方，有一种小小之黄蚁，凡人家所藏糖果等食，必蜂聚而食。俗云是晚炒了豆麦等物，则黄蚁可以除去也。炒黄豆及麦子之时，口中并念道“炒炒炒，炒去黄蚁爪；舂舂舂，舂死黄蚁公”也。

广　西

粤西采风琐记

粤西诸郡，桂林差无瘴，然民穷地薄。城中江右楚人侨寓者，十之九构竹为庐。贸易不过鸡鱼羊豕之类，锦绣文绮，明珠象贝，实产粤东，此间无有也。土著者居于乡，率皆桀黠傲慢，不畏官府也。

天气炎热，地气卑湿，结为瘴疠，为害不小。有形者如云霞，如浓雾；无形者或腥风四射，或异香袭人。若晓行不饮酒，触之疾必发。夏月烁膏流金，挥汗如雨，终不敢解衣当风。夜卧扃门户惟谨，多焚苍术、雄黄，庶几可免。最畏疟疾，或头痛寒热，俗称瘢麻，寻常医药，不能效也。

寒暄不时，颇难调摄。日出后，方摄衣起，饮烧酒一二杯，粥饭宜少不宜多，饱则易病。禁午睡，食不化，则诸疾皆作。晚更宜清虚。自桂林外，面尤当戒，鸡鸭鲤鱼之属弗充庖厨焉。

粤西以冬为春，不特春花之冬，即夏秋之花，亦花于冬。若梅，若杏，若桃，若李，若梨，若水仙，若月季，与榴，与桂，与菊，同时争放于小雪以后，大寒以前。

蜈蚣、蜥蜴及蜂、蝇、蚊之属，随时而有，不必在夏秋也。最可异者，四月之蟋蟀，与十二月之萤。

粤西气候，不以冬夏别燠寒，而以阴晴分冷暖。腊月晴，单衣浃背；伏日雨，絮被蒙头。若在春秋，则又倏忽不同，朝夕万变，一刹之间，有才裘而忽葛者；两人相对，有此葛而彼裘者。谚云："四时皆似夏，一雨便成秋"，信然。

粤西多雨，在春尤甚。谚云："春无三日晴"，非第谓不能连晴三日，乃统计九十月［日］中，无三日晴之谓也。

相传粤西州郡，其名有木字旁者，即无瘴。桂林、平乐、梧州、柳州、郁林，各处可见。然庆远、太平，虽非木旁，而亦无瘴。有木旁之西林县，则瘴弥甚焉。俗说要未可信，大约腹地则轻，边郡则重也。

粤西土著之民，其姓多僻，除黎、莫二姓最繁外，其他则曰容，曰明，曰蓝，曰银，曰木，曰易，曰兰，曰盘，曰农，曰俸，曰贲，曰闭，曰洗，曰院，曰义，曰粟，曰蒲，曰宝，曰连。

有男而女名者，若朱妹妹、毛妹妹是也。有人而物名者，若莫鸡之、容黑狗、陈小狗是也。有迭字为名者，若管光光、莫应应、徐细细、朱林林、莫奕奕、阳黑黑是也。又以所生之五行为名者，有李金生、黎木生、廖水生、陶火生、黄土生是也。以五行迭字为名者，又有黄金金、管木木、朱水水、莫火火、苏土土是也。

土人以蜡虫置冬青树上，至春结子如葡萄，内俱细虫。妇女收采，估客买去，遍放山杪，谓之放蜡。其虫食叶，遗脂枝上如石膏，取熬成蜡。

粤西养玳瑁，饲以小鱼。每至甲子、庚申曰辄不食，俗谓玳斋日。

屋不瓦而盖，盖以竹；不砖而墙，墙以竹；不板而门，门以竹。其余若椽，若楞，若窗牖，若承壁，莫非竹者。

僧道而外，有所谓鬼使者，为其通人鬼之交，故名。头戴布巾，又以尺许红布扎头，头上插一小牌，画鬼魅之状，身带青布海青，腰系红布带，不袜，穿草履，手执牛角以吹，声如筚篥。人家有病，则延以跳神，丧事亦用之。凡遇日月蚀及祈晴祷雨，皆令当役。

榕其门，榕其楼，榕其堂，比闽中之榕其城，无多让焉。其大则合抱，土人愚以为有神，往往香火其下。

穴墙为门，仅如圭窦，然而门上必有阀阅，比户皆然，竟无有禁之者。

无荠菜，有苦菜；无甜笋，有苦笋；无甘瓜，有苦瓜。三者之味，其苦如荼，而粤人甘之如饴。岂嗜之不同欤？盖粤人之能吃苦也。

蒙山佞神之信仰

阴历五月二十八日，俗传为城隍神诞辰，又称会期。是日邑人士女，相率来会者，有万人之多，极为热闹。会之情状，有龙有狮有彩灯，与各处略同，不必多述。其问有一笑事。花炮顶装一小竹管，缠以红线，炮燃放后，竹管上所缠之红线因之升高，待落下时，众争夺之，名曰夺炮。俗云夺得花炮为有子之兆。夺得后，至城隍神前声明，方有灵验。故往往争炮酿成哄斗，互相殴打，头破血流也。

罗城打炮仗之习俗

中国新年风俗，各处不同，惟如舞龙灯、弄狮子、唱小调等事，则各处有者甚多。广西罗城圩中有一种恶习俗，名曰打炮仗。每届旧历正月初一，诸年轻者各向父母索钱，向花炮铺中购买炮仗，如大炮、地雷炮、火箭等，种类甚繁。圩中向有上、下街之称，二街小儿各分党羽，每党各举首领一人，于初更时，由首领指挥进攻。双方小儿，各手执一香，燃炮互掷，响声不绝，为状甚剧。有为炮击中者，重则焦头烂额，轻则焚烧衣服。初时尚系小儿相斗，迨斗至决裂时，一般无知兄长，见其子弟负伤过重，出而相助，于是双方均有兄长混杂其间，攻打愈形猛烈。若甲党势弱，不能支持，则乙党进攻愈猛，即甲党败退入屋，乙党仍不甘住手，纷纷将花炮向屋内掷击。倘甲党闭门不出，乙党在门外喧噪拍手，声震屋瓦，讥诮良久，始各散归。然夜间双方虽如此激战，一至天明，仍不分畛域，嬉笑如故，天黑后复行打斗。如是斗至十五夜，双方始不约而同停止。如斯恶俗，亦殊奇特也。

象县之俗谚

月晕而风，础润而雨，古人经历之言，证诸物理，若合符节。俗谚亦经验之谈，特遍传人口，词句浅鄙耳。兹将象县俗语关于天文者录左。

（1）雷打惊蛰，谷米贱如泥。（谓惊蛰鸣雷，主年丰也。）

（2）夏至鸣雷三伏旱。

（3）雷打秋，晚禾折半收。

（4）重阳无雨望十三，十三无雨一冬干。

（5）东边打闪日头红，西边打闪雨濛濛。

（6）东闪西闪，不见一点。（言东西同时闪电，主无雨也。）

（7）朝虹日头暮虹雨。（俗称虹曰龙杠，早见虹全［主］晴，暮见虹主雨。）

（8）月亮戴帽草头蛇，月亮遮伞雨漫漫。

（9）久晴鹊噪雨，久雨鹊噪晴。

（10）天起鱼鳞斑，晒禾不用翻。（晚云如鱼鳞，主烈日。）

（11）未曾下雨先唱歌，有雨也不多。（未雨鸣雷，必无大雨。）

（12）初一落雨初二晴，初二落雨不留停。

（13）五月小，瓜菜食不了；五月大，瓜菜不上榨。（榨，支瓜蔓物也。）

百色之七夕节

阴历七月初七日，百色县之人民谓是日寅、卯未通光之前，仙姬下河沐浴，此日天水之味，较平时格外清洌甘爽，可以治病长寿。因此人人皆分外早起，争往河中取水，竟有全夜不睡者。三更以后，街市中即有人行走之声及水桶之声，迨至天明，满街水湿淋淋，如下雨一般。所取之水，以净瓮盛之，以待逐月之用。七夕节，百色称为双七节，是日所汲之水称为双七水。

广西土司之妻

广西境内多有土司，虽有降罚处分，例不革职；其废弛不法者，亦必择其子袭之，故俗谓土司日铁纱帽。土官娶妻，以五色璎络盛印为聘，过门时，乃悬之项下，谓之挂印夫人。娶后印即掌于妻，呼为护印夫人。筑高楼以居之，曰印楼。民间税契者，例价千钱之外，另折钱一百五十文，名印色钱，即护印夫人之花粉钱也。

僮人之方言

广西省钟山花山洞内，居民多系僮人，其语言几全与内地相异。如松曰虫，鹤曰欲毫，升曰郡，锣曰拉，星曰刀会，箭曰颠，绳曰折，簪曰坦，琴曰臣，壶曰侯，锅曰寡，匾曰郎，镜曰克因，灶曰昭，磨曰目，锯曰勾，脚曰顿，猴曰麻娄，缸曰含，牛曰志，鸡曰皆，鼓曰降，灯曰杜翁，鸭曰笔，笋曰杨，羊曰融，枪曰冲，藕曰耒，龟曰鬼，虾曰灭瑶，豆曰读，钩曰沤，橱曰家，伞曰冷，蟹曰灭宝，草曰义，砚曰烟，靴曰哑，象曰杖，鼠曰罗，兔曰丢，钟曰种，叶曰白，椅曰唉，筷曰头，城曰孙，鹅曰邯，蛇曰塘，杏曰吓音，虎曰谷，桂曰窥，瓜曰寡，蚊曰灭农，盒曰屋，猪曰摩，衣曰不，窗曰门倪，人曰勿因，床曰般，井曰波，书曰梭鹅，竹曰突，手曰横，荷曰模，李曰泪。然亦有同音者，如尺、刷、笔、表、斗、杯、铃、猫、鞋、菱、塔、桃、梅、蚕、墨、兰、瓦等字，均与国音无异。

卷八

云　南

云南社会观察谈

滇南地列坤隅，得土冲气。省会之区，地势开阳，四时协序，气候尤和。环拱之澄、武、楚、姚诸郡，无祁寒溽暑，大略相同。两迤迢遥，每各殊寒热。北鄙风高，故丽江大寒，有长年不消之雪；南维地下，故元江大热，有一岁两获之禾。普洱、镇沅，时有炎蒸瘴疠；鹤庆、永北，亦多飞雪严霜。要之寒不至有堕指裂肤之惨，热不至比烁石流金之酷也。至迤东之曲靖、东川、昭通，较省会为寒；开化、临安、广南、广西，较省会为热。迤西之顺宁、蒙化、景东则微热；大理、永昌则微寒。虽有不同，非甚悬绝。谚云："四时多似夏，一雨便成冬。"可因是知其概云。

滇中一岁有十二市，俗皆以市为景。正月灯市，二月花市，三月蚕市，四月锦市，五月扇市，六月香市，七月七宝市，八月桂市，九月菜市，十月酒市，十一月梅市，十二月桃符市。市肆岭南谓之墟，齐、赵谓之集，蜀谓之场；滇谓之街子，以其日支名之，如辰曰龙街，戌日狗街之类。其俗每五日一街，村城不同日，土司、地方皆然。

滇中用贝，今已渐少，而近边夷妇，常蓄之以为首饰，俗曰肥。其用以一枚为一妆，四妆为一首，四首为一缗；亦谓之苗，五苗为一卉，卉即索也。一索值银六厘，而市小物可得数十种，故夷民便之。

饮食唯公宴礼会与中土同。其民间所造多糅杂而成，缕切饼饵而暴之，其乱如蓬，曰蓬饵。磨蒟蒻而涚之，曰鬼药。熟糯粉和茅为泥而膏沃之，缀以米渗，曰锡杖。浓煎乳酪而揭之，曰乳线。糅糯及山药，圆而炸之如荔，曰粉荔。至于鱼肉牲畜蠃蚌之属，率生研缕丝，和诸椒桂而啖之，其名曰脞，盖古人斫脍之遗法。今闽广亦间为之，但滇以为常耳。

民间房屋，不过丈许，必用厚瓦而固以灰土，官署亦然，风高故也。大理风多尤甚，自八九月至二三月，无昼夜狂吼，掀瓦拔木，人马辟易。妇女市行者，以十二幅布为裙，多其襞积，以御风云。但风高而不寒，亦无尘沙。金沙江滨，则阴霾涨天，如燕、齐道上矣。

鹤庆之俗，妇帽三尖，以衣为之。知府周赞至，谕令易以簪髻，远近化之。民间歌曰："我周公，蛮夷风。易簪髻，去布幪。"临安妇女旧戴皂笠，坐市交易，近亦稍更矣。

临安之繁华富庶，甲于滇中。谚曰："金临安，银大理。"言其饶也。其地有高山大川，草木鱼蠃之产不可殚穷，又有铜锡诸矿，辗转四方，商贾辐辏。其民俗尚奢靡，好宴会，酒肴筐篚，殆无虚日。

云南之节令

元旦、清明、端午、七夕、中秋、长至、除夕，风俗与中土相类。人家咸用赤豆作饭。昔共工氏有不才子七人，死而为厉，性畏赤豆，故作羹以祛之。滇俗犹其遗意也。

元夕家家燃灯，亦有鱼龙走马及鳌山诸戏，然皆染纸为之，无他奇巧。市上结彩为架，作松棚如小屋然，爇灯其中。游人歌舞达旦，然皆自十三至十五而止。至于花炮烟火之属，皆远不逮他处。邓漾有《榆城元夜曲》八首，读之即可以觇其俗尚。其一云：明月怜三五，金波湛湛盈。繁灯如列宿，自古叶榆城。其二曰：闻道龟兹乐，先朝老笛工。今听上元曲，犹有大唐风。其三曰：可怜日东国，也学汉西京。高棚跨广路，火树两边生。其四曰：阿育三千塔，当年尚建灯。青莲纷吐炬，咒钵讶神僧。其五曰：艳唱银花合，香浮金屈卮。游人迤逦处，灯火武侯祠。其六曰：残灯风影乱，明月露华漙。回照苍山灵，千门生夜寒。其七曰：独向繁华候，偏深丧乱情。几家南北巷，歌哭共天明。其八曰：罢戏鳌山侧，初窥鹑火中。道咩今夜月，还与故园同。火把节即星回节。六月二十五日，农民持炬，照耀田间以祈年，通省皆然。

云南人之信仰

二月八日，各郡有迎佛之会，多于寺中舁游城市，长幼云集聚观，或焚香膜拜，翌日送归。句町诸邑，以是日祈求丰稔，各社装演往事，走马戴竿，若迎春然，三日乃止。

大理有观音市，设于点苍山下阅武场中。以三月十五日集，二十日散。至期则天下之商贾皆来贸易，若长安灯市然。相传观音大士以是日入大理，后人如其期焚香顶礼。四方闻风，各以货来，至今不改。

七月二十三日，西洱河滨有赛龙神之会。至日则百里之中，大小游艇咸集，祷于洱海神祠，灯烛星列，椒兰雾横。尸祝即毕，容与波间，郡人无贵贱贫富、老幼男女，倾都出游，载酒肴笙歌，扬帆竞渡。不得舟者，列坐水次，藉草酣歌。而酒脯瓜果之肆，沿堤布列，亘十余里。禁鼓发后，跟踪争驱而归，遗簪堕舄，香尘如雾，大类京师高梁桥风景。

云南之婚俗

云南僻处西南，山道崎岖，交通不便，故一切风俗，与内地各省多大同小异。本篇所述，只就该省关于婚姻之风俗详细论列，倘亦阅者所乐闻与？篇中共分六项，第一相人家，第二下定，第三过礼，第四亲迎，第五回门，第六满月。兹分记于后。

第一　相人家

婚姻完全由父母或族中长辈所主持，故无论男女，一至十六七岁时，父母即须为之择媳相婿。至其择配之标准，虽各以情形而异，要不外下列各条：（甲）门第相当；（乙）财产相当；（丙）宗教相同（如普通人不与耶教徒结婚，回教徒亦不与他教徒缔婚）；（丁）家庭无劣声者；（戊）男女八字不冲克。此五条中，以末一条最为要紧。

第二　下定

按上列条件择定后，再进一步即为下定礼，亦称拿八字。行礼日期，由瞽者择定。由男家请执柯者两人，将男孩生年月日时书于红金帖之上，外备衣料、果子、喜饼、茶盐、猪羊及金器四五件，统置挑盒内，助以吹鼓手，送往女家；女家对于食物约收大半，衣料随意略收，金器则全部收下，并回以鞋帽、笔墨、书籍等物，用同样笺帖将女孩生年月日时书上，璧之男家。是日，男女两家各须设筵数席，以饷三亲六戚。此后婚姻，即为完全有效。若男家无故再向别人家议婚，女家可起而质问干涉，甚至因之涉讼。女家若有同样举动，男家亦得而干涉。

第三　过礼

又名鞭猪，于结婚先一日行之。大略情形与下定相仿佛，不过下定时由男家送至女家，此则由女家送往男家。且礼物之中不止于衣服首饰，凡全堂木器、日用大小零星细物，均须齐备。仕宦之家，多从以婢媪者。富有之家，所费三五千不等；按现时普通情形，至微亦须三百余元不办。是日亦设筵请客，与下定时无异。下定礼节，盖为两造说成之后，或因男女年龄不足，或因他种要件一时不克成礼，特下定礼，以当预约。若说妥后，三五月内即可完礼，则两方面为撙节计，亦可将两造八字书出（俗名草八字），俟至成礼之前一日，于过礼时一并交换，所谓“两场谷子一场打”是也。近年人民生计日蹙，遵斯礼而行者颇属不鲜。

第四　亲迎

前数日即将请帖分送各亲友处。男家亲友，须新郎亲自登门揖请，女家则有女之兄弟辈邀请。故亲友繁盛之家，薪郎及女之兄弟繁缛已极。亲友接受请帖后，即须预办礼物，或以喜幛，或以喜联，或以金钱及他种物事。唯送女家者，只限于衣饰，谓之添箱礼。喜期既届，妇女侵晨即往；太半乘轿，以是日轿钱照例由主家开发也。而大班（即抬轿者）亦因之高抬声价，平时只须一角者，一遇喜期则涨至二三角不等。办理喜事之家，必须延数人为之帮忙，专料理此类琐事。

贺客既集，新郎乃按瞽者所算之时刻，乘花轿赴女家，行亲迎礼。沿途鼓乐喧阗，佐以掌扇、日照等执事排列于前。既抵女家门前，女家循例闭门不纳。于是男家将门包递入，或三元，或五元，俟餍阍人之欲望，始将门开放。

云南省会内亲迎之礼，由新郎之母代行。入门时，一拥而进，于厅堂中设椅一座，姑踞其上，新娘出跪于前，将凤冠霞帔着毕，盖以红色喜帕，由其兄弟抱之入轿。新娘照例必哭，于是随来者相率簇拥而归。抵男家后，于门外大放爆竹，特延女客二人为之牵亲。地上满铺红绿布条，直达新房。新人同坐床上，预请福寿双全之老翁一位，手持五子述若干吉祥语，再将五子向四方乱撒，是谓撒帐。五子者，松子、瓜子、莲子、白果子、枣子是也。撒帐后，请福寿双全之老妪一位，持面一碗，先以食新郎，既［继］以食新娘，是谓长寿面；亦有用酒者，是谓交杯盏。食毕行拜堂礼，先天地，次祖宗，再次外客戚族。礼多用跪拜，平辈者须还礼，长辈则直受不辞。晚膳后，亲友必闹房而后归，闹房时，有说笑话者，有扮种种滑稽举动者，然均甚文明，从未闻有逸出范围之举动者。

亲迎之日，尚有小节二，颇觉迷信可笑。一曰子孙灯，须点于新人床下。某家新床系藤制，家人照例将灯点于下，不谓藤易燃，至晚藤被烤断，褥已破烧，幸扑灭迅速，不然遂兆焚如矣。一曰通宵烛，置于床之左右，较通常所用之烛大。据云一代表新郎，一代表新娘，若两枝同时熄灭，即为白头之预兆。

第五 回门

喜期之第三日，新郎新娘各乘轿于侵晨赴女家，早膳毕，遍拜女家亲友，与亲迎日之拜客略同。盖亲迎日之拜客，所以使新娘与男家亲友晤面，而回门日之拜客，则所以使新郎与女家亲友晤面。故男家以亲迎日为正客，而女家则以回门日为正客。是日晚膳毕，即须返男家。尤要者，则抵家时必须在日落以前，所谓“带太阳”是也。

第六 满月

自三日回门后，新娘乃不得任意归宁。俟自亲迎日起，满三十日后，始由女家派人接之归，或十日，或八日，可随意。若夫妇和好者，归宁后亦无何种是非发生。若性情不投者，自此一归后，时哭时啼，一生之幸运随泪俱去矣。

上所述者，多为云南省会之婚俗，外县略有不同。近日有开通者，行文明结婚礼，独出心裁，将旧式中之繁文缛节删去，参以新礼，颇有可观。然亦仅限于省城，若在外县，不特人不肯用，亦且无人识之为何种礼节也。

云南人之生活状况

云南山岭多而平原少，河流多沿山谷纵流，异常激湍，不利于舟楫，交通至为不便。故其平民生活甚为艰苦。兹分类述其生活状况于后。

甲　汉人

汉人多居于平原，就其职业分类之，约可分析为四种。一曰务农者，二曰经商者，三曰从事于工业者，四曰当佚役者。经商者除大资本者不计外，又可分为三类：一开小店或摆小摊者，二赶定期市集者，三走夷方者。作工者又可分为四类：一淘工，二矿工，三木工，四织工；就中矿工又有金属类工、石工、盐工之别。此其大略也。

以交通不便故，人民保守性质极坚。人民多数务农。各地之女子缠足者甚少，与男子同致力于畎亩，农隙之时即从事于纺织或他项工作。其种植之产品，夏季为稻，小春时种杂粮及鸦片，亦有种茶、种棉及养蚕者，但仅为少数。云南天气颇佳，极宜于蚕桑棉茶，放弃天与之权利，殊为可惜。以平原甚少，故杂粮及鸦片多植于山坡上。亦有种稻于山坡上者，名为种旱谷，无需雨水时常灌溉，俟久雨后山腹之水泻出，即用以灌溉田亩。但因争开水道故，往往发生械斗。

住居城市中之人民，多半以开小店或摆小摊为业，专售日常需用之物品，如米盐布烟酒等皆是。业之者须十分勤谨谦和，始可维持永久。大多数县城之街市中，除此类之小店小摊外，竟无一家绸缎店或化妆品店，是足以见其生活之简单矣。

赶定期市集之商人最需耐苦，肩担数十斤或数百斤重之物，一日间须逾山越岭，步行数十里或百余里之路程。例如今日赶鼠街，明日赶牛街，后日赶虎街，或间一二日或数日赶一市集。市集之日期，视各地情形而异。此辈所贩卖之货物，大都运甲地所出之物品以销售于乙地，又购乙地所产之物品以销售于丙地，往复循环，仅沾微利，其苦极矣。间亦有稍有资本者，雇他人挑运货物，自身只料理买卖出入之事。

滇人称夷人所居之地为夷方。其地瘴毒甚盛，汉人往者易染瘴而丧命。然因贩卖于夷方者利益极厚，故贪重利者专从事于此种贸易，名为走夷方，亦商业之一种也。但其人易染烟酒之癖，盖唯烟酒或可以避瘴毒也。

陶工各处皆有。此辈选择土质佳美及柴薪丰富之地，砌土成窑，烧炼砖瓦、缸钵、碗盏等物。滇省所产泑药（俗名碗花）甚著名，然因陶工株守旧法，故所制之磁器均甚粗劣。现有留心实业者雇用江西磁工，提倡改良，将来可望有成效。

云南矿产极盛，五金之类，遍地皆是。但具大规模而用新法之采矿公司，只有个旧锡务公司及东川矿业公司。除此二公司所雇用之工人外，余均服务于小资本之公司中，用旧法采取铁铅，以供制造日常需用之器具。滇省西部有数县人民，于冬气无瘴毒时赴缅甸作矿工。

大理一带产大理石，驰名中外。采此种石头之工人为数至伙。腾越及省城有专营切磋或雕制玉石（或称翡翠）之工人，称为玉匠。普通之石如俗呼青石、白石等类，产地甚多，工人数十名即可开一石厂。采出之石，用以铺道路、筑墙基、建坟墓及造家具。此辈工人在一厂中者多同属一族或一乡，工作较矿工为安乐。

云南中部多盐井，为本省富源，如白盐井、黑盐井、云龙井等皆是。居于盐井旁之人民多以煮盐为生，称为灶户。

山中多产良材，从事于伐木事业者甚多。采木之工人，攀援偶不慎，最易丧命。树木斫伐后，即于山中量材而锯解为大小件，以牛马运至城市，供建筑木工随意选择。

省城一带有织滇绸绉纱等物之工厂，然数目甚少，雇用之工人不多。其他各处，虽纺织棉料之工厂亦甚少，然农家妇女，几无一人不善纺棉织布者。

伕役可分为轿伕、挑伕、锅头三种。轿侠或于城市中供短途之迎送，或跋山涉水作长途之旅行，日行七八十里以至百余里之路程，所得不过五角左右。挑伕代人挑运行李或货物，情形与轿伕略同。轿头［前作“锅头”］为管理牲口、替人运输货物者之别号，餐风露宿乃其惯事，有昼宿夜行虽严冬不免者。

乙　夷人

夷人多居于山箐之地，可别为二种，一曰种植之夷，二曰打猎之夷。

云南之夷人种类甚多，有摆夷、野人、倮倮、阿昌、崩童、傯俅、估傺、卡辣、蛮子、花苗、汉苗、猓猓［倮倮?］等十余种。各有其方言，各有其习俗，中有数种有文字者。昔日本居于中部，因汉人渐次繁殖，遂被逐至高山深箐中。数种有土司管辖，其余则各有其崇戴之酋长。西部及南部之摆夷与汉苗，均与汉人互通婚嫁往来。男女之勇健相差不远。其种植之物，除粮食茶棉外，即为鸦片，盖其地毒而且险，历年来虽烟禁綦严之时，亦不患铲除，因此成富翁者比比皆是。

夷人之生活，虽分为种植及打猎二种，然多兼营并进，以种植为主，打猎为副。打猎者多为男子，所用之器械为弩箭，箭头擦以毒汁，名回堂药，甚为利害，任虎豹等最猛之兽，只须中此种药箭，虽立时不死，逃逸而去，终须踅至受箭之地以死，故曰回堂。夷人获野兽后，将筋肉作食品，皮骨则售与汉人。思茅一带特产巨象，夷人猎得其活者，养驯后用以耕田或拖曳笨重之物。汉人亦多豢养者，因其性灵活，甚为有用，而牙又值多金也。

汉人生活中从事于工商业及当伕役之人，大多数以农业为主，唯趁农事余暇以为之耳。

云南分三迤，曰迤东，曰迤南，曰迤西。迤东一带气候较寒，地土亦较瘠，其人民之生活较他部为困苦；妇人之寡者均须再醮，盖一妇人难独谋生活也，至鬻卖子女，则为常见之事。

摆夷、汉苗二种，与汉人居住相近，接触之时甚多，智识亦略具，有能读汉文者。工艺如织锦、花布、佳酿，素为汉人所种质，故汉人与通婚姻往来，不久即将与汉人同化。其生活状况与他种夷人大有差别矣。

曲靖吊丧之异俗

曲靖丧礼，极为繁杂。即请客一端，大都请全福三天。来客极多，即有混杂不清之弊。唯吊者至，丧家发孝帕，彼等执孝帕然后入筵，如无孝帕者即行逐出。因此相沿日久，即将孝帕表哀情之本意消灭，咸以之为食饭之凭照，于是谓之为饭票者。盖吊者入筵时将孝帕顶于头上，名为饭票，亦名称其实也。此种习俗，诚他地所未有者，亦云奇矣！

宣威岁时之习俗

宣威之人民大半务农，对于岁时之陋俗，极多可笑之事。兹分述如下。

惊蛰咒雀

惊蛰为旧历二月节。是日清晨，农家之家长听见雀鸣，即唤起牧童往田间咒雀。牧童得命，手提铜器一具，急忙跑至田间，顺着田埂而行，随行随敲，随敲随唱咒雀词曰："金嘴雀，银嘴雀，我今朝来咒过，吃著我的谷子烂嘴壳，咒呕。”其意盖谓今日咒过，迨到谷熟之时，鸟雀便不敢来啄。必须将自家所有之田埂走遍，始可回家。若田地众多之家，须至日没，才能返家。

立夏占年

宣威人民，每以立夏之阴晴，而占一年之丰歉。谚云：“立夏不下，高田不坝。”又云：“立夏无雨，碓头无米。”盖谓立夏无雨，将主干旱，秋收必需［要?］减色也。

天贶闹会

旧历六月初六日，向称天贶节。宣威之地方，早已农毕，放牛于山林之中休息矣。唯山中多豺狼，每为所害。于是在天贶节之一日，杀猪宰羊，为土地公婆祝寿，盖俗有“土地不开口，老虎不吃人”之谚，求其保护耕牛，不使豺狼食也。

立秋禁忌

宣威禁忌，以立秋为最大。是日农家禁止家人在田间行走，否则秋收必不佳。略识字之人，多用红纸一条，书“今日立秋，百病俱休”八字，贴之壁上。至妇媪之辈，则以红布剪为葫芦形，缝于儿童后裙之上，用以祛疾也。

择日尝新

稻穗初黄之时，预先摘回荐祖敬神而尝新。此种习俗，各处皆有之，宣威则必择一定之日。谓猴有嗉囊能贮食，牛能挽车，马能驮谷，蛇为顺，猴于十二支为申，牛为丑，马为午，蛇为巳，必择此等日方能尝新也。

霜降卜岁

霜降卜来年之丰歉，以有霜无霜为断。谚曰："霜降无霜，碓头没糠。"盖犹古人所云雪兆丰年之遗意也。

哈瓦土人之风俗

距思茅第三四日路程之边界名坝子者，有一种土人曰哈瓦，全体黑如煤炭。其食物也，则以右手送至口内，因此其右手之拇指、食指、中指略有白色。性爱食盐。居住无房屋，多藏身予所掘之土河内，或以茅所搭之草篷中，或爬至大树上抱枝干而睡。小孩初生，为父母者买钢铁百余斤，藏于田中，俟至小孩十五六岁时，然后掘出打成一把腰刀，给与小孩，名曰坝子刀，非常快利。又有一种比牛角之风俗，尤属可笑。凡两人竞争、是非不分之时，各人出牛角比赛，甲牛角长，便是甲理是，乙牛角短，便是乙理屈，自家退让，不敢再争。所以该地藏有长牛角之人，势力非常之大也。

哈瓦之祭谷地奇俗

思茅迤南之地方有名坝子者，该处有一种惨无人道之风俗，名曰祭谷地。每到正二月之间，该处之哈瓦人挟携弩箭，在靠田亩之林间藏伏，时时看望田埂上预先撒下之米圈。过往之人，看见退走，伊即停弩不射；白面无须之人，即走入米圈之内，亦不射。伊最欢迎者，系有连腮胡之人，只要踏着米圈，即可被伊用弩箭射死，将首级割下，抛在田间，看日后生蛆之多寡，以卜本年之丰歉。并将尸身斫为数段，以泥土糊之，放于火中烧熟，大家分食。迨至田间之首级生蛆，便取回家中，供于桌上，用茶斋供献，并以斋喂于烂头颅口中，一面祷告，一面捣蒜磕首，名曰祭谷地。实惨无人道之奇俗也！

石屏之请七姑娘

石屏县每当旧历正月，闺中有请七姑娘之风俗。系用一枝有桠叉之樱桃木，或柳木亦可，有叉之头，当七姑娘之足；无叉之头，上扎葫芦一枚，用白纸糊上，画以五官之形，涂抹脂粉，为七姑娘之首。首之项下，横扎弯竹片一支，为七姑娘之手。手之两端，以尺长之头绳连拢，绳上穿铜钱数枚。叉之一头，又用布片扎成小足之形，穿着花鞋，随后穿着红衣绿裤。装式完毕，预先藏之厕所，并先觅七家封门纸七张。迨至临请之时，不令男子窥看，悄悄将封门纸焚化，又以纸制金银锞七对、黄钱七分焚化。然后将七姑娘由厕所请至堂上，以两人挟着，所有在坐之女伴齐声念道："七姑娘要来快快来，大家都是姑娘伴。爱玩爱耍请你来。后门鸡儿叫，前门狗儿咬，骇着姑娘也不好。关了鸡，拴了狗，让开姑娘才好走。姑娘来，喜满怀；姑娘到，大家笑。姑娘发，什么发，又光又滑青丝发。姑娘脸，什么脸，又白又嫩桃花脸。姑娘眼，凤凰眼。姑娘眉，蚕蛾眉。姑娘鼻，悬胆鼻。姑娘口，樱桃口。姑娘什么牙，三十六颗御米牙。姑娘什么腰，风吹杨柳腰。姑娘什么脚，三寸花鞋二寸脚。"念过数遍之后，七姑娘之神果然而来，跳跃不止，手中之铜钱亦琤瑯琤啷响过不止。命其筛米，伊便作筛米之状；命其作揖，伊便做作揖之状。当七姑娘跳跃最急之时，扶七姑娘之手倘将两手放开，七姑娘亦能跳跃，唯易跌倒，仍须人扶。亦奇闻也。

腾越之节俗

火把节

阴历六月二十五日，腾越县谓之火把节。是日，家家以松枝扎成火把，至晚间燃之。使七八岁之儿童，敲击铜盘、簸箕、木板或毁烂之铁盒等，口中高声喊曰："撵打老暮佛！"先是端午节之时，凡一二岁之小孩，均制有虎头、猫头、小儿头戴于头上，至是晚一齐剪下烧弃。又有农人等，持炬照跃田间，用以祈年。至于火把节之起源，相传当年孔明征南，擒获孟获，即是六月二十五日。进城之时，人民设香案，燃火把迎接，遂相沿至今。或谓系汉时夷人曼阿奴被汉将郭某所杀，曼阿奴之妻阿南颇有姿色，郭某欲纳之。阿南伪允之，云："必须先将曼阿奴之尸体焚烧，然后始成亲。"郭某允之，立即燃炬，讵火焰既起，阿南即投火而死。滇人哀其贞节，特设此会以吊之，如五月五日吊屈原之故事。或又谓系唐开元年故事，其时云南分六诏。南诏皮罗阁欲并吞五诏，某年六月二十五日，召五诏到松明楼会宴。邓赕诏之妻慈善，知南诏之伪计，劝邓赕诏勿往。邓赕诏勿听，慈善不得已，将铁驯［钏］束于邓赕诏之臂。后南诏焚死五诏，慈善得因铁臂将夫尸寻回归葬，已亦闭门而死。三说不知孰是。据谈者言，"撵打老暮佛"一语，暮佛为孟获之转音，当以前说为正，然乎否乎？

中元节

七月初二日清晨，腾越人民家家皆须接亡。俗传祖宗亡魂，在外已久，此时须接回奉祀。唯接亡之礼仪，无非在门前焚化香纸，跪拜磕首而已。

接亡以后，直到送亡，每餐必须祀祖，然后始食。送亡分新旧两种。新亡之人家七月十二日即须送，送旧日则在十三日。送亡之时，供具饽饽、果品、蔬馔。祭献毕，送至门外而再祭而送之，并焚化小锞锭，上书“子某某或孙某某奉祀某人之金银锞锭”字样，并诵读一遍，名曰包。又用黄瓜一只，剖之成二如船形，日黄瓜船，与包一齐焚化。中元时又有放阴、放活灯及散蜡烛之风俗。放阴者，俗传此时祖宗亡魂皆已回来，于是愚妇之辈，于是有眷恋亡夫者，于是有思想亡儿者，生死隔别，未免悲伤。于是师娘、端工［公］之类，趁此煽惑人心，云可以放生魂至阴间与鬼相会，并可请鬼附他人与亲人相谈，名曰放阴。放活灯者，在送亡之后，用颜色纸制成莲花灯，晚间燃之，置于路旁，或浮之水中，其意盖谓可使冤魂抢去投生也。俗云：灯放之水中，如沉没，即有冤魂抢去；倘不沉没，则无冤魂。散蜡烛与放活灯同一意义，唯放活灯系使冤魂从速投生，散蜡烛则用以照往来过路之鬼魂也。蜡烛以枯竹剖成细片，上包以纸，蘸之以油，燃之插于路旁也。

腊八节

腾越某处有一大池，曰龙池。该处人民，于阴历腊月初八日之一日必须腌菜，名曰腌腊。而腌腊必须至龙池汲水，大家互相争抢腊，云是日所制之腌菜经久不坏，能留至数年之久也。

龙氏土司之婚礼及家仪

滇黔之间，有宋家、蔡家、罗家、龙家土司。四家之冠裳服饰、婚丧祭，一秉周礼。以十一月建子为岁首。婚姻重婚妁，备六礼，然后成。龙家世为诸土司之长，至今第宅宏大。四家世为姻好。嫁嫡长女为嫡长妇，必一媵八人，古诸侯一娶九女之遗意也。然所媵或养同姓，或选良家，或庶产，嫡女则不能卖。其俗淳庞，大有三代遗风。第轻杀，重奸罪，犯者男女皆斩，即亲子弟毋赦。其所属部落，有作奸犯科、魇蛊劫杀汉人者，长官即率众掩而斩之，俘其子女以归。女子尚短衣，衣齐腰长裙，裙百折或二百折，富者穿五重，贫者亦两三重；男子亦然。其衷衣及裈，冬夏皆纻。处女夜卧，不脱不沫，临嫁方沐。既嫁日一沐，沐毕，涂以苏合油，贫者涂以羊膏，故肤如凝脂也。其衷衣与裈相接，皆联金扣以百数。裈口与罗袜相接，亦密以扣。扣皆圆而扁者，贫者家以铅锡为之。合卺之夕始解，既定情，复起穿如故，生子然后去。唯仲家牯、羊苗、黄毛犵犵、白倮倮、黑倮倮五种苗，以跳月为婚者，皆不裈。跳月为婚者，元夕立标于野，大会男女。男吹芦笙于前，女振金铎于后，盘旋跳舞，各有行列。讴歌互答，有洽于心，即奔之。越日送归母家，然后遣媒妁，请聘价焉。既成，则男就于女，必生子然后归夫家。长官女有缚足者，民间多不缚，便于工作也。其缚也甚易，山中有草曰威灵仙者，取其根汁煎濯之，不数日而步步金莲矣。

苗种类甚多，而习俗各异，婚礼亦不同。唯宋、蔡、罗、孔四姓得其正。其条节甚繁。不用乐，三月庙见方作乐，大会亲戚。新郎君见长者，用斑竹箸、雉羽扇为贽，长者赠以殊砂、石青、牛马犬豕。新妇见尊者，用枣栗榛松为贽，尊者赠以峒巾、苗锦、金宝、簪珥。娶时杂用汉礼，用乐器兼苗中铜鼓亲迎。至门，外舅趋立阼阶，揖婿及傧相人。相者引婿升堂，布席南向，请外舅坐，外舅辞焉；婿八拜，外舅受四答四。婿下堂，奉雁币陈上奠之。再拜毕，婿与相者东向坐，外舅北向坐，进桂子汤者三，鞠躬者六。相者引婿人后堂，请外姑。少顷，外姑率媵出，坐帘内，婿八拜于帘外，亦受四答四。即命坐帘外，进梅花汤者三；饮毕，帘内一绯衣老妪出，以软红罗丈许束婿腰，牵者［入］帘内；相者不得人。外姑引入三堂，再拜讫，又遍拜诸媵母，母皆跪答。引婿南向坐，外姑西向坐，诸媵母皆退。外姑一等坐，进玫瑰汤者三，毕，又进枣栗莲子汤者三。每进汤，必再鞠躬，毕起再拜谢。外姑出赠金玉杯各一对，金象箸二十双，金银镇纸仿圈各一对，金二条，银二锭，命绯衣媪送出大堂。坐席演剧，饮三爵，散席更衣，上攒盘，又饮三爵，起复衣公服，相者引之堂下，再拜谢。外舅乃出缎纱绫罗各十二束，黄金十二锭，玉碗两只，古炉二座为赠，婿再拜谢。引婿从后堂，历三堂，由书楼至妆楼。凡门，相者必唱礼再拜，谓之拜门。将见其女，故重其门而劳婿也。相者出，外舅引婿见外姑，又两揖两拜，诸媵母亦两揖两拜。乃引婿中堂，北向立，奏苗女乐。数十小婢衣绯，击诸葛铜鼓震天，盘旋环绕于庭中，讴苗歌，抑扬宛转，如莺啼芳树焉。俄而衣绯媪以朱丝一缕系婿左臂，引丝入室，系女右臂，牵出。女以锦蒙首，与婿并立，拜其祖宗神位，凡八拜。毕，夫妇交拜，次拜外舅姑，凡八拜。命坐，外舅姑北向，诸媵母皆侍，婿与女东向并坐。绯衣媪揭女绣盖示婿，诸媵母皆作苗语，啧啧颂女曰："吾女不辱婿也！"送粉团汤同牢，婿与女皆侍，女引匙进食毕，外舅引婿出，女送婿出妆楼，至书楼中堂止。绯衣媪解婿左臂丝，引女还。绯衣媪者，女傧相也。已而呼相者入，更苗锦衣舞蹈，击铜鼓，讴苗歌，请新人登车。引车入，举家涕泣以送。媵母拥女登车，诸媵女皆涕泣就车内。击铜鼓、吹芦笙送之，乐奏天鹅声，外发炮，开中堂，外舅送婿至堂下，鞠躬者三，上马奏乐，驰归第。少顷，鸾车至，诸女亲于门外设香案，焚楮帛，送家神毕，迎入书楼。相者诵词，三请新妇，绯衣媪持钥启门，引新妇右臂朱丝付新郎君，牵新妇下车，侍女扶诸媵出，共拥新妇归卧房。相者出中堂唱礼，夫妇交拜，诸媵皆随新妇后行礼。不坐床，席地而坐，饮交杯，诸媵皆雁行列坐，新郎君新妇各一饮，挨递诸媵。饮毕，相者击铜鼓，歌喜词，撒红豆，为祝多男。奏乐毕，相者请新郎君安诸媵室，乃与诸媵皆出。绯衣媪即合房门，为新妇更衣履，进香汤，凡三沐焉。相者引新郎君，先从右，奏乐安屋。其俗尚右，故先右。侍女扶媵者参新郎君，新郎君坐受二拜，答二拜。老媪进媵者酒，手奉新郎君饮半，媵者接跪饮毕，起鞠躬者四，侍女扶入帏中。相者复引新郎君安第二室，亦如之。西四毕至东四，俱如右。相者引新郎君还正室，更衣毕，相者出，新妇出迎，鞠躬者四，新郎君答以四揖，相携入绣帏。诸媵者新沐毕更衣，俱来帏中，亦鞠躬者四，新郎君新妇答礼毕，告辞各归房讫。鸡初鸣，诸媵俱栉沐至新房，递茶道喜，候新妇妆毕，偕新郎君于姑寝门外递茶。姑受不接见，令婢辞焉。新郎君新妇率诸媵于寝门外再拜而退。新郎君即公服策马，诣外舅家谢。先于大堂拜外舅，毕，入后堂拜外姑。留饮，陪者皆其娣姒姑姊之属，以百数，俱各再拜，饮毕归。日暮，新郎君新妇率诸媵递酒核，姑亦辞焉，如前行礼而反。

如是者五日，第六日，张乐设席于后堂，新郎君新妇先拜天地，次祠家神，次祀灶，次拜姑，次女亲，次小姑，诸媵者俱随新妇后行礼。南向一席坐新妇，东向八席坐媵者，西向四席坐诸女亲，西北向一席则姑、小姑主焉。姑递杯箸，新妇跪辞，小姑代行礼毕，新妇跪递姑杯箸，次女亲，次小姑。饮三爵，撤席更衣，再饮三爵，新妇率媵下堂拜谢。讫，随姑入室，为姑进帏帐、衾枕、衣服、首饰，奉沃盥。候姑寝，乃率诸媵退。自是每鸡初鸣，必起栉沐，率诸媵至姑寝门，如未醒，即默候；既醒，即呼内侍女启门，入为姑著衣履，栉沐，进早膳，讫乃退。中午亦率媵奉饭，每日以一媵侍其役。日暮，为姑涤溺器，整衾枕，候寝然后退。日日如是。如疾病，必令媪请假，俾诸媵奉事如前。三月请设三代祖宗神主，夫妇率媵谒焉。盛设酒宴，大堂会男，后堂会女，夫妇执贽，遍拜长者，各受贻赠，而成妇焉。各媵女独处，室老（寡居有德之妇，土司富家聘以掌一室之事，举室听其指挥）皆有法，不许偃仰纵横，既覆以衾，外加绣袱，四角镇以铜兽，重或至二三斤，若不令其转侧者。寝后即禁复起，溲溺帏外。张灯彻夜，榻前每夕轮一婢伺值，室老时行潜察，一闻发鼾呼声，辄排闼入，捉其发而扑之，即侍女亦不得有鼾声也。每二鼓即寝，鸡初鸣，室老辄击铜板者七，各房室媪亦击铜版以应之，俱促诸妇起栉沐。栉沐毕，皆集正室为主妇治妆；妆毕，则偕往候姑。凡有身者，立稍不端，坐不正，卧或偃仰纵横，及酣酒茹荤者，室老辄戒之。诸媵与主妇常同坐起，或嬉戏投博，皆勿论。见主人，则不敢坐，常侍立终日，不敢生怠傲心。总因室老之严，举家从无喧哗声，侍女森立左右，屏气似不息者，肃然如三军之禀大将军令也。主人欲与诸媵坐，必其卧榻；若于椅，室老闻之，必加挞。媵者或逢怒主人，室老必勒媵者去其下衣，当庭而痛挞之，毋赦也。凡为姑涤溺器，浣衣服，治裳履，整衾枕，进饮食，生子者连三日，女者二日，未生者一日，次第以行，无敢或紊，皆室老主之。即主妇亦不敢假手侍女。如有身及疾病，必请假始免，次者行产后，病痊复入。此真三代之礼也，不意中原绝响，乃在边徼！古语云："礼失而求诸野。"今野不可求，乃在苗蛮之中，亦可慨矣！

贵　　州

贵州之中秋节

贵州之中秋节，有一种特别之风俗，为各省所无者，则偷瓜送子是也。偷瓜以晚上行之，偷之时，故意使被偷之人知道，以讨其怒骂，而且愈骂之利［厉］害愈妙。将瓜偷来之后，穿之以衣服，绘以眉目，装成小儿之状，乘以竹舆，用锣鼓送至于无子之妇人家。受瓜之人，须请送瓜之人食一顿月饼，然后将瓜放在床上，伴睡一夜。次日清晨，将瓜煮而食之，以谓自此可以怀孕也。

贵阳女子之生活

家庭作业

妇女之职务在家庭内者居多，然乡村妇女则不尽然。盖其家庭组织，既极简单，家政毋须整理，每日只早晚在家中，故其家庭作业不外煮饭、烧茶、引小孩、喂猪等事。有于夜间捆束菜蔬，预给男子次日入市贩卖，或于晚饭后绩麻，为赶市集之交易品。

田野作业

乡村妇女之生活半在田野间，故其作业不仅为补助男子之副业。每日早餐后，将孩驮于背，曳锄具，至田中割草、挖土、播种、施肥料。暇时又须上山伐薪，或赴水边洗菜。女孩则放牛牧豕。各事其事，无一闲者。

赶市集

家庭及田野作业外，尚有赶乡场。会集日期有定，如双日赶某场，单日赶某场，或于一月中十日一赶，半日［月］一赶，依习惯而行。邑中大乡镇，若打鱼寨，若鸡场，若狗场，每逢场期，赶集者人山人海。妇女辈至是日亦不惮跋涉，各携物品，如鸡蛋、果实、干粮之类，来此求售，或与城市商贾兑换布匹、盐油等类，至散场后各自归家。

盘县十月朔之俗

十月朔，俗传为牛王神生日。乡农各寨，捐资举牛王大会，爆竹之声，各寨相应，极一时之喧闹。各家并出新糯米制饼，先取一团喂牛，一团挂牛角上，牵之至河畔饮水。俗传牛饮时于影中见角上之饼（俗名粑粑），格外喜悦，知人酬其劳也。然后将余饼分送城内亲友，借答中秋受其果饼之情，为投桃报李之意。斯为牛王大会中之举动也。

盘县节序之宜忌

立春日宜晴，是日晴，则以后常有雨也。谚云："立春晴一日，四月农人不用力。"惊蛰日不能闻雷声，闻则夏季毒虫必多。谚云："惊蛰有雷鸣，虫蛇多成群。”清明日天阴，则谷雨日不雨。谚云：“清明不明，谷雨不霖。”立夏日宜有雨，否则主旱。谚云：“立夏不下，犁耙高挂。”六月宜热，七月以后不宜热。谚云：“六月秋，点点收；七月后，班班收。”八月十五日夜如有雨，则次年元宵日亦必有雨。谚云：“八月十五月不明，正月十五雨打灯。”十月宜有霜，十一月宜有雪。谚云：“十月无霜，碓头无糠。冬月无雪，田中无麦。”正月不宜闻雷，闻则二月必多雨；三月不宜有大风，有则四月必旱。谚云：“正月雷打雪，二月雨不绝；三月吹大风，四月田开裂。”又初一日晴，初二日阴，初三日、初四日必有雨；九月下霜，十月下雪，十一、十二两月必奇冷。谚云：“初一日晴，初二日阴，初三初四雨漓淋。九月霜，十月雪，冬月腊月冰为铁。”

盘县小孩之撞名

盘县初生小孩，除寄拜干父母外，有一种撞名之风俗。倘有时小孩有疾，以箸占卜，许以撞名。于是择黄道吉日，在大路之畔陈列果品，焚香烧钱，而后静伺行人。第一经过其畔之人，便以为小孩之干父母，享以果品，以求认继。而其人无论如何，不能推却，只得承认为干父母，并为小孩易以姓己之姓，并另更一名；又须以钱物给与小孩，以当贽见。如彼此相邻近，以后便各［如］亲戚之来往；若相住太远或贫富相悬大差，成礼以后，便即完结也。

新　疆

迪化人之生活状况

迪化府当全盛之时，屯戍相望，华戍［戎］商贾，挟资斧往来，聚族列阛，而错居以万数，百货玩好，奢侈骈阗，嘉道之际，称为盛焉。其民或以关内下贫，或以报怨过当，而学士大夫之遣戍者往往出于其间，故其俗杂驳，或侈靡相高。清光宣时，湘、楚人为最多，而秦、陇亦无虑数千户，惰游失业逋贫者半之。仕宦数湘、楚、滇、陇，大贾推津沽（有天津八大家），秦人多负贩，今之大较也。当地商家列市南郭，南郭之外，则俄商所集，皆受成于领事，而蒙、哈冒险之迁引者尤众。故其种族杂厝，风俗不齐。又冠盖辐辏，浮食者多，民去本求末，竞趋巧伪。妇女戴金玉，羞不相及。尚巫鬼，饰寺观。每岁四五月，晴燠少雨，即赛神树下河滨，征歌演剧，男女杂坐，车服炫奢。男则卖浆，张帘幄，拊杜达（状类阮咸，以木为之，铜弦二）、探布（铜弦四），鼓敦巴克，讴胡曲。佐妇女数人，曳绮縠，振袂赴节，偎郎以为乐。偎郎者，女跳舞之名，犹蒙俗有背柳也。其游氓之逋荡者，则聚而博弈，强者拔刀相向，弱者或破产，吏不能禁。每七月中旬，出城隍行像三日，盛陈卤簿，设鼓吹杂剧，来往通衢，观者如睹（堵），否则多夭折也。

哈萨克人之生活

新疆有哈萨克者，汉康居种人也。散处阿尔泰山、塔城、伊犁诸地，无城郭，鲜庐室，逐水草游牧。四时结穹庐，其地藉以诸色绒毯毛毡。卧则铁床木榻，各异其式。铁床购自俄国，木榻皆自制用。茵褥重迭，厚至数尺，多褚以驼毵。枕则方圆各一，著以天鹅之毻，眠时覆以薄被。入门赢三尺设火炉，傍置铜罐铁锅，烹茶煮食。燃料少用柴薪，多以牲粪，羊粪为上，驼粪次之，马粪最下，以其一燃即烬。其俗喜食薰肉，而马腊肠为款客上品。马腊肠者，杀马驹三四岁者，切细脍以五味和之，实诸马肠，长三尺余，以筋束其两端，烤而干之者也。

哈萨克人之衣饰

哈萨克人男女所服之衣，贵贱不分，名曰袷杆，圆褲褉，不结纽，长施于膝。男敞前衿，以左袵掩腋，以皮带嵌金银、珊瑚、珍宝，左悬皮小囊、佩刀。妇衣较长，当胸多以金丝编绪，缀以环纽，衣之前后，繁系小囊，盛零纤什物，便于取用。男女衣皆以黑色为上，白次之，虽盛夏，恒裨襦襂複，以蔽目光。春冬则外袭皮裘，厥名曰惆。富者以貂、獭、猞猁诸皮，贫者羊裘泽身，衬白布及五彩禅襦，有袖而无衿。女之裲衣，下围如绕领，其长曳地。男子着帔高帽，内衬幞头。女子皮帽，方顶阔檐，嫁后则以花巾斜扎头上。逾一二载，其姑为换戴白布面衣，名曰雀洛什。其制以白布一方，斜纫如袋，蒙首至于额而露其目，上覆白布圈，后帔襜襜然下垂肩背，长二尺余，见者知为妇装也。皮靴谓之玉底克，皮袜谓之黑斯，皮鞋谓之克必斯，皆以牛革为之。妇女较窄小，踵底之木高二三寸，连鞔铁钉，踏地铮然作响，斯为美耳。其入室也，脱之门外，室中人数，视履而知。妇女出门必骑，以花巾为幢，此古礼之仅存者。富女发辫，金宝缤纷，而不施脂粉。喜着臂钏，左右各具一式，不必成双。女子耳贯珠环。妇人有面衣，去之不复着。多以宝石珍珠嵌为约指，有一指四五枚者。其头目人以银制约指，镌回文名字其上，书立约券，多以加盖为证，若日本普通人之用图章者然。

哈萨克人之礼仪

一　冠礼

哈萨克婴孩四五岁，父母择日，遍告戚友，延毛拉诵经，行割礼，即割势皮一周也。诸亲友相率馈物致贺，富家大族则杀羊马飨宾客，为赛斗跤之乐。婚姻丧葬，佥以此为盛举，过此无恙，始得论婚学骑马，教之控纵坐跃诸法。五六岁时，骑之马上，以小袋插股于鞍韂两傍，上下以带挈之，执缰者导之骑法。至十几岁，衔勒缓急，无不娴熟。故其部人以善骑著名，纵马疾驰，率能起立马上作盘旋舞，耸身拾物于地，其佐捷如此。俄国可萨克骑兵称强，即自此项天然马队训练而成者也。少年即不薙须，唯常剪唇髭，便汤饮。十日一剃发，三日一削爪，同于西俗。儿童小帽，谓之克摆什，以五色绒丝组织之，上系驯狐之毛，名曰玉乇尔，避邪祟也。十三四，则以会丝缎及杂色绸布制为小帻，四时均加皮帔高帽，谓之突马克。其式六方，顶高三四寸，后帔长尺许，皆皮里也。戴时露口眼于外，冬日御霜雪。夏亦帽，无露顶者。大小头目进谒官长，皆戴祝帽，胸悬政府给予徽章（如嘉禾章、名誉褒章等），以示尊异。

二　婚礼

婚嫁之礼，唯同乳不相妃。妃者不问门户年岁，视聘资多寡，富人往往致马千蹶、牛千足、驼百峰、银二三千两。媒妁入女家，议定财聘，偕其父若母或其昆弟，为踏水之礼。踏水者，至河干跃水而过，示无悔心，有因此跌折肢体而不恤者。过此则女家时时往索银畜，交偿逾半，其婿得朝夕入女家同寝餐为夫妇。交纳财礼之数如已逾半，其婿即入女家拜见外舅外姑，留食留宿，夜间由嫂氏送女于婿卧处，家人伪为不知者。一宿之后，其婿随时往来，俨成夫妇，不复顾忌矣。财礼交未过半而情急者，以羊十五头购衣料，驮以马，又银五十两、二岁马驹一匹，携往女家，至其近处，谁见之，即将马驹馈谁。受者即为治餐，呼女来同食，唱歌为乐，入夜偕往女家，以银与外姑，以马与外舅，以衣料与女，亦可如前式同寝。唯不交盈数，则终身不得迎娶，女如有身，设法堕之。

亲迎之日，媒携新婚纳采帛，次第进见女父母、伯叔、兄弟，握手鞠躬为礼。婚家男妇联骑而行，犹汉俗之伴郎，肉食而后返。其见外姑，则别以良马奉之，酬哺乳之思也。女子将出门，辞父母，握手接吻，以至亲之人抱持上马，红巾幬面首，并骑以行。至门，扶入毡房，毛拉高捧洁水一盂，口喃喃诵经饮新郎新妇，犹汉俗之饮交杯，并普饮同座者。夜则诸男妇杂沓调笑，吹弹、唱歌、跳舞为欢乐，犹汉俗之闹新房，尽兴乃各散去。次日嫂氏为改妇装，梳合十数小辫为两大辫，稍［梢］结红绳，长垂齐足跗，一彩巾帕首拖背后，服黑色袷袢，系红裙。嫂氏扶见姑，新妇握生牛油掷炉中，光焰满室，以为吉祥。鞠躬就座，姑置木盘堆积肉食，嫂氏操刀代割奉姑，复遍敬座客，环匝而食之。敬听姑训辞，俾躬亲洒扫诸事，姑率新妇周历家中，先使洒扫火炉，为妇职之始。此后入姑室，揭毡帘问安，入门倚左右问安，至火炉侧问安，出门则以红巾幕面去。其俗以翁媳不相见为礼，遇则背立，以帕掩其面；贫者亦三二年后始得相见。

男子娶妇不得过四人，嫡妻执家政，诸妾同操作，以生子为尚，不严嫡庶之分。夫妻反目愿离异者，则延头目戚党论是非曲直，其夫指应出条事，赔家资遣之去。其妻请离异者，则一切什物概不得持取，众反覆论之不听，乃立离书，摹手足，头目用戳印为据，谓之土耳；儿若女均归其夫，妇不复问也。夫死，妇不得嫁异族，其夫之兄弟娶之。不愿醮者，亦弗之强也。

三　丧礼

哈萨克人亲死不居丧，不奠祭，唯举哀而已。死则速葬，不逾宿。人病，延毛拉诵《依满经》耳侧，经言死后复生善地之意。既殁，取净水洗尸，以阿和乃哆（即细白布）密缴而坚擦之，奠板上，幠以常服之衣，毛拉率其家人往供不耳（犹汉人之义园），窆地为长方穴，舁尸入其中，头北而足南，面西向——西向者朝汗之意也。亦有旁开一穴，安放尸身，墓门闭以木板者，坡门迭土为墓，会葬者诵经而后返。其墓或圆如蒙古式，或长如棺形，或作方塔高三四级，无定式，而方塔形特多。其礼未葬，众不得饮食，即葬始大嚼，毛拉且攫死者衣服以去。葬后四十日以内皆诵经，毛拉多者至二三十人，少亦三四人，竣事各酬五岁马一匹，亦有报以银者。富者初周之年，设宴会亲友，杀马驼以敬。至者赙货财，赙牛、马、羊、骆驼，量力大小。自擦擦毡幕，联结墓左右，为骑马示捷之戏。是日也，童子不盈十五者，跨马至会所报名，以次编列，萃集数十里外，整鞍按辔而立，闻角声起，駊騀飞驰，疾如惊矢。先至者居第一，以次至四十骑而止。第一酬银畜值千金，其下奖各有差，远近羡慕，以为矜宠。其俗夫死妇皆毁容，戚友吊唁者对之痛哭，以抓面流血为戚，否则鄙笑之以为无情。妇之于夫，子女之于父母，丧服无定制，类持服四十日，不出门，不宴乐。无墓祭，然时延毛拉诵经以荐亡人，盖亦追远之意也。

四　宾礼

哈萨克人诚朴简易，待宾各有加礼。戚友远别相会，必抱持交首大哭。侪辈握手搂腰，尊长见幼辈则以吻接唇，呼喋有声。既坐，藉新布客前，设茶食醺酪（新布呼打斯搭拉干，相传为古时一少女之名，其人佳丽，且善敬客，后世以其名名新布，义取敬客）。贵客至，则系牛羊户外，请客觇之，始屠以饷客。马以菊花青、白线脸者为佳，羊以黄首白身为上者。杀牲先诵经，血净始烹食，然非其种人宰割，亦不食也。每食净水盥手，头必冠；倘事急遗忘，则以草一茎插头上，方敢就食，否则谓为不敬。食掇以手，谓之抓饭。其饭米肉相瀹，杂以葡萄、、杏干诸物，纳之盆盂，列布毯上，主客围地席座相酬酢，割肉以刀不以箸。禁烟酒，忌食豕肉，呼豕为乔什罕，是即避之。性尤嗜茶，以其能消化肉食也。客至门，无论识与不识，皆留宿食。所食之肉如非新割者，必告之故；否则客诉于头目，谓其寡情，失主客礼，以宿肉病我，立传其人责而罚之。故宾客之间，毋敢不敬也。

哈萨克人之奉教

哈萨克人尽系伊斯兰教徒，其先知为穆罕默德。不祀天神人鬼，以敬上帝为宗。富者橐金走谒穆罕默德墓，谓之朝汗。归牧后，去帛，服布衣，名曰阿吉。以白布重迭匝缠其首，名曰赛里特。众尊异之，谓其自汗所来也。游牧夥人争讼者，皆就折之，无不唯命。晨起，男妇趋水滨，浣手涤面浴下体。一日五诵经。游牧无寺院，面西方礼拜；行路者届时觅水盥沐，无水则撮净土代之。礼拜诵经，无时敢怠忽。纪年无甲子，数之以十二象月，不置闰，以三百六十日为一载。有长斋期，一月始毕，期内早晚不饮不食，必日落星灿，始敢受餐。禁食之末日，开斋过年，谓之小年。越七十日始过大年，男女老少，着新衣美服，相往来，依麻目率众西向诵经祷祝（公举毛拉熟经典者为之），礼毕，握手相庆。三日之内，唱歌跳舞，相与为刁羊之戏。刁羊者，到羊擿于地，群年少子弟飞骑拾之，攎诸马上，彼此驰逐相攘夺，支解血肉，赫然剻落，众人随之以攫一脔，致亲友为吉祥喜事，受者必亦厚报之。其族素不讲宗法，无谱谍可稽。父业子受，无子者继亲族兄弟之子为后，父死则均其财产，子与女共分之。

巴音布拉克人之信佛

巴音布拉克人，大半为回、蒙之众，春冬出山中插帐，都河岸，呼曰冬窝；夏秋则还牧大小珠勒都斯河源一带，是曰夏窝。迁居时不及建造民房，其王则环帐而居，仅办公官吏与喇嘛数十幕而已。环帐内喇嘛整日铙吹，喧唱佛号。官厅房舍，皆供佛像，大小员役，各手念珠。帐南里余，小山屹立，曰巴音布拉克。上有乱石叠成之塔，蒙语达格尔恭，蒙族神庙所在也。每年阴历六月初二、十六两日，土尔扈特南部落四旗五十四苏木皆来致祭，祈福禳灾，音乐歌唱，掼跤驰马，繁华热闹，盛极一时。

帕米尔人之生活

帕米尔恒年积雪，土瘠风高，不产五谷，民资游牧为生。食以牛马乳及乳饼为常品，间宰羊食之，麦面则珍甚矣。无树木，炊以粪蒿；无房宇，居处蒙古包。无市集交易，游牧人所需食用，非东逾赫色勒，购自萨雷阔勒，即西下山，购自什克南。山间产铜，苗不甚旺。有温泉十数处。居民极鲜，哈萨克、布鲁特诸部游牧人，皆夏往而秋归。

准噶尔风俗记

新疆风俗，最重黄教，凡决疑定谋，必咨于喇嘛而后行。喇嘛坐床者为西勒图，坐床即掌教也。人生六七岁，即令识喇嘛字，诵喇嘛经，病则先延喇嘛诵经，然后服药。若大台吉有事讽经，则其下争输货物于喇嘛以为礼。众喇嘛聚而讽经之室曰都纲。噶尔丹策凌时，曾于伊犁河之北、固尔扎河之南海努克建立都纲，三层缭垣，周一里许，聚集喇嘛，令其五鄙拓克轮值供养之，谓之塔本集赛；“塔本”言“五”，“集赛”言“轮值”也。岁首、盛夏，其膜拜顶礼者，远近咸集，往往捐珍宝、施金银，以事庄严。庙之宏壮，甲于漠北。

准噶尔人不习耕作，以畜牧为业。饥食其肉，渴饮其酪，寒衣其皮，驰驱资其用，无一不取给于牲。欲粒食则因粮于回部，回人苦其抄掠，岁赋以粟，然供酋豪饘粥。其达官贵人，夏食酪浆酸乳，冬食牛羊肉；贫人则但食乳茶度日，畜牧之外，岁以熬茶为要务。其酒缝皮为带［袋］，中盛畜乳，束其口，久而酿成，味微酢，谓之挏酒。每岁四月，马潼新得，时置筵酬神，斩马为庆，谓之玉醴斯。蒙古亦然，但不如其盛耳。庐帐方位，以东为南，南为西，西为北，北为东。户必东面，犹内地之南向也。饮食用碗、用匕而不用箸，其匕之制，大小不同，以木与皮为之。其地有树如桦，取其油以为灯火。

冠无冬夏之别，但以毛质厚薄为差。白毡为里，外饰以皮；贵者饰以毡，或染紫绿色。其顶高，其檐平，谓之哈尔邦，略如内地暖帽，而缀缨只及其帽之半。妇人冠与男子同，带以丝为之，端垂流苏，其长委地。妇人辫发双垂，约发用红帛，在辫之腰，帛间缀以好珠琴瑟之属，望若繁星。呼袍为拉布锡克，台吉用锦缎为之，饰以绣，宰桑则丝绣氆氇为之；贱者多用绿色。御冬无棉，以驼毛为絮，名库棚。亦有只衣羊皮者，皆右衽平袖，四围连纽。男子衣不镶边。妇人衣用锦绣，两肩两袖及交襟续衽处镶以金花。其民妇则以染色皮镶之。台吉靴以红香牛皮为之，中嵌鹿皮，刺以文绣；宰桑用红香牛皮，不刺不绣；民人曳衣屦，或黑或黄，无敢用红者。妇人靴贵贱视其夫。有都尔布锦者，以羊皮织成，若内地之坐褥。

其文字谓之托忒，共十五字头。每字头凡七音，共得一百五十音。其法直下右行，用木笔书之。或削竹为笔，长四寸，上阔而下锐，取墨以作书，谓之鸟珠克。台吉、宰桑所居，皆建旗纛，或以绿缎，或以杂色布幅为之，书喇嘛经咒于其上，遇风展动则种福，与讽诵等。台吉之印，其形圆，范金为之；宰桑以下之印，或以银，或以铜、铁、锡五金备用，各视其职掌以为差等。四时不知甲子，只以十二物纪年，如岁在寅则为虎年之类。每岁元旦、四月八日、五月望日、十月二十五日为四大节，礼佛讽经，不杀生。春月女子有踢踘之戏，秋月酋长有马射之棚，长夏亲朋有马潼之会，三冬稚孩有泼水之乐。积年置闰，亦同中国，但不拘月分。届当闰之年，宰桑等请于大台吉，随意之所欲，置闰于某日。遇小建之月，亦不必定无三十日，随台吉之意，而中去一日焉。自寅至丑，每月俱可肉，自晦至朔，每月皆可虚也。其地亦无二十四气。星家之书名《珠露海》。

男女婚姻，以羊马为聘礼。婚之日，婿之女门，女家讽喇嘛经，婿与女共持一羊脾骨，拜天地月日，夫妇交结其发。女家为设蒙古包以成婚。明日婿先归，别择日以娶。妇乘马至婿家，讽经亦如之。

人死不立丧制，子孙亲属丐延喇嘛讽经。检《珠露海》所载，有应五行葬法，则以其法葬之：如应金葬则置诸山，应木葬则悬诸树，应火葬则焚以火，应水葬则沉诸河，应土葬则埋诸地。若不应五行葬，则撤蒙古包弃尸道旁。自亡日起讽经四十九日，不杀生，不薙发，有剪发以为孝者。每忌日，设果食潼乳以祭。遇草青时，子孙忌其祖父，亦酬（酹］奠于野。

至从军失伍者，冠以纸冠，并令其妻服短布衣，游行示辱。盗马者罚九牛或九羊，九马给事主。无牲畜者，则以盗者之妻给事主以偿之。无妻则鞭其腰。其刑罚若此。

所用钱名普尔。回人所输，制小而厚，椭圆而首微锐，中无方孔，面铸准部台吉之名，背附以回字；凡台吉新立，辄更铸，旧钱皆销毁。

其乐器多以马鬣尾为弦，无用丝者。弦之大小，以鬣之多寡为差。亦间有皮弦者。乐音大抵以丝为主，而竹附之。其鼓日铿格尔格，喇嘛诵经用之。有曲日《逊雅布》、《图达尔》者，皆彼中颂祷之词，欢会宴饮所用也。

乌鲁木齐风俗记

乌鲁木齐旧城卜东山之麓。富商大贾，聚居旧城南北二关。夜市既罢，往往吹竹弹丝，云息劳苦，土俗然也。

根忒克西北，凡峻坂七层，最为险阨。悉人过此，必肃然下马，如见所尊，或曰畏博克达山之神也。博克达山列在祀典，岁颁香帛致祭。山距城二百余里，每年于城西虎头峰厄鲁特旧立鄂博处，修望祀之礼。鄂博者，累碎石为蕞以祀神，番人见之多下马。百礼略如内地，唯未举迎春之典。

乌鲁木齐之民凡五种。由内地募往种耕及自塞外认垦者，谓之民户；因商贾丽认垦者，谓之商户；由军士子弟认垦者，谓之兵户；原拟边外为民者，谓之安插户；当差年满为民者，谓之遗户。各以户头乡约统之，官衙有事，亦多问之户头乡约。故充是役者，事权颇重。又有所谓园户者，租官地以种瓜菜，每亩纳银一钱，时来时去，不在户籍之数也。

西人嗜饮，每岁酒商东归，率携二三万金去。

此处唯神祠以瓦为之，余皆作瓦形而覆以土，岁一圬之，云砖瓦皆杂沙砾，易于碎裂。诸州商贾，各立一会，更番赛神。剃工所奉日罗祖，每赛会则薙工皆赴祠前，四五日不能执艺，虽呼之亦不敢来。

西人嗜水烟，游手者多挈烟箱、执花筒，逢人与吸。不即取值，朔望乃登门敛资。火神庙计费千余金，乃鬻水烟者所醵，则人众可知矣。

有病必祷，祷必以夜，唱歌击鼓，声彻城中。

娶妇论财，多以逾壮之男而娶髫龄之女。土俗类然，莫喻其说。

凡立竿于户内，皆女间也。或曰以祀神耳，非有他故。无从究诘，莫得而明。

土俗以卒伍为正途，以千总、把总为甲族。白［自］立学始解读书。

流人子弟，多就食城中，故小奴甚众。

二三日［月］间，田苗已长，商家以钱给农户，俟熟收粮，谓之买青。

商民流寓，往往不归，曰此地红花，土语谓繁华也。其内地父母呈请移牒拘归，官为解送，岁恒有之。

遣户有妻者，秋成之后，多侨往旧城内外，开春耕作乃去。

人民各逐所种之田，零星棋布，虽近邻亦相距半里许。户民入籍已久，然自某州来者，官府乃谓之某州户，相称亦然。塞外之田，更番换种，以息地力，从无土著之说。田唯拔草，不知锄治，伊犁将军牒取手铲，一时不知何物，转于内地取之。

家家喜畜犬，暮夜多升屋而蹲，一吠百和，满城狺狺然，颇聒人睡。

布种时以手洒之，疏密无定；南插北沟，所不知也。

新年客至，必陈馓饵皿器，佐以烧酒，比户类然。近能以糯米作元夕粉团，其他饼糕亦略如京师所制。

土俗嗜博，比户所同。

库尔、喀拉、乌素三屯，兵丁、遣犯皆孤身。恐狂且佚女，或酿事端，自玛纳斯河以西不许存一妇女。

城中小巷，谓之墙子。夜设逻卒，以禁淫奔，谓之查墙子。诸屯则日暮后驱逐外来男子，谓之搜墙子。

遣户男多而女少，争委禽者，多雀角鼠牙之讼。后为立官媒二人司其事，非官媒所指配，不得私相嫁娶也。

鬻菜者谓之菜床。瓜菜必极老乃采以鬻，否则人嫌其嫩。唯官种之园，乃有尝新之事。土俗实不可解。

塞外旧无风鸢之事，近有蓝旗兵士能作纸鸢，遂相习成俗。地本军营，故以长褂为亵衣，以短褂为公服。官民皆用常色，为商贾多以紫绿氆氇为之。

佳茗不易致，土人唯饮附茶，云此地水寒伤胃，惟附茶性暖能解之。附茶者，商为官制易马之茶，因而附运者也。初煎之色如琥珀，煎稍久则黑如碧。一切海鲜，皆由京贩至归化城北，套客转贩而至。所谓银鱼，即卫河之面条鱼也。

土鲁番卖果者虽多，而土人惟重内地远来之果。榛粟［栗］楂糕，有力者始致之。俗贱谷而贵麦，故纳粮以麦不以谷。

城门晓起，则煤户联车入城。北山煤可供薰炉，焚之无烟亦无气，易炽而难烬，灰白如雪，每车不过银三星余。西山之煤，但可用之炊煮，灰色黄赤，每车不过银三星。其曰二架梁者，石性稍重，往往不燃，价更减。亦有石炭，每车二星，贫家用之。

元宵灯谜，亦同内地风俗，而其词怪俚荒唐，百不解一。元夕张灯，妇女毕至，遗簪堕珥，终夜喧阗。内船之戏，与内地彷佛。春社扮番女，唱番曲，侏儒不解，然亦靡靡可听。元夕各屯十岁内外小童，扮竹马灯，演《昭君琵琶》杂剧，亦颇可观。

酒楼数处，日日演剧，数钱买坐，略似京师。梨园数部，遣户中能昆曲者又自集为一部，亦有所谓歌童者。

塞外丰盈，鬻技者麇至。畿南马解妇女，亦有万里闻风而至者。

卷九

热　河

热河风俗琐记

热河虽为特别行政区域之一，然币制之紊乱实无以复加。全境无一专司兑换银钱之处，欲得一元之小银币，须连问数家，始得零星凑成，然又非现金，所使用者皆纸币耳。铜元亦缺乏异常，制钱颇多，而制钱又分虚真二种，每虚钱若干，必须再核实钱若干，始可成交。初至是地者，殊多不便。

热河除岁风俗与南方略同。年前择日扫除尘土，名曰扫屋。除夕夜，家家妇女必插戴花朵。年初五以前，妇女均不能出门，如贸然前往，必被痛恶。盖彼间以妇女为不祥物也。

新年中春联、春额用红纸写就，家家换贴一新。尚有一种花纸，印有五色人物，极粗极俗，然居民大半喜购贴壁上，以为美观。灯节前后，无论大家小户，咸满挂灯彩。灯以绢制者为多，纸制及玻璃制者次之。灯上满画人物，间有工细者。又有一种冰灯，于腊月最寒之日，预先制就木架，或六角式，或四角式，取水淋之，随结成冰，然后悬于地窟内。至灯节，乃取出挂于檐际，中燃以烛，颇觉新颖有致。

热河之民情风俗尚觉朴实，银钱纠葛之事，终岁罕觏。然土人性质，一言不合，即攘臂而起，故命案独多。而热民之穷苦者，往往饿不得食，即铤而走险，一旦被获，亦直认迫于饿而出此，其情实至足悯也！

绥　远

归化绥远之风俗

归绥旧为土默特蒙古属，自昔汉人均以为贸易转运之场，迁徙无定。嗣后商务日盛，土地日辟，始渐有编户之氓。唯多属燕、晋之民，故其俗多类内地，无足纪者。然紫塞荒漠之区，其人赋椎鲁犷悍之性，则其俗遂亦简陋粗率，举有可资为谈助者试略述之。

归绥之婚俗

婚姻媒妁既通，男家送三季衣裳于女家，谓之下聘。届期又送以礼物，如羊肉、彘肩、烧饼之类。以彩舆载新妇归，先入新房，男之姊妹为之易笄而钗，然后合拜天地祖宗。宾客先一日来贺，飨以酒馔，归去，至日又来，及晚始散。结缡次日，婿偕新妇至岳家，拜见毕，款以酒。同席咸戏狎之，使新郎羞涩不安以取乐。晚偕归，三日又往，夕又偕归。新妇三日入厨下，学切面，日试刀，家人争尝之，以觇妇工之优劣。端午馈女家核桃白米，中秋馈烧饼及西瓜。得子，女家赠衣料。子生三日始浴，女子则恒终身不浴，谓守礼也；然失节者不以礼闲，奇矣！

归绥之庙会

庙会，妇女盛服以赴。小妇席地前列，老者居后。城中纨绔子，携帐幕支于空野，妇女来观，则命之坐，饮酒歌笑，肆无避忌。夏令妇女多袒胸，秋收助男子下田亦然，路人指手讪笑，不怪也。

土默特人之婚俗

土默特蒙古旧属游牧，穹庐毳幕，习尚迥殊。自汉、满人入居其地，其俗遂变。妇女多效旗装，操汉语亦圆熟，现室居者十之四五，幕居者十之五六，婚姻丧葬，大同小异。唯婚礼迎娶之日，男家亲族骑马往迎，女家亲族亦骑马相送，中途互相竞赛，夺帽为戏，夺得者即夸以为荣。又婿到女家，须跪地问岳母姓名，必使答而后起。次日归宁，众先引婿入见外父母，然后互抱新人接吻，饶有欧风焉。

归绥之杂俗

归化空气干燥，寒暑均烈。夏季七月间华氏表最高达九十度以上，冬季最低至零度。八九月为温和时期，四月为解冻之期，十月以后乃骤入寒境。唯西北气候变动甚速，一日之间具有四时气候，故尝有“早穿棉皮午穿纱，怀抱火炉吃西瓜”之谚。唯其人耐冷，往往于严冬时破冰入水，视若坦途，观者莫不为之寒噤。我国劳动界之所以能特别耐苦者，诚以自然界及社会恶习惯有以致之。即如此种现象，亦天气之变幻，及外界之境遇使之然也。

大海滩，因四面皆崇山，故形成盂地，积水潴为咸湖，周约一百余里。湖岸之土经日曝晒，盐质尤富。土人聚之，下通小孔，水淋其上，流出卤汁，即以熬盐。每日一锅，可得盐三百余斤，需炭同之，需人工五六人，月须纳税三十余元。每年自三月至九月为止，此外天寒水冻，不能举火。附近计四十余锅，每年可产二百五十余万斤，销售于丰镇、大同、归化各处。炭产大同山脉之兰山嘴，距此二百余里。盐价每斤约三千文，除炭、工资、税项外，得利甚微。当盐熬成时，取出置筐中，余水下滴，筐底结品如豆芽，取以开水冲服，可清理肺肝。

鹧鸪山，在绥远西北，山势巍峨。颠建娘娘庙，相传蒙女炼形，委蜕于此，真身即塑洞内。每岁四月八日，妇女纷集祈祷。

天门山，在县东北，山高峻。夏令游人涉［陟］其巅，俯视四郊，苍翠之色，有如绿水。

满清平准噶尔及察哈尔以后，即于归绥险要驻重兵。至怀柔羁縻之术，乃又专重黄教。是以梵宇绀宫，此地独盛，喇嘛之数多至二万余，岁发库款，以给口粮。民国以来，口粮断绝，佛规日弛，华严伽蓝，日就寂寞，甚可慨也。其间庙宇之最著者，曰大招、小招、博什克招、五塔招等。招者，蒙古语"丛林"也。博什克招在市西塔石河之右岸，今甚荒废。相传圣祖参拜此寺，时呼图克图慢不为札，从者怒，挥刀杀之。沙必纳罕等大愤，擒从者寸磔之，全城哗然，圣祖乃宵遁至张家口。其事正史不详，唯今俗有奉祀白马将军，谓即当时被磔者云。

毕察镇之杂俗

毕察镇住户千余家人，口二万余，汉人十七，土默特蒙古十之三。沿途人烟亦较归、丰之间稠密。有耶苏教堂一所，附设小学一所，信徒仅七人。此间迷信甚深，然无正宗，唯崇拜所谓大仙者，有事皆乞灵于此。该处无回教。附近出产以麻烟叶为大宗。田地多属蒙古，向纳地租；唯性质多系永久租借，无异汉人所有也。上等地亩值百吊，每吊合制钱四十文。每亩种高粱、小米，可收一担半，麦可收八斗。无烟煤炭产于距此四十里之地，土人取以和泥烧坑，每斤十余文。

麦达桥之杂俗

居民三百余家，皆向蒙民租地。上上每亩租价千余文，下下每亩租价四百余文。租时须向清理地亩总局取据，上上纳地价三千文，下下纳地价千余文。除麦以外，以种小米及胡麻为多。村西三十里水涧沟产大炭，质仅中材，每斤售钱八文。

萨拉齐县之杂俗

地势适中，商务颇盛。市面现洋、小洋、铜元殊为罕觏，所通用者唯北京中交票一种，其价殊觉京中为高，现洋二吊七百，中交票一吊四百，每吊八百文；此外则制钱而已。至钱票信用颇佳，能适用于归化，至归化钱票亦通用于此间。

本处有耶苏教徒六七百人，有附设小学校，多幼年子弟，居民颇为信仰。

此间田地多赖山泉，黄河虽近在南面四十里，然水低不能灌溉。故城北之地多膏腴，而城南则否，以城北可得山泉之益也。地价每［疑缺“亩”字］自百吊至数吊不等。居民向蒙古领地租用，上地一顷租三两，下地数十百文。自去年起，又加官租一种，上地每顷三元，次二元，又次一元，人民负担乃愈巨矣。

五原县之杂俗

土地肥美，多赖黄河开渠以灌溉。渠之大者有八，可灌地二三十万亩。遇争水案件，即属水利局判断。水利局昔日收水租，每顷四两五钱，须任开渠之役；近不须开渠，仅收一两五钱。恳（垦］务局当前清时代颇有意经营，近乃奄无一息。其所属地均属永租，即由政府向蒙古永久租地，重租于民而收其息。每顷年收地租十五两，分若干于蒙古。若县署所征之地，则系蒙古报效于国家，与蒙古脱离关系矣。民间有向蒙古租地私垦者，今中央禁止之。地之佳者，每顷地价百二十两，次者或一二十两。全县人口固定者约五千户，流动者两倍之，回民不过数十家。多山西之河曲、府谷、沁州，陕西之榆林，及山东、河南等处之人，春间来租地，种植一年或半年即行他徙，往来无定。

蒙古即乌喇特旗、达拉半旗、杭锦一旗。其诉讼原应归县管理，以蒙人狡而多疑，不肯听命，历年屡有入其境而被杀害者，故若无公文，殊不易履其地。此间有社长，军队所到之处，草料粮食均取于社长，发官价，然后摊之于民。沿途少店，故往来者多住民居，饮食取供不问偿。故关内之无赖者，多集于是，借以糊口，久之遂流为匪。居民多隶晋籍，有从天津一带来者，土人称日京东人，农牧兼半。

自五原至中国堂，沿途均属蒙古杭盖旗界。汉人向之租地，年纳租每亩一二吊。未种时不以顷亩论，待水上地后始丈量亩数，交纳租金，无水不以田论也。

此间妇女皆天足，与纤纤不能步行者大异。

阿拉善属笔架山一带山二百余里，均产甘草。交租三千两与阿拉善王，每岁采取二次，由清明至夏至一次，由立秋至大雪一次。工人由商号发给面油等物，待采毕交草而扣其值焉。有广庆泰甘草商，每年在此采甘草二十万斤，收入时粗者六分，细者四分，运至河口，粗者一钱，细者六分。

旅行此间者，多烧岌岌草以御寒，火龙遍野，煞是大观。

磴口之杂俗

居民约百六十家，其三分之二为回教。汉人皆山西沁州、府谷、河曲人，回民则来自宁夏属平罗一带。商店二十余家，从事手工业十余家，皆为蒙古贸易。中有大栈四家，即运转东西货物者也。米、面、油、酒、洋布、茶砖（皆三九茶，即每箱装三十九块，故名）、粗布为大宗。春冬以骆驼载货至牧地，秋令易皮毛以归。

此间有湖出盐，盐在土内无定处。官盐局岁交租一万元与阿拉善王，雇工八十人捞取，由蒙古驼户运至磴口。每驼脚价一两三钱，其脚价银即向商店支取曲［面］米茶油；又以盐须在商店加一钱五分店租，故商店遂向盐局领现银一两四钱五分。旧日商店对于蒙人故意抬高货物之价，蒙人吃亏不少。阿拉善王塔渭翘曾禁止不准以货物代脚价，然事实上诸多窒碍；又以此间现银少，官盐局不能应时给付为最大原因。

土人生活颇易，工人每日可得工资三钱左右。有蒙古衙门，置总管一，管理民事。至刑事即归之王府，唯原、被告均为汉人，即归平罗县处理。原告汉人而被告蒙古，汉人诉之平罗县，而由王府派员会讯，原告蒙古人亦然，颇似租界上会审制度。阿拉善王在此间亦时出告示，禁止赌博、娼寮及不卫生之事，俨有官厅气象。

此间土人向娼妓寻欢，均给以茶砖为代价。盖此地犹在物物交换时代，砖茶无异于货币。

牛羊成群，土人将牛羊马各置一处，以红柳编成圈，四围周密。人行其中，如别有境界，妙不可言。

石嘴子居民多嗜雅片。以牧畜为业，或在皮毛洋行梳毛，日可得工价三钱余。以附近无垦地，故粮食多由平罗县属之皇渠桥来。

石嘴子运脚。一驼价：走包头者每驼三两，走宁夏者一两五，走镇番者七八两。每驼载重二百七八十斤。二船价：走包头春夏五六十两，秋间六十两；走宁夏春夏二三十两，秋四五十两。走宁夏、包头、中卫三处，每船装运三万斤，因上下水而有多寡之别。

内　蒙　古

内蒙古风俗志

蒙古族之起源

蒙古族环处朔漠，部落各异，其先若匈奴，若蠕蠕，若鲜卑，若回纥、奚、契丹，上下数千年，兴废绝续。自铁木真崛起漠北，抉欧亚之藩篱；忽必烈入主中夏，吸中土之文化，于是举部之民族，一跃而登世界之舞台，进化之速，有非人力所及料者。其名随族以命，盖太祖成吉思汗出自蒙兀族，西人日 mongolia，今匈牙利尚有其苗裔焉，当时蒙族之势力可想见矣。乃继起无人，控御无力，使震轹欧亚之民族振而复蹶。然而慓悍之性，尚武之风，虽至今未灭焉。论人种，则五族为华，悉称华人耳；细分之，为乌拉尔阿尔泰统系蒙古族之喀尔喀族也。近来移民日增，血统混化，边城北带，业受汉族之同化力，而与北部以及沙漠南带之俨然有太古风者迥不同矣。名上多冠汉姓，命名亦取汉字之义。姓氏以吴、白、岳为多，岂为由游牧而农耕进行之过渡时代欤？

蒙古人之言文

蒙古族初无文字，成吉思汗时代习用土耳其族之维伊奇哥尔文字，是为蒙古用文字之始。及世祖时，西僧帕克巴变化藏文，制蒙文字母四十一个，是为有蒙文之始。彼此互相并合成音，缀合之法与罗马文相似；唯现今之蒙文为元末所确定者，字头一百零四个，盖孳乳浸多也。西藏经典之蒙文译本，尚为元初古本，文自左而右。文章以其为添着语附于语根，用种种之助辞。排列方法，先名词，次助词，最后为动词。数目字不如汉字之简，文语仅能述政治之大略，而不能演译科学，此蒙人所以昧而不进化欤？

语言之组织，颇与日本、满洲语同。母音有七，子韵有十七，二重韵五，音声低濡，喉音、气音颇多，由复音而成。其方言种类甚多，纯正者为蒙古喀尔喀语，而内蒙地方口语稍有变化。喀尔济克语亦同为蒙古语之一脉，口头颇异喀尔喀语，彼此不相通之处甚多。布莱语亦然，虽同属蒙古语，与喀尔喀有大异之处。至吉尔恩人所用之语，则为土耳其之一派。兹举蒙语之读法之例于左。

汉语	蒙语
天	腾格里（天山一名腾格里山）
地	拿林
日	生及
月	沙林
先生	巴个斯
学生	协心

蒙古人之阶级

内蒙人民可分为三级，一台吉塔布囊，二喇嘛，三黑人。台吉者，太子之转音，其始唯蒙古王公子弟称之，明清代则变为爵位之名以授元裔，位次辅国公。秩分四等，头等台吉秩二品，次三品，最下为四品，即襁褓中亦皆为四品秩。布囊为元代贵戚之裔，位与台吉同，唯土默特、左翼旗、喀喇沁三族［旗?］有此爵，余均称台吉。二者皆系贵族，最有权势，清代每岁均轮班入京。富家蓄奴三四百户，牧畜数千头，贫者亦有奴婢二三户云。蒙民迷信，视喇嘛为神圣。蒙俗一入僧籍，即免差徭，于是剃度日多，而喇嘛之繁盛为不可思议矣。盖各旗必有一庙，一旗或四五大庙，小庙无算。大庙之喇嘛多至七百人，少或四五百人，大约一旗总在千数以外也。而高级之喇嘛，且于教务之外兼领政权也。

蒙语谓平民日黑人，凡满、汉之土著，及往昔贵族奴隶之裔与蒙人之非喇嘛者，皆属之。举动悉听王公、喇嘛之指挥，毫无知识，有若上古之民然。

蒙古人之性质

蒙古族踞兴安之山脉，故其人种顒干高大，丰颧广额，日习骑射（马多不施鞍辔，十岁童子驰马如飞），伏处丛莽深箐之中，徂伺鼪鼪鼷鼪以为食，有事则赛马掼跤以为乐。又以地畏苦寒，大地旅生蓁少，故能耐劳受苦，而炼成刚固不挠之精神。此其有刚健之性质，一也。蒙人之视其县官皆尊若帝天，见官则屈足，典礼则膝行。故不善用之则成奴隶，倘施以良好教育以诱导之，则其性质纯净，必能得其用，如手臂之从心焉。此其有服从之性质，二也。蒙古无书契，无文牍，其诉讼以口相述，上官断之，不留底稿，而亦无翻案。汉人之与蒙人交易也，汉贷物于蒙不立券，仅于簿上书蒙文数目，至期无爽约。台吉之家，倩汉人为打毡织毯，必俟秋稼登场而后给价，至期无弗给者。可见塞外质直之风，由于天性未漓。若近边一带，则狡诈骄侈，畏事苟安；良由智识日开，人心日薄，正负相生，天演使然也。此其有信实之性质，三也。

蒙古人之衣服

内蒙人民之居边城北带者，衣服多仿汉式。渐北则渐粗野矣。兹分述男女服制如下。

（甲）男服。王公着补褂袍套，各色顶戴尚沿用勿替。至冬裘夏帛，唯富人为然。平民服用棉布，宽领大袖，腰束条带，而系以烟袋、食刀等物。冬着老羊皮褂，不制面（张家口一带人民沿用之），暑天多赤足，间有不着裤仅围腰裙一袭者。喇嘛衣均着色，红黄为多。高级喇嘛黄衣黄帽，小喇嘛紫衣布靴。另有所谓偏衫者，则喇嘛诵经时披于肩上之布包也，色或黄或紫，两端下垂，其制得非佛徒之袈裟所变者乎？

（乙）女服。按《汉书》浑邪王既降，祁连、焉支二山皆入于汉，匈奴人因作歌曰："亡我祁连山，使我六畜不蕃息。夺我焉支山，使我妇女无颜色。"盖焉支山产红蓝染料，匈奴妇人辄抹之，是则胡女之好修饰，在古已然矣。宽服阔袖，裙辄拖地，环佩粗笨，几类苗制。处女编辫，嫁而束髻，饰以金碧，则犹中国之簂步摇也。靴鞋底颇特别，法用布折数层，实以绳实，极精致，号千层底。冬日踏雪，则长用内地输入毡鞋云。

蒙古人之饮食

内蒙地域广大，故食料亦因地而殊。边城北带，逐渐开垦，食料以谷类为多；大岭附近，群山纠纷，食料以乳品为主；戈壁南带，间有水草，牧畜繁盛，故人民多食兽肉矣。总之蒙人食料，以肉类、乳品、面粉为大宗，有奶茶、奶酒、酸奶子等以供饮料，奶油、奶豆腐、奶果子等以供食品。此在富贵之家为然，若中人之家，则专以羊肉充饥，以羊汁解渴。至牛与驼，则定日月而择杀。近时畜价日昂，即牛羊亦不常宰割，多以糜子、炒米果腹而已。他如水族鸟类，则视为不洁之物，绝不沾唇。鹿尾、驼峰、山兔、野雉等，则称为珍味，非宴会不用也。更奇者为饮砖茶而和以黄油、咸盐，全羊席一昼夜竟尽一头，胡饮胡食，亦可哂矣。食品制法如下。

（1）奶茶。以新鲜之牛奶、咸盐等和于茶，为夏日之饮。亦称奶子茶，又名蒙茶。

（2）奶酒。以做奶豆腐所磨之浆覆之，俟其酵酶，蒸之于铁锅，涂以牛粪，使闭其气味。俟流出蒸气，即为酒。其味酸，饮之有味，能薄醉，唯不克耐久云。

（3）酸奶子。以新鲜之奶和以水，俟其微酵，略带昧，视为美品，且云夏饮可以却热。

（4）奶油。挤奶出，盛之于器，使静约一时许，浮面生油，取出滤以布囊使净，而后煎以文火，使色黄如蜡。其佳者不亚西洋品，蒙人款上客始用之。

（5）奶豆腐。奶油既去，其下沉如豆腐汁者，煎既热［熟］，盛木使成方块大如砖，即以花纹切作长条或小方块。味淡略酸，若和以糖亦可食，再以浓茶调之，以淡盐和之，则化为流质，饮之甚耐饥云。

（6）牛酪。色清澈若水，制法先置牛乳于器中，及腐败，水分溶解，然后入金属罐中，以土泥封之口，徐煎之。罐上有细管，管之一端下垂入瓷碗中，乳经火煎，自管端下滴入碗，即为牛酪。和炒米食用之最佳，蒙人多用为赠答品。

（7）炒米。将穄子（即糜黍黍属之不粘者）置锅煮热［熟］取出，曝以日光，使之干，或炒干之，然后去其皮糠，所余之粒，即为炒米。经久不坏，行商兵士，视为珍品。

（8）薪材。内蒙牧畜既多，粪粕到处多有，蒙人取为薪材，而以牛粪之火力为强。唯边城附近多用秫秸，扎赉特地方则用木材，漠南水草之地则有灌木，天然配剂，亦云巧矣。

蒙古人之居住

内蒙榛狂未化，起居极为简陋，加以地域广泛，人烟稀少，故楼阁宫殿，未入蒙人之目，穴居陋室，乃其通常住所。然自汉蒙交通，逐渐进化，家屋庙殿，亦习用砖瓦椽梁矣。而扎萨克所住之王府，俨然雕漆蟠蛇；大喇嘛所居之沙蒙、（蒙语喇嘛庙之意，普通庙称日召），亦极宏壮华丽。富者设炕，贫者铺毡。盖物质文明，天演公理，固不仅汉化力也。兹考其居处，分类述之。

（1）喇嘛庙。蒙语日沙蒙，“灵域”之意也。构造极宏壮，庙墙粉黄色或红色，檐瓦间有饰黄金者，故经久不锈。中建正寺，周设偏殿，殿周筑土壕，上树小竿，竿悬白布幡，经文书焉，所以别圣地于俗界也。

（2）王爷府。内蒙自民国来，虽改隶特别区域，但蒙民仍自为政，集村为旗，集旗为盟。盟有盟长，旗有扎萨克（以塔布囊头等台克充之），断狱收税，俨然王制。居屋住所，亦类富殿，俗呼之为王爷府者，美其居之壮丽也。其建筑概用木石砖瓦，堂中并设暖阁，画栋雕梁，绣座绒毡，元旦且于此受朝贺焉。然在乌珠穆沁部迤北之王公，其居也不能若是之华丽矣。

（3）土屋。内蒙东部多满、汉移民，故建筑家屋，颇同内地，唯规模狭陋，辄污浊不洁。猪牢马棚，即建在门外或近旁，棚外且积粪如山丘焉。

（4）蒙古包。蒙古包亦帐幕之一类，分转移、固定二种。前者在锡林郭勒盟为多，后者在昭乌达盟为多。大小不一，构造略同，皆圆形，通常度约在十尺与十五尺之间。周围立十余木柱，用木棍纵横组织之，柱顶上架木为梁，成伞形之盖，全部包围毛毡数层，以马尾绳束之。顶上毡子系以绳，得自由启闭，中设烟筒。南面置门，高约三尺五，宽二尺余，垂毡帘以蔽风雨。男女分左右居，间设佛龛法器，龛前家长住焉。蒙地无旅店，故行旅辄投包而宿，每包约值三十余金云。

（5）帐幕。沙漠南带，蒙民多逐水草而居，故穹庐毳幕，于此地见之。构造略同兵幕，仅足蔽风雨而已。

（6）穴居。察哈尔部蒙民多穴居野处，俗谓土窑。形式方圆互异，穴外茸藁为盖，穴内铺毡以居。考其构造，尚不能如苗族土穴之精致耳。

蒙古人之礼节

近内地一带颇沾染汉人习气，风俗均仿内地情形。近东省多采满州制度，而聘嫁皆须银块，礼仪概沿清制。至丧葬祭祀，则仍其迷信之旧习惯，与汉族殊有径庭之别矣。兹分述之如左。

礼仪　蒙人交际，其礼仪多沿清制，一递哈达，二递烟壶，三问安，四装烟，五打签。哈达以白帛或蓝绸为之，其长短不一，长约一尺五寸或一尺二寸，两端有拔丝约半寸许。其长短均视受者分级而定，如长三尺，则非王前或佛前勿敢滥用。考“哈达”二字，实为西藏名词入传蒙古及内地者也。烟壶递于见面时，平等交相递送，彼此均双手高举，或双手略低，鞠躬相易，各举向鼻端一嗅，互相璧返，一如递状。尊长向卑幼，则微欠身以右手授之，卑幼两手接，以一足跪，敬谨领受，捧举鼻端，仍如接壶状，还纳之尊长。卑幼向尊长则反是。若王前则双足跪，双手举，王上座，身略俯，受之一嗅而授之，不答，递者礼毕，无一言而退。蒙人无论男女，必斜插旱烟袋于左胁，挂火镰、荷包于后腰。晤面时，行其应用之礼仪，或请安，或递烟壶，再行装烟之礼。用客之烟袋纳诸主之荷包装烟，燃火后，以布拭烟嘴，用双手或右手送诸客，客受之，亦如法还之。老幼尊卑，略分先后，若平等则互换云。又蒙人见面之时，必曰“门德”，犹西人之于早晨会晤辄云 Good morning 之敬语同一礼法也。蒙人亦有握首、点额、打签等礼，以重其至敬之意。他若入人屋包时，必置马鞭于户外，既入室须坐左边，客去则家长及妇人齐出欢送。此外琐屑礼仪，更难尽述，兹从省略。

嫁娶　蒙人有早婚之恶习，男子十二即娶，十八岁之处妇已少见。配合不拘行辈，大率父母主之，问名纳采无聘物，以家之贫富定牛马之多寡。牛羊之数以九为起点，自一九至五九、六九，至多不得过八十一头，取九九长寿之意。极贫不能具九数，则尚奇数，自一头至五、七头不等，与内地对偶之意绝异。亲迎之前，婿穿方马褂，戴红缨帽，履官靴，腰束白带，执弧矢骑马而往，凡亲朋随诸其后，必招一台吉以壮观瞻。鼓乐繁简，以同往之人数多少为率，多或数百数十人，少必十余人。至坤宅，佯作闭门不纳状，延亲友再三关说，始延入。入则婿以哈达进谒岳父母，岳父母尊之上座，烹全羊席，进奶酒，宾朋醵饮极欢。宴毕，女子背面端坐，姨姑姊妹陪其四围，男子向女子背跪地下，问女子名，女子佯不答，陪坐者多与男子谐谑。三四小时后，由其姨姑或自己语其名，男子谨记之，然后起立，是为讨小名。宿一夕，宾朋先归。翌晨，女子出户乘马，绕宅三匝，随男子往。至乾宅，亦作闭门不纳状，必俟女子之亲友再三关说，始开门延入，行婚礼。此时院中置木桌，桌旁生火一盆，桌上放弧矢羊骨，或于桌旁置一羊，夫妇二人向之跪拜毕，始及翁姑。登堂不交拜，入户不合卺。饭后则与戚友为礼，或送哈达，或送布烟袋，送亲者乾宅飨以酒食，信宿而去；其母则居十数日而返。临行必哭。赠嫁之物极简单，无妆奁，无箱笼，无衾裯，衣服随身而已。富者赠以车辆牲畜，略备四时衣履，并有媵奴婢者。新妇之装束不异常人，唯衣履略易鲜洁而已。未婚之女均辫发，根束红绳长寸许，至嫁日亦如之，成婚后始梳髻高盘。贺仪以贫富论，以赠牛马为厚仪，平常则羊数头、银数两、布一匹。而平时无男女之嫌，交际极自由，父母丈夫知之亦毫不呵责。客至男女杂坐，调笑戏谑无界限，故不知贞节，尚天然人群世界焉。

丧葬　蒙古丧礼极为简单，无灵床，无供献，不用音乐，不著丧服，并无棺椁衣衾。富者以木板制方柜，锐其上，著常服，缠以白布，坐尸于中。贫者以柳编筐，裸体或略蔽以布，纳诸筐中。富而贵者，择地作坟，砌以砖，亦极草率（札萨札克或筑以小屋，周围不露气）。富而不贵者，则浮土掩之（乌珠穆沁则不许人入土，即王公亦浮厝，相传块［埋?］诸土中，则触怒龙王，有伤牲畜）。至贫则以牛马车疾驰荒野，俟其颠扑至地，即为安身之所，三日后视之，已为鸟兽攫食，则以为生前无罪慝所致，否则子孙有戚容，大有上古委诸沟壑、死欲速朽之遗意。节序亦无祭奠，此通例也。至火葬一法，则唯大富贵始行之，当请喇嘛诵经毕，洁其尸，缠以棉布，涂以黄油，筑砖于葬所，架以干柴，乘尸于内，投以烈火，炽为灰烬，送入五台山，非献多金，山僧不纳云。亲友吊唁，亦有财襚，富者或赠牛马羊及布匹，较婚礼略减。至寻常交际，则递一哈达。无论贫富均须延喇嘛诵经，富者酬以牲畜金帛，即贫者亦答以一羊，最富者则于全部之活佛处各献一牛，以资佛法护庇云。

祭祀　蒙民拜宇宙间自然之现象，以为天地、日月、星辰、高山大川、雷鸣电光等皆神之所凭也，不祭必遭灾劫。故蒙人门首，或院中树木，或蒙古包木棚以内，必悬布旌；多白色，亦有红色，旌长方形，间有方角形，大小不等，密书经卷，皆蒙字，倩喇嘛书之。家中必供四五龛，近东省及沿边并有关帝画相。富家佛像以金银制造，面［而?］以铜质镀金者为多，贫者泥制或画相。其供佛之处，多在室西隅，随大门为向（木龛华朴不等）。供奉无长物，净水五杯，或炒米五碗——盛器均以红白铜制，略大于酒卮，形亦似之，唯酒杯稍扁厚，香炉一，素香一炷，以杯盛牛油灯，颇有供旧磁及洋磁花瓶者。凡供佛之室中，必置火一盆，长明不断。蒙古家室无洁净处，唯供佛屋略整洁耳。鄂博随在皆有，或一屯子共之，或数屯子共之，亦有一家私有者。石山多垒石为之，沙漠中以柳条为之，其形圆，其顶尖，颠立方角蒙经旗，其上下则埋哈哒一方、粮食五种、银数钱。每年必一祭，其祭之先，宰牛羊，倩喇嘛念经。附近居民皆礼拜之，分其馂余而食之。罢，争以角力，胜者有贵宾，由主祭者颁之。平时望见鄂博，必下马膜拜。

岁时　蒙古位于塞北，荒鄙未化，向以鸟兽孕乳而别四时，无历法之可言。清代每年由北京颁发黄历四十本。宣统元年，满历停发，蒙民靡所适从，直有“寒尽不知年”之概。近则交通便利，华文历书多输入塞外，蒙民之识华字者（沿边城一带）率遵用汉历、唯以阴历为标准，而不知阳历之为何事。正月会亲友、会年会殆同华俗。初八日晚间祭星星。十五或十八日为大喇嘛庙会期，举行跳鬼，与唱戏同；亦有出幕，至庙期，喇嘛饰以龙头、鹿角等假面具，衣采色衣，手执武器、铁器或木器，械斗歌跳，即吹喇叭、鼓铜锣者亦涂其面，望之不似人形，故曰跳鬼。该鬼卒接近买食品者，即夺而食之，不给价。观者如云，商贾麇集，任意赌博，无人禁止，实蒙古一奇观也。三月三日，或招喇嘛诵经祭祖。五月五日休息饮馔，男妇多登山打猎，但无食角黍之风。七月十三日祭鄂博，十五祭坟墓。以岁冬十二月终日为年，年前半月余，或乘马车，或驱骆驼，络绎不绝，率赴市镇购买过年一切应用物品，谓之办年贺。近来沿边一带，蒙民一意模仿贴楹联、放鞭炮等习气，殆近全化矣。

蒙古人之宗教

蒙民崇信喇嘛教，深入骨髓，故每家三丁必有一人或二人为喇嘛。各旗皆有活佛，甚有一族而四活佛，一庙而两活佛者。而蒙民皈依，仍视为神圣不可侵犯，磕头之礼，不远千里而往。有守四五日不得见活佛者，必抚躬自责，决不敢于活佛有所怨恨。若活佛出而抚摩之、足蹴之者，是不啻登天堂、入仙界矣。盖蒙人以一切患难幸福委心于佛，故患病则诵经，忏悔则诵经，丧葬则诵经，幸事则唪经以谢佛，嫁娶则唪经以祷告，几无日不唪经，即无日不请喇嘛也。虽中资之家，亦必月诵小经一二次，延请喇嘛一二人，富者且数十人以上矣。故喇嘛之势力，在蒙古有无上之尊权。兹就其由来、宗派详纪之。

（一）喇嘛之意义　汉书无喇嘛二字，《元/明史》都作喇马，蒙人呼喇嘛日喇阿玛，又曰喇嘛突谟。西番语上曰喇，无曰嘛，喇嘛者，无上之意，即梵语兀呔喇，亦犹汉语称僧人曰上人之意耳。今之高级喇嘛且自称活佛，而不以喇嘛自称也。在初本其教僧正之称，习用既久，遂为普通喇嘛僧之称号矣。

（二）喇嘛教之分派　喇嘛之宗源于佛教，本在超凡出俗，尝艰茹苦，积善根于现世，冀成道于未来，故巡礼迎佛乃其本务，烟酒娶妻在所严戒。然历年久远，思想渐变，而破戒之徒于以出焉。分述如左。

（1）宁麦巴派。此为最旧之派，以僧侣衣帽皆用红色，故又名红教。许肉食娶妻。自开宗至今日，教义上绝少革新。今在西藏占绝大之势力，于蒙古虽至今亦未甚发展也。

（2）嘎达谟派。此派起于宋仁宗皇祐之时，后三百五十年有宗喀巴者，见当时红教之腐败，旧［奋］起革新，严戒律，整仪容，大受群众之信仰，而为喇嘛教之先辈。

（3）萨斯喀派。此派约后于嘎达谟派二十年而兴，乃由宁麦巴派分离而独立者也。然自额尔哥叭派既兴以后，其势遂微。

（4）额尔哥叭派。此派僧侣则黄衣黄帽，故又名黄教。初称加达门派。自明永乐时，僧杰宗喀巴倡义革新，因有此名。以旭日升天之势，流布于蒙、藏等处。因历代活佛多属于此宗，遂常压倒各派，他派多派宗之。自明迄今，未尝稍衰。内蒙极大寺院，亦多属此派云。

（三）喇嘛之称别　喇嘛虽为蒙古僧侣之通称，但阶级不同，称号因之而异，兹按级序述之。

（1）佛爷喇嘛。通称曰活佛，本限于前藏之达赖喇嘛、后藏之班禅喇嘛，及北京雍和宫之班呼图克图，及多伦鄂尔呼图克图等数人。然蒙、藏各处大寺院，巡锡中之大喇嘛，往往僭称活佛，自居佛爷喇嘛之尊号，以图蛊惑人心。究竟孰真孰伪，则不可得而知矣。

（2）多伦鄂尔呼图克图。此亦佛爷喇嘛之一，其称为呼图克图者，则创自大慈迈达里呼图克图。当时由阿巴岱汗之恳请，转生于蒙古。其在当时为全蒙人民所崇敬，今住外蒙库伦之呼图克图即其后裔。而呼图克图之坐床于内蒙多伦鄂尔，乃始于清代圣祖康熙三十年四月，哲布尊丹巴呼图克图率土谢图等喀尔喀七族来归，帝因幸多伦鄂尔。五月大宴诸汗台吉，赐土谢图、车臣二汗称号，对［封］扎萨克图汗之弟策妄札为亲王，依次袭汗号，并封诸部之济晨诺颜以王公、贝子、贝勒等号，凡三部三十七族授札萨克。又为收揽蒙古民心计，建汇忠寺于其地，命内外蒙古各送喇嘛一人至，更由西藏迎第五代达赖喇嘛大弟子章嘉呼图克图，使主持焉。内蒙多伦鄂尔之有呼图克图自此始，至今犹称呼图克图云。

（3）扎萨克喇嘛。位次于佛爷喇嘛，其权力无异于扎萨克。北京雍和宫佛爷呼图克图下有扎萨克喇嘛二人，其一掌内务，专理寺内诸事；其一掌外交，专理与政府交涉及其他外来各事。职掌各殊，互不相犯。小库伦（即绥东县）有锡呼图克图喇嘛，又其一也。至喀尔喀、青海等处，其数尤多云。

（4）大喇嘛。不问其宗派品级如何，但为一寺之座主者，通日大喇嘛。向例须参拜西藏之总本山一次，方能就大喇嘛职，否则自西藏招聘高僧充之云。

（5）庙喇嘛。此等喇嘛，平时受扎萨克喇嘛之指挥，平日奉佛事，并参与民间冠婚丧祭一般之礼式。凡旗民子弟，除有嗣续关系之男儿外，皆于七八岁时送之入庙，王公、台吉之子弟亦然。以其动作之勤怠、修业之多少为升级之标准。间有终身不能脱喇嘛庙者。

（6）黑喇嘛。凡俗人之鳏夫寡妇，因为亡者祈求超度，不着法衣袈裟，不修经文，唯日常手持念珠，口诵“唵嘛呢叭咪吽”者皆属之。蒙人谓此语有无量之功能云。

（四）喇嘛庙　已见前“居住篇”，兹将内蒙著名喇嘛庙及所在地并喇嘛人数举于左。

庙　名	所在地	喇嘛数
葛根庙	扎萨克特旗	1000
井哈庙	图什业图旗	1000

柯列庙	西乌珠穆沁旗	1000
多伦诺尔喇嘛庙	察哈尔部	1000
国公庙	土默特左翼旗	3000
小库伦喇嘛庙	绥东县	4000
帽儿庙	达赖罕旗	5000

蒙古人之家庭

昔费孙云：蛮夷以牝牡之合为天赋与生俱有者，故一群之中，无孤愤之男，无寡居之女。男子于所婚之女同妻行者，皆其妻；女子于所嫁之男同夫行者，皆其夫。而独于再醮之妇，不得在夫家改嫁，必还至母家而后可。寡嫠之妇，叔可使嫂治床，伯可使娣当夕。胡俗胡礼，极可哂也！室中对设长炕，全家坐卧于上，即客至亦招之同榻。而父子舅姑之间，亦颇有礼节。晨起诸妇女群挤牛羊乳酪，受［授］诸冢妇，冢妇与冢子长跪献诸舅姑，食已始群食。有贵客至，则先贵客而后家长。如有大典礼，则长者上坐，子妇亲刲牛羊，或捧牛茶，或捧奶酒，次第食已，始醵饮。若有死丧，亦哭泣；无丧服，以去帽结百日为制。唯扎萨克薨，则其属下均百日不剃头云。

内蒙奴婢，所在多有。虽中户之资，亦有奴婢三四人。至大喇嘛之耕种收获，则概资恃奴婢。如库伦之大喇嘛庙，畜奴婢竟至数千人。上行下效，成为风气。唯工作年深者，主人或由众奴中选年龄相当者配为夫妇，赐以姓名、土地、房屋，令其自居。主人有事，尤须格外勤劳。所生子孙，俗呼之曰奴羔，仍不脱其世袭之奴籍。奴婢之于主人，须绝对的服从，每值年节，必虔诚叩拜云。

家常事极为简单，大半日入［出］而作。男子出外牧畜，若遇天气忽变，则女子赴牧场，与男子同力驱逐；所谓“内助”二字，庶乎不愧。女子或缉包屋，或治内馈，至于针线女红则间或为之，而榨乳一事反为其专责也。蒙人日入而息，不喜燃灯，聚眠包内，颇极天伦之乐事焉。

蒙古人之娱乐

（1）跑马 蒙民以跑马为日常生活，无论男女孩童（十岁以上），皆能骑乘。每当大喇嘛庙会期，凡四近之娴骑术者，必引走马（良马之称）赴场比赛。其控驭之精，世少伦比。胜者，王公必给奖品以示鼓励。当兹武装和平时代，民强则兵强，兵强则国强，蒙人体力健壮，独擅骑兵资格，若能善利用之，则吾中国之哥萨克也。

（2）角力 蒙人嗜好摔角，颇有古罗马人之风焉。每于鄂博祭日，为正式举行期。角者着短衣或袒身登场而斗，以推倒对手为胜。王公或本村绅士，授胜者果品布类，以资奖励。此风盛行于大漠南带及山岭地方，边城附近罕见之。

（3）舞蹈 蒙人富于感情，颇有团结之心，舞蹈一事，恰为其表现。每当春秋晴日，晚间聚数人或数十人于屋包附近，高声歌唱，手舞足蹈，闻之亦有韵调，但莫解其意义云。

（4）乐器 蒙人之乐器甚为简单。其着［著］者为喇叭（大者长七八尺，短者尺许）、单槌大鼓（打时用一木槌）、胡弓、月琴。前二者喇嘛诵经时用之，后二者常人多用之；尤以胡弓为最普通，音律颇低。常集合数人，共同弹唱，此即其团结心之一种表现也。近来日益交通，内地乐器亦渐渐输入，而笙管笛箫等蒙人多有通者，尤以喇嘛为娴熟云。

（5）棋术 蒙古棋与内地之棋不尽同，不知其所自始。局纵横九线，六十四罫，棋各十六枚：八卒、二车、二马、二象、一炮、一将。棋面圆形，将刻塔，象刻驭或熊，众棋环击一塔，以无路可出为败。此亦蒙古之特别文明也。

（6）临时娱乐场 蒙地喇嘛庙所在多有，庙附近各有广大场所，常于正月举行庙会，以三天为通例，多则十余日，有种种娱乐事情可资消遣。

（7）宴会 蒙地除边城北带地方市镇外，概无包席饭庄。故其宴会，王公则于公所行之，一般人民多在家庭举行。大抵每逢年节，必宴飨宾客，五月五日、七月十三日（即鄂博祭日）、八月十五日前后，常有宴会。其食品通常为炒米、牛羊肉、麦面、牛乳、乳酒等，王公富豪则或用驼峰、野雉；近来交通地方，亦渐知用内地之山珍海味矣。

蒙古人之牧猎

蒙人因天然之便利，以牧畜为生涯。畜牲有牛、羊、马、驼四种，羊最多，牛、马次之，骆驼又次之。产额之多寡因地而异，大抵自东南组［徂］于西北，其次渐增。边城附近，开垦逐渐发达，颇有游牧而农耕之趋向。锡林郭勒盟人民不解耕稼，生活端资牧畜，实为内蒙畜产最富之区。就中尤以乌珠穆沁为巨擘，浩齐特阿霸垓部次之。哲里木盟达赖罕旗及西拉木伦河北各旗，畜业亦盛。至于苏尼特附近，黄沙无垠，水咸草稀，为蒙境之不毛地，牧畜事业有逊色焉。兹将家畜之种类述之如左。

（1）马。蒙马素有良骥之称，产额以乌珠穆沁部为最多。库伦与郑家屯二地，为著名之马市。卅年前，马一匹价银不过二三十两，日俄战后，价格腾贵。而沿边一带，渐次开垦，故马政日形颓落，即从前产马区如哲里木盟等地亦见衰败。且其形相亦不及从前之俊伟，身躯复不及从前之高超。究其原因，则良好马种，殆尽于日俄战役之故也。

（2）牛。产额以哲里木盟为多，卓索图盟次之。乌珠穆沁部之牛，其体格比内地之牛为大，约重四五百斤。统计内蒙产牛总数，约百五十万余头云。

（3）骆驼。内蒙交通不便，转输概用骆驼。唯发育较迟，三岁以下，不堪负载，七八年后，方能胜任。沙漠之地，商人载运货物，必结队而行，夏季常昼息夜行，能供使役五十余年。产额以锡林郭勒盟为最多，昭乌达盟次之，察哈尔又次之，东南部则较少。统计产额达万五千余头。

（4）羊。有山羊、绵羊两种。羊毛甚丰，可作毡幕，亦为蒙人之主食品。故高［羔?］羊之数亦较多，计达四百三十余万头云。

蒙人颇善于狩猎，射飞逐走，性命以之。每于丛林灌莽之中，迹禽兽之所住，虽冒至险、历甚劳，所不计也。故见兽辄喜，击鲜指动，为蒙人之特性。其于狩猎也，又可得分类而言之焉。

（1）个人狩猎。蒙男最好狩猎，所得以狼、狐为最多。舍其肉而取其肝胆，以献喇嘛作药剂，取其皮以易米布。往往有逐一狡兔而死一走马者，此足证蒙人之富于毅力也。

（2）部落狩猎。由佐领或台吉等，集合一村落或数村落之兵勇举行之，每年至少有二三次云。

（3）旗内狩猎。由扎萨克集合旗内之兵丁举行之，每年一次。

（4）盟内狩猎。由盟长集合盟内各旗兵众举行之，或联合一二旗举行之。今日此风已稍衰。

（5）钦临狩猎。清代咸丰以前，皇帝御驾亲临，召集内蒙各旗王公兵士于一定区域（热河围场县周千三百里，四面皆有界限，曰柳条边，八月行围肆［肄］武），与野兽博胜负，与实地战争相似，颁布赏赉，整军经武，实于其中焉。民国以来，此风渺矣。

蒙古人之生活

蒙人以茹毛饮血之遗风，无宫室衣服观念，故面目黧黑，有终身不知沐浴者。腰怀木碗，腰系刀箸，食毕以舌舐之，衣袖拭之，仍藏诸胸部，污垢褴褛，腥膻触鼻。小儿初生，以雪洗之。席地而坐，穴居而处，终日扪虱而谈，即王公亦有之。其所居处之现象，直不知有卫生矣，遑论乎医术。沿边一带，颇有药店，然皆采运祁州者居多，供本地之日用者绝少。如有疾病，多延喇嘛诊治，或诵经，或针灸。种痘尚旧法，至兽医则各庙喇嘛间有擅长刀到之术者，惜知其术而不知其理耳。

蒙民以骑射为常事，其身体之锻炼，匪伊朝夕。人民喜饮食熟乳及乳制品，故一般人民多体态魁梧，具有军国民之资格焉。且以地广人稀，民无奢望，故衣食足裕。边城一带，耕有余食，高粱大豆之属，产额与东省相伯仲，每年由京奉路输入内地，南满路输入日本，东清路输入西比利亚者不少。大漠南带，多逐于水草之间；一届冬寒，则闭包门，聚天伦之乐事矣。

蒙古人之教育

蒙古专事游牧，不知教育为何物，以为养人有禽兽，养牲有刍薪，日用无匮乏，人足以自给，亦已足矣，奚事教育为？是故无论男女老幼，皆委身于畜牧，无设学校、育子弟之观念。由是人智未开，教化不行，举止动作，悉太古草昧之风，沉沉焉，昏昏焉，不知世界竞争日剧，将成天然淘汰莫之能救也。虽各部落扎萨克所在地，或人烟稠密处，有仿汉地村学式办一二学校，然只教满、汉、蒙古三种文字而已，若一切普通科学则无有焉。且生徒甚少，而平民子弟又不与列，所肄业者唯王公官吏子弟。夫王公官吏之使子弟就学，非欲其磨练知识、高尚志愿，亦不过为将来服官地步耳。若非王公子弟而就学者，其唯出家庭入寺院之僧徒而已。然边城北带，如喀喇沁、土默特、敖汉、奈曼、翁牛特等旗，开垦发达，与汉人接近，通华文华语者颇不乏人。就中以喀喇沁为内蒙文化之中心，有崇正小学堂、守正武备学堂、毓正女学堂。附近各旗亦拟仿办。唯大漠南带，尚为天幕生涯，不知学堂为何物，若与言声光电化，尤非其梦想所及矣。

蒙古人之交易

蒙民交易，多用食物交换（如鸡卵五枚易盐半碗，羔皮一张易剪子一把等），或以砖茶为准，或以皮张计算，一般人民尚不知货币流通之妙用也。唯边城附近与汉人亦［交］通，渐用钞票。颇重视银块，谓之元宝，王公富豪或大喇嘛庙率盛以器，埋藏地中。汉商因其不谙世情，动多欺以数量，有用布一匹易牛犊一，仍归原主喂养，四五年后，买主取之，可卖八九十元，取利不为不厚，而蒙民反以为寄养能得其乳为计之得，亦可哂矣！

蒙古人之消亡

蒙古无统计学，其户口实数，最难稽核，虽旗申报，盟长汇报，而形同具文，并无实数。三百年休养生息，非唯未臻繁庶，抑且日见凋零。卓索图、昭乌达二盟，尚有衡宇相连者，然问其谱系，太半为明季防边兵卒所遗，其实匈奴遗种，百不得一。至锡林郭勒站道之旁，有三百里无人烟者。哲里木盟则穹庐与土屋并处，然亦无数百家成村落者。

内蒙古东部与西部风俗略记

内蒙古辖东西六盟，幅员辽广。在东者为哲里木、卓索图、昭乌达、锡林郭勒四盟，当东三省及直隶边外；在西者为乌兰察布、伊克昭二盟，当山西、陕西、甘肃边外。东四盟与汉人接近，其俗稍开化；西二盟僻处荒漠，其俗较野蛮。语云“十里不同风”，况东西千里相睽乎？爰将蒙古东部与西部风俗分述之，以见其不同之点，详前编之所略，略前编之所详，亦采风问俗、有闻必录之意耳。

内蒙古东部之风俗

（一）衣食住　衣服大似华服，用赤、紫、黄、青等色。一经新制，则不复加洗濯或修理等事，食后之污手及食器，皆以衣服拭之。至饮食，多用乳茶、羊肉、黍、高粱、粟、杂谷、小麦粉、干面条、野菜等，至于鱼则仅限用于某地。其在兴安岭之东南开拓地方之人民，虽用高粱，粟及杂谷、野菜，亦用牛肉。自此入于邻接开拓之地，则以黍、粟为主要食品，混牛乳或兽肉，亦用野菜。其在兴安岭麓则用牛乳与其制品及黍、兽肉等，鲜食野菜者。然在兴安岭西北锡林郭勒盟，鲜植杂谷及野菜者，黍颇贵重，每人每餐仅食一撮。其地之所谓美食者，则为菜乳及羊肉；至小麦粉、干面条，非属贵客或富豪，鲜用之者。虽其地荒僻，远于海岸，交通不便，而各地盐湖多产山盐，生活上毫无不自由之感也。论其居住，其在纯游牧地锡林郭勒盟中，有所谓移转式部落者，因牧畜之宜，四时迁居。一部落自十户至二三十户，夏则移河川沼泽之边，以逐水草；冬则避风雪，而迁居于山腹。又有所谓固定式部落者，散见于农牧混合地。其周围绕以墙壁，家屋附近有耕地若干。其接近于汉、满人移住之地，有土屋之制。而在兴安岭东部殆无移转者，则以水草沃润之故耳。其在满洲附近及长城附近，汉蒙杂居，则有数十户或数百家之大小市街。至其境内，以牧畜为主，仅见二三户至二三十户之部落耳。

（二）行政　行政大体分官治与自治二者。官治属于中央理藩部之直辖，依派遣官及道、府、县等机关，以统御满、蒙人民。自治则蒙古各部酋长之王公司之，且各旗得自募军队，并可施行刑罚权，而中国驻官仅监督王公之施政而已。其财政无公私之区别，至王公、台吉每年除所受政府之俸币及赏赐之外，复征旗内蒙民以若干之家畜，又税移汉、蒙人中以一定之地租，除生活之资外，以之充朝贡费、军队费及救恤、赏赐等之用。虽王公之收入，每年亦仅自一二万元至二十万元云。

（三）民性　蒙人率有轻视商业之风，以牧畜为唯一本业，以羊牛马为终身之伴侣，利欲淡泊，更无他念，见人则以互语牧畜状况为无上之乐事。虽其地喇嘛多数破戒丑行，无所不至，然蒙人以出家为名誉之事。医药祈祷为喇嘛之兼业。蒙人迷信颇深，有以兽骨为卦而断吉凶祸福之习惯。至耶稣教，虽在开垦地方，蒙人亦无信仰之者。以如此对佛教之信念热，故利欲之观念较淡，鲜有为盗赋、匪徒、乞丐者。至郑家屯及小库伦，蒙人虽有投向匪徒者，则以华人开垦土地，而失去本业之畜牧，生活以之困难，其大部移往兴安岭，小部分遂入匪徒之列矣。

内蒙古西部之风俗

其衣服、饮食、居住状况，上编已述，兹从略，述其法律、行政诸大端如左。

（一）法律　其地各旗有所谓王公、台吉者，一切事务，皆归王府办理，别无裁判之所。法律与内地不同，以其习惯为准。旗王操生杀予夺之权，裁判案件，无敢违抗者。王府有都统、副都统、参领、佐领等官，都统、副都统参议政务，参领、佐领司掌审判，皆有特权，而一总于旗王。其刑罚较内地衙署之夹棍、天平架为尤酷。凡拘获盗贼，轻者鞭挞，骨摧肉消，犹必系之以遍游数旗，以示惩戒；重者以香火炙背及类于天平架者，必问出口供而后已。若获内地之人，且不问罪之轻重，以身缚诸牛皮包中，暴之烈日中一二日，无论死与否，再弃之山涧。呜呼，可谓酷矣！

（二）赋税　其征收赋税无定额，视每年王府用费之多寡，使其民按牛、马、羊之比例以摊纳。故其左右翼参领、佐领等官，概由巨富充任，于秋间征收时，有不能完缴者，该参领等必先垫纳以完赋课；如不能垫纳，立予革职另委，不问其贤与否也。故富豪多规避充职官，而常人恒奖励为喇嘛，职是原因也。

（三）民性　其地无学校，一以喇嘛为主。清康熙时所颁译之圣谕十二条，不过供各旗文件政牍之用耳，常人无习之者。语以唐古特字则皆能识，及语蒙字则茫然不解。视喇嘛若神圣，视藏经若救符，牲畜被狼虎噬啮死，则念经以解之；人有疾病，亦念经解之。死亡不埋葬，弃荒野，以待狼食；倘数日尚存，则举家蹙然曰："人生食肉以还肉，理之常也。今乃尔，得毋生前不善，而遭鬼神忌乎？”其迷信如此！

蒙古族婚嫁及杂俗

游　牧

蒙人依山而居，无房屋，结毡帐，以细木编为墙顶，盖如伞，外用羊毛毡包围。牧畜为生，不事耕种。某君诗云：“蒙地风光迥不侔，依山毡帐自优游。而今莫议农家事，牧得羊归学贩牛。”

洞　房

蒙俗以毡帐为洞房，女家属多人寝时，即守于新夫妇之旁。某君诗云：“伯姊诸姑到婿家，指天画地故喧哗。洞房偏喜多人住，那管今朝待破瓜。”

闹洞房

蒙俗亦闹房，拘新郎作囚，奉新妇为承审员，以洞房为法庭，令新妇［郎）跪而听审，新妇须说“哥哥请起”。某君诗云：“人人博得醉颜酡，拘到新郎作犯科。假借洞房当衙署，更教樱口唤哥哥。”

抢　亲

蒙俗新婚到女家，迤新妇置之马上奔回，谓之抢亲。女家备多人，故作争夺追赶。某君诗云：“新郎一马着鞭先，舅氏昂然奋老拳。劫得美人归去后，笙歌华烛盛开筵。”

妇　装

蒙妇饰用小珊珠连贯多缕，垂于额际，并用大珊珠穿之，挂两端于左右耳际发辫上，悬垂胸前为饰。某君诗云：“二九娇娃体态柔，长衣拖地步轻浮。珍珠连贯垂于额，浸［漫］道群雌效冕旒。”

艳福僧

蒙制无论家有几子，多则留一二人编入兵籍，余皆为僧，名曰喇嘛。到处领略艳福，无所顾忌，俗使然也。某君诗云：“煌煌祖制谨相承，三子之间两作僧。除得顾经无所事，偷香手段最称能。”

僧娶妇

蒙僧分红、黄两教，红教衣红，黄教衣黄。黄衣僧可娶妻，红衣僧则不能。某君诗云：“蒙僧向别红黄教，两教兴衰迭长消。惟有黄衣僧娶妇，而今徒叹世风浇。”

跑马会

蒙人祭鄂博时，例须跑马。用十五六岁儿童，乘无鞍马跑十余里为率，先到者得旗受赏。某君诗云：“儿童惯乘无鞍马，逐电驰风意气扬。夕照一肩鞭影急，彩旗夺得共称觞。”

佛菩萨

“菩萨”二字，藏语译音“活佛尊妇”之称。库伦活佛有妇，前清康熙帝到库伦，为看菩萨几肇祸。某君诗云：“唐僧谁说到西天，宗教由来自藏传。菩萨本为活佛妇，世人那识此源渊。”

打 鬼

蒙俗打鬼，除不祥也。每年六月为主，在庙内用喇嘛带假面具跳舞，挥长鞭打人，着鞭者不怒也。某君诗云：“头角狰狞面具装，怪衣飘拂舞如狂。长鞭挥处无人避，打鬼除灾好致祥。”

青　　海

青海番族之状况

青海境内，产良盐，海中有岛，冻冰时始可达，平时无敢渡者。宣统间俄人格登罗夫以汽船往，一日达岛上，喇嘛以为天神，骇报。此事闻后，各国游历家均致电贺成功，盖前此所未有也。年大将军征青海时，人以为青海神，以年到青海水暴涨，群遂谓海神来贺也。旧闻番子每年以面粉制成人形拟年羹尧，以枪击之，借报宿恨。又云非也，是乃击石神，袚除不祥之意。西宁有送秦桧之举，亦仿佛类是。

番语数字，如二曰倪、三曰森、四曰雅、六曰族苦，以及我曰雅、人曰聂，均切近汉音。番子居松山，人众数百，以牧畜为业，产牦牛甚多。距平番是［县］东北二十里。番子善汉语或蒙古语，旧属茶马同知，今属茶马委员。此系熟番，与青海红倮㑩不同。

番子造舟，以木制框，以牛皮张其表，以血及石灰涂之，水不能入。又番俗亦有跳舞。

卷十

西　藏

西藏喇嘛僧之等级

喇嘛爵秩有十数等，其最尊者曰国师，曰禅师；其次曰扎萨克大喇嘛，曰副扎萨克大喇嘛，曰扎萨克喇嘛。以上给印，余给札符。其次曰大喇嘛，曰副喇嘛，曰闲散喇嘛。扎萨克喇嘛之徒，有德木齐格、思规格隆、班第等。

西藏喇嘛僧之服装

喇嘛服装，着袍子袈裟，戴僧帽。虽因服色而分教派，然有崇尚黄教之僧徒为红色之服装者。同一黄教，有两种服色，盖年老者用黄，年少者用红，其习尚然也。故现时不能据服色而分教派。其平素所著衣服，毫无异于常人，唯于仪式上服法衣。维西之僧徒用阔袖长衣，虽严冬常露两肘，帽子冬季戴平顶之方毡帽，夏季戴平顶之竹笠。

西藏喇嘛寺内之状况

喇嘛寺内状况，殿堂在寺院中央，设佛坛一，以供每日之礼拜。殿堂之内，彩色奇丽，壁有图画，梁施赤色，画莲花等花卉，转法轮画于玄关前。佛坛上有三宝，即佛、法、僧，礼拜时以佛像代表佛，以书籍代表法，以宝塔代表教旨。喇嘛之本堂，每月模造各种物品，以资供奉。概以麦粉及米粉造成，敬谨供于佛前。供毕，复颂祷祝曰："愿降福于万物，愿使我等脱离烦恼之域。"堂内坐次整饰，通堂之僧及新参之僧设席本堂两侧，右端有僧院长法座，其次则役僧之座也，其后有营造此物之管理者，及其佐助人之坐席。无论何斋，门内有礼拜室，再进有祈祷筒，在拜室之侧有祭坛，祭坛上置水、米、花及供佛经典二三册，金刚、御水钵、金境［镜］饶［铙］钹、法螺贝、号角、人腿骨制成之喇叭等。大鼓置于架上，或悬于空中，小鼓有以人之颈盖骨制成者。

西藏尊贵喇嘛之敛礼

达赖及尊贵之高僧圆寂，敛尸棺内，塞之以盐。盐水满于棺底，则以黄土和之，作小佛像，名盐水佛，最为贵重，得之甚艰，若得之者，异常宝重，永传于家。国中到处见寺院堂塔，虽山林湖水中亦有之，名曰佛国，洵不虚也。

西藏喇嘛教育之程式

喇嘛教育之年限甚长，管理极严。八岁入寺院之学校，检查体格，使暗记古人格言。如是十二年，称试验生，由保证人介绍登姓名于僧录，给以银徽章，使附袈裟，削发行宣示式，始得法名，更进而为住职。又经十二年，课程渐增高，学祈祷，习经典，频以问答论难试验其修行之功效，若能解决问答论难各题，得列众学僧之前。但实行研究者甚少，不过循例举行，视为具文耳。谚云："吃喇嘛之食，须具铁颚。"其艰苦可知也。

藏民教育之状况

藏民小儿长成，教以吹火汲水、制餐物、采薪炭，及家政之一部分。渐长，则令监视家畜，此平民之受教育者也。若中等以上之子弟，则使入学校。唯其学校皆不规于正，在拉萨之法王宫殿及扎什伦布之外者，皆如私塾，所教者背诵、习字、算术等课。背诵为经典之一部，及单纯文法、修辞学，不就学于书卷，但依喇嘛口吻为无意味之暗诵而已。习字用木盘，其法用黑板，布满白粉，用木笔运于板上，剥去自墨，现其黑地。算术用小石、木屑或贝壳教授。待儿童极严，不合格者，教师以革鞭鞭儿童胸部以惩戒之。女子教以识秤量、习商贾、纺毛线、织氆氇而已。

藏民之刑法

西藏大召之傍有狱室，名黑房，黑暗不能辨视。凡犯法者，不论罪之轻重，悉拘禁其内，以绳缚四肢，令待裁决。其刑法根于藏地之习惯者，有四十一条，今示其大概如下。凡争斗而致死者，弃尸于水中。杀人者罚锾，并令贴费尸族以念经，或罚牛羊若干；其有力不能者，缚而弃之水中，籍没其家。抢夺劫杀者，不分首从，皆处死罪。其法缚犯人于柱，以枪或箭较射死，否则斫头悬示，或生缚送往蝎子之洞穴使螯之。盗人财物者，监禁其一家，追比倍数，待进完则抉盗者目，劓其鼻，或断其手足。犯奸止罚银，特由贫富而异，有仅责而释之者；但犯罪者无论男女，悉褫衣责之于市中，亦有架号者。凡犯重罪者，先以绳缚之，挞以皮鞭，复浸于水，逾时再挞二回，再拷问；不以实告，以沸油浇其胸，用利刃割其肉，或缚使坐水中，以绳分其发从左右引之，以白布掩面，浇以水，或刺热油于指甲内。若坚质无辞，受酷刑而死，则弃尸于水中。

藏民之历法

以西藏历比较中国本部阴历，稍有不同。西藏不以天干纪年，唯用地支。以十二月为一岁，以元旦日为岁首，此与中国阴历同者。然必以寅为正月，遂至参差。三年一闰，亦同阴历，惟置闰之月则不同。如前清雍正十年壬子闰五月，十三年乙卯闰四月，西藏则于十年闰正月，十三年闰七月。又每月无小建，以三十日为一月，必有朔、望、晦。记日以金、木、水、火、土五行配之。最奇者，一月中除却一日或二日无称呼之日。例如一月之中，除却第二日，则不以一日、二日之称计算，自一日直算至三日；中国人则以此日为闰日，其实日数之减少耳。此等乃与中国阴历互异之较著者也。

藏民之租税

西藏租税或征粮（麦豆、小麦、荞麦等），或征哈达、氆氇、藏香、木棉、盐、茶、酥油、奶渣、羊腔。其远处寨落，如以藏钱折交，又有牛群羊群者，每牛两头交藏钱一，羊十头亦交藏钱一。税关纳珊瑚、珠、宝石、布、纱、绢及干葡萄、干枣、干桃等类。远方贡皮或宝鹿之血角，沿途得征发驿马。又番民身故者，例交服饰物件一半。其布施罚赎等项无定数，向由达赖、班禅自行收用；后由驻藏大臣总司稽核，禁噶布伦等任意侵渔，唯达赖、班禅自用及公用，仍听其自行支用也。征收地方租税之处有二，一为寺院，一为地方官。受寺院管辖之人民纳之于寺院，受地方官管辖之人民纳之于地方官。地方官即营官。视其地方之所出，征收谷物或哈达，其中除扣取自己官俸外，所集物品或银币，汇解于上。其支出费之重者，为寺院修辑［葺?］费、灯明台及购置什器费也。

藏民之佛珠

藏民念陀罗尼，以佛珠默识其数。西人形容其声，谓如猫念佛。佛珠初本浑圆，因轮数不已，久久遂磨成薄小之管，甚有消灭者。佛珠之种类不一，或以内地树木制之，或以产于外部喜马拉雅山某树之种子制之，或以人之头盖骨制之。俗谓如［各］种佛菩萨，当因其所好，佩带佛珠。观世音菩萨则以贝壳制成白色佛珠瞻拜之，死者以头盖骨制成之佛珠，为之诵经。尚有玻璃、水晶、蛇脊骨、象脑中硬物质、赤檀香及胡桃等种种制成者。

藏民之性质

西藏人赋性朴实，风俗犷悍，唯深信喇嘛教，喇嘛所言，不问是非，奉如法律，莫有抗之者。西部高原人民，性更朴质，东部则以其地接中国本部，习尚既化，秉资亦异。甘巴、干罢二种，素为著名种族，性愉快而好游戏，能忍所不能忍之境。其奉佛教之心甚浅，子弟无舍身佛寺者。此种族初由喀木移住，性好转徙，无一定之居处，家居从事农业者甚少。

藏民男女生活之奇异

西藏男子怠惰，女子强健。普通男子所操之业，在藏中大抵为妇女之职务，或耕作田野，或登山采樵，或负重致远，或修缮墙壁、建造房屋，凡普通男子所为概为之，贸易亦多属妇人。且在家自庖厨、纺绩、裁缝及老幼之梳发等亦为之，并不以为劳，殆习惯使然。男子间亦耕作，不过为妇女之辅助。使牛马负载货物，亦非得女子之助不能。诚异闻也！然西藏妇女有外遇，则明告其夫，夫亦怡然不之咎，悦则相守，反目则更适他人。

藏民男子之服装

西藏衣冠之制，各因人民等级而异。达赖及班禅之冬帽以氆氇羊绒制之，上尖下大，色尚黄。夏帽如竹笠形，以金色皮为之。衣服则有内衣、有外衣，内衣制以氆氇，如坎肩儿；外衣则为紫洋绒之单衣，以帛交缚其上。足穿锦靴或皮履，腰部以帛结束。冬季常露半臂。其余喇嘛之服装皆相似，惟有精粗之别。噶布伦、戴綨、第巴等官，不绾头发，垂于后背，缀以短缨，戴平顶之帽，顶上或覆以獭皮，手持佛珠，腰束皮带。如遇令节或公事，则噶布伦两分其发，于顶之左右各绾一髻，身着蟒衣，上着细缎之褚巴（大领无衩之袖衣）。第巴亦绾发成一髻，戴无翅之白纱帽，左右两耳穿耳环，以绿松石或珊瑚制之，大如桃，形如鸟喙，身着大领窄袖之绿锦短衣，下着黑褐之百褶裙，足着皮靴，束以红色之花缎，佩刀一。自噶布伦下至士民，皆手佩骨块，盖西藏之风尚然也。平民著大领无衩之褚巴，服质则氆氇细绒等，依贫富而为制；其帽亦然，或有戴白帽者，腰部以皮或毛褐结束，置小刀、顺刀、皮袋、火镰等物；各怀木碗一，与蒙古人无异。

藏民女子之服装

西藏妇女之妆饰，两分其发，束之如绳，垂于脑后，以细为佳。女子未嫁时，脑后分一辫，辫上戴宝石、珍珠、珊瑚之类；若已受夫家之聘，则头上戴夫家所聘之物；已嫁，则不打复辫，以示区别。家居戴红绿尖顶之小帽，脚着布靴或皮靴。衣服则上着小袖之短衣，与腮相齐，其质以绫缎、细布、毛褐等为之。短衣之上，披一小方之绒，恰如袈裟，下着卐字黑红褐之裙。所戴耳环、指环、手钏等以金钱及各种宝石制之。其带于右手者，谓之砗磲圈，自幼时即带起，从无堕碎者，至磨断则以为不迷于死之后途云。无贵贱尊卑，皆挂佛珠一串于项，制以珊瑚、青金、砗磲、珍珠等为之，各以贫富而异。耳环之后有小钩，串缀珍珠、瑚［珊］瑚等而挂于发，又垂于两肩。胸部必挂银镶之珠石环，长约三寸，宽寸许。身上带有银盒，装贮护身佛及药。富者戴珍珠帽，以木为胎，式如笠而较厚，里以朱红漆之，外则以金镶之，以绿松石为顶，周围密缀珍珠，其价有值千金者。老妇则额上戴金镶之绿松石一片，其形如镜，谓之白玉。凡戴白玉之时，其亲友必前往致贺。妇女见喇嘛时，必以红糖或乳茶涂之于面，否则恐妍露媚迷惑僧人而致罚也。然现今此俗，不独见喇嘛为然，即家居时亦为之。

藏民之职业

之　一

藏民之职业，因种族而各异，然大半为游牧之生活，逐水草而转徙于四方，虽妇孺小子，皆从事于畜牧。贫富视畜之多寡为断，衣食日用，皆取给焉。据欧人之说，则亚细亚中央部之农业发达最早，现今藏民之从事农业者无多，以东部比较西部，而西部尤甚焉。

之　二

自克什米尔移住拉萨之回教人民，其人客貌秀丽，不改旧风。戴土耳古帽，蓄长髯，言语庄严，虽同在佛教国，不出入佛寺。回教之外，不通婚嫁，专从事于布帛及银之贸易。此种住民，当为喇嘛法王认可，另设总监以管辖之。

之　三

自尼泊尔、不丹等处移住拉萨之民，专业金银铜锡、玉石及妇女首饰等细工，制作极精巧，至于人物花卉，雕镂逼真。惟其习尚稍异，然普通礼节，无异藏地之土人。

之　四

此外藏民之从事工业者，有陶器师、铸造肖像师、木工、石工等。三百余年前，有技师某以铁锁架设八座吊桥，法极精巧，今犹存其一二，藏民奉之为师。殿堂屋盖，所用之黄金板甚多，其制亦精巧。拉萨府有梵钟铸造所及卖佛像之大店铺。陶器以洛隆宗所制为最佳。毛织物有氆氇、茧丝、栽绒、细毯、毯子花、细花布等，其中以羊毛制成之种类尤多。又有以诸种香木制成绵香，名曰藏香，多输入于内地。

藏民日常之食物

藏民日常所食之物，为糌粑、牛羊肉、奶子、奶渣等。茶为社会普通所嗜好，不拘尊卑贵贱，饮食皆以茶为主。烹茶之法，俟其沸后变成红色，投以黄油及盐，搅而饮之。常食糌粑或米粥、牛羊肉，但多不煮而生食之者。食无定时，饥则即食。凡饮食，不用刀箸，多以手掬之而食。或用木碗，食毕以舌舐之，藏于怀中，略如蒙古人。酒以青稞酿造，味淡而微酸，名之曰呛。或以青稞制烧酒，男女老少多嗜之。醉后男女相携手笑唱，逍遥街市，以为乐也。

噶伦卜宴客之仪式

藏地凡遇岁时令节，代达赖喇嘛理事之噶伦卜必大飨宾客。或于家，或于柳林中，中央铺方形褥数层，噶伦卜自坐，前面稍低，置方形之桌一二张，上供面果及生熟牛羊肉、藏果束、藏杏、藏核桃、葡萄、冰糖、焦糖等类，各一二皿。其焦糖系黑糖所制，用黄油熬成者，长一尺，广三四寸，厚一指。牛羊肉则一腿或一片。又两傍铺长坐褥，其前设低桌，摆列果食等。噶布伦、巴浪子、沙中意等（均西藏喇嘛僧）列坐两侧，或二人为一席，从者各在席后。每人给果食一大皿，食时先饮油茶，饮土巴汤，次奶茶、抓饭。抓饭有黄白二种，以米作饭，淅之于水，再入以沙糖、藏杏、藏枣、葡萄、牛羊肉、饼食等物，盛之以皿，以手抓而食，继饮蛮酒。遇大节盛会，即选出妇女十余人，戴以珠冠，着以彩服，唱歌佐酒以为乐，近有能度汉曲者。又令八九岁至十二三岁之小童十数名，着五色锦衣，戴白布圈帽，腰勒锦绦，足系小铃，手执斧钺，前后相接。又设鼓十余面，司其鼓者装束同小童。进食一巡，小童每进相舞，步法进退与鼓声相合。食毕，则肉果等物品各携去以为例。

藏民宴客之仪式

藏民宴筵，则男女相聚同坐，彼此相敬，歌唱酬答，终日始散。散时男女围聚，携手趺坐而歌，至于门外，歌唱于街中而散。富者每月二三回，贫者亦必一次云。

藏民之住屋

藏民之住屋，土著与游牧之民各异，自四川省打箭炉至拉萨沿途，屋壁皆以石砌为之。屋顶扁平，覆以土石，名曰碉房，有二层、三层至六七层不等，各依贫富而异。家畜占屋中之土间（即牛羊圈及鸡埘），人居其上部。以寒气过甚，故窗户不多，光彩亦少，仅于屋上穿小空，兼光线与烟突之用。室内极污秽，异臭扑鼻。富者室内饰以彩画，屋外壁上画寿星图。碉楼则叠石如浮屠，以梯上下，其坚足御炮弹。至于山庄僻村，皆石居，傍山而筑，以便樵汲，但甲贡地方则用草盖。若业游牧者，则天幕为家，即以兽皮蔽遮，住于陋室中者也。或以犁牛毛织成鱼网形，为黑天幕。所称天幕者，六角形，谓之黑帐房云，蒙古种游牧之民多住之。拉萨境内，大厦颇多，可住数百人。如大召之兴厦，内供铜锅，可贮水百十余石（一万一千余斤），大读经之际用以煎茶云。

藏民之育子风俗

藏民以生育女子为幸，不尚男子。产时不浴，母以舌舐之，至三朝以黄油涂其全身，晒于日中。数日即以炒面调汤食之，不饲以乳。女儿产后二日，男儿产后三日，亲邻来悉相庆，称为呛酒，祝幸福而送哈达也。以哈达一缠儿头，余与两亲，次张祝宴，或歌或跳，人皆醉倒，彻夜鲸饮。若其母为聪慧者，不至醉酗，稍尝酒即就寝。

藏民之医术

藏民有病，重则医治，轻则涂酥于全体而曝于日中。若天阴雨，以绒覆病者，烧柏叶而薰其烟。医生诊病者之脉，一时并诊左右手。其药饵与内地不同，有产于本地者，有购自他处者，不炮制，皆用丸散。凡罹疾病时，不拘病之轻重及医治与否，必招喇嘛僧为之诵经，或使垂仲（道士之类）为之祈祷，又或使童男女为之唱歌，以退病魔，三者必用其一也。

藏民之占卜

藏民深信占卜，其术不一，有画八卦于纸书番字以占者，亦有以青稞排抽五色毛索而占者，或数佛珠以占，或画地以占，或烧羊骨以占，或验水碗以占。其法不一，颇有奇验，信之者极多。皆喇嘛僧为之，妇人亦有通其术者。又有筮者，翻检其经以告占者，吉凶俱详注于经上，其辞义与内地之《神签玉匣记》相类。

藏民之交际礼

之　一

藏民交际，哈达视为必需之物，正与中国古时用束帛之礼相同。凡交际时，必互赠哈达。访亲友，结婚姻，或办某项事，互须协议之处，均以此物为结纳或约束之惩［征］凭。赠此物时，以袋封固用之。其制以白色或淡青色长方形绢一片，薄如纱，边为折襞，大小不一。

之　二

藏民相见，以一揖为普通之礼。西部阿里地方，见官长不脱帽，但以右手指额，念“唵嘛哄（畔?）”三度。土人遇官吏之时，脱帽垂两手，立于路旁而拜。土人之官吏，对于中国派驻之官吏，礼亦如之。而最奇之礼，莫如伸舌，此为土人之最敬礼。土人上自官吏，下至齐民，谒达赖喇嘛或班禅喇嘛时，则诣法座前，脱帽合掌，长伸其舌于外，顶礼三度，垂手聚足，鞠躬屏气。此时达赖、班禅以手拂其头，或以手摩其顶，则以为至大之荣誉，幸福之预兆，人家皆羡慕之也。

藏民之岁时令节

藏中岁时令节，竞为种种游戏，若一一记之，事涉繁冗，兹略述一二于左。

正月元日，有跳舞之戏。土人着红绿之衣而为跳舞，演种种技术。此日达赖喇嘛坐于高殿观之，大小官吏皆来布达拉陪观。有所谓跳月斧者，童子演之，足系小铃，手执斧钺而舞，有进退之法，合缓急之节，颇足观也。

初二日，演飞绳之戏。以后藏之人民供此役。法用皮绳四条，长各三四十丈，一端系于山上高殿之后，一端系于山下之石柱。一人着短衣，以生牛皮束于胸部，两手持白旗倒悬其身而下溜，快捷如飞鸟，凡三四回而止。亦异观也！

初三日，有翻杆之戏。于谛穆佛寺前立一高杆，番人自鸣锣鼓，唱歌曲，而上下于高杆，其轻捷不让猕猴。

自初六日至念一日之间，于拉萨宫殿为人布施。此日甘丹、别蚌、色拉、桑鸢四大寺及各处喇嘛僧，悉来读经。其在庙内者内招，在外者外招。众僧跏趺坐地上，行列极整肃。此等每日给三餐之外，人或数人与以银钱一枚，外招者则给其半；有时或散给衣帽、布匹、木碗等物。出入之僧，不下十余万人。布施之叹［款］，大抵以蒙古及各方信徒寄附金充之。或无施主时，则达赖喇嘛愿舍之，其费用每年达数十万两云。

十八日，集唐古忒骑步兵三千，戎装而执械，绕大召三匝，至琉璃桥之南，发巨炮以驱鬼魅。炮之大小不一，其内最大者铸于唐时，刻“威剿除叛逆”五字。演毕，出金银、绸缎布、茶等劳之。各寺之喇嘛聚集大召内，拥达赖喇嘛下山，谒佛登台，讲大乘经，谓之放朝。士民越数千里而来者踵相接，以金珠宝玩陈列炫奇，举首跪而献之达赖喇嘛。达赖喇嘛受之，则以麈尾拂其首，或以手摩其顶三度，其人必夸得活佛之降福。

上元之日，于大召内悬灯。立木架数层，安设大灯万余盏，缀以五色油面，作人物龙蛇鸟兽，极为精巧。自夜达旦，视天之阴晴雨雪及灯焰之晦明，占年岁之丰歉云。

二十四日，有扬武之式，即观兵式也。此日达赖坐于宝殿之侧楼，驻藏大臣坐于正楼阅之，文武诸官皆着礼服集于楼下。番兵着盔甲，马亦穿铁叶甲，仅露两眼，手持金炉，中一人操大铃；更有喇嘛六十余，列于两边，各打大鼓；又有执大铙及银笳者各四人，或吹或敲，极为喧嚣。各色旗幡数十对，又次持之者，皆白袍白帽；又次则魔像，喇嘛僧抬之；又有童子五六十名，皆为鬼装从之，状最奇怪；次有护法神披白袍铠，盔上插鸡毛，口流涎沫，为痴愚之状，若有凭附之者。送至市外，各番兵以放铳焚草毕送礼。总之行装奇异，如百鬼夜行之观。

二十五日，为竞马竞走之戏。其距离凡二里余。马皆慓壮骏逸，骑者为十余岁之少年。服此役者，举动活泼，扬鞭驱逐，最足令人起愉快之念；虽时有堕马陨命者，绝不复悔。按其先后而判胜负，胜者达赖喇嘛戏赏赐以绸缎手帕等。而第一先到之马。例当献于达赖喇嘛，达赖给以银五十两。凡供此役者，其家免一年之差役。竞走亦如竟马，远近大小不一，赏亦从同，捷足者先得之。

二月二十九日，送瘟神，又名打牛魔王。相传西藏系瘟神地方，经达赖坐床后驱逐之，故历年预雇一人，扮为瘟神。受雇者于数日前，向各番官民及街市铺内敛钱入已，蛮家亦各乐输，每年不下千金，一切应用行李，皆山下支付。自大召逐出，即行起鲜［解］，营官护送，悉以王爷称之。解之山南地方，安置桑业寺石洞内。洞在寺之大殿旁，阴风惨烈，寒慄异常，居此洞者，死期甚速，极壮者亦不出年余之限，故得钱虽多，实为卖命，均视为畏途。后寺经火重修，洞虽仍是，而今昔不同。乃蛮家踵行旧事，谋扮瘟神者，到处夤缘，始得到手，逐解如前。解到后略住数日，即行潜回，蛮家亦置不问，人又视为利薮，然所敛者较昔年大减耳。是日大召前蛮官及兵均如扬兵状，一人扮达赖喇嘛，与扮瘟神者先后至召，各色旗帜不一，击鼓吹笳，亦如前状。十数人花衣黑帽，帽上各插鬼头，衣之前后悉绣鬼形，在召前跳舞诵经。扮达赖者铺垫坐召前，与一戴鬼形之法师对坐。须臾瘟神出，面涂黑白，与达赖互相结［诘］难，词屈，复赌掷骰定胜负。达赖之骰，以象牙为主，面面皆六；瘟神之骰，以木为之，面面皆三。掷皆枭，负而色赧，意欲另斗法术。达赖与法师及揭谛神明斥其非，瘟神负隅不行，即遣五雷立逐乃去。众喇嘛送至河干，焚草堆如前。

三月初一日，挂大佛亮宝布达拉山上。所有各宝玩及前清御赐物件，均在大召陈设。各喇嘛分列成行，穿花绣袈裟，扮种种神鬼外，余各分对执旗幡宝品，自大召徐行至山上。达赖喇嘛坐楼前黄伞下俯视，汉番各官均在盛宝房前向北支帐房游观，男妇不下六七万，山坡无隙地。有绸画大佛像，自山上第五层楼悬挂垂至山麓，约长三十余丈。宝玩内有达赖袈裟一袭，系历传之物，均以珍珠穿成，珠之大者，皆如指顶，光华射目，真无价宝也。

四月十五日，龙王塘大会。塘在山下，庙在水中，周匝水环，须以舟渡。庙塑神像极多，而正殿旁特塑一大秘戏像，即俗所谓欢喜佛，喇嘛云是佛公、佛母；四壁四画，亦皆此式，甚为不雅。吁！元顺帝演媟儿法，甚至男女裸处，不以为亵，其误于西僧，不亦甚乎！

五月十五日，工布塘蛮家大会。即噶布伦之柳林相连数处，以此为最，碧影遮天，绿阴满地，中引藏江之水，映带左右，有楼台亭榭之胜可以憩息游人，洵消夏之佳境，亦流觞之胜地。是日倾藏妇女，临水祓濯，饮歌竟日，亦中国修禊遗风也。

七日，唱蛮戏。系后藏娃充当此役，装成男女，头戴纸扇面两个在耳上，手执竹弓一张，群相跳舞，是即为戏。其所唱者，大约唐公主时事为多。各噶布伦家唱一天、二天不等，大会亲朋，日耗数百金不止。

六月三十日，别蚌寺及色拉寺挂大佛，亦装神鬼等类，降垂仲神。土民男女，皆美服艳装，或唱或歌，为翻杆子、跌打各种跳舞，二寺之大会也。

七月十五日，别以故牒一人司农事，其地头目牒巴陪之游街，佩弓挟矢，旗幡引导，遍历郊圻，看田禾而射饮一日，以庆丰年。

七月十三日至八月五日，各携天幕至河岸，遍招亲友，不分男女，同浴于河。俗称七月浴于此，可除疾病云。

七月二十五日，为宗喀巴成圣之日。各家寺院窗棂墙壁间皆点灯，光如白昼。其灯焰依于天色，视岁之吉凶云。

十月十五日，为唐文成公主之诞辰。士女盛装参贺，家家饮酒。

十二月二十九日，木鹿寺有跳神逐鬼之戏。喇嘛装各种神佛鬼怪，傍晚达大召寺，放铳呐喊，以驱逐邪鬼。此间各寺院共会，男女皆盛服华装，群聚歌饮，带醉而归，以度岁节。

苗　族

峒溪诸苗奇俗纤志一

花苗在新贵、广顺，衣花布，故曰花苗。其衣无衿，窍而纳诸首，青布裹头。少年缚楮皮于额，婚乃去之。妇人敛马鬃杂人发为发，大如斗，笼以木梳。其人有名无姓，有属无长，不知正朔，以十二辰属为期。无文字，刻木为信。椎结侏俪，陟冈躐枣，捷如猿猱。散居山谷，架木为巢，寝处与牧畜俱，无卧具。炊爨爇柴以炙，虽赤子，率裸而进火。食以麦稗，杂野蔬，终身不稻食，以待正供或享客也。孟春合男女跳月，扑平壤为月场，皆更服饰妆，男编竹为芦笙，吹之而前，女振铃继于后，以为节，并肩舞蹈，回翔宛转，终月不倦。暮则挈所私归，比晓乃散。聘资以妍丑为盈缩，生子然后归婿。以季夏为之岁首，屠牛祀天。丧则宰牛，召戚属；葬则不用棺，卜地以鸡子掷子，不破为吉。病祷于鬼，巫曰鬼。动作必卜，或折茅，或熟鸡取胫骨与脑验之。

东苗、西苗，男髻，短衣鬘，色浅蓝花布，束发；妇花裳，衣无袖，俗与花苗同。

牯羊苗好居高处，悬岩洞穴峻百仞，不设床笫。

青苗服饰尚青，竹笠草履，强悍好斗，同罗罗，然不为盗。

白苗服饰尚白，转徙不恒，为人佃，负租即逃。

谷蔺苗凶顽善击刺，出入持枪弩，蛮党畏之。

平伐司苗男草衣短裙，女长裙绾髻，祭鬼杀犬，死瘗以木槽。

九股黑苗青服凶恶，处深穴，披铠挽弩，名曰偏架，一人持之，二人蹶张，常啸集为乱。

紫姜苗与九姓苗同类，以十一月朔为节，元旦忌门不出，二七而解。

短裙苗以花布一幅，掩及骭。

阳峒罗汉苗，妇能蚕织，短衫双带，胸前方绣，以银钱饰之；婚先外家，后则他族远者。

生苗短衣佩刀，小隙则操戈。

罗罗本卢鹿，有黑、白二种。居水西者黑罗罗，亦曰乌蛮，黑大姓，白则其所役也。俗愚而恋主，即虐之至死，犹举其子姓名妻妾，戴之不敢贰。勒为四十八部，部之长曰头目，其等有九，曰九扯。最贵者曰更苴，不名不拜，镂银鸠杖，僭拟师保，凡有大政取决焉。次则慕魁、勺魁、骂邑，以至黑乍，皆有职守。其人深目长身，黑面白齿，青囊笼发，而束于额若角状。悍而喜斗，谚云："水面罗鬼，断头掉尾。"又有文字，类科斗书。然无几席，与人食，盘饭盂水，食已，必涤滕刷齿，作酒盎而插于管，醉饮之。男薙髭，女以青带缠发。疾不医，唯事巫号大奚婆，事无巨细皆决之。妻曰耐德，非耐德所生，不继立。其长死则聚千人，披甲驰马，以毡段被尸，焚于野，招魂葬之，张盖其上，盗邻长首以祭，不得则不能祭。期会用木刻，尚盟誓，剥牛以谕，领片肉，不敢背。善造戎器，置毒矢末，濡血即死。

八番服食居处同汉俗，妇人直项作髻，业耕织甚劳，而男颇逸。盖八番徙自粤西，犹故俗也。妇娩三日，即出昏作，而夫坐蓐，啄菴不出户，率以为常。其获稻，和秸储之。刳木作臼，曰椎塘，临炊舂稻而作食。寅午日为市，燕会腰鼓为乐。以十月望为岁首。葬择日，夜静出之。

白罗罗亦曰蛮，与乌蛮同而为下姓。食无盘杅，以三足釜，灼毛齰血，鼠雀坻蝝蠕动之物，总攫而燔之，攒食若彘。死裹革焚之。

阿和俗同白罗罗，以贩茶为业。

打牙仡佬，女嫁必折二齿，恐妨夫家，故名打牙。矫而善奔，轻命，死党触之则靡烂，得片肉卮酒，即捐躯与之。死用长木桶为棺，葬之路旁。

花仡佬衣花布，红仡佬衣红布，各有族属，不通婚姻。死敛以棺，置千仞悬崖，或临大河，不施蔽盖，树木主于侧，曰家亲殿。

剪发仡佬，蓄发寸许，死则焚之。

猪矢仡佬，身秽，与犬豕同牢，得兽即咋食。

木老性狡悍，善制刀。初娶分寝，既生子，然后同处。祀鬼用五色旗，遇节鼓歌迎祭。

仲家以帛束首，踊履，好楼居。妇多纤好而勤于织，青布蒙髻若帽絮，长裙褶多者二十余幅，挖腰以彩布一幅若绶，以青布袭之，短仅及腰，蹑履。孟春跳月，编花球，视欢者掷之，在室奔而不禁，嫁乃绝之。以姿色为定聘，多至牛三五十头。丧者屠牛召亲，以瓮贮酒，执牛角遍饮，必倾泻淋漓而后快，醉或至于相杀。习阴阳家言，葬用棺，以伞覆上，期年火之，不上冢。以十一月为岁首，和米糁牛马鸡牲骨作醢，酸臭为佳，多者为富。畜金蚕蛊为奸。《黔书》称仲家险谲嗜杀，出入带刀，聚众出劫，逋为盗薮。今诸苗中唯仲家聪明，能读书，颇有仕宦，然其习俗险谲，苗中尽畏之。姓字衣饰，多与汉同，不尽用苗饰也。

狗耳龙家，居深林荐莽，衣尚白，束发不冠，善石工，妇人辫发螺髻，上指若狗耳，故因以名。衣斑衣，五色药珠为饰，贫者以薏苡代之。春立木于野，谓之鬼竿，男女旋跃而择对；既奔，则女党与牛马赎之，方通媒妁。死以杵击臼，和歌哭葬之幽岩，秘而无识，以七月七日祭先茔。

马灯龙家，妇人缁冠若马灯，故名，多张、刘、赵三姓，多尚白，丧服以青。

大头龙家，男以鬃尾杂发，盘之若盖，以尖笠覆之，故名。

宋家，通汉语，识文字，勤耕织。男帽而长襟，妇笄而短襟。

蔡家，男衣毡，女以毡为髻，饰以青布若牛角，高尺，用长簪绾之。丧礼杀宰，吹笙跳舞，曰作戛，土人所在有之。与军民通姻，礼节皆同。男贸易，妇耕种。田歌相答，哀怨可听。在黎平曹滴者，多思播之流裔也。

佯伱一曰杨黄，其种亦多，居万山中，荆壁四立而不涂，门户不扃，出则泥封之。

蛮人以丑戌为场，十月朔为节，性犷戾。又有冉家蛮，其俗亦同。

杨保播州之裔，性奸狡，俗同汉人。

僰人男女冠片毡，不沐浴，与倮倮同。

峒人今称峒家，衣冠如汉人，亦自讳其峒人。习汉俗者久，子弟多读书，但妇女不缠足、春秋场期男女会歌为异耳。《黔书》称其多异喜杀，出入夫妇必偶，挟镖弩自随，饮食辟盐酱，冬以芦花为絮御寒。

苗蛮种类，散处滇、黔，虽部落各异，而俗习大概相同。悫者居多，担物一肩，终日不转换，或惎之，曰“祖宗所传，不敢变也”。其他倮夷、焚夷、黑蛮、白蛮、黑倮㑩、白倮㑩、濮落、倭泥，貉倪、蒲刺、黑角、茫施诸蛮，名虽各殊，俗不相异。

瑶名輋客，古八蛮之种。五溪以南，穷极岭海，迤逦巴蜀。蓝、胡、槃、侯四姓，槃姓居多，皆狗王之后。时节记狗，以桃茢面为吴将军，先献之，祭毕，择女之巧丽者劝客，极其绸缪。十月祭多贝王，联袂而舞；其定婚媾，多于此时。四姓髻鬟，有美芙蓉、望仙、怀人、双蛇、孤风、浓春、散夏、燠侬、万迭、手妆之名，其下者椎髻垂鞭、盘蛇鹿角。豪家髻鬟不称，群笑之，目为丁妆。锦之美者，曰鹅头，曰花蕊，曰蛇濡（以蛇膏泽之，辟毒雾，入水不濡），曰蝶簇（以熟金为之）。布之异者，曰勾芒，曰红蕉，曰弱锡，曰火浣（有三种，毕方麻者一端数金，祝融木者百金，火鼠毛者千金），曰桐花，曰琼枝，曰婆罗，曰吉贝（又名白斑布），曰桃花（千叶桃花穗长尺许，织穗而成文，胜火浣）。其织鸟毳而成者，精曰锁袱，粗曰鹅厨。四姓，瑶之贵者，下姓则生丁、白丁、黑丁，其妇谓之丁妇。峒丁椎结斑衣，儿时烧石烙跟蹠，沁以蛇油，重趼若鞾，穿青［荆］走棘，若履坦途。丁妇绣［?］回，嫁则荷伞悬履以戒途。其炼刀也，儿时选精铁如儿重，药水渍之，长则咒时炼日，刺态［能］冲坚，软可为带，服以终老。毒槊无刃，状如朽铁，著人无血而死。

粤东瑶率盘姓，有三种，曰商山，曰花肚，曰平地。平地者差良。七月十四日为岁首。其俗犹粤西罗旁瑶，驯者与齐民无异，而其桀黠者常为寇，号为五花贼。出劫则祷罗旁石，隔江呼之为“石将军”，应则出劫，不应则否。其雪榄、云洋诸瑶，率短小娇捷。无事射猎为生，有事则蜂起。

曲江瑶惟盘姓八十余户真，余则伪瑶。男子耳环，衣绣，首裹花帕，腮［腰］刀挂弩。女重裙无裈。其戴板者曰板瑶，油蜡胶发，裹于板上，光闪似蜻蜓，夜以物度首而卧。七月望日祀狗王，以小男女穿花衫歌舞为侑。

连山八排瑶，最犷悍。臀微有肉尾，脚皮厚寸，自号瑶公。称瑶丁曰“八百粟”，言其众也。官长曰朝廷，有瑶目八人司约束。仲冬十六日大会于庙，男女分曹坐，唱歌达旦。女得意就男坐，媒氏乃将其衣带度量长短相若，则使之挟女还，女父母乃送牲酒成亲。女已字，顶方板，犹板瑶也；未字，则戴箭竿，分发盘之，曰箭瑶。其领袖则花绒垂铃钱数串，初嫁垂绣袋。

德庆有蕾瑶山、橧翁山，皆熟瑶所居。瑶曰蕾瑶，瑶之长曰橧翁，其人曰替马。瑶多以其人为马，谓多力善走也。

僮人出湖南溪洞，后入粤西佃耕，其众稍多，占据乡落，延入粤东。其人性质粗悍，露顶跣足，花衣短裙，鸟语鹄面，自耕而食，谓之山人。

其聚而成村者为峒，推其长曰峒官。峒官之家，婚姻以豪侈相胜。婿亲就女家，五里外，采香烛花萼结为庐，号入寮。男女并至，盛兵为备，小有言则相鏖，婢媵偶忤，即手刃之，杀多者，妻方畏惮。半年始与婿归，盛兵陈乐，名出寮舞。婿归，止三十里外，令瑶吒脱妇中相贮篮中，曰收魂，盖欲其妻悸畏，无他念也。峒官之女，号曰天姬。春秋胜日，布花果、笙箫于名山，五丝同心，结百纽鸳鸯囊，选少好者伴女，名天姬队。余则三三五五，采芳拾翠于山椒水湄，歌唱为乐。男亦三五群歌而赴之，解衣结带，相赠以去。三月之歌曰浪花歌。

僮妇善蓄蛊，天姬能破之。凡中蛊者，颜色反美于常，天姬望之笑。因叩头乞药，啖以一丸，立吐怪物，白矾浇之，其物立死，否则复还其家。凡蛊夜出有光，熠如曳彗，是名飞蛊。光积生影，状如生人，是名桃生；影积生形，能与人交，是名金蚕。于是任意所之，流毒乡邑，杀人多者家益富。

峒俗贵壮贱老，染发薙须。凡有攻掠，乃推渠长，峒官把酒，赐绿熊练䙓（臂衣）、锦雉氈毦（戟衣）、绿麈群麈，厚给其家，曰枪头钱。攻峒劫瑶，报仇雪耻，占其田庐，徙老幼而居之。性极耐饥，啖盐数颗，凡草木皆可啖食。极惧俍人，俍至则走。

俍人俗同瑶，以言语相别。其兵最劲，性驯畏法。大俍与僮同类，而性稍异。人至其家，不问识否，辄具牲醴饮啖，久敬不衰。同类有无相资，一无所吝。

仡人山田瘠埆，十岁九饥。纤仇必报；或误杀人，则以牛畜为偿，曰人头钱。

僚俗略同僮，而嗜杀尤甚。居无酋长。深山穷谷，积木以居，名曰干栏。射生为活，杂食虫豸。相斗杀，得美须者则剜其面，笼之以竹，鼓行而祭，竞以邀福。山中推有力者曰郎火，余止曰火，最下者曰提陀（犹言百姓）。以大木一株，埋地作独脚楼，高百尺，五色瓦覆之，烂若锦鳞，歌饮夜归，缘宿其上，曰罗汉楼。岁首，郎火以土栖十二贮水，按辰布列，祷之经夕，启视有水，则其月不旱。

峒中所出物，坻醢（大蚁卵如蚌，为酱甚美）、蜜蝍（蜜淹鼠子）、蜗中脍（蜗大如升，米水去涎，竹刀脍之，角尤甘脆）、无头鲜（又名地蚕，大者长十九丈，为鲊食之，令人不寒）、插翘春（山獭骨）、龙盐（一名紫稍花。二者皆媚药），皆奇品也。

鼻夷僚族，鼻如垂钩，隅目好杀，深明水脉，采瑶臂鳄牙为笛，吹作龙声。与之酒，鼻饮辄尽。

白棍僚子，采白木为棍，寝处不离，用之但闻风声，形影双灭，其艺精乃尔。

佯人亦僚类，嗜杀过于僚，父子有隙，狺狺反噬。得犬谢母，母亦不恨。

峒人亦僚类，不喜杀，善音乐，弹胡琴，吹六管，长歌闭目，顿首摇足，为混沌舞。

峒瑶善御虎。虎当日午，眼盲无见，辄群息重岩或深樾下。僚伺之而得其处也，取臭肉贯于竿端以饵，虎闻臭，辄张口食，竿入口而钩锋发，枨其口不得啧。牵之归，缚之大树，剥落牙爪，饲以豆渣，初不食，已饥甚，辄食之，与僚习。久之，虎瘦甚，乃纵之去。虎奔逸入山，则獐兔易之矣，无所得食，乃念僚复来，虽驱之不去也。就豆渣槽，甘如肉食，半饱，僚辄禁之，縻以绳索，虎亦甘就不辞。僚坐其背，驱之如飞行，十里即力竭。虽百棰不怒，行似驽牛，曾不与驝争先矣。

斑衣山子，散处横州震龙、六磨诸山，无板籍定居，斫山烧禽，射生轻死。夫妇野媾，插青路衢，以断行路；不知误入，张弩射之；媾精入地，是生短狐。

斑衣种女，俗同山子，垂手善舞，踽踽歌，短裙及膝。坐则双膝齐跪，执礼甚恭，有盘古风。

黎人居黎母山，有生、熟两种。当额作髻，纵簪者，生黎也；横簪者，熟黎也。妇人率著黎桶，其裙百折，椎髻大钗，面涅花文，号绣面女。临嫁乃绣其花样，男家与之，古所谓雕题也。

黎多符、王二姓，非此二姓为长则不服。欲立长，则系牛射之，矢贯牛腹而出则得立。无文字，借贷结绳为券，虽百年皆可执绳而索。力不能偿，为之服役。父母死，敛所遗财帛，会黎长瘗之，谓恩深无以报，不敢享遗资，而旁人亦不敢窃，惧其鬼祟也。俗重复仇，先期椎牛会众，取竹箭三，刃其干，誓而祭之，赍矢告曰："某日某时，幸利刃锻矛以待仇。"谋于同里，亦椎牛誓众。两阵相当，此一矢来，彼一矢往，必毙一而后已。或曲在此，曲者之妻呼曰："吾夫之祖负汝，勿杀吾夫，杀我乎?"直者妻亦呼曰："彼妻贤良，是亦可解。"即释之。若力不敌，率同里去之；报者至，焚其宅，曰："是惧我也，可以雪耻凯还也!"

峒溪诸苗奇俗纤志二

帝喾高辛氏以盘瓠有歼溪蛮之功，封其地，妻以女，生六男六女，而为诸苗。尽夜郎境多有之，有白苗、花苗、青苗、黑苗、红苗。苗部所衣，各别以色，散处山谷，聚而成寨。睚眦杀人，报仇不已，故谚曰："苗家仇，九世休。"近为熟苗，远为生苗。熟苗劳同牛马，不胜徭役之苦。男子椎髻当前，髻缠锦蜕，织布为衣，窍以纳首。妇人以海吧铜铃，结缨络结饰，耳环盈寸，髻簪几尺。以十月朔为大节岁首，祭盘瓠。揉鱼肉于木槽，扣槽群号以为礼。其见流官，无论尊卑，皆称曰"老皇帝"。见内地人，皆称曰汉人，以汉始通道而南，故称犹旧也。

九股苗在隆兴、凯里二界。又有九姓者，在独山。以十一月朔为岁首。八番苗多楼居，衣青衣；妇女被细折裙，折如蝶版，古致可观。以六月六日为正旦。尚鬼，善治蛊毒。身带刀弩，多为盗贼。亦有识字充胥役者，苗而近汉者也。丧食鱼虾，而禁禽兽之肉。葬则盖尸以伞，期年发而火之。

宋家、蔡家，春秋宋、蔡二国之裔也，流而为蛮。性朴不诈，惟事耕凿。风俗略同，宋家稍雅，惟椎髻当前，衣冠尽废，宛然苗类矣。

天苗多姬姓，周后也，尚行周礼。祭祖，推其家长，唱土语为赞祝。

紫姜苗，装束与汉人同，行事与天家类。多力善战，亦晓读书。嗜杀尤甚，得仇人，生啖其肉。夫死则妻嫁而后葬，曰丧有主矣。

卖爷苗在白纳，贱老贵少，老则拽而卖之，虽其自父，在所不免。

克孟、牯羊，乃二种也，处于金筑。择悬崖，凿窍而居，垂竹梯或缘藤上下，高者百仞，栖同猿狖。

西苗尚勇好斗。葬不用棺，不知拜扫。饮醉相杀，醒复欢好。

东苗性悍。衣短衣，尚蓝。妇著花裳，无袖，遮覆前后而已，细折裙仅蔽其膝。

陇氏之裔，死用棺木，以石作坟。以七月七日祭先，甚敬。

四龙家尚白衣，丧服易之以青。有张、刘、赵三姓。一曰大头龙家，男以马牛尾鬣杂组发中，盘之成盖，覆以尖笠。一曰狗耳龙家，妇人作髻，状如狗耳。一曰小头龙家，一曰曾竹龙家，俗与龙家无异。

土人在新添司者，与卫人问通婚姻，渐染汉俗。在施秉者，播人流裔。在邛水者，斗狠轻生。

里人亦名夭苗，身衣木叶。

蛮人性犷戾，以鱼略［猎］为生，衣蓑衣。以十月朔日为节，居新添、丹行之间。

峒人以苗为姓，好争喜杀，片言不合，即起干戈。在石阡、朗汉二司者，多类汉人；在永从者，居常负固；在洪州，地颇膏腴，然不事耕作，惟喜剽掠。粤西有峒人者，好弹胡琴，吹六管，女善汉音楚歌。生女还之母家，曰“一女来，一女去”。

八番，其俗女劳男逸，勤以耕织，长裙曳地，白布裹头。以十月之望为岁首。葬不当昼，必于静夜，曰不忍使其亲知之也。

仡兜衣青，左衽，身不离刀。

休老与西苗同俗，死则俯尸侧葬，云为死者避压［魇］也。

佯伒，生理苟且，荆壁无门，出则以泥封户。父母死，焚其衣冠，有如赠鬼。

棘［僰］人号十二营长。猡鬼仡佬，言语不通，棘［僰］人为之传译。披毡衫。女吹篾，有凄楚声。六月二十四日，祭天过岁，朔望日不乞火。性悍好斗，卢鹿同风。又好佛，手执数珠，善诵梵咒，有祷辄应。

猡僰人后住元谋。女负担，男抱儿。最洁。日杵米，不食宿粮。其人善咒咀，变幻报仇家；又善变犬马诸物，破其法，即不验。又有二形人，上半月为男，下半月为女。按《异问录》，广南苗民，其妇人能变羊，夜出害人，有能为幻术易人骨肉者，此得非［猡］之类乎？

仡佬其种不一，有花仡佬、红仡佬，赤脚善奔，不知惜命。布围下体，谓之桶裙。敛百物之毒，以染箭锋，当之立死，受其气者亦死。死则有棺而不葬，置之崖穴，或临大河。有打牙仡佬者，父母死，子妇各折二齿投棺中。竖眼仡佬，蛮人之尤怪者，两目直生。恶人衣青，云遇之有祸。去麻阳百余里，亦不常见。又有剪头仡佬者，男女剪发，仅留寸许。有猪屎仡佬者，喜不洁，与犬豕同食。

竹林地之苗，信鬼好诅，射猎为业。衣用虎皮，以虎尾插首为饰。

黎州蛮，白马氏之遗裔。其类凡十一种，曰西箐蛮、三王蛮、邛部蛮、风琶蛮、保塞蛮、净浪蛮、阿宗蛮、乌蛮、白蛮、两村蛮、山后蛮。交易不用银钱，汉以绢帛茶布，蛮以盐马红椒。其俗尚鬼，称其长曰都鬼王。

建昌土广人稀，有青草黄茅之瘴。俗陋性刚，与黎州相似。

松潘，古冉駹地，积雪凝寒，盛夏不解。人居累石为室，高者至十余丈，名曰硐房。亲戚斩衰布衣，五年不浴。奸淫事，输金请和而弃其妻；惟处女嫠妇勿禁。有罪者，树一长木，击鼓聚众杀之。富者贳死，烧其屋，夺其田畜。部落甚众，无统属，各推一人以为长。麦坌住白沙，牝牛聘妇，吹笙饮酒，刻木人祀祖，负薪荷篑，治生辛苦。

㑩㑩本名卢鹿，有黑、白两种，为大族。深目长身，面黑齿白，故名㑩鬼。谚云："水西罗鬼，断头掉尾。"男女贵者，寝不同席，至夜半密通之。男去须，女辫发。毡衫为礼，鸡骨占年。死不用棺，招魂以葬。女以善淫名者，人争取之，以为美。

白倮㑩住麻地，迎春吹笙，跌足而贺。僳苏居茂连山，种荍而食。

㑩缅在铺西、硝井等处，采薪拾菌，携柴棍，乞醴酒，醉卧中途，可供一笑。

金齿，古哀牢国，其苗人皆九隆之后也。散处荒域，其人有数种。有以金裹两齿者，曰金齿；有漆其两齿者，曰漆齿；有刺面者，曰绣面蛮；有刺足者，曰花脚蛮；以采［彩］绳撮髻者，曰花角蛮。惟居诸葛营者，衣冠礼仪，悉如中土。

八百媳妇，相传其土酋有妻八百，各领一寨，故以为名。其人性缓，刺花鸟于眉目之间以为饰，俗同缅甸，相见以把手为礼。

木邦一名孟邦，相传其人多幻术，能以木换人手足，人初不觉，久之行远，痛不能胜。有不信其说者，死之日，剖股视之，则果木也。又能置污秽于途，人触之者，变为羊豕，以钱赎之，复变为人。有知之者，易置秽物以他方，则其人反自变为异类。其俗男衣白文身，髡发截髭，女饰金图象镯。居皆竹楼。男贵女贱，民皆奴视其妻，役之耕织。

老挝，其民性悍，遍体花绣，俗同木邦。其为宣慰者曰招木弄，居高楼，其上宽广，部属见之，所至之地各有等限，通事引之，不差尺寸。

瑶一名犿客，其种有八，曰天竺、咳首、僬侥、跛踵、穿胸、儋耳、狗轵、旁脊，是谓八蛮。又有飞头、凿齿、鼻饮、花面、白衫、赤裈之类，岭表海外有之。瑶俗，童时烧铁烙足，沁以蜡油，重研如鞯，易登险峰。妇人黔面成花，嫁则荷伞悬草履，归于夫室。山田瘠埆，十岁五饥，故恒劫掠。然犹信鬼畏誓，可以要结。外有打寮山瑶、挖亲山瑶。

僮人居五岭之南，冬缀鹅毛，木叶为衣。能用毒矢，中之者肌骨立尽，虽瑶人亦且畏之。

獠人亦民［名］山子，处于岭表海外，射生为活，吞噬昆虫。子如恶父，即加手刃，走避于外，以一狗谢母，即释然矣。妇人孕七月生子，置之水中，浮则养之，沉则弃之。报仇相杀，必食其肉，披其面，而笼之竹本［木］，鼓噪而祭，谓可迓福。或谓飞头蛮即出其地，与尸致鱼及虫落同类。

蛋人以舟为宅，频［濒］海而居。其人目皆青碧，能辨水色，知龙所在。引绳入水，采螺蚌以为业。能伏水三日，手持利刃，以拒蛟螭。又曰龙户，又曰昆仑奴。其人皆蛇种，故祭祀皆祀蛇神。

马人居于林邑，伏波戍卒之遗种也。其人深目猳喙，以采藤捕蛎为业，散处南海之间。或以之为卢循遗种，故又名之曰卢亭。

俍人多在南丹三州，鸷悍天下称悍［?］。用兵能以少击多。军令最严，故能胜敌。婚以木担聘女，有扇歌担歌，以为酬唱，相合即为夫妇。

伉人生崛岷中，形似猿猱，语咿嘤不可辨。性忠悫，蛮僚役之。采片脑、鹤顶、犀角、象齿以输主，遇人夺之，死亦勿与。畏近烟火，遇烟火，泪目至死。滇、黔、蜀、粤，皆间有之。

斑衣山子，一曰莫瑶，散处横州震龙、六磨诸山，无定居。斫山种畲，射生为活。有斑衣种女，亦其类。

伶人生广西奥谷之中，状如猩狒，不室而处，饥食橡薯百虫。附近瑶人，瑶人亦莫能译其所语。

黎人生儋、崖、琼、万之间，即鴪人也。相传太古之时，雷摄一卵至山中，遂生一女。岁久，有交趾蛮过海采香者，与之相合，遂生子女，是为黎人之祖，因名其山曰黎母山。黎人环山而处，内为生黎，外为熟黎。黎山极高，隐于云雾，海气清廓，时见其人于碧岚翠霭之间。生黎所居绝远，外人不能至其境。至黎母之颠，其上有人，寿考逸乐，不与世接。虎豺为之守险，无路可攀，但觉水泉香美，虽生黎亦不能至其境。熟黎变服入州县，日晚鸣角结队而归。多符、王二姓。生子周岁，即文其身，不则以为祖宗不目为子孙也。黎人见客至，未相识，于隙窥之；见客矜庄，始布席相接，坐久不交一语。置酒，先以恶臭味进，客食不疑，则喜，更以佳肴进，遂相亲狎，否则遣去。与人结仇，则射箭于梁上。与客会饮，顾及梁间羽镞，即奋报仇之志。醉即豪作狗嚎，自云狗种，欲先祖闻其声而为之垂庇也。中锋镝死，密埋不哭，恐有人知，以为不勇。男女幼时，至晚驱上栏房，听其自相偕偶。至于婚媾，仍用讲求。黎人死，其孀妇则共养之。黎人担负，一肩竟日，谓祖宗如此，不敢更担。皆善咒鬼祟人。恒兴兵报先世之仇，敌人若令其妻车前谢过，即曰“彼贤如此，可解此围”。或徙寨避之，曰“彼惧我，可凯旋矣”。

遐黎生婺岭以北，椰瓢蔽体。父母过五十，则烹而食之，云葬于腹中，谓之得所。

木契者，木刻为符，以志事也。苗人虽有文字，不能皆习，故每有事，刻木记之，以为约信之验。

苗人欲举兵攻杀，先期集众，插牌于山，侦知得以预备。

苗人不忘九世之仇，往往相杀无已。唯恃流官开诚劝谕，能为息争。

峒苗仇杀之后，汉官为之讲歹。两造各积草为筹，每讲一事，举一筹，理诎者弃其筹，筹多者，负者以牛马赔偿之，纷乃解。

讲歹之时，两造苗民各踞两山之上，而立牛于其中。讲既明矣，一苗持刀，从牛颈下屠牛，易如委土。于是两山之苗，呼噪而集，各割牛肉一块，归而祭祖，若相誓曰：“有负谕者，有如此牛！”

蛮僚有事，争辨不明，则对神祠热油鼎，谓理直者探入鼎中，其手无恙。愚人不胜愤激，信以为然，往往焦溃其肤，莫能白其意者。此习土著之民亦皆从之，少抱微冤，动以捞油为说。

各峒歃血誓约，缓急相救，名曰门款。战斗进止，以发喊助威，曰鸬鹚号。朱漆牛皮，以护头颈，名曰固项。六月二十四日名火把节，苗相聚啖牛豕。

苗人把忌，以元日为始，二七而解；佯犷以三月为忌，二十五日而解，俱不容人犯忌。午日，苗尽闭门把忌。先二日，锁钮所掳之人，善逸者于是日走，苗不敢追，追惧不吉。

鬼方之民，信鬼惟诚，椎牛而祭，谓之做鬼。初夏徙居数日，让鬼居之，谓之走鬼。平居寝不解裙，亦恐犯鬼故也。

仡佬谓席地而居，则近鬼矣。为屋宇必去地数尺，架以巨木，上覆杉叶，有如羊栅，故名羊栖［楼］。

僮人之室，缉茅衡板，下畜牛羊，谓之麻阑。

苗童之未婴［娶］者曰罗汉，苗女之未嫁者曰观音，皆发插鸡翎。于二月群聚歌舞，自相择配，心许目成，即皆好合。

僚人夫妻异宿，唯于晴昼牵臂入山为乐。于路口插松枝，以断往来，谓之插青，见者即避；如或误入。刀斧相加。

溪峒男女，相歌于正月朔、三月三、八月十五。三月谓之浪花歌，尤无禁忌。

龙家苗立木于野，谓之鬼竿。春时男女旋跃其下，以择配偶。

罗鬼之俗，新妇见舅姑不拜，裸而进盥，谓之奉堂。

苗人取鸡蛋画墨，祝而煮之，剖视吉凶。又有将死其亲，以鸡卵掷地，视卵不碎之处，即以为吉，于焉卜兆者。

苗人膢祭曰报章，祭用巫，设女娲、伏羲位。祀神多书孔明天子之位。

苗人亲死，则聚亲族笑呼歌舞，谓之闹尸，又曰唱斋。至明年春月，闻杜鹃声，比户号哭，曰：“鸟犹一岁一来，吾亲不复至矣！”

苗人每遇令节，男子吹笙撞鼓，妇随男后，婆娑进退，举手顿足，疾徐可观，名曰踹堂之舞。

八番之蛮，每临炊始舂稻，谓不得宿舂，宿舂则头痛。臼深數尺，相杵而下，其声丁冬，抑扬可听，名曰椎堂。

苗人醉后，以长木杴跳舞，名曰舞枚。

僮人远归，止三十里外，家遣巫师，提竹篮贮其里衣，前导而还，谓之收魂。

僮人亲死，恸哭水滨，投钱于河，汲水而返，用之浴尸，谓之买水，否则以为不孝。

播州苗所歌，十数辈连袂而舞，以足顿地。节歌名曰水曲。

葫芦笙大如盂，长二尺，止六管。此六律初起、六同未备之制也。以依歌曲，韵颇悠扬，古穆淡宕，可于此求元音之始。

瑶人之乐，状如箫，纵八管，横一管以贯之。即古凤箫之制，以应八风者欤？

铜鼓多马伏波及武侯所制，故称曰诸葛鼓。大苗峒方能有之，其大如钟，长筒，三十六乳，重百余斤，中空无底。亦有十一中握得如土墩者，周簇细花纹极工致，四角有小蟾蜍，两人舁行，以手拊之，声如鞞鼓。琵琶止二弦，弹之应律。

苗人合乐，众音竞发，击竹筒以为节。

峒民为笔，率用鸡毛。溪源有鸭毛笔，可见毛皆可以作笔，书彼虫鸟之文，想有非此不可者。

苗锦大似苎布，巾蜕尤佳。其妇女衣缘领袖皆缀杂组，藻彩云霞，悉非近致，谓之花练，土俗珍之。黎人取中国彩帛，拆取色丝，和吉贝织之成锦。

南蛮豪家，以鹅毳毛为被，温丽胜于纯锦。仡佬诸种，则以茅花为被。

苗人年十六，无不带刀。其铁自始生时炼至成童，故最铦到［利］。以黑漆杂皮为鞘，貌虽不丽，锋不可当。能者掷刀空中，接之以手，曰跳鸡模。

苗人之弩，名曰偏架，其弓似中国猎入射生弩而差大。苗人以毒蛇含其矢镞而烧其尾，毒气聚于镞尖，中者必死。治法，先掘土坑，用火烧温，将人纳其中，以瓷片划碎其体，久之，遂有小蛇迸出，方得无患。掉枪长二丈余，用以护弩。战则一弩一枪，相依对敌。火器有过山鸟者，能打越重山，绝无障碍。

蛮地多楠木，刳以为舟，为绝大者。

瑶人截大竹筒，以当铛鼎，食物熟而竹不燃，亦异制也。

瑶僚睡无床褥，冬夜以三叉木支阔板，燃火炙背，板焦则易，名曰骨浪。处以瓦屋，居之温室，则病而不安。

溪峒中，收蚁卵陶［淘］汰为酱，非尊客不以供馔。

粥杂鱼肉、蛆虫丛嘬，以为珍美，谓之曰醅。凡矜苗人之富者，曰其家蓄醅几世。

咂酒一名约藤酒，以米杂草子为之，以火酿成，不刍不酢，以藤吸取。多有以鼻饮者，谓由鼻入喉，更有异趣。

富峒以九月一饮，群苗请之，大设牛羊肠脏，略一摆，洗煮以飨客，臭不可近。必欲客尽之，乃喜，日不乃羹。凡杀牛者，以牛骨浸之渊泉之中，历久乃苏，取出食之，以为至美。杀牛多者，将牛角挂之屋上，以矜豪富。

苗人请客，先到者上坐。子先赴席，子居父上，到迟者立饮。

苗人渠帅，谓之精夫，其相呼谓之姎徒。僚人尊有力者，谓之火郎。僚人之百姓，谓之提陀。峒酋妻，皆名媚娘。苗人同类，称曰同年。苗人幼稚，谓之马郎。能通苗汉语者，谓之客语。为苗人论判是非者，谓之公卿。汉人潜入苗峒者，谓之汉奸。熟溪峒移文者，谓之专事。仡佬之随行者，谓之队小。伶佬之为佣者，谓之奴狗。

苗人买人，量人以拳，每一拳价一金。

诸苗负物不以肩，用木为半枷之状，箝其颈，系于额，背笼以行。苗之猾者，坐茂草中，见孤客过，暗出钩枪，曳入篁箐之中，绑之货贩。苗人掠得汉人，藏之洞内；恐其逃逸，以木靴著之而不（音墩）锁，使之终身莫出。并于六月曝日中，曰晒日；冬月去衣使露处，崛垅晒霜。

苗人能为蛊毒。其法五月五日，聚毒虫于一器之中，使相吞噬，并而为一，乃诸毒之尤者也。以之为蛊，中者立毙。然造蛊之法多端，如有所谓金蚕蛊、蜈蚣蛊者，其术不可思议。大约其用蛊，恒在冷茶、冷酒中及蔬菜、肉食中第一块上。行其地者，虑为所毒，宜带甘草，嚼而咽汁，中毒即能吐出。仍以炙甘草三两、生姜四两、水六升，煮二升，一日三服。或用都淋藤黄藤酒，煎温常服，则毒随大小便去。若含甘草而不吐者，非毒也。又三七末荸荠皆可解。又白矾、细辛为末各五钱，新汲水调水，得吐即止。又蛮人解蛊毒药，有名三百头牛者，土常山也；有言三百两银者，马兜铃藤也，皆宜佩带。有中蛊而卧病者，烧病人所卧之箦，则病者能自言下蛊者为何人也。蛊祟有神，夜出摄死者之魂，光如拽彗，流入人家，当知防御。又下蛊之家，其居必洁，盖蛊死之鬼为之拂拭，故窗牖之上纤尘不染也。觉之者，为女字坐，则其蛊不灵。又蓄蛊之家，鸡辄飞去。彼或蛊我，方食时，窃其少许，密埋十字街心，则蛊神反为彼祟。又蛊神喂蝟，取蝟入养蛊之家，其蛊立擒。数说皆有征验也。

苗人之跳月结婚

苗人之婚礼日跳月，跳月者，及春月跳舞求偶也。载阳展候，杏花柳稊，庶蛰蠕口，箐处穴居者，蒸然蠢动。其父母各率子女，择佳地而为跳月之会。父母群处于平原之上，子与子左，女与女右，分列于广隰之下。原之上，相宴乐。烧生兽而啖焉，操匕不以箸也；漉咂酒而饮焉，吸管不以杯也。原之下，男则椎髻当前，缠以苗帨，袄不迨腰，裈不迨膝，裈袄之际，锦带束焉。植鸡羽于髻颠，飘飘然当风而颤。执芦笙，笙六管，长二尺，盖有六律、无六同者焉。女亦植鸡羽于髻如男，尺簪寸环，衫襟袖领，悉锦为缘。其锦藻绘逊中国，而古纹异致，无近态焉。联珠以争［为］缨，珠累累扰两鬓；缀贝以为络，贝摇摇翻两肩。裙细褶如蝶版。男反裈不裙，女反裙不裤，裙衫之际，亦锦带束焉。执绣笼，编竹为之，饰以绘，即彩球是焉，而妍与媸杂然于其中矣。女并执笼，未歌也，原上者与之歌而无不歌；男并执笙，未吹也，原上者语以吹而无不吹。其歌哀艳，每尽一韵三迭，曼音以缭绕之，而笙节参差，与为缥缈而相赴，吹且歌，手则翔矣，足则扬矣，睐转肢回，首旋神荡矣。初则欲接还离，少且酣飞畅舞，交驰迅逐矣。是时也，有男近女而女去之者，有女近男而男去之者；有数女争近一男而男不知所择者，有数男竞近一女不知所避者；有相近复相舍、相舍仍相盼者。目许心成，笼来笙往，忽然挽结，于是妍者负妍者，媸者负媸者，媸与媸不为人负，不得已而后相负者，媸复见媸终无所，负洟演以归，羞愧于得负者。彼负而去矣，渡涧越溪，选幽而合，解锦带而互系焉。相携以还于跳月之所，各随父母以还，而后议聘。聘以牛，牛必双；以羊，羊必偶。先野合而后俪，反循蜚民之风，呜乎苗矣！

苗人之婚丧风俗

清舒铁云《黔苗竹枝词》云：“马郎房底好姻缘，偻指佳期不计年。插遍青山黄竹子，哝哝还索鬼头钱。”注：俗结婚于邻，建空房曰马郎房。合卺三日，女归母家，或半年一返。女父母向女索头钱，不与，或改嫁。有婿女皆死，犹向女之子索者，则谓之鬼头钱。凡人死，其生前所私男女，各插竹子坟前祭焉。

“山房缥缈祭青天，百尺梯头踏臂眠。才到三更青梦觉，泪花一斗听啼鹃。”注：克孟牯羊亲死不哭，跳舞浩歌，名曰闹尸。至明年闻杜鹃声，则举家号恸，悲不自胜，曰：“鸟犹岁至，亲不返矣！”